中國佛教
文史探微

林伯謙◆著

－目　　次－

緒論（代序）

　　佛教究竟何時傳來中國？在佛教典籍有著極多記載，且說法非常早。如《佛祖統紀‧三教出興》不僅說佛陀誕生與寂滅，中國太史皆偵察到自然界異象，因而推知西方聖人的生滅；並云：

> 穆王時，文殊、目連西來化王。於終南山造三會道場；王子造迦葉佛像。
> 襄王三年，秦繆公獲石像。由余曰：「佛神也。」
> 秦始皇四年，西域沙門室利房等十八人持經至。帝囚之，有丈六金神，破戶出之。[1]

《佛祖統紀》還說：「漢明帝問摩騰曰：『白馬寺東有光怪，民呼聖塚。』騰曰：『昔阿育王藏舍利八萬四千塔，震旦之境有十九處，此其一也。』」[2]阿育王為印度孔雀王朝保護佛教最力的統治者，其於四境興造八萬四千佛塔事蹟膾炙人口，慧皎《高僧傳》便有多處言及阿育王寺遺址和佛像在漢地被發現[3]，這也意味佛教傳來中國的時間久遠。然而學界傳統的說法仍將時間確定在兩漢之際。如湯用彤《漢魏兩晉南北朝佛教史》於第一章列出十項入華傳說；任繼愈《中國佛教史》第二章探討佛教輸入中國的傳說，亦列八項，任氏除與湯氏同樣逐項辯駁，並總結說：

> 以上總總說法雖在中國佛教史上為不少佛教僧侶學者深信不疑，但從當時的歷史條件和各種資料進行考察，都是不能成立的。佛教傳入中國的可靠年代，是在西漢末年和東漢初年的時

---

[1] 南宋‧志磐《佛祖統紀》卷五四，CBETA電子佛典，臺北：中華電子佛典協會，2004年5月，T49，p470a。

[2] 同前注，卷五三，p461a。

[3] 梁‧慧皎《高僧傳》卷五〈曇翼傳〉言江陵城北有阿育王像（T50，p356a）；卷九〈佛圖澄傳〉言：「（石）虎於臨漳修治舊塔，少承露盤。澄曰：『臨淄城內有古阿育王塔，地中有承露盤及佛像。其上林木茂盛，可掘取之。』即畫圖與使，依言掘取，果得盤像。」（p385b）卷十三〈慧達傳〉稱會稽吳郡有阿育王塔像；建業長干寺即阿育王寺舊址，並掘得髮、爪、舍利金函；又謂於丹陽掘得阿育王第四女所造金像。（p409b～c）

　　候。[4]

　　而隨著研究的深化，迄今已有不少非佛教僧侶；且又未必全是佛教領域的研究者，從史料、考古、天文、醫學、語言、民族遷徙、民間故事的流傳等等，認為中西交流可以上溯至先秦[5]，因此佛教入華時間亦應有提早的可能；但當某一種文化得以融入另一族群，甚至造成其思想與生活重大轉變，必須有一段漫長的調適期，絕不可能在短時間便毫無阻礙的欣然樂受，「盡吸其所長以自營養，而且變其質，神其用，別造成一種我國之新文明，青出於藍，冰寒於水。」[6]因此佛法真正能在中國產生質變神用的影響，仍應從佛經正式在漢地翻譯開始。

　　透過佛經翻譯，使得士大夫階層逐漸認識接納這種新學說，佛教不再只是依傍方術，持精靈報應，行齋戒祠祀的宗教，而僧人也不再是善於合和湯藥、占相吉凶、仰觀星宿、推步盈虛、歷數算計的方士；特別是從寺院培養出來，要向廣大群眾宣流法音的僧眾，往往博通內外典，成為思想傳遞的最佳橋樑，這些新崛起的知識精英，有的原是系出名門，但更多是來自社會底層，他們打破了嚴格的社會組織架構和規範，憑藉優越的才學，使中國文化和佛教結合更形緊密。湯用彤《漢魏兩晉南北朝佛教史》即云：

> 自魏晉中華教化與佛學結合以來，重要之事，約有二端。一為玄理之契合。一為文字之表現。[7]

「玄理契合」是思想觀念的融通；「文字表現」則是將佛理導入摛文鋪藻之中，此二者不僅在清談時期如此，在魏晉之後的各朝代亦如是。

---

[4]　任繼愈主編《中國佛教史》第一卷，北京：中國社會科學出版社，1985年6月，頁67。

[5]　此類專書頗多，如沈福偉《中西文化交流史》，臺北：東華書局，1989年12月。季羨林《佛教與中印文化交流》，南昌：江西人民出版社，1993年6月；石雲濤《早期中西交通與交流史稿》，北京：學苑出版社，2003年5月；朱學淵《中國北方諸族的源流》，北京：中華書局，2004年4月。

[6]　梁啟超《中國學術思想變遷之大勢》，臺北：臺灣中華書局，1960年8月，頁64。

[7]　湯用彤《漢魏兩晉南北朝佛教史》，臺北：臺灣商務印書館，1991年9月，頁422。

　　而當然，佛教入華的傳布過程，並非一直很順暢，除了陸續有人撰文攻擊佛教為夷狄之法，悖逆人倫，斷傷風化，認為奉之者興造塔寺，燒掘螻蟻，自違其所倡慈悲之教；甚至批評方術淫祀，蠹國病民，尤足以傾奪朝權、凋瘵民生……。另亦有思想信仰迥異而出現國家力量介入的禁教滅佛事件，歷史上著名的「三武一宗」即其犖犖大者，另如赫連勃勃寇陷長安的廢法誅僧；宋徽宗崇道學仙的髮僧宮寺，全都對佛教發展產生阻滯。不過整體觀之，由於佛教的加入，使得儒道二教在競爭中也得到更深的反省，例如宋代儒學復興，宋人排佛由前期以孫復、石介、歐陽脩、李覯等人為代表，批判重心仍偏世俗教化，即「用」的層次，但已開始有所轉移，至後期周敦頤、張載、二程，其批判已落實於心性論、宇宙觀等「體」的層面，理論上也有了更多突破。[8]

　　至於佛教從早先東漢三國時期的融通道教，依附於方術道士之流；兩晉時期又依附於玄學，佛教在依附中逐漸茁長，最後終與儒道鼎足並立，甚至成為一國國教，「諸惡莫作，眾善奉行，自淨其意，是諸佛教」

---

[8] 詳參徐洪興〈略論唐宋間的排佛道思潮〉(《復旦學報(社科版)》1994年4期)。雖說宋儒在心性本體論有極大開展，對佛教義學已有較深入的認知與把握，於是一面援釋入儒，一面又提出批判，但批判中仍存在不少謬誤，如佛教視一切有為法皆屬幻妄的觀念，宋儒多解讀成空無一物的本體觀。如張載〈橫渠易說〉卷三〈繫辭上〉說：「天文地理，皆因明而知之，非明則皆幽也，此所以知幽明之故。萬物相見乎離，非離不相見也。見者由明，而不見，非無物也，乃是天之至處。彼異學則皆歸之空虛，蓋徒知乎明而已，不察夫幽，所見一邊耳……。」(臺北：廣文書局，1974年9月，頁210)朱熹也說：「釋氏則以天地為幻妄，以四大為假合，則是全無也。」(《御纂朱子全書》卷六十，臺北：臺灣商務印書館景印《四庫全書》721冊，1985年2月，頁639)事實上，佛教本體論分四種緣起：業感緣起言惑、業、苦三者輾轉而因果相續；賴耶緣起言宇宙萬有，有情無情，皆由識體變現而來；如來藏緣起言一切眾生煩惱心中，具足無量邊不可思議無漏清淨之業；法界緣起言一法成一切法，以一切法成一法。這四種緣起，又皆不違背萬法不出一心之義，其理甚深，不能簡單概括說佛「全無」「不察夫幽」。尤其佛學並未放棄本體存在化的努力，華嚴法界說，天台一心三觀說，禪宗參話頭、公案等都可視為佛學本體存在化表現；戒、定、慧三學則是本體存在化的主要途徑。因此，佛教論本體與現象並非相離為二，今宋儒所批評佛氏之「空」，實為「斷滅空」；而「斷滅見」原即佛氏所痛斥外道者。參見李承貴〈認知與誤讀——宋代儒士佛教思想論略〉(《現代哲學》2003年3期)。

的教誡，和中國固有道德觀混一而植根民心，此可知在奉佛與反佛的激烈風潮中，不僅淬煉了競爭的雙方，也促使佛教與中國傳統學術、時代思想密切交流，取得融匯共生的平衡。且看三教調和觀念，已逐漸在六朝成形開展，故宋文帝謂何尚之曰：

> 朕少來讀經不多，比日彌復無暇。三世因果未辯厝（措）懷，而復不敢立異者，正以卿輩時秀率所敬信故也。范泰、謝靈運常言：「六經典文本在濟俗為治，必求靈性真奧，豈得不以佛經為指南耶？」近見顏延之折〈達性論〉、宗炳難〈白黑論〉，明佛汪汪，尤為名理，並足開獎人意。若使率土之濱，皆敦此化，則朕坐致太平，夫復何事？[9]

再如南宋孝宗也針對韓愈〈原道〉而撰〈原道論〉說：「以佛修心；以道養生；以儒治世，斯可也。其唯聖人為能同之，不可不論也。」[10]足見此三教並行之風，久而不衰，而佛教與儒道的糅和也更深入文化思想的底層。

　　另外從隋唐開始，中國佛學開宗立派，蔚然炳耀，輝煌已極，不論棲心山野或身處廟堂，甚至蓄意排佛之士，皆與方外緇流有所遊往，而文人思想遂變得更多元複雜，除了有奉佛虔誠的居士；也有以佛解老、以儒釋佛的士大夫；又排佛者可一面排佛一面攝取佛教義理；好佛者亦可一面統合儒釋一面否定天命神祇，充分顯現出寬廣開闊的氣象。至於宋代，雖宗派衰落，僅禪與淨土為盛，然士大夫居士化風尚日趨普遍，故司馬光云：「近來朝野客，無坐不談禪。」[11]北宋後期的士大夫社交圈子裏，幾乎「不談禪，無以言」，「禪學的血液分別流進詩學和理學」[12]，因此「以禪入詩」、「以禪喻詩」的詩學大行其道；而宋代理學家出入佛老，禪宗心性證悟與華嚴法界觀，也影響其建立內省修養及理一分殊哲

---

[9]　慧皎《高僧傳》卷七〈慧嚴傳〉，T50，p367c。
[10]　同注1，p430a。
[11]　《司馬溫公文集》卷十二〈戲呈堯夫〉，臺北：臺灣商務印書館，1966年6月，頁286。
[12]　周裕鍇《文字禪與宋代詩學》，北京：高等教育出版社，1998年11月，頁94。

學體系，但他們和明代理學家頗不相同的地方，卻是陰逃禪而陽闢佛；
縱使闢佛反佛，居士化的風氣已沛然莫之能禦。陳善《捫蝨新話》雖感
歎：「欲求道，則以為盡在浮屠氏，嗚呼！此宜今世脫空漫語者之所以
得肆其欺誕而不顧也」、「近時士大夫乃多效浮屠家以鉢盂而食，食時謂
之展鉢，無乃好奇之過」，但誠如他引張方平回應王安石問：「孔子去世
百年生孟子，亞聖後絕無人，何也？」張方平答稱：「儒門淡薄，收拾
不住，皆歸釋氏。」[13]時勢所趨，原不是一人一派可以闢斥得清淨。

　　佛教與中國傳統文化歷經約兩千年的激盪、衝撞、調和，已完全滲
入社會各層面，形成華化佛教自有的特殊風貌。史家陳垣寫過一篇〈佛
教能傳佈中國的原因〉[14]，文中分析佛教所以能深入中國人心，有三種
原因，一是能利用文學；二是能利用美術；三是能利用園林。事實上，
此三原因僅就上層階級而論，且仍無法涵括全貌，例如於語言、思想、
音樂、戲劇、曆數、飲食、醫方，亦無不與佛教相關。至其獨特性，則
誠如陳氏文中談到詩人以僧家事物為題材，便多幾分閒適超然的例子：

> 唐張繼詩：「姑蘇城外寒山寺，夜半鐘聲到客船。」唐元稹詩：
> 「何時最是思君處，月入斜窗曉寺鐘。」宋蘇軾詩：「官舍度秋
> 驚歲晚，寺樓見雪與誰登？」天主堂何嘗無鐘，何嘗無樓，若把
> 寺鐘換作天主堂鐘，寺樓換作天主堂樓，又何嘗不可？然總覺得
> 不慣，這因為少人用的緣故。

因此有關佛教與中國文化中值得探究的面向，實極廣泛，本書就若干與
佛教攸關的文史問題，提出一己之見，所有篇章皆曾發表於期刊、研討

---

[13] 陳善《捫蝨新話》卷一〈讀書當講究得力處〉、卷三〈山谷欲效佛氏獻食〉、〈儒釋迭為
　　盛衰〉，此書收於《叢書集成新編》第12冊，臺北：新文豐公司，1986年1月，頁250、
　　255、253。又案：《四庫提要‧雜家類存目》批評陳善重視佛教：「大旨以佛氏為正道」
　　（北京：中華書局，1992年10月，頁1093）說待商榷。

[14] 陳垣〈佛教能傳佈中國的原因〉，收於張曼濤主編《現代佛教學術叢刊》第39冊，臺北：
　　大乘文化出版社，1978年7月，頁7～17。其中陳氏所言「文學」，並未納入講講唱唱的
　　「俗文學」。

會上，茲依本書編排次序，列表於下[15]：

發表論文篇題	期刊卷期	備註
陳寅恪先生〈三國志曹沖華佗傳與佛教故事〉質疑	《中華文化復興月刊》第231期，頁61～72	
《大正藏》載錄北魏太武帝滅佛前後史事考探	《東吳中文學報》第9期，頁69～134	92學年國科會B類研究計畫獎勵
《付法藏因緣傳》之譯者及其真偽辨	《東吳中文學報》第7期，頁25～80	90學年東吳大學教師研究獎助
鍾嶸《詩品》卷下「齊道猷上人」正補——佛教文獻運用之一例	東吳大學中國文學系《文獻與資訊研討會論文集》，頁239～260	
梁簡文帝立身、文論與《維摩詰經》關係考	《國立編譯館館刊》第25卷第1期，頁37～73	86學年國科會甲種研究獎勵
隋文帝〈敕智顗書〉與智顗晚年出處考	《東吳中文學報》第3期，頁95～138	87學年國科會甲種研究獎勵
王梵志出生傳奇再探	《東吳中文學報》第5期，頁179～213	88學年國科會甲種研究獎勵
由韓愈道統論談佛教付法與中國文化的交互影響	東吳大學中國文學系《唐代文化學術研討會論文集》，頁43～120	
韓愈文學理論與佛法行持之研究	中國唐代文學國際學術討論會論文，《唐代文學研究》第六輯，頁381～409	
柳子厚〈尊勝幢贊并序〉真偽考	中正大學中文系《六朝隋唐文學研討會論文集》，頁1～23	83學年國科會甲種研究獎勵

---

[15] 表列各篇題為原始發表篇名，其中若干篇名，本書已有改動，內容亦有所增刪。

歐陽永叔晚年佛教觀考釋	《雙溪文穗》第48期2版	
惠洪非「浪子和尚」辨	《東吳中文學報》第6期，頁19～72	89學年東吳大學教師研究獎助
元明釋教劇的佛教思想	《東吳中文學報》第2期，頁55～85	85學年國科會甲種研究獎勵
論古代寺院的牙刷——楊枝	《東吳中文學報》第1期，頁79～101	84學年東吳大學教師研究獎助
北傳佛教與中國素食文化	《東吳中文學報》第4期，頁93～138	88學年東吳大學教師研究獎助

　　以上輯錄十五篇，約四十二萬言，內容涉及佛教與中國文化交互影響問題、文學掌故與佛教關係之論述、佛教史的重新考探、文學家對佛法的排斥與吸納、文學家對佛教經典的化用、疏忽佛教義學致解說錯誤、考證錯誤之舉證，還有佛典宣譯、佛教名僧相關問題的研究。雖仍難悉數涵括佛教入華後的一切論題，但各篇考辨務求深入，內容尚稱平實有據。由於撰稿歷時緜久，致使體例參差，不盡齊整，此次結集，特依時代區分魏晉南北朝、隋唐、宋元明三部，並附錄兩篇，使格式趨於統一。大體而言，每篇皆有所改易，只是增刪文字多寡不同而已。

　　自民國七十七年就讀東吳博士班二年級，開始在校兼課，至八十二年正式留校專任，迄今忽焉十餘寒暑。感謝東吳，讓我在縈青滴翠的溪城，擁有穩定的教學研究環境而持續成長；也感謝系上師友與歷年研討會講評人、期刊論文審查人，在學術道上的提攜鼓舞；還有率先在臺灣提出BOD（Books on Demand）學術計畫的秀威資訊科技同意出版；研究生林宏達任勞任怨代為校對、查覈資料、編輯書目及排版，種種瑣細工作，多靠他一肩挑起，若沒有他們鼎力協助，本書必無法順利梓行，茲謹於此，一併敬致謝忱。

林伯謙謹誌於東吳愛徒樓
2005年2月

上編
魏晉南北朝之部

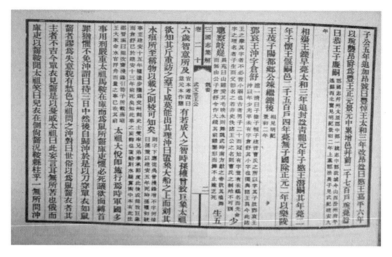

清·乾隆武英殿刊本《三國志·曹沖傳》書影

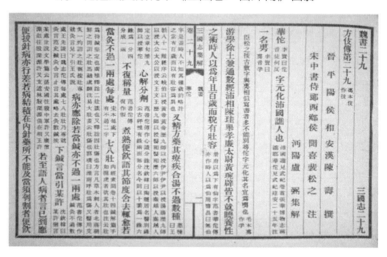

清·乾隆武英殿刊本《三國志·華佗傳》書影

陳寅恪先生〈三國志曹沖華佗傳與佛教故事〉商榷

提　要

曹沖秤象、華佗開腸，不僅記載於陳壽《三國志》，也是遍傳民間，膾炙人口的美談。但究竟其真實性如何？據陳寅恪先生的論斷是純屬虛構。先生於民國十九年提出曹沖、華佗事蹟實取材自《雜寶藏經‧棄老國緣》與《奈女耆（祇）域因緣經》，並旁徵「竹林七賢」之名以為輔證，斷定「竹林」也是以「格義」比附佛陀講經說法的竹林精舍而來。時至今日，仍有學者同意其說；本文針對上述三事，逐次釐清三者俱非天竺故事附託於本國人物傳記中，文分「舟量巨象析論」、「華佗開腸考辨」、「竹林七賢探析」三節，既以檢討前人成說，兼亦質疑寅恪先生立論之不足。

關鍵詞

曹沖　華佗　佛教故事　竹林七賢　陳寅恪

一、前　言

近代史學大師陳寅恪先生，深諳英、法、德、俄、日、希臘諸國語文外，更博通拉丁文、梵文、巴利文、滿文、蒙文、藏文、突厥文、西夏文、中波斯文、馬札兒文[1]，尤其在美國哈佛大學，隨 Lanman 習梵文與巴利文二年，在德國柏林大學又隨 Lueders 研學近五年，回國後，於北平更與鋼和泰繼續研究梵文四、五年，前後計十餘年，因此梵文和巴利文特精[2]，對佛教在中國社會和思想上的影響，所以有新闢獨到的見地。而關於先生所撰〈三國志曹沖華佗傳與佛教故事〉[3]，勞榦先生〈憶陳寅恪先生〉文中，有云先生「在早期論文中，多注意印度文化對於中國的影響。最有趣的是《清華學報》中討論《三國志》曹沖及華佗的記載，證明了採取印度的傳說，雖然有點驚人，卻是非常合理。」[4]惟個人於閱讀之後，胸中存疑，必一吐之。寅恪先生此文旨在辨明曹沖與華佗傳中因襲佛教故事，而又在文末引竹林七賢的「竹林」源出天竺以為輔證，故今分就舟量巨象、華佗開腸、「竹林」七賢諸問題，加以縷析。

二、舟量巨象析論

《三國志·魏書》卷二十云：

> 鄧哀王沖字倉舒，少聰察歧嶷，生五六歲，智意所及，有若成人之智。時孫權曾致巨象，太祖欲知其斤重，訪之群下，咸莫能出其理。沖曰：「置象大船之上，而刻其水痕所至，稱物以載之，則校可知矣。」太祖大悅，即施行焉。

---

[1] 陳哲三〈陳寅恪先生軼事及其著作〉，見俞大維等合著《談陳寅恪》，臺北：傳記文學出版社，1970年9月，頁95。

[2] 見俞大維〈談陳寅恪先生〉，同注1，頁9。

[3] 先生此作於民國十九年六月發表，原載《清華學報》六卷一期。今收於《陳寅恪先生論文集》。筆者所據為臺北：三人行出版社，1974年5月印行本，因恐打字有誤（詳正文），故亦參較《陳寅恪先生文集》，臺北：里仁書局，1981年3月印行本。

[4] 同注1，頁38。

其實為了經濟交易的方便，度量衡的制定頗早，秦始皇併滅六國，已然「一法度衡石丈尺」[5]，且更測量得知「天下兵，聚之咸陽，銷以為鍾鐻、金人十二，重各千石」；而迄六朝，如《裴子語林》曰：

> 孟業為幽州，其人甚肥，或以為千斤，武帝欲稱之，難其大臣，乃作一大秤挂壁。業入見，武帝曰：「朕欲試自稱有幾斤？」業答曰：「陛下正是欲稱臣耳！無煩復勞聖躬。」於是稱業，果得千斤。[6]

《南史》卷十四〈宋宗室及諸王傳〉亦云：

> 前廢帝狂悖無道，誅害群公，忌憚諸父，並聚之殿內，毆捶陵曳，無復人理。休仁及明帝、山陽王休祐，形體並肥壯，帝乃以籠盛稱之。以明帝尤肥，號為「豬王」；號休仁為「殺王」；休祐為「賊王」。[7]

對龐然巨物的驚詫好奇是古今一理的；惟幼童能以舟量巨象，運用類似阿基米德浮力定理，實頗難得，故何焯、邵晉涵同樣提及吳曾《能改齋漫錄》已引《符子》所載，謂燕昭王大豕命水官浮舟量之，其事早在倉舒之前。何焯且云：

> 孫策以建安五年死時，孫權初統事。至建安十五年，權遣步騭為交州刺史，士燮率兄弟奉承節度，此後或能致巨象，而倉舒已於建安十三年前死矣！知此事之妄飾也。[8]

寅恪先生文中雖引何、邵二氏之言，卻未深辨其是非，即以「皆未得其

5　《史記·秦始皇本紀》，臺北：鼎文書局，1986年10月，第1冊，頁239。
6　《古小說鉤沉》（北京：人民文學出版社，1953年11月，頁12），其中裴啟《裴子語林》不分卷；《筆記小說大觀》十九編第1冊則分上下卷，此見卷下（臺北：新興書局有限公司，1987年6月，頁65）兩書下皆注明出《太平御覽》卷三七八與卷八三〇，茲取《御覽》細覈，則頗有一二字出入；即《御覽》二處所記亦不同。今引文從魯迅所綜理者。
7　此並見《宋書》卷七二〈文九王傳〉，北京：中華書局，1987年1月，頁1855。
8　何焯《義門讀書記》卷二六，北京：中華書局，1991年11月，頁450。

出處」，敷衍帶過，但這兩問題關係倉舒量象是否因襲或妄飾，實有重行檢討之必要。

（一）前人成說的檢討

先說倉舒量象的可信度。六朝人物，多早秀而促齡，拙著《劉宋文研究·總論》第二章第四目，曾縷舉劉宋一朝的情況如此[9]；而即漢末三國，殆亦同之。如禰衡才弱冠，而孔融年四十，乃與為友[10]；王粲齡淺，蔡邕才學顯著，貴重朝廷，聞粲在門，即倒屣相迎[11]；曹植十歲餘，誦讀詩論及詞賦數十萬言；太祖嘗視其文曰：「汝倩人邪？」植跪曰：「言出為論，下筆成章，願當面試，奈何倩人！」[12]又孔融被收，女年七歲，男年九歲，竟從容曰：「安有巢毀而卵不破乎？」[13]這都是很好的例證。只是我們冷靜想想何焯分析致象時間的早晚，似非無理，則又當作何解？

考《三國志·吳書·薛綜傳》，呂岱從交州召出，薛綜懼繼岱者非其人，特上疏議，篇末盧弼集解適有徵引蔣超伯言曰：「交阯九真，漢末事蹟，史多脫略；《吳志》士燮、步騭二傳，亦不甚詳。」所以何義門實不必輕據士燮、步騭二傳，謂非建安十五年後，不能致巨象。況〈士燮傳〉有云獻帝年間，燮嘗「遣吏張旻，奉貢詣京都，是時天下喪亂，道路斷絕，而燮不廢貢職，特復下詔，拜安遠將軍，封龍度亭侯。」所謂「道路斷絕」，即指群雄割據，而今職貢能安送詣都，不遭劫掠，定有某大勢力代為保護。料其必經吳地，宜有孫氏之衛護，而早初孫曹確亦交好，〈孫權傳〉有云：「（孫權）兄策既定諸郡，時權年十五，以為陽羨長……。漢以策遠脩職貢，遣使者劉琬加錫命。」策既亡，「曹公

9　林伯謙《劉宋文研究·總論》第二章第四節第四目，東吳大學七十四年碩士論文。另楊勇《世說新語校箋·夙慧篇》亦可參照，臺北：文光圖書有限公司，1974年8月，頁448～453。

10　《後漢書》卷八十〈文苑·禰衡傳〉，臺北：世界書局，1974年5月，頁2653。

11　《三國志·魏書》卷二一，北京：中華書局，1990年4月，頁597。

12　《三國志·魏書》卷十九，頁557。

13　《後漢書》卷七十〈孔融傳〉，頁2279。

表權為討虜將軍，領會稽太守，屯吳。」又同卷裴注引〈江表傳〉言策初用李術為廬江太守，策亡之後，術不肯專事權，權乃以狀白曹公，將舉兵討之，希勿聽受李術求援，果然曹操不救李術，權遂屠其城；即使孫曹時已各懷異心，但表面交友仍屬無疑[14]。再看同卷裴注引〈江表傳〉，黃初二年，「魏文帝遣使求雀頭香、大貝、明珠、象牙、犀角、瑇瑁、孔雀、翡翠、鬥鴨、長鳴雞。群臣奏曰：『荊揚二州，貢有常典（案：文帝踐阼，孫權猶使命稱藩，故云然），魏所求珍玩之物非禮也，宜勿與。』」所謂「貢有常典」，更可見孫吳一向有職貢之實。

鄧哀王生當建安元年，五、六歲時量秤孫權所致象，亦即建安五、六年間。考建安五、六年，適值孫權初統事，史傳稱權「是時惟有會稽、吳郡、丹陽、豫章、廬陵，然深險之地猶未盡從，而天下英豪布在州郡，賓旅寄寓之士以安危去就為意，未有君臣之固」，此以李術一事即可知，則權敢不厚賂曹乎[15]？

其次，論《符子》所載燕昭王命水官量豕的可靠性。前謂寅恪先生云「皆未得其出處」為敷衍帶過，實非無因，由於吳曾等人既明確指出燕昭王事早於倉舒，時、事俱已了然，在沒指證他們的錯誤之前，豈可輕言「未得出處」？考《符子》實原作《苻子》，乃前秦苻堅從兄子苻朗撰，吳曾等人所書，宜先改正。《晉書》卷一一四本傳曰：「（朗）著

---

[14] 此見編年體《資治通鑑》最為清楚，詳卷六三「獻帝建安五年」。另《三國志‧吳書‧孫權傳》云：「初，權外託事魏，而誠心不款」（卷四七，頁1125）；卷六十〈賀全呂周鍾離傳〉史臣又云：「山越好為叛亂，難安易動，是以孫權不遑外禦，卑辭魏氏。」（頁1395）故可確證孫曹表面交好，心實未附；〈孫策傳〉亦云策已有心與曹操抗衡：「建安五年，曹公與袁紹相拒於官渡，策陰欲襲許，迎漢帝……會為故吳郡太守許貢客所殺。」（卷四六，頁1109）傅樂成《漢唐史論集‧孫吳與山越之開發》謂孫策襲許迎漢帝，「極不可信，晉人孫盛，固已疑之」。（臺北：聯經出版事業公司，1984年9月，頁87）據裴注引孫盛的說法是：「黃祖乘其上流，陳登間其心腹，且深險彊宗，未盡歸復；曹袁虎爭，勢傾山海，（孫）策豈暇遠師汝潁，而遷帝於吳越哉？」然裴注已駁此說曰：「孫盛所譏，未為悉是。……策之所規，未可謂之不暇也。若使策志獲從，大權在手，淮泗之間，所在皆可都，何必畢志江外，其當遷帝於揚越哉！」（頁1112）

[15] 周一良《魏晉南北朝史札記‧三國志札記‧以舟稱象》雖不敢悖離寅恪先生之說，不過亦隱約可見與寅恪先生意見稍異，故云：「南朝江淮一帶尚有象（參看〈宋書札記‧南朝之虎象〉條），則孫權不待得交州始能獲象。」（北京：中華書局，1985年3月，頁23）

《苻子》數十篇行於世，亦老莊之流也。」現由嚴可均從類書輯出八十一事，省併複重，成五十事，刊於《全晉文》卷一五二，嚴為敘云：「秦漢以來，未有著書象《道德經》者，其象《列子》、《莊子》，僅有苻朗。」燕昭王事正其中一則，今抄錄於下：

> 朔人有獻燕昭王以大豕者。曰：「養奚若。」使曰：「豕也非大圈不居；非人便不珍，今年百二十矣，邦人謂之豕仙。」王乃命豕宰養六十五年（案：《太平廣記》作「十五年」），大如沙墳，足如不勝其體。王異之，令衡官橋而量之，折十橋，豕不量；又命水官舟而量之，其重千鈞。其群臣言于王曰：「是豕無用。」燕相謂王曰：「奚不饗之？」王乃命宰夫即膳之。豕既死，乃夕見夢于燕相曰：「造化勞我以豕形，食我以人穢，吾患其生久矣！今仗君之靈而化吾生也，始得為魯津之伯，而浮舟者食我以秔糧之珍，而欣君之惠，將報子焉。」後燕相涉於魯津，有赤龜奉璧而獻之。[16]

此又見《太平廣記》卷四三九，然遠不及嚴輯之詳。吳曾《能改齋漫錄》卷一〈以舟量物〉條專在說明「燕昭時已有此法矣，不始於鄧哀王」[17]；桂馥《札樸》卷三〈以舟量物〉條亦引《符（苻）子》，謂「此事在魏太祖前，蓋後人之智，偶合於古耳。」[18]又費袞《梁谿漫志》卷八〈稱象出牛之智〉條，則同葉水心《習學記言》卷二七，稱揚倉舒過人之智，能首發其端。[19]

今細忖苻朗生年，實晚於曹魏，而其所著《苻子》，殆同《莊》、《列》，

---

[16] 嚴可均《全上古三代秦漢三國六朝文》，日本京都：中文出版社，1981年6月，第1冊，頁2336。

[17] 吳曾《能改齋漫錄》卷一，見《筆記小說大觀》二十九編第4冊，頁1954。

[18] 桂馥《札樸》，臺北：世界書局，1963年4月，頁54。

[19] 費袞《梁谿漫志》見《筆記小說大觀》六編第1冊，頁531；葉適《習學記言》見《讀書記四種》，北京：北京圖書館出版社，1998年6月，第2冊，頁33。另按錢鍾書《管錐編》第4冊，一六○則，（北京：中華書局，1991年6月，頁1261）也已引及吳曾、桂馥、費袞之說，然未置評。

寓言十九，莫非荒唐之說，不可視同莊正之語，吳曾、桂馥既未審辨，而何義門、邵二雲亦隨吳曾以惑也。

　　既檢討了古人論述，似已增加《魏書》可信度，故更應針對寅恪先生的問題，加以析辨。

（二）寅恪先生論斷的辨析

　　先生以為量象事出於《雜寶藏經》卷一〈棄老國緣〉（案：先生論文集作〈棄老國論〉，乃打字之訛，里仁書局五冊本已訂正。）云：

> 《雜寶藏經》雖為北魏時所譯（案：此已晚於曹魏），然其書乃雜採諸經而成，故其所載諸國緣多見於支那先後譯出之佛典中。如卷八之〈難陀王與那伽斯那共論緣〉與《那先比丘問經》之關係，即其一例。因知卷一之〈棄老國緣〉亦當別有同一內容之經典，譯出在先。或雖經譯出，而書籍亡逸，無可徵考。或雖未譯出，而此故事僅憑口譯，亦得輾轉流傳至於中土，遂附會為倉舒之事，以見其智。但象為南方之獸，非曹氏境內所能有，不得不取其事與孫權貢獻事混成一談，以文飾之，此比較民俗文學之通例也。

今為頭緒清晰，故分三點辨析之。

　　1、《雜寶藏經》十卷，見《大正藏》第四卷，共百二十一緣，卻非分國載錄，故當改先生謂「諸國緣」為「諸緣」。又〈難陀王與那伽斯那共論緣〉，見於卷九，先生云「卷八」，當亦誤記。而《那先比丘問經》則宜改作《那先比丘經》較妥，此經見《大正藏》三二卷，有二卷與三卷本。《雜寶藏經》所載錄諸緣，確多互見於他經，但未必與他經完全一致，即如難陀王與那伽斯那，多以針鋒相對的方式舌辯；反觀《那先比丘經》中，那先對彌蘭王則以譬喻開導的態度應答，這可能是撰經者不同的緣故，又觀其言辯的情事，還是與《雜寶藏經》不同。再如《雜寶藏經》卷八〈五百白鴈聽法生天緣〉與《賢愚經》卷十三〈五百鴈聞佛法生天品〉、《撰集百緣經》卷六〈五百鴈聞佛說法緣〉所述殆屬一事，

但後二經同言：「五百群鴈聞佛音聲，深心愛樂，盤桓迴翔，尋欲來下，至世尊所」[20]，與《雜寶藏經》云：「般遮羅國以五百白鴈獻波斯匿王，波斯匿王送著祇桓精舍」有別；又卷七〈十力迦葉以實言止佛足血緣〉與《佛說興起行經·佛說木槍刺腳因緣經》[21]，亦同一事，然前者言佛足出血不止，得「迦葉實言，血則尋止」；後則記由神醫耆婆為合好藥，洗瘡咒治。昔馬鳴造《大乘莊嚴論經》，所記佛諸弟子事，確皆取材自四《阿含》——《長阿含》、《中阿含》、《雜阿含》、《增壹阿含》[22]，但《雜寶藏經》故事來源並不固定，又較他經文字增減不盡相同，這是首當注意的。

2、經中諸緣雖「多見於支那先後譯出之佛典中」，但〈棄老國緣〉，以先生的通博，仍找不出同一內容，並且早於曹魏的經典來，儘管先生一再揣度其有何種可能，奈乏力證，豈能遽下斷語，謂後出者必影響先撰者？況如陸象山語云：「東海有聖人出焉，此心同也，此理同也。至西海、南海、北海，有聖人出，亦莫不然。」[23]故儒釋道三教之理往往可以互通，《容齋續筆》卷八〈蜘蛛結網〉條引釋道之言謂：「佛經云：『蠢動含靈，皆有佛性』；莊子云：『惟蟲能蟲，惟蟲能天』。蓋雖昆蟲之微，天機所運，其善巧方便，有非人智慮技解所可及者……。」[24]；《升菴詩話》卷一「止觀之義」條比較儒釋而曰：「……佛經云：『止能捨樂，觀能離苦』；又云：『止能修心，能斷貪愛；觀能修慧，能斷無明』，止如定而後能靜；觀則慮而後能得也。」[25]若取秦漢以前經籍與佛典相比對，更可以發現不少類似的情事[26]，當然，近代有些學者主張中印文化

[20] 《賢愚經》與《撰集百緣經》同見《大正藏》，CBETA電子佛典2004版，臺北：中華電子佛典協會，2004年5月，T04，p437b、T04，p234a。
[21] 康孟詳譯《佛說興起行經》卷上，T04，p168a。
[22] 詳梁啟超《佛學研究十八篇·翻譯文學與佛典》，臺北：臺灣中華書局，1956年5月。《大乘莊嚴經》，T31，p589b。
[23] 元脫脫《宋史》卷四四〈陸九淵傳〉，北京：中華書局，1985年6月，頁12880。
[24] 洪邁《容齋續筆》，鄭洲：中州古籍出版社，1993年9月，卷八，頁7。
[25] 丁仲祜編《續歷代詩話》，臺北：藝文印書館，1974年4月，上冊，頁793。
[26] 為免冗瑣，以下僅舉幾個淺近的例子。1.《雜寶藏經》卷二有〈內官贖所犍牛得男根緣〉〈二內官諍道理緣〉，此知古印度王宮中有宦者，而我國亦早有之，如《左傳·僖公》

交流，必早於兩漢，而影響到先秦，這問題實在很複雜，也與本文有間接關聯，但沒有完全可靠的證據令人心悅誠服，又豈可率爾推翻舊說？

　　3、先生言孫權致象為比較民俗之例，惟南州本有職貢，致象諒非虛妄，前文亦已辨及。再考《漢書·地理志》云黃支國其州廣大，戶口多，異物也多，自武帝以來皆獻見，「平帝元始中，王莽輔政，欲燿威德，厚遺黃支王，令遣使獻生犀牛。」《後漢書·光武紀》載昆陽之戰，王莽「驅諸猛獸虎豹犀象之屬，以助威武。」又〈南蠻西南夷傳〉云：「永元六年，郡徼外敦忍乙王莫延慕義，遣使譯獻犀牛、大象。」凡此先例，史書昭然，而豈可謂獻納方珍，便為虛構文飾？

　　綜言之，寅恪先生對舟量巨象，引證嫌有不足，本文在此雖僅用一些旁證，加強倉舒提議稱量孫權致象的可信度，料想已收矯正之效。雖然在正史上有許多不可靠的記載，然真相未明之前，豈能不對史書保留客觀的態度？而或許有人會說，太祖訪之群下，「咸莫能出其理」，辦法卻由五、六歲孩童說出，以「早秀」就解釋得通嗎？恐怕憑這一點就有

二十四、二十五年記「寺人披（勃鞮）事」。2.《百喻經》卷一〈煮黑石蜜漿喻〉，愚人以黑石蜜漿請富人，「著少水用置火中，即於火上，以扇扇之，望得使冷」，與成語「揚湯止沸」（原出《史記·酷吏傳序》）義同。3.《百喻經》卷一〈醫與王女藥，令卒長大喻〉，言國王產生一女，喚醫與藥，立使長大。其心思與《孟子·公孫丑上》宋人之揠苗助長同。4.《楞嚴經》卷六：「譬如有人自塞其耳，高聲大叫，求人不聞，此等名為欲隱彌露。」理同於《呂氏春秋·自知》、《淮南子·說山》所載〈盜鍾（鐘）掩耳〉事。5.《大智度論》卷二二偈云：「譬如以蚊觜，猶可測海底；一切天與人，無能量僧者。」（《大莊嚴論》卷一同云：「譬如蚊子觜，欲盡大海底；世間無能測，眾僧功德者。」）以蚊為喻，猶如《莊子·秋水》：「且夫智不知是非之竟，而猶欲觀於莊子之言，是猶使蚊負山……。」又《楞嚴經》卷五琉璃王法王子言：「三千大千一世界內所有眾生，如一器中貯百蚊蚋，啾啾亂鳴，於分寸中鼓發狂鬧。」《法言·淵騫》篇中，或問貨殖，曰：「蚊！」6.《楞嚴經》卷二：「於一毛端，偏能含受十方國土」；《維摩詰經·不思議品》第六：「以須彌之高廣內芥子中，無所增減……，又以四大海水入一毛孔，不嬈魚鱉黿鼉水性之屬」，此「小」能容「大」，《莊子·則陽》有云：「有國於蝸之左角者曰觸氏；有國於蝸之右角者曰蠻氏，時相與爭地而戰，伏尸數萬，逐北旬有五日而後返。」（案：《列子·湯問篇》亦有焦螟群飛而集於蚊睫，弗他觸也之言，宜張湛序《列子》謂往往與佛經相參，然恐其偽，故不取。若《容齋續筆》卷十三〈物之小大〉條，尤足參觀，惜文長不更贅錄）。

問題。筆者以為，史實雖離我們很遙遠，但人情是亙古不變的，試想那位父親，尤其具有權勢者，不愛乘機炫耀兒子的天賦異稟？《世說新語・夙慧篇》不正有晉元帝炫示群臣「長安何如日遠」的明帝妙答？所以群臣「咸莫能出其理」，自可能半為奉承曹操心意了！

三、華佗開腸考辨

《三國志・魏書》卷二九云：

> 華佗字元化，沛國譙人也，一名旉。……若病結積在內，針藥所不能及，當須刳割者，便飲其麻沸散。須臾便如醉死無所知，因破取。病若在腸中，便斷腸湔洗，縫腹膏摩，四五日差，不痛，人亦不自寤，一月之間，即平復矣……。一士大夫不快，佗云：「君病深，當破腹取，然君壽亦不過十年，忍病十歲，壽俱當盡，不足故自刳裂。」士大夫不耐痛癢，必欲除之。佗遂下手，所患尋差，十年竟死……。

關於這問題，先生論述較「舟量巨象」多，以下同樣分兩部分探討，先說前人的觀點。

（一）前人論述的檢討

寅恪先生以為斷腸破腹，數日即差，揆以學術進化史，恐難臻此[27]，特別援用杭世駿《三國志補注》轉引《玉潤雜書》之說云：

> 「華佗固神醫也，然范曄、陳壽記其治疾，皆言若病結積在內，針藥所不能及者云云……，此決無之理。」是昔人固有疑其事者。

---

[27] 先生晚年撰有〈寒柳堂記夢未定稿〉，亦提及曾撰本篇論文與不信任中醫的態度，茲錄於下：「寅恪少時亦嘗瀏覽吾國醫學古籍，知中醫之理論方藥，頗有由外域傳入者。然不信中醫，以為中醫有見效之藥，無可通之理。若格於時代及地區，不得已而用之，則可。若矜誇以為國粹，駕於外國醫學之上，則昧於吾國醫學之歷史，殆可謂數典忘祖歟？曾撰《三國志》中印度故事……，略申鄙見，茲不贅論。」（見《陳寅恪先生文集》第一冊，同注3，頁168）

先生似乎有所顧慮，引文點到即止，但我們有必要再引下去，相信不待細辨，讀者自知《玉澗雜書》說法的幼稚：

> 人之所以為人者以形，而形之所以生者以氣也。陀之藥能使人醉無所覺，可以受其剖割，與能完養使毀者復合，則吾所不能知；然腹背腸胃既以破裂斷壞，則氣何由含（案：《說郛》本《玉澗雜書》「含」作「舍」）？安有如是而復生者乎！審陀能此，則凡受支解之刑者，皆可使生，王者之刑亦無所復施矣。[28]

對此無知之見，難怪盧弼集解《三國志》要特別加案語云：

> 此說誤由於不知人體生理狀態，故有此疑。解剖治療與受刑人之支解，絕然兩事，一為斷其生命；一為延其生命，二者不能相提並論。今日醫學昌明，已視為平平無奇矣。[29]

至若《宋史》卷四六二〈龐安時傳〉云：「有問以華佗之事者。（安時）曰：『術若是，非人所能為也，其史之妄乎！』」安時雖否定華佗手術的可能，然援盧弼所言自足以掃之；同時我們仍有必要引述古籍，澄清華佗開腸，並非不可能的「神話」。

---

[28] 《三國志》盧弼集解引杭世駿文稍有脫略，今引文故據臺灣商務印書館景印《四庫全書》本。又杭氏並未將葉夢得《玉澗雜書》全文引完，《說郛》卷八有收載數則（見《筆記小說大觀》二十五編第1冊，頁153），華佗事即其中之一，茲補錄之：「……太史公〈扁鵲傳〉記虢庶子之論，以謂治病不以湯液醴酒、砭石橋引而割皮解肌，訣脈結筋，湔浣腸胃，漱滌五藏者，言古俞跗有是術耳，非謂扁鵲能之也；而世遂以附會於佗！凡人壽夭死生，豈亦醫工所能損益？不幸疾必死，而為庸醫所殺者或有之疾（案：此「疾」字疑衍），未有不可為之疾，可醫可活也。方書之設，本以備可治之疾，使無至於夭傷而已，扁鵲亦自言：『越人非能生死人也，此當生者，越人能起之耳！』故人與其因循疾病而受欺於庸醫好奇無驗之害，不若稍治身攝生於安樂無事之時，以自養其天年也。」今覈葉夢得語，以為世人乃將俞跗之事附會於華佗，與寅恪先生說亦有殊。另司馬南、李力研撰《太乙宮黑幕‧「華佗」之謎》（北京：中國社會出版社，1998年；網址亦可見：http：//www.zhaojun.com/qitan/huatuo.htm）仍然採用寅恪先生說法，並謂在其前，已有《玉澗雜書》考辨開腸純屬子虛，卻殊不察此說之幼稚。

[29] 《三國志集解》，臺北：藝文印書館印行，不著年月，頁683。

　　《列子・湯問篇》有扁鵲為魯公扈、趙齊嬰換心，曰：「遂飲二人毒酒，迷死三日，剖胸探心，易而置之，投以神藥，既悟如初」[30]，這在《史記・扁鵲列傳》中並沒有記載，而《列子》又含有寓言成份，自難讓人信服，不過由此資料，我們知道至少晉代以前就有了手術的觀念。下舉兩位晉代頗識醫方的名家可以為證。《抱朴子・內篇》卷五云：

> 淳于能解顱以理腦；元化能剖腹以澣胃。文摯衍期以瘳危困；仲景穿胸以納赤餅。[31]

《全晉文》卷七一皇甫謐〈釋勸論〉云：

> 黃帝創制于九經；歧伯剖腹以蠲腸。扁鵲造虢而尸起；文摯徇命于齊王。醫和顯術于秦晉；倉公發秘于漢皇。華陀存精于獨識；仲景垂妙于定方。[32]

尤其是皇甫謐列舉中國古來許多不凡的醫者，能說「揆以學術進化史蹟，恐難臻此」嗎？再看《史記・扁鵲傳》：

> 上古之時，醫有俞跗，治病不以湯液醴灑、鑱石撟引、案扤毒熨，一撥見病之應，因五藏之輸，乃割皮解肌，訣脈結筋，搦髓腦，揲荒爪幕，湔浣腸胃，漱滌五藏（臟），練精易形。[33]

則開腸破腹又遠早於華佗了。當然，這跟皇甫謐所說的歧伯情形一樣，恐怕寅恪先生也不相信，因此更得舉出古醫書為證。如《靈樞經》卷三〈經水〉曰：

> 若夫八尺之士，皮肉在此外，可度量切循而得之，其死可解剖而視之，其藏之堅脆、府之大小、穀之多少、脈之長短、血之清濁、

---

[30]　嚴靈峰編《無求備齋・列子集成》第1冊，臺北：藝文印書館，1971年10月，頁74～75。

[31]　《抱朴子・內篇》卷五，北京：中華書局，1988年7月，頁112。又淳于理腦、元化澣胃，另見《金樓子》卷五〈志怪序〉。

[32]　同注16，頁1871。

[33]　見瀧川龜太郎《史記會注考證》卷一○五，臺北：宏業書局，1980年8月，頁1113。

氣之多少、十二經之多血少氣；與其少血多氣；與其皆多血氣；
與其皆少血氣，皆有大數。[34]

又卷六〈腸胃篇〉與〈平人絕穀篇〉，皆有計量腸胃容受大小曲折的數
據，可見中醫確有科學的一面。今倘要舉出實證，則有《漢書》卷九九
中〈王莽傳〉曰：

> 翟義黨王孫慶捕得，莽使太醫、尚方與巧屠共刳剝之，量度五藏，
> 以竹筳導其脈，知所終始。[35]

同樣在趙與時《賓退錄》卷四也引述了王莽這件事，又說：「慶歷間，
廣西劚歐希範及其黨，凡二日，剖五十有六腹，宜州推官吳簡皆視詳之，
為圖以傳于世。」[36]而即使在《三國志》內，也另有施行外科手術的記
錄，《蜀書·關羽傳》曰：

> 羽嘗為流矢所中，貫其左臂，後創雖癒，每至陰雨，骨常疼痛。
> 醫曰：「矢鏃有毒，毒入于骨，當破臂作創，刮骨去毒，然後此
> 患乃除耳。」羽便伸臂，令醫劈之。時羽適請諸將飲食相對，臂
> 血流離，盈於盤器，而羽割炙飲酒，言笑自若。[37]

為關羽施行手術者，蔡仁堅〈中國外科醫學及武術的祖師：華佗〉文中
[38]，並不排除華佗的可能性，其依據的是《三國演義》七十五回有華佗
為關羽刮骨的記載，但華佗死於建安十三年前，誠如羅龍治云：「刮骨
療毒之事，是被記載於建安十九年劉備攻下四川，降服馬超之後，到建

34　《靈樞經》卷三，臺北：臺灣中華書局，1965年11月，頁12。

35　錢鍾書《管錐編》第3冊《全後漢文》卷十三，同注19，頁969。錢氏縷述桓譚《新論》
　　謂王莽殘死人之酷毒，以迄清人轉稱此舉乃西醫權輿，資料頗詳，此不再引錄。

36　趙與時《賓退錄》卷四，《筆記小說大觀》六編第4冊，頁2098。又南懷瑾《道家密宗與
　　東方神秘學》亦言及南朝宋廢帝為證明胎兒是男嬰或雙生，即命以針穴法墮胎；元耶律
　　楚材以垂死戰士作氣脈研究，中國古代穴道銅人圖，即完成於元代。（臺北：老古文化
　　事業公司，1992年6月，頁147）

37　《三國志》卷三六〈關羽傳〉，頁941。

38　蔡仁堅《古代中國的科學家》，臺北：景象出版社，1977年7月，頁49～50。

安二十四年關羽從荊州北伐，大戰曹仁于禁之前」[39]，故想是不大可能，何況文中亦未言手術用「麻沸散」，則能施行手術者，又非華佗一人了。而再看《韓非子》卷八〈安危篇〉說：「聞古扁鵲之治其（案：陳奇猷《韓非子集釋》從王先慎說，以為「其」當作「甚」）病也，以刀刺骨。」則為關羽療毒的醫者，自亦淵源有所了。此外，呂思勉《讀史札記》亦有頗中肯的話說：

> 近世之論西醫者，多豔稱其手術，其實病之可用手術者，皆有形質可見，而可以逕拔除之，實不可謂之難治。近世手術，所以勝於古人者，乃在人體生理之益明，所用機械之益精，及麻醉消毒等法，為效益大，而流弊益微耳。此皆他種科學有以輔助醫學，若就醫家療治之術言之，則使用手術，為法最為簡逕，固非古人所不能知，其興起度必甚早也。[40]

呂氏除舉華佗、關羽事外，又博引《三國志·賈逵傳》注，逵之割癭；《魏書·長孫道生傳》，道生玄孫子彥之開肉鋸骨；《晉書·魏詠之傳》，詠之割補兔缺；《晉書·溫嶠傳》，嶠拔病齒；《晉書·盧欽傳》，欽子浮病疽截手；《北史·彭樂傳》，樂被刺腸出，納之不盡，截去復戰，卒不死（案：此與《清史·藍理傳》，理為攻臺前鋒，艦砲掠之，腹破腸流，而終無恙者相類。）更有借助於巫者，如《齊書·陳顯達傳》、《南史·張融傳》、《隋書·隱逸·張文詡傳》等所載，為省篇幅，此不具錄。

凡上所敘，可信華佗藉麻沸散以剖腹開腸，是可能的，並不需要如寅恪先生所謂直取外國神話而作比附。但何以今人也有同意寅恪先生的說法，略不稍疑[41]？在此我們正應附帶說明古人對醫者看法如何？能通

---

[39] 羅龍治〈再論華佗〉，原載六四年十月二四日《中國時報》人間副刊，蔡仁堅書中有附錄，同前注，頁63。

[40] 呂思勉《讀史札記·丙帙·魏晉南北朝·手術》條（臺北：木鐸出版社，1983年9月，頁897）；另呂氏《秦漢史》十八章第七節有云：「今人動言中醫不知解剖之學，故不知人體生理，此說實誤。」（臺北：開明書店印行，1973年10月，下冊，頁784）又趙翼《陔餘叢考》卷三九〈刮骨〉條言手術事，亦足參照（臺北：世界書局，1990年11月，頁452）。

[41] 羅龍治撰〈藥王華佗——從名和字的關係談華佗的語源〉，《中國時報》1978年11月7日

乎此，對中國高明醫道，或不再存懷疑態度。

　　古人向有「萬般皆下品，唯有讀書高」的觀念，所以韓愈〈師說〉會將巫醫樂師百工之人，與受習六藝經傳者，相對提出來比較。而對醫者的輕蔑心態，至少在戰國，已然形成，《莊子‧列禦寇》曰：「秦王有病召醫，破癰潰痤者得車一乘，舐痔者得車五乘；所治愈下，得車愈多。」《韓非子》卷五〈備內〉云：「醫善吮人之傷，含人之血，非骨肉之親也，利所加也。」意謂醫者徒為趨利，甘執賤役；而《史記‧佞幸傳》即載鄧通常為文帝嗜吮癰疽，深受文帝寵幸；〈扁鵲傳〉亦記齊桓侯言曰：「醫之好利也，欲以不疾者為功。」此俱可見醫者社會地位的低賤，連帶其人格也遭懷疑，難怪知識份子每不願操執此業。《漢書‧遊俠傳》云：

> 樓護字君卿，齊人。父世醫也，護少隨父為醫長安，出入貴戚家。護誦醫經、本草、方術數十萬言，長者咸愛重之，共謂曰：「以君卿之材，何不宜學乎？」[42]

因此我們回頭看華佗，傳云：「本作士人，以醫見業，意常自悔」，後遭傳送許獄，荀彧代為請命，太祖竟然答言：「不憂，天下當無此鼠輩邪？」何焯《義門讀書記》卷二六也贊同魏武之言，認為華佗挾技自重，但這何嘗不是社會習尚予以刺激的後果？

　　由於醫者地位卑賤，而患者卻不得不延醫救治，遂不免醫家有重利自秘的惡習。〈扁鵲倉公列傳〉記載長桑君謂扁鵲曰：「我有禁方，年老，欲傳與公，公毋泄。」扁鵲曰：「敬諾。」又公孫光語淳于意：「吾方盡矣，不為愛公所。吾身已衰，無所復施之，是吾年少所受妙方也，悉與公，毋以教人。」意曰：「得見事侍公前，悉得禁方，幸甚！意死不敢

副刊，已收於《歷史的藥鋤》（臺北：時報文化出版事業有限公司，1983年8月，頁176～181）；又李濤撰〈中國中古醫學史〉，收於《中國科技文明論集》（臺北：牧童出版社，1978年1月，頁498～501）；劉廣定〈陳寅恪先生的科學史研究——悼念陳寅恪先生逝世三十年〉，見《自然辯證法通訊》，2000年6期，頁71～73，92。

[42] 呂思勉《兩晉南北朝史》（臺北：臺灣開明書店，1974年3月），同樣言及彼時醫家流品，不為所重，詳下冊，頁1443，此不贅錄。

妄傳人。」意後更得便，受師於陽慶，「（慶）使意盡去其故方，更悉以禁方（予之）」，此無怪醫方成為不傳之秘[43]！況如《史記·灌夫傳》說：「夫身中大創十餘，適有萬金良藥，故得無死」，秘方貴藥，正中國醫學難以公開研究、廣為流傳的緣故，也難怪中醫會一直停滯於《後漢書·方術傳》郭玉所謂「醫之為言意也」的階段，於是不世出的高才，忽展絕精之技，便教人驚疑不置了。

（二）寅恪先生論斷之析辨

　　寅恪先生否定中醫超卓的一面，遂謂華佗開腸乃附會後漢安世高譯的《柰女耆域因緣經》[44]。全文稍長，現為方便行文，逐條引述析辨於後。

　　1、先生以為「華陀」[45]二字古音與「gada」相應，實以「藥神」目之。先生精通梵文，論斷「華陀」語源的由來，或當無訛，但說是「民間比附印度神話故事」，就有待商榷了。我們不禁懷疑漢末三國，人民生逢戰亂，食不得飽、居不得安，水準竟還那麼高，能懂得天竺語，知道天竺語「agada」（「阿伽陀」或「阿羯陀」）就是「藥」，剛好華氏為名醫，又姓華，所以就稱之「華陀」，以「藥神」目之。果其然，則當今安居樂業的多數民眾，真該慚惶無地才是。但有些見識的人，都應該知道這是不可能的，何況先生還說過，王維字摩詰，而其實天竺語「維」是降伏的意思；「摩詰」是惡魔的意思[46]，以唐代大詩人猶未免不懂梵意，鬧此笑話，何況是盲目無知的民眾？而且這也不僅王維一人如此，例如李商隱〈酬崔八早梅有贈兼示之作〉曰：「維摩一室雖多病，要舞天花作道場。」根本不管「維摩詰」到底是什麼意思，便乾脆省略簡稱之；又《南史》卷五三昭明太子蕭統小字「維摩」，較之王維豈非更離譜？

---

[43]　費袞《梁谿漫志》卷八〈藥方傳人〉條（《筆記小說大觀》六編第1冊，頁530），深慨醫方自秘，致不普及，可以參看。

[44]　此經實非安世高所譯，詳本書另篇論文〈王梵志出生傳奇新探〉，此不贅。

[45]　先生文章中，或寫「華佗」，也有寫成「華陀」，並非本文故意顛倒反覆。

[46]　同注1，頁96。

故唯一可代先生解釋，或有人懂得梵文，遂予「華陀」此一字號，於是隨其盛名，流布民間。若請問「華陀」有何意涵，恐民間亦必不解其故。

　　2、先生以安高世譯《柰女耆域因緣經》所載神醫諸奇術，與華佗傳中所述相比照，認為「不無類似之處」，然須知「類似」與「是」終有一段距離，何況華佗手術藉由麻沸散讓人失去痛感，呂思勉《秦漢史》即云：

> 佗之妙或在其麻沸散（麻醉藥為醫家一大發明。病有非刳割不治者，無此，人或憚痛苦而不敢治；或雖不憚而痛苦非人所能堪，於法遂不可治也。《三國・吳志・呂蒙傳》：蒙疾病，孫權時在公安，迎置內殿，每有鍼加，為之慘慼，即以無麻醉藥，不能使病者免於痛苦也。）然後世鈴醫猶有其方（見《串雅》。）則亦非佗所獨也。[47]

但反觀《柰女耆域因緣經》何以沒譯出這麼重要的情節？另考後漢康孟詳譯《佛說興起行經》卷上〈佛說木槍刺腳因緣經〉，記佛陀右足為木槍所貫，「耆婆（案：即耆域，詳下文）即便禮佛，洗足、著生肌藥已，復讀止痛咒……。」[48]可知耆域之施行手術，以咒言暗示止痛，異於華佗使用麻醉劑，兩相比較，要便捷得多。其次，《因緣經》中說耆域以藥王（長尺餘的小樹枝）照見人五臟腸胃，縷悉分明，與《史記・扁鵲傳》說，扁鵲飲長桑君藥方，「盡見五藏癥結」，豈不頗相似，所以錢鍾書還特地將兩者併錄在一起[49]，而且俞跗與耆域又同樣能開腸，假設要因其類似就混為一談，那麼〈扁鵲傳〉莫非也受了佛教故事的影響了？

　　3、先生又云：「元化為魏武療疾致死，耆域亦以醫暴君病，幾為所殺，賴佛成神，僅而得免。則其遭遇符合，尤不能令人無因襲之疑。」其中「賴佛成神，僅而得免」，頗與經文敘述有別，依經文所言，耆域乃是「承佛威神」，往好殺人的暴君那裏診治。原經見《大正藏》十四

---

[47] 同注40，頁785。
[48] 《佛說興起行經》卷上，T04，p169a。
[49] 《管錐編》第1冊，《史記會注考證》第四十二則，同注19，頁344。

卷。故疑「成」原作「威」，亦打字疏失。此屬次要問題，特先表過，
再講到元化為魏武所殺。依寅恪先生這段話意，好像元化之死，也是因
襲《因緣經》了，然先生起頭已說過：「華佗之為歷史上真實人物，自
不容不信」，則下獄被殺的史實，自亦不容不信，諒先生或指二人遭遇
略同，而相襲開腸事，然太醫遭暴君刑戮之例不乏，如《金史》卷五、
卷八二皆載正隆三年，海陵王之子矧思阿補蒦，海陵即殺太醫副使謝友
正、醫者安宗義及其乳母等人。故以此為證，恐仍不妥。

　　4、先生曰：「敦煌本勾道興《搜神記》載華佗事，有『漢末開腸，
洗五藏，劈腦出蟲，乃為魏武帝所殺』之語，與《㮈女耆域因緣經》所
記尤相似。」按先生所辨，旨在考訂史料方面的真偽，今檢〈華佗傳〉，
並無一語提及「劈腦出蟲」，先生何得引小說家言，轉證史志亦必因襲
佛經？況勾道興《搜神記》要屬唐世之作[50]，中國醫學至唐代，因域外
交通益形頻繁，故已吸收不少新知，先於《魏書》卷一百二〈西域傳‧
悅般國〉中已云：「真君九年，遣使朝獻，並送幻人，稱能割人喉脈令
斷，擊人頭令骨陷，皆血出或數升、或盈斗，以草藥內其口中，令嚼咽
之，須臾血止，養瘡一月復常，又無痕瘢。世祖疑其虛，乃取死罪囚試
之，皆驗。云中國諸名山皆有此草，乃使人受其術而厚遇之。」至《新
唐書》卷二二一〈拂菻傳〉所載，與敦煌本《搜神記》就更近似了，傳
云：「有善醫，能開腦出蟲，以愈目眚。」勾道興或以此增添華佗亦有
劈腦出蟲術，而未必因襲自《㮈女耆域因緣經》。

　　5、先生最後又提到除外來神話附益於本國史實，慧皎《高僧傳》
卷九之「耆域」，亦即《因緣經》中的「耆域」，云：「斯蓋直取外國神
話之人物，不經比附事實或變易名字之程序，而竟以為本國歷史之人
物，則較〈華佗傳〉所記更有不同矣。」

　　按《因緣經》中的「耆域」，經文原譯作「祇域」，前文皆因應先
生說法，跟著寫成「耆域」，順此正須說明。當然，如《大正藏》下小
注所說，「祇域」本同於「耆域」，而既譯為「祇」字，寅恪先生寫成

---

[50]　此從王師國良之說。師於75年8月敦煌學國際研討會，有論文：〈敦煌本搜神記研究〉發
　　表。

「耆」字，當為便於跟《高僧傳》的「耆域」相比附吧！考此印度神醫名，在譯文中多作「耆婆」，如《佛說興起行經》卷上、《佛說觀無量壽佛經》、《佛說長壽滅罪諸童子經》、《大般涅槃經》卷十九、二十、《四分律》卷三九、四十、《善見律毘婆沙》卷十七，而即同題為安世高所譯《奈女祇域因緣經》的簡本，也同樣名為《奈女耆婆經》。另在《增壹阿含》卷三九則作「耆婆伽」；《阿闍世王授決經》作「祇婆」；《阿闍世王問五逆經》、《佛說寂志果經》、《雜譬喻經・草木皆可為藥喻》作「耆域」；在法顯《佛國記》中又作「耆舊」，這並非指年高德劭的地方父老，而是另一譯名，《長阿含》卷十七《沙門果經》正譯成「耆舊童子」；又《毘奈耶雜事》卷二一作「侍縛迦」；玄奘《大唐西域記》卷九謂之「時縛迦大醫」，自注曰：「舊曰耆婆，訛也。」玄奘雖改正譯名，但從之者不多，此由《宋史・藝文志六》有《耆婆脈經》三卷、《耆婆六十四問》一卷、《耆婆要用方》一卷、《耆婆五藏論》一卷，皆命名「耆婆」可證。

　　既稍解說了印度神醫名，再反觀慧皎《高僧傳》，難道以他如此有學養的出家人，還不曉得印度有一位鼎鼎盛名的神醫，竟糊塗到誤將春秋時代的人，挪到典午來？這是不可能的，且看《高僧傳》卷四〈于法開傳〉，慧皎即說他「祖述耆婆，妙通醫法」，可見他並不沿用「耆域」這譯名，說他連變易名姓的程序都沒有，便以之為本國人物就不通，何況世間同名姓者，本已不乏，而佛經更特別多，如《妙法蓮華經》卷一文殊菩薩曰：

　　如過去無量無邊不可思議阿僧祇劫，爾時有佛，號日月燈明如來……。次復有佛，亦名日月燈明，如是二萬佛皆同一字，號日月燈明，又同一姓，姓頗羅墮。[51]

《楞嚴經》卷六又云：

　　觀世音菩薩即從座起，頂禮佛足，而白佛言：「世尊，憶念我昔

51　鳩摩羅什譯《妙法蓮華經》卷一，T09a，p3c。

> 無數恒河沙劫，於時有佛出現於世，名觀世音，我於彼佛發菩提心……。」[52]

又《大悲心陀羅尼經》[53]，觀世音菩薩「即說如是廣大圓滿無礙大悲心大陀羅尼神妙章句」，中有「娑婆訶」十數尊，菩薩化身亦各不同；而即中國僧伽，亦有同名者，《晉書》卷一二二載及鳩摩羅什，即說：「『耆婆』即羅什之別名也。」[54]潘師石禪〈敦煌唐人陷蕃詩集殘卷作者的新探測〉與翁同文〈懷素生年二說及其名下千字文二本問題〉[55]，亦皆引陳垣《釋氏疑年錄》，謂唐僧有兩懷素，一玄奘弟子，一草書家，二人相距百年，《全唐詩》、《全唐文》、《書史會要》等俱誤為一人。然則以同名驟下定論，可靠嗎？

再者，《僧傳》中的「耆域」和《因緣經》的「耆域」，雖同有治病事蹟，但其事迥然不同，且高僧本多醫療之能（包括生理與心理），《高僧傳》亦非僅耆域一人如此，故先生不免有武斷之嫌。若說耆域自天竺經扶南交廣襄陽至於洛陽，復取道流沙而去[56]太過神奇，故知其偽，就信仰者來說，是忽略了宗教的神通，而且慧皎置之於「神異」，不也很合理（事實上僧傳中高僧即使不列於「神異」，也多具不可思議的神通。）況自孫吳以來，即致力南海交通，康僧會其先康居人，世居天竺，其父因商賈移于交阯，會又於赤烏十年抵達建業[57]，他是有名的譯經家，該假不了的，而晉惠帝末年，耆域當然更有可能從天竺來到中國了。寅恪

---

[52] 般剌蜜帝譯《楞嚴經》卷六，T19，p128b。

[53] 伽梵達摩譯《大悲心陀羅尼經》，T20，p106a。

[54] 《晉書》卷一二二〈呂纂傳〉，臺北：鼎文書局，1992年11月，頁3067。

[55] 潘師石禪〈敦煌唐人陷蕃詩集殘卷作者的新探測〉，見《漢學研究》三卷一期；翁文見《藝林叢考》，臺北：聯經出版社，1977年6月。

[56] 按《高僧傳》卷九（T50，p388a）作「既還西域，不知所終」，先生則言「取道流沙而返天竺」。

[57] 慧皎《高僧傳》卷一，T50，p325a。劉淑芬〈六朝南海貿易的開展〉，敘述孫吳以來，致力南海頗詳，中云：「從《高僧傳》、《續高僧傳》、《宋高僧傳》所記西域天竺僧人來華，以及中國僧人西行求法，搭乘商賈船舶的記載，可知中國由南海經扶南海岸，至獅子國（錫蘭）、天竺（印度）這條航線上，有相當頻繁的貿易。」（載於《食貨》十五卷第九、十期合刊，頁16）

先生視同名則必為同一人，恐怕是不夠謹慎的忖度了！

　　凡上依先生所說，逐次從〈華佗傳〉不因襲《奈女祇域因緣經》，辨析至《高僧傳》中的「耆域」，不同於佛陀時代的神醫，先生九泉之下，倘同之歟？

四、「竹林」七賢探析

　　古籍記載竹林七賢事跡頗多，難以盡錄，茲舉較完整簡明的一則以概之。《世說新語・任誕篇》云：「陳留阮籍、譙國嵇康、河內山濤，三人年皆相比，康年少亞之。預此契者，沛國劉伶、陳留阮咸、河內向秀、瑯邪王戎。七人常集於竹林之下，肆意酣暢，故世謂『竹林七賢』。」而寅恪先生則曰：

> 袁宏《竹林名士傳》、戴逵《竹林七賢論》、孫盛《魏氏春秋》、臧榮緒《晉書》及唐修《晉書》等所載嵇康等七人，固皆支那歷史上之人物也。獨七賢所遊之「竹林」，則為假託佛教名詞，即「venu」或「veluvana」之譯語，乃釋迦牟尼說法處，歷代所譯經典皆有記載，而法顯（見《佛國記》）玄奘（見《西域記》玖）所親歷之地。此因名詞之沿襲，而推知事實之依託，亦審查史料真偽之一例也。（聞日本學者有論此事之著作，寅恪未見。）

先生另於〈陶淵明之思想與清談〉之關係亦有同樣說法：

> 所謂「竹林七賢」者，先有「七賢」，即取《論語》「作者七人」之事數，實與東漢末三君八廚八及等名同為標榜之義。迨西晉之末僧徒比附內典外書之「格義」風氣盛行，東晉初年乃取天竺「竹林」之名加於「七賢」之上，至東晉中葉以後江左名士孫盛、袁宏、戴逵輩遂著之於書（《魏氏春秋》、《竹林名士傳》、《竹林名士[案：「名士」二字宜改作「七賢」]論》），而河北民間亦以其說附會地方名勝，如《水經注・玖・清水》篇所載東晉末年人郭緣生撰著之《述征記》中嵇康故居有遺竹之類是也。

楊勇校箋《世說新語‧任誕》篇文，便謂寅恪先生「說有見」，又舉《文物》1965 年 8 月期，有南京西善橋東晉墓磚，刻竹林八賢圖，而言：「此不唯竹林為一假設之地，而七賢、八賢亦一通名耳。」[58]何啟民《竹林七賢研究》於前言亦云：「竹林七賢，名屬後起；竹林之事，亦難信真。」[59]只是未辨「竹林」是否取諸天竺，今考李君奭譯渡邊照宏《佛教的流傳與道教》也正說：「日本和中國的學者中已經有人提說，它是不是來自佛教史上有名的『竹林精舍』？」[60]然筆者以為名士高人優遊「竹林」，不必取諸格義，而實與國人愛竹的民族性相關。茲辨於下。

　　佛陀成正覺後，獨往摩竭陀國王舍城弘宣正法，城中伽蘭陀長者，以一片竹園奉獻佛陀，頻婆娑羅王為求釋尊常住國內教化，撥巨款在竹園建立精舍，是名竹林精舍，亦名竹園精舍[61]，乃佛教第一座伽藍。其後聽聞佛陀教法，成佛弟子者愈眾，奉獻林園與精舍者愈多，毘舍佉在東園奉獻鹿子母講堂，在吠舍離城外建立重閣講堂，在憍賞彌城建立瞿史羅園精舍。外如王舍城外靈鷲山和溫泉林、吠舍離城外牛角林、拘尸那揭羅城外娑羅林、伽毘羅衛城外尼拘律園[62]、維耶離國的柰園等等皆是。當時印度東自瞻波，西至憍賞彌、摩偷羅，南至摩竭陀，北至迦毘羅衛，皆有許多山崗和林園是佛陀度化之所。尤其憍薩羅國舍衛城中，須達多長者以黃金鋪滿祇陀太子園林，遂感動太子，應允讓他興造精舍，佛陀為取名「祇樹給孤獨園」，更為一般奉佛者所悉知，而佛講《大般若經》，共四處十六會，給孤獨園即居七會之多。既然佛陀講經處所如此之多，又以給孤獨園最富盛名，若依寅恪先生「格義」之說，何不以「給孤獨」或給孤獨的另名「祇洹」，加於七賢之上？此先生之說不

---

[58]　同注9，頁548。

[59]　何啟民《竹林七賢研究》，臺北：中國學術著作獎助委員會，1966年3月，頁12。

[60]　渡邊照宏撰、李君奭譯《佛教的流傳與道教》，彰化：專心企業有限公司，1978年4月，頁32。

[61]　見《佛本行集經‧布施竹園品》第四十六，T03，p860a。

[62]　參見演培法師《人間佛陀》，臺北：慧日講堂印行，1975年1月，頁113。又柰園即神醫耆婆之母柰女（又名菴摩羅女，見《佛所行讚》卷四（T04）；法顯《佛國記》則稱之菴婆羅女）所奉獻者，後世多以為伽藍別號，《王子安集》卷三〈八仙逕〉有云：「柰園欣八正，松巖訪九仙。」（臺北：臺灣商務印書館，1965年8月，頁21）

可不令人疑者一。

次考「竹林」之起，《世說新語・傷逝》云：

> 王濬沖為尚書令，著公服，乘軺車，經黃公酒壚下過，顧謂後車客：「吾昔與嵇叔夜、阮嗣宗共酣飲於此壚；竹林之遊，亦預其末。自嵇生夭、阮公亡以來，便為時所羈紲，今日視此雖近，邈若山河！」

劉孝標注引《竹林七賢論》曰：

> 俗傳若此。潁川庾爰之嘗以問其伯文康，文康云：「中朝所不聞，江左忽有此論，蓋好事者為之耳！」

此誠如寅恪先生所謂竹林之名，乃行於渡江之後，但後人津津樂道者，實將竹林之遊視為真有其事；而且竹林也確有其地，所以有郭緣生《述征記》「時有遺竹」和《水經注》「筠篁列植，冬夏不變貞萋」之說[63]，可見他們全然不知有所謂「格義」。再看《世說新語・文學》云：

> 袁彥伯作《名士傳》成，見謝公。公笑曰：「我嘗與諸人道江北事，特作狡獪耳，彥伯遂以著書！」

今據劉孝標注云：

> （袁）宏以夏侯太初、何平叔、王輔嗣為正始名士；阮嗣宗、嵇叔夜、山巨源、向子期、劉伯倫、阮仲容、王濬沖為竹林名士；裴叔則、樂彥輔、王夷甫、庾子嵩、王安期、阮千里、衛叔寶、謝幼輿為中朝名士。

則可見袁宏分名士為正始、竹林、中朝，出於謝安狡獪之語[64]。

---

[63] 郭緣生《述征記》之語，《藝文類聚》卷六四、八九；《御覽》卷一八〇、九六二；《事類賦注》卷二四皆引及，與酈氏所引文略有出入，可見楊守敬、熊會貞合撰《水經注疏》，臺北：臺灣中華書局，1971年6月，頁1169。

[64] 據王曉毅〈竹林七賢考〉（《歷史研究》2001年第5期，頁90～99），亦認為寅恪先生所言

　　然則謝安、袁宏諸人是比附天竺的「竹林」，所以創造出竹林名士來嗎？恐亦未必！蓋此「竹林」實喻放逸之山林，猶如《莊子·在宥》所謂：「賢者伏處大山嵁巖之下。」我們可以很容易就從謝安本身的生活看出來，《晉書》卷七九云：「安雖受朝寄，然東山之志始末不渝，每形於言色。」又云：「性好音樂，自弟萬喪，十年不聽音樂。及登臺輔，期喪不廢樂。王坦之書喻之，不從，衣冠效之，遂以成俗。又於土山營墅，樓館林竹甚盛，每攜中外子姪往來遊集……。」此實上承東方朔避地金馬門，下契梁元帝〈全德志論〉所謂：「物我俱忘，無貶廊廟之器；動寂同遣，何累經綸之才。雖坐三槐，不妨家有三徑；接五侯，不妨門垂五柳。但使良園廣宅，面山帶水，饒甘菓而足花卉；葆筠篁而玩魚鳥。九月蕭霜，時饗田畯；三春捧繭，午酬蠶妾。酌升酒而歌南山；烹羔豚而擊西缶。或出或處，並以全身為貴；優之游之，咸以忘懷自逸。若此，眾君子可謂得之矣。」[65]

不當，王氏提出的證據是：一、「竹林七賢」說形成於東晉初期，前此佛教譯經多譯為「竹園」而非「竹林」。二、「竹林七賢」說流行後，佛經翻譯才逐漸翻譯成「竹林」。三、「竹林之遊」與印度「竹林說法」性質不同，兩者不能類比「格義」。四、太行山以南的北方地區，自古便生長竹子。王氏並認為竹林之遊的名士僅是鬆散的群體，參加者也不侷限七人，此與筆者所見相同，然王氏認為「竹林七賢」是經由孫盛撰寫《魏氏春秋》才流傳開來，並云：「起于謝安說很難成立」。其後曹道衡、沈玉成《中古文學史料叢考·竹林七賢》亦與此說類似（北京：中華書局，2003年7月，頁102）；只是王氏雖據張可禮考證孫盛於西晉永嘉三年（309）十歲時渡江，較之謝安年長二十歲，卻未考出《魏氏春秋》撰成於何時？《晉書斠注·孫盛傳》引《晉中興書》、《初學記》諸書有曰：「既居史官，乃著三國、晉《陽秋》。」（臺北：藝文印書館，不著年月，頁1417），東晉修史機構著作局由秘書監統領，而《晉書》記載孫盛是在晚年「累遷秘書監」，故著書立說未必早於謝安；何況史家撰寫歷史，本當秉筆直書，豈有替人創造名號的道理？據《晉書·孫盛傳》載其《晉陽秋》記桓溫於海西公太和四年（369）北伐前燕，在枋頭失利，引致桓溫不滿，孫盛既敢於得罪桓溫而直書，顯然可稱為良史，故按理實不應有貿然舉措；且謝安當時若知孫盛已著先鞭，「竹林七賢」之名又豈有說出：「我嘗與諸人道江北事，特作狡獪耳，彥伯遂以著書」的道理？故筆者認為謝安一番評論，實有功於流傳「竹林七賢」之名；若不欲爭執孰先孰後，則韓格平〈竹林七賢名義考辨〉所云，是僑居江左的玄學家依據自己的審美情趣提出來的（《文學遺產》2003年2期），亦屬合情入理。

[65] 東方朔事，見褚補《史記·滑稽列傳》，同注5，第4冊，頁3205～3208；梁元帝〈全德

　　梁元帝這段文字寫得相當好，也正能解釋六朝之際，中國士大夫以仕為隱，娛遊林下的現象。反觀謝安也確有此心態，故造出竹林名士以見其意；而於當世，舉凡名流高士，無不愛竹，《晉書》卷六四〈司馬道子傳〉云：「（嬖人趙）牙為道子開東第，築山穿池，列樹竹木，功用鉅萬。」卷六八〈紀瞻傳〉云：「瞻性靜默，少交遊，好讀書，或手自抄寫，凡所著述，詩賦牋表數十篇。兼解音樂，殆盡其妙。厚自奉養，立宅於烏衣巷，館宇崇麗，園池竹木，有足賞翫焉。」卷九九〈桓玄傳〉亦云：「遣臣佐四出，掘果移竹，不遠數千里，百姓佳果美竹，無復遺餘。」此皆自擁竹木池苑以娛意之例。

　　若《晉書》卷八十〈王徽之傳〉則記云：「吳中一士大夫家有好竹，欲觀之，便出坐輿造竹下，諷嘯良久。主人洒掃請坐，徽之不顧。將出，主人乃閉門，徽之便以此賞之，盡歡而去。嘗寄居空宅中，便令種竹，或問其故，徽之但嘯詠，指竹曰：『何可一日無此君邪！』」而即王羲之三月三日蘭亭修禊，詩序亦云：「此地有崇山峻嶺，茂林脩竹。」[66]

　　後此見諸傳記吟詠者，實難以縷舉；而前此七賢山濤之子山簡酣飲處，亦竹木佳勝之地，《世說新語・任誕》「山季倫為荊州」條，注引《襄陽記》曰：「漢侍中習郁於峴山南，依范蠡養魚法作魚池，池邊有高隄，種竹及長楸，芙蓉菱芡覆水，是遊燕名處也。山簡每臨此池，未嘗不大醉而還，曰：『此是我高陽池也！』襄陽小兒歌之。」而更早，《史記・梁孝王世家》言：「孝王築東苑，方三百餘里」，張守節正義引《括地志》云：「兔園在宋州宋城縣東南十里。葛洪《西京雜記》云：『梁孝王苑中有落猨巖、棲龍岫、鴈池、鶴州、鳧島。諸宮觀相連，奇果佳樹，瑰禽異獸，靡不畢備』。俗人言梁孝王竹園也。」司馬貞索隱亦云：「（睢陽）城東二十里臨新河，有故臺址，不甚高，俗云平臺，又一名『脩竹苑』。」《全漢文》卷二十枚乘〈梁王菟園賦〉也說：「脩竹檀欒夾池水」，此可

　　　　志論〉，見《全梁文》卷十七，同注16，第3冊，頁3049。

[66]　〈三月三日蘭亭詩序〉，見《全晉文》卷二六，同注16，第2冊，頁1609。王氏家族世奉天師道，陳寅恪〈天師道與濱海地域之關係〉還說：「天師道對於竹之為物，極稱賞其功用，……疑不僅高人逸致，或亦與宗教信仰有關。」（《陳寅恪先生文集》第1冊，同注3，頁9）

俱證「竹」在古代中國上層社會是不可或缺的風雅之物。

　　竹之所以令人賞愛，實由文士早賦予「高風亮節」之義[67]，故藉竹以烘襯嘯歌山林的名士，豈非更增崇嘉之意？雖然竹林之遊不必真有其事，而於此間清言讌飲，賞音流連，不正當時文士所深心嚮往？寅恪先生若要以竹林閒雅之遊，比附天竺莊嚴講經之所，何妨再回頭來看《詩經・衛風・淇奧》？文曰：「瞻彼淇奧，綠竹猗猗。有匪君子，如切如磋，如琢如磨」，此較之天竺講經，豈非更契合六朝尺度？[68]

　　然既云「竹林」之起，與天竺無關，何以六朝之後，文士愛竹，見諸手寫口說特別多？在佛教未傳來之前，似乎是沒那麼普遍，此又當何解？筆者以為可以從三方面來說。

　　第一，由竹本身風流餘韻，具備影響力言，像竹名孟宗、湘妃、慈竹等，人都能熟悉其命名由來，況又有賢者把臂高林的傳述、陶淵明武陵人入桃源，見「良田美池桑竹之屬」，顯得一片安詳、王維獨坐幽篁，彈琴長嘯，生活自得，也令人神往，再如「竹報平安」、「歲寒三友」等好事，都與竹扯上關係，無怪國人酖愛竹林，意不少衰。

　　其次，由於文人單純為了暢心悅意的篇詠，自魏晉後增多，而不再侷限於表疏章奏論議等經世之作；且別集總集也出現了，自然口說手寫「竹事」，較秦漢為多。

　　第三，從經濟上來看就更為明顯。古代先民是比較重實用的，而竹材的經濟價值就很高，可以為竹蓆枕簞、簠簋筐篚，可以為竹簡、筆管、

---

[67]　〈古詩十九首〉有云：「冉冉孤生竹，結根泰山阿」；《全漢文》卷二五，東方朔〈七諫〉亦藉竹自擬曰：「便娟之脩竹兮，寄生乎江潭。上蔽薈而防露兮，下冷冷而來風。孰知其不合兮，若竹柏之異心！」（同注16，第1冊，頁262）

[68]　或有以「綠竹」為王芻、萹竹者，然衛地固多竹，如《詩經・衛風》另有篇名〈竹竿〉；《史記》卷二九〈河渠書〉，天子使汲仁、郭昌發卒數萬塞瓠子決，亦曰：「是時東郡燒草，以故薪柴少，而下淇園之竹以為楗。」（同注5，第2冊，頁1412～1413）而即六朝人亦不以綠竹為王芻、萹竹，此如謝莊〈竹贊〉正云：「瞻彼中唐，綠竹猗猗。貞而不介，弱而不虧。杳裊人表，蕭瑟雲崖。推名楚澤，美質梁池。」（《全宋文》卷三五，同注16，第3冊，頁2631）沈約遊戲文字〈修竹彈甘蕉文〉亦言：「長兼淇園貞幹，臣修竹稽首……。」（《全梁文》卷二七，同注16，第3冊，頁3111）俱可知之。另《容齋隨筆》卷六〈綠竹青青〉條；三筆卷十四〈綠竹王芻〉條亦有辯言，足以參觀。

紙的原料，可以為橫笛、洞簫、笙管、箭器，更可供食用，所以《史記·貨殖列傳》說，渭川千畝竹，足與千戶侯等，竹竿萬个，亦比千乘之家。《漢書·地理志》亦云「有鄠杜竹林，南山檀柘，號稱陸海，為九州膏腴」（孟堅另於〈西都賦〉言：「商洛緣其隈，鄠杜濱其足，源泉灌注，陂池交屬，竹林果園，芳草甘木，郊野之富，號為近蜀。」）此秦漢以前少將竹林作為娛遊之地也；自漢末以來，農村經濟破產，多數演成塢堡的形態，地方勢力則由名門郡望所把持，致後來國家雖已統一，卻因高族閥閱對國家統一有貢獻，只得任使佔山護澤，而這批達官顯貴也少像漢以前奉職在公的循吏，恐礙農工織女售其貨，甚且拔葵去織[69]，所以他們經濟是富裕的，而在一個高尚隱逸的風潮中，士族自然樂享林泉之趣，其對於竹林，也就重在精神的滿足，而非物質的需索了。若《宋書·隱逸·沈道虔傳》，即堪為當時高士寫照：

> 人拔其屋後筍，令人止之曰：「惜此筍欲成林，更有佳者相與。」乃令人買大筍送與之。

後來文士的心態，莫不與此相彷彿，《能改齋漫錄》卷七〈叢竹當封瀟洒侯〉條云：

> 張右史文潛〈竹詩〉：「裊裊墻陰竹數竿，秋風盡日舞青鸞。平生愛爾緣瀟洒，莫作封君渭上看。」潘邠老問張曰：「渭川千畝竹，皆與千戶侯等，非斥此耶？」張曰：「非也，陸龜蒙詩：叢竹當封瀟洒侯。」[70]

既然文士喜好賞遊林下，竹木列入詩文的比例，自愈益提高了。由上辨析可知「竹林七賢」的「竹林」，不必從寅恪先生所謂的「格義」，然後有之。

---

[69] 見《史記·循吏·公儀休傳》，同注5，第4冊，頁3102。
[70] 同注17，頁2182。

五、結　論

　　本文逐次申說寅恪先生所論三事有值得商榷的地方。第一舟量巨
象，說明孫權未必無致象可能，倉舒量象也非因襲《苻子》，因當時早
秀天才多，曹操可能想炫耀子弟的聰明，所以群臣奉承其意，「咸莫能
出其理」；況且《雜寶藏經》譯文在《三國志》後，不當便謂史傳沿襲
其事。第二華佗開腸，徵諸中國古代史料，知中醫亦有科學一面，並非
如先生所謂「揆以學術進化史蹟，恐難臻此」，而必取仿《柰女祇域因
緣經》；又《高僧傳》的「耆域」，也不同於佛陀時代的神醫耆婆。第三
兼辨竹林七賢的「竹林」並非比附佛陀講經之所，蓋「竹林」原有其地，
且竹有亮節貞風，久為國人所愛，實亦民族文化的一部份，謝安諸人傳
述「竹林七賢」，根本沒有考慮「格義」問題。

　　本文言依實據，諒非守舊自固者比。若先生云：「嘗謂外來之故事
名詞比附於本國人物史實，有似通天老狐，醉則見尾。」憶《太平廣記》
卷二四二記蕭穎士傍晚遇一胡姓女子，騎驢，著紅衫綠裙，語穎士其懼
黑，望與同行，「穎士常見世間說有野狐，或作男子，或作女人，於黃
昏之際媚人。穎士疑此女即是野狐，遂唾叱之曰：『死野狐，敢媚蕭穎
士！』」而快馬投店，豈料彼原店東之女！又如歐陽脩主試禮部，得東
坡文，欲擢冠多士，猶疑其客曾鞏所為，故置第二[71]；及東坡典貢舉，
愛李廌筆墨翻瀾，意必魁之。考章援程文，大喜，以為廌無疑，既拆號，
悵然出院，以詩送廌歸曰：「平時謾識古戰場，過眼終迷日五色。」[72]

　　「人心之不同，如其面焉」[73]，而面貌實多酷似者，想其當然，恐
未必然，此亦中外比較，宜謹慎求證，細心推理之處。

---

[71]　《宋史》卷三三八〈蘇軾傳〉，頁10801。

[72]　《宋史》卷四四〇〈李廌傳〉；子瞻賦詩自責云云，詳《石林詩話》卷中，頁13116～13117。

[73]　《左傳》襄公三十一年子產之語，臺北：藝文印書館印行，2001年12月，頁689。

雲岡石窟・第十八窟北壁主佛
（曇曜五窟之一，傳以對應世祖太武皇帝拓跋燾）

《大正藏》載錄北魏太武帝滅佛前後史事考探

提　要

歷史真相只有一個，但從不同角度或立場去看它，就會有不同的論述與評價。北魏太武帝朝信道滅佛，甚囂塵上的太武悔悟染癘，究竟真相如何？玄高法師是否為太子行金光明齋懺？太武父子是否矛盾心結日深？太子拓拔晃何以二十四歲英年薨逝？寇謙之與崔浩政教結盟，最終有無貌合神離？若有，兩人契合與分歧點何在？而崔浩因「國史獄案」橫遭族誅，其間複雜緣由何在？這種種問題在佛藏載記及相關歷史典籍，皆有陳述不明處，亦有交相扞格處。近代許多學者方家針對這段歷史發表不少考證文章，使模糊難辨的史事得到大幅釐清，但學界在論證這段史事時，佛藏史料大體上是較不被看重的，其或認為佛教徒站在宗教立場敘述史實不客觀；然而披沙揀金，亦未嘗不往往見寶。本文一方面利用《大正藏》光碟檢索比較佛藏史料彼此異同，及其與史籍相互出入之所在，並綜理衡酌諸家研究成果，補充一己剝繭抽絲之得，文分「《大正藏》載錄太武滅佛始末」、「太武悔悟感癘說探析」、「拓拔晃監國與幽死剖論」、「寇謙之與崔浩理念的異同」、「崔浩死事衡論」諸節，冀以探賾發覆，補闕拾遺，撥開太武滅佛前後諸多迷霧，還原歷史真貌；兼以尋繹佛教史學家護教衛法，運用移花接木、誇飾塗澤的文學心思，如此，亦可稍明其宗教史觀。

關鍵詞

《大正藏》　太武帝　拓拔晃　寇謙之　崔浩

一、前　言

　　北魏泰常八年（423）十一月，明元帝拓跋嗣崩於西宮，長子拓跋
燾（太武帝）即皇帝位，年僅十六歲[1]。拓跋燾得立為太子，承繼大統，
多仰仗漢族士人領袖崔浩的支持。《魏書・崔浩傳》載，拓跋嗣晚期「恆
有微疾，怪異屢見」[2]，這是因為拓跋嗣與其父道武帝拓跋珪一樣，都服
用寒食散而致病[3]。拓跋嗣憂慮道武帝晚年社稷動盪的慘劇重演[4]，於是
密派中貴人向博通天文星占的崔浩請教：「朕疾彌年，療治無損，恐一
旦奄忽，諸子並少，將如之何？其為我設圖後之計。」崔浩便在一番客
套應對後，明確建議立儲，以漢族的太子監國古制取代拓跋氏兄終弟及
或諸部擁立遺制：「今宜早建東宮，選公卿忠賢，陛下素所委仗者，使
為師傅；左右信臣，簡在聖心者，以充賓友，入總萬機，出統戎政，監
國撫軍，六柄在手。若此，則陛下可以優遊無為，頤神養壽，進御醫藥。
萬歲之後，國有成主，民有所歸，則奸宄息望，旁無覬覦。此乃萬世之
令典，塞禍之大備也。」並且說：「今長皇子燾，年漸一周，明睿溫和，
眾情所繫，時登儲副，則天下幸甚。立子以長，禮之大經。若須並待成
人而擇，倒錯天倫，則生履霜堅冰之禍。自古以來，載籍所記，興衰存

---

[1]　拓跋燾生於道武帝天賜五年（408），明元帝泰常八年（423）即位，故年十六；《廣弘明
集》於卷六、卷八皆云其八歲登位（T52，p123c、p135b），並不真確。

[2]　魏收《魏書》卷三五〈崔浩傳〉，臺北：鼎文書局，1993年10月，頁812。

[3]　魏收《魏書》卷二〈太祖紀〉云：「初，帝服寒食散，自太醫令陰羌死後，藥數動發，
至此逾甚。而災變屢見，憂懣不安，或數日不食，或不寢達旦。歸咎群下，喜怒乖常，
謂百僚左右人不可信，慮如天文之占，或有肘腋之虞。追思既往成敗得失，終日竟夜獨
語不止，若旁有鬼物對揚者……。」（頁44）而卷三〈太宗紀〉亦云：「帝素服寒食散，
頻年動發，不堪萬機。」（頁62）

[4]　魏收《魏書》卷三〈太宗紀〉云：「天賜六年冬十月，清河王紹作逆，太祖崩。帝入誅
紹。壬申，即皇帝位。」（頁49）清河王即道武帝之子，明元帝之弟。道武帝十男，除
明元帝之外，封王者七人，餘二人早夭；而七王中，有四王在明元帝時期先後去世，李
憑《北魏平城時代》認為四王都在很年輕就去世，「很難相信他們竟那麼湊巧地全都死
於疾病」，「特別是陽平王熙和河南王曜之死與明元帝或許有一定的關係。」（北京：社
會科學文獻出版社，2000年1月，頁115）因為當時兄終弟及繼承原則未被徹底破除，而
諸王年紀多長於拓跋燾，所以明元帝自然會憂心不安。

亡，鮮少不由此。」⁵拓跋嗣後來病情沉重，又詢問鮮卑貴族首領人物長孫嵩，長孫嵩亦持相同意見⁶，因此拓跋嗣派命六輔弼贊，拓跋燾於十五歲正式臨朝監國⁷。

　　太武帝拓跋燾的確是一位傑出有為的君主，在文治上接續鮮卑漢化的興革推動；在武功上憑藉歷年艱苦卓絕的戰陣統一黃河流域，結束前秦土崩瓦解後的北方分裂局面，勢力更拓展至西域，並與南朝劉宋敵對中，逐漸獲得軍事優勢。《魏書・世祖紀下・史臣曰》特別表彰其豐功偉業，說道：「世祖聰明雄斷，威靈傑立，藉二世之資，奮征伐之氣，遂戎軒四出，周旋險夷。掃統萬，平秦隴，翦遼海，盪河源，南夷荷擔，北蠕削跡，廓定四表，混一戎華，其為功也大矣。遂使有魏之業，光邁百王，豈非神睿經綸，事當命世？」⁸至於其性格與智謀，《魏書・世祖

5　同注2。以此對應沈約《宋書》卷九五〈索虜傳〉云：「燾年十五六，不為嗣所知，遇之如僕隸。」（臺北：鼎文書局，1993年10月，頁2330）可知《宋書》為敵國毀謗之語。又據呂思勉《讀史札記・崔浩論》謂浩力贊拓跋燾為太子監國，「似以其母為漢人之故」（臺北：木鐸出版社，1983年9月，頁824），其實以崔浩對儒家禮法宗統的堅定信仰，加上欲佐助的是深得道武帝喜愛，早在拓跋燾出生當夜即迫不及待召衛王儀入宮，公布喜訊，隱有宣示子孫世代承繼的意味（《魏書・衛王儀傳》）；道武並且說：「成吾業者，必此子也。」（《魏書・世組紀上》）而崔浩的大力推薦，正可以改造鮮卑繼嗣無序的混亂，回歸長幼有序「禮之大經」的規律，故擁立拓跋燾自屬意料中事。

6　魏收《魏書》卷二五〈長孫嵩傳〉云：「太宗寢疾，問後事於嵩。嵩曰：『立長則順，以德則人服。今長皇子賢而世嫡，天所命也，請立。』乃定策禁中。於是詔世祖臨朝監國，嵩為左輔。」（頁644。今本《魏書》此傳是補自《北史》卷二二〈長孫嵩傳〉，可參點校本校勘記，頁649；不過李延壽修《北史》，對於北魏史事多據魏收《魏書》，趙翼《二十二史箚記》卷十三有「《北史》魏書多以魏收書為本」（臺北：臺灣商務印書館，1965年12月，頁246）一則可參證。）《資治通鑑》卷一一九將明元帝詢問崔浩與長孫嵩的應答，同置於泰常七年（422），周一良《魏晉南北朝史札記・魏書・年漸一周》條，已予訂誤（北京：中華書局，1985年3月，頁341）；又李憑《北魏平城時代》認為拓跋嗣由「微疾」到「寢疾」；拓跋燾由「年漸一周」到泰常七年五月監國，已相距三年之久，立儲雖為國之大事，但程序並不複雜，竟要醞釀如此之久，「其間決非風平浪靜，定有相當的曲折，只不過史家未錄罷了。」（頁118）

7　《魏書・崔浩傳》云：「司徒長孫嵩、山陽公奚斤、北新公安同為左輔，坐東廂西面；浩與太尉穆觀、散騎常侍丘堆為右弼，坐西廂東面。百僚總己以聽焉。」（頁813）

8　魏收《魏書》卷四〈世祖紀下〉，頁109。

紀下》又說：

> 帝生不逮密太后，及有所識，言則悲慟，哀感傍人，太宗聞而嘉
> 歎。暨太宗不豫，衣不釋帶。性清儉率素，服御飲膳，取給而已，
> 不好珍麗，食不二味；所幸昭儀、貴人，衣無兼綵……。每以財
> 者，軍國之本，無所輕費，至賞賜，皆是死事勳績之家，親戚愛
> 寵，未曾橫有所及。臨敵常與士卒同在矢石之間，左右死傷者相
> 繼，而帝神色自若。是以人思效命，所向無前。命將出師，指授
> 節度，從命者無不制勝，違爽者率多敗失。性又知人，拔士於卒
> 伍之中，惟其才效所長，不論本末。兼甚嚴斷，明於刑賞。功者
> 賞不遺賊，罪者刑不避親，雖寵愛之，終不虧法。[9]

相較於《魏書》的稱美，《宋書·索虜傳》則是點出太武帝的勇猛體魄，以及凶殘令人怖畏的一面：「（燾）壯健有筋力，勇於戰鬥，忍虐好殺，夷、宋畏之。攻城臨敵，皆親貫甲冑。」[10]這樣一位功蓋曩代，威猛無儔的國君，同時也造下令佛教徒錐心慟悼的滅佛舉措，太平真君七年（446）三月詔書略云：

> 自今以後，敢有事胡神及造形像泥人、銅人者，門誅……。有非
> 常之人，然後能行非常之事。非朕孰能去此歷代之偽物！有司宣
> 告征鎮諸軍、刺史，諸有佛圖形像及胡經，盡皆擊破焚燒，沙門
> 無少長悉坑之。[11]

而佛教徒對此一空前浩劫[12]，於撰述之中或詳或略皆有記錄。關於太武

---

[9] 同前注，頁107。

[10] 沈約《宋書》卷九五〈索虜傳〉，同注5，頁2330。

[11] 魏收《魏書》卷一一四〈釋老志〉，頁3034。

[12] 試觀太武滅佛前，五胡十六國君長大多崇敬佛教，甚至尊之為國教，這與佛教傳布路線，從陸道經西域東傳，首抵河西，次及涼州，然後到達長安，有著密切關係。早初敬信佛教的群眾多屬胡族，而國君如羯族後趙石勒、石虎之尊奉佛圖澄；氐族前秦苻堅敬事道安；羌族後秦姚興奉事鳩摩羅什；匈奴族北涼沮渠蒙遜敬信曇無讖、玄高；又據隋唐經錄《歷代三寶紀》、《大唐內典錄》、《開元釋教錄》等，載有《前秦錄》、《後秦錄》、《西

帝的滅佛緣由可以從多層面切入探討，劉淑芬〈從民族史的角度看太武
滅佛〉即云：

> 此一滅佛事件，前此的研究大都環繞在國家的政策、宗教上的佛
> 道之爭、思想上的儒釋之辨等方面來討論這個問題。[13]

劉文則是注意及太平真君滅佛詔的頒布，是在親征蓋吳叛軍時引爆的，
因為在杏城（陝西黃陵縣）起兵的蓋吳是盧水胡人，而盧水胡人正是篤
信佛教。但是收錄於《大正藏》的佛教著作，很理所當然都從宗教信仰
上的佛道論爭來論述，因記事涉及信仰，故頗同野史雜說，承襲訛傳之
言，如呂思勉所云：「流俗傳說，往往能知事之內情，而於其外表則不
能皆確，如時、月、日、地名、官名等是也。」[14]尤有甚者，即《大正
藏》所收典籍載錄太武滅佛始末，在論述某些「事之內情」時，還加上
緣飾塗繪，雖然如此已非史實，卻增添值得玩索的文學興味，本文故就
太武帝拓跋燾、景穆帝（恭宗）拓跋晃、寇謙之、崔浩等人在佛藏中的
事蹟形象，與史實比較分析，一方面釐析這段曲折真相，一方面亦藉佛
教典籍失真的敘述，發掘佛教徒護教衛法的用心，略覘其宗教史觀。

二、《大正藏》載錄太武滅佛始末

日本大正十三年至昭和九年（1924～1934）間[15]，由高楠順次郎（1866
～1945）、渡邊海旭（1872～1933）、小野玄妙（1883～1939）等，在東

13　秦錄》、《北涼錄》，亦可見其對譯經事業的貢獻；即北魏於太武滅佛之前，也是相當優
　　容佛教的。其中除了赫連勃勃攻陷長安，道俗少長咸皆坑戮（參見《高僧傳》曇始、超
　　進、僧導諸傳），不過仍僅限於長安，因此太武統一北方的全面滅佛，自堪稱空前。

13　劉淑芬〈從民族史的角度看太武滅佛〉，中研院史語所集刊72本，第一分，頁2。

14　呂思勉《讀史札記‧吳均齊春秋》，同注5，頁1289。

15　據《佛光大辭典‧大藏經》條，高雄縣：佛光山宗務委員會，1997年光碟版；又《中華
　　佛教百科全書‧大正新修大藏經》條則云：「從大正十一年到昭和九年，共費時十三年
　　乃告完成。」（臺南：中華佛教百科文獻基金會，1994年1月，頁781）二者所說皆是，
　　因大正十一年乃是高楠順次郎等人發起；大正十三年則指正式創刊，見李圓淨〈歷代漢
　　文大藏經概述〉，收於張曼濤主編《現代佛教學術叢刊‧大藏經研究彙編（上）》，臺北：
　　大乘文化出版社，1977年6月，頁101。

京組織「大正一切經刊行會」，編輯出版漢文大藏經，全名《大正新脩大藏經》，簡稱《大正藏》，共一百卷（冊），這是當今佛學界普遍利用的文獻；而近年來電子科技日新月異，臺大佛研中心釋恆清法師獲得「北美印順導師基金會」與「中華佛學研究所」鼎力贊助，於 1998 年 2 月 15 日，成立中華電子佛典協會（CBETA）。該協會電子資料庫即是以《大正新脩大藏經》第一至第五五卷，及第八五卷為底本，並取得版權者——「大藏出版株式會社」輸入與公開之授權，免費提供電子佛典資料庫，作為非營利性使用[16]，頗便於經文閱覽與檢索，在國際交流、學術研究領域，以及經典普及流通，具有多元饒益的功能。

　　雖然目前電子佛典資料庫僅有《大正藏》五六冊，但檢索太武帝滅佛資料已綽綽有餘，因第五六卷至八四卷，有關續經疏部、續律疏部、續論疏部、續諸宗部、悉曇部，幾乎都是日僧著作，與中國中古史關係不大；而八六至一百卷則包含圖像部及三冊昭和法寶總目錄，與太武滅佛也無關係。現就資料庫輸入搜尋字串，檢索「太武 OR 燾」有 204 條；「太子 AND 晃」有 53 條；「恭宗」有 7 條；「寇謙[17]」有 61 條；「寇 AND 天師」有 45 條；「崔浩 OR 崔皓[18]」有 86 條。扣除無關、條文重

---

[16]　參見〈中華電子佛典協會新聞電子報〉，第8期，1999年12月25日。

[17]　若檢索「寇謙之」則僅得49條，因寇謙之可省稱為寇謙。陳寅恪〈崔浩與寇謙之〉云：「祖父孫可以同用『之』字為名，兄弟同輩，其名亦得皆用『之』字，但『之』字亦可省略，此等例證，見於六朝載集者甚多。」（《陳寅恪先生文集》第1冊，臺北：里仁書局，1981年3月，頁109）

[18]　崔浩，在《大正藏》也有作「崔皓」的特殊情形。案崔浩字伯淵，既與皎潔之意的「皓」字不同，且無避諱改字關係，何以在南北朝時期就有如此書寫習慣？今據《法苑珠林》卷七九一條資料，或可解釋之：「宋文帝元嘉二十三年丙戌，是北魏太平真君七年。太武皇帝信任崔皓邪佞諂諛，崇重寇謙，號為天師，殘害釋種，毀破浮圖，廢棄『淫祀』。時諸臣僉曰：『如康僧感瑞，太皇創寺，若也除毀，恐貽後悔。又於後宮內掘地，得一金像，皓乃穢之，陰處尤痛，嗷聲難忍。太史卜曰：「由犯大神故。」於是廣祈名山，多賽祀廟。而屏苦尤重，內痛彌甚。有信宮人屢設諫曰：「陛下所痛，由犯釋像。請祈佛者，容可止苦。」皓曰：「佛為大神耶？試可求之。」一請便愈。欣慶易心，乃以車馬，迎康僧會法師，請求洗懺，從受五戒，深加敬重也。』太武皇帝方知寇謙陰用邪誤，乃加重罰，以置四郊。埋身出口，令四衢行人，皆用口廁，以盡形命。」（T53，p875a）顯然佛教徒將崔浩惡心毀釋與孫皓穢佛聯繫起來，因崔浩最終遭人溲其上，呼聲嗷嗷，

複、目錄標題，或如元・劉謐《三教平心論》僅舉例議論云：「三武之君欲滅佛，而佛終不可滅」、「崔浩信寇謙之，而悉誅沙門，毀諸經像」者不計，依《大正藏》編排順序，檢得二十四部書籍記載此事：

冊次	書　　　名	作　者	卷　　數	頁　　碼[19]
49	《佛祖統紀》	宋・志磐	36、38、42、46、53、54	345、354、359、386、392、393、421、469、470、471
49	《佛祖歷代通載》	元・念常	7、8、9、11、21、22	533、534、537、538、551、567、710、716
49	《釋氏稽古略》	元・覺岸	2、4	789、791、885
49	《歷代三寶紀》	隋・費長房	9	82、85
49	《三國遺事》	高麗・一然	3	987
50	《高僧傳》	梁・慧皎	10、11	392、397、398
50	《續高僧傳》	唐・道宣	1、25	428、646
50	《神僧傳》	明・朱棣	2	956
50	《海東高僧傳》	高麗・覺訓	1	1017
51	《冥報記》	唐・唐臨	3	796
51	《釋迦方志》	唐・道宣	2	973、974
52	《廣弘明集》	唐・道宣	2、6、7、8、12、13、25	102、103、105、106、124、125、135、140、175、185、186、285
52	《集古今佛道論衡》	唐・道宣	1、2	368、369、372
52	《集沙門不應拜俗等事》	唐・彥悰	3	456
52	《破邪論》	唐・法琳	1	481
52	《辯正論》	唐・法琳	6、7、8	535、540、545

聞于行路，與孫皓陰處尤痛，嗷聲難忍的果報有雷同之處，於是崔浩的「浩」被寫成孫皓的「皓」。

[19]　《大正藏》每頁有三欄，一般皆以a、b、c表示；不過此處檢索出的字串，若見有兩頁相鄰，往往仍記載同一件事，更遑論a、b、c欄位太接近，標出實無多大意義，故此處從略。

52	《北山錄》	唐・神清	3、5、7、10	590、603、604、619、632、634、635
52	《辯偽錄》	元・祥邁	1、2、4、5	751、756、758、773、778
53	《法苑珠林》	唐・道世	19、31、79、84、98、100	428、518、672、875、905、1012、1026
54	《翻譯名義集》	南宋・法雲	5	1146
55	《大唐內典錄》	唐・道宣	4	267、268
55	《古今譯經圖紀》	唐・靖邁	3	360
55	《開元釋教錄》	唐・智昇	6	539
55	《貞元新定釋教目錄》	唐・圓照	9	838

　　由於諸書載記太武滅佛事蹟，多雷同重出，僅於細節稍有差異，以下即謄錄首尾最為完整的道宣《集古今佛道論衡》，再將異同處註記於後：

　　魏世祖太武託跋燾即位，亦遵太祖、太宗之業，雖有黃老，不味其術，每引高德沙門，與談玄理。於四月八日，輿諸佛像，行於廣衢，帝親御門樓，散花禮敬，篤敬兼至。晚據有平城，興敬李術，為立道壇。司徒崔皓〔一〕，少習左道，猜忌釋門。既位居偽輔，尤不信有佛，謂是虛誕。見讀佛經，奪而投井中，密欲加滅。皓有才略，太武信用，國人以為摸揩（模楷）。燾所扶信道士寇謙之〔二〕，與皓款狎。遂奏拜謙，位稱天師。時有沙門玄高，道王河西，名高海右；神用莫測，貴賤咸重。燾乃軍逼掠（涼）境，徵高東還〔三〕，既達平城，大弘禪化。太子晃事高為師，形心盡禮。晃時被讒〔四〕，為父所疑，乃告高曰：「空羅（罹）枉苦，何由可脫？」高令作金光明齋懺，七日懇誠，燾乃夢見其祖及父，皆執劍列威曰：「何故信讒，枉疑太子！」燾驚覺，大集群臣，說神告夢。諸臣咸言：「太子無過，實如皇靈降誥。」燾於太子，無復疑焉，蓋高誠感之力也。因下書曰：「朕承祖宗重光之緒，思闡鴻基，恢隆萬代，武功雖昭而文教未暢，非所以

崇太平之治也。今者域內安逸，百姓富昌，宜定制度，為萬世之法。夫陰陽有往復，四時有代序。授子任賢，安全相付，所以休息疲勞，式固長久，古今不易之令典也。可令皇太子副理萬機，總統百揆，更舉賢良，以備列職。擇人授任而黜陟之，其朝士庶民，皆稱臣於太子。」〔五〕于時崔、寇先得寵於燾，恐晃篡政，有奪威權。又譖云：「太子前事，實有謀心。但結高公道術，故令先帝降夢如此。物論事跡難明，若事不早除，必為巨害。」燾納之，即敕收高。於太平五年九月十五日，縊於平城之隅；太子又幽殺之〔六〕，即宋元嘉之二十二年也〔七〕。爾夜，門人莫知其死，忽有光明，繞塔入房。其光聲曰：「吾其已逝。」弟子等崩赴屍所，請告遺累。言畢，高眼稍開，汗通香起，便坐謂曰：「大法應化，隨緣盛衰。盛衰在迹，理恒湛然。但念汝等不久，復當如我耳！汝等死後，法當更興。善自修心，無令中悔。」言已便臥而絕。崔皓於此，縱以姦心，每與帝言，恒加非毀，以佛法無益於政，有傷民利，勸令廢之。後太武至長安〔八〕，入僧寺，見有弓盾，帝怒誅寺僧。皓因進說，盡殺沙門，焚經毀像，敕留臺下四方僧寺有者，依長安法除之。道士寇謙不從其毀，苦與皓爭，皓拒之，謙謂皓曰：「卿從今年受戮滅門矣。」燾惑其言，以太平七年，遂普滅佛法。分軍四出，燒掠寺舍，統內僧尼，無少長坑之。其竄逸者，捕獲梟斬。有沙門慧始〔九〕，甚有神異。昔赫連昌破長安，始被白刃而體不傷。五十餘年，未嘗寢臥，跣行泥塗，初不污足，而色逾鮮白，世號「白足和上」。死十餘年，身相如在。初入深山，習行蘭若，太平之末，方知滅法。慧始聞之，乃於元會之日，杖錫宮門。有司奏云：「有一道人，足白於面，云欲入見。」屬依軍法，斬而不傷，遂至殿庭。燾大怒，自以所佩劍斫之，體無餘異〔十〕。時北園養虎，敕以始飴（餧）之。虎皆潛伏，終不敢視。試以天師近檻，虎輒鳴吼。燾方知佛化高尊，黃老之所不及。即延始入殿，頂禮足下，悔其譽咎。始為說法，明辯因果，燾於是大生愧懼，遂感癘疾，通身發瘡，痛苦難忍〔十一〕。群臣議曰：「崔皓邪佞，毀害佛僧。陛下所患，

必由於此。」于時崔、寇二人，次發惡疾〔十二〕。燾惟過由於彼，以太平十一年，乃載皓於露車，官使十人於車上，更尿其口。行數里，不堪困苦。又生埋出口而尿之〔十三〕。自古三公戮辱，未之過此之甚。遂誅諸姻親門族都盡，宣下國中，興復正法〔十四〕。俄而燾崩〔十五〕，孫濬襲位，大弘佛事，即高宗文成皇帝是也。見《後魏書》及《十六國春秋》、《高僧傳》[20]。

（一）：諸書與正史同樣作「崔浩」的有《佛祖統紀》、《釋氏稽古略》、《神僧傳》、《海東高僧傳》、《冥報記》、《辯偽錄》、《三教平心論》；《佛祖歷代通載》、《廣弘明集》、《辯正論》則「浩」「皓」兩用；《古今譯經圖紀》作「晧」，乃是「皓」本字[21]；餘書皆作「皓」。

（二）：此處作「寇謙之」，其下文又別作「寇謙」。諸書中《歷代三寶紀》、《北山錄》、《翻譯名義集》、《大唐內典錄》、《古今譯經圖紀》作「寇謙」；《佛祖歷代通載》、《廣弘明集》、《辯偽錄》、《法苑珠林》則兩用；餘皆作「寇謙之」。

（三）：《高僧傳》卷十一、《法苑珠林》卷八四同作：「時魏虜拓跋燾僭據平城，軍侵涼境。燾舅陽平王杜超請高同還偽都。既達平城，大流禪化。」《佛祖統紀》卷三八「延和元年」條云：「初，涼土沙門玄高妙善禪觀。上遣使迎入平城，甚加敬重，命太子晃師事之。」《佛祖歷代通載》卷七云：「魏使請高入于平城。拓跋燾在位，益加誠敬，令太子晃師事之。」

（四）：《佛祖統紀》卷三八云，太子晃被讒，求哀玄高為太延五年（439）。《廣弘明集》卷二、《佛祖歷代通載》卷八則言崔、寇密讒於帝。

（五）：本段詔書文字近於《宋書‧索虜傳》；《高僧傳》卷十一〈玄高傳〉與《宋書‧索虜傳》更為近似，其中所謂：「今者域內安逸，百姓富昌，宜定制度，為萬世之法。」並不見於《魏書‧世祖

[20]　道宣《集古今佛道論衡》卷一，T52，p368a。
[21]　《說文》「晧」字，段玉裁注云：「謂光明之皃也。天下惟絜白者最光明，故引伸為凡白之偁，又改其字从白作皓矣。」（臺北：黎明文化事業公司，1976年12月，頁307）

紀下》的詔文中。

（六）：太子晃實非死於此年；然同為道宣所著《廣弘明集》卷二、卷
　　　八亦云太子幽死禁中；玄高縊於郊南。《北山錄》卷五也說：「太
　　　子晃師沙門玄高，皓譖皆死（與太子皆〔偕〕也）。」惟《北山
　　　錄》卷五、卷十另記太子晃為宗愛所譖，懼誅，將謀逆而遇害，
　　　同書相互矛盾若此。又《海東高僧傳》卷一云玄高卒於太平真
　　　君七年（446）。

（七）：太平真君五年（444），應為宋元嘉二十一年，《大正藏》校勘欄
　　　已改正「二十二」之誤。《高僧傳》卷十一、《廣弘明集》卷二、
　　　《法苑珠林》卷八四紀年皆無誤。

（八）：太武親征蓋吳叛軍，應於太平真君七年二月抵長安。《北山錄》
　　　卷五竟將紀年提早到太延五年（439）；《貞元新定釋教目錄》卷
　　　九又延至太平真君十年（449）始焚經毀像，案此書多襲自智昇
　　　《開元釋教錄》，智昇書作「七年」，此作「十年」，當是筆誤。

（九）：《破邪論》卷一亦作「慧始」，然自慧皎《高僧傳》以下諸書多
　　　作「曇始」；《北山錄》卷三作「曇始」，卷十作「慧始」；《魏書·
　　　釋老志》作「惠始」。

（十）：《高僧傳》卷十、《法苑珠林》卷三一云：「劍所著處，有痕如布
　　　線焉。」《海東高僧傳》卷一云：「劍所著處，有痕如紅綿，體
　　　無餘異。」《佛祖歷代通載》卷八云：「劍微有痕如線。」《神僧
　　　傳》卷二云：「劍所著處，有痕如線。」《北山錄》卷三云：「肌
　　　不容刃，手劍之，其傷如線。」惟卷十又記述更神異事蹟，為
　　　他書所未見：「魏大武沙除釋教，令構得僧首者賞金。（慧）始
　　　立國門，來者與其頭，官中賞給不暇，由是而止。」

（十一）：諸書皆一致記載太武感癘，身發惡疾，未言及者僅《釋氏稽
　　　古略》一部。又此處云先是慧始為太武說法，然後太武悔悟致
　　　疾，與《高僧傳》同；《歷代三寶紀》、《續高僧傳》、《法苑珠林》、
　　　《大唐內典錄》、《開元釋教錄》、《貞元新定釋教目錄》則言感
　　　癘之後，方得曇始來相啟發。另《破邪論》未記慧始於滅佛之
　　　後特來感悟太武帝；《佛祖歷代通載》雖也未敘及，不過卷八目

錄「魏崔皓伏誅（附評論）」條後，可見「沙門曇始至魏救法」
此一標題。

（十二）：依據《魏書》，崔浩是因國史之獄族誅，而非因毀害佛僧；然
　　　　諸書論及修史暴揚國惡的，只有《佛祖統紀》卷三八 、《佛祖
　　　　歷代通載》卷八、《釋氏稽古略》卷二。《佛祖歷代通載》甚至
　　　　說崔、寇二家悉夷五族；《辯正論》卷六還說《魏書》記載：「熏
　　　　後身發惡疾，乃誅崔、寇二人。」至於「崔、寇二人，次發惡
　　　　疾」的說法，又見《高僧傳》卷十、《法苑珠林》卷三一、《神
　　　　僧傳》卷二、《三國遺事》卷三；《佛祖歷代通載》卷八說：「寇
　　　　謙之惡疾死。」《辯偽錄》卷四則云：「太武身感癘疾，寇謙身
　　　　亦早卒。」

（十三）：《廣弘明集》卷十二云：「即便誅戮，曝尸都市。敕令行人咸
　　　　糞其口。」《北山錄》卷五云：「臨誅，仍令溲其口」；《古今譯
　　　　經圖紀 》卷三、《開元釋教錄》卷六、《貞元新定釋教目錄》卷
　　　　九云：「即誅崔皓，埋之都市，以口為廁，令眾穢之。」《法苑
　　　　珠林》卷七九則云：「太武皇帝方知寇謙陰用邪誤，乃加重罰，
　　　　以置四郊，埋身出口，令四衢行人皆用口廁，以盡形命，徒黨
　　　　之流並皆斬決。」糞口者成為寇謙之。《佛祖統紀》卷四二、五
　　　　四只說崔浩以罪腰斬族誅；《佛祖歷代通載》卷八說「凌遲而
　　　　死」。

（十四）：佛法復興是在太武生前或身後，說法並不一致，《高僧傳》卷
　　　　十、《翻譯名義集》卷五、《三國遺事》卷三皆言太武還興佛法，
　　　　與此處同。《續高僧傳》卷一、《破邪論》卷一、《大唐內典錄》
　　　　卷四、《古今譯經圖紀》卷三、《貞元新定釋教目錄》卷九、《北
　　　　山錄》卷五、卷十、《佛祖統紀》卷四二、四六、《釋氏稽古略》
　　　　卷四，皆言在太武崩後；《北山錄》卷七又說道：「太武遘厲疾，
　　　　而法令寬弛，既絕又復也（至文成復興）。」另《法苑珠林》卷三
　　　　一與卷七九、九八；《廣弘明集》卷十二與卷二五，既言太武還
　　　　興佛法，敬事如初；又言感癘而崩，還興佛法，說法自相矛盾。

（十五）：太武帝之崩，多語焉不詳，明白說是閹人宗愛所弒，僅有《北

山錄》卷五、卷十；《佛祖統紀》卷四二、五四；《釋氏稽古略》卷二。《廣弘明集》卷六雖亦言及，不過卷二五又說：「聽讒滅法，經於五載，感癘而崩。」《佛祖歷代通載》卷八也道：「魏太武以癘作，二月五日卒矣。」關於太武二月崩殂的記載，《佛祖歷代通載》與《廣弘明集》卷二、《北山錄》卷十、《釋氏稽古略》卷二相當一致；但《魏書·世祖紀下》則說：「三月甲寅，帝崩於永安宮。」

三、太武悔悟感癘說探析

太武帝拓跋燾(408～452)初即位時，仍然遵從道武帝、明元帝對於佛教的優容。前引《集古今佛道論衡》云：「每引高德沙門，與談玄理。於四月八日，輿諸佛像，行於廣衢，帝親御門樓，散花禮敬，篤敬兼至。」此於《魏書·釋老志》確有記載[22]；而對沙門的崇重，例如《魏書·李順傳》及〈釋老志〉同載太武帝聽聞北涼高僧曇無讖通曉術數禁咒，預言國家安危多所靈驗，沮渠蒙遜每詢以國事，於是詔命李順出使北涼，準備迎接曇無讖來到平城[23]。此中固然不脫政治考量，不過仍可見太武其時「歸宗佛法，敬重沙門」。只是後來信行寇謙之道術，聽從崔浩再三非毀佛教，此二人又確實有大功於國家，故一改前態，以佛教虛誕，為世費害，決意禁除。

太武帝滅佛常被提起的兩次詔令，分別是太平真君五年正月戊申，詔王公以下至於庶人，有私養沙門、師巫在家者，皆遣詣官曹，過二月十五日不出，沙門、師巫死，主人門誅[24]；另一次是前言已提過更全面性的太平真君七年（446）三月。而在這兩次之前，《魏書·世祖紀上》、《北史·魏本紀》還記載太武帝太延四年（438）三月癸未，「罷沙門年

22　同注11，頁3032。

23　魏收《魏書》卷三六〈李順傳〉、卷一一四〈釋老志〉，頁833、3032。

24　同注8，頁97；又此道詔書，〈釋老志〉將時間繫於太平真君七年，並不正確，湯用彤《漢魏兩晉南北朝佛教史》有辨正云：「帝於七年二月乃入長安，而同年正月無戊申，今從《魏書》本紀、《北史》卷二，與《通鑑》。」（臺北：臺灣商務印書館，1991年9月，頁494）

五十以下」[25]；《資治通鑑》從之，胡三省注云：「以其強壯，罷使為民，以從征役。」[26]而湯用彤亦云：「按是年魏大舉伐柔然，次年遠征涼州。胡氏之說，必有所據。」[27]不過根據《魏書‧釋老志》是這麼說的：

> 太延中，涼州平，徙其國人於京邑，沙門佛事皆俱東，象教彌增矣。尋以沙門眾多，詔罷年五十已下者[28]。

易言之，命令五十歲以下僧眾還俗，是在太延五年（439）平涼州之後。此於《魏書‧世祖紀上》、《北史‧魏本紀》同樣記載該年十月，車駕還宮；並徙涼州人民三萬餘家於京師，因此當以〈釋老志〉說法為是。而且〈釋老志〉的說法，難得還有佛教載籍《北山錄》可以佐證，《北山錄》卷五、卷十云：

> 魏太武拓跋燾太延五年滅法，有藏沙門者死。
> 魏以太延五年始起虐（太延五年己卯年，北涼初滅佛法也。）[29]

《北山錄》所言之事雖不盡精確，例如於卷五有誤云太延五年太武西伐長安；但將始滅佛法的時間繫於太延五年，也就是北涼被滅，佛法同受殃及，這是相當有歷史意義的。北涼滅亡，北方長期分裂局面至此宣告結束，雖然太武往後陸續仍有征伐，但詔罷年五十以下者，不在此之前，卻在此之後，可以想見與征役無關，而若以為「沙門眾多」，又當與太

---

[25] 同注8，頁88、《北史》卷二〈魏本紀〉，臺北：鼎文書局，1991年4月，頁52。

[26] 司馬光《資治通鑑》卷一二三，臺北：啟業書局，1978年1月，頁3867。

[27] 湯用彤《漢魏兩晉南北朝佛教史》，同注24，頁494。

[28] 同注11，頁3032。

[29] 《北山錄》卷五、卷十，T52，p600b、p630c。塚本善隆《北朝佛教史研究》第二章第五節〈佛教壓迫政策之進行〉認為太武帝對佛教壓抑始於太延元年（435）尚書左僕射安原一族被誅（東京：大東出版社，昭和49年，頁57）。安原固然為名僧安世高後裔，其父安同也曾大興寺塔；但是《魏書‧世祖本紀》說他是「謀反伏誅」（頁86），又卷三十本傳亦曰：「原在朝無所比周，然恃寵驕恣，多所排抑。為子求襄城公盧魯元女，魯元不許。原告其罪狀，事相連逮，歷時不決。原懼不勝，遂謀為逆，事洩伏誅。」（頁714）由事情起因觀之，此乃安原試圖與漢族名門聯姻遭拒，遂生忿怨謀逆而致滅門，與太武主動壓迫佛教，仍有不同。

武決定隔年改年號為「太平真君」關係密切。太武帝所以能夠取得戰場上的勝利，崔浩、寇謙之居功厥偉，《魏書・崔浩傳》有云太武帝於酒宴中說：

> 汝曹視此人，尪纖懦弱，手不能彎弓持矛，其胸中所懷，乃逾於甲兵。朕始時雖有征討之意，而慮不自決，前後克捷，皆此人導吾至此也。[30]

《魏書・釋老志》亦云：

> 世祖將討赫連昌，太尉長孫嵩難之，世祖乃問幽微於謙之。謙之對曰：「必克。陛下神武應期，天經下治，當以兵定九州，後文先武，以成太平真君。」[31]

因此詔罷年五十以下沙門，並改元「太平真君」，正是對於崔、寇兩人的酬報。然而在太武滅佛之後，有無悔悟而感癘（或感癘而悔悟）？蕭子顯《南齊書・魏虜傳》有云：

> 初，佛狸討羯胡於長安，殺道人且盡。及元嘉南寇，獲道人，以鐵籠盛之。後佛狸感惡疾，自是敬畏佛教，立塔寺浮圖。[32]

此言太武招感惡疾而復教，與佛教諸書記載大致雷同；但應注意的是蕭子顯是否受佛教界傳言影響，將個人佛教信仰帶入正史之中[33]？且太武

---

[30] 同注2，頁819。

[31] 同注11，頁3053。

[32] 蕭子顯《南齊書》卷五七〈魏虜傳〉，臺北：鼎文書局，1993年5月，頁990。

[33] 齊梁皇室皆信仰佛法，蕭子顯亦不例外，有〈御講金字摩訶般若波羅蜜經序〉、〈奉和昭明太子鍾山解講〉等佛教詩文，見於《廣弘明集》（T19，p236b、T30，p354b）。曹道衡《中古文學史論文集續編・論崔浩的歷史地位及其死因》有云《南齊書》作於《高僧傳》之後（臺北：文津出版社，1994年7月，頁458）。案《南齊書》作時並不可考，黃兆強〈二十六史編纂時間緩速比較研究〉謂子顯撰《南齊書》，必在天監末至普通七年，三十至三十六歲間；又以子顯聰慧好學、工屬文，且前人相關著作頗多，「想需時二、三年即可。」（東吳大學第四屆「史學與文獻學」學術研討會）以此推估，《南齊書》於

感癘，若無人教導勸化，怎知是滅佛所致，而會「敬畏佛教，立塔寺浮圖」？在這些問題不能得到解決之前，吾人可以「替代證法」另闢路徑，就史傳所載惠始（慧始、曇始）其人，以及太武有無感癘、復佛來分析。惠始生平，《魏書‧釋老志》有敘述，現錄於下：

> 世祖初平赫連昌，得沙門惠始，姓張。家本清河，聞羅什出新經，遂詣長安見之，觀習經典。坐禪於白渠北，晝則入城聽講，夕則還處靜坐。三輔有識多宗之。劉裕滅姚泓，留子義真鎮長安，義真及僚佐皆敬重焉。義真之去長安也，赫連屈丐追敗之，道俗少長咸見坑戮。惠始身被白刃，而體不傷。眾大怪異，言於屈丐。屈丐大怒，召惠始於前，以所持寶劍擊之，又不能害，乃懼而謝罪。統萬平，惠始到京都，多所訓導，時人莫測其迹。世祖甚重之，每加禮敬。始自習禪，至於沒世，稱五十餘年，未嘗寢臥。或時跣行，雖履泥塵，初不污足，色愈鮮白，世號之曰白腳師。太延中，臨終於八角寺，齊潔端坐，僧徒滿側，凝泊而絕。停屍十餘日，坐既不改，容色如一，舉世神異之。遂瘞寺內。至真君六年，制城內不得留瘞，乃葬於南郊之外。始死十年矣，開殯儼然，初不傾壞。送葬者六千餘人，莫不感慟。中書監高允為其傳，頌其德迹。惠始冢上，立石精舍，圖其形像。經毀法時，猶自全立。[34]

這裡可以注意到兩點與僧傳不同處，一是圓寂時間，〈釋老志〉對於惠始死亡時間、地點，乃至死後情形，皆有清楚記錄。到了真君六年，惠始已死十年，足見惠始於太延二年（436）逝世，並非如僧傳所言，活過了滅法之後，不知所終；另一是身受劍擊僅有一次，也就是赫連勃勃攻陷長安，坑戮沙門，惠始以身被白刃感召之這次。故湯用彤云：「《僧

普通二年（521）當已成書；《高僧傳》則約成於梁武帝普通三年或四年（522～523），參藍吉富主編《中華佛教百科全書》第6冊，蘇晉仁撰「高僧傳」條（臺南：中華佛教百科文獻基金會，1994年1月，頁3738），故可以確定兩書完成時間不致相差太遠，而南北朝時，此傳聞在佛教界必已喧騰眾口。

34 同注11，頁3033。

傳·曇始傳》、《續傳·曇曜傳》均有太武帝因白足禪師事而生悔心之說。但證以〈釋老志〉，其事不確。」[35] 推判佛教徒所以騰傳惠始感悟太武帝，當是因惠始確曾受太武帝敬重；而且他死後又儼然如生，所以就讓他復活過來，並將身受白刃的事蹟，再次移花接木到太武滅佛之後，重塑出惠始二度感化惡王的佛教史。但事實上，太武之世並未恢復佛教，根據《魏書·釋老志》云：「（崔）浩既誅死，帝頗悔之，業已行，難中修復。恭宗潛欲興之，未敢言也。佛淪廢終帝世，積七八年。」〈釋老志〉並錄有文成帝復佛詔，其概略曰：

> 山海之深，怪物多有，姦淫之徒，得容假託，講寺之中，致有兇黨。是以先朝因其瑕釁，戮其有罪。有司失旨，一切禁斷。景穆皇帝每為慨然，值軍國多事，未遑修復。朕承洪緒，君臨萬邦，思述先志，以隆斯道……。[36]

由此詔書明顯可見復佛要直到文成帝之世。再看太武有無感癘。佛教諸書對於太武感癘時間有兩種說法，一是族誅崔浩之前，一是太武崩逝之前。《宋書·索虜傳》有云：「燾病死。」[37] 有可能是染惡疾而崩，不過《宋書》僅此一句，到底何病使得一位雄武抖擻、驍猛善戰的人，忽然間死了，語焉不詳。在佛教氛圍濃厚的南朝，沈約又是佛教徒[38]，恐怕是受佛教傳聞影響才這麼寫。若依據《魏書·世祖紀》，不論是誅崔浩，或駕崩之前，太武皆無染癘跡象。崔浩死於太平真君十一年（450），〈世祖紀下〉記本年誅戮崔浩時，太武仍能行幸征伐，並無任何異常狀況與病徵：

> 十一年春正月乙酉，行幸洛陽，所過郡國，皆親對高年，存恤孤寡。以高涼王那為儀同三司。二月甲午，大蒐于梁川。皇子真薨。

---

[35] 同注27，頁496。

[36] 同注11，頁3036。

[37] 同注10，頁2353。

[38] 僧祐《弘明集》卷十、道宣《廣弘明集》卷五、十五、十六、十八、十九、二一、二二、二三、二四、二六、二八，有多篇沈約所撰關於崇佛、懺悔、發願、法義、神不滅之作。

是月，大治宮室，皇太子居于北宮。車駕遂征懸瓠，益遣使者安慰境外之民，其不服者誅之……。夏四月癸卯，輿駕還宮，賜從者及留臺郎吏已上生口各有差。六月己亥，誅司徒崔浩。辛丑，北巡陰山。[39]

至於崩逝當年，〈世祖紀下〉如此記載：

二年春正月庚辰朔，南來降民五千餘家於中山謀叛，州軍討平之。冀州刺史、張掖王沮渠萬年與降民通謀，賜死。三月甲寅，帝崩於永安宮，時年四十五。秘不發喪，中常侍宗愛矯皇后令，殺東平王翰，迎南安王余入而立之，大赦，改元為永平……。[40]

若真是感癘而崩，定會纏綿病榻一段時日；而今「秘不發喪」，則顯為事出突然的宮廷巨變所致，驗諸《魏書・閹官・宗愛傳》即說太武遇弒而崩，非是染疾而亡：

世祖追悼恭宗，（宗）愛懼誅，遂謀逆。（正平）二年春，世祖暴崩，愛所為也。[41]

佛教徒歷歷指證毀佛滅法者，必得惡疾癩瘡，除了在太武身上見到外，且看以下依序為《廣弘明集》、《辯正論》、《法苑珠林》、《佛祖統紀》、《佛祖歷代通載》、《唐語林》所載諸例：

宋臣謝晦，身臨荊州城。內有五層寺，寺有舍利塔。晦性凶悖，先無誠信，云寺塔不宜在城，令毀而出之。於是自領軍士，直至塔前。眾皆戰慄，莫敢舉手。晦遂嚴鼓，驅逼軍人，撞擊龕門，破斫尊像。俄而雲霧闇地，風塵張天，晦及軍人，身蒙灰土，以手拭之，皮肉隨落，遂成惡疾，遍身癩瘡。不久叛逆，尋被誅滅。

---

[39] 同注8，頁104。
[40] 同注8，頁106。
[41] 魏收《魏書》卷九四，頁2012。

拓拔毀寺，遍體膿流（魏太武帝大毀三寶，破壞寺塔，後數年間，通身發瘡，膿流遍體，群臣眾議，佛神所為。出〈崔皓傳〉。）宇文廢僧，通身瘡潰（周武帝以毀廢三尊，後於望夷宮發大惡瘡，經旬不差，俄然致逝矣。）

自佛法東流已來，震旦已三度為諸惡王廢損佛法。第一赫連勃勃號為夏國，被破長安，遇僧皆殺。第二魏太武用崔皓言夷滅三寶，後悔，皓加五刑。第三周武帝，但令還俗。此之三君，為滅佛法，皆不得久。身患癩瘡、死入地獄。有人暴死，見入地獄受大極苦，具如別傳。唐臨《冥報記》述。

傅奕得惡病，遍身糜爛，號叫而死。少府監馮長命夢至冥府，多見先亡。因問：「傅奕毀佛，惡病而死，今受何報？」答曰：「已聞付越州為泥犁矣。」當時識者謂是泥犁地獄也。

時有僧惠琳者，以才學得幸于（宋文）帝，與決政事，時號「黑衣宰相」，致門下車蓋，常不容跡。琳妄自驕蹇，見公卿纔寒暄而已。著〈白黑論〉，毀佛叛教，遂感現報，膚肉糜爛，歷年而死。

韓愈病將卒，召群僧曰：「吾不藥，今將病死矣。汝詳視吾手足支（肢）體，無誑人云韓愈癩死也。」[42]

既然佛教有這種傳統的「必然律」，太武感癘當然是在此「必然律」中

---

[42] 道宣《廣弘明集》卷十二，T52，p170c；法琳《辯正論》卷七，T52，p538b；道世《法苑珠林》卷九八，T53，p1012c；志磐《佛祖統紀》卷三九，T49，p362c。志磐自注云出《苦報記》；念常《佛祖歷代通載》卷八，T49，p536c。王讜《唐語林》卷三〈方正門〉，臺北：臺灣商務印書館，1979年7月，頁61。又何孟春《餘冬序錄》卷十八云：「退之學道之士，當啟手足之時，何暇慮僧之誑，而詔戒如此？是知為《語林》者，正誣退之者也。」（見《韓愈資料彙編》，臺北：學海出版社，1984年4月，頁722）何氏推重韓愈，因此辨析不利於韓愈的說法，殊不知此則乃是襃揚韓愈的方正。雖然筆記書難以遽信；不過《四庫全書總目》云：「是書雖倣《世說》，而所紀典章故實、嘉言懿行，多與正史相發明，視劉義慶之專尚清談者不同。」（北京：中華書局，1992年10月，頁1196）顯然極有史料價值；而韓愈死前要召眾僧來作證明，可見「惡疾說」影響力的深遠。

生成。至於此律則，當是源於佛經阿闍世王弒父、害佛、破僧，造五逆[43]重罪，以致染患惡瘡果報的經典教訓。阿闍世染患惡瘡，幾瀕死亡，後蒙佛陀慈悲，在涅槃會上為入月愛三昧療治之，曇無讖譯《大般涅槃經》卷十九、二十有長篇敘述，茲錄起首小段經文，以見一斑：

> 爾時，王舍大城阿闍世王，其性弊惡，喜行殺戮，具口四惡。貪恚愚癡，其心熾盛，唯見現在，不見未來。純以惡人，而為眷屬，貪著現世五欲樂故。父王無辜，橫加逆害。因害父已，心生悔熱，身諸瓔珞妓樂不御。心悔熱故，遍體生瘡。其瘡臭穢，不可附近。尋自念言：「我今此身，已受花報。地獄果報，將近不遠。」爾時其母，字韋提希。以種種藥，而為傅之，其瘡遂增，無有降損……。[44]

由此段經文觀之，似乎阿闍世害父後隨即惡瘡發作，但事實上佛陀療治其疾時，已將涅槃，所以阿闍世是經過一段時間才眾惡現形。阿闍世誤交「惡人」，累造罪業的經典，在六朝已經譯出，故可提供佛教徒比照援用。如《增壹阿含經》卷五、卷九、卷四七皆記載阿闍世聽從提婆達兜（多）的慫恿，幽閉父親頻婆娑羅王致死，又擲巨石出佛身血、放醉象謀害佛陀，並且擊殺羅漢比丘尼，撥無因果等等重罪。其中卷四七最為詳盡，只是經文太長，不便引錄，權且捨去；《大正藏》本緣部還有幾部經典也零散記載此段因緣，經文稍短，較便節摘，今皆表列於下，證明太武感癘之說有其淵源：

冊次	經名卷目	譯者	內　　　容	頁碼
2	《增壹阿含經》卷五	東晉·僧伽提婆	爾時，提婆達兜壞亂眾僧，壞如來足，教阿闍世取父王殺。復殺羅漢比丘尼。在大眾中而作是說：「何處有惡？惡從何生？誰作此惡，當受其報？我亦不作此惡而受其報。」	570
2	《增壹阿含經	東晉·僧	爾時，提婆達兜便往至王阿闍世所。到已，而作是說：「大	590

43　小乘「五逆」指：害母、害父、害阿羅漢、惡心出佛身血、破和合僧五者。

44　曇無讖譯《大般涅槃經》卷十九，T12，p474a。

	經》卷九	伽提婆	王當知，今此象惡，能降伏眾怨。可以醇酒，飲彼象醉。清旦，沙門瞿曇必來入城乞食，當放此醉象，蹹蹋殺之。」時王阿闍世聞提婆達兜教，即告令國中：明日清旦，當放醉象，勿令人民在里巷遊行……。	
3	《大方便佛報恩經》	失譯[45]	提婆達多報阿闍世言：「王今助我。」阿闍世言：「何所作為？」答言：「大王當立制限，不聽施諸比丘衣被飲食。」阿闍世王遍宣令言：「若有施諸比丘衣被飲食者，當斷汝手足。」是諸大弟子、一切大眾，共佛住耆闍崛山。次第乞食，了不能得。一日乃至七日，舍利弗諸大弟子等，皆以神力，而往諸方求衣乞食。時提婆達多白阿闍世王言：「佛諸大弟子等，今皆不在，如來單獨一身，王可遣信，往請如來，若入宮城，即當以酒飲五百大惡黑象，極令奔醉。佛若受請，來入城者，當放大醉象而踏殺之。」	147
4	《撰集百緣經》卷二	吳·支謙	佛在王舍城迦蘭陀竹林，爾時提婆達多極大愚癡，憍慢嫉妒，教阿闍世王，立非法制，擊鼓唱令，不聽民眾齎持供養詣瞿曇所。時彼城中，有信佛者，聞是制限，憂愁涕泣，悲感懊惱。	210
4	《撰集百緣經》卷二	吳·支謙	阿闍世反逆殺父，自立為主，心懷喜悅，救諸民，施設大會，聚集百千諸婆羅門，共立峻制：「不聽往至詣瞿曇所諮稟所受。」諸婆羅門聞是語已，皆不復往。	210
4	《撰集百緣經》卷六	吳·支謙	世尊即以髮爪與頻婆娑羅王，於其宮內，造立塔寺，懸繒幡蓋，香花燈明，日三時供養。時王太子阿闍世共提婆達多，共為陰謀，殺害父王，自立為主。尋敕宮內，不聽禮拜供養彼塔，有犯之者，罪在不請。於其後時，七月十五日僧自恣時，有一宮人，字功德意，而自念言：「此塔乃是大王所造，今者坌污，無人掃灑，我今此身，分受刑戮，掃灑彼塔，香花燈明，而供養之。」作是念已，尋即然燈，	230

---

[45]　《大方便佛報恩經》失譯者名，道宣《大唐內典錄》卷六云：「失譯，見寶唱錄。」（T55，p287a）而梁寶唱《經律異相》卷二四、二五、三一皆有引用，可知在六朝已譯出。

4	《賢愚經》卷十三	北魏·慧覺等	供養彼塔。時阿闍世王，遙在樓上，見彼燈明，即大瞋恚。尋即遣人，往看是誰？見功德意然燈供養，使者還來，以狀白王。王敕喚來，問其所由。時功德意即答王曰：「今此塔者，先王所造供養之處，以此良日，掃除清淨，燃燈供養。」時阿闍世聞是語已，告功德意：「汝不聞我先所約敕？」功德意言：「聞王所敕；然王今者，其所治化，不勝先王。」時阿闍世聞是語已，倍增瞋恚，即以劍斬殺功德意……。	
4	《賢愚經》卷十三	北魏·慧覺等	爾時提婆達多恒懷惡心，向於世尊，欲害如來，自稱為佛。教阿闍世害父為王，新王治理天下，不亦快乎！王子信用，便殺其父，自立為王。是時世人，咸懷惡心，於諸比丘，惡不欲見。時諸比丘，入城乞食，人民忿恚，咸不與語，空鉢而出，還到山中，白世尊言：「提婆達多作不善事，使諸四輩，各興惡心，向於沙門……。」	438
4	《雜寶藏經》卷五	北魏·吉迦夜、曇曜	爾時，王舍城頻婆娑羅王，於佛法中得道，獲不壞信。常以燈明，供養於佛。後提婆達多與阿闍世王作惡知識，欲害佛法，是以國土怖畏，不復然燈供養。有一女人，以習常故，於僧自恣日，佛經行道頭，然燈供養。阿闍世王聞，極大瞋恚，即以劍輪，斬腰而殺。	472

四、拓跋晃監國與幽死剖論

　　《廣弘明集》稱揚太武長子拓跋晃極有令德，「孝敬自天，崇仰佛法。」[46]的確，從佛藏諸書見到的太子晃，是一副仁孝忠誠，殷憂謀國而略顯柔弱的君子形象，太子監國，是肇因崔、寇進讒，使他蒙受不白之冤，無法得到父王諒解，憂心悄悄，唯有向敬奉師事的玄高法師訴說，玄高命他行七日金光明齋懺，於是太武驚夢父祖責難，為補償前失，即詔令太子監國。崔、寇心懷不甘，擔心太子纂承大業，奪其威柄，又密進譖言，說太子圖謀不軌，勾結玄高施行法術，才使得先帝降夢。太武

---

[46]　道宣《廣弘明集》卷二，T52，p103a。

大怒，便收縶玄高；《集古今佛道論衡》、《廣弘明集》、《北山錄》等書也記太子晃亦幽死於當年，此已見第二節。以下則先分析太子晃性格，因其性格正關係監國施政及幽死與否。

　　根據史書記載，景穆帝拓拔晃（恭宗，428～451）是早熟明慧、活力充沛、有雄圖大略的人物。雖然他僅活二十四歲，卻生了十四位王子，比起北魏諸帝都多；《魏書》卷四〈世祖紀·上〉載神䴥元年（428）：「皇子晃生。」而拓拔晃的長子文成帝拓跋濬，《魏書》卷五〈高宗紀〉載其生於太平真君元年（440）六月，故拓拔晃年僅十三即已育子，趙翼《二十二史札記》卷十五有〈魏齊諸帝皆早生子〉一條；周一良《魏晉南北朝史札記·魏書·晚有子》條，也談到：「北魏長期有早婚習俗。」[47]但並沒有一位北魏帝王比他還早生皇子的。《魏書·（世祖紀附）景穆帝紀》另外提到，太平真君四年（443），拓跋晃隨太武討蠕蠕（柔然），至鹿渾谷相遇，蠕蠕惶怖擾亂。拓跋晃諫太武曰：「今大軍卒至，宜速進擊，奄其不備，破之必矣。」但尚書令劉潔極力反對，認為塵盛賊多，恐遭圍困。拓跋晃云：「此塵之盛，由賊惶擾，軍人亂故，何有營上而有此塵？」太武心中狐疑，遂不急擊，致使蠕蠕遠遁，悔之莫及。這正是拓跋晃具有智謀的表現。

　　拓跋晃對於財貨營取及權柄掌控也頗熱衷。《魏書·景穆帝紀》記其監國，曾引用《周書》（《周禮·地官·閭師》），教令國人力田墾闢：

> 「其制有司課畿內之民，使無牛家以人牛力相貿，墾殖鋤耨。其有牛家與無牛家一人種田二十二畝，償以私鋤功七畝，如是為差。至與小、老無牛家種田七畝，小、老者償以鋤功二畝。皆以五口下貧家為率。各列家別口數，所勸種頃畝，明立簿目。所種者於地首標題姓名，以辨播殖之功。」又禁飲酒、雜戲、棄本沽販者。[48]

《南齊書·魏虜傳》也記：「偽太子別有倉庫。」這倉庫，承其前文言

---

[47] 趙翼《二十二史札記》卷十五，頁287；周一良《魏晉南北朝史札記》，同注6，頁311。
[48] 同注8，頁109。

太武宮中「婢使千餘人，織綾錦販賣，酤酒，養豬羊，牧牛馬，種菜逐利。太官八十餘窖，窖四千斛，半穀半米。又有懸食瓦屋數十間，置尚方作鐵及木。其袍衣，使宮內婢為之。」則此「倉庫」顯然是拓跋晃營立田園，積貯財物的地方了。《宋書・索虜傳》又云太武有六子，拓跋晃為太子，次晉王，被太武賜死，次秦王烏奕肝，「與晃對掌國事，晃疾之，愬其貪暴，壽鞭之二百，遣鎮枹罕。」[49]兄弟鬩牆雖是敵國之言，但配合《魏書・太武五王傳》云：「東平王翰，真君三年封秦王，拜侍中、中軍大將軍，參典都曹事。忠貞雅正，百僚憚之。太傅高允以翰年少，作〈諸侯箴〉以遺之，翰覽之大悅。後鎮枹罕，以信惠撫眾，羌戎敬服。」[50]百官所以畏憚拓跋翰，足見他「參典都曹事」頗有威權，如此勢必與太子總統百揆爭鋒；而太子之師，曾經也教導過拓跋翰[51]的高允又送他一篇〈諸侯箴〉，「箴者，（針也。）所以攻疾防患，喻鍼石也。」[52]若是拓跋翰行止合度，高允豈需送他箴言自警？傳文中雖寫得極婉約，不過兩相比對，自知兄弟確有爭權事端發生了。

　　由以上敘說，可證拓跋晃並不是弱勢儲君；因為他不弱勢，所以與太武身邊最親信的崔浩就不時意見相左而磨擦積恨。錢仲聯〈讀《北魏書・崔浩傳》書後〉[53]從史籍舉出三段太子晃與崔浩論諍的記錄：一是太延五年，群臣論辯是否征討北涼，崔浩主戰，而反對者奚斤、古弼、李順等數十人皆指姑臧城百里之內，赤地無草，不堪久停軍馬，雙方激辯僵持不下，而太武帝終仍支持崔浩。及車駕至姑臧，證明李順等所言不實，〈景穆帝紀〉載：

> 初，世祖之伐河西也，李順等咸言姑臧無水草，不可行師。恭宗有疑色。及車駕至姑臧，乃詔恭宗曰：「姑臧城東西門外涌泉合

[49] 同注10，頁2353。

[50] 魏收《魏書》卷十八，頁418。

[51] 魏收《魏書》卷四八〈高允傳〉云：「（允）以本官為秦王翰傅。後敕以經授恭宗，甚見禮待。」（頁1069）

[52] 劉勰《文心雕龍註》卷三〈銘箴〉，臺北：明倫出版社，1971年10月，頁194。

[53] 錢仲聯〈讀《北魏書・崔浩傳》書後〉，見《當代學者自選文庫・錢仲聯卷》，合肥：安徽教育出版社，1999年12月，頁23～28。

於城北，其大如河。自餘溝渠流入澤中，其間乃無燥地，澤草茂盛，可供大軍數年。人之多言，亦可惡也。故有此敕，以釋汝疑。」[54]

雖然太子晃對此事似乎欣然承認錯誤，〈景穆帝紀〉云：「恭宗謂宮臣曰：『為人臣不實若此，豈是忠乎！吾初聞有疑，但帝決行耳。幾誤人大事，言者復何面見帝也。』」然錢仲聯據此分析云：「此一事實，可知太子實為當時主張涼州無水草論之支持者，與浩議對立。但太子時年僅十二，豈能灼知涼州水草之有無？是東宮臣下，必有左右其意見者。及世祖敕責，李順坐誅，太子漸（慚）恨之餘，於浩寧復有好感（浩誅後，軍國大事，一以委順姪孝伯。又東宮四輔之古弼，即與李順同使涼州，言涼州乏水草，不宜行師者。頗疑順與孝伯，皆太子黨羽）。」

其次，是宗教觀不同。錢氏除引《魏書・釋老志》載太平真君七年滅佛，拓拔晃護衛佛教事，也引慧皎《高僧傳》玄高、曇始傳記中，玄高令太子作金光明齋懺、拓跋燾感癘，崔、寇次發惡病等事證明。

其三，則是政治理念不同，崔浩堅持欲施行世族政治，而厚植一己黨羽，《魏書》李訢、盧玄、高允三傳有云：

初，李靈為高宗博士、諮議，詔崔浩選中書學生器業優者為助教。浩舉其弟子箱子與盧度世、李敷三人應之。給事高讜子祐、尚書段霸兒姪等以為浩阿其親戚，言於恭宗。恭宗以浩為不平，聞之於世祖。

浩大欲齊整人倫，分明姓族。玄勸之曰：「夫創制立事，各有其時，樂為此者，詎幾人也？宜其三思。」浩當時雖無異言，竟不納，浩敗頗亦由此。

崔浩荐冀、定、相、幽、并五州之士數十人，各起家郡守。恭宗謂浩曰：「先召之人，亦州郡選也，在職已久，勤勞未答。今可先補前召外任郡縣，以新召者代為郎吏。又守令宰民，宜使更事

者。」浩固爭而遣之。[55]

錢氏舉上三證堪稱言之有物,僅於第二證所引《高僧傳》仍可商榷,且當補入《魏書‧釋老志》雙方再次交鋒資料一條:

> 恭宗見謙之奏造靜輪宮,必令其高不聞雞鳴狗吠之聲,欲上與天神交接,功役萬計,經年不成。乃言於世祖曰:「人天道殊,卑高定分。今謙之欲要以無成之期,說以不然之事,財力費損,百姓疲勞,無乃不可乎?必如其言,未若因東山萬仞之上,為功差易。」世祖深然恭宗之言,但以崔浩贊成,難違其意,沉吟者久之,乃曰:「吾亦知其無成,事既爾,何惜五三百功。」[56]

雙方宗教信仰的歧異,與胡漢之爭也頗有關聯,此當於崔浩死事一節再論;惟應注意者,拓跋晃與崔浩矛盾對立中,並非全無口徑一致的時候,「太子監國」即是明顯一例。《南齊書‧魏虜傳》有段與《高僧傳‧玄高傳》類同的監國記載,茲先錄於下:

> 宋元嘉中,偽太子晃與大臣崔氏、寇氏不睦,崔、寇譖之。玄高道人有道術,晃使祈福七日七夜,佛狸(拓跋燾)夢其祖父並怒,手刃向之曰:「汝何故信讒欲害太子!」佛狸驚覺,下偽詔曰:「王者大業,篡承為重,儲宮嗣紹,百王舊例。自今已往,事無巨細,必經太子,然後上聞。」[57]

文中說太子監國是玄高施法所致,但何德章〈北魏太武朝政治史二題〉[58]考證極清晰,他認為不然,據《魏書‧世祖紀下》,命太子監國的詔書,乃是太武北征蠕蠕,南返至朔方,還未來得及回到平城時匆匆發布的,

---

[55] 魏收《魏書》卷四六、四七、四八,頁1039、1045、1069。

[56] 同注11,頁3053。

[57] 同注32,頁984。

[58] 何德章〈北魏太武朝政治史二題〉,原稿發表於武漢大學歷史系《魏晉南北朝隋唐史資料》第十七輯(2000年出版),今得於網頁
http://www.ssdph.com.cn/sailing/thesis/t021.htm。

這定是面臨嚴重政治危機的重大舉措。本節前文也提過，太平真君四年，太武征討蠕蠕，拓跋晃主張進擊一事。而當時議決北伐與否，尚書令劉潔即持異議；然太武聽從司徒崔浩意見，兵分四道出征：「樂安王範、建寧王崇各統十五將出東道；樂平王丕督十五將出西道；車駕出中道；中山王辰領十五將為中軍後繼。」[59]劉潔恨其意見未被採納，「欲沮諸將，乃矯詔更期」，使得三路大軍未按約期到達。當太武所率中軍與蠕蠕相遇，劉潔又力阻孤軍突襲；師次漠中，糧盡，士卒多死，劉潔陰使人驚軍，並勸太武棄軍輕還。最終又以軍行無功，奏歸罪於崔浩，世祖曰：「諸將後期，及賊不擊，罪在諸將，豈在於浩？」浩又言潔矯詔，陰謀遂被揭發。《魏書·劉潔傳》云：

> 世祖之征也，潔私謂親人曰：「若軍出無功，車駕不返者，吾當立樂平王。」潔又使右丞張嵩求圖讖，問：「劉氏應王，繼國家後，我審有名姓否？」嵩對曰：「有姓而無名。」窮治款引，搜嵩家，果得讖書。潔與南康公狄鄰及嵩等，皆夷三族，死者百餘人。[60]

另有失期將領，太武也予以嚴厲制裁，《魏書·世祖紀下》太平真君五年二月云：「辛未，中山王辰等八將以北伐後期，斬於都南。癸酉，驃騎大將軍、樂平王丕薨。」樂平王丕、樂安王範皆為太武之弟，《魏書·明元六王傳》云：「（丕）坐劉潔事，以憂薨。……諡曰戾王」；「劉潔之謀，範聞而不告。事發，因疾暴薨。」顯然二人均非正常死亡；而〈拓跋丕傳〉中還記了一段話，說明拓跋丕有追逐帝位的圖謀：

> 丕之薨及日者董道秀之死也，高允遂著〈筮論〉曰：「昔明元末起白臺，其高二十餘丈，樂平王嘗夢登其上，四望無所見。王以問日者董道秀，筮之曰：『大吉』。王默而有喜色。後事發，王

59　魏收《魏書》卷一○三〈蠕蠕傳〉，頁2294。
60　魏收《魏書》卷二八〈劉潔傳〉，頁689。

　　遂憂死，而道秀棄市。」[61]

因此太武下詔拓跋晃監國，與兄終弟及、諸部擁戴的傳統勢力蓄意反撲直接攸關，為了壓制舊傳統，證明父子相繼的合法性，太武帝急於車駕南還途中下詔，自非驚夢於父祖責讓，才命太子監國。

　　那麼玄高施法就全不可信嗎？對於這段資料的解讀，多有不同見解，如前述錢仲聯據《高僧傳》立說，自是信有其事；而何德章則全予否定[62]；曹道衡〈論崔浩的歷史地位及其死因〉[63]也以為不可信，他認為玄高施法很可能是慧皎《高僧傳》編造出來的。太武帝做夢，充其量只是他心理狀態的反映，而崔浩、寇謙之更不可能對太武帝說做夢是由玄高作法，因為：一、崔、寇不信佛，未必認為玄高真有這種神通；二、即使認為玄高真有法術，也不會這樣說，以免使人感到佛法靈驗，而禁佛之舉倒成了錯誤。但事實上，太武帝等人都知道佛教高僧具有神通，前文言太武欲曇無讖來北魏，即是看重他通曉術數，能誦禁咒；《宋書·索虜傳》也載太武帝致書宋文帝云：「取彼亦不須我兵刃，此有能祝婆羅門，使鬼縛彼送來也。」[64]而他們最怕的正是這些高僧施行起法術，將會干預、影響政局，「生致妖孽」。至於玄高事蹟得以在南方流傳，自

[61]　魏收《魏書》卷十七〈明元六王傳〉，頁414。
[62]　見何德章〈北魏太武朝政治史二題〉。何氏文中甚至不認為拓跋晃與崔浩為政敵關係，事實上政敵非得一定事事唱反調，有時為了共同利益，仍會異中求同，例如讓太子監國，即對彼此都有利益；但試看《魏書·世祖紀下》太武頒監國詔云：「其令皇太子副理萬機，總統百揆。諸朕功臣，勤勞日久，皆當以爵歸第，隨時朝請，饗宴朕前，論道陳謨而已，不宜復煩以劇職。更舉賢俊，以備百官。」（頁96）似乎從此要放手讓太子獨力施政，然而拓跋晃總統百揆時，崔浩仍是四位輔政者之一，《魏書·崔浩傳》且記太武敕諸尚書曰：「凡軍國大計，卿等所不能決，皆先諮浩，然後施行。」（頁819）太武帝偏向於崔浩，對太子的不放心，昭然若揭。
[63]　同注33，頁458。
[64]　同注10，頁2347。案：其時兩國互稱為「彼此」，太武書故云「取彼」、「此有」。李延壽《北史·魏收傳》云：「自魏、梁和好，書下紙每云：『想彼境內寧靜，此率土安和。』梁後使其書乃去『彼』字，自稱猶著『此』，欲示無外之意。收定報書云：『想境內清晏，今萬國安和。』梁人復書，依以為體。」（頁2028）

與其弟子玄暢於滅法時脫逃南來[65]有關。

　　再如李憑則針對崔浩與拓跋晃、拓跋燾與拓跋晃之間的矛盾，有保留的說：「這其中雖有祈福、託夢等迷信色彩的活動（這些活動也恰恰是古代政治鬥爭中的工具），但揭去這一層迷信的薄紗，它在史料上的意義就顯示出來了。」[66]對玄高施法，語意顯得模糊，無法判定立場。

　　張志雄則認為：「面對劉潔與諸王的陰謀，太武帝不得不拉攏太子，防止東宮與反對派結成一伙，所以假造夢見道武、明元一事，為的是將猜疑太子的推給進讒言的臣子，同時還許諾太子總統百揆。」[67]這裡該注意的是，拓跋晃與太武、崔浩雖有心結，但是父死子繼對拓跋晃是有利的，拓跋晃並無須向兄弟相傳及諸部擁戴的傳統靠攏；且征討蠕蠕，拓跋晃主戰，與劉潔立場相左，太武亦不須於此時擔心東宮與反對者結合；再說假造夢見道武、明元，也要有太子齋懺的前提。

　　在沒有更多資料佐證下，筆者嘗試合理的推論，認為太武帝下詔拓跋晃監國，雖非導因於玄高施術，不過一位懂得法術的高僧在太子身邊，絕對會讓信道的太武帝和崔浩芒刺在背；何況拓跋晃也應該有齋懺祈福之實。齋懺本是佛教相當普遍的儀軌，只是此齋懺並非行於征討蠕蠕時，而是在返回平城，太武詔令禁養沙門之後。太平真君五年正月壬寅，拓跋晃「始總百揆」，至第六天戊申日，太武帝即下詔禁養沙門，何德章認為這道詔書「是針對劉潔、拓跋丕等利用師巫及行事與之相類的沙門為自己政治企圖張目的行為，採取的應對措施。」[68]但何文也同意太武回到平城，已完全控制局勢，則詔書所以由劉潔一干人供養的師巫，更廣及於沙門，自與太子支持佛教相關，因太子已經監國，不斷然處置恐怕夜長夢多。至於拓跋晃在崔浩影響太武決策下，已無更好的對付良方，唯有藉宗教祈福方式，請玄高施法突破困局。當時曇無讖新譯

---

[65] 慧皎《高僧傳》卷八〈玄暢傳〉云：「虜虜剪滅佛法，害諸沙門，唯暢得走。以元嘉二十二年閏五月十七日發自平城……，以八月一日達于揚州。」（T50，p337a）

[66] 李憑《北魏平城時代》，同注4，頁127。

[67] 張志雄〈一條線索貫穿一個時代，于細微處顯考證功夫──評《北魏平城時代》〉，《晉陽學刊》，2001年4期，頁112。

[68] 同注58。

的《金光明經》，乃是鎮護國家的「經王」，若誦讀此經，國家皆可獲得四天王守護，一切疾厄憂惱亦可蠲銷除滅。〈四天王品〉云：

> 是金光明微妙經典，眾經之王，諸佛世尊之所護念，莊嚴菩薩深妙功德，常為諸天之所恭敬，能令天王心生歡喜，亦為護世之所讚歎。此經能照諸天宮殿。是經能與眾生快樂。是經能令地獄、餓鬼、畜生諸河焦乾枯竭。是經能除一切怖畏。是經能卻他方怨賊。是經能除穀貴饑饉。是經能愈一切疫病。是經能滅惡星變異。是經能除一切憂惱。舉要言之，是經能滅一切眾生無量無邊百千苦惱。……若此國土有諸衰耗，怨賊侵境，饑饉疾疫，種種艱難，若有比丘受持是經，我等四王當共勸請，令是比丘以我力故，疾往彼所國邑郡縣，廣宣流布是金光明微妙經典，令如是等種種百千衰耗之事，悉皆滅盡。[69]

在佛法慧命絕續存亡關頭，玄高於是為太子主法，行金光明齋懺以解厄消災，但看在排佛者眼裡，定是大大不悅，必欲除之然後心安，玄高在當年九月被縊，等於削除拓跋晃心腹股肱，免去太武、崔浩的胸中大患，卻也相對激化太武父子間的矛盾。至於這段齋懺史料所以有時間前後落差，推想是佛教有心人為避免他人疑怪玄高主法金光明懺，非但無立竿見影的速效，甚至招來殺身之禍，遂將此事改挪至太子監國之前。《魏書·世祖紀下》「史臣曰」有段耐人尋味的話說：

> （太武）初則東儲不終，末乃釁成所忽。固本貽防，殆弗思乎！恭宗明德令聞，夙世殂天，其戾園之悼歟？[70]

「戾園」指漢武帝戾太子劉據，因其橫遭江充誣指巫蠱祝詛，為自保而起兵篡奪政權，導致父子兵戈相向，最終以自縊悲劇收場。魏收乃是北朝文壇號稱「三才」大家，其用典應有意指引後人尋思此秘；換言之，太武父子心結日深，滅佛與護佛歧見實為一大主因。然反觀《魏書·闍

---

[69] 曇無讖譯《金光明經》卷二，T16，p340c。
[70] 同注8，頁109。

官‧宗愛傳》又云：

> 恭宗之監國也，每事精察。愛天性險暴，行多非法，恭宗每銜之。給事仇尼道盛、侍郎任平城等任事東宮，微為權勢，世祖頗聞之。二人與愛並不睦。為懼道盛等案其事，遂構告其罪。詔斬道盛等于都街。時世祖震怒，恭宗遂以憂薨。[71]

若從此說，則似乎尋思「戾園」典故，便成了多此一舉；就是《資治通鑑》卷一二六也採用《魏書‧宗愛傳》說法；《通鑑考異》甚至詳列《宋書》、《南齊書》、《宋略》等書的記載，以為「皆江南傳聞之誤。」但李憑卻不這麼想，他說：「從〈世祖紀下〉附恭宗景穆皇帝條所載太子拓跋晃對於拓跋燾伐河西和討蠕蠕二事的態度和建議，以及有名的『課畿內之田令』來看，拓跋晃不僅有智謀、有膽識，而且有建功立業的大志。因此，像〈宗愛傳〉描寫的那樣，拓跋晃在事到臨頭時如懦夫一般地憂懼而死的情景，似於情理不符。」[72]這正如前文我們對拓跋晃性格的分析一般。因此下面且看《通鑑考異》所引書的另一種說法：

> 《宋‧索虜傳》云：「（拓跋）燾至汝南瓜步，晃私遣取諸營，鹵獲甚眾。燾歸聞知，大加搜檢。晃懼，謀殺燾。燾乃詐死，使其近習召晃迎喪，於道執之；及國，罩以鐵籠，尋殺之。」蕭子顯《齊書》亦云：「晃謀殺佛狸，見殺。」《宋略》曰：「燾既南侵，晃淫于內，謀欲殺燾。燾知之，歸而詐死，召晃迎喪。晃至，執之，罩以鐵籠，捶之三百，曳于叢棘以殺焉。」[73]

太武父子，原來在政治理念、宗教信仰上，已經有了嫌隙，後來崔浩又因國史之獄族誅，太武相當不捨，《魏書‧世祖紀下》即言：「司徒崔浩既死之後，帝北伐，時宣城公李孝伯疾篤，傳者以為卒也。帝聞而悼之，謂左右曰：『李宣城可惜。』又曰：『朕向失言。崔司徒可惜，李宣城可

哀。』」[74]再一方面，他對太子充沛的活力、旺盛的企圖心也有警戒，《魏書·世祖紀下》云：「（太平真君十一年九月癸巳，）皇太子北伐，屯於漠南，吳王余留守京都。」[75]此不啻取消拓跋晃監國之權；而精明幹練的太子晃則仍不斷擴張勢力，除了培植人馬「給事仇尼道盛、侍郎任平城等任事東宮，微為權勢」，還貪多不厭，「私遣取諸營，鹵獲甚眾」，太武帝聞知，自然不悅，試看《魏書·高允傳》，傳中有不少話語描述，都可以當作這段史事的重要佐證。例如太子晃死後，高允久不進見，一旦被徵，上殿升階，即悲不自勝，太武也為之流淚，此中實有隱微深意盡在不言中[76]；而高允對太子晃也有極長的諫言，傳曰：「恭宗季年，頗親近左右，營立田園，以取其利。允諫曰……。」[77]遺憾的是「恭宗不納」。因此親近左右，結黨坐大、營立田園，貪求財貨，此二者正是拓跋晃致死的近因[78]。李凭以為《宋書》記載大體合理可信，僅於「燾歸聞知，大加搜檢」，又「使其近習召晃迎喪，於道執之」前後有些矛盾，徵之《魏書·世祖紀下》正平元年二月、三月、六月各條云：

（二月）癸未，次於魯口。皇太子朝於行宮。

74　同注8，頁107。

75　同注8，頁104。

76　魏收《魏書·高允傳》云：「恭宗之崩也，允久不進見。後世祖召，允昇階歔欷，悲不能止。世祖流淚，命允使出。左右莫知其故，相謂曰：『高允無何悲泣，令至尊哀傷，何也？』世祖聞之，召而謂曰：『汝不知高允悲乎？』左右曰：『臣等見允無言而泣，陛下為之悲傷，是以竊言耳。』世祖曰：『崔浩誅時，允亦應死，東宮苦諫，是以得免。今無東宮，允見朕因悲耳。』」（頁1072）高允與太武對泣，是心照不宣；後來太武回答左右的話，只是點到為止，趙翼《二十二史札記》卷十五〈後魏多家庭之變〉有云：「統計後魏諸帝不得令終者，凡六人，而禍皆出於家庭之間，蓋剛戾性成，其俗固然也。」（同注47）則太武父子相殘，自亦不脫此「傳統」之例。

77　同注51，頁1071。

78　李凭以為拓拔晃的「親近左右」比起「營立田園」更犯忌諱，因「皇帝宮廷之內就在種菜逐利，身為監國的太子『營立田園』恐怕也算不得大忌。」（《北魏平城時代》，同注4，頁124）若只是單純種菜放牧，問題當然不大，不過太子晃的貪得無厭不知止足，有如《宋書》記載般，則又另當別論了，呂思勉《兩晉南北朝史》即言：「（高）允諫不納，則恭宗頗好賄，私取鹵獲，說自不誣。」（臺北：開明書局，1974年3月，頁506）

（三月）己亥，車駕至自南伐，飲至策勳，告於宗廟。

（六月）戊辰，皇太子薨。壬申，葬景穆太子於金陵。[79]

可以推斷，拓跋晃被執在二月癸未的魯口；三月己亥被帶回平城，隨後即對東宮集團大加搜檢，仇尼道盛、任平城等官屬相繼被殺；東宮集團剷除幾盡，拓跋晃遂於六月戊辰遇害[80]。在那麼多部佛教書中，大多數都沒提及拓跋晃如何死的；縱使提到，都說幽死，或乾脆讓他提早死亡，僅有《北山錄》卷五及卷十兩條載及太武父子相殘：

> 拓跋以譖言而殺元子（太子晃為宗愛譖云淫于內，帝怒。晃懼誅，將謀逆。帝乃詐死，使召太子至，以鎮籠罩之，撻三百，遂殺之擲棘中。）
> 正平二年壬辰春二月，帝崩。太子晃先卒（初帝南征，有譖晃婬于內，帝怒。晃懼乃謀逆，帝知之，因詐死，使人召晃至。以鐵籠罩之，撻三百，後乃殺之。）[81]

而《北山錄》對此事的說法還互見矛盾（已見第二節），由此可知佛教徒對這位護佛有功的太子是有「為賢者諱」的。

五、寇謙之與崔浩理念的異同

佛教諸書中，對於寇謙之和崔浩是一體看待的，除了記錄他們都招感惡癘，甚至說都被族誅，可見對二人氣憤之深。據《魏書·釋老志》云：

> （太平真君）九年，謙之卒，葬以道士之禮。先於未亡，謂諸弟子曰：「及謙之在，汝曹可求遷錄。吾去之後，天宮真難就。」復遇設會之日，更布二席於上師坐前。弟子問其故，謙之曰：「仙

---

[79] 同注8，頁105。

[80] 關於李凭論點，可以補充一條資料，證明「正平事變」鬧得人心惶惶，拓跋晃死後還餘波盪漾，即《魏書·術藝·殷紹傳》載殷紹於文成帝太安四年（458）上〈四序堪輿表〉，表中道及前在東宮，拓跋晃曾敕其撰錄，集其要旨，而「未及內呈，先帝（指景穆帝拓拔晃）晏駕。臣時狼狽，幾至不測。」（頁1957）足見拓跋晃雖死，東宮餘黨仍續遭清查殺戮。

[81] 神清《北山錄》卷五、卷十，T52，p600b、p630c。

官來。」是夜卒。前一日，忽言：「吾氣息不接，腹中大痛」，而行止如常，至明日便終。須臾，口中氣狀若煙雲，上出窗中，至天半乃消。屍體引長，弟子量之，八尺三寸。三日已後，稍縮，至斂量之，長〔六尺〕六寸。於是諸弟子以為尸解變化而去，不死也。[82]

文中雖有神仙家荒唐之言，但至少清楚點出他比崔浩早逝；死前也未得惡疾。寇謙之（？～448），字輔真，南雍州刺史寇讚之弟，自稱是寇恂十三世孫。早好仙道，有絕俗之心。少修張魯之術，服食餌藥，歷年無效。寇謙之曾以《周髀》演算七曜，遇到不解難題，寇家有位佣工成公興，為他開解茅塞，寇謙之驚覺他是深藏不露的高人，於是結為師友，先後入華山、嵩山修道。寇謙之在嵩山修道期間精專不懈，神瑞二年（415）感得太上老君降臨，授與天師之位，並賜《雲中音誦新科之誡》二十卷，云：

吾此經誡，自天地開闢已來，不傳於世，今運數應出。汝宣吾《新科》，清整道教，除去三張偽法，租米錢稅，及男女合氣之術。大道清虛，豈有斯事。專以禮度為首，而加之以服食閉練。[83]

老君又使人授與服氣導引口訣，寇謙之遂能辟穀，氣盛體輕，顏色殊麗。至泰常八年（423），又有自稱老君玄孫的李譜文來臨嵩岳，授與《天中三真太文錄》（《錄圖真經》）六十餘卷，命其輔佐北方泰平真君，出天宮靜輪之法。明元帝去世，太武新即位，寇謙之攜《錄圖真經》等書進獻，太武令止於張曜之所，供其食物。「時朝野聞之，若存若亡，未全信也」，唯有崔浩「獨異其言，因師事之，受其法術……，拜禮甚謹。」寇、崔所以能氣味相投，立刻結為同盟，《魏書·崔浩傳》云其時崔浩適遭群臣排毀，太武雖知其能，仍不免群議，故出浩，以公歸第，若有疑義，召而問之。崔浩「既得歸第，因欲修服食養性之術，而寇謙之有

[82] 同注11，頁3053。
[83] 同注11，頁3051。

《神中錄圖新經》，浩因師之。」寇謙之新道教在崔浩鼎力扶持下，不久就得到太武帝的尊奉，由《水經注》卷十三〈灅水注〉敘述壇廟天宮的起造，即見一斑：

> 其水又南逕平城縣故城東……，水左有大道壇廟，始光二年
> （425），少室（山）道士寇謙之所議建也……。皇興親降，受
> 錄靈壇，號曰天師，宣揚道式，暫重當時。壇之東北，舊有靜輪
> 宮，魏神䴥四年（431）造，抑亦柏梁之流也。臺榭高廣，超出
> 雲間，欲令上延霄客，下絕囂浮。太平真君十一年（450）又毀
> 之。[84]

雖然《魏書‧釋老志》言，太平真君三年（442），太武帝親至道壇受符籙，備法駕，旗幟盡青，以從道家之色，北魏皇帝自此正式成了道教徒；道教也成了國教。不過若根據《水經注》文中所載，太武因崔浩的關係，其實很早就接納這個新宗教而起造壇廟了。陳寅恪於〈崔浩與寇謙之〉有云：「浩為舊儒家之首領；謙之為新道教之教宗，互相利用，相得益彰，故二人之契合，殊非偶然。」[85]寇謙之是通過崔浩使太武帝接受他的新道教（北天師道），而崔浩則是想藉寇謙之本土的漢族宗教與外來的佛教相對抗，排斥胡人異端宗教，正是實踐他政治理想的步驟之一。黃仁宇曾深入揣度崔浩的如意盤算說：「佛教最容易為異姓貴族把持，而方丈國師等也容易與清一色的官僚集團衝突，於是也要擯斥，而代之以普及性的道教，因為其陰陽修服養性各節，尚可以由儒士把持。」[86]吾人若不從政治面的利用與控制來考量，自陳寅恪〈天師道與濱海地域之關係〉、〈崔浩與寇謙之〉二文，可歸納崔、寇契合的緣由有五：

（一）崔、寇二家皆信仰天師道。《魏書‧崔浩傳》云：「浩父疾篤，浩乃剪爪截髮，夜在庭中仰禱斗極，為父請命，求以身代，叩頭流血，

---

[84] 陳橋驛《水經注校釋》，浙江：杭州大學出版社，1999年4月，頁233。
[85] 陳寅恪〈崔浩與寇謙之〉，同注17，頁132。
[86] 黃仁宇〈地北天南敘古今‧崔浩〉，《中國時報》人間副刊，1991年2月9日。

歲餘不息」，又云：「浩母盧氏，諶孫女也。」[87]盧諶孫女，即孫恩妹婿盧循姑母，則崔浩、盧循為中表兄弟，其家世相傳信仰自屬天師道，況且崔浩之父崔宏，曾避亂於齊魯，後更東走海濱，與天師道也有一段因緣，所以崔浩會以道教禳禱延命之術為父代禱；《魏書・寇讚傳》則云：「父脩之，字延期，苻堅東萊太守。讚弟謙之有道術，世祖敬重之。」[88]謙之其父脩之既任東萊太守，即曾居於濱海地域，又父子俱以「之」命名，是其家世遺傳，環境薰習，皆與天師道有關，寇謙之「少修張魯之術」，並非偶然，也難怪崔浩「獨異其言」。

　　（二）崔、寇二家皆是大族。《三國志・張既傳》云：「（張既從征張魯，）魯降，既說太祖拔漢中民數萬戶以實長安及三輔。」[89]寇氏原為漢中大族，在曹操征討張魯之後，被徙至馮翊，《魏書・寇讚傳》故云：「因難徙馮翊萬年。」而傳中又說：「姚泓滅，秦雍人千有餘家推讚為主，歸順。拜綏遠將軍、魏郡太守。其後，秦雍之民來奔河南、滎陽、河內者戶至萬數，拜讚安遠將軍、南雍州刺史、軹縣侯，治于洛陽，立雍州之郡縣以撫之。由是流民繦負自遠而至，參倍於前。」[90]可見寇氏移徙北來，仍為當地百姓所擁戴的秦雍大族豪家；清河崔氏為北朝第一盛門，《北齊書・崔㥄傳》即云：「（崔㥄，清河東武城人也。）每以籍地自矜，謂盧元明曰：『天下盛門，唯我與爾，博崔趙李，何事者哉！』」[91]而崔浩一支又為清河崔最顯耀的一房，《魏書・崔浩傳》故云：「浩與冀州刺史賾、滎陽太守模等年皆相次，浩為長，次模，次賾。三人別祖，而模、賾為親。浩恃其家世魏晉公卿，常侮模、賾。」[92]由此可見崔浩門第觀念之強烈，寇謙之若非系出豪門，定不會得到他的禮敬師事。

　　（三）崔、寇精研書法。清河崔氏書法在北方，與琅琊王氏書法在江左，俱居最高地位。《魏書・崔玄伯傳》述說崔氏家學云：「（崔宏，

87　魏收《魏書》卷三五，頁812、827。
88　魏收《魏書》卷四二，頁946。
89　陳壽撰、盧弼集解《三國志集解》卷十五，臺北：藝文印書館，不著年月，頁444。
90　魏收《魏書》卷四二，頁947。
91　李百藥《北齊書》卷二三〈崔㥄傳〉，臺北：鼎文書局，1993年7月，頁334。
92　同注2，頁827。

字玄伯。）尤善草隸行押之書，為世摹楷。玄伯祖悅，與范陽盧諶，並以博藝著名。諶法鍾繇，悅法衛瓘，而俱習索靖之草，皆盡其妙。諶傳子偃，偃傳子邈；悅傳子潛，潛傳玄伯。世不替業。故魏初重崔、盧之書。又玄伯之行押，特盡精巧，而不見遺跡。子浩，襲爵，別有傳。次子簡，……好學，少以善書知名。」[93]而〈崔浩傳〉又云：「浩既工書，人多託寫《急就章》。從少至老，初不憚勞，所書蓋以百數，必稱『馮代強』，以示不敢犯國，其謹也如此。浩書體勢及其先人，而妙巧不如也。世寶其跡，多裁割綴連以為模楷。」至於〈釋老志〉言崔浩既見寇謙之所獻書，於是上疏贊明其事曰：「臣聞聖王受命，則有天應。而《河圖》、《洛書》，皆寄言於蟲獸之文。未若今日人神接對，手筆粲然，辭旨深妙，自古無比。」此粲然手筆縱非寇謙之親書，寇謙之必也精於鑒裁，使得崔浩奏疏特別著明其事。

（四）崔、寇皆嫻悉天算曆法。《魏書・崔浩傳》載浩上奏五寅元曆，更改誤曆；〈高允傳〉亦有大段篇幅記載崔浩鳩集術士，考校天文曆算，卻還不夠精準，高允曾舉其不當，後經年餘，崔浩始信其言。可知崔浩對天算是有些研究的，而寇謙之從成公興受新蓋天曆算，為當時西域輸入的新學，必勝於崔浩家傳舊學，崔浩對寇謙之自然相當欽服。

（五）新道教符合崔浩非有最高門第不能行最高教義的信念。若要覓得教主於大族高門，是可遇不可求的事，例如范陽盧與清河崔同為北方高門，而盧循竟與寒族琅琊孫氏成婚，這正因孫恩為當時的教主，於是基於信仰而不論門第。現在寇謙之以盛門而兼教主，去除三張偽法，以禮度為首，正是大族儒家所當為，其與崔浩家學恰相符合，又與崔浩政治理想分明姓族，以門第為衡量人物標準不相衝突，加上寇謙之有仙真藥物星算之術可以襄助太武帝，更堅定了崔浩至高門第行至高教義的理念。

在〈崔浩與寇謙之〉一文，另有考證成公興此人與佛教的密切關係，舉凡其所介紹醫方算學名師，皆是佛教徒，故寇謙之正是採用佛教徒傳來的天算醫藥之學，以改進其家世舊傳的道教。寇謙之並且襲取當時佛

教徒輸入的新律學，以整頓自家門戶，陳氏論云：

> 謙之生於姚秦之世，當時佛教一切有部之《十誦律》方始輸入，
> 盛行於關中，不幸姚泓亡滅，兵亂之餘，律師避亂南渡，其學遂
> 不傳北地，而遠流江東，謙之當必於此時掇拾遺散，取其地僧徒
> 不傳之新學，以清整其世傳之舊教，遂詭託神異，自稱受命為此
> 改革之新教主也。[94]

因此所謂《雲中音誦新科之誡》是承襲《十誦律》而來，「誦」即《十
誦律》之「誦」；「科」「誡」與「律」意亦無不同。陳氏弟子萬繩楠於
《魏晉南北朝史論稿》承繼師說，進一步闡述寇謙之道教革新受佛教影
響有三[95]，略述如下：

（一）佛教認為貪瞋癡為「三毒」，要求四眾弟子身語意「三業清
淨」，使身之所行能防塞一切不善之法；口所言說，永離邪妄之語；意
念收攝，常居寂定而無雜思。沙門更應乞食以自給。而三張租米錢稅是
「貪」，男女合氣是「淫」，故寇謙之學習佛教將它革除。

（二）道教開始有了戒律，寇謙之要男女信徒朝夕勤修戒律，與道
安〈比丘大戒序〉所說天竺佛徒重律，「每寺立持律，日日相率說戒。」
[96]一致。

（三）寇謙之還把佛教六道輪迴帶入道教，警惕信眾嚴守戒律，以
合乎儒家禮度。今於《道藏》所收《雲中音誦新科之戒》殘本，仍可見
「盡在地獄」、「轉生蟲畜」、「輪轉精魂蟲畜豬羊而生」等字眼。

除上述所陳，再看寇謙之所立道觀名曰「靜輪宮」，「靜」自然是從
老子《道德經》「致虛極，守靜篤」（十六章）而來。《道德經》從漢末
張陵創立五斗米教即被推崇為首要經典[97]，而寇謙之也宣稱他是由太上

---

[94] 陳寅恪〈崔浩與寇謙之〉，同注17，頁121。
[95] 萬繩楠《魏晉南北朝史論稿》，臺北縣：雲龍出版社，1994年12月，頁409～412。
[96] 案道安〈比丘大戒序〉原文作：「外國重律，每寺立持律，月月相率說戒。」（收錄於《出三藏記集》卷十一，T55，p80a）比丘戒本需每半月布薩誦讀一次。
[97] 參見范曄《後漢書》卷七五〈劉焉傳〉附張魯傳，李賢注引《典略》，臺北：洪氏出版社，1978年10月，頁2436。又卿希泰〈道教的源與流〉云：「道家哲學，乃是道教的思

老君所親授；「太上老君」乃老子的神格化，所以他的新道教當然是老子之道的教化。在老子《道德經》中認為萬物的根源是虛靜的狀態，萬物紛紛紜紜，千彙萬貌，最後總要回歸虛靜的本源；尤其「靜」還可以延伸到政治上，所謂「不欲以靜，天下將自定。」（三十七章）、「清靜為天下正」（四十五章）、「我好靜，而民自正」（五十七章），在在顯示「靜」安定天下的功能，以「靜」命名行入世之法，確有非凡意義。至於「輪」字，若依《說文》云：「有輻曰輪，無輻曰輇。」則「輪」不過是有輻條的車輪，道觀以此為名豈不突兀？故其必定襲取佛教「法輪常轉」的喻意。法輪轉動，原指佛陀為令眾生得道而說法，「輪」象徵輾轉傳布、摧伏迷障、功德圓滿，故以此多種意涵譬喻佛陀所說教法於眾生中輪轉，可碾碎眾生惑業。在南北朝譯出的多部佛教經論，如《長阿含經》、《大般涅槃經》、《大智度論》，皆已見「轉法輪」一詞；而且佛經中轉輪聖王轉動金輪，亦足以降伏怨敵。如今寇謙之正是為輔佐太平真君，建明大道，使天下真正得到太平，所以他不僅取用道經的「靜」，還兼用佛經的「輪」字。

　　以上要說明的是，寇謙之與崔浩雖有不少契合的地方，但同中仍有相異之處，寇謙之能取佛家之長，這是與崔浩極不同的地方。一般而言，南北朝知識分子固然對佛道優劣高下有論辯，但多數仍存兼容並包的融通態度，所謂「深信天竺緣果之文，偏好老氏清靜之術」[98]；縱使緇流歸命釋氏，主觀情感已偏於一方，依然「莊衿老帶，孔思周懷」[99]。寇謙之自命為新道教天師，在這方面也沒例外，他把佛教當成競爭取法的對象，只要能凌駕它成為第一大教即可，毀佛滅教並非他的本衷。在他的宗教體系中，還為佛保留一個位置，《魏書·釋老志》記《錄圖真經》云，「二儀之間有三十六天，中有三十六宮，宮有一主」，「佛者，昔於

想淵源之一。道教創立的時候，又奉老子為教祖，老子的《道德經》，是它所奉的主要經典，規定為教徒必須習誦的功課。張魯在漢中，還設置祭酒之官，專管給入道的人宣講《道德經》。」（收於《道教與傳統文化》，北京：中華書局，1992年8月，頁11）

[98]　江淹〈自序傳〉，見嚴可均輯《全梁文》卷三九，日本京都：中文出版社，1981年6月，頁3178。

[99]　張暢〈若耶山敬法師誄〉，見嚴可均輯《全宋文》卷四九，頁2702。

西胡得道，在三十二天，為延真宮主。勇猛苦教，故其弟子皆髡形染衣，斷絕人道，諸天衣服悉然。」[100]甚至佛教傳記也載及寇謙之解救三千僧侶，《續高僧傳・僧朗傳》云：

> 魏虜攻涼，城民素少，乃遍斥道人用充軍旅，隊別兼之。及輣衝所擬，舉城同陷，收登城僧三千人，至軍將見魏主所。謂曰：「道人當坐禪行道，乃復作賊，深當顯戮，明日斬之！」至期食時，赤氣數丈，貫日直度。天師寇謙之為帝所信，奏曰：「上天降異，正為道人實非本心。願不須殺。」帝弟赤暨王亦同謙請，乃下敕止之。[101]

可見寇謙之沒有滅佛意圖，他並不像崔浩那麼偏執；此外《魏書・崔浩傳》也說崔浩不喜愛《老》、《莊》：

> 性不好《老》、《莊》之書，每讀不過數十行，輒棄之，曰：「此矯誣之說，不近人情，必非老子所作。老聃習禮，仲尼所師，豈設敗法文書，以亂先王之教。袁生所謂家人筐篋中物，不可揚於王庭也。」[102]

依陳寅恪的解釋，認為這是「東漢儒家大族之家世傳統」、「蓋天師道之道術與老莊之玄理本自不同，此與浩之信仰天師道，並無衝突也。」[103]錢穆則說：「浩之為學，蓋上承兩漢，以儒生而兼陰陽術數，不樂魏晉以下之老莊清談，此即北方當時之舊學派也。」[104]筆者尚以為崔浩信仰天師道卻不喜本教經典，是偏重於功利實用性，而完全摒棄抽象義理；但可想而知，這不會是身為新道教教主所樂見之事。太武帝對佛、道二教的政策傾斜，道教蓬勃發展，佛教橫遭毀滅，固然正中崔浩下懷，卻令

---

[100] 同注11，頁3052。
[101] 道宣《續高僧傳》卷二五〈僧朗傳〉，T50，p646c。
[102] 同注2，頁812。
[103] 陳寅恪之說，分見〈崔浩與寇謙之〉，同注17，頁137、〈天師道與濱海地域之關係〉，頁15。
[104] 錢穆《國史大綱》，臺北：臺灣商務印書館，1978年10月，頁277。

寇謙之遺憾驚心,《魏書‧釋老志》記寇謙之苦勸崔浩不宜滅佛,有云:

> 始,謙之與浩同從車駕,苦與浩諍,浩不肯,謂浩曰:「卿今促
> 年受戮,滅門戶矣。」[105]

曾經並肩作戰的師友,居然說出這般嚴酷狠毒的話,也難怪呂思勉認為
寇謙之預言崔浩滅門不可信,他說:「此乃佞佛者怨毒之辭耳。」[106]殊不
知護教心切的佛教徒仍視兩人沆瀣一氣,所以才會說:「崔、寇二人,
次發惡疾。」「寇謙之惡疾死。」如今將寇謙之與崔浩的家世背景、思
想理念釐析清楚,自知二人同中有異,寇謙之會說出如此重話,並非不
可能。

六、崔浩死事衡論

　　崔浩(381~450)字伯淵,少好文學,博覽經史,工書能言,兼通
陰陽術數,綜覈天人之際,屢有應驗。歷仕道武、明元、太武三朝,官
至司徒,參與軍國大計,竭盡股肱,對於促進北方統一勳猷卓著。例如
內政上,他從北魏游牧民族初入中原,人口不多、不習水土等因素,力
阻明元帝遷都南下鄴城,穩固了新建立的拓跋政權;他又認為拓跋氏不
立儲君的舊制難以安定政局,建議明元帝冊封拓跋燾監國,立儲從此成
為北魏的正式制度。至於軍事上,太武帝朝,他運籌帷幄,三度力排眾
議,一舉消滅赫連夏(427),進而出擊蠕蠕 (柔然,429),攻滅北涼沮渠
氏(439)。蠕蠕的遠遁和赫連夏的覆亡,使北魏得以解除西北境民族的威
脅;北涼沮渠氏的滅亡,則使北魏打通西域商道,並從河西輸入遺存的
中原文化,有利於北魏經濟和文化的發展。太武帝多得崔浩之助,征戰
累捷,與之出入臥內,深相知心,曾對他說:

> 卿才智淵博,事朕祖考,忠著三世,朕故延卿自近。其思盡規諫,
> 匡予弼予,勿有隱懷。朕雖當時遷怒,若或不用,久久可不深思

---

[105] 同注11,頁3035。
[106] 同注6,頁1497。

　　　　卿言也。[107]

倚任之情溢於言表。太武並令歌工歷頌群臣，崔浩智謀當朝第一，亦被歌頌曰「智如崔浩」；然而他最終卻因「國史之獄」淪至族誅命運。國史事件，據《魏書‧崔浩傳》所載大致情形是這樣的：道武帝曾命鄧淵修撰《國記》，鄧淵卻因修史而死，至明元帝，國史仍廢而不述。太武事功有成，神䴥二年（429）詔集文人撰錄國書，崔浩也參與其中，預計敘成《國書》三十卷[108]。但修史進度緩慢，太延五年（439）太武又詔崔浩監修國史，命其留臺綜理史務，並特別指示「述成此書，務從實錄」。此詔特別授命崔浩，讓他專人督責，務期於成。前此修史所以遲緩無成，當是鄧淵史獄使得史臣不敢輕易動筆，因此太武強調「務從實錄」，即是承諾不會重複出現如鄧淵一般史獄；尤其詔命崔浩總監其事，即表示有事可由崔浩負責，不致牽連史臣，自可以讓他們安心著述。崔浩果然不負所託，受命十年，國史告成，豈料大禍也隨之而來，〈崔浩傳〉云：

　　著作令史太原閔湛、趙郡郗標素諂事浩，乃請立石銘，刊載《國
　　書》，并勒所注《五經》。浩贊成之。恭宗善焉，遂營於天郊東
　　三里，方百三十步，用功三百萬乃訖。……初，郗標等立石銘刊
　　《國記》，浩盡述國事，備而不典。而石銘顯在衢路，往來行者
　　咸以為言，事遂聞發。有司按驗浩，取秘書郎吏及長曆生數百人
　　意狀。浩伏受賕，其秘書郎吏已下盡死。[109]

崔浩不是因太武感癘悔悟而受戮；不過死前確實淒慘，《魏書‧崔浩傳》云：

---

[107] 同注2，頁819。

[108] 魏收《魏書‧崔浩傳》云：「神䴥二年，詔集諸文人撰錄國書，浩及弟覽、高讜、鄧穎、晁繼、范亨、黃輔等共參著作，敘成《國書》三十卷。」（頁815）似乎《國書》已經完成；但太延五年，太武詔浩曰：「逮于神䴥，始命史職注集前功，以成一代之典，……而史闕其職，篇籍不著，每懼斯事之墜焉。」（頁823）可見三十卷《國書》僅是預計完成，卻毫無進度可言。

[109] 同注2，頁825～826。

浩非毀佛法，而妻郭氏敬好釋典，時時讀誦。浩怒，取而焚之，捐灰於廁中。及浩幽執，置之檻內，送於城南，使衛士數十人溲其上，呼聲嗷嗷，聞于行路。自宰司之被戮辱，未有如浩者，世皆以為報應之驗。[110]

一句「世皆以為報應之驗」，也可見崔浩怨家之多，大家都等著看他的下場。當然像佛教諸書將崔浩惡心毀釋與孫皓穢佛聯繫起來，逕改其名為「崔皓」（見注18），是不恰當的；而如《集古今佛道論衡》說崔浩更遭「生理出口而尿之」；《佛祖歷代通載》說崔浩自悔曰：「此吾投經溺像之報也。」則又是進一步的誇飾之詞了。研究北魏平城時期歷史，大多會碰觸到崔浩死事問題，過去已有許多學者試圖解開此歷史之謎，伍少俠〈「國史獄案」與北魏政局〉即說：

> 北魏太武帝晚年所發生的「國史獄案」，其事之背景，歷年來先進們為文著作，論之詳矣。如呂思勉先生以為此案發生的主因為崔浩私下與劉宋有所聯繫、對北魏有所「異圖」所致；王伊同先生認為此乃當時的族、勢之爭；何茲全、高國興則著重在崔浩個人政治權力的進展及個性的特質觀察上；孫同勛先生、蘇慶彬先生提出胡漢問題為案發主因之看法；而王曾才先生、逯耀東先生、宋德喜先生等人則提及政治權力衝突在此事所扮演之重要性。[111]

除上述所提諸位學者，在逯耀東〈崔浩世族政治的理想〉一文已舉出牟潤孫、周一良、馬長壽、王仲犖、唐長孺、李亞農、谷霽光、陳寅恪、湯用彤皆有述及崔浩史獄[112]，一如逯文所云：

---

[110] 同注2，頁826。

[111] 伍少俠論文刊於《中二中學報》，今由網路資訊取得，網址為：
http://203.71.212.1/resource/tcssh_4/html/wu3.htm。

[112] 逯耀東〈崔浩世族政治的理想〉，收於《從平城到洛陽》，臺北：聯經出版社，1985年8月，頁76。探究崔浩死因的文章確實不少，筆者所見，另有勞榦《魏晉南北朝史》，臺北：中華文化出版事業委員會，1955年9月，頁53、李則芬《中國歷史論文集》上冊，

　　崔浩事件的發生，是北魏拓拔氏和中原世家大族結合過程中，一
　　次巨大的波瀾。這個事件，包含著許許多多複雜的客觀因素，並
　　非僅因「國史」而致禍，或者只是宗教的衝突、「民族意識」等
　　問題而導致，事實上它也包括種族、文化和政治的因素，尤其是
　　崔浩對於門閥制度的維護，而引起代北大族的疑忌。同時，這個
　　事件，也非單純的或偶然的發生，它是經過太祖、太宗以及世祖
　　幾代長期醞釀而來的，它象徵著北魏建國半個世紀許多複雜問題
　　的全盤暴露與總結。[113]

大體言之，崔浩死因在眾多學者努力探究下，已獲得接近史實的結論，
此中盤根錯節的複雜因素，事實上都指向崔浩世族政治理念激化胡漢對
立。因為世族政治是以儒家思想為基礎，要維繫門第的尊嚴和傳統文化
的延續，相對壓抑鮮卑人的地位，導致以拓跋晃為中心的代北大族與之
嚴重對立，包括宗教也有了外來本土的區隔。牟潤孫〈崔浩與其政敵〉
從信仰角度分析曰：

　　崔浩政敵雖多，而皆先敗。能為浩之敵，且足以致浩於死地者，
　　蓋為景穆太子晃，史稱恭宗者也。浩本天師道世家，晃則信佛甚
　　篤，二人信仰既異趣，故鬥爭亦甚烈。[114]

牟文並引湯用彤《漢魏兩晉南北朝佛教史》云「（崔）浩意在張中華王
道正統」，而說道：「孝文華化，有反對者，史載之矣。太武華化，亦有
反對者，太子晃、長孫嵩、穆壽等蓋皆是，以太武之施為由浩主謀，故
諸人多與浩為敵，反對華化之跡轉不甚著。」然而華化與排佛又有何關
聯？研究中國佛教史與魏晉南北朝的學者都知道，佛教在華的扎根茁

　　臺北：黎明文化事業公司，1998年10月，頁879～883、錢仲聯〈讀《北魏書·崔浩傳》
　　書後〉、田餘慶〈《代歌》、《代記》和北魏國史──國史之獄的史學史考察〉，《歷史研究》
　　2001年1期、曹道衡《中古文學史論文集續編·論崔浩的歷史地位及其死因》、李憑《北
　　魏平城時代·正平事變》、何德章〈北魏太武朝政治史二題〉，皆有卓見。
[113]　逯耀東〈崔浩世族政治的理想〉，同前注，頁75。
[114]　牟潤孫此文收於《注史齋叢稿》，臺北：臺灣商務印書館，1990年6月，頁85。

壯，五胡十六國君主輸誠信仰，具有舉足輕重的關鍵性，深得前秦苻堅尊禮的道安，《高僧傳》即載其曾謂徒眾曰：「今遭凶年，不依國主則法事難立。」[115]而道安之師佛圖澄，《高僧傳》也載後趙因佛圖澄的弘化，佛法大行，出家者濫，石虎命中書省提議，中書令王波及著作郎王度認為「華戎制異，人神流別」，宜依漢魏舊規，不准漢人出家，乃至於燒香禮拜；但石虎卻下書曰：

> 度議云：「佛是外國之神，非天子諸華所可宜奉。」朕生自邊壤，忝當期運，君臨諸夏，至於饗祀，應兼從本俗。佛是戎神，正所應奉。夫制由上行，永世則則，苟事無虧，何拘前代？其夷趙百蠻有捨其淫祀，樂事諸佛者，悉聽為道。[116]

王波、王度的華夷之論，倒是讓石虎想到自己是羯族，而「佛是戎神」，所以怎能因循「用夏變夷」的漢制？當然應「用夷變夏」，於是不管出家浮濫與否而悉聽為道。這正是政治與信仰交互牽纏的顯例。佛教文化的輸入，興造寺塔、傳譯三藏、捨施說法，固然跟胡主認為可以祈求福報有關，而透過胡漢信仰的一致，當然也有助於調和華夷之風。拓拔晃明慧早熟，他所傾向「用夷變夏」的方針，雖與太武欲「除偽定真，復羲農之治」，「繼千載之絕統」的理念不同，卻依然堅定事佛存舊俗的決心，故得到奉佛或擔心漢化而失勢的鮮卑貴族擁戴，此不僅在他生前，試看他先太武而薨，但太武遭弒後，奉佛或反漢化的鮮卑貴族即擁立其子文成帝拓拔濬繼位，《魏書‧陸麗傳》有云：

> （陸）麗以高宗（文成帝）世嫡之重，民望所係，乃首建大義，與殿中尚書長孫渴侯、尚書源賀、羽林郎劉尼奉迎高宗於苑中，立之。社稷獲安，麗之謀矣。[117]

---

[115] 慧皎《高僧傳》卷五，T50，p351c。

[116] 慧皎《高僧傳》卷九，T50，p383b。

[117] 魏收《魏書》卷四十，頁907。陸麗等多人皆是反漢化世家，陸麗之子陸叡，與「人皆敬（崔）浩、壽獨凌之」的穆壽從兄弟穆泰，皆是反對孝文帝漢化的先鋒，他們皆不願南遷，因謀亂伏誅；又如尚書源賀具有佛學素養，《魏書‧趙柔傳》云：「隴西王源賀採

因此由政治理念乖違到宗教信仰的歧異，造成崔浩與太子晃為首的政敵相互傾軋（前於第四節已舉證兩人數度衝突），正是崔浩致死的主因[118]，但這主因卻又被包裝在「國史獄案」中，故北齊文宣帝詔命魏收撰《魏書》曰：「好直筆，我終不作魏太武誅史官。」[119]

或以為太子晃亦支持崔浩立石刊刻《國書》，故稱不上崔浩政敵[120]。其實這是可以解釋的，因為若能將拓拔皇室胼手胝足開國創業的辛勤公諸於世，在太子晃而言是與有榮焉，並無任何害處；而要是史書修差了，「石銘顯在衢路」，很容易被挑剔毛病，矛頭便都指向崔浩，受罪的是修國史者，與太子晃也不相干，於公於私對太子晃都有利，太子晃又何須反對？何況《魏書‧高允傳》云：

> （閔湛、郗標）勸浩刊所撰國史于石，用垂不朽，欲以彰浩直筆之跡。允聞之，謂著作郎宗欽曰：「閔湛所營，分寸之間，恐為崔門萬世之禍。吾徒無類矣。」[121]

刊刻國史供來往群眾觀覽，對修史者而言，要承擔極大壓力和風險，若有任何瑕疵，輕則遭受斥責，重則有滅門之禍，高允心中深感不安，而他是太子晃的老師，太子晃當然也清楚明白修史吃力不討好的情形了。那麼到底崔浩修史是被抓到什麼把柄，或出什麼紕漏而被誅？王鳴盛《十七史商榷‧崔浩傳誤》條，論及《北史》轉引《魏書》不當，僅發

佛經幽旨，作《祇洹精舍圖偈》六卷，（趙）柔為之注解，咸得理衷，為當時俊僧所欽味焉。」（頁1162）

[118] 《魏書‧高允傳》也載崔浩推薦五州之士起家為郡守，與太子晃發生爭執，毫不相讓，高允聞之，便謂東宮博士管恬曰：「崔公其不免乎！苟逞其非，而校勝於上，何以勝濟？」（頁1069）另錢穆《國史大綱》亦有分析云：「崔浩為修國史被殺，時高允與浩同修國史，觀允傳，知浩史頗稱實錄，死非其罪。《宋書‧柳元景傳》謂拓跋燾南寇汝潁，浩密有異圖，謀泄被誅，此恐南朝傳聞亦有未的。大抵如王猛、崔浩之倫，皆欲在北方於擁戴一異姓主之下而展其抱負者。浩則樹敵已多，得罪不專為修史也。」（頁278）

[119] 見《魏書》卷一〇四，魏收自序。《北齊書》及《北史》亦皆引及。

[120] 何德章〈北魏太武朝政治史二題〉，同注58。又前注62已言「政敵非得一定事事唱反調」。

[121] 同注51，頁1070。

感慨云：「浩之敗，雖由自取；太武信讒，亦為失刑。」[122]倒是周一良《魏晉南北朝史札記》[123]指明崔浩秉筆直書，暴露拓跋先世屈辱、醜惡之事，導致得罪致死。周氏指出：昭成帝什翼犍遭苻堅攻滅擄入長安，道武帝拓跋珪與母親賀氏則被流放至蜀地。什翼犍長子拓跋寔早逝，留下遺腹子即是拓跋珪，拓跋珪之母後來卻被什翼犍納為妻，生子秦王觚，而拓跋珪也成為什翼犍之子。此國史內幕，何德章〈北魏太武朝政治史二題〉另持不同意見[124]，何氏舉《宋書·索虜傳》有云：「索頭虜姓托跋氏，其先漢將李陵後也。」《南齊書·魏虜傳》亦言：「初，匈奴女名托跋，妻李陵，胡俗以母名為姓，故虜為李陵之後，虜甚諱之，有言其是陵後者，輒見殺。」[125]而這種說法，早已受劉知幾的批評，《史通·外篇·雜說中·後魏書》條云：

> 崔浩諂事狄君，曲為邪說，稱拓跋之祖本李陵之胄。當時眾議抵斥，事遂不行。或有竊其書以渡江者，沈約撰《宋書·索虜傳》，仍傳伯淵所述。凡此諸妄，其流甚多，倘無迹可尋，則真偽難辨者矣。[126]

何氏認同劉知幾此說，殊不察劉書〈直書〉篇與此已自扞格！何文並進一步解釋崔浩是為了討好太武帝，所以將拓跋氏與漢族李氏拉上關係，

---

[122] 王鳴盛《十七史商榷》卷六八，臺北：廣文書局，1960年3月，頁7。

[123] 周一良《魏晉南北朝史札記·魏書·崔浩國史之獄》，同注6，頁342～345。

[124] 見何德章〈北魏太武朝政治史二題〉，同注58。何氏雖持不同意見，然李憑《北魏平城時代》更證明連拓跋烈、拓跋儀皆是拓跋珪同母弟，故足見周氏所考什翼犍納賀氏為妻無訛。

[125] 沈約《宋書·索虜傳》，同注5，頁2321。蕭子顯《南齊書·魏虜傳》，同注32，頁993。

[126] 劉知幾撰、浦起龍釋《史通通釋》，臺北：世界書局，1973年5月，頁239。案劉知幾此處譏諷崔浩諂事狄君；然於《史通·直書》又提及崔浩因直筆犯諱於魏，原文曰：「夫為於可為之時則從；為於不可為之時則凶。如董狐之書法不隱；趙盾之為法受屈，彼我無忤，行之不疑，然後能成其良直，擅名今古。至若齊史之書崔弒；馬遷之述漢非；韋昭仗正於吳朝；崔浩犯諱於魏國，或身膏斧鉞，取笑當時；或書填坑窖，無聞後代。夫世事如此，而責史臣不能申其強項之風，勵其匪躬之節，蓋亦難矣。」（頁92）顯然已自相矛盾。

納之為名將之後，既便於進行「分明姓族」，又能抹去鮮卑與漢人間的民族隔閡，這即是「備而不典」的一個鐵證。然此處當注意幾個問題，第一，若為便於「分明姓族」，早在崔浩父親崔宏，已經上奏道武帝從土德，自託於軒轅黃帝之後，崔宏的奏議是經過朝廷同意認可的[127]，所以《魏書‧沮渠蒙遜傳》載，太武帝冊封沮渠蒙遜，由崔浩撰文，開首即云：「昔我皇祖，胄自黃軒。」[128]顯然崔浩並不覺得黃帝世胄說法過於籠統；而參與修史的高允，其〈鹿苑賦〉起筆亦云：「啟重基於朔土，系軒轅之洪裔。武承天以作主，熙大明以御世。」[129]甚至盡人皆知為純屬杜撰的《魏書‧序紀》，也同樣說鮮卑族為黃帝少子昌意子孫：

> 昔黃帝有子二十五人，或內列諸華，或外分荒服。昌意少子，受封北土，國有大鮮卑山，因以為號。其後，世為君長，統幽都之北，廣漠之野。畜牧遷徙，射獵為業，淳樸為俗，簡易為化，不為文字，刻木紀契而已。[130]

今考崔浩若真稱說拓跋為李陵後人，當因李氏譜系亦與黃帝有淵源，鄭樵《通志‧氏族略》「李氏」條注云：

> 高陽氏生大業，大業生女華，女華生皋陶，字庭堅，為堯大理，因官命族為理氏。夏商之季，有理徵為翼隸中吳伯，以直道不容，得罪于紂，其妻契和氏攜子利真逃于伊侯之墟，食木子而得全，遂改理為李氏。[131]

---

[127] 魏收《魏書‧衛操傳》有云：「桓帝崩後，操立碑于大邗城南，以頌功德，云：『魏，軒轅之苗裔。』」（頁599）然呂思勉《讀史札記‧拓拔氏先世考》已考證此石碑乃偽作，呂氏又云：「道武定國號詔曰：『昔朕遠祖，總御幽都，控制遐國，雖踐王位，未定九州。』此為魏人自言其先世可考之始。僭位之後，即追尊成帝已下及后號諡。詔有司議定行次。崔玄伯等奏從土德。蓋一切矯誣之說，皆起於此時。所以自託於軒轅者，以從土德；所以從土德，則以不欲替趙、秦、燕而承晉故也。」（同注5，頁812）

[128] 魏收《魏書》卷九九，頁2205。

[129] 道宣《廣弘明集》卷二九〈鹿苑賦〉，T29，p339b。

[130] 魏收《魏書》卷一〈序紀〉，頁1。

[131] 鄭樵《通志》卷二八，臺北：臺灣商務印書館景印《四庫全書》373冊，1983年3月，頁

文中「高陽氏」乃是昌意之子、黃帝之孫。《史記·五帝本紀》云：「黃帝崩，葬橋山。其孫昌意之子高陽立，是為帝顓頊也。」[132]依此論之，故拓跋氏與李氏有血緣關係；但若言崔浩為諂事狄君而謂拓跋為李陵之後，則仍待商榷，因為這無異是說黃帝世胤與漢族無法拉上關係，所以要再找出李陵來；且帝王苗裔也比不上降將之後，所以崔浩要以「李陵之胄」諂事太武了。

　　其次，是「備而不典」的問題。「備」是指詳備；「不典」，在《尚書》〈康誥〉、〈多方〉[133]皆有「自作不典」一詞，意指所行不法，又班固〈典引〉云：「相如〈封禪〉，靡而不典」[134]，是說司馬相如〈封禪文〉文風靡麗而不夠典正。至於此處從修史上說，即是指崔浩修史雖然詳盡卻不正確，有違史實。猶如《魏書·奚斤傳》言：「斤聰辯彊識，善於談論，遠說先朝故事，雖未皆是，時有所得，聽者歎美焉。」[135]奚斤暢論先朝故事，聽他侃侃而談的人都欽佩他的辯才與記憶力，但其所述未必精確，這也是「備而不典」之例，只不過他是說史而非修史罷了。崔浩的政敵批評刊刻國史詳盡不實，其中可能有悖離史實處，但也可能確有其事卻被痛斥為失實者。無論如何，被挑剔的毛病應當不只一件，便能致崔浩於死地。

　　其三，再觀當時修國史情形，《魏書·高允傳》載，太武召問高允曰：「《國書》皆崔浩作不？」允對曰：「《太祖記》，前著作郎鄧淵所撰。《先帝記》及《今記》，臣與浩同作。然浩綜務處多，總裁而已。至於注疏，臣多於浩。」[136]太武大怒曰：「此甚於浩，安有生路！」幸有太

329。

132　瀧川龜太郎著《史記會注考證》，臺北：宏業書局，1980年8月，頁23。
133　阮元校勘《十三經注疏·尚書》卷十四〈康誥〉、卷十七〈多方〉，臺北：新文豐公司，1978年1月，頁202、258。
134　班固〈典引〉，見《增補六臣注文選》卷四八，臺北：華正書局，1979年5月，頁914。
135　魏收《魏書》卷二十九，頁700。
136　同注51，頁1070。周一良《魏晉南北朝史札記·崔浩國史之獄》以為：「此實高允為崔浩開脫罪責之詞。」「由崔浩對所撰國史之沾沾自喜，大費功力，刊刻於石，足見其決非掛名之主編而已。」（同注6，頁343）關於高允所說是否屬實，需要再看〈高允傳〉另一段資料：「遼東公翟黑子有寵於世祖，奉使并州，受布千匹，事尋發覺……黑子

子力保，太武亦感於高允貞直而赦免之。後當太武命高允擬詔族誅崔浩以下，高允乞更一見，直陳曰：「浩之所坐，若更有餘釁，非臣敢知。直以犯觸，罪不至死。」言一出口，再次引發太武暴怒。以此觀之，顯然足以冒犯太武帝的，必是偏於道武之後，明元、太武兩朝國史；又當時高允之友游雅也在案件平息後說：「司徒之譴，起於纖微。」[137]到底有哪些「纖微」令太武覺得不堪而震怒？伍少俠〈「國史獄案」與北魏政局〉已注意及鄧淵因和跋案牽連遭道武帝賜死；和跋誅於天賜三年五月，故鄧淵國記最多只能記載至此年，崔浩、高允修史承接其後，因此時間斷限最早為道武晚年。查《魏書》載記天賜年間至太延年間史事，能令北人視之忿毒的，可能有：

（一）（道武）帝不豫……，歸咎群下，喜怒乖常……，終日竟夜獨語不止，若旁有鬼物對揚者。朝臣至前，追其舊惡皆見殺害，其餘或以顏色變動，或以喘息不調，或以行步乖節，或以言辭失措，帝皆以為懷惡在心，變見於外，乃手自毆擊，死者皆陳天安殿前。（〈太祖本紀〉）

（二）（明元）帝母劉貴人賜死，太祖告帝曰：「昔漢武帝將立其子而殺其母，不令婦人後與國政，使外家為亂。汝當繼統，故吾遠同漢武，為長久之計。」（〈太宗本紀〉）

（三）清河王紹，天興六年封。兇很險悖，不遵祖訓。好輕遊里巷，劫剝行人，斫射犬豕，以為戲樂。太祖嘗怒之，倒懸井中，垂死乃出。太宗常以義方責之，遂與不協，恒懼其為變。而紹母

以不實對，竟為世祖所疏，終獲罪戮。」（頁1069）這件事對高允有極大影響，所以當國史案爆發，太子晃為了開脫高允，希望高允極力撇清修史之責，但高允依然在太武面前誠實以對，終而得到太武赦免。事後高允對人言：「我不奉東宮導旨者，恐負翟黑子。」（頁1071）可見高允所陳，並未偏袒某一人，而數十年不得完成的國史，能夠在崔浩領導下直筆成書，〈崔浩傳〉說：「損益褒貶，折中潤色，浩所總焉。」（頁824）這就已經值得他沾沾自喜了。

[137] 同注51，頁1077。

夫人賀氏有譴，太祖幽之於宮，將殺之。會日暮，未決。賀氏密
告紹曰：「汝將何以救吾？」紹乃夜與帳下及宦者數人，踰宮犯
禁。左右侍御呼曰：「賊至！」太祖驚起，求弓刀不獲，遂暴崩。
（〈道武七王傳〉）

（四）自世祖神䴥二年至太延五年間，崔浩與一干代北大臣在征
伐問題上的種種辯難，文繁故略之；但由其中可見崔浩對於代北
大臣們的輕視。如神䴥二年的議擊蠕蠕事中，浩不惜與以保太后
為首的一干大臣們辯難，乃致脫口「陋矣哉，公卿也」之語。[138]

伍文僅提到「北人視之忿毒」的記載，而且前三條都還在道武帝時，這
恐怕不是關鍵，還應當增添「犯觸」太武，會讓他勃然大怒的史事[139]；
而能讓太武暴怒的，恐非牽連太武生母密太后及乳母保太后不可了。《魏
書·皇后傳》對密后僅有簡短記載，說他姓杜，魏郡鄴人，泰常五年（420）
薨，諡曰密貴嬪，直到太武即位才追尊號諡。鄴縣杜氏並非高門大族，
此由《魏書·杜銓傳》可以窺知：

初，密太后父豹喪在濮陽，世祖欲命迎葬於鄴，謂司徒崔浩曰：
「天下諸杜，何處望高？」浩對京兆為美。世祖曰：「朕今方改
葬外祖，意欲取京兆中長老一人，以為宗正，命營護凶事。」[140]

從傳文可知京兆杜氏才是高門，而太武在這方面深受漢文化影響，對郡
望是極其重視的。杜后在明元帝時，並未特別受到寵愛，她的兄長杜超
也僅任別駕之職；且無法與杜后晤面[141]。反觀明元對於姚皇后則寵幸有
加，〈皇后傳〉云：

---

[138] 伍少俠〈「國史獄案」與北魏政局〉，同注111。

[139] 《魏書》卷三六〈李順傳〉云崔浩誅後，太武怒氣未消，謂李順從弟孝伯曰：「卿從兄
往雖誤國，朕意亦未便至此。由浩譖毀，朕忿遂盛。殺卿從兄者，浩也。」（頁833）故
國史自少不得「犯觸」太武之事。

[140] 《魏書》卷四五，頁1018。

[141] 《魏書》卷八三〈外戚上〉云：「杜超，字祖仁，魏郡鄴人，密皇后之兄也。少有節操。
泰常中，為相州別駕。奉使京師，時以法禁不得與后通問。」（頁1815）

　　明元昭哀皇后姚氏，姚興女也，興封西平長公主。太宗以后禮納
　　之，後為夫人。后以鑄金人不成，未昇尊位，然帝寵幸之，出入
　　居處，禮秩如后焉。是後猶欲正位，而后謙讓不當。泰常五年薨，
　　帝追恨之，贈皇后璽綬，而後加諡焉。葬雲中金陵。[142]

姚皇后有弟姚黃眉，當後秦滅亡時投奔至北魏，〈外戚傳〉云：「太宗厚
禮待之，賜爵隴西公，尚陽翟公主，拜駙馬都尉，賜隸戶二百。」[143]明
元親厚姚黃眉，與對待杜后之兄直若雲泥之殊。而更奇特的是杜后與姚
后竟同在泰常五年（420）薨逝，前此一年，崔浩才諫請明元立拓拔燾
為儲君；到這一年，拓拔燾已十三歲，並非幼稚無識的黃口小兒，在北
魏早婚的習俗都可以結婚生子了，但《世祖本紀》卻說：「帝生不逮密
太后，及有所識，言則悲慟，哀感傍人。」頗像是太武剛出生或出生不
久，杜后即逝世一般，故其中必有崔浩獄案「犯觸」太武後，史家不敢
秉筆直書的內幕在。至於太武保母竇氏，她是在太武即位時尊為「保太
后」，後更尊為皇太后，由此可知太武對她的感恩。以一保母偏能享此
殊榮，生母卻為防範后權干政，先於道武帝便立下子貴母死之制，這實
在不合情理，趙翼《二十二史札記》對此極不苟同，有批判云：

　　後魏自道武創例立太子則先殺其母，以防母后預政。自是遂著為
　　令。而帝即位，皆無太后，於是轉奉保母為太后……。太武帝保
　　母竇氏，本以夫家坐事沒入宮，明元帝命為太武保母。太武既立，
　　尊為保太后，後又尊為皇太后……。親母則必賜死，保母轉極尊
　　崇，魏法之矯枉過正，莫不善於此。[144]

保太后生平附見《魏書‧皇后傳》，傳中說她「訓釐內外，甚有聲稱。
性恬素寡欲，喜怒不形於色，好揚人之善，隱人之過……，真君元年薨。」
[145]盡是讚美之詞，可惜未在朝政的影響力上多予著墨。其實保太后對政

[142] 《魏書》卷十三，頁325。
[143] 《魏書》卷八三，頁1814。
[144] 趙翼《二十二史札記》卷十四〈保太后〉，頁271。
[145] 《魏書》卷十三，頁326。

治的關切，或者說是干預，在〈崔浩傳〉已見端倪，神䴥二年四月，魏廷議擊蠕蠕，公卿大臣及保太后以天時人事不協，反覆詰難，竭力勸阻，太武最終仍聽從崔浩之議，但「保太后猶難之」，只得「復令群君臣於保太后前評議。」而當罷朝之後，更有人以担心宋軍趁隙進擊為由阻止北伐，可見保太后在朝廷的影響力不容小覷。以崔浩的自負，對這位和他唱反調的重量級保母，褒貶尺度的拿捏必然無法與太武情感的天平取得一致，所以直筆涉及保太后干政，也會令太武難堪不悅。據〈崔浩傳〉說：「浩既工書，人多託寫《急就章》。從少至老，初不憚勞，所書蓋以百數，必稱『馮代強』，以示不敢犯國，其謹也如此。」[146]如此謹慎且高智商的人，竟發生這麼大的意外劇變，自然是太武帝對他「務從實錄」的保證，讓他錯覺自己心中一把尺，是放諸四海而皆準了。

第四，《魏書‧高允傳》還記載一段高允認為「國史案」並非是修史出了重大問題，而是因崔浩性格及私德有瑕疵，才引發風波：

> 浩世受殊遇，榮曜當時，孤負聖恩，自貽灰滅。即浩之跡，時有可論。浩以蓬蒿之才，荷棟梁之重，在朝無謇諤之節，退私無委蛇之稱，私欲沒其公廉，愛憎蔽其直理，此浩之責也。至於書朝廷起居之跡，言國家得失之事，此亦為史之大體，未為多違。[147]

吾人徵之〈崔浩傳〉，可知當時崔浩政敵是以崔浩「受賕」，即接受賄賂，才寫出「備而不典」的國史，對他進行致命一擊。關於此，周一良以為：「〈崔浩傳〉中自承所謂『受賕』，恐亦屬欲加之罪，何患無詞，未必可信。」[148]筆者則以為崔浩受賄，無論他是有意無意、主動或被動，都有若干徵兆可推。北魏前期，國家並未支給官俸，《二十二史札記‧後魏百官無祿》說：

> 後魏未有官祿之制。其廉者貧苦異常，如高允草屋數間，布被縕袍，廚中惟鹽菜，常令諸子採樵自給是也。否則，必取給於富豪。

---

[146] 同注2，頁826。
[147] 同注51，頁1071。
[148] 周一良《魏晉南北朝史札記‧崔浩國史之獄》，同注6，頁346。

> 如崔寬鎮陝，與豪宗盜魁相交結，莫不感其意氣，時官無祿，力
> 惟取給於人，寬以善於結納，大有受取，而與之者無恨。[149]

自從道武帝開國，至孝文帝初，百年之間，官吏皆無俸祿，只有在每次
戰役獲勝後，將擄獲的敵國生口及馬牛羊等牲畜，分賜文武百官，直到
孝文帝太和八年（484）六月，才下詔百官班祿。所以像清廉自持的高
允，生活艱難到不堪的地步；反觀〈崔浩傳〉中，崔浩撰寫的〈食經敘〉
曰：「余備位台鉉，與參大謀，賞獲豐厚，牛羊蓋澤，貲累巨萬。衣則
重錦，食則粱肉。」可見生活極優渥豪貴，他並不像他的父親崔宏「不
以資產為意，妻子不免飢寒」[150]，他自恃高門，講究排場，看不起門第
低、生活寒儉的人，前於第五節比較崔、寇異同，已言其看輕同為崔氏
宗親，家世不及他顯耀的崔蹟、崔模，再如下列數條資料：

> 初，浩弟娶順妹，又以弟子娶順女，雖二門婚媾，而浩頗輕順，
> 順又弗之伏也，由是潛相猜忌。

> 初，崔浩弟恬聞慧龍王氏子，以女妻之。浩既婚姻，及見慧龍，
> 曰：「信王家兒也。」王氏世齇鼻，江東謂之齇王。慧龍鼻大，
> 浩曰：「真貴種矣。」數向諸公稱其美。司徒長孫嵩聞之，不悅，
> 言於世祖，以其歎服南人，則有訕鄙國化之意。世祖怒，召浩責
> 之。浩免冠陳謝得釋。

> （劉）芳祖母，浩之姑也。芳至京師……，崔恥芳流播，拒不見
> 之。芳雖處窮窘之中，而業尚貞固，聰敏過人，篤志墳典。晝則
> 傭書，以自資給，夜則讀誦，終夕不寢，至有易衣併日之弊，而
> 澹然自守，不汲汲於榮利，不戚戚於賤貧，乃著〈窮通論〉以自
> 慰焉。[151]

---

[149] 見《二十二史札記》卷十四，頁274。
[150] 《魏書》卷二十四〈崔玄伯傳〉，頁620。
[151] 以上三則，分見《魏書》卷三六〈李順傳〉、卷三八〈王慧龍傳〉、卷五五〈劉芳傳〉，
頁829、875、1219。

崔浩對姻親李順、王慧龍的看輕、看重，皆以門第為憑；恥見表親劉芳，也因為他輾轉流徙，窮窘至極。這種性格，自易令諂媚他的閔湛、郄標一干人乘隙而入，促使崔浩曝露如高允所言「私欲沒其公廉，愛憎蔽其直理」的缺點，而被虎視眈眈的政敵掌握罪證，導致足智多謀、辯才無礙的他，在太武面前受詰問時，「惶惑不能對」[152]，最後以「伏受賕」黯然受刑。太武對於貪污者向來懲治嚴厲，如對待劉潔、李順、翟黑子等[153]皆然，劉潔受刑之後，太武對他擅作威福，聚斂貨財仍言之切齒；又當初崔浩與李順廷辯征伐北涼與否，崔浩指斥李順等主和派曰：「汝曹受人金錢，欲為之辭，謂我目不見便可欺也。」[154]太武隱聽，聞之乃出，辭旨嚴厲，形於神色。而今崔浩不僅將犯觸君上的史事顯播衢路，還伏承納賄，太武怒氣一發，自然不予饒貸。佛教諸書對於崔浩死因，多數皆附會是太武感癘被誅，少數道及修史暴揚國惡者，卻也是粗略之見，概言之，崔氏之死，除如勞榦《魏晉南北朝史》所說：「至少可認為（1）太武帝性情之變化，（2）佛教徒之報復，（3）胡漢的衝突，（4）修史的問題，被鮮卑人認為侮辱」[155]，更應補上崔浩私德有瑕一條。

七、結　論

環繞太武滅佛前後的史事，在《魏書》、《宋書》、《南齊書》、《北史》

---

[152] 同注51，頁1070。

[153] 《魏書》卷二八〈劉潔傳〉云：「潔既居勢要，擅作威福，諸阿附者登進，忤恨者黜免，內外憚之，側目而視。拔城破國者，聚斂財貨，與潔分之。籍其家產，財盈巨萬。世祖追忿，言則切齒。」（頁689）又卷三六〈李順傳〉云：「順凡使涼州十有二返，世祖稱其能。而蒙遜數與順游宴，頗有悖慢之言，恐順東還泄之朝廷，尋以金寶納順懷中，故蒙遜罪釁得不聞徹。浩知之，密言於世祖，世祖未之信。……初，蒙遜有西域沙門曇無讖，微有方術。世祖召順令蒙遜送之京邑。順受蒙遜金，聽其殺之。世祖克涼州後，聞而嫌順。涼土既平，詔順差次群臣，賜以爵位。順頗受納，品第不平。涼州人徐桀發其事。浩又毀之，云：『順昔受牧犍父子重賂，每言涼州無水草，不可行師。及陛下至姑臧，水草豐足。其詐如此，幾誤國事。不忠若是，反言臣讒之於陛下。』世祖大怒，真君三年遂刑順于城西。」（頁833）又翟黑子事，見卷四八〈高允傳〉，同注136。

[154] 同注2，頁823。

[155] 勞榦《魏晉南北朝史》，同注112。

等正史中，往往有模糊不明，或相互牴觸現象。此中最受爭論的崔浩族
誅問題，在明代鄭瑗《井觀瑣言》卷三「太武殺崔浩」條，已根據《宋
書·柳元景傳》，謂崔浩非因撰修國史，刊石衢路而遭族誅，乃因與南
朝通敵，密有異圖而受禍。《四庫提要》對鄭氏之說頗為認同，有論曰：

> 又引《宋書·柳元景傳》證魏崔浩因有異圖被誅，特假史事為名。
> 所論亦有根據，在明人說部中，尚稱典核。[156]

繼鄭瑗之後，焦竑《焦氏筆乘》卷二〈崔浩受禍自有故〉也全襲用鄭氏
之說[157]；甚至到呂思勉《讀史札記》仍堅持崔浩心存華夏而受誅。其實
在明代周嬰《卮林》卷六〈通焦·崔浩〉條，已對此說提出駁證，除言
及太子拓跋晃之死與崔浩無涉，而崔浩確與太子拓跋晃等鮮卑貴族皆有
仇隙；又舉出《宋書》謂崔浩密有異圖不可信的理由，全文甚長，茲綜
結有：一、「浩之在魏，佐命運籌，固無遺策；躍馬跋扈，蓋非其人。
高歡、宇文泰之徒，並嚘喑宿將，屈身弱主，故能淪移鼎祚，手奪神器，
不遭傾頹之運；而事猜禍之君，七十老公，反欲何為？」二、「異時李
孝伯卒，太武悼之曰：『李宣城可惜！』又曰：『朕失言，崔司徒可惜；
李宣城可哀。』若浩名列叛人，豈宜追悼？」三、「魏收作《魏書》，齊
文宣敕曰：『好直筆，朕終不作魏太武誅史官。』文宣，魏之臣吏，聞
見不遙，造次一言，必非飾說明矣。」四、《魏書·崔浩傳》言崔浩妻
郭逸女，而《宋書》云為柳光世姊夫，此恐沈約之說為非。

因此，《宋書·柳元景傳》謂崔浩異圖不密，「或魏人諱其國惡，而
以浩反聞于南朝。」周嬰的推論極為可取，可惜未進一步探究魏人何故
諱其國惡，而乃轉用佛教史料，以報應作結：

> 《魏書》曰，浩非毀佛法，妻敬好釋典，浩怒取而焚之，捐灰廁
> 中。及浩幽執檻中，衛士數十人溲其上，自宰司之被戮辱，未有
> 如浩者，世以為報應之驗。《高僧傳》曰：博陵崔浩猜嫉釋教，

[156] 永瑢等編《四庫全書總目》，同注42，頁1054。
[157] 焦竑《焦氏筆乘》，收於《孔子文化大全》，濟南：山東友誼書社，1991年11月，頁137。

與天師寇氏說偽主熹，以偽太平七年毀滅佛法，梟斬沙門。太平
末，有釋曇始為說法，熹大生慚愧，遂感癘疾，崔、寇次發惡病，
熹以過由于彼，於是誅翦二家，門族都盡。《續高僧·釋曇曜傳》
曰：太平真君七年，司徒崔浩邪佞讒詞，令帝珍敬老氏，虔劉釋
種。至庚寅年，太武感致癘疾，方始開悟，兼有白足禪師來相啟
發，帝心悔，誅夷崔氏。按若此言，則浩于謗佛，得罪已深，釀
禍莫禱，即令日行萬善，亦宜備極五刑，刊史、謀叛，皆其微咎
耳！抑自作之孽者，乃西方聖人奪其鑒而速其殃耶！[158]

毛宗崗嘗批《三國演義》，謂書中有十四妙，其第十二妙云：

《三國》一書，有添絲補錦，移針勻繡之妙。凡敘事之法，此篇
所闕者補之于彼篇；上卷所多者勻之于下卷。不但使前文不拖
沓，而亦使後文不寂寞；不但使前事無遺漏，而又使後事增渲染，
此史家妙品也。[159]

史家追敘真人實事，固須遙體人情，懸想事勢，設身處地，揣摩忖度，
求以入情合理；然而在添絲補錦，移針勻繡之際，往往毫髮之差，便與
史實相距千里。因此史家與小說家敘事寫人，筆法雖有相通，而實不容
等同，小說家為了場面熱鬧，情節生動，往往馳騁文思，運用高明的飛
絲牽線手法，將不相干的事湊合得天衣無縫，或者憑空臆造人物，虛構
情境，把真正歷史都篡改了。似此巧運文學手眼，按理不該在佛教史傳
中出現才是，然而虔誠的佛教徒具有強烈使命感，為了闡揚因緣果報的
必然性，其宗教史、宗教觀也因之須顯豁果報律則的教化意義，於是近
乎小說家之言，於焉產生。《大正藏》中具有文學塗飾的太武滅佛始末，
經由以上諸節深入研析，可知不僅有人名不統一，史實不完備的疏失，
還有彼此矛盾、承襲訛誤、移花接木、虛飾塗澤等等問題；當然也有部
分可以幫忙還原歷史真相的資料。因此無論周嬰的信用佛藏史料，或當

---

[158] 周嬰《巵林》，臺北：臺灣商務印書館景印《四庫全書》858冊，1985年2月，頁134。
[159] 毛宗崗批、金聖歎鑑定《三國演義的政治與謀略觀》，臺北：老古文化事業公司，1994
年10月，頁15。

今學界論證這段史事，多斷定佛教徒偏於宗教立場，敘述史實不客觀，便棄而不取，以筆者所見，佛藏史料如能披沙揀金，亦極可貴。茲將繁複考論太武朝滅佛前後史事所得綜結於下：

（一）太武帝自太延五年（439）詔罷沙門，對佛教已蓄意禁除，而太平真君七年（446）全面滅佛之後，高僧惠始已圓寂十年，自不可能為他明辨因果，令他幡然改悔，重興佛教；而在太武滅佛以至遇弒而崩，這期間他依然驍猛威勇，生氣勃發，並無佛教諸書或如《南齊書》等，傳他感染惡癘的情形，如此傳聞甚囂塵上，乃是佛教徒總結滅佛謗教的歷史法則奠立的宗教史觀，除了太武帝，還有其他多條類同案例皆可證明，究其源頭，實自阿闍世王弒父、害佛、毀教感疾而來。

（二）太子拓拔晃是位有主見、有企圖心的儲君，其年紀雖輕，卻是一批在朝反對崔浩政治理想者的領袖。太子晃與崔浩雖然多次爭鋒，但仍有基於共同利益而立場一致的時候，「太子監國」便是他們為了反擊兄終弟及與舊部擁立遺制所採取的一致行動。至於玄高主法，為太子行金光明齋懺，乃是因應太子總統百揆之後第六天，太武帝頒詔禁養沙門，壓制佛教信仰而施行的祈福法會，佛教典籍則刻意將之挪至「太子監國」前。最終太子晃是在與太武心結日深，意圖謀變下，遭太武先發制人處死；佛教徒對這位護佛有功的太子之死也是有所隱諱的。

（三）寇謙之創立新天師道，得到崔浩擁信，兩人極為相契，新道教透過崔浩的關係，正式成為北魏國教，而崔浩也藉寇謙之本土的漢族宗教與外來佛教相對抗，因為排斥胡人異端信仰，即可進一步實踐他的政治理想；然而寇謙之新創的宗教汲取不少佛教內涵，寇謙之還曾搭救三千僧侶免於一死，他僅將佛教視同競爭者，在他的宗教體系中尚能容受佛教，並不像崔浩將佛教當成死敵，亟欲殲滅之。因此當太武頒詔全面滅佛，寇謙之與崔浩已因觀念歧異而貌合神離，故不宜草率將兩人思想理念等同視之。

（四）崔浩死事原因複雜，當時他的政敵是以修史受賄，暴揚國惡攻擊他，實際上其中還蘊含更為深刻的胡漢種族及信仰之爭，然而激怒太武族誅崔浩的，則是國史暴露令太武不堪的宮廷祕事，且崔浩又親伏受賕，致使太武忘卻先前「務從實錄」的承諾，而竟株連五族，其後太

武雖也悔誅崔浩，卻已於事無補。崔浩之死，並非如多數佛教載籍所言太武感癘，得白足禪師來相啟發，遂悔悟滅佛之過而誅除崔浩及其五族。

雲岡石窟・第二十窟北壁主佛
（曇曜五窟之一）

《付法藏因緣傳》之譯者及其真偽辨

提　　要

《付法藏因緣傳》的譯者除有北魏曇曜與吉迦夜合譯外，也有兩人各自譯出不同卷數的說法；甚至有謂劉宋時期，此書已由寶雲譯出，曇曜、吉迦夜重翻，則分別為「第二出」、「第三出」。本文認為《付法藏因緣傳》當是經錄疏忽誤寫成寶雲譯，此書乃是曇曜、吉迦夜於延興二年（472）合作完成，前四卷因緣事蹟多與《阿育王傳》雷同，當是曇曜譯本，後兩卷則是吉迦夜搜羅梵本，最後經劉孝標綜理潤飾，才纂集為六卷本，前此並無寶雲譯本問世。

至於《付法藏因緣傳》的真偽，本文以為《付法藏因緣傳》有真有偽，偽託處在於內容紛亂，虛設二十四代傳法世系，而不是在其襲自《阿育王傳》，因二者同屬經抄，從佛經翻譯史的立場上說，那反倒是它的真實處，因此不能當它是偽書。或謂佛經真偽，與內容、史實的真偽是兩回事，筆者則以為如果原有一部梵本，經過翻譯，成為漢文典籍，那麼書的真偽與內容、史實的真偽，便可說不相干，但事實上《付法藏因緣傳》是中土纂集成的經抄，並非經由梵本傳譯，因此內容史實的真偽，也適足以證成此書的真偽。

另外，經抄為何從譯經史來看便是真的，本文也有所說明，還將經抄與抄經、會集本經（合本經）作一比較，並對歷代經錄將抄經列入「疑偽經」，提出無法贊同的意見。全文分就譯者問題、屬於經抄的證據、屬於虛託付法的證據，及經抄不等同於偽造等節，深入詳予分析。

關鍵詞

付法藏因緣傳　　付法藏經　　阿育王傳　　寶雲　　曇曜　　吉迦夜

一、前　言

　　《魏書·世祖本紀》記載北魏太武帝信用崔浩為相，因久聽崔浩毀佛，而在踐位第廿一年，即太平真君五年（444）正月戊申頒布詔令，表面上為了整頓風俗教化，骨子裏卻是為滅佛預作準備，太武明白宣告佛法虛誕不實、僧徒怪力亂神，與王政淳德大相違背，必須痛下決心加以整治。事隔兩日，太武又下詔：「自頃以來，未宣文教，非所以整齊風俗，示軌則於天下也。今制自王公以下至於卿士，其子息皆詣太學。其百工伎巧、騶卒子息，當習其父兄所業，不聽私立學校。違者師身死，主人門誅。」[1]這正是太武毀滅佛法的前兆，當年九月，佛門龍象玄高、慧崇即遭幽縶，殉教蒙難[2]，佛法此時幸有太子拓跋晃護持，使真正毀佛行動延緩了兩年。至真君七年（446）三月，太武正式滅佛詔下，當時太子極力諫諍不果，乃緩宣詔書，使遠近預先聞知，各自為計，於是「四方沙門，多亡匿獲免，在京邑者，亦蒙全濟。金銀寶像及諸經論，大得秘藏。而土木宮塔，聲教所及，莫不畢毀矣。」

　　毀佛七年（446～452）之後，太武被弒，文成帝繼立，始又下詔盛揚如來助王化、益仁智之功，恢復佛教崇高地位，並將太武帝滅教，歸過於有司失旨。而當文成帝和平之初（460～），曇曜替代師賢，接任沙門統，為了鞏固教基，也特別針對太武自詡承繼古聖王統緒，斥責佛教無稽虛假，否定佛教流布事實，而頒布的「除偽定真」詔令，透過另一種辯說及宣教方式，與胡僧吉迦夜合作完成《付法藏因緣傳》，藉以證明佛教代代傳承，有本有源，並非誕妄無根。筆者曾在慶祝東吳建校百年所舉辦唐代文化學術研討會，發表〈由韓愈道統論談佛教付法與中國文化的交互影響〉[3]，內容已涉及此事；然論文旨在探討佛教與中國文化

---

[1]　見魏收《魏書·世祖本紀》卷四，臺北：鼎文書局，1993年10月，頁97。

[2]　慧皎《高僧傳》卷十一〈玄高傳〉云：「高先時嘗密語弟子云：『佛法應衰，吾與崇公首當其禍乎！』于時聞者莫不慨然。時有涼州沙門釋慧崇，是偽尚書韓萬德之門師，既德次於高，亦被疑阻。至偽太平五年九月，高與崇公俱被幽縶。其月十五日就禍，卒於平城之東隅。」（T50，p397a）

[3]　林伯謙〈由韓愈道統論談佛教付法與中國文化的交互影響〉（收於《唐代文化學術研討

融合互補的有趣現象，結論認為：「排佛的韓愈，骨子裏卻是受到佛教傳承的激發，才創立道統之說；而佛教注重付法授受，也與中國學術講究傳授淵源密不可分。」但是攸關《付法藏因緣傳》應更深入考辨的問題，由於論文篇幅已過長，故未在文中詳加說明，亟待另行補充。根據歷代經錄，《付法藏因緣傳》除有曇曜、吉迦夜合譯的記載外，也有兩人各自翻譯出不同卷數的說法；甚至還有些經錄提及劉宋時期，《付法藏因緣傳》已由寶雲譯出。如果真如所言，在曇曜、吉迦夜之前早有寶雲翻譯過，那麼筆者研討會中發表的論點，也就無法成立了。此外，對於《付法藏因緣傳》真偽問題，亦有不同見地，如陳寅恪於〈論韓愈〉曾云：

> 南北朝之舊禪學已採用《阿育王經》、《傳》等書，偽作《付法藏因緣傳》，以證明其學說之傳授。[4]

〈論韓愈〉發表於民國四十三年；而先於民國十二年，陳氏於〈與妹書〉中也提到：「禪宗自謂由迦葉傳心，係據《護（「護」應更正為「付」）法因緣傳》，現此書已證明為偽造。」[5]按《阿育王傳》七卷，是由西晉安法欽所譯，今見《大正藏》第五十卷；異譯本《阿育王經》十卷，同見《大正藏》第五十卷，惟此經乃梁代僧伽婆羅所出，《續高僧傳》卷六〈慧超傳〉有云：「（梁武）敕與正觀寺僧伽婆羅傳譯《阿育王經》，使（慧）超筆受，以為十卷。」則其譯時已較《付法藏因緣傳》晚，故《付法藏因緣傳》實不可能採用此經。至於《付法藏因緣傳》前四卷，的確多與《阿育王傳》雷同，這也難怪陳寅恪篤定認為《付法藏因緣傳》是偽作。而除了陳氏之說，早在北宋契嵩所撰《傳法正宗定祖圖》，契嵩也全然無視禪宗傳燈世系纂自《付法藏因緣傳》，而痛批此書之妄：

　　會論文集》，東吳大學中文系出版，2000年7月），頁43～120。

[4]　見陳寅恪〈論韓愈〉，《陳寅恪先生文集》第1冊，臺北：里仁書局，1982年9月，頁285。

[5]　陳寅恪〈與妹書〉，見《學衡》20期，頁19。

[6]　道宣《續高僧傳‧慧超傳》，T50，p475a。又按《續高僧傳》卷一〈僧伽婆羅傳〉則作《大育王經》（T50，p426a）；明佺《武周刊定眾經目錄》卷十二則載有「《大阿育王經》一部，十卷。」（T55，p448c）名稱稍不同，當是同一部經。

其始亂吾宗祖，熒惑天下學者，莫若乎《付法藏傳》。正其宗祖，
斷萬世之諍者，莫若乎《（達摩多羅）禪經》。……《付法（藏）
傳》乃真君廢教之後，缺然但謂二十四世，方見乎魏之時耳！適
以《禪經》驗，而《付法藏傳》果其謬也。[7]

由於《付法藏因緣傳》述說法脈相繼承傳，到了師子比丘遇害於惡王彌
羅掘，「相付法人，於是便絕」，傳承統緒自此隱微不彰。契嵩不能接受
法斷脈絕的說法，因此大加撻伐《付法藏因緣傳》僅傳二十四世的偽謬。
又對於《付法藏因緣傳》所以偽謬，契嵩在他《傳法正宗論》卷上提到，
那是因為曇曜歷經法難，采拾殘墜，零碎不全所致：

《傳燈錄》曰：昔唐河南尹李常者，常（嘗）得三祖璨師舍利，
一日飯沙門落之。因問西域三藏僧犍那曰：「天竺禪門祖師幾
何？」犍那曰：「自大迦葉至於般若多羅凡有二十七祖。若敘師
子尊者傍出達摩，達之四世，自二十二人，總有四十九祖。若七
佛至此璨大師，不括橫枝，凡三十七世。」常復問席間者德曰：
「余嘗視祖圖，或引五十餘祖，至於枝派差殊，宗族不定，或但
空有其名者，此何以驗之？」適有六祖弟子號智本禪師者對曰：
「此因後魏毀教，其時有僧曇曜於倉黃中，單錄乎諸祖名目，持
之亡於山野，會文成帝復教，前後更三十年。當孝文帝之世，曇
曜遂進為僧統，乃出其所錄，諸沙門因之為書，命曰《付法藏傳》
（《付法藏傳》亦云曇曜所撰），其所差逸不備，蓋自曇曜逃難已（以）
來而致然也。」以吾前之所指，其無本末者，驗智本之說，誠類
采拾殘墜所成之書。又其品目曰某付某，果所謂單錄，非其元全
本者也。[8]

契嵩對智本之說，似乎深引為知音；事實上《景德傳燈錄》原文資料已
有錯謬，而契嵩又刻意擅改，謬誤更多。例如《景德傳燈錄》說：「曇

[7]　見契嵩《傳法正宗定祖圖》卷一，T51，p768c。
[8]　契嵩《傳法正宗論》卷上，T51，p773c。

曜於紛紜中，以素絹單錄得諸祖名字，或忘失次第，藏衣領中，隱於巖穴，經三十五載，至文成帝即位，法門中興，曇曜名行俱崇，遂為僧統。」[9]結果契嵩將「忘失次第」改成「差逸不備」，又發現「三十五載」不對，所以把「三十五」改成「三十」，算算三十年後已經是孝文帝即位，便說曇曜在孝文帝世進為僧統。今僅對照《魏書·釋老志》曰：「佛淪廢，終（太武）帝世，積七、八年。」[10]而其竟乖戾荒謬若此，實已不足一駁。筆者於論文〈由韓愈道統論談佛教付法與中國文化的交互影響〉說過，將《付法藏因緣傳》當成偽作，並不十分恰當，由於其因緣事蹟部分，頗類似佛藏許多屬於經抄性質的本緣、譬喻經典；至於其抄集眾經的方式，也像大集部[11]或一些會集本經典，所以不能算偽造。然而《付法藏因緣傳》代代付法，究非全無虛託之處，因此針對譯者與真偽兩大問題，本文將分《付法藏因緣傳》譯者問題、《付法藏因緣傳》因緣事蹟屬於經抄的證據、《付法藏因緣傳》虛託付法的證據，及經抄不等同偽作等節，進一步深入分析。

二、《付法藏因緣傳》譯者的問題

　　《付法藏因緣傳》六卷，見《大正藏》第五十卷。此書另有《付法藏因緣經》的別名，所以也有簡稱為《付法藏傳》、《付法藏經》或《付法傳》的情形。關於其譯者，訪查各朝經錄，可發現寶雲、曇曜、吉迦夜三人皆曾翻譯。忽滑谷快天《中國禪學思想史》故說：

> （《付法藏經》）既譯於宋文帝時，當以隨佛陀跋陀羅學禪法之寶雲所出為第一。《付法藏經》六卷載於《歷代三寶紀》卷十。

---

[9] 道原《景德傳燈錄》卷三〈僧璨大師〉，T51，p221c。
[10] 魏收《魏書·釋老志》，卷一一四，頁3035。
[11] 智昇《開元釋教錄》將「大集部」與「般若部」、「寶積部」、「華嚴部」、「涅槃部」並列為大乘經典五大部。所謂「大集」，意思有多種，據《大正大藏經解題》云：「大集部的核心是《大方等大集經》，而大集部這一名稱亦根據《大集經》而來……由現在的《大集經》之內容來考慮，亦可解為『（在某種意圖之下）編集各種經典之大乘經』之意。」（收於《世界佛學名著譯叢》25冊，臺北：華宇出版社，1984年11月，頁169）也就是說將若干獨立的經典，聚為一部。

其次北魏文成帝和平二年（462）詔（筆者案：「詔」宜改作「昭」）玄統沙門曇曜譯出《付法藏傳》四卷，此為第二出。其次北魏延興二年（472）為西域沙門吉迦夜、曇曜所出《付法藏因緣傳》六卷，此為第三出。[12]

忽滑古快天依據的是隋代費長房《歷代三寶紀》，但他論斷《付法藏因緣傳》先後三出，亦應有參考智昇《開元釋教錄》，或圓照《貞元新定釋教目錄》之說，此由下文列表，即可一一對照明白。另於湯用彤《漢魏兩晉南北朝佛教史》雖引費長房經錄，卻僅及曇曜、吉迦夜兩人，而言：

> 曜譯有《付法藏傳》四卷。吉迦夜又譯有《付法藏因緣傳》六卷，房錄等謂與曜譯者不同……。按太武帝毀法之時，誣言佛法本是虛誕，胡無此教，乃漢人之無賴者所偽造。曇曜於大法再興之後，乃譯《付法藏傳》以明釋教之傳來，歷然可考。而且不數年中，吉迦夜又為曜重譯之。蓋皆意在昭示傳燈之來由，而「庶使法藏住持無絕」也。[13]

對於說法的歧異，我們還是探本溯源，依經錄編撰先後，列出歷來重要經錄原文，再予以分析說明：

經 錄 名 稱	經 錄 原 文
梁·僧祐《出三藏記集》卷二〈新集經律論錄〉，大正 55，頁 13。	《雜寶藏經》十三卷闕 《付法藏因緣經》六卷闕 《方便心論》二卷闕 右三部二一卷，宋明帝時，西域三藏吉迦夜於北國，以偽延興二年，共僧正曇曜譯出，劉孝標筆受，此三經並未至京都。

隋·法經等《眾經目錄》卷六〈西域聖賢傳記〉，大正 55，頁146。	《付法藏傳》四卷或七卷。後魏世沙門吉迦夜共曇曜譯。
隋·費長房《歷代三寶紀》卷九「西秦北涼魏齊陳五錄」、卷十「宋世錄」，大正49，頁85、89。	《付法藏傳》四卷見菩提流支錄。……和平三年，昭玄統沙門釋曇曜，慨前陵廢，欣今載興，故於北臺石窟寺內，集諸僧眾，譯斯傳經，流通後賢，庶使法藏住持無絕。 《付法藏因緣傳》六卷或四卷，因錄廣異曇曜自出者。……宋明帝世，西域沙門吉迦夜，魏言何事，延興二年，為沙門統釋曇曜於北臺重譯，劉孝標筆受，見道慧《宋齊錄》。 《付法藏經》六卷見李廓錄。……文帝世，涼州沙門寶雲（譯出）……。
隋·彥琮等《眾經目錄》卷二〈賢聖集傳〉，大正 55，頁161。	《付法藏傳》四卷或六卷。後魏世沙門吉迦夜共曇曜譯。
唐·道宣《大唐內典錄》卷四〈宋朝傳譯佛經錄〉、〈後魏元氏翻傳佛經錄〉，大正55，頁258、268。	《付法藏經》六卷見李廓錄。……文帝世，涼州沙門寶雲（譯出）……。 《付法藏傳》四卷見菩提流支錄。……和平三年（462），詔（昭）玄統沙門釋曇曜，慨前陵廢，欣今載興，故於北臺石窟寺集諸僧眾，譯諸傳經，流通後賢，使法藏住持無絕。 《付法藏因緣傳》二卷或四卷，因錄廣異曇曜自出者。……宋明帝世，西域沙門吉迦夜，魏言何事，延興二年，為沙門統釋曇曜於北臺重譯，劉孝標筆受，見道慧《宋齊錄》。
唐·靜泰《大唐東京大愛敬寺一切經論目》卷二〈賢聖集傳〉，大正 55，頁196。	《付法藏傳》六卷或四卷，七十五紙。後魏世沙門吉迦夜共曇曜譯。
唐·靖邁《古今譯經圖紀》卷三「北魏元	（沙門曇耀〔曜〕譯）《付法傳》四卷……。 （沙門吉迦夜譯）《付法藏因緣經傳》六卷……。

氏」、「宋劉氏」，大正 55，頁 360、362。	（沙門寶雲譯）《付法藏經》六卷。
唐·明佺等《大周刊定眾經目錄》卷十〈小乘律、小乘論、賢聖集傳〉，大正 55，頁 436。	《付法藏傳》一部四卷九十四紙。右後魏世沙門曇曜譯，出長房錄。 《付法藏經傳》一部四卷或二卷。右後魏代沙門吉迦夜譯，出長房錄。
唐·智昇《開元釋教錄》卷五、六〈總括群經錄〉，大正 55，頁 525、539、540。	（沙門釋寶雲譯）《付法藏經》六卷初出，見李廓錄……。 （沙門釋曇曜譯）《付法藏傳》四卷第二出，見菩提流支錄，及《續高僧傳》……。 （沙門吉迦夜譯）《付法藏因緣傳》六卷或無「因緣」字，亦云《付法藏經》，或四卷，或云二卷，見道慧《宋齊錄》。第三出，與宋智嚴、魏曇曜出者同本，亦見僧祐錄。
唐·圓照《貞元新定釋教目錄》卷七、九〈總集群經錄〉，大正 55，頁 822、838。	（沙門釋寶雲譯）《付法藏經》六卷初出，見李廓錄……。 （沙門釋曇曜譯）《付法藏傳》四卷第二出，見菩提流支錄，及《續高僧傳》……。 （沙門吉迦夜譯）《付法藏因緣傳》六卷或無「因緣」字，亦云《付法藏經》，或四卷，或二卷，見道慧《宋齊錄》。第三出，與宋智嚴、魏曇曜出者同本，亦見僧祐錄。

　　以上列出十部經錄及其原文。從最初的《出三藏記集》就清楚看出，僧祐已聞知吉迦夜與曇曜合譯《付法藏因緣經》，只是譯本未傳來南方，無由得見。如果早在劉宋時期，寶雲已譯出此書，僧祐實不可能如此書寫。至於寶雲譯作，僧祐也未忽略，《出三藏記集》有如下記載：

> 《新無量壽經》二卷宋永初二年，於道場寺出；一錄云於六合山寺出。
>
> 《佛所行讚》五卷一名《馬鳴菩薩讚》，或云《佛本行讚》，六合山寺出。
>
> 右二部凡七卷，宋孝武皇帝時，沙門釋寶雲於六合山寺譯出。[14]

　　此處僧祐並未記錄寶雲譯有《付法藏經》。而稍晚於僧祐的菩提流支經錄也是如此記載（見上表《歷代三寶紀》、《大唐內典錄》等）；況且我們看到後出的經錄，如法經與彥琮等編《眾經目錄》也同持此說。當然，後出經錄輒見反覆抄襲，未必精準，那麼我們再查慧皎《高僧傳》。

14　僧祐《出三藏記集》卷二，T55，p12a。

《高僧傳》卷三〈寶雲傳〉提及寶雲嫻熟梵語,「晚出諸經,多雲所治定,華戎兼通,音訓允正,雲之所定,眾咸信服。」[15]同卷〈智嚴傳〉即說智嚴「共沙門寶雲譯出《普曜》、《廣博嚴淨》、《四天王》等經」;而〈僧伽跋摩傳〉、〈求那跋陀羅傳〉也說僧伽跋摩譯《雜阿毘曇心》、求那跋陀羅譯《勝鬘楞伽經》,皆透過寶雲傳譯;不過在〈寶雲傳〉中仍僅說寶雲譯出《新無量壽經》、《佛本行讚經》兩部,所以寶雲顯然未譯出《付法藏經》。

　　目前所見經錄,最早出現寶雲譯《付法藏經》,是費長房《歷代三寶紀》,而其記錄寶雲譯出此經,乃是依據北魏「李廓錄」[16]。在《歷代三寶紀》卷九收有李廓《眾經錄目》,並簡敘其生平云:

　　　右(指《眾經錄目》)一錄一卷,(梁)武帝世,雒陽清信士李
　　　廓,魏永平年奉敕撰。廓(通)內外學,注述經錄,甚有條貫。
　　　[17]

又道宣《續高僧傳》卷一〈菩提流支傳〉同樣記及李廓詳錄菩提流支所譯經,並曰:「(宣武)帝又敕清信士李廓撰《眾經錄》。廓學通玄素,條貫經論,雅有標擬。」[18]但值得懷疑的是,像僧祐、慧皎人在南朝,尚且不知寶雲譯《付法藏經》,李廓身在北朝,又如何得知?今試推考,假如不是費長房的疏失,那麼李廓將《付法藏因緣傳》歸屬為寶雲所譯,極可能是出於筆誤。雖然目前已不見李廓經錄原本,不過根據法經、彥琮、靜泰、明佺等經錄的排比方式,尚可略窺端倪。由於曇曜《付法藏

---

[15]　慧皎《高僧傳》卷三, T50,p339c。

[16]　此由正文列表引據原文,即可知之。小野玄妙著、楊白衣譯《佛教經典總論》,第一部〈經典傳譯史・劉宋之譯經〉於「寶雲」條下則云:「《歷代三寶紀》等諸錄在此(案:指譯《新無量壽經》、《佛所行讚》)之外,尚列有《淨度三昧經》及《付法藏經》等譯本,此乃據竺道祖錄所列之目,故不足採信。」(臺北:新文豐出版公司,1983年1月,頁85)謂據竺道祖錄,而非李廓經錄,說待商榷。

[17]　費長房《歷代三寶紀》卷九,T49,p87b。按道宣《大唐內典錄》卷四,亦記及李廓經錄,正文括號中「梁」與「通」字,即據《大唐內典錄》補,見T55,p270b。

[18]　道宣《續高僧傳》卷一,T50,p425a。此處言《眾經錄》,與《歷代三寶紀》,及其所編《大唐內典錄》,作《眾經錄目》,稍有差異。

因緣傳》與寶雲《佛所行讚（經）》同屬聖賢傳記類，且兩書又先後相
銜接，如謄寫稍有差失，即可能產生舛錯，料想《付法藏因緣傳》正是
在疏忽中，被誤寫成寶雲所譯。而由於智昇與圓照見前代經錄中，寶雲、
曇曜、吉迦夜皆有譯本，卷次有些不同，時間又有先後，所以才特別標
明「第一出」、「第二出」、「第三出」。今觀圓照經錄完全沿襲智昇，甚
至說道：「第三出，與宋智嚴、魏曇曜出者同本。」將「寶雲」誤作「智
嚴」，仍照舊不改，著實枉費其為「貞元新定」的釋教目錄了。

　　既排除寶雲譯本，那麼《付法藏因緣傳》又是否真如智昇、圓照所
說，還有先後宣譯之別？按智昇等云曇曜為第二出，吉迦夜第三出，其
實是據費長房及道宣經錄而來；但費長房及道宣經錄原是彙集了前代相
關資料，且看他們對曇曜稱呼不同，即可見一斑，因此不能據此便說有
先譯與後譯；何況經錄只說曇曜於和平三年開始譯經，並未說在此年譯
畢。我們試看道宣《續高僧傳》也說：

　　　　毀法七載，三寶還興。曜慨前陵廢，欣今重復，故於北臺石窟集
　　　　諸德僧，對天竺沙門譯《付法藏傳》并《淨土經》，流通後賢，
　　　　意存無絕。[19]

　　文成帝踐祚之初，年號為興安，而曇曜是和平之初繼任沙門統，才
開始籌畫翻譯，據《魏書・釋老志》記載，以曇曜為首的譯經群，共譯
出十四部新經之多[20]，但也沒人據《續高僧傳》此段資料，便說曇曜譯
經始於興安元年，並於當年譯畢諸經。譯經並非三兩天即可完成，僧叡
於〈大品經序〉，即縷述其譯筆之慎重云：

　　　　弘始五年（403），歲在癸卯四月二十三日，於京城之北，逍遙
　　　　園中出此經。法師手執梵本，口宣秦言，兩釋異音，交辯文旨。

---

[19] 同前注。

[20] 魏收《魏書・釋老志》云：「和平初，師賢卒。曇曜代之，更名沙門統……曇曜白帝，
　　於京城西武州塞，鑿山石壁，開窟五所，鐫建佛像各一。高者七十尺，次六十尺，彫飾
　　奇偉，冠於一世……曇曜又與天竺沙門常那邪舍等，譯出新經十四部。又有沙門道進、
　　僧超、法存等，並有名於時，演唱諸異。」（頁3037）

秦王躬覽舊經，驗其得失，詻其通途，坦其宗致。與諸宿舊義業
沙門釋慧恭、僧䂮、僧遷、寶度、慧精、法欽、道流、僧叡、道
恢、道樹、道恆、道悰等五百餘人，詳其義旨，審其文中，然後
書之。以其年十二月十五日出盡，校正檢括，明年四月二十三日
乃訖。文雖粗定，以《釋論》（即《大智度論》）檢之，猶多不
盡，是以隨出其論，隨而正之。《釋論》既訖，爾乃文定。[21]

又僧叡另撰有〈關中出禪經序〉亦曰：

鳩摩羅法師以辛丑之年（401）十二月二十日，自姑臧至長安。
予即以其月二十六日，從受禪法……。出此經後，至弘始九年
（407）閏月五日，重求檢校，懼初受之不審，差之一毫，將有
千里之降。詳而定之，輒復多有所正。[22]

　　固然鳩羅摩什當年是採用「譯講同施」[23]，所以譯經時間會比較長；
而曇曜譯經雖沒鳩摩羅什那麼多，不過也耗時十餘年，這都可見譯經事
業並非朝夕可竟其功。況且譯場中的譯經制度，自鳩摩羅什之後已相當
健全完備，譯經除主譯闡說梵語外，尚須有筆受、潤文、證義等分工，
即使《付法藏因緣傳》是在特殊狀況中產生，不須如鳩摩羅什集四方義
學沙門諮決詳究，但也絕不是一個人的力量可以達成。我們現在從經錄
中看到《付法藏因緣傳》有七卷、六卷、四卷、二卷等凌亂現象，這固
然可能因抄寫紙張數有多寡（見靜泰、明佺經錄），而使得卷次有所不
同，但如果允許進一步推測的話，我們常見經錄記曇曜譯出者為四卷
本，而吉迦夜則為二卷本，以目前六卷《付法藏因緣傳》來看，其前四
卷因緣事蹟多與《阿育王傳》雷同，或許這正是經錄所說曇曜譯本，至

[21] 見僧祐《出三藏記集》卷八，T55，p52c。按《出三藏記集》卷十〈大智論記〉云，《釋
論》始譯於弘始四年夏，成於七年十二月二十七日。
[22] 見僧祐《出三藏記集》卷九，T55，p65a。
[23] 所謂「譯講同施」，王文顏《佛典漢譯之研究》有云：「弘法大師一面傳譯經典，一面宣
講所譯經典的內容，藉以開示在座聽講的信徒。」（臺北：天華出版公司，1984年12月，
頁131）

於後兩卷則是吉迦夜搜羅梵本譯出，最後再由劉孝標潤飾整理，終於成為六卷本的《付法藏因緣傳》。我們從費長房依前代資料載記四卷曇曜本，而在六卷本特別注記「或四卷，因錄廣異曇曜自出」，表示兩個本子內容有別，其後道宣經錄雖仿同費長房，卻又將此六卷改成二卷，認為那才是真正與曇曜不同的部分，而這也可以證成筆者推論的合理性。由於早期譯經多以外國沙門為主，所以我們會看到吉迦夜掛名在曇曜之前的敘述，一如經錄云：「後魏世沙門吉迦夜共曇曜譯。」但我們絕不能因此就認定吉迦夜譯寫得多，曇曜便譯寫得少。至於是否先有曇曜的四卷本，然後再有吉迦夜的重譯本？筆者則持保留態度，因為曇曜若無把握將世代傳承敘說清楚，而僅僅先將《阿育王傳》所載摩訶迦葉至提多迦這五代整理成四卷本，以便未來有人接棒重翻，於情於理是說不通的。故綜言之，我們有理由可以回歸《出三藏記集》所說，《付法藏因緣傳》主要是曇曜、吉迦夜兩人分工合作，於延興二年完成，在此之前，並無寶雲譯本問世。

三、《付法藏因緣傳》因緣事蹟屬於經抄的證據

《付法藏因緣傳》是曇曜為鞏固教基，破除佛教附益妄誕的濫說，特地抄集諸經而成此書，其中也借鑑了中國學術注重淵源的傳統，以彰顯佛教代代付法的莊嚴。後來禪宗《寶林傳》敘說歷代諸祖事蹟行誼，便是以《付法藏因緣傳》為基礎，再虛飾加工，增添精采，不僅補足原先《付法藏因緣傳》所缺乏的多位祖師事蹟因緣，甚至也奠立祖師臨終付法，皆吟傳法偈一首以為心要的傳統。其後承繼《寶林傳》的各部燈錄，從《祖堂集》、《景德傳燈錄》以下，更是不斷廣增附會；而就是佛教通史類典籍，如《佛祖統紀》、《佛祖歷代通載》也煞有介事，繪聲繪影[24]，值得注意的是，《佛祖統紀》在諸祖傳記之末，還特別標注：「出《付法藏經》」，這實在有混淆視聽之嫌！如今我們皆一切掃棄，回歸原

---

[24] 《寶林傳》，原名《雙峰山曹侯溪寶林傳》，日本京都：中文出版社，1975年6月。《祖堂集》，湖南：岳麓書社，1996年6月。《景德傳燈錄》（T51）；《佛祖統紀》卷五、《佛祖歷代通載》卷三～五，見T49，p169a～p177b、p495a～p517b。

來《付法藏因緣傳》的本來面貌。下面我們就先列出明細，以證明書中因緣事蹟屬於經抄的事實。

卷次	付法人	事蹟因緣	相關經藏說明[25]
一	釋迦牟尼	降魔成道。魔王威嚇佛陀，當持其足擲大海外，佛陀伸手指地為證。立最勝幢，開涅槃道。	1、《佛本行集經》卷二九～三一〈菩薩降魔品〉，大正 3，p790～796。 2、《雜寶藏經》卷七，〈佛在菩提樹下魔王波旬欲來惱佛緣〉，大正 4，p481。 3、《寶雲經》卷一，大正 16，p210。
	摩訶迦葉	迦葉本生。迦葉之父求禱神祠，始生迦葉，之後迦葉與妻辭親出家，勤修苦行，證得道果，佛陀為分半座，且溯其前世因緣。	1、《佛本行集經》卷四五～四七，大正 3，p861～870。 2、《中本起經》卷二〈大迦葉始來品〉，大正 4，p161。 3、《雜譬喻經》，大正 4，p524。 4、《大智度論》卷三，大正 25，p78。（《賢愚經》卷一〈恆伽達品〉，大正 4，p355。恆伽達之父求禱天祠，始生恆伽達，與迦葉之出生雷同。）

25　此處引據經籍的目的，主要在說明經藏中存有相類似故事，而非鐵口直斷某因緣事蹟即出自某部經。其中引據，或有晚譯著於《付法藏因緣傳》的情形，如《大唐西域記》、《經律異相》等等，《付法藏因緣傳》當然不可能參考這些書；不過《大唐西域記》是唐玄奘口述聞見，由弟子記錄而成，其中因緣事蹟自有可能在西域諸國長期流傳；而《經律異相》是梁寶唱奉敕纂集，寶唱亦會在所錄經文下詳標出處，換言之，這些書籍收載的事蹟因緣都是有所根據，與《付法藏因緣傳》取材的來源未嘗不可能一致，因此在「相關經藏說明」部分，不論其成書早晚，皆一律錄出，並依《大正藏》冊數先後排列，今特此聲明，以免誤解。

		阿闍世王聞佛滅度悲惱，幸有大臣雨舍方便施設，命得全濟。王故望迦葉爾後滅度，慈悲相告。	按《長阿含經》、《佛說般泥洹經》、《法句譬喻經》可見雨舍（又作「禹舍」）事蹟，為阿闍世王丞相，大正1，p11、p107、p162、4，p605；然造銅池，令阿闍世坐池中事，未見。
		迦葉倡集法藏。	1、《大智度論》卷二，大正25，p67。 2、《阿育王傳》卷四〈優波毱多因緣之餘〉，大正50，p112～114。
		迦葉涅槃。	1、《大悲經》卷二〈迦葉品〉，大正12，p953。 2、《大智度論》卷三，大正25，p78。 3、《阿育王傳》卷四〈摩訶迦葉涅槃因緣〉，大正50，p114～115。
二	阿難	阿難本生。阿難前世為施食長者，供給乞食沙彌，俾能精勤誦習經典。又前世嘗為龍王，解如意珠，施與大施菩薩。彼時沙彌與大施，即今之如來。	1、《賢愚經》卷十〈阿難總持品〉，大正4，p417。 2、《賢愚經》卷八〈大施抒海品〉，大正4，p417。
		阿難為諸魔眾之所嬈亂。	所言「諸魔眾」，模糊不明，應是摩登伽女誘惑阿難一事。《經律異相》卷十五有〈阿難為旃陀羅母以咒力所攝〉一則，注：「出《戒因緣經》第三卷，又出《摩鄧伽女經》。」今可見於《雜譬喻經》，大正4，p509、《佛說摩鄧女經》，大正14，p895、《佛說摩登女解形中六事經》，大正14，p896、《大佛頂首楞嚴經》卷一，大正19，p106、《鼻奈耶》（《戒因緣經》）卷三〈僧殘法之一〉，大正24，p863。

		阿難演集勝眼。	1、《大智度論》卷二，大正 25，p69。 2、《阿育王傳》卷四〈優波毱多因緣之餘〉，大正 50，p112～114。
		阿難涅槃。	1、《阿育王傳》卷四〈摩訶迦葉涅槃因緣〉，大正 50，p115～116。 2、《大唐西域記》卷七，大正 51，p909。
	摩田提	摩田提於罽賓國流布法眼。因屬旁支，故敘說簡要，遠不及《阿育王傳》詳盡。	《阿育王傳》卷四〈摩田提因緣〉，大正 50，p116。(「摩田提」又作「末田提」、「末田地」、「末田地那」、「末田鐸迦」、「末闡提」、「末田底迦」等，見《大悲經》卷二〈持正法品〉，大正 12，p954、《達摩多羅禪經》卷一，大正 15，p301、《摩訶僧祇律》卷四十，大正 22，p548、《說一切有部毘奈耶藥事》卷九，大正 24，p41、《說一切有部毘奈耶雜事》卷四十，大正 24，p410、《舍利弗問經》卷一，大正 24，p900、《大唐西域記》卷三，大正 51，p886、《經律異相》卷十六〈末闡提降伏惡龍〉，注：「出《善見律毘婆沙》第二卷。」大正 53，p85。)
三	商那和修	商那和修本生。商那和修以前世因緣，處於母胎，即著商那衣，乃至與身俱共增長。出家受戒、得道涅槃，此商那衣未嘗離體。後奉阿難付囑，遊行教化，至摩突羅國曼陀山降伏壽龍，營造禪室，最後至罽賓國入涅槃。	1、《說一切有部毘奈耶雜事》卷四十，大正 24，p408。 2、《阿育王傳》卷五〈商那和修因緣〉，大正 50，p116～117。

優波毱多	優波毱多本生。優波毱多於佛世時為尼乾外道，銅鍱纏腹，首戴盛火，誇言智多恐腹裂，著火欲照暗。	「銅鍱纏腹，首戴盛火」乃佛經記當時印度外道所常為愚誇之舉，下列經藏皆有記載；然非優波毱多本生因緣。 1、《佛說未曾有因緣經》卷二，大正17，p586。 2、《十誦律》卷八，大正23，p63。（《經律異相》卷三九〈以鍱鍱腹，頭上戴火，自顯雄異〉，大正53，p207，與此同。） 3、《大智度論》卷十一、二五，大正25，p137、251。
	阿育王本生。阿育王前世與一童子，以土施佛，佛授記彼二童子後世為轉輪王與輔相。王初為惡君，因感神蹟及受優波毱多教化，始虔誠奉佛，護持正法。	阿育王本生因緣見：《雜阿含經》卷二三、二五，大正2，p163～170、p180～182。而按《阿育王傳》卷一、二，〈（阿育王）本施土緣〉、〈阿育王本生傳〉，大正50，p99～106，全與《雜阿含經》相同，皆較《付法藏因緣傳》詳盡。 二童子施土除見上述《雜阿含經》，又見：《賢愚經》卷三〈阿輸迦施土品〉，大正4，p368、《大莊嚴論經》卷四，大正4，p280。
	薄拘羅塔緣。薄拘羅於過去劫以一呵梨勒施僧療疾，故得無諸衰病報。於佛世時，值佛出家，證羅漢道，少欲知足，常樂閒靜，未曾教人一四句偈。	《經律異相》卷三七〈薄拘羅持一戒得五不死報〉，注：「出《譬喻經》。」大正53，p201。按《阿育王傳》僅記阿育王施薄拘羅塔一錢，而塔神不受之事，《付法藏因緣傳》則增加薄拘羅前生因緣；惟又與《經律異相》言其持不殺戒異。

		阿育王弟宿駄吒緣。宿駄吒初信外道，後得阿育王方便開導，始信受佛法，出家修行，得羅漢道，後為羌人殺害。	1、《出曜經》卷六，大正 4，p641。 2、《大智度論》卷二十，大正 25，p211。 3、《阿育王傳》卷二〈阿恕伽王弟因緣〉，大正 50，p106～107。（「宿駄吒」作「宿大哆」，事蹟較《付法藏因緣傳》詳盡。又宿駄吒前世為獵師，多造惡業，致有今世惡果，與《賢愚經》卷十〈優婆斯（為）兄所殺品〉亦頗類似。）
四		阿育王子拘那羅緣。	1、《阿育王傳》卷三〈駒（拘）那羅本緣〉，大正 50，p108～110。 2、《大唐西域記》卷三，大正 51，p885。（「拘那羅」作「拘浪拏」。）
		阿育王臨終施果。	《阿育王傳》卷三〈半菴羅果因緣〉，大正 50，p110～111。
		優波毱多受教成道、化導婬女、降伏魔王、教化眾弟子緣。	1、《賢愚經》卷十三〈優波鞠提品〉，大正 4，p442。 2、《阿育王傳》卷五、卷六〈商那和修因緣〉、〈優波毱多因緣〉，大正 50，p118～126。（《雜阿含》卷二五，大正 2，p177，《大悲經》卷二〈持正法品〉，大正 12，p954，皆見佛陀授記優波毱多教化眾弟子。優波毱多教化弟子事蹟甚廣，常別見其他經典而略其名字，如二鬼共爭死屍，見《眾經撰雜譬喻》卷上，大正 4，p532、《大智度論》卷十二，大正 25，p148；獼猴隨修行人坐禪，見《說一切有部毘奈耶藥事》卷九，大正 24，p42。）

五	提多迦	提多迦緣。商那和修囑優波毱多，當度摩突羅國善男子提多迦。提多迦出生聰明黠慧，優波毱多度令出家，羯磨已訖，即成羅漢。（案：此處提多迦戒道事，頗類其師優波毱多。）	《阿育王傳》卷五〈商那和修因緣〉，大正50，p121。（「提多迦」作「提地迦」。僅記商那和修囑優波毱多當度使出家，付其佛法。另《說一切有部毘奈耶雜事》卷四十，大正24，p411，則載鄔波笈多付法地底迦。又《大悲經》卷二〈持正法品〉，大正12，p954，記摩偷羅城優樓蔓茶山，有僧伽藍名那馳迦，中有比丘，名「提知迦」，當即「提多迦」異譯。）
	彌遮迦	無事蹟因緣。	《佛說佛名經》卷三十，大正14，p310，可見其名，列於「優波鞠多尊者」之後。然無事蹟記述。
	佛陀難提	無。	無。
	佛陀蜜多	佛陀蜜多降尼乾外道緣。	佛陀蜜多摧伏外道，「淺智之者，一言即屈；其多聰辯，再便辭盡」，與《提婆菩薩傳》，大正50，p187，提婆共外道論議，「智淺情近者，一言便屈；智深情遠者，極至二日，則辭理俱匱」類似。
	脅比丘	脅比丘本生。在母胎六十餘年，既生之後鬢髮皓白。出家勤苦修行，脅不著席，故號脅比丘。	1、《撰集百緣經》卷十〈長老比丘在母胎中六十年緣〉，大正4，p250。 2、《大毘婆沙論》卷二九，大正27，p148～149。 3、《大智度論》卷九九，大正25，p748、《馬鳴菩薩傳》大正50，p183、《大唐西域記》卷二，大正51，p880，僅言其年老出家，精進證道，未云在母胎六十年。
	富那奢	富那奢緣。與馬鳴外道辯論鬥法，降伏之。	據《馬鳴菩薩傳》，大正50，p183，馬鳴乃由脅比丘降伏，與此不同。

	馬鳴	馬鳴歸心正法，於華氏城遊行教化，作妙伎樂賴吒嘞羅。	與《馬鳴菩薩傳》，大正50，p183～184，有所異同。
		月氏國罽昵吒王攻討華氏城，彼王以馬鳴、佛鉢、慈心雞各當三億，持以奉獻。	與《馬鳴菩薩傳》，大正50，p183，大致相似。
		罽昵吒王禮外道塔，塔即崩落緣。	1、《大莊嚴論經》卷六，大正4，p287。 2、《舊雜譬喻經》卷上，第十則。大正4，p512。
		達摩蜜多雖為得道高僧，仍為僧眾燃火，並以隱語訓誨罽昵吒王緣。	與同為曇曜、吉迦夜合譯之《雜寶藏經》卷七〈二比丘見祇夜多得生天緣〉、〈月氏國王見阿羅漢祇夜多緣〉完全相同，大正4，p483。案：「祇夜多」即第十九代之「闍夜多」。
		罽昵吒王大施五百乞人緣。	《大莊嚴論經》卷三，大正4，p272。
		罽昵吒王殺戮業重，即行懺悔作福，諸臣有疑，王以熱鍋取環譬喻之。	1、《雜寶藏經》卷七〈月氏國王與三智臣作善親友緣〉，大正4，p484。 2、《舊雜譬喻經》卷上，大正4，p512。
		罽昵吒王有三智者緣。	1、《大莊嚴論經》卷三，大正4，p272。 2、《雜寶藏經》卷七〈月氏國王與三智臣作善親友緣〉，大正4，p484。
		罽昵吒王輪迴轉生千頭魚緣。	無。其後《續高僧傳》卷二九〈智興傳〉，大正50，p695、《釋氏要覽》卷下「無常鐘驗」，大正54，p305，皆轉引此事。
	比羅	比羅造無我論。	無。《付法藏因緣傳》卷六又言摩奴羅「廣宣毘羅無我之論」（p321），則「比羅」又作「毘羅」。
	龍樹	龍樹本生。龍樹自外道解悟正法，乃廣為眾生流布勝眼。	全同鳩摩羅什譯《龍樹菩薩傳》，大正五十，p184～185。

六	迦那提婆	提婆本生。提婆宣說法藏，摧伏異端種種事蹟。	全同鳩摩羅什譯《提婆菩薩傳》，大正五十，p186～188。
	羅睺羅	羅睺羅聞法悉能受持。	無。
	僧伽難提	僧伽難提宣說一偈，測試一阿羅漢。又臨終時，指攀樹枝，尋便捨壽，諸阿羅漢與大白象挽之，皆不能動，即於樹下荼毘，焚燒身盡，而樹更蓊鬱，都無凋殘。	《出三藏記集》卷十，大正 55，p71，不知名撰者〈僧伽羅剎經序〉，記僧伽羅剎圓寂情事，與此相同，則僧伽難提即僧伽羅剎；惟僧伽羅剎未見別譯為僧伽難提者，疑不當與僧伽羅剎為同一人。
	僧伽耶舍	僧伽耶舍緣。僧伽耶舍遊行地獄，見鬼道眾生所受諸多苦難，乃勤修精進，得羅漢道。證道後，即廣為佛事，嘗於一山林度化五百仙人。	1、《十誦律》卷二五，大正 23，p180。（《經律異相》卷三七〈沙門億耳入海見地獄〉，大正 53，p198，與此同。） 2、《佛說文殊師利般涅槃經》卷一，大正 14，p480、《佛說觀佛三昧海經》卷八，大正 15，p687、《佛說因緣僧護經》卷一，大正 17，p572、《根本說一切有部毘奈耶藥事》卷三，大正 24，p15。此中皆有度化五百仙人事蹟。
	鳩摩羅馱	鳩摩羅馱自幼聰慧有智緣。	《大唐西域記》卷十二朅盤陀國「童受伽藍」，大正 51，p942，有鳩摩羅馱事蹟，然僅言其「幼而穎悟」，未若此處記述其穎悟之詳。
	闍夜多	世尊所記最後律師緣。	無。
		闍夜多忽爾慘然嚬蹙，忽爾欣然微笑緣。	《雜寶藏經》卷七，〈羅漢祇夜多驅惡龍入海緣〉，大正 4，p483。

婆修槃陀	無。	「婆修槃陀」即「婆藪槃豆」，亦即世親菩薩。陳朝真諦譯有《婆藪槃豆傳》，見大正五十，p188～191。曇曜與吉迦夜當時應未獲資料，以致記述簡陋，只以「廣化眾生」數句略過。
摩奴羅	摩奴羅度化南天竺外道緣。	無。據《大唐西域記》卷二，大正51，p880，有末笯曷剌他，唐言「如意」，印順法師以為即摩奴羅此人[26]。
鶴勒那夜奢	無。	無。
師子	師子比丘為罽賓國彌羅掘王所害緣。	無。然彌羅掘王以利劍斬其頭，師子頭中無血，唯乳流出，《賢愚經》卷二〈屬提波梨品〉，大正4，p360，王以劍斬忍辱仙人屬提波梨，血亦成乳。

由上列表，不僅明顯可見六卷《付法藏因緣傳》前詳後略的現象；我們也看到彌遮迦、佛陀難提、比羅、羅睺羅、婆修槃陀、摩奴羅、鶴勒那夜奢、師子等八位祖師，不是因緣事蹟簡略，就是根本缺乏具體事蹟可供傳誦[27]。前詳後略的情況，應與部派分立以後，傳記流通及資料

---

[26] 見印順《說一切有部為主的論書與論師之研究》第十三章〈阿毘達摩論義的大論辯〉（臺北：正聞出版社，1989年2月，頁647）印順以為在摩奴羅之前與之後，各有一位世親（或譯作婆修槃陀、婆藪槃豆）；惟《大唐西域記》所載如意論師與外道辯論，因辭義有失而自盡，此情形與真諦譯《婆藪槃豆法師傳》中的婆藪槃豆之師佛陀蜜多羅雷同，而與《付法藏因緣傳》所記有異，因此恐怕還待商榷。

[27] 例如《付法藏因緣傳》詳載優波毱多教化眾多弟子，所作皆辦，即將涅槃，乃以法付囑提多迦，再由提多迦代傳至佛陀蜜多，其中全無任何具體事蹟可言，文字極為簡略，茲錄如下：「提多迦言：『敬受尊教。我當擁護如斯正法，為未來世作不請友。』於是次宣無上法味，其所化度，甚大弘廣。緣訖涅槃，人天悲感，即收舍利，起七寶塔，燒香散華，種種供養。爾時提多迦臨滅度時，以法付囑最大弟子，名彌遮迦，多聞博達，有大辯才，而告之曰：『佛以正法付大迦葉，如是展轉，乃至於我，我將涅槃，用付於汝，汝當於後，流布世眼。』彌遮迦言：『善哉！受教。』於是宣流正法寶藏，令諸眾生開

掌握愈來愈不易有關；至於因緣事蹟簡略，或者根本缺乏具體事蹟的祖師，我們即使在其他相關經典中也無法訪得，例外的僅有婆修槃陀，但這是有理由的，因陳朝真諦所譯《婆藪槃豆傳》較《付法藏因緣傳》晚出，當然不可能被《付法藏因緣傳》引用。而我們再看那些有具體因緣事蹟的祖師，我們發現《付法藏因緣傳》與其他經藏雷同處如此之多，這絕不是偶然，這正說明它是將眾多經藏彙集而成的經抄。

《付法藏因緣傳》前四卷，主要是以《阿育王傳》為基礎抄集完成；而透過上表，我們還發現《阿育王傳》內容互見於《雜阿含》等經藏，顯然這部聖賢傳記同屬經抄性質[28]。經抄在早期經藏翻譯不甚完備的時代，是相當普遍的，透過彙整貫串，極便閱覽，讀者可收事半功倍之效。如僧祐曾抄集經藏中，關於釋迦牟尼佛降生以至涅槃分塔事蹟，而成五卷《釋迦譜》，序言即云：

> 爰自降胎，至于分塔，瑋化千條，靈瑞萬變，並義炳經典，事盈記傳。而群言參差，首尾散出，事緒牟駁，同異莫齊。散出首尾，宜有貫一之區；莫齊同異，必資會通之契。故知博訊難該而總集

涅槃道。化緣已竟，臨當滅度，復以正法次付尊者佛陀難提，令其流布勝甘露味。難提於後廣宣分別，轉大法輪，摧伏魔怨，然後付囑佛陀蜜多……。」（T50，p313b）

[28] 據僧祐《出三藏記集》卷五〈新集安公疑經錄〉記道安《疑經錄》，其中有部一卷本《大阿育王經》，王文顏《佛典疑偽經研究與考錄》懷疑其尚存，在經本考證中云：「此經首見於安《錄》，其後各經錄均承襲登錄。安《錄》云：『佛在波（羅）奈者』。《內典錄》、《大周錄》作《大育王經》。今《大正藏》第50冊收有西晉安法欽譯《阿育王傳》七卷，及梁僧伽婆羅譯《阿育王經》十卷，不知是否即為此經。」（臺北：文津出版社，1997年4月，頁105）其實道安《疑經錄》所載《大阿育王經》是疑偽經，但安法欽《阿育王傳》或僧伽婆羅《阿育王經》，卻沒有經錄說它是疑偽經，又細考道安在《大阿育王經》之下特別註明：「云佛在波羅奈者。」顯然是為了與他所認定的真本相區隔。我們目前所見安法欽《阿育王傳》或僧伽婆羅《阿育王經》，一開卷皆言佛住王舍城迦蘭陀竹林，王舍城在摩竭陀國，而迦葉第一次結集三藏，據《大唐西域記》卷九說就在「竹林園西南行五六里，南山之陰，大竹林中」（T51，p922b）又季羨林等《大唐西域記校注》，北京：中華書局，1995年2月，頁737，這很明顯都跟波羅奈國無關，所以不宜將道安置於疑偽經的一卷《大阿育王經》，與現存《阿育王傳》或《阿育王經》混為一談。

易覽也……。今抄集眾經，述而不作，庶脫尋訪，力半功倍。[29]

至於《付法藏因緣傳》的內容，除了引用不少傳記資料，許多部份也取材自小乘經典。當然，其中有些祖師生平資料稀少，不是以數句話帶過，便是以他人之事添入，如脅比丘事蹟，《大智度論》記錄最早，應最近情可信，但《付法藏因緣傳》卻記：「在母胎中六十餘年」，印順法師即說：

> 這是佛世有名為「上座比丘」的傳說。《撰集百緣經‧長老比丘在母胎中六十年緣》也是演繹這一傳說的，與脅尊者無關。《付法藏因緣傳》的編者，以此為脅尊者事，可說是舊調新翻了。[30]

又僧伽耶舍因緣，也與沙門億耳事蹟混淆；而同為曇曜與吉迦夜合譯的《雜寶藏經》有「祇夜多尊者」，其事蹟在此書竟分載於達摩蜜多與闍夜多兩處，相隔了八代。另外像商那和修尋覓優波毱多的經過，和優波毱多找尋提多迦雷同，而提多迦成道之速，與其師優波毱多也極類似。又如佛陀蜜多自念：「譬如伐樹，若傾其本，枝葉花莖，豈得久立？」於是自願持幡王前，終於得到機會與外道論議，這跟迦那提婆事蹟也相似。再看馬鳴一節，則是大量將月氏王事蹟附入，以增廣篇幅。至於僧伽難提用謎語：「轉輪種中生，非佛非羅漢。不受後世有，亦非辟支佛。」考驗一阿羅漢，彼阿羅漢入定仍猜測不出，遂上至兜率天宮請教彌勒，才知答案是瓦器。佛經中固然常見以瓦器譬喻因緣和合、假有無常[31]，但說羅漢猜測不出，還得勞駕彌勒菩薩，恐怕也是出於附會了。

其次談《付法藏因緣傳》的結構。《付法藏因緣傳》整體結構是以代代付法人為經，因緣事蹟為緯，井然有序，娓娓道來，這比起同屬於

---

[29] 僧祐《釋迦譜》一作十卷。〈釋迦譜序〉，T50，p1a。

[30] 印順《說一切有部為主的論書與論師之研究》第七章〈大毘婆沙論的諸大論師〉，同注26，頁316。

[31] 例如《大智度論》卷三六云：「佛法中色，無有遠近麤細是常者。復次，離是因緣名字，則無有法。今除山河土地因緣名字，更無國名。除廬里道陌因緣名字，則無都名。除梁椽竹瓦因緣名字更，無殿名……如是等種種因緣義，故知諸法畢竟空。」（T25，p325b）

經抄的《阿育王傳》要來得更嚴謹，試看安法欽所譯七卷《阿育王傳》章節分別為：

　　一、本施土緣。

　　二、阿育王本緣傳。

　　三、阿恕伽王弟本緣。

　　四、駒那羅本緣。

　　五、半菴羅果因緣。

　　六、優波毱多因緣。

　　七、摩訶迦葉涅槃因緣。

　　八、摩田提因緣。

　　九、商那和修因緣。

　　十、優波毱多因緣。

　　十一、阿育王現報因緣。

　　雖分章節，整體結構仍頗凌亂，不僅阿育王出現了不同譯名，優波毱多因緣也像被拆解開來一般，所以兩相比照，重新整理過的《付法藏因緣傳》，更具備僧祐說經抄「宜有貫一之區」的特點。

　　至於《付法藏因緣傳》的修辭，也是頗費一番工夫的。筆者曾在〈由韓愈道統論談佛教付法與中國文化的交互影響〉論及此書為經抄，所以能在文字上多予潤飾，更增加譯經體的典雅整鍊。當時是拿鳩摩羅什所譯《龍樹菩薩傳》做比較，現在我們再以《阿育王傳》一小段來對照，證明從修辭也可以看出《付法藏因緣傳》確實是一部經抄：

　　　　諸比丘等，見是事已，心生疑網，便問尊者優波毱多言：「駒那羅者，有何因緣，今被挑目？」尊者答言：「善聽！當為汝說。昔者波羅奈國有一獵師，夏住人間，冬入山獵。將向雪山，值天雹雨，有五百鹿，共入一窟。作是念言：若都殺者，肉則臭爛，挑其眼出，日食一鹿。即便挑取五百鹿眼。以斯業緣，今被挑眼。爾時獵師，駒那羅是。從爾已來，五百身中，常被挑眼。」又問言曰：「復以何緣，生於王家，形貌端正，得見諦道。」答言：「昔者人壽四萬歲時，有佛名迦羅迦孫大。化緣已訖，入無餘涅

槃。爾時有王，名曰端嚴，為佛起石塔，七寶莊嚴，辟方四十里。端嚴王已死，後更有一王，名曰不信，偷取塔寶，唯留土木，眾多人民，於此塔所，涕泣懊惱。有長者子問眾人言：「何以涕泣？」答言：『迦羅迦孫大佛塔七寶所成，今為人壞盡，取其七寶，唯土木在，是以涕哭。』時長者子還以七寶修治此塔，莊嚴如故。又造大像與迦羅迦孫大佛身齊等，因發正願：『使我未來，如似此佛，得勝解脫清淨妙果。』以其爾時造寶塔故，今生尊貴豪族之家。由其往時造佛像故，今得端正。以其往時發正願故，今獲道跡。」（《阿育王傳》）[32]

時眾疑問優波毱多：「以何緣故，今此王子，生尊貴家，而被挑目？」尊者告曰：「善聽當說。昔波羅奈有一獵師，向於雪山，值大雹雨，有五百鹿，共入一窟。時彼獵人，欲盡殺之，便作是念：若都殺者，則皆臭爛，且挑其眼，漸漸食之。即時便挑五百鹿眼。由斯緣故，至今受報。又復久遠，迦羅鳩佛滅度已後，時彼國王，名曰端嚴，收佛舍利，起七寶塔。後更有王，心無敬信，壞塔取寶，唯留土木，舉國人民，皆悉悲泣。有長者子來問其意，眾人答曰：『迦羅鳩佛寶塔毀壞，由斯因緣，是故啼哭。』長者子聞，尋更修治，如前嚴飾，造彼佛像，相好妹妙。因發願曰：『使我來世，如彼世尊，得勝解脫。』由斯業故，生尊貴家，得淨妙果。」（《付法藏因緣傳》）[33]

四、《付法藏因緣傳》虛託付法的證據

筆者〈由韓愈道統論談佛教付法與中國文化的交互影響〉文中探尋抄纂《付法藏因緣傳》的原因，在於中國文化本身具有重統緒、承源流的習尚，從古代政治與社會倫常尊崇血緣宗法、歷史強調王道正統、學術謹遵師承家法，乃至文學理論發展至最高峰，不僅要為文體振葉尋

[32] 見《阿育王傳》卷三，T50，p109b。
[33] 見《付法藏因緣傳》卷四，T50，p309b。

根，也要為文學家溯流討源等等，都看得見這種風氣盛行；特別是太武帝執意專斷，酷排佛教，在歷經漫長毀佛之禍，也更加激勵沙門統曇曜非得理清佛教世緒傳承不可。

《付法藏因緣傳》的內容包含「付法」與「因緣」兩大重心。原來書名「付法藏」應該有付託三藏經典的意思，但現在其內容則是將付託三藏，轉換為敘說代代傳法高僧如何證法眼、傳心印、拯蒼生、摧外道、伏邪說，法脈於斯相續承繼，最後到師子比丘，「相付法人，於是便絕。」意謂佛教不是沒有代代傳承統緒，今人不知佛教統緒，誤以為虛妄不實，皆因師子比丘遇害於惡王，才使得法脈隱淪。至於「因緣」則是敘說尊信或毀敗佛法的因緣果報，當中更述及多位惡王造罪之餘，最後仍然皈依向佛，如阿恕伽（阿育）王歸伏優波毱多、大國國王禮敬佛陀蜜多、罽昵吒王頂禮達摩蜜多、南天竺王低首龍樹菩薩[34]。最後，在經文末尾，更有殷勤勸說流通，曇曜為法護教的用心，於此也流露無遺。

如今反觀《阿育王傳》，裏面確實有談到「法藏付囑」；我們甚至在唐代義淨所譯《根本說一切有部毘奈耶雜事》卷四十也同樣看到付法垂教之語：

> 時大迦攝波告阿難陀曰：「汝今知不？世尊言教付囑於我，而般涅槃。我今復欲入般涅槃，轉以教法付囑於汝，當善護持。」又復告曰：「我滅度後，於王舍城，有商主妻，當生一子。其子生時，以奢搦迦衣裹身而出，因即名為奢搦迦（案：即商那和修）。後因入海，求諸珍貨，安隱迴還。於佛教中，遂設佛陀五年大會，當得出家，所有佛教，轉付於彼。」[35]

《阿育王傳》所記載的付法世代，我們見到：摩訶迦葉──阿難──摩田提（旁出）、商那和修──優波毱多──提地（多）迦；而《根本說一切有部毘奈耶雜事》則為：大迦攝波──阿難陀──末田地那（旁出）、奢搦迦──鄔波笈多──地底迦──訖里瑟拏──蘇跋里舍那。

---

[34] 見《付法藏因緣傳》卷三、卷五、卷六，T50，p307a、p313b、p315b、p318c。

[35] 義淨譯《根本說一切有部毘奈耶雜事》卷四十，T24，p408c。

兩者極為類似，所以不能說沒有「法藏付囑」這回事，但當《根本說一切有部毘奈耶雜事》敘述了這些付法承傳後，又接著說：

> 如是等諸大龍象，皆已遷化，大師圓寂，佛日既沉，世無依怙，
> 如是漸次至一百一十年後，爾時廣嚴城諸苾芻等，作十種不清淨
> 事，違逆世尊所制教法，不順蘇怛羅，不依毘奈耶，乖違正理。
> 諸苾芻等，將為清淨，皆共遵行；於經律中，不見其事……。[36]

由此可見「法藏付囑」，原先並不是指「不立文字，教外別傳，直指人心，見性成佛」的「正法眼藏，涅槃妙心，實相無相，微妙法門」，「法藏付囑」真正目的是「欲使經律，義不失故」[37]。從《根本說一切有部毘奈耶雜事》第四十卷敘述付法緣由，標題則題曰：「五百（結集）之餘，及七百結集事」，正可見付法與結集息息相關。筆者故以為，佛陀入滅，大迦葉乃召集五百羅漢僧結集三藏，開始有了「文字般若」；然而「釋迦牟尼所說教法，能為結集，建立法眼」，終還需賢聖弟子奉守護持，因此「法藏付囑」絕非單僅付囑一人，在《雜阿含》卷二五也同樣記載這麼一段話：

> 爾時，世尊作是念：我若以教法付囑人者，恐我教法不得久住；
> 若付囑天者，恐我教法亦不得久住，世間人民則無有受法者。我
> 今當以正法付囑人、天。諸天、世人共攝受法者，我之教法則千
> 歲不動。[38]

所以說，早先付囑教法本是基於三藏結集之故，到了曇曜與吉迦夜共同纂集《付法藏因緣傳》，則是作了不同的詮釋，曇曜為使佛法更貼近中國文化，於是煞費苦心，將諸多高僧大德串接成為具有薪傳世系，一代一人的貫一法脈，好讓崇重傳授淵源的國人不致輕藐小覷，他的護教用心是值得肯定；但法脈傳承也因此不免有虛託之處。僧祐於《出三

---

36 同前注，T24，p411b。
37 同前注，T24，p407c。
38 《雜阿含經》卷二五，T02，p177b。

藏記集》卷十二載錄〈薩婆多部記目錄序〉、〈長安城內齊公寺薩婆多部佛大跋陀羅師宗相承略傳〉[39]，我們可以先拿來與《付法藏因緣傳》對照比較。

付法藏因緣傳		薩婆多部記目錄序		長安城內齊公寺薩婆多部佛 大跋陀羅師宗相承略傳	
摩訶迦葉	1	大迦葉	1	阿難羅漢	1
阿難	2	阿難羅漢	2	末田地羅漢	2
摩田提	（旁）	末田地羅漢	3	舍那婆斯羅漢	3
商那和修	3	舍那婆斯羅漢	4	優婆掘羅漢	4
優波毱多	4	優婆掘羅漢	5	迦旃延菩薩	5
提多迦	5	慈世子菩薩	6	婆須蜜菩薩	6
彌遮迦	6	迦旃延羅漢	7	吉栗瑟那羅漢	7
佛陀難提	7	婆須蜜菩薩	8	勒比丘羅漢	8
佛陀蜜多	8	吉栗瑟那羅漢	9	馬鳴菩薩	9
脇比丘	9	長老脇羅漢	10	瞿沙菩薩	10
富那奢	10	馬鳴菩薩	11	富樓那羅漢	11
馬鳴	11	鳩摩羅馱羅漢	12	達磨多羅菩薩	12
比羅	12	韋羅羅漢	13	寐遮迦羅漢	13
龍樹	13	瞿沙菩薩	14	難提婆秀羅漢	14
迦那提婆	14	富樓那羅漢	15	巨沙	15
羅睺羅	15	後馬鳴菩薩	16	般遮尸棄	16
僧伽難提	16	達磨多羅菩薩	17	達摩浮帝羅漢	17
僧伽耶舍	17	蜜遮伽羅漢	18	羅睺羅	18
鳩摩羅馱	18	難提婆秀羅漢	19	沙帝貝尸利	19
闍夜多	19	瞿沙羅漢	20	達摩巨沙	20
婆修槃陀	20	般遮尸棄羅漢	21	師子羅漢	21
摩奴羅	21	羅睺羅羅漢	22	達摩多羅	22

---

[39]　《付法藏因緣傳》六卷，T50，p318c；《出三藏記集》卷十二，T55，p89a～p90a。

鶴勒那夜奢	22	彌帝麗尸利羅漢	23	因陀羅摩那羅漢	23
師子	23	達磨達羅漢	24	瞿羅忌利羅漢	24
		師子羅漢	25	鳩摩羅大菩薩	25
		因陀羅摩那羅漢	26	眾護	26
		瞿羅忌梨婆羅漢	27	優波鞠大	27
		婆秀羅羅漢	28	婆婆難提	28
		僧伽羅叉菩薩	29	那迦難提	29
		優波鞠馱羅漢	30	法勝菩薩	30
		婆難提羅漢	31	婆難提菩薩	31
		那伽難羅漢	32	破樓求提	32
		達磨尸梨帝羅漢	33	婆修跋慕	33
		龍樹菩薩	34	比栗瑟蒐彌多羅	34
		提婆菩薩	35	比樓	35
		婆羅提婆菩薩	36	比闍延多羅菩薩	36
		破樓提婆菩薩	37	摩帝戾拔羅菩薩	37
		婆修跋摩	38	阿梨跋慕菩薩	38
		毘栗慧多羅	39	波秀槃頭菩薩	39
		毘樓	40	達磨呵帝菩薩	40
		毘闍延多羅菩薩	41	旃陀羅羅漢	41
		摩帝麗菩薩	42	勒那多羅菩薩	42
		訶梨跋慕菩薩	43	槃頭達多	43
		婆秀槃頭菩薩	44	不若多羅	44
		答磨達帝菩薩	45	佛大尸致利羅漢	45
		旃陀羅羅漢	46	佛馱悉達羅漢	46
		勒那多羅菩薩	47	又師以氎為證不出名羅漢	47
		槃頭達多	48	婆羅多羅菩薩	48
		弗若蜜多羅漢	49	佛大先	49
		婆羅多羅	50	曇摩多羅	50
		不若多羅	51	達摩悉大	51

佛馱先	52	羅睺羅	52
達磨多羅菩薩	53	耶舍	53
		僧伽佛澄	54

「薩婆多部」也就是一切有部，《出三藏記集》卷三收〈薩婆多部十誦律〉即曰：「薩婆多部者，梁言一切有也。所說諸法一切有相。」[40] 而〈薩婆多部目錄序〉中所列法脈，據僧祐所說，是由他搜訪而來，這與〈長安城內齊公寺薩婆多部佛大跋陀羅師宗相承略傳〉所載，不僅已有許多差異，特別是愈往後，差別就愈大；若又與《付法藏因緣傳》相比對，那就更加紛亂了，試看馬鳴與龍樹在《付法藏因緣傳》只差兩代，結果〈目錄序〉竟差了二十三代，而〈師宗相承略傳〉則當鑒於龍樹是人人盡知的空宗巨擘，故將他剔除了。所以筆者以為，從佛陀入滅千年來，是不可能有一條清晰單純，為人人所一致認同的血脈付法。當佛陀將涅槃時，為諸弟子宣說法要，即曰：

> 汝等比丘，於我滅後，當尊重珍敬波羅提木叉，如闇遇明，貧人得寶。當知此則是汝等大師，若我住世，無異此也。[41]

「波羅提木叉」漢譯為「別解脫」，即戒律之意。尊重珍敬戒律，當然就不是要人看重誰才是付法傳人；何況《大智度論》卷九也載：

> 佛欲入涅槃時，語諸比丘：「從今日，應依法不依人，應依義不依語，應依智不依識，應依了義經，不依未了義。」[42]

所以佛法若是代代相授，有如神會於《菩提達摩南宗定是非論》所特別強調「一代只許一人」[43]，那麼便會造成表面重法，實際上卻把「人」

---

[40] 僧祐《出三藏記集》卷三，T55，p20a。
[41] 見鳩摩羅什譯《佛垂般涅槃略說教誡經》，T12，p1110c。
[42] 鳩摩羅什《大智度論》，T25，p125a。
[43] 神會《菩提達摩南宗定是非論》有云：「言《菩提達摩南宗定是非論》者，敘六代大德（案：指達摩以至惠能），師師相授，法印相傳，代代相承，本宗無替。自達摩大師之後，一代只許一人，中間僅有二三，即是謬行佛法。況今天下教禪者無數，學禪者全稀，

看得比「法」還重的後果，大大違反佛教真精神，而這也難怪初期禪宗會因爭奪衣缽，使得性命不保的紛擾頻頻出現；再說，我們更不應忘了，自佛陀逝世約百年後，佛教教團已明顯分裂，「這大約從公元前三七〇年起，到大乘佛學開始流行的公元後一五〇年前後止，總計有五百年左右的時間，這時間的學說都可以稱之為部派佛學。在這五百年間，佛教內部分化相當厲害，先是分裂為上座、大眾兩大部，逐漸形成最後的所謂十八部。這當然只是一個概數，實際比這要多得多。」[44]所以又怎會有「定於一尊」的某人來傳付某人心法？

　　現在我們再根據上一節圖表，還可以看出《付法藏因緣傳》從提多迦以下，付法便有訛亂虛擬的現象。關於《付法藏因緣傳》載優波毱多付法提多迦，在《達摩多羅禪經》卷上開頭記載佛滅後的傳燈系統，卻是這麼說的：

> 佛滅度後，尊者大迦葉、尊者阿難、尊者末田地、尊者舍那婆斯、尊者優波崛、尊者婆須蜜、尊者僧伽羅叉、尊者達摩多羅，乃至尊者不若蜜多羅，諸持法者，以此慧燈，次第傳授。[45]

　　優波崛即優波毱多，他傳授的是婆須蜜，而不是提多迦。當然，《付法藏因緣傳》是根據《阿育王傳》而來，故此處可以不論；再看三十卷本《佛說佛名經》也漏掉提多迦，而將彌遮迦列在優波毱多之後，由於此經較為晚出，主要是在菩提留支譯十二卷《佛名經》的基礎上，增集歷代聖賢之名，頗類似於《開元釋教錄》卷十八〈別錄中偽妄亂真錄〉所載，當時俗稱「馬頭羅剎佛名」的十六卷本《佛名經》[46]，故此處也

並無稟承，憑何立教！」（見鄧文寬、榮新江《敦博本禪籍錄校》所收《菩提達摩南宗定是非論》，南京：江蘇古籍出版社，1998年12月，頁98）

[44] 見呂澂《印度佛學源流略講》，收於《呂澂佛學論著選集》第4冊，濟南：齊魯書社，1991年7月，頁1936。又按林崇安《印度佛教的探討》第二章第八節「十八部的師資傳承」（臺北：慧炬出版社，1995年6月，頁61～66），意圖將十八部傳承人名列明，只是各部各代無名氏者眾，棼絲益覺其難治。

[45] 《達摩多羅禪經》卷上，T15，p301b。

[46] 智昇《開元釋教錄》卷十八，T55，p672a。

不細究。至於馬鳴尊者，鳩摩羅什《馬鳴菩薩傳》言脇比丘為馬鳴之師；僧祐所錄另兩種薩婆多部傳授表，也都說馬鳴直承脇比丘，但《付法藏因緣傳》則說脇比丘傳富那奢，由富那奢再傳馬鳴，這問題因資料所限，無法更進一步詳考，我們也同樣略去。值得注意的是，印順法師《說一切有部為主的論書與論師之研究》提到：

> 《付法藏因緣傳》說：脇尊者從佛陀蜜多（Buddhamitra）出家，也不足信。[47]

為何能確定此說不足信？原來佛陀蜜多即是真諦《婆藪槃豆法師傳》中的「佛陀蜜多羅」，他乃是婆藪槃豆（婆修槃陀）之師[48]，如今在《付法藏因緣傳》，師徒兩人竟相隔了十一代。

其次如僧伽難提，《付法藏因緣傳》記其臨終時，指攀樹枝而捨壽，顯然此僧伽難提即僧伽羅叉；但歷來學者皆未注意及《付法藏因緣傳》居然也有僧伽羅叉列在其中。印順法師《說一切有部為主的論書與論師之研究》僅說：

> 僧伽羅叉，或作僧伽羅剎，譯義為眾護。這位大瑜伽師的著作，主要為《修行道地經》，西晉竺法護（284）全譯為八卷。早在漢末（西元一六○頃），安世高略譯為一卷，名《（大）道地經》。又有《道地經中要語章》，又名《小道地經》，或以為是漢支曜譯的。[49]

在〈薩婆多部記目錄序〉、〈佛大跋陀羅師宗相承略傳〉，僧伽羅叉分別為第二十九祖與第二十六祖。關於其出生年代，僧祐《出三藏記集》卷十不知名撰者〈僧伽羅剎經序〉說：「僧伽羅剎者，須賴國人也。佛去世後七百年生此國，出家學道，遊教諸邦。至揵陀越土，甄陀罽貳王

---

[47] 同注26，頁317。
[48] 真諦《婆藪槃豆法師傳》，T50，p190a。
[49] 同注26，頁394。

師焉。」[50]甄陀罽貳王即罽昵吒王（亦名迦膩色迦王），文中說僧伽羅剎與王同年代，王師禮之，印順法師認為這只是傳說[51]；但既然東漢安世高都已譯出《大道地經》，則僧伽羅剎自當活躍在西元一世紀左右。那麼我們看《付法藏因緣傳》，馬鳴乃是深受罽昵吒王尊崇的大師，因此僧伽難提（僧伽羅叉）應與馬鳴的時代不會相差太遠，但兩人在《付法藏因緣傳》卻遠隔五代，如此的世系傳承，自難令人苟同。

接著看鳩摩羅馱。《大唐西域記》卷十二朅盤陁國〈童受伽藍〉條云：

> 尊者呾叉始羅國人也。幼而穎悟，早離俗塵，遊心典籍，棲神玄旨，日誦三萬二千言，兼書三萬二千字，故能學冠時彥，名高當世，立正法，摧邪見，高論清舉，無難不酬……。當此之時，東有馬鳴，南有提婆，西有龍猛，北有童受，號為「四日照世」，故此國王聞尊者盛德，興兵動眾，伐呾叉始羅國，脅而得之，建此伽藍，式昭瞻仰。[52]

童受乃是鳩摩羅馱的意譯；文中龍猛則是龍樹另一譯名。《大唐西域記》卷八及卷十，皆有記載龍樹與提婆為師徒的事蹟，所以此處雖云「當此之時」，好像四人同在一個時期，各尊一方，我們還是勉強同意印順「同時而先後出世」這種弔詭的說法：

> 馬鳴與迦膩色迦王同時，提婆為西元三世紀人。先後一百多年——西元一二〇頃，到二五〇頃，佛教界有這四位大師；那末「四日照世」的傳說，也不太離奇了。鳩摩羅陀（馱）約為西元二、三世紀間的大師。[53]

但問題是，若把「四日照世」解為四人時代先後相續，在《付法藏

---

[50] 《出三藏記集》卷十，T55，p71b。

[51] 同注26，頁397。

[52] 季羨林等《大唐西域記校注》，頁987。

[53] 同注26，頁536。

因緣傳》中的鳩摩羅馱卻遠遠落後在第十八代，因此這樣的世系承傳仍相當值得商榷。另外，在上一節已提到《雜寶藏經》的「祇夜多尊者」，在《付法藏因緣傳》竟分化為達摩蜜多與闍夜多兩人，且兩人相隔了八代，因此闍夜多是否真受學於鳩摩羅馱，成為第十九代傳人，也一樣有問題。再來看夜奢與鶴勒那夜奢，《付法藏因緣傳》卷六是這麼記的：

> 摩奴羅智慧超勝，少欲知足，勤修苦行，言辭要妙，悅可眾心，善能通達三藏之義，於南天竺興大饒益。時有尊者號曰夜奢，辯慧聰敏，甚深淵博，與摩奴羅功德同等，亦能解了三藏之義，流布名聞，咸為宗仰。曾於一時，彼摩奴羅至北天竺，尊者夜奢而語之言：「恆河以南二天竺國，人多邪見，聰辯利智，長老善解音聲之論，可於彼土遊行教化，我當於此利安眾生。」時摩奴羅即如其語，至二天竺廣宣毘羅無我之論，摧伏一切異道邪見，所為既辦，捨身命終。於是以後次有尊者名鶴勒那夜奢，出興於世，受付囑法，廣宣流布。[54]

「次有尊者名鶴勒那夜奢」，鶴勒那夜奢當是接受摩奴羅付法之人，但在此之前，又有位同名為夜奢的尊者，勸摩奴羅至南天竺遊化。這裏實在寫得不明不白，如果按照文理，夜奢與鶴勒那夜奢為兩人，但其生平種種事蹟卻付之闕如，難怪後來燈錄如《寶林傳》、《景德傳燈錄》等記禪宗祖師世系，會把夜奢刪除掉；而一般整理《付法藏因緣傳》傳承，也將勸說者變成受法者，於是成摩奴羅傳法夜奢，夜奢再傳予鶴勒那，不含摩田提，共二十四人[55]。

最後要附帶一提的是，可能有人會質疑：「前文說：『《雜寶藏經》的祇夜多尊者，在《付法藏因緣傳》卻分化為達摩蜜多與闍夜多兩人。』那麼是否有可能譯者只忠實譯出原梵本內容，並不考慮二者有相互矛盾

54　《付法藏因緣傳》卷六，T50，p320b。

55　如忽滑古快天著、朱謙之譯《中國禪學思想史》，頁65。據智顗《摩訶止觀》卷一則云：「付法藏人，始於迦葉，終於師子，二十三人。末田地與商那同時，取之則二十四人。」（T46，p1b）

之處？假如真是這樣的話，豈不更證明《付法藏因緣傳》並非虛託付法？」筆者以為，如果《付法藏因緣傳》和《雜寶藏經》是由不同譯者在不同的時間、地點譯出，便有可能；但現在兩部譯作皆由同一組人在同一時期、地點譯出，這就不可能了。我們在第二節也曾引述過僧叡〈大品經序〉，文中說鳩摩羅什雖譯出《大品（般若）經》，卻還須等《大智度論》譯出，再兩相對應檢校，避免失誤。這是譯經的優良傳統，那麼《付法藏因緣傳》和《雜寶藏經》同樣涉及相關人物事蹟，為何譯者卻不能當下查出錯謬所在而訂正之？何況兩書篇幅並不龐大，而竟發生歧誤，豈不更顯示其中有虛假的地方？再者，我們前文已說過《付法藏因緣傳》是屬於經抄，那麼《雜寶藏經》呢？《雜寶藏經》也一樣是經抄，陳寅恪〈《三國志》曹沖華佗傳與佛教故事〉曾說：「《雜寶藏經》雖為北魏時所譯，然其書乃雜採諸經而成，故其所載諸國緣，多見於支那先後譯出之佛典中。」[56]而梁麗玲《《雜寶藏經》及其故事研究》雖然將《雜寶藏經》分成「有原本的翻譯」和「無原本的翻譯」兩種情形來討論，但從作者敘述中，也可見其傾向於無原本的翻譯：

> 比本經（《雜寶藏經》）較早出的《百喻經》、《雜譬喻經》等，皆可能沒有梵文底本，而是在中國本土結集成書，其目的是為了迎合中國社會的需要。又本經具有因緣故事的特性，為了凸顯因果業報特色，將精彩動人的故事從不同的典籍中抄錄出來，由本經的故事與其他經典的關係密切來看，《雜寶藏經》有可能同《百喻經》一樣，是在中國成書的。[57]

---

[56] 陳寅恪《陳寅恪先生文集》第1冊，頁158。

[57] 梁麗玲《《雜寶藏經》及其故事研究》，臺北：法鼓文化事業公司，1998年1月，頁42。按梁氏認為《雜寶藏經》是經抄固然不錯；不過遵從L‧N‧Men'sikov的說法，以為《百喻經》無梵本，則有待商榷。據僧祐《出三藏記集》卷九不知名撰者〈百句譬喻經記〉云：「永明十年九月十日，中天竺法師求那毘地，出修多羅藏，十二部經中，抄出譬喻，聚為一部，凡一百事。天竺僧伽斯法師集行大乘，為新學者，撰說此經。」（頁68）這樣的說法有些難懂，慧皎《高僧傳‧求那毘地傳》說得就很清楚：「求那毘地，此言安進，本中天竺人。弱年從道，師事天竺大乘法師僧伽斯。……初，僧伽斯於天竺國抄修

因此，認為譯者只忠實譯出梵本原文，並未慮及《付法藏因緣傳》和《雜寶藏經》二者有相互矛盾之處，這樣的懷疑是沒有必要的。

五、經抄不等同於偽造

歷代經錄對於《付法藏因緣傳》，並未將它歸類成偽作，從第二節所畫圖表，詳列自僧祐《出三藏記集·新集經律論錄》以下收錄情形，即見一斑。不過前文已分析《付法藏因緣傳》在付法傳承世系上，曇曜基於護教衛法之心，擬藉由綜合整理群經，奠立付法統緒，雖非存心作偽，然經抽絲剝繭，證明其確有訛亂不實之處，從這方面來說，曇曜自不脫作偽之嫌；至於其因緣事蹟，大致是抄集眾經而成，從這方面來說，《付法藏因緣傳》實不能算是偽作，以下即對此詳作說明。中國最早的一部經錄，是東晉道安編撰的《綜理眾經目錄》，此書雖亡佚，但在僧祐《出三藏記集》卷五，仍見得到該書〈疑經錄〉，在〈疑經錄〉所收二十六部三十卷疑偽經前，有道安序云：

> 外國僧法，學皆跪而口受，同師所受，若十、二十轉，以授後學，若有一字異者，共相推校，得便擯之，僧法無縱也。經至晉土，其年未遠，而喜事者以沙標金，斌斌如也，而無括正，何以別真偽乎？[58]

自此而後，審定真偽便是編纂經錄的重要工作之一。僧祐《出三藏記集》同樣在卷五〈疑經偽撰雜錄〉，也有一段序言說得更仔細：

> 《長阿含經》云，佛將涅槃，為比丘說四大教法。若聞法律，當於諸經推其虛實，與法相違，則非佛說。又《大涅槃經》云，我滅度後，諸比丘輩抄造經典，令法淡薄。種智所照，驗於今矣。

多羅藏中要切譬喻，撰為一部，凡有百事，教授新學，毘地悉皆通誦，兼明義旨，以永明十年秋，譯為齊文，凡有十卷，謂《百喻經》。」（T50，p345a）且不論求那毘地有無攜帶經本來華，很顯然求那毘地之師僧伽斯，已在天竺用《百喻經》教授新學，所以《百喻經》不可能沒有梵文原本。

[58] 僧祐《出三藏記集》卷五〈新集安公疑經錄〉，T55，p38b。

自像運澆季，浮競者多，或憑真以構偽，或飾虛以亂實，昔安法師摘出偽經二十六部，又指慧達道人以為深戒。古既有之，今亦宜然矣。祐校閱群經，廣集同異，約以經律，頗見所疑。夫真經體趣融然深遠，假託之文辭意淺雜，玉石朱紫，無所逃形也。[59]

　　所謂「疑經」，當然是指證據不足，卻頗可疑的佛經；而「偽經」也就是假託虛構的佛經。這並不會有問題，比較有爭議的是經錄中說的「抄經」[60]，該不該歸為疑偽經之列？僧佑在〈新集抄經錄〉是這麼說的：

抄經者，蓋撮舉義要也。昔安世高抄出《修行》為《道地經》，良以廣譯為難，故省文略說。及支謙出經，亦有《字抄》。此並約寫胡本，非割斷成經也。而後人弗思，肆意抄撮，或棋散眾品，或瓜剖正文，既使聖言離本，復令學者逐末！竟陵文宣王慧見明深，亦不能免。若相競不已，則歲代彌繁，蕪黷法寶，不其惜歟？[61]

　　僧祐雖將抄經與疑經偽撰分列表述，不過他發現抄撮佛典義要，最後容易導致割裂聖言，蕪黷法寶，所以像竟陵文宣王約寫《華嚴》諸經共三十六部，僧祐對此便不以為然。僧祐這種保全經典原貌的精神，影

---

[59] 同前注。
[60] 小野玄妙於《佛教經典總論》對「抄經」的定義是：「既稱抄經，不用說是僅限於經典翻譯後，抄錄出其譯本中之一部分者而言。」（頁269）這樣的定義當然是從經錄中總結出來，但卻未必精準，試觀《出三藏記集》卷七道安〈道行經序〉曰：「佛泥曰後，外國高士抄九十章為〈道行品〉，桓、靈之世，朔佛齎詣京師，譯為漢文，因本順旨，轉音如已，敬順聖言，了不加飾也。然經既抄撮，合成章指，音殊俗異，譯人口傳，自非三達，胡能一一得本緣故乎？由是《道行》頗有首尾隱者……。抄經刪削，所害必多，委本從聖，乃佛之至誠也。」（T55，p47a）外國高士所抄者，即般若抄；又《出三藏記集》卷九不知名撰者〈四阿含暮抄序〉，言及婆素跋陀羅漢抄四阿含暮之膏腴為一部，後傳來中國，於晉孝武帝時，由鳩摩羅佛提執梵本，佛念、佛護為譯，僧導、曇究、僧叡筆受譯出（T55，p64c），足見西域梵本同樣是有抄經的存在。
[61] 同注58，T55，p37c。

響了後代經錄學者，於是抄經便情勢逆轉，都成了疑偽經。在王文顏《佛典疑偽經研究與考錄》，也針對疑偽經來歷談到：

> 疑偽經的來歷，大約可以歸納為三大類：一、宿習與冥授：所謂「宿習」，即某位佛教信徒將其「前生」所熟習的經典，背誦出來，並且記錄成書，所謂「冥授」，即某位佛教信徒在睡夢中或特殊時機，經由佛菩薩點化傳授經典，清醒之後，乃將該部經典寫定傳世。二、抄錄成書：即佛教信徒在研習佛經之時，將其重要經義抄集成書，並且冠上以「經」為名的新書名。三、偽造經典：即某位佛教信徒或某教派的信仰者，為了達成特定的宗教目的，因而創作一部偽經，或一系列偽經，作為其立說、修行、宣教的理論依據者，均屬此類。[62]

雖然歷代經錄相沿成習，都將抄經併入疑偽經之列，但筆者對此則深不以為然。假如經錄學者認為抄經是重點摘抄經文，沒必要註記存留，那也無話可說了；但現在卻認為抄經瓜剖經文，或更改經名，惑亂讀者，所以就是疑偽經，那麼筆者不免質疑經錄學者的職責，難道不應在編纂目錄時，善盡告知某經抄自某經的義務（一如早先《出三藏記集》卷四在各經下的注記），而不是因襲舊典，草率將就嗎？[63]，因為事實上

---

[62] 王文顏《佛典疑偽經研究與考錄》，同注28，頁25。文中言抄經是「將其重要經義抄集成書，並且冠上以『經』為名的新書名。」這還需稍作補充。例如竟陵文宣王《抄華嚴經》十四卷、《抄方等大集經》十二卷，他並未擅改經名；又如《抄法華藥王品》一卷、《抄維摩詰所說佛國品》一卷，乃是摘抄原經其中一品，也未冠上以「經」為名的新書名。當然，像《出三藏記集·新集疑經偽撰雜錄》載《佛法有六義第一應知》一卷、《六通無礙六根淨業義門》一卷，僧祐云：「右二部，齊武帝時比丘釋法願，抄集經義所出，雖弘經義，異於偽造；然既立名號，則別成一部，懼後代疑亂，故明注於錄。」（頁39）這便是改立書名，但也沒冠上「經」字。

[63] 例如法經等編《眾經目錄》，在卷四曾對疑經、偽經各下定義：「多以題注參差，眾錄致惑，文理復雜，真偽未分，事須更詳，且附疑錄。」（T55，p138b）「並號乖真，或首掠金言，而末申謠讖；或論世術，後託法詞；或引陰陽吉凶，或明神鬼禍福，諸如此比，偽妄灼然，今宜祕寢，以救世患。」（p139a）此外經錄也將別生經（抄的異名）與疑偽經分隔開來，這些似乎都很正確了；但是在「眾經偽妄」部分，依然將竟陵文宣王所

抄經跟偽作並不等同，抄經不僅未違反「佛將涅槃，為比丘說四大教法」的精神[64]，就是經文經義也出於原抄經典[65]，所以怎能當成疑偽經看待？再退一步說，如果抄經非屬疑偽經不可，那麼經錄學者未將所有屬於抄經典籍，安置於疑偽經錄，不也是一大失職嗎？

　　現在本文所說的「經抄」，雖與「抄經」都是抄撮佛經義要，不過根據學者對抄經所下的定義，則二者差別在於：抄經乃節摘某部佛經，經抄則是抄自多部佛經；又抄經是抄錄翻譯後的佛經，經抄則有些在未翻譯之前，就已經是抄集本了。如果我們說抄經不應列入疑偽經，那麼經抄當然更不應如陳寅恪所說，視之為偽作，此其一。

　　佛經中屬於經抄的大小乘經藏相當多，除了前文談到的《阿育王傳》、《付法藏因緣傳》、《雜寶藏經》外，像《六度集經》八卷，乃是集錄佛陀在過去世行菩薩道時九十一則本生故事，配合大乘佛法布施、持戒、忍辱、精進、禪定、智慧等六波羅蜜而成，故稱《六度集經》，這當然是屬於經抄。又如同名為「雜譬喻」經典的，在《大正藏》就收有

抄諸經的其中八部列入，並說：「右自《法句》下八經，並是蕭子良所造，故附偽錄。」（p139a）其實這八部早在《出三藏記集》就注明為抄經，現卻因歷來經錄一向置於疑偽之列，以致「所抄」也變成「所造」的偽經了。再如小野玄妙《佛教經典總論》，也舉《歷代三寶紀》為例，說：「《歷代三寶紀》未對抄經做確實之勘定，而將古目錄所載，照章全收，列入古譯經之目，因此，於歷代譯經目中，乃有以抄經為譯經，而與本經並列於同一譯人之下者。不僅如此，又有以如同處理失譯經之作法，收集大多數抄經後，隨意配予譯人之名，分別編入正錄中各譯人之譯經目下。」（頁269）

64　所謂「四大教法」，見於《長阿含》卷三，凡有比丘言其親聞佛說，或聞和合眾僧、多聞耆舊所說，或眾多比丘所說，或一比丘之說，皆應依律、依法，究其本末，推其虛實（T01，p17a）這種精神，也正是前文引《大智度論》所說：「應依法不依人，應依義不依語，應依智不依識，應依了義經，不依未了義。」以及《增壹阿含》強調的「四法印」精神：「今有四法本末，如來之所說。云何為四？一切諸行無常，是謂初法本末，如來之所說。一切諸行苦，是謂第二法本末，如來之所說。一切諸行無我，是謂第三法本末，如來之所說。涅槃為永寂，是謂第四法本末，如來之所說。」（《增壹阿含》卷十八，T02，p639a）

65　抄經與原經文義雷同，一如我們在第三節拿《阿育王傳》卷三，駒那羅生尊貴家，卻遭挑眼報，來跟抄錄整理過的《付法藏因緣傳》卷四文字比對，只有更簡練要約的差別而已。

五部[66]，這跟《雜寶藏經》或《撰集百緣經》一樣，僅憑經名，即知為抄聚各經中譬喻，彙錄成編。這種情形相當普遍，故僧祐《出三藏記集》卷九康法邃〈譬喻經序〉云：

> 譬喻經者，皆是如來隨時方便四說之辭，敷演弘教訓誘之要……。如今所聞，億未載一，而前後所寫，互多複重，今復撰集，事取一篇，以為十卷。比次首尾，皆令條別，趣使易了，於心無疑。[67]

下面我們也一併將《出三藏記集》卷九、卷十所錄，關於經抄典籍的序言羅列出來，證明其普遍的程度：

> 阿含暮者，秦言趣無也。阿難既出十二部經，又採撮其要，逕至道法，為四阿含暮，與阿毗曇及律，並為三藏焉。身毒學士以為至德未墜於地也。（不知名撰者〈四阿含暮抄序〉）

> 尋蒙抄撰眾家禪要，得此三卷，初四十三偈，是鳩摩羅羅陀法師所造。後二十偈，是馬鳴菩薩之所造也。其中五門，是婆須蜜、僧伽羅叉、漚波崛、僧伽斯那、勒比丘、馬鳴、羅陀禪要之中，抄集之所出也。六覺中偈，是馬鳴菩薩修習之，以釋六覺也。初觀婬恚癡相，及其三門，皆僧伽羅叉之所撰也。息門六事，諸論師說也。（僧叡〈關中出禪經序〉）

> 河西沙門釋曇學、威德等，凡有八僧，結志遊方，遠尋經典，於于闐大寺，遇般遮于瑟之會。般遮于瑟者，漢言五年一切大眾集

---

66 《大正藏》第四卷中，同名「雜譬喻」有五部，一為後漢支婁迦讖譯《雜譬喻經》，一卷，十二喻；二為後漢時譯《雜譬喻經》，譯者不詳，因經文開頭為「菩薩度人」，故又稱《菩薩度人經》，二卷，三十二喻；三名《舊雜譬喻經》，二卷，吳康僧會譯，六十一喻；四為道略集《雜譬喻經》，一卷，三十七喻，此經題又作《眾經撰雜譬喻經》，然與另一部同為道略集、姚秦鳩摩羅什譯《眾經撰雜譬喻》，兩卷本，四十四喻，內容則大異。倘據《出三藏記集》卷二所載，原先道略集、姚秦鳩摩羅什譯的正是一卷本，經名即為《雜譬喻經》（T55，p10c）。
67 僧祐《出三藏記集》卷九，T55，p68c。

也。三藏諸學，各弘法寶，說經講律，依業而教。學等八僧，隨緣分聽，於是競習胡音，析以漢義。精思通譯，各書所聞，還至高昌，乃集為一部。（僧祐〈賢愚經記〉）

（僧伽羅剎）高明絕世，多所述作，此土修行經《大道地經》，其所集也。又著此經，憲章世尊自始成道，迄于淪虛。行無巨細，必因事而演，遊化夏坐，莫不曲備。雖《普曜》、《本行》、《度世》諸經載佛起居，至謂為密，今覽斯經，所悟復多矣。（不知名撰者〈僧伽羅剎經序〉）

（婆須蜜）高才蓋世，奔逸絕塵，撰集斯經焉。於七品為一揵度，盡十三揵度，其所集也。後四品一揵度，訓釋佛偈也。凡十一品十四揵度也。（不知名撰者〈婆須蜜集序〉）[68]

　　從文中敘述，可知這些經抄在當時並未被視為瓜剖經文，污瀆法寶的下劣低等偽作。甚至像僧祐自己所寫〈賢愚經記〉，既明知《賢愚經》是曇學、威德等八僧，於于闐聽聞經律，將許多譬喻筆記成書，卻仍收列此書於《出三藏記集》卷二〈新集經律論錄〉中，且標注云：「右一部，凡十三卷。宋文帝時，涼州沙門釋曇學、威德于于闐國得此經梵本，於高昌郡譯出。」[69]這不就是把抄集而來的譬喻故事，當成了一部新出經？因此《付法藏因緣傳》抄集眾經而成書的情形，自不能視之為偽作，此其二。

　　再者，經抄也有類似會集本經典[70]之處，我們也有必要予以說明，

---

[68]　同前注，卷九、卷十，T55，p64c、p65a、p67c、p71b、p71c。其中《僧伽羅剎經》，《大正藏》第四卷作《僧伽羅剎所集經》。凡上所引，皆屬外國經抄；而就是在中國，也有奉敕纂集的經抄，《續高僧傳》卷一〈寶唱傳〉即云：「（梁武帝）天監七年，帝以法海浩汗，淺識難尋，敕莊嚴（寺）僧旻於定林上寺續《眾經要抄》八十八卷。」（T50，p426b）這都可見經抄受重視的程度。

[69]　《出三藏記集》卷二，T55，p12c。

[70]　王文顏《佛典漢譯之研究》將「會集本」稱為「合本會譯」（頁72），所以「會集本經」也就是「合本經」。而其實《大正藏》中，「寶積部」、「大集部」多屬此類經典，參見呂澂《呂澂佛學論著選集·新編漢文大藏經目錄》，濟南：齊魯書社，1996年12月，頁1625。

下面先看一個例子。慧皎《高僧傳》卷七〈慧嚴傳〉載：

> 《大涅槃經》初至宋土，文言致善，而品數疏簡，初學難以措懷。
> 嚴迺共慧觀、謝靈運等，依《泥洹》本，加之品目，文有過質，
> 頗亦治改。[71]

　　四十卷十三品的《涅槃經》，由曇無讖譯出，俗稱《北本》，其後傳
於南方宋地，慧嚴等人將文辭過於質樸的地方，加以潤色改寫；且《北
本》品數太少，於是又對照法顯攜回譯出的六卷十八品《泥洹經》，增
補整理成三六卷二五品，也就成了所謂《南本涅槃經》[72]。《南本涅槃經》
由於會集《北本》與《法顯本》，所以說是會集本。這在《出三藏記集》
收列的《合首楞嚴經》、《合微密持經》、《合維摩詰經》[73]等，也都是會

---

[71] 慧皎《高僧傳》卷七，T50，p367b。

[72] 《南本涅槃經》開始流通後，據《高僧傳·慧嚴傳》云：「嚴迺夢見一人，形狀極偉，
厲聲謂嚴曰：『《涅槃》尊經，何以輕加斟酌？』嚴覺已惕然，迺更集僧，欲收前本。時
識者咸云：『此蓋欲誡厲後人耳。若必不應者，何容即時方夢？』嚴以為然。頃之，又
夢神人告曰：『君以弘經之力，必當見佛也。』」（T50，p367b）顯見會集本有利於佛法
流布，故能得到認同，並未遭致擯棄。惟按此事在《法苑珠林》卷十八〈敬法篇·感應
緣〉引王琰於南齊所撰《冥祥記》，則說慧嚴寢見神人怒斥，「便馳信求還，悉燒除之。
塵外精舍釋道儼所諮聞也。」釋道儼應即《高僧傳》卷十一〈明律〉所載，宋彭城釋道
儼（參見王師國良《冥祥記研究·下編校釋》，臺北：文史哲出版社，1999年12月，頁
242）此事既有人證，似頗可徵信。後來元念常《佛祖歷代通載》卷八便予以沿用，謂
慧嚴譯經「惶懼而止」。但事實上《南本涅槃經》仍流傳於世，並非如其所說，「悉燒除
之」，因此慧皎《高僧傳》才會在參考過《冥祥記》後重予改定。怎知《高僧傳》有參
考《冥祥記》？因慧皎於〈高僧傳敘錄〉已提及此書，且《冥祥記》原文為：「《涅槃》
尊經，眾藏之宗，何得以君瓏思，輕加斟酌？」《高僧傳》則省作「《涅槃》尊經，何以
輕加斟酌？」由此自可略見端倪。《高僧傳》既將謠傳做了更正，其後《大唐內典錄》
卷十、《釋門自鏡錄》卷上、《北山錄》卷七〈報應驗〉、《三寶感應要略錄》卷中，便都
衡量經文流通的事實，也照顧到了《高僧傳》記載的準確性；當然，佛經經文是否可以
更動，這早在譯經界就有直譯、意譯，或譯筆求其質與文的論辯，最後則是折中為深入
淺出，雅俗共賞的「譯經體」，也不再是一字不差的直譯，故今由會集本經的流通，自
亦可知其已得教界認同。

[73] 見僧祐《出三藏記集》卷七〈合首楞嚴經記〉、〈合微密持經記〉，及卷八〈合維摩詰經
序〉，T55，p49a、p51c、p58b。

集本經典。會集本和經抄的差別，僅在於會集本是將數部異譯的同一經典，輯錄合編，而經抄是專就某一主題（如法藏付囑、因緣譬喻，或阿育王事蹟），迻錄眾經；但二者纂輯皆需經歷彙補整編的過程，所以如果不把會集本視為偽經，則經抄當然也不宜視同偽作。

　　以上先辨析經錄將抄經置於疑偽之列的有待商榷，再進而說明六朝時期曾譯出多部經抄，時人也未將它當成偽書；甚至佛經還有將一本多譯的經書會集為一的傳統，所以就《付法藏因緣傳》取材諸經而成書的方面來說，我們並不能因此就當它是偽作。

六、結　　論

　　自古以來，佛教偽書確實不少，梁啟超《古書真偽及其年代》即云：

> 中國人造偽的本事特別大，而且發現得特別早，無論那門學問都有許多偽書。經學有經學的偽書，史學有史學的偽書，佛學有佛學的偽書，文學有文學的偽書，到處都可以遇見。[74]

　　一般而言，學者站在求真的立場，對於沒有梵文原本，而僅憑抄撮成編的經藏，自然可以不假思索的說那是偽書；但是衡量尺度如能融入信仰者在義學上的要求，先看它怎樣「造偽」，再研判這部書是否合乎「四法印」？可有違背「四依義」？那麼得到的答案，就可能與文獻學者或史學家迥然不同了。

　　北魏太武帝滅佛，佛教陷入空前浩劫，淪為妄誕不實，虛假附益的異端邪說，幸喜法難之後，文成帝下詔復佛，沙門統曇曜鑒於滅法之慘，為避免酷毒重罹，便從多方著手，鞏固教基。《付法藏因緣傳》抄集諸經，仿同中國固有傳授淵源，不僅彰顯了佛門代代付法的莊嚴性，也足以破除附益非真的濫說，於是付法──付囑傳遞佛陀正法，從佛陀入滅，法傳迦葉尊者，尊者隨後付囑阿難，阿難再付囑商那和修，乃至輾轉相續，最後到師子尊者，正式開啟一代一人，法水長流的新猷。

　　然而有經錄記載，曇曜、吉迦夜六卷本《付法藏因緣傳》之前，寶

---

[74] 梁啟超《古書真偽及其年代》，南京：廣陵古籍刻印社，1990年11月，頁1。

雲已翻譯出《付法藏經》，但這只是經錄不正確的訛傳；至於《付法藏因緣傳》此書因屬於經抄，故多數祖師因緣事蹟確有其真實性；不過法付二十四代，則有不少證據證明其偽託，今針對譯者及真偽問題，透過上文不憚其煩比對研究，可綜理數項要點如下：

（一）僧祐《出三藏記集》及慧皎《高僧傳》，全無寶雲翻譯《付法藏經》的記錄；惟自費長房《歷代三寶紀》引用李廓經錄，謂寶雲譯有此經，後代許多經錄便輾轉因襲，一誤再誤，甚至有「第一出」、「第二出」、「第三出」的說法。其實《付法藏因緣傳》應是疏忽中，被誤寫成寶雲所譯。由於《付法藏因緣傳》與寶雲譯《佛所行讚（經）》同屬聖賢傳記類，兩書後先相鄰，可能謄寫差失，導致繫名於寶雲。《付法藏因緣傳》乃是曇曜、吉迦夜兩人於延興二年合作完成，其前四卷因緣事蹟多與《阿育王傳》雷同，當是經錄所說曇曜譯本，至於後兩卷則是吉迦夜搜羅梵本，綜理潤飾，然後才纂集為六卷本，在此之前，並無寶雲譯本問世。

（二）六卷《付法藏因緣傳》，因緣事蹟前詳後略，此當與佛教枝分派立後，資料蒐羅不易有關。而二十四位祖師的其中九位，不是因緣事蹟簡略，就是根本缺乏具體事蹟，我們試著在其他經典訪尋，也難以覓得；其餘有具體因緣事蹟的祖師，則多與其他經藏雷同，這正說明它是彙集眾經而成的經抄。至於其內容，則引用不少祖師傳記和小乘經典；其結構則以付法人為經，因緣事蹟為緯，極井然有序地娓娓道來；又因其能在原譯經的基礎上予以潤飾加工，自然更增譯經體的典雅整鍊。

（三）然而有些祖師傳記資料稀少，《付法藏因緣傳》不是以數句話帶過，便是以他人之事添入，這都是因為曇曜有意使法脈貫連不絕，而不得不出此策。其實佛教最初記載於經藏，所謂「教法付囑」，指的是要對結集三藏盡力護持，使其廣傳無絕，此如能參照義淨《根本說一切有部毘奈耶雜事》的記載，則其「教法付囑」原貌便可清晰呈現。古印度本是不重歷史的民族，何況佛教也有「依法不依人」的教誡，尤其佛陀滅後，部派佛教嚴重分裂，若說自佛陀以來，有一代傳付一人的祖師名號斑斑可考，實不可能。

　　（四）曇曜釐定的佛教世系傳承中，有部分人物限於資料不全，已難詳考；不過將《付法藏因緣傳》與〈薩婆多部記目錄序〉、〈長安城內齊公寺薩婆多部佛大跋陀羅師宗相承略傳〉參酌對照，便可發現其中的紛亂不明。再單就《付法藏因緣傳》來看，佛陀蜜多原是婆修槃陀之師，如今卻傳法脇比丘，使得蜜多、槃陀師徒遠隔十一代；又以僧伽難提為僧伽羅叉，也使得僧伽羅叉時代大為延後；再如鳩摩羅馱遠遠落在第十八代，其弟子闍夜多，其實是《雜寶藏經》的「祇夜多尊者」，但在《付法藏因緣傳》竟分化為達摩蜜多與闍夜多兩人，且兩人相隔了八代；至於夜奢與鶴勒那夜奢的生平、次序也模糊難以辨明。凡此種種，皆可見代代付法的偽託不實。

　　（五）雖然《付法藏因緣傳》世系是偽託的，但屬於經抄的部分，仍有其真實性，不能一併視同偽作。在六朝時期，新出的經抄即相當普遍，也頗受到尊重，從未被當成下劣低等的譯作。又經抄與抄經、會集本經書，在抄錄整理經文上，也有其異曲同工之處。歷代經錄皆相沿將抄經列入疑偽經，但抄經如未違反佛為比丘所說四大教法的精神，且經文經義也出自原抄經典，則不應視為疑偽經；再像《高僧傳》記慧嚴修治《南本涅槃經》，最後夢見神人褒獎他弘揚經典有功，足見會集本在佛教界是被認同的。既然經抄、抄經與會集本經書，在佛教界有其特殊意義，因此屬於經抄性質的《付法藏因緣傳》，絕不能因其無梵文原本，即驟下論斷，說它是偽作。

清‧張錫瑜《鍾嶸記室詩平》書影

明‧鍾惺《硃評詞府靈蛇》本《詩品》書影

漢文藏經文獻及其運用之一例
——鍾嶸《詩品》卷下「齊道猷上人」正補

提　　要

佛教文獻對於中國文學、音樂、建築、繪畫、雕刻、曆數、醫方等等，都有著相當程度的影響，本篇所涉及者，雖如恆沙一粒，但也未嘗不可見微知著。文中先對《大正藏》、《卍續藏》、《大藏經補編》、《佛光大藏經》、《漢譯南傳大藏經》、中國版《中華大藏經》，及敦煌手抄佛典等漢籍藏經文獻略加介紹，其次則著重於鍾嶸《詩品》所云「齊道猷上人」問題的探討，認為〈陵峰採藥詩〉作者實乃東晉帛道猷；而佛藏既有補正文學典籍的功能，故更進一步指出誤用鍾嶸此段資料，輾轉得出不當推論的案例，以見漢文藏經的可貴。

關鍵詞

鍾嶸　詩品　高僧傳　道猷　滋味說

一、前　言

　　佛教文獻含括經律論三藏，通稱為「大藏經」，或稱「一切眾藏經典」、「一切經藏」、「一切經」、「大藏」、「藏經」、「經藏」等。對於佛教徒而言，大藏經是佛、法、僧「三寶」中的法寶，是佛教聖典的總集，具有宗教信仰的神聖意義；但對一個民族而言，它同時也是龐大的文化遺產，無價的智慧結晶。千年來，大藏經流傳，枝分派衍，依其文字不同，而有梵文、巴利文、漢文、藏文、西夏文、蒙文、滿文、傣文、日文、泰文、越文，及西洋文字等等藏經；前二者為原始型佛典，後面多種則自前二者輾轉譯出。僅就漢文藏經來說，佛教傳布中國，從東漢就開始將梵語、巴利語、胡語等三藏經典，譯成漢文，其間屢經朝代更迭，依然譯作不輟，因此才能集結出空前壯觀的部帙；此外，國人本身的佛教著作，乃至外國人的漢文論著，數量也極為可觀，其內容包含對佛教經典的詮釋、佛教歷史的記錄、宗派與理論的闡發、歷代高僧傳記，以及佛教律儀、寺塔、藝術、經錄、事典、辭書等等，幾乎無所不包，所以大藏經堪稱是佛教的大百科，而其所以如此宏富，佛教信眾護持之功誠不可沒。

　　當三藏翻譯之初，皆是各自書寫傳持，至苻秦道安（314～385），為免法寶散軼混淆，才加以蒐集分類，編成有史以來第一部佛典目錄，取名為《綜理眾經目錄》。經錄的整理，對於佛典保存，極有貢獻；但是經書本身易於毀壞，保存並不容易，於是佛門弟子也想到鑿山摩崖，鐫刻石經，以圖永久，其中北京房山的白帶山（又名石經山）雕造碑石之多，歷時之久，尤稱奇觀。房山石經肇始自幽州沙門靜琬鑒於北魏太武帝、北周武帝兩度法難之慘，而於隋大業年間，興起刻造，預為末法時期佛法斷滅留存法寶，後經唐、遼、金、元、明、清，千餘年間不斷續刻，遂成為稀世曠有的一部石刻藏經，此部藏經自 1987 年起，由「《房山石經》編輯刊印委員會」陸續整理印行。

　　漢文大藏除了石刻藏經，當然也有手抄及雕版藏經。在隋唐之世，印刷術尚待萌芽，故凡有編集，主要仍賴抄寫，直待宋代，始有中國第一部雕版刊印藏經。宋太祖開寶四年（971）至太宗太平興國八年（983），

在益州（成都）完成雕造的蜀版藏經，即官版《開寶藏》為雕版藏經之嚆矢。其後，藏經印刻事業便陸續興起，以目前所見，宋代計有：遼版《契丹藏》、金版《趙城金藏》、福州版《（崇寧）萬壽藏》、《毘盧藏》、湖州版（浙版）《（思溪）圓覺藏》、《（思溪）資福藏》、《磧砂藏》等。元代根據宋本印行藏經，有《普寧藏》與《弘法藏》兩種，因元末天下大亂，藏經燒失殆盡，明太祖洪武年間，集碩德於蔣山，點校藏經，刊刻《南藏》，然而校勘不精，時有脫誤。《南藏》之外，另有《（永樂）北藏》、《嘉興藏》、《武林藏》等。清世宗雍正十三年至高宗乾隆三年（1735～1738），又以《北藏》為底本，更加新籍，刊刻《龍藏》。另外民間尚有《頻伽藏》與《百衲藏》。而自八〇年代以來，大陸更先後在雲南圖書館、北京智化寺、山西寧武縣文博館發現《元官版藏經》、《元延祐版大藏經》及《萬曆藏》。

　　以上多種漢文藏經不是就寺名、地名、年號、朝代國別來取名，便是依其內容特質來稱呼，詳細內容已有不少專書專文述及，如釋道安《中國大藏經雕刻史話》、呂澂《呂澂佛學論著選集》、張曼濤主編《大藏經研究彙編》、方廣錩《佛教大藏經史（八～十世紀）》、戴蕃豫《中國佛典刊刻源流考》、藍吉富《佛教史料學》、慈怡主編《佛光大辭典》、藍吉富主編《中華佛教百科全書》，與李富華〈從比較中略論《中華大藏經》的學術價值〉等[1]，或針對某部藏經、某個時代的刊刻，或是大藏經的歷史沿革詳加說明；尤其李富華、何梅合撰《漢文佛教大藏經研究》，此二位學者參與為時十三年的《中華大藏經》漢文部分的編輯、校勘工作，得以見到大陸現存古本藏經，其書可說是對於漢文佛藏刊刻流傳及

---

[1]　釋道安《中國大藏經雕刻史話》，臺北：中華大典編印會，1978年10月、呂澂《呂澂佛學論著選集》第3冊，濟南：齊魯書社，1996年12月，頁1425～1492、張曼濤《大藏經研究彙編》上下冊，臺北：大乘文化出版社，1977年6月、方廣錩《佛教大藏經史（八～十世紀）》，北京：中國社會科學出版社，1991年3月、戴蕃豫《中國佛典刊刻源流考》，北京：書目文獻出版社，1995年8月、藍吉富《佛教史料學》，臺北：東大圖書公司，1997年7月、慈怡主編《佛光大辭典》，臺北：佛光出版社，1988年12月、藍吉富主編《中華佛教文化百科》，臺南：中華佛教百科文獻基金會，1994年1月、李富華〈從比較中略論《中華大藏經》的學術價值〉，收於《人生雜誌》175～178期，1998年3～6月。

特色的總結，自不待筆者再多加贅述，故本文除就目前臺灣學界較常利用的幾部漢文藏經，略作簡介，擬將重心另置於鍾嶸《詩品》一例，說明佛教藏經於義學、修證提供指引依據外，在文學研究上，也是不可或缺的重要文獻。

二、漢文大藏經概說

（一）《大正藏》

　　日本漢文大藏經全名《大正新脩大藏經》，簡稱《大正藏》，於大正十三年至昭和九年（1924～1934）由高楠順次郎、渡邊海旭、小野玄妙等，在東京組織「大正一切經刊行會」編輯出版。以《高麗藏》為底本，參校《資福藏》、《普寧藏》、《嘉興藏》，亦即校記中稱宋、元、明三藏，並對勘正倉院古抄本、敦煌本、巴利文、梵文經典，校勘記一律附注於當頁之下，全套共一百冊。這是一種鉛字排印，並有小圈斷句的版本，也是現今佛學界最普遍利用的佛教文獻，臺灣曾有多家出版社及寺院印行，而以臺北世樺印刷事業公司所出版最稱精美。自 1990 年，臺北靈山講堂淨行法師已結合越南法師，開始著手將此藏經譯成越文。而近年來電子科技日益昌明，中華電子佛典協會（CBETA）電子資料庫也以《大正藏》第一卷至第五五卷及第八五卷為底本，並取得版權者──「大藏出版株式會社」輸入與公開之授權，頗便於經文檢索。且該會網站亦有「國內外漢文佛典輸入」簡介與連結，足供參閱利用。

（二）《卍續藏》

　　日本京都藏經院於明治三十八年至大正元年（1905～1912）完成《大日本續藏經》，習稱《卍續藏》，乃是《卍正藏》的續編。由於《卍正藏》的內容，《大正藏》多已收錄，故學界並不採用；但《卍續藏》在《卍正藏》所收書之外，又收錄中國佛典一千四百多部，則多未入《大正藏》。

2　李富華、何梅合撰《漢文佛教大藏經研究》，北京：宗教文化出版社，2003年12月。
3　網站網址為 http://www.cbeta.org/index.htm。

雖然此藏所收印度撰述較少，卻是中國佛教著述集大成者，李富華〈從比較中略論《中華大藏經》的學術價值〉，曾提及《大正藏》三大缺失，分別為：1、目錄體系值得商榷；2、收錄不全；3、鉛字排印錯誤及斷句不當。[4]其中第二缺失——收錄不全的部分，正可由《卍續藏》彌補，故有極高學術價值。臺北中國佛教會曾影印刊行此藏，而新文豐公司續刊時，另編《卍續藏經總目錄索引》，亦頗便於檢索使用。近年中華電子佛典協會電子資料庫亦積極推動《卍續藏》電子化，迄今（2005 年 1月）已有史傳部上線提供檢索，相信不久，閱讀檢索藏經，將日益便捷快速。

（三）《大藏經補編》

這是藍吉富於 1986 年，為臺北華宇出版社主編印行，全套預計一百冊，後因資金問題，僅出三十六冊，內含二百多種典籍，多屬《大正藏》及《卍續藏》未收錄者，極為珍貴。其中包括新譯南傳與藏傳佛典、日本要典、朝鮮要典、外典中的佛教資料，及傳奇《歸元鏡》、《楊仁山居士遺書》等雜類，惟全套編輯體例較弱，故有凌亂之感。在大陸地區另有方廣錩主編《藏外佛教文獻》，宗教文化出版社於 1995 年陸續出版，蒐羅藏經未錄文獻，整理刊行，其與此編為補藏經不足，性質頗相近。

（四）《佛光大藏經》

1977 年，由佛光山星雲法師等成立「佛光大藏經編修委員會」編修，佛光山宗務委員會印行。全藏分類為：1、阿含藏；2、般若藏；3、禪藏；4、淨土藏；5、法華藏；6、華嚴藏；7、唯識藏；8、祕密藏；9、小乘藏；10、律藏；11、本緣藏；12、史傳藏；13、圖像藏；14.儀誌藏；15、文藝藏；16、雜藏。此藏採各版藏經作為全經考訂、文字校勘，並以經文分段、逐句標點、名相釋義、經題解說、諸家專文及索引為最大特色；且其印刷精美，攜帶方便，對於經典大眾化與現代化貢獻極大，確有耳目一新之感，只是

4　李富華〈從比較中略論《中華大藏經》的學術價值〉，《人生雜誌》178期，頁67～69。

分段標點，偶有疏忽；名相釋義、經題解說，仍未盡周詳。目前第 1～4 類藏經已出版。

（五）《漢譯南傳大藏經》

《南傳大藏經》指錫蘭上座部所傳之巴利文大藏經，又作《巴利三藏》。1881 年英國成立巴利聖典協會，將《南傳大藏經》及注釋之大部分以羅馬字校訂出版；此外另刊行《英譯本南傳大藏經》。日本於昭和十年至十六年（1935～1941），由高楠博士功績記念會將巴利聖典協會出版之《巴利三藏》翻成日文出版，題為《南傳大藏經》，其中又含若干藏外書，全部有七十冊之多。高雄元亨寺「漢譯南傳大藏經編譯委員會」據日譯本重翻，並參照英譯本加以修訂，於 1990 年出版《漢譯南傳大藏經》，將這部藏經與北傳佛典比勘研究，則更容易突顯佛法的根本意蘊。

（六）《中華大藏經》

中國大陸於 1982 年成立「中華大藏經編輯局」，計畫出版中國現存各種文字的大藏經。正編部分屬於漢文大藏，已由北京中華書局出版。此藏以《趙城金藏》為底本，彙編歷代大藏經籍無一遺漏，全書採影印方式，選用《房山石經》、《資福藏》、《磧砂藏》、《普寧藏》、《永樂北藏》、《嘉興藏》、《龍藏》、《高麗藏》八種校本，不僅避免了排印錯誤，且校勘精確，更為讀者提供了可靠原始的資料。周一良〈文化史上一塊巍峨豐碑——《中華大藏經》〉[5]稱此新編藏經較之過去歷朝刊行的二十幾部，別有三大特色：版本稀世、校勘精細、收集面廣量多。只是全書未經標點，舊版文字又不易閱讀，尤其電子佛典亦已普及，是否能改變學界的用書習慣，取代《大正藏》、《卍續藏》，恐怕仍須觀察。

此外，當然還有敦煌千佛洞所藏手抄佛典。局鐍近九百年的敦煌石窟，約當西元1900年重見天日，藍吉富在《佛教史料學》就說：「就史料學

5　周一良〈文化史上一塊巍峨豐碑——《中華大藏經》〉，收於趙樸初等著《佛教與中國文化》，臺北：國文天地出版社，1988年10月，頁135。

而言，這件事當然有不同凡響的意義。其一，這幾萬卷寫本之中，包含有九百年來已告佚失的甚多典籍，依據這些復出的寫本，可以使若干已遭湮沒的史實重新顯現，也可以藉此旁證若干其他史事。其二，即使其中有些寫本到現在仍有其他版本流傳，但是寫本書寫於九百年前，因此，也可以作為九百年後所流傳的刊本的重要校勘資料。」[6]

　　雖然漢文大藏經資料如此豐富，但我們若不知如何善加運用，終屬杆然。《六祖壇經・般若品》有云：「一切修多羅及諸文字，大小二乘，十二部經，皆因人置。因智慧性，方能建立。若無世人，一切萬法本自不有，故知萬法本自人興，一切經書，因人說有。」[7]可見經藏並不是讓人供奉高閣，仰之彌高，而是應當奉持惕勵，或者誦讀活用。

三、「晉帛道猷」非「宋釋道猷」、「齊道猷上人」

　　鍾嶸《詩品》收錄一百二十餘位詩人，其中只有三位詩僧，他們都一併被安置於下品來評論。原文如下：

> 齊惠休上人　齊道猷上人　齊釋寶月
> 惠休淫靡，情過其才。世遂匹之鮑照，恐商周矣。羊曜璠云：「是顏公忌照之文，故立休、鮑之論。」庾、白（帛）二胡，亦有清句。〈行路難〉是東陽柴廓所造。寶月嘗憩其家，會廓亡，因竊而有之。廓子齎手本出都，欲訟此事，乃厚賂止之。[8]

此處所言惠休、道猷、寶月三僧，其實都有進一步研究的必要，只是惠休奉命還俗，寶月曾兼樂府令，他們在世俗確實享有盛名[9]，但現存南朝

6　藍吉富《佛教史料學》，同注1，頁46。
7　《六祖壇經・般若品》，T48，p350a。
8　見何文煥編訂《歷代詩話》，臺北：藝文印書館，1983年6月，頁16。
9　關於惠休，《宋書》卷七一〈徐湛之傳〉云：「時有沙門釋惠休，善屬文，辭采綺豔，湛之與之甚厚。世祖命使還俗。本姓湯，位至揚州從事史。」（臺北：鼎文書局，1993年10月，頁1847。又見於《南史》卷十五〈徐湛之傳〉。）至於寶月，郭茂倩《樂府詩集》卷四八〈估客樂〉解題引《古今樂錄》有云：「〈估客樂〉者，齊武帝所製也。帝布衣時，嘗遊樊、鄧。登祚以後，追憶往事而作歌。使樂府令劉瑤管弦被之教習，卒遂無

僧史中並不見載錄[10]，因此本文暫不作討論，而僅補正道猷一人事蹟。

　　鍾嶸稱道猷姓白，為齊世胡人。目前臺灣、大陸兩地，總結前賢研究《詩品》最可觀的代表作，當推王叔岷《鍾嶸詩品箋證稿》（以下簡稱《箋證稿》），與曹旭《詩品集注》（以下簡稱《集注》），我們就先來看他們對於道猷姓白的看法。

　　《集注》以為，「白」為「帛」的壞損字，文中引據古直《鍾記室詩品箋》之說，謂：「古說甚是。」古直箋則曰：

> 白當為帛，曹魏沙門有帛延，吳沙門有帛僧光。白居易〈沃州山禪院記〉曰：「初有羅漢僧西天竺人帛道猷居焉。」仲偉云道猷胡人，與樂天說合。《高僧傳》云吳人，意其先本胡人，生於吳，遂為吳人。如康僧淵之例也。[11]

如此看法，自比平野顯照誤將道猷分成「白道猷」、「帛道猷」兩人，要來得高明[12]，但是白居易〈沃洲山禪院記〉原作「白道猷」，而非「帛道猷」[13]，古直轉引時，已有訛誤；且「白」也不是「帛」的壞損字，因

成。有人啟釋寶月善解音律，帝使奏之，旬日之中，便就諧合。」（北京：中華書局，1979年11月，頁699）

[10] 慧皎於《高僧傳·序錄》中言其所記，皆為有德高僧，不為寡德適時之輩。文云：「前代所撰，多曰『名僧』；然名者，本實之賓也。若實行潛光，則高而不名；寡德適時，則名而不高。名而不高，本非所紀；高而不名，則備今錄。」（T50，p418b）而寶唱著作雖稱《名僧傳》（《卍續藏》134冊，臺北：新文豐公司，1983年1月，頁1～34），由今存三十卷傳記目錄，及一卷傳文看來，其實也相當崇重僧格行持。但需說明的是，寶月雖不見錄於南朝僧史，但後世僧傳仍有言及其名姓。鍾嶸稱寶月姓庾，古直《鍾記室詩品箋》則據權德輿〈送清浹上人謁陸員外〉詩云：「佳句已齊康寶月。」又考漢沙門有康巨、康孟詳，曹魏沙門有康僧鎧，吳沙門有康僧會，晉沙門有康法暢、康法邃、康僧淵，於是論定寶月姓康不姓庾。今查贊寧《宋高僧傳》卷二九〈釋歡喜傳〉，言及外國沙門釋無側，「相傳則是康寶月道人後身也。」（T50，p891c）此亦可為寶月姓康作一補證。

[11] 見曹旭《詩品集注》，上海：上海古籍出版社，1994年10月，頁423。

[12] 平野顯照撰、張桐生譯《唐代的文學與佛教·白居易與唐代文學》云：「白道猷與帛道猷者，別人分明也。」（臺北：業強出版社，1987年5月），頁78。

[13] 見朱金城《白居易集箋校》，上海：上海古籍出版社，1988年12月，頁3684。

「白」、「帛」音同，據《廣韻》、《等韻圖》知，「白」、「帛」傍陌切，入聲陌韻，濁音並母，為二等開口洪音，故可通用；王叔岷《箋證稿》亦云：

> 帛道猷從學於帛尸梨密，故姓「帛」，《詩品》作「白」，「白」「帛」古亦通用，《詩、小雅、六月》：「白旆央央……。」孫炎《爾雅・釋天注》引「白」作「帛」（見《公羊》宣十二年徐彥《疏》。）即其證。清何文煥《歷代詩話本》、繆荃孫《對雨樓叢書本》，並改「白」為「帛」。[14]

《箋證稿》所引並非孤證，今由佛教文獻中，亦可得到證明。據寶唱《名僧傳》卷一目錄有「晉建初寺白尸梨蜜」，慧皎《高僧傳》卷一則作「晉建康建初寺帛尸梨密（蜜）」[15]；又《高僧傳》卷一〈曇柯迦羅傳〉云：「有沙門帛延，不知何人，亦才明有深解，以魏甘露中譯出《無量清淨平等覺經》等凡六部經，後不知所終焉。」[16]此「帛延」同樣有作「白延」的情形，《出三藏記集》卷二〈新集經論錄〉有如下記載：

> 首楞嚴經二卷　闕
> 須賴經一卷　闕
> 除災患經一卷　闕
> 右三部，凡四卷，魏高貴公時，白延所譯出，《別錄》所載，《安公錄》先無其名。[17]

足見「帛」「白」通用。道猷姓帛，一如《箋證稿》所言，乃是從師所姓，並不表示他是胡人，這早在葉夢得《避暑錄話》卷下即云：「晉、宋間佛學初行，其徒猶未有僧稱，通曰『道人』，其姓則皆從所授學。如支遁本姓關，學於支謙為支；帛道猷本姓馮，學於帛尸梨密為帛是也。

---

[14] 王叔岷《鍾嶸詩品箋證稿》，臺北：中央研究院中國文哲研究所，1992年3月，頁371。
[15] 見寶唱《名僧傳》，同注10，頁1；慧皎《高僧傳》，T50，p419b。
[16] 《高僧傳》卷一，T50，p324c。
[17] 僧祐《出三藏記集》卷二，T55，p7b。

至道安始言佛氏釋迦，今為佛子，宜從佛氏，乃請皆姓釋。」[18]葉氏言「帛道猷本姓馮」，正記載於《高僧傳》卷五〈道壹傳〉，傳中並附道猷〈陵峰採藥詩〉，這是道猷目前僅存的一首詩歌，可以拿來與《詩品》稱其「亦有清句」相印證。今特將原文迻錄於下：

> 時若耶山有帛道猷者，本姓馮，山陰人。少以篇牘著稱，性率素，好丘壑，一吟一詠，有濠上之風。與道壹經有講筵之遇，後與壹書云：「始得優遊山林之下，縱心孔釋之書，觸興為詩，陵峰採藥，服餌蠲痾，樂有餘也。但不與足下同日，以此為恨耳。」因有詩曰：「連峰數千里，修林帶平津。雲過遠山翳，風至梗荒榛。茅茨隱不見，雞鳴知有人。閒步踐其逕，處處見遺薪。始知百代下，故有上皇民。」壹既得書，有契心抱，乃東適耶溪，與道猷相會，定於林下，於是縱情塵外，以經書自娛。[19]

道猷不僅嫻通書牘，又能寫出如僧傳所載，清逸出塵的詩句，當然也不可能如白居易所言，為西天竺羅漢僧[20]。至於《高僧傳》分明說帛道猷是山陰人，古直卻說：「《高僧傳》云（其為）吳人」，這其實是把《高僧傳》卷五的帛道猷，與《高僧傳》卷七的釋道猷混淆了。《高僧傳》卷七〈釋道猷傳〉曰：

> 釋道猷，吳人。初為生公弟子，隨師之廬山。師亡後，隱臨川郡山……。宋元徽中卒，春秋七十有一。[21]

此宋代道猷顯然與晉代山陰人、本姓馮、師事帛尸梨密、隱居若耶山的帛道猷不同一人；王叔岷《箋證稿》雖引楊慎《升菴詩話》所言，〈陵峰採藥詩〉乃「晉世釋子帛道猷」作，卻又訂正說：

[18] 葉夢得《避暑錄話》，見《筆記小說大觀》三編第3冊，臺北：新興書局，1974年5月，頁1631。

[19] 《高僧傳》卷五〈道壹傳〉，T50，p357a。

[20] 贊寧《宋高僧傳》卷二七〈唐剡沃洲山禪院·寂然傳〉（T50，p880a），採用白居易〈禪院記〉的文章，也說白道猷是西域來的羅漢，亦不可信。

[21] 《高僧傳》卷七〈釋道猷傳〉，T50，p374c。

案楊氏稱道猷為「晉世釋子。」（丁福保、逯欽立並將道猷詩列入晉詩。）「晉」當作「宋」。[22]

而曹旭《集注》雖見張錫瑜《鍾記室詩平》與許印芳《詩法萃編》同將鍾嶸所謂「齊道猷上人」，改為「晉道猷上人」；且張氏有案語云：「《世說新語・言語篇》高坐道人注引《高坐別傳》曰：『和尚胡名尸黎密，西域人。永嘉中始到此土。』又引《塔寺記》曰：『尸黎密冢曰「高座」，在石子岡。晉元帝於冢邊立寺，因名「高座」。』則尸黎密，東晉初人，道猷為其徒，其年世約略可得，何由稱『齊』？今據改。」但《集注》仍依古直箋，認為帛道猷是生公弟子。[23]直至1998年，曹氏另出《詩品研究》一書，其第十四章〈《詩品》所存疑難問題研究〉，有專節論及「詩人名前時代的錯誤」，再度涉及此事，可惜仍說：

> 道猷姓馮，改姓帛，山陰（今浙江紹興）人，入沙門後，居若耶山，為吳人生公弟子。張錫瑜《鍾記室詩平》、許印芳《詩法萃編》本均校改為「晉道猷上人」，古直《鍾記室詩品箋》引《高僧傳》謂：「宜正曰『宋道猷上人』」。然各本均作「齊惠休（筆者案：「惠休」兩字訛誤，宜改為「道猷」）上人」，故可進一步研究。[24]

可能有人質疑，《高僧傳》卷五的帛道猷，慧皎並未詳記其生卒年，而東晉與劉宋僅一代之隔，縱使帛道猷並非如鍾嶸所說為齊人，又怎能率然論定他不是卒於元徽中，春秋七十一的釋道猷？

　　我們姑且不論兩位道猷的籍貫、師事、法名、隱居處已有不同，僅依其生卒年，也足以推論帛道猷並非釋道猷。因「元徽（473～476）」為宋後廢帝年號，如往前推七十一年，則釋道猷必生於東晉安帝元興（402～404）或義熙（405～418）初年；但《高僧傳・道壹傳》已說道壹「晉（安帝）隆安（397～401）中遇疾而卒」，也就是一個死了，一

---

[22] 同注14。

[23] 同注11。

[24] 曹旭《詩品研究》，上海：上海古籍出版社，1998年7月，頁333。

個尚未出生，那麼這兩人又該如何相游往呢？所以不僅鍾嶸《詩品》有誤，許多箋注者，我們也可以確定他們皆因疏察致誤。

　　長期以來，晉代帛道猷不是被誤認為宋代釋道猷，就是兩人生平被混為一談，推究其因有二。一是〈詩品序〉提到：「一品之中，略以世代為先後」[25]，如今帛道猷不僅被列為齊人，甚至還排在湯惠休之後，恰好《高僧傳》卷七又有「宋京師新安寺釋道猷」，而由宋入齊，也是一代之隔，故即使箋注者明白鍾嶸似乎可能誤記，卻萬難想像鍾嶸列為齊人的詩僧，居然不是宋人，而是晉人。其次，《高僧傳》的記載不是很清楚，而佛教中同名的人物不少，稍一失察，即易混淆不自知，如陳垣《釋氏疑年錄》卷四「京師恆濟寺懷素」條，也說世人多將相距百年的玄奘弟子懷素，與草書家懷素誤認為一：

> 此玄奘弟子也，貞元間有善書懷素，見下文，《全唐詩》、《全唐文》均誤認為一。《二十二史劄記》十六云：「《新唐書》一部獨缺兩僧：一高行之玄奘，一邪倖之懷素。」則又誤以薛懷義為懷素，不知懷義事蹟已見〈則天傳〉也。[26]

　　筆者多年前曾撰〈陳寅恪先生〈三國志曹沖華佗傳與佛教故事〉質疑〉，文中亦論及陳氏誤將印度神醫祇域與慧皎《高僧傳》卷九的耆域混為一談[27]，這都是一時疏忽，未能妥善利用佛教文獻所致。

四、《詩品》「道猷上人」餘波

　　不論將晉代帛道猷與白道猷分為兩人，或將帛道猷與宋釋道猷合成一人，都是佛教文獻運用的誤失。帛道猷的詩歌成就，從文學史發展脈絡來說，並沒受到太多重視，因此鍾嶸《詩品》「齊道猷上人」的身分，便長期處於渾沌狀態。近年中國學者劉躍進於《古典文學文獻學叢稿》

---

[25] 同注8，頁8。

[26] 陳垣《釋氏疑年錄》，北京：中華書局，1964年3月，頁102。

[27] 林伯謙〈陳寅恪先生〈三國志曹沖華佗傳與佛教故事〉質疑〉，《中華文化復興月刊》二十卷六期，頁67。

收有一篇新作，著作之新，連書前曹道衡撰序，都來不及品評，題目是：〈一樁未了的學術公案——對鍾嶸《詩品》「滋味」說理論來源的一個推測〉，在論文之末，尚有題記云：

> 為臺灣中國文化大學主辦魏晉南北朝學術研討會而作。1997年5月初稿，1998年8月二稿，同年10月三稿。[28]

從三易其稿，即可見劉氏用力之勤；而其文中引據資料，也確實相當繁富。全文分為四節，首先羅列出研究《詩品》「滋味」說的著作，其次比較歷史上的中西「滋味」說，繼而於「鍾嶸筆下的詩僧」一節提到：「詩僧、畫僧的文化活動，鍾嶸是一定知道的。」最後轉向德國考察隊在龜茲發現的古梵語《詩律考辨》殘卷，並引用平田昌司〈梵贊與四聲論〉的觀點，認為《詩律考辨》內容屬於婆羅門教系統，與佛教無關，但卻收藏在寺院，正是為了滿足僧徒撰寫梵贊的需要。結論也就是「滋味」說的理論來源與《詩律考辨》這類舶來的著作是有關連的。

　　那麼又與道猷有何相干呢？依劉文的意思，道猷乃是引介域外詩學理論的重要橋樑。劉文有段話強調：

> 鳩摩羅什在講經傳道的同時，為譯經的需要，也一定會向弟子傳授印度標準的詩歌理論。敦煌寫卷〈鳩摩羅什師贊〉云：「草堂青眼，蔥嶺白眉。瓶藏一鏡，針吞數匙。生筆受業，融叡為資。四方游化，兩國人師。」這裏提到了鳩摩羅什四大弟子：道生、僧肇、僧融、僧叡……。慧皎《高僧傳·釋道猷傳》載，釋道猷「初為生公弟子，隨師之廬山。」則他也是鳩摩羅什的再傳弟子，而鍾嶸《詩品》將他與釋寶月並列，稱他們「亦有清句」。這至少說明，像釋道猷這樣的詩僧，不僅從鳩摩羅什那裏學到了印度古典詩律，而且對漢詩創作也時有染指，頗有造詣。從這些線索來看，鳩摩羅什的學說（當然包括詩學理論之類的學問）已經由於他的弟子而傳至江南，並且與中國傳統的詩歌創作結合起來，

---

[28] 劉躍進《古典文學文獻學叢稿》，北京：學苑出版社，1999年1月，頁220。

別開新的天地。[29]

在這裏，劉氏仍然將帛道猷與釋道猷誤認為同一人，以致帛道猷成為鳩摩羅什的再傳弟子；但我們透過上節釐析，帛道猷、釋道猷的真相已豁然開朗，因此劉氏之說自難成立。劉氏論著費了好大精力，卻因一個久久未受注意的問題，使整個關鍵為之崩解，亦著實令人為之扼腕！

五、結　論

「大藏經」是漢文佛教經典總稱，它相當具體指出這是彙集漢文佛典而編成的一套大叢書。繼漢文大藏之後，雖陸續又有其他文字翻譯的藏經問世，但漢譯佛典在世界文化史的影響仍然最大。漢譯藏經從東漢至北宋，獲得國家支持、有組織建構、參與者眾、翻譯者廣，綿亙千餘年之久，實是僅見；尤其經典原本，存在者寡，唯賴漢譯本流傳，其重要不言可喻。而利用佛教文獻做出卓越成績的學者也極多，如嚴耕望《治史問答‧史學二陳》[30]述及陳寅恪、陳垣兩位史學界大師，其治史皆不廢棄佛藏，遂多有創見；反觀周一良〈論佛典翻譯文學〉則述及錢大昕不屑寓目的弊端：

> 我國讀書人對於「異端」、「二氏」的書籍，向來不屑寓目。清代史學大家如錢大昕，其考定可謂精深細密，但他在潛研堂金石文跋尾裏，考定唐代勾當京城諸寺觀修功德使的建置年代，因為不曾參考佛教徒的記載，所以竟犯了不應有的錯誤。[31]

本文故除評述當今漢學界常須利用的藏經，同時也以鍾嶸《詩品》為例，說明佛教文獻的可貴，並指出劉躍進論文因原始文獻的誤用，即使耗費極大精力，仍然失諸正鵠。一代教藏浩如煙海，生疏者常有不知如何上手的苦惱，而一旦上手，該如何運用得當，則又需一番工夫細心斟酌了。

29　同前注，頁219～220。

30　嚴耕望《治史答問》，臺北：臺灣商務印書館，1985年6月，頁79～89。

31　周一良〈論佛典翻譯文學〉，收於郁龍余編《中印文學關係源流》，香港：中華書局，1987年2月，頁100。

猶記求學時，王師夢鷗講述唐傳奇〈周秦行紀〉曾說：「有好資料，也要有好眼睛。」獨具隻眼，甄別是非珠礫，誠然不易！而這也是學術研究路上，需時時銘記在心，謹慎以對的課題。

敦煌莫高窟‧第一〇三窟維摩經變相局部

梁簡文帝立身、文論與《維摩詰經》關係考

提　要

　　梁簡文帝蕭綱自地方藩鎮入主東宮未久，即以儲君之尊，在春坊力倡「宮體」，後更提出「立身之道，與文章異」的文學理論。他的主張，大大引發當代文壇及後世墨客騷人的響應，但《梁書·簡文帝本紀》評論蕭綱，便已將他的文章，和人品割裂析離，以為他雖有人君之懿，文章卻輕華為累，君子不取；而就是歷代詩話、文學史，或學者研究論文中，對他的評價也不高，詆毀他作品變態、墮落的，更所在多有，這麼說來，他有人格分裂現象嗎？或者他根本就是偽君子呢？他的為人，和文學理論果真難以諧調嗎？若能諧調，又有何種理論依據？為解決這些疑問，本文特分四節——簡文帝的立身之道、簡文帝與佛教、簡文帝的文學觀、簡文帝文學觀與《維摩詰經》的關係，逐一剖析。首先從蕭綱為人論述起，說明究竟是何種因素，促使他具有史籍所褒崇的人格。接著再探究蕭綱發揮其文學理念，最重要的四封書信，藉以明瞭其內涵，兼亦可與當時文壇流派，作一比較。最後再指出蕭綱和家人皆好《維摩詰經》，故從他的為人、著述，乃至文學理論的提出，莫不與《維摩詰經》有密不可分的關連。相信透過本文敘說，足以洞見蕭綱用心；而對以往研究者的誤解，也能有所澄清。

關鍵詞

梁簡文帝　蕭綱　宮體　玉臺新詠　維摩詰經

一、前　言

　　在文學史上，梁簡文帝蕭綱一向被視為宮體詩人代表，再加上他曾說過「文章且須放蕩」的話，因此歷來對他的批評，能像張溥那般寬厚地說：「蓋朱邸日久，會逢清晏；兼以昭明為兄，湘東為弟，文辭競美，增榮棠棣。儲極既正，宮體盛行，但務綺博，不避輕華。人挾曹丕之資，而風非黃初之舊，亦時勢使然。」[1]實在是相當罕見的。我們試翻檢資料，便能發現，不僅史書上說他「傷於輕豔」[2]、或「傷於輕靡」[3]，或者：

> 梁自大同之後，漸乖典制，爭馳新巧。簡文、湘東，啟其淫放；徐陵、庾信，分路揚鑣。其意淺而繁，其文匿而彩，詞尚輕險，情多哀思，格以延陵之聽，蓋亦亡國之音乎！[4]

就是詩話中，對他大力提倡趨新文學的評價也不高。如孟棨《本事詩・高逸第三》引李白論詩便說：「梁陳以來，豔薄斯極。」[5]陸時雍《詩鏡總論》也說：「簡文詩多滯色膩情，讀之如半醉憨情，懨懨欲倦。」[6]又沈德潛《說詩晬語》卷上說：「蕭梁之代，君臣贈答，亦工豔情，風格日卑矣。」[7]賀貽孫《詩筏》則云：「南朝齊梁以後，帝王務以新詞相競，而梁氏一家，不減曹家父子兄弟，所恨體氣卑弱耳。……（簡文）宮體一出，從風而靡，蓋秀才天子也，又降為浪子皇帝矣。」[8]吳喬《圍爐詩話》卷二更引杜確云：「自古文體變易多矣。梁簡文帝及庾肩吾之屬，始為輕蕩綺靡之詞，名曰『宮體』。厥後沿習，務于妖豔，謂之『摛錦

---

[1] 見《漢魏六朝百三家集》精裝本第3冊，《梁簡文帝集・梁簡文帝集題詞》，臺北：新興書局，1963年2月。下文引同，不另加注。

[2] 《梁書》卷四〈簡文帝本紀〉，臺北：鼎文書局，1993年1月，頁109。

[3] 《南史》卷八〈梁本紀下〉，臺北：鼎文書局，1991年4月，頁233。

[4] 《隋書》卷七六〈文學傳論〉，臺北：鼎文書局，1993年10月，頁1730。

[5] 《續歷代詩話》，臺北：藝文印書館，1983年6月，上冊，頁24。

[6] 《續歷代詩話》下冊，頁1689。

[7] 《清詩話》，臺北：藝文印書館，1977年5月，下冊，頁653。

[8] 《清詩話續編》，臺北：藝文印書館，1985年9月，第1冊，頁162。

布繡』。其有欲尚風格，頗有規正者，不復為當時所重，諷諫由此廢闕。」[9]至於近代文學史家，也常就他的文學觀大加撻伐，說得較不激烈的，如錢基博《中國文學史》言：

> 晉之永嘉，詩崇黃老。至宋元嘉，則雕山水。極乎梁武父子，宕而不返；男女好會，古詩託之比興；今乃侈其歡娛，傾側宮體，風斯下矣。[10]

而王瑤在《中古文學史論》分析南朝墮落的士風和文風時，話就說得重了：

> 梁簡文帝〈誡當陽公大心書〉云：「立身之道，與文章異；立身先須謹重，文章且須放蕩。」這正是想把放蕩的要求來寄託在文章上，用屬文來代替行為的說明。這種代替是可能的，其根據就是生活在這種墮落奢侈圈子裏面的人，都有著神經衰弱的徵象，可以在變態心理上得到了安慰，而且即以此為滿足。從宮體詩的內容看，完全可以說明這種情形。[11]

又如郭紹虞《中國古典文學理論批評史‧魏晉南北朝‧形式主義的文論》中，更以〈黃色文學的理論〉為標題說：

> 南朝文學的傾向訛濫，已成為不可遏止的事實，不過明顯地為訛濫文學提出理論的，還並不多。比較突出的，要算梁簡文帝蕭綱了。蕭綱〈誡當陽公大心書〉云：「立身先須謹慎（案：慎應作重），文章且須放蕩。」他把文和行分開來講，可以說是訛濫文學的理論。[12]

9　同前注，頁518。
10　見第三編第六章第六節〈簡文帝〉，北京：中華書局，1993年4月，頁214。
11　見〈隸事‧聲律‧宮體──論齊梁詩〉，北京：北京大學出版社，1986年1月，頁273。
12　轉引自鄧仕樑〈釋「放蕩」──兼論六朝文風〉，見《中國文學報》，日本京都：京都大學文學部，1982年，第35冊，頁37。

又劉大杰不僅在《中國文學批評史》論蕭綱文學理論時說：「他把人們的思想生活和道德修養同文學作品完全割裂開來，公然提倡文章放蕩之說，這是更為荒謬的。」在《中國文學發展史》也分析說：

> 簡文帝的宮體，表面上雖極其典雅富麗，然其反面卻暗示著強烈的肉感與情欲，成為當日色情文學的代表。……這種放蕩的肉慾的描寫，外面掩飾一層美麗辭藻的表皮，實在是最墮落的淫詩。……這種作品，正是這位佛徒皇帝的內生活的鏡子。在這鏡子裏，他的意識形態與生活形態，都照得清清楚楚，就是要掩飾也是沒有辦法的。[13]

至於游國恩等人合撰的《中國文學史》仍說：

> 在蕭綱的積極提倡之下，當時的宮體文人庾肩吾、庾信、徐摛、徐陵等就奉承他的旨意，大力扇揚宮體詩風。他們甚至還寫女人的衣領、繡鞋，寫枕、席、衾、帳等等臥具，滿足他們變態性心理的要求。……變態心理和低級趣味左右著詩壇，自梁到初唐，他的影響延續了一百多年。[14]

再以單篇論文為例，如陳書彔〈南朝家風、玄風和文風〉提到：「宮體詩中色情之作是玄學頹廢派縱欲思想向詩歌領域滲透的惡果。」[15]穆克宏〈蕭氏父子與梁代文學〉寫道：「梁代宮體詩大都是當時荒淫無恥的宮廷生活的反映，它以華美的形式掩蓋放蕩的內容，這實在是詩歌的墮落。」[16]也難怪林文月會特別聲明：「我所以一再撰文討論宮體詩，並

---

[13] 見《中國文學批評史》，臺北：文匯堂，1985年11月，第二編第二章第三節，頁139；《中國文學發展史》，臺北：華正書局，1979年5月，第十一章第三節〈山水文學與色情文學〉，頁300。

[14] 見第三編第五章第四節〈梁陳詩人和宮體詩〉，香港：中國圖書刊行社，1992年10月，頁279。

[15] 收入《程千帆先生八十壽辰紀念文集》，南京：江蘇古籍出版社，1992年9月，頁71。

[16] 見《陰山學刊》：哲社版（包頭），1992年第4期，頁27。

非表示個人對它的特別欣賞，只是覺得在我國文學史上，宮體詩自有其獨特之風格而已」[17]了。

　　而今綜合上述這些說法，我們可以發現，主要是針對簡文帝的文學理論「立身與文章異」、「文章且須放蕩」二語而發，於是他的詩歌，遂集神經衰弱、變態心理、色情、詑濫、頹廢、縱欲、荒謬、墮落於一身。這麼說來，蕭綱豈不是一個輕浮、奢靡、無恥、荒淫的浪蕩子？或者他是表面道貌岸然，私生活卻不檢點的人？而簡文帝文集與史傳中所記載，蕭綱究竟是怎樣的人？他所提出的文學觀點又如何？這樣的文學觀與他的為人能否諧調一致？有無何種重要或特殊思想使他產生「立身與文章異」的觀念？這便是本文討論的重點。

二、簡文帝的立身之道

　　簡文帝蕭綱，字世纘（一作世讚），梁武帝蕭衍第三子，昭明太子同母弟。天監二年（503）十月生，五年，封晉安王。自七歲為雲麾將軍，領石頭戍軍事始，即歷任梁境諸州軍政，所在有稱。中大通三年（531）四月，昭明太子薨，五月，詔立為皇太子，居東宮十九年。太清三年（549），侯景稱兵內犯，武帝餓死臺城，蕭綱在侯景挾持下即位。次年改元大寶。大寶二年（551）八月，侯景廢之為晉安王，幽于永福省，並害皇子與皇孫二十人，矯詔使禪位豫章王蕭棟。十月，王偉與彭儁、王脩纂進觴，蕭綱醉寢，遂進土囊，壓坐于上而崩，年四十九。明年，王僧辯平侯景，元帝追崇為簡文皇帝，廟號太宗。《梁本紀》載：

> 太宗幼而敏睿，識悟過人，六歲便屬文，……高祖歎曰：「此子，吾家之東阿。」既長，器宇寬弘，未嘗見慍喜。方頰豐下，鬢髮如畫，昹睞則目光燭人。讀書十行俱下。九流百氏，經目必記；篇章辭賦，操筆立成。博綜儒書，善言玄理。……在穆貴嬪憂，哀毀骨立，晝夜號泣不絕聲，所坐之席，沾濕盡爛。……及居監撫，多所弘宥，文案簿領，纖毫不可欺。引納文學之士，賞接無

[17] 見《山水與古典‧宮體詩人的寫實精神》，臺北：純文學出版社，1981年3月，頁125。

倦，恆討論篇籍，繼以文章。高祖所製《五經講疏》，嘗於玄圃奉述，聽者傾朝野。

據以上所述，蕭綱從小敏睿，長大後器宇寬弘，多所弘宥，可見他性情寬厚溫和；當他二十四歲，生母穆貴嬪死時，哀毀骨立，泣不絕聲，可見他孝親之思；又自七歲即歷試藩政，屢膺重任，樹勳在外，及居儲位，嫺悉文案，則可見其治事之能。也因此《梁本紀》載昭明太子薨，武帝詔立以為儲君，稱他：「文義生知，孝敬自然，威惠外宣，德行內敏。」則其為人「謹重」，自可概見。如此謹重品行的養成，除天性稟賦之外，教育更是無可或缺的一環。蕭綱自幼能文，博綜儒書，善言玄理，能奉述武帝《五經講疏》，可知他對儒學下了極深的工夫，這樣深厚的儒學根柢，除得之師友疑義與析，必也深受父親的影響。武帝在歷史上雖以奉佛著稱，但「少而篤學，洞達儒玄」（《梁書·武帝紀》），曾受業於當時大儒劉瓛，[18]即位之初，大弘儒學，《南史》卷七一〈儒林傳序〉載：

> 泊魏正始以後，更尚玄虛，公卿士庶，罕通經業。……以迄宋、齊，國學時或開置，而勸課未博，建之不能十年，蓋取文具而已。是時鄉里莫或開館，公卿罕通經術，……至梁武創業，深恐其弊，天監四年，乃詔開五館，建立國學，總以五經教授，置五經博士各一人。……於是懷經負笈者雲會矣。……七年，又詔皇太子、宗室、王侯始就學受業，武帝親屈輿駕，釋奠於先師先聖，申之以讌語，勞之以束帛，濟濟焉，洋洋焉，大道之行也如是。

武帝開國以來，有所謂「天監之治」，頗為史官所稱[19]，而對儒學，特別是禮學，也鑽研極深，日本學者安藤圓秀〈梁武帝の著書〉一文，即考

18　《南史》卷五十〈劉瓛傳〉云：「梁武帝少時嘗經服膺，及天監元年，下詔為瓛立碑，謚曰貞簡先生。」（頁1328）又梁元帝《金樓子》卷一〈興王篇〉說得更明白：「沛國劉瓛，當時馬（融）、鄭（玄），上（指武帝）每析疑義，雅相推揖。」，見《中國思想名著》第11冊，臺北：世界書局，1959年1月，頁16。

19　《梁書》卷三、《南史》卷七〈武帝本紀〉，史臣論曰：「興文學，修郊祀，治五禮，定六律，四聰既達，萬機斯理，……三四十年，斯為盛矣。自魏晉以降，未或有焉。」（頁

證武帝在儒學方面的著作有《周易講疏》等二十四種[20]。蕭綱文集中有〈謝敕賚中庸講疏啟〉[21]即是為答謝武帝以親撰《中庸講疏》送他而寫的。至於「詔皇太子、宗室、王侯就學受業」，蕭綱集中又有〈請朱异奉述制旨易義表〉、〈請賀琛奉述毛詩義表〉[22]，即是請朱异、賀琛講述武帝所撰有關《周易》、《毛詩》義疏諸作。據《南史‧武帝紀》載：

> 大同中，於臺西立士林館，領軍朱异、太府卿賀琛、舍人孔子祛等遞互講述。皇太子、宣城王亦於東宮宣猷堂及揚州廨開講。於是四方郡國，莫不向風。

而《南史‧儒林傳》載孔子祛與沈洙事蹟，亦提及士林館開講情事：

> 梁武帝撰《五經講疏》及《孔子正言》，專使子祛檢閱群書以為義證。事竟，敕子祛與右衛朱异、左丞賀琛於士林館遞日執經。

> 大同中，學者多涉獵文史，不為章句，而洙獨積思經術，吳郡朱异、會稽賀琛甚嘉之。及异、琛於士林館講制旨義，常使洙為都講。

同時，〈儒林傳〉又載：「鄭灼……少受業於皇侃。梁簡文在東宮，雅愛經術，引灼為西省義學士」；「簡文在東宮，召（戚）袞講論。又嘗置宴集玄儒之士，先命道學互相質難，次令中庶子徐摛馳騁大義，間以劇談。摛辭辯從橫，難以答抗，諸儒懾氣。時袞說朝聘義，摛與往復，袞精采自若，領答如流，簡文深加歎賞。」蕭綱在此環境之下，博綜儒書，也就理所當然了。今考《隋書‧經籍志》經部類所載蕭綱著述，即有《毛

97）「及據圖籙，多歷歲年，制造禮樂，敦崇儒雅，自江左以來，年踰二百，文物之盛，獨美於茲。」（頁226）

20　參見顏尚文《梁武帝皇帝菩薩理念的形成及政策的推展》引安藤圓秀的考證（師大歷史所1989年博士論文，頁74）；另可見周一良〈論梁武帝及其時代〉（收於《魏晉南北朝史論集續編》，北京：北京大學出版社，1991年11月，頁23～51）的研究。

21　同注1，頁2616。

22　見《梁簡文帝集》卷一，同注1，頁2612。

詩十五國風義》二十卷、《春秋發題》一卷、《孝經義疏》五卷、《長春義記》一百卷；另《梁本紀》還記載《禮大義》二十卷。因此張溥〈梁簡文帝集題詞〉云：「史言梁簡文帝文集一百卷，雜著六百餘卷。自古皇家撰論，未有若是其多者。」絕非過語。以如此深厚的儒學底子，加上勤於著述的嗜好，難怪他「雖在蒙塵，尚引諸儒論道說義，披尋墳史，未嘗暫釋。」（《南史·本紀》）而且《南史》還記載其生命最後階段，令人同情的遭遇云：

> 帝自幽縶之後，賊乃撤內外侍衛，使突騎圍守，牆垣悉有枳棘。無復紙，乃書壁及板郭為文。自序云：「有梁正士，蘭陵蕭世讚，立身行道，終始若一，風雨如晦，雞鳴不已。弗欺暗室，豈況三光？數至於此，命也如何！」

史傳記載雖然有限，但從中已可推知，蕭綱一直是以節操自勵的正士。庾信在〈哀江南賦〉中非常推重簡文，說他：「立德立言，謨明寅亮，聲超於繫表，道高於河上。」[23]庾信曾任職東宮，對簡文知之必深，他們在文學上本為同道，但評價時，除著眼於「立言」，也兼顧及「立德」；這與《梁本紀》史臣論曰：

> 太宗幼年聰睿，令問鳳標，天才縱逸，冠於今古。文則時以輕華為累，君子所不取焉。及養德東朝，聲被夷夏，洎乎繼統，寔有人君之懿矣。

將文章與道德分離，文章是「君子所不取」的；道德則「寔有人君之懿」，其中實頗有差異。這自然與蕭綱「文章且須放蕩」的說法有關，下文（第五節）論其文學觀和《維摩詰經》關係時，另有討論。如今但就其人品而言，蕭綱的「立身謹重」，相信是人無異詞了。

23　見《庾子山集注》卷二，臺北：源流出版社，1983年4月，頁146。

三、簡文帝與佛教

蕭綱「立身謹重」，除得力於深厚儒學根柢，佛教對他的影響，當然也不容忽視，以下便來詳加分析。

《梁書》卷二〈武帝本紀〉有言：

> 天監元年夏四月丙寅（八日），高祖即皇帝位於南郊。

武帝受齊禪，行登位大典，選擇「佛誕日」；即俗稱「浴佛節」當天，「似乎意味著他將像釋迦菩薩一樣，在這一天誕生，當救度天上天下的眾生，像轉輪聖王一般在三界行正道，而庇護十方人民。」[24]武帝也自此積極推行佛教化政教改革，尤其天監十八年，武帝親受菩薩戒[25]，成為「皇帝菩薩」後，更大力勸勉王侯子弟、臣民、僧尼受持禁戒，希望藉由持戒，提升淨化臣民的品德，進而達到吏治清明、教化大行的「大同世界」[26]；《魏書·蕭衍傳》也說：

> （蕭衍）令其王侯子弟皆受佛誡，有事佛精苦者，輒加以菩薩之號。其臣下奏表上書，亦稱衍為「皇帝菩薩」。[27]

在這樣的環境下，蕭綱接觸佛教甚早，在他著作中，有專隸佛家故實的類書《法寶聯璧》，即是他任雍州刺史時發起，由元帝（當時為湘東王）蕭繹領銜編纂，而於蕭綱入主東宮三年後完竣[28]。今由蕭繹撰序中，知與其事者三十八人，〈序〉並誇稱此書於諸法門，「無不酌其精華，撮其

---

[24] 同注20，頁98。

[25] 《續高僧傳》卷六〈慧約傳〉云：「十八年己亥，四月八日，天子發弘誓心，受菩薩戒。乃幸等覺寺，降彫玉輦，屈萬乘之尊，申再三之敬。暫屏袞服，恭受田衣。宣度淨儀，曲盡誠肅。」（T50，p468b）

[26] 由武帝於中大通後，改元「大同」可知。顏尚文論文，同注20，頁191、277有詳細說明。

[27] 見《魏書》，臺北：鼎文書局，1993年10月，卷九八，頁2187。

[28] 《南史》卷四八〈陸罩傳〉云：「簡文在雍州撰《法寶聯璧》，罩與群賢並抄掇區分者數歲。中大通六年而書成，命湘東王為序。其作者有侍中國子祭酒南蘭陵蕭子顯等三十人，以比王象、劉邵之《皇覽》焉。」（頁1205）

旨要」[29]；又《廣弘明集‧法義篇》卷二十有〈上皇太子玄圃講頌啟〉、〈玄圃園講頌并序〉；卷二一〈昭明太子解二諦義章〉中，也有「晉安王綱咨二諦義旨（往復五番）」，及〈晉安王與廣信侯書述聽講事〉、〈晉安王與廣信侯書重述內教〉之作[30]，再如《簡文帝集》收其詩〈十空六首〉，分別題名——如幻、水、如響、如夢、如影、鏡象（像），即是對《摩訶般若波羅蜜經》十種譬喻——如幻、如燄、如水月、如虛空、如響、如乾闥婆城、如夢、如影、如鏡像、如化的發揮[31]。當然，以蕭綱「善言玄理」，學佛自不脫斯時盛行的談辯風氣。南朝士大夫均通儒玄文史，清談的內容也多由《老》《莊》《易》兼及佛理，這是承繼東晉以來傳統，偏尚玄談義理，以玄思拔俗為高。這種南方重義學，北地重禪定的現象，道宣《續高僧傳》卷十七〈慧思傳〉就點明：「江東佛法，弘重義門。」[32]又卷二十〈習禪五‧論曰〉更嚴格的說：

> 逮于梁祖，廣闢定門，搜揚宇內有心學者，總集楊（揚）都，校量深淺，自為部類。又於鍾陽上下，雙建定林，使夫息心之侶，栖閒綜業。于時佛化雖隆，多遊辯慧，詞鋒所指，波涌相凌。至於徵引，蓋無所算，可謂徒有揚舉之名，終虧直心之實。[33]

因此蕭綱的〈講頌〉、〈咨二諦義旨〉、〈十空〉之作，便在這種情況下寫成；而佛教類書《法寶聯璧》的編纂，也是為了數典用事、博覽檢閱、談辯方便而進行的。

至於武帝既有「皇帝菩薩」的崇高理想，自己除受戒守戒，以身作

---

[29] 見《漢魏六朝百三家集‧梁元帝集》，同注1，頁2745～2748。〈序〉稱書計二二○卷；《續高僧傳》卷一〈寶唱傳〉亦言「二百餘卷」（T50，p426b），故《梁書》、《南史》〈簡文紀〉載為三百卷，當誤；又序文之後，自云：「筆削未勤，徒榮卜商之序。」然後詳列抄纂文人的爵位、姓名和年齡，包括湘東王本人共三十八位，足知〈陸罩傳〉三十人之說亦誤。

[30] 《廣弘明集‧法義篇》卷二十、卷二一，T52，p242a、p242b、p252a。

[31] 同注1，頁2687；鳩摩羅什譯《摩訶般若波羅蜜經》卷一〈序品〉，T08，p217a。

[32] 道宣《續高僧傳》卷十七〈慧思傳〉，T50，p562c。

[33] 《續高僧傳》卷二十〈習禪五‧論曰〉，T50，p595c。

則外，對儲君的要求和影響，從《梁書》卷八〈昭明太子傳〉即可見一斑：

> 高祖大弘佛教，親自講說；太子亦崇信三寶，遍覽眾經。乃於宮內別立慧義殿，專為法集之所。招引名僧，談論不絕。太子自立二諦、法身義，並有新意。

一旦昭明太子薨，蕭綱入主東宮，成為梁朝儲君，勢必要承接武帝衣鉢，完成其政教結合的理想，所以他也事佛受戒。在其〈蒙華林園戒詩〉、〈蒙預懺悔詩〉，乃至多篇謝啟，均一再提到受「皇情」接引誘導，而武帝也大加矜善。〈蒙華林園戒詩〉云：

> 庸夫耽世樂，俗士重虛名。三空既難了，八風恆易傾。……執珪守蕃國，主器作元貞。昔日書銀字，久自惡宗英。斯焉佩金璽，何由廣德聲？居高常慮缺，持滿每憂盈。茲言信非矯，丹心良可明。舟航春睿訓，接引降皇情。心燈朗暗室，牢舟出愛瀛。是節高秋晚，沈寥天氣清。……庶蒙八解益，方使六塵輕。脫聞時可去，非吝舍重城。[34]

這首詩顯然是中大通三年初主東宮時作，所以才有「主器作元貞」、「斯焉佩金璽」，以及居高慮缺，持滿憂盈的說法和心情。詩中雖未明言所受何戒？疑應受菩薩戒[35]，詩中說，希望得八解脫法之利益，不使六根

34　同注1，頁2686。「春睿訓」、「舍重城」，《廣弘明集》卷三十（同注30，p353b），作「奉睿訓」、「捨重城」，當據改。前者指承受武帝睿智的聖訓；後者指捨棄此色身，《大智度論》卷六〈釋初品中十喻〉有云：「聲聞法中以城喻身。」（T25，p103b）

35　聖嚴法師《戒律學綱要》有云：「凡是受了三歸戒的人，應該繼續發心，求受五戒，受了五戒的人，應該再進一步，求受菩薩戒……。」（臺北：東初出版社，1990年7月，頁3）以現時受戒情形來說，應按部就班，不可躐等；而據《續高僧傳》卷五〈法雲傳〉云：「（武）帝抄諸方等經，撰〈受菩薩戒法〉，構等覺道場，請草堂寺慧約法師以為智者，躬受大戒，以自莊嚴。」（同注25，p463c）今敦煌殘卷幸存天監十八年五月敕寫《出家人受菩薩戒法》一卷，曰：「若欲受菩薩戒者，當應七日中自籌量，七日中懺悔，七日中發菩提心，得爾乃勝。若不得爾，得三日籌量，三日懺悔，三日發菩提心亦善。若不得爾，得一日籌量，一日懺悔，一日發菩提心亦善。……其中閑緩，欲自籌量，及以

為六塵所轉，更不再貪愛此身，下文引及〈又答湘東王書〉、〈悔高慢文〉時，即可相互印證。簡文又有〈謝敕聽從舍利入殿禮拜啟〉云：「……秋色照澄，預表光瑞。臣比身心，得無障惱，明陪扈寶函，謹鞠躬恭到。……誘導殊恩，實迴（迴）始望；顧茲塵縛，喜戴不勝。」[36]也點明是在秋季，而荷受皇恩，歡欣恭謹之情，仍溢言表，故料與此詩作時相近。至於〈蒙預懺悔詩〉云：

> 皇情矜幻俗，聖德愍重昏。制書開攝受，絲綸廣慧門。時英滿君囿，法侶盛天園。……一朝蒙善誘，方願遣籠樊。[37]

《廣弘明集》卷三十亦錄此詩，詩後即附武帝〈和太子懺悔詩〉一首，注云：「太子即簡文」，而有「蘭湯沐身垢，懺悔淨心靈。萎草獲再解，落葉蒙重榮」之句。其後又列王筠〈奉和皇太子懺悔應詔并序〉，顯然武帝非常重視蕭綱的懺悔儀式。今考簡文集中〈謝敕為建涅槃懺啟〉云：

> 臣綱啟：伏聞敕旨，垂為臣於同泰寺瑞應殿建涅槃懺。臣障雜多災，身穢饒疾，鍼艾湯液，每黷天覽。重蒙曲慈，降斯大福，冀慧雨微垂，即滅身火；梵風繞起，私得清涼。無事非恩，伏枕何答？不任下情，謹奉啟謝聞。[38]

故〈蒙預懺悔詩〉及武帝、王筠和詩，應即為此涅槃懺而作。此懺之起，原為蕭綱「障雜多災，身穢饒疾」；以佛教術語來說，就是為「業障深重」而建的。武帝對蕭綱如此慈愛，必然還有一個重要原因，那就是昭

懺悔，亦可一年二年，豈伊七日。」（見《敦煌寶藏》116冊，P‧2196號，臺北：新文豐公司，1985年6月，頁533～534）而當籌量、懺悔、發菩提心竟，須重受三歸（歸依佛、法、僧）十戒（殺、盜、婬、妄語、飲酒、著香花瓔珞、歌舞作唱、坐高廣大床、過午而食、蓄金銀錢寶）再發露懺悔，然後轉受菩薩戒。這是當時出家人受大戒的正式儀軌。雖然《在家人受菩薩戒法》已不見，但依前例，亦當籌量、懺悔、發菩提心，然後重受三歸、五戒（殺、盜、婬、妄、酒），再受菩薩戒。蕭綱即使未受三歸五戒，也能在受菩薩大戒的儀式中，依次先受。

36 同注1，頁2624。
37 同注31，p353c。
38 同注1，頁2624。

明太子性情仁孝，於其母丁貴嬪[39]死時，哀毀過度，致身體羸弱，中大通三年患得重病，又怕武帝擔憂，不許左右啟聞，竟不治而薨。當時武帝已六十八歲，「恐不可以少主主大業」[40]，遂捨昭明子蕭歡，而立蕭綱為嗣。所以對蕭綱的身體狀況會格外關懷。而蕭綱奉承親意，虔心奉佛，從〈又答湘東王書〉中提到受菩薩戒的經過，尤其明顯可見：

> 十八日晚，於華林閣外省中，得弟九月一日書，甚慰懸想。……吾蒙受菩薩禁戒，篷預大士，此十二日，便於東城私懺。十七日，早入寶雲，壁門照日，銅龍吐霧。紅泉含影，青蓮吐芳。法侶成群，金山滿座。身心快樂，得未曾有。昨旦平等寺法會中後，無礙受持。天儀臨席，睟容親證，拜伏雖多，疲勞頓遣。剃頂之時，此心特至，心口自謀，併欲剪落。……昨晡後方還所住。[41]

為使菩薩戒法受持清淨，蕭綱先於「東城私懺」。慧皎《高僧傳》卷二〈曇無讖傳〉有段受戒前須先懺悔的記載：

> 有張掖沙門道進，欲從讖受菩薩戒，讖云：「且悔過。」乃竭誠七日七夜。至第八日，詣讖求受，讖忽大怒。進更思惟：「但是我業障未消耳。」乃戮力三年，且禪且懺，進即於定中，見釋迦文佛與諸大士授己戒法，其夕，同止十餘人，皆感夢如進所見。進欲詣讖說之，未及至數十步，讖驚起唱言：「善哉！善哉！已

39　丁貴嬪薨後，有司奏諡曰「穆」，見《梁書》卷七〈后妃傳〉，故史書又習稱「穆貴嬪」。
40　見《南史》卷五三〈昭明太子傳〉。傳中載丁貴嬪薨，太子遣人求得善墓地，武帝又聽從閹人俞三副之說，別地葬之。葬畢，有道士言地不利長子，太子乃為蠟鵝諸物埋墓側，事發，遂誅道士，「由是太子迄終以此慚慨，故其嗣不立。」後又續曰：「帝既新有天下，恐不可以少主主大業，又以心銜故，意在晉安王，猶豫自四月上旬至五月二十一日方決。」（頁1313）司馬光《資治通鑑》故論曰：「以昭明太子之仁孝，武帝之慈愛，一染嫌疑之跡，身以憂死，罪及後昆，求吉得凶，不可湔滌，可不戒哉！」（臺北：啟業書局，1978年1月，頁4809）而即使蕭統因埋蠟鵝等物得罪，武帝在考量儲君時，主要仍因嫡孫年齡小，才決定立蕭綱，詳見曹道衡〈昭明太子和梁武帝的建儲問題〉（《鄭州大學學報（哲社版）》1994年第1期）。
41　同注1，頁2626。

> 感戒矣。吾當更為汝作證。」次第於佛像前為說戒相。……於是
> 從進受者千有餘人，傳受此法，迄至於今，皆識之餘則。[42]

懺罪悔過的儀式，應不離唱誦禮拜，不過蕭綱集中還能見到用華美文字
寫成的〈悔高慢文〉、〈六根懺文〉[43]。〈六根懺文〉是懺悔眼、耳、鼻、
舌、身、意六根的貪著耽染，誓願捨斷；〈悔高慢文〉則是要消除貢高
我慢，一切恭敬。〈六根懺文〉起首便說：「今日此眾，誠心懺悔，六根
業障。」與蕭綱信中所說私行拜懺不符；而〈悔高慢文〉則說：

> 弟子蕭綱，又重至心，歸依三寶。竊聞禮稱弗傲，表洙泗之遺文；
> 經云不慢，驗踰闍之妙典。……敢藉勝緣，願起弘誓。從今日始，
> 乃至菩提，於諸出家，悉表虔敬。方欲削除七慢，折制六根。賓
> 頭下步，庶無厥咎；耆達棄車，方思景慕。幽顯大眾，咸為證明。

按簡文集中有〈為諸寺檀越願疏〉[44]，起首即自稱：「菩薩戒弟子蕭綱」，
故知〈悔高慢文〉是蕭綱未受菩薩戒時作；且〈文〉中「踰闍」、「耆達
棄車」，都是用佛陀為太子時，放棄榮華，踰城出家的典故，所以當然
是蕭綱立為儲君後寫的；而「方思景慕」和寫給湘東王的「心口自謀，
併欲剪落」也非常類似，因此〈悔高慢文〉與「東城私懺」必有關連。
至於〈又答湘東王書〉這封信，則可確定是寫在中大通三年九月十八日。
據劉世珩《南朝寺考》「平等寺」條載：

> 平等寺，未詳所在。梁大同二年三月，帝幸同泰寺，設平等法會，
> 蓋建於是時也。晉安王綱與湘東王繹書，極言法會之盛。[45]

這段資料本身就有矛盾，平等寺若建於大同二年（536）三月，蕭綱已
然是太子，又何以稱之為「晉安王」？且如此一來，蕭綱受菩薩戒亦當
延至大同二年之後，按武帝於天監十八年（519）親受菩薩戒，便極鼓

---

[42] 同注25，p335c。
[43] 同注1，頁2666、2667。
[44] 同注1，頁2670。
[45] 見《南朝寺考》，臺北：新文豐公司，1987年6月，頁101。

勵王侯子弟同受，而蕭綱以一王侯入繼東宮之尊，竟拖了十七年多才受戒，顯已不可思議；何況《南史·武帝紀》於中大通二年已載：「夏四月癸丑，幸同泰寺，設平等會。」因此也不須等到大同二年，始設平等法會；且〈武帝紀〉中所載平等會、無礙會、無遮會，名稱看似不同，其實都是指國君不分賢聖、道俗、貴賤、上下，平等行財施及法施的盛會，故此盛會又稱「四部（比丘、比丘尼、信男、信女僧俗二眾）無遮大會」[46]；蕭綱也因在法會中得到武帝財施，而有〈謝敕賜解講錢啟〉、〈謝賜錢啟〉等作[47]。所以《南朝寺考》之說是無法成立的。再說，從本封信中，也可以找到受戒是初為儲君不久的證據：

　　第一，由上引文，知蕭綱九月十二日起，即於東城行懺，十七日晨，先入寶雲道場，隨即在平等寺受菩薩戒[48]，到晚上才回住處。隔天晚上，接到湘東王九月一日的來信，便寫這封信給他，說明到京近況與受戒情形。而蕭綱「於東城私懺」之故，《梁書》、《南史》本紀俱言，五月丙

---

[46] 玄奘《大唐西域記》卷五〈羯若鞠闍國〉云：「五歲一設，無遮大會。傾竭府庫，惠施群有，惟留兵器，不充檀捨。」（T51，p894a）或以為無遮大會是五年一次，才在春天舉行，因此「平等會」非是「無遮會」。但事實上從〈武帝紀〉可以看出，武帝行無遮法會，並未有一固定的時間和月份。

[47] 同注1，頁2622、2623。

[48] 寶雲道場為藏經之所，《續高僧傳》卷一〈寶唱傳〉云：「（天監）十四年，敕安樂寺僧紹撰《華林佛殿經目》，雖復勒成，未愜帝旨，又敕唱重撰。乃因紹前錄，注述合離，……雅愜時望。遂敕掌華林園寶雲經藏，搜求遺逸，皆令具足。」（T50，p426b）又卷六〈明徹傳〉云：「天監末年，敕入華林園，於寶雲僧省，專功抄撰。」（p473a）而按庾肩吾則有〈和太子重雲殿受戒〉詩（見逯欽立輯校《先秦漢魏晉南北朝詩·梁詩》卷二三，臺北：學海出版社，1984年5月，頁1988）重雲殿實有其地，《南史·武帝紀》中大通元年六月云：「是月，都下疫甚，帝於重雲殿為百姓設救苦齋，以身為禱。」卷五一〈蕭正德傳〉也說：「尋會重雲殿為淨供，皇儲以下，莫不畢集。」重雲殿亦位於華林園內，《廣弘明集》卷十九陸雲（公）撰〈御講般若經序〉云：「爰以大同七年三月十二日，講《金字般若波羅蜜三慧經》於華林園之重雲殿。」《南史·武帝紀》云：「（大同）十一年春正月，震華林園光嚴殿、重雲閣。」又《隋書》卷十九〈天文上〉云：「梁華林重雲殿前所置銅（渾天）儀，其制則有雙環規相並。」故寶雲、重雲，疑同屬平等寺建築，劉孝儀有〈平等寺剎下銘〉（見嚴可均輯《全梁文》，日本京都：中文出版社，1981年6月，卷六一，頁3317），不知是否同一寺？俟考。

申立蕭綱為皇太子,「七月乙亥,臨軒策拜。以修繕東宮,權居東府。」因此正能得到印證。

第二,〈書〉中還提到:「但吾自至都已來,意志忽悅,雖開口而笑,不得真樂,不復飲酒,垂二十旬。……適憶途遵江夏,路出西浮,日月易來,已涉秋暮。」這段話敘明到都近二百日,光陰易逝,轉眼已是深秋,正與他五月受詔進京符合;尤其還說至都以來,不得真樂,心神恍惚,不再飲酒,也顯然是初登太子寶座,謙稱非其所樂的口氣[49]。

第三,〈書〉中又云:「徐摛、庾吾,羌恆日夕。鏡遠在直,時來左右。但不得倜儻,殊異盤下之時。」據《梁書》卷三十〈徐摛傳〉云,蕭綱初成石頭時,徐摛已任侍讀,此後即隨蕭綱轉遷。蕭綱為太子,摛亦隨侍東宮,但卻馬上遭朱异所忌,「中大通三年,遂出為新安太守。」而卷四九〈庾肩吾傳〉也說:「每王徙鎮,肩吾常隨府。……中大通三年,王為皇太子,兼東宮通事舍人,除安西湘東王錄事參軍。」因此信中才會提到親近的兩人,由於公務之故遠去,此後雖仍常來左右,卻又礙於宮中禮節,無法像以前那樣自在。

因本封書信和蕭綱另一篇暢談文學觀的〈答湘東王和受試(誠)詩書〉關係密切,所以特地在這裏詳考其作時;且從中我們自能明白,蕭綱正位東宮,對武帝政教合一的理念,是貫徹奉行的。這種貫徹奉行,從他文集中有關釋教類的三種文章,也能得到印證。第一種是書啟上陳,如〈請武帝御講啟〉、〈謝上降為開講啟〉、〈謝開講般若經啟〉等;第二種是經序、寺銘、像銘、法師墓誌銘的撰寫,如〈莊嚴旻法師成實論義疏序〉、〈大愛敬寺剎下銘〉、〈釋迦文佛像銘〉、〈同泰寺故功德正智寂師墓誌銘〉等;第三種是撰製佛教書儀,如〈八關齋制序〉、〈唱導文〉、〈千佛願文〉。特別值得一提的是第一種文章,因為它對武帝的大弘佛法,有推波助瀾之效。《廣弘明集》卷十九將蕭綱上啟與武帝敕答,排比相當清楚,其中收有蕭綱三請御講書啟,和武帝的敕書三答[50],正可

49　《資治通鑑》記蕭綱立為皇太子,「朝野多以為不順」,周弘正並奏請謙讓,但蕭綱不從。
　　（同注40,頁4810）,因此蕭綱表面上稱言非其所樂,以免多遭妒嫉,是可以理解的。
50　同注30,p234a。

見推波之效。顏尚文將三請御講定於中大通四年[51]，這是正確的，因〈武帝本紀〉載蕭綱立為太子這年的十月、十一月，武帝已二度幸同泰寺講經，但翌年卻未開講；《廣弘明集》則將三〈啟〉置於另兩篇〈奉請上開講啟〉、〈(重)謝上降為開講啟〉之前，而〈(重)謝上降為開講啟〉說：「垂許來歲（五年）二月，開《金字般若經》題」，因此知三〈啟〉是四年所作。

　　三篇請講書啟，是由蕭綱、蕭綸、蕭紀聯名，第一篇說：「……竊惟妙勝之堂，本師於茲佛吼；摩尼之殿，如來亦闡法音。伏希躬降睟容，施灑甘露。油然慧雲，霈然慈雨。光斯盛業，導彼蒼生……。」武帝則以己身辛勞，國務靡寄拒絕。第二篇遂言：「……伏惟陛下，德冠受圖，道隆言契。四三六五不能喻，十堯九舜無以方。……伏願以平等慧，行如來慈。為度蒼生，降希有事。」武帝又以率土未寧，言路未開回拒。第三篇再說：「……伏以皇政廣覃，天覆悠遠。海河夷晏，日月貞明。洛水有稱蕃之胡，藁街有歸命之虜。春戈已戢，秋塵不飛。槐棘均多士之詩，貂璫有得賢之頌。聖德沖謙，劬勞日昃，猶以時多禹歎，物未堯心。百辟慚惶，群司聳蕩。……伏願樂說大慈，特垂矜許，放光動地，不以法妨俗；隨機逗藥，不以人廢言。」武帝再以「汝等未達稼穡之艱難，安知天下之負重？庸主少君，所以繼踵顛覆，皆由安不思危；況復未安者耶！殷鑑不遠，在於前代；吾今所行，雖異曩日，但知講說，不憂國事，則與彼人，異術同亡」嚴拒講經。看來，武帝是不講經了；但《廣弘明集》在三〈啟〉三〈敕〉之後，還收了蕭綱〈謝上降為開講啟〉云：

　　舍人徐儼奉宣敕旨，無礙大慈，不違本誓，來歲正月，開說《三慧經》。伏奉中詔，身心喜躍。飢蒙王（玉）膳，比此未瑜；貧獲寶珠，方斯非譬。……謹宣今敕，馳報綸、紀，具爾相趨，無辭上謝。

51　見顏尚文博士論文，同注20，頁264。

這不禁令人想起禪代王位的三請三讓；而事實上，佛經確也有三請說法的典故，如《法華經》卷一〈方便品〉云：

> 爾時世尊告舍利弗：「汝已殷勤三請，豈得不說？汝今諦聽，善思念之，吾當為汝分別解說。」

這是聲聞弟子的請法；又卷五〈如來壽量品〉則有菩薩請法：

> 是時菩薩大眾，彌勒為首，合掌白佛言：「世尊！唯願說之，我等當信受佛語。」如是三白已。復言：「唯願說之，我等當信受佛語。」爾時世尊知菩薩三請不止，而告之言：「汝等諦聽……。」[52]

因此三請說法，無異將武帝視同佛陀應世，宣流法音；此外，蕭綱在中大通五年，武帝幸同泰寺講《金字摩訶般若經》，所謂「昭暘紀歲，玄枵次星。夾鐘應乎仲春，甲申在乎吉日。將幸同泰，大轉法輪」[53]時，獻上〈大法頌〉，也稱說：「皇帝以湛然法身，不捨本誓，神力示現，降應茲土」云云，頌揚武帝是示現人間的轉輪聖王，從壞的方面說，如此一來，大大滿足了武帝的驕矜和虛榮，終致應驗武帝「但知講說，不憂國事，則與彼人，異術同亡」的讖語；而從好的方面說，蕭綱長期浸研法音，持守教誡，修習菩薩六度，對於其立身端愨，也自然產生默化潛移的作用。

四、簡文帝的文學觀

　　蕭綱從小就有文學天分，而且雅好題詩，自從七歲出任外藩，就有知名文學之士隨侍在側，如《梁書》卷四九〈庾肩吾傳〉云：

> 初，太宗在藩，雅好文章士，時肩吾與東海徐摛、吳郡陸杲、彭城劉遵、劉孝儀、儀弟孝威，同被賞接。

庾肩吾、徐摛伴隨蕭綱，前文已述。至於陸杲，則應是陸罩，王文進與清水凱夫論文已改定之[54]。而劉遵、劉孝儀、劉孝威事可見《梁書》卷四一；《梁書》並載劉遵卒，蕭綱深為悼惜，與其從兄劉孝儀令曰：「吾昔在漢南，連翩書記，及忝朱方，從容坐首。良辰美景，清風月夜，鷁舟乍動，朱鷺徐鳴，未嘗一日而不追隨，一時而不會遇。」漢南指荊州；朱方指吳地。文中自述十二歲為荊州刺史時，劉遵已掌書記，直到入主東宮前一年，都督南揚徐二州諸軍事、揚州刺史時，依然侍隨如故，可知蕭綱對劉遵的倚重。而蕭綱所接遇的文士，事實上還不只此數，如《梁書》卷三三〈張率傳〉即云：

> （天監）八年，晉安王戍石頭，以率為雲麾中記室。王遷南兗州，轉宣毅諮議參軍，並兼記室。王還都，率除中書侍郎。十三年，王為荊州，復以率為宣惠諮議，領江陵令。府遷江州，以諮議領記室，出監豫章、臨川郡。率在府十年，恩禮甚篤。

又《南史》卷五十〈庾肩吾傳〉載：

> （晉安王）在雍州，（肩吾）被命與劉孝威、江伯搖、孔敬通、申子悅、徐防、徐摛、王囿、孔鑠、鮑至等十人，抄撰眾籍，豐其果饌，號「高齋學士」。

蕭綱出任外藩，以廿一歲到廿七歲在雍州時期最長，「一方面由於沒有東宮身分的拘限，一方面由於雍州距離京師遙遠，可以不受中央各方面的節制」[55]，因此他的文學理論就在這時樹立。而足以作為討論蕭綱文學觀依據的，主要有〈答張纘謝示集書〉、〈答湘東王和受試（誡）詩書〉、〈答新渝侯和詩書〉、〈誡當陽公大心書〉四封書信[56]；另如〈昭明太子

---

[54] 見王文進《荊雍地帶與南朝詩歌關係之研究》，臺大中研所1987年博士論文，頁908；清水凱夫〈梁代中期文壇考〉，收於韓基國譯氏著《六朝文學論文集》，重慶：重慶出版社，1989年5月，頁149。

[55] 見王文進論文，同前注，頁111。

[56] 同注1，分見頁2625、2628。

集序〉、〈勸醫論〉亦能略見梗概，為免繁複，以下則僅就這四封書信加以分析。

（一）〈答張纘謝示集書〉

這是蕭綱廿五歲時，寫給張纘的信。《梁書》卷三四〈張纘傳〉載，張纘與當時京師「古體派」領袖裴子野過從甚密，文學觀自受其影響，因此蕭綱信中並未暢述趨新的理論，不過信中提出兩個觀點，從中可以看出，此時他的文學見解，已具雛形。第一個觀點是，文學有不可磨滅的價值，不應忽視之。〈書〉云：

> 綱少好文章，於今二十五載矣。竊嘗論之，日月參辰，火龍黼黻，尚且著於玄象，章乎人事；而況文辭可止，詠歌可輟乎？不為壯夫，揚雄實小言破道；非謂君子，曹植亦小辯破言。論之科刑，罪在不赦。

因為揚雄晚年悔其少作，在《法言・吾子篇》[57]說辭賦是「童子雕蟲篆刻」，「壯夫不為」的東西；而曹植〈與楊德祖書〉則說：「辭賦小道，固未足以揄揚大義，彰示來世也。……吾雖薄德，位為藩侯，猶庶幾戮力上國，流惠下民，建永世之業，留金石之功，豈徒以翰墨為勳績，辭賦為君子哉！」[58]所以都罪在不赦，可見蕭綱如何看重文學的價值。第二個觀點，蕭綱以為文學的產生，乃因作者對外在的景物及個人的遭遇，有所感應，遂寓目寫心，因事而作。所以詩的內容涵括寫景、言情、公讌、應酬、征戰之苦、邊塞之旅、鄉思之懷等等，皆非無病呻吟。〈書〉中故云：

> 至如春庭樂（《全梁文》卷十一「樂」作「落」）景，轉蕙承風；秋雨且晴，簷梧初下；浮雲生野，明月入樓；時命親賓，乍動嚴駕；車渠屢酌，鸚鵡驟傾。伊昔三邊，久留四戰；胡霧連天，征

---

[57] 見《法言》卷二，臺北：臺灣商務印書館《叢書集成簡編》，1966年3月，頁5。

[58] 見《漢魏六朝百三家集・陳思王集》，同注1，精裝第1冊，頁41。

旗拂日；時聞塢笛，遙聽塞笳；或鄉思悽然，或雄心憤薄。是以
沉吟短翰，補綴庸音，寓日（《全梁文》「日」作「目」）寫心，
因事而作。

從「沉吟短翰，補綴庸音」可知張纘贈他文集，他也報以詩篇[59]。荆、
雍地帶是梁朝邊境，且普通六年（525），蕭綱曾拜表北伐，《梁書·簡
文帝紀》即云：「在襄陽拜表北伐，遣長史柳津、司馬董當門、壯武將
軍杜懷寶、振遠將軍曹義宗等眾軍進討，剋平南陽、新野等郡，魏南荆
州刺史李志據安昌城降，拓地千餘里。」蕭綱〈答徐摛書〉也自稱：「驅
馳五嶺，在戎十年，險阻艱難，備更之矣。」[60]所以有相當豐富的疆場
經驗，在他詩作中，可見邊塞風格的詩篇[61]，這正是「寓目寫心，因事
而作」。劉勰《文心雕龍》寫成於齊末[62]，〈情采篇〉提出「文不滅質，
博不溺心」的文質調和說；鍾嶸《詩品》完成於天監十七、十八年任蕭
綱西中郎記室時[63]，提出反用典、反聲律說，與蕭綱趨新理念不同；但
《文心雕龍·物色篇》曰：

> 獻歲發春，悅豫之情暢；滔滔孟夏，鬱陶之心凝；天高氣清，陰
> 沉之志遠；霰雪無垠，矜肅之慮深……。[64]

又〈詩品序〉稱：

> 若乃春風春鳥，秋月秋蟬，夏雲暑雨，冬月祁寒，斯四候之感諸
> 詩者也。嘉會寄詩以親，離群託詩以怨。至於楚臣去境，漢妾辭
> 宮；或骨橫朔野，或魂逐飛蓬；或負戈外戍，或殺氣雄邊；……

---

[59] 今《梁簡文帝集》中，尚有〈贈張纘〉詩一首，藉枝葉搖落，陳述離情。同注1，頁2685。
[60] 同注1，頁2629。
[61] 王文進論文謂蕭綱今存二八一首詩中，有〈上之迴〉、〈從軍行〉二首、〈隴西行〉三首、
〈雁門太守行〉三首、〈明君詞〉、〈度關山〉、〈和武帝宴詩〉二首之一、〈賦得隴坻鴈初
飛詩〉具有邊塞風格，同注54，頁182。
[62] 此由《文心雕龍·時序篇》可證。臺北：明倫出版社，1971年10月，頁675。
[63] 見王叔岷《鍾嶸詩品箋證稿》，臺北：中研院文哲所，1992年3月，頁13。
[64] 同注62，頁693。

　　凡斯種種，感蕩心靈，非陳詩何以展其義，非長歌何以騁其情？[65]

這種觀點，和蕭綱理論是共通的，故當蕭綱居東宮十九年，「寓目寫心」而將宮廷情事，以麗辭逸韻寫入詩文，自屬意料中事了。

（二）〈答湘東王和受試（誡）詩書〉

　　本文原收在《梁書‧庾肩吾傳》，〈傳〉云：「太子與湘東王書論之」，故篇名一作〈與湘東王書〉；然《藝文類聚》卷七七〈內典〉下，則標示為〈答湘東王和受試詩書〉。「受試」二字應改為「受誡」，清水凱夫〈梁簡文帝蕭綱〈與湘東王書〉考〉[66]已有訂正；今又查《廣弘明集》卷二七〈戒功篇〉不僅收蕭綱寫給湘東王蕭繹，述說受菩薩戒的信，且〈戒功篇〉的「戒功」二字，尚有別本作「誡功」，故知「受誡」即是「受戒」。不過，清水凱夫推斷本文寫在「大同年間的最初幾年」，仍是不正確的。前文既考出蕭綱受菩薩戒，在中大通三年九月十七，隔日蕭綱即寫信告知蕭繹有關受戒等事，相信他在寄出這封信時，附有詩篇，蕭繹因此寫詩奉和，蕭綱收到他的和詩，遂寫下本文，因此本文作時，必在中大通三年末，或四年初之間。

　　蕭綱既立為太子，於是帶著他的舊屬，和他那已成型的文學觀，入居東宮。大抵而言，蕭梁前二十餘年的文學風氣在昭明太子領導下，趨向於典正，昭明太子對文學的要求是「麗而不浮，典而不野，文質彬彬，有君子之致。」[67]但蕭綱文學集團本不同於昭明太子，故昭明之死，給蕭綱一個機會，讓他得以在建康宣揚「踵事增華，變本加厲」的文學見解，於是他寫了這封長信給蕭繹，以昔日曹丕衡文的態度[68]，批評起京師當時流行的文章：

---

[65] 同注63，頁77。

[66] 本文收入《六朝文學論文集》，見注54，頁185。

[67] 見《漢魏六朝百三家集‧梁昭明集‧答湘東王求文集及《詩苑英華》書》，同注1，第3冊，頁2548。

[68] 曹丕〈與吳質書〉、〈典論論文〉（《漢魏六朝百三家集‧魏文帝集》，同注1，第1冊，頁

比見京師文體，懦鈍殊常，競學浮疏，爭為闡緩。玄冬脩夜，思
所不得，既殊比興，正背風騷。若夫六典三禮，所施則有地；吉
凶嘉賓，用之則有所。未聞吟詠情性，反擬〈內則〉之篇；操筆
寫志，更摹〈酒誥〉之作。遲遲春日，翻學〈歸藏〉；湛湛江水，
遂同〈大傳〉。吾既拙於為文，不敢輕有掎摭。但以當世之作，
歷方古之才人，遠則揚、馬、曹、王，近則潘、陸、顏、謝，而
觀其遣辭用心，了不相似。若以今文為是，則古文為非；若以昔
賢可稱，則今體宜棄；俱為盍各，則未之敢許。

以上是對京師文壇作了整體性的評價，表面雖說不敢輕有掎摭，事實上
卻有相當強烈的火藥味。這段話很容易讓人誤解蕭綱持崇古的心態，否
定當世的文章；或者蕭綱主張「今體」，對流行於文壇，標榜為「古體」
的作品，竟和古之才人了不相似，非常不滿。而其實蕭綱不僅對京師文
體不滿；對古人的創作，也不認為已無懈可擊，足以奉為圭臬，因此，
他接著對京師兩大派系嚴厲批判，而在破他之後，再為自己的文學觀，
建立一有法可循的正統典範：

又時有效謝康樂、裴鴻臚者，亦頗有惑焉。何者？謝客吐言天拔，
出於自然，時有不拘，是其糟粕；裴氏乃是良史之才，了無篇什
之美。是為學謝則不屆其精華，但得其冗長；師裴則蔑絕其所長，
惟得其所短。謝故巧勿可階；裴亦質不宜慕。……至如近世謝朓、
沈約之詩，任昉、陸倕之筆，斯實文章之冠冕，述作之楷模。張
士簡（率）、周升逸（捨）之辯，亦成佳手，難可復遇。

謝靈運的詩，《詩品》稱他「頗以繁蕪為累」，這和蕭綱說他「時有不拘，
是其糟粕」是一致的。錢鍾書《管錐編》也同意蕭綱觀點，不僅說：「謝
詩取材於風物天然，而不風格自然；字句矯揉，多見斧鑿痕，未滅針線
跡，非至巧若不雕琢，能工若不用功者。」更引賀貽孫、姚範、潘德輿

259、269）對當時文壇有所評斷，簡文倣效曹丕，從信末曰：「每欲論之，無可與語，
思吾子建，一共商榷。」可見一斑。

諸家之說，謂謝詩痴重傷氣、音響作澀、蕪累寡情。[69]所以等而下之者，學謝不屆其精華，但得其冗長，自然是蕭綱難以苟同的了。至於裴子野，乃是當時京師「古體派」的領袖，在蕭綱立為太子前一年已卒，《梁書》卷三十〈裴子野傳〉云：

> 子野與沛國劉顯、南陽劉之遴、陳郡殷芸、陳留阮孝緒、吳郡顧協、京兆韋棱，皆博極群書，深相賞好，顯尤推重之。時吳平侯蕭勱、范陽張纘，每討論墳籍，咸折中於子野焉。……子野為文典而速，不尚麗靡之詞，其制作多法古，與今文體異，當時或有詆訶者，及其末皆翕然重之。

在此要說明的是，〈裴子野傳〉中的「今文」和蕭綱信中「今文」所指不同，蕭綱所謂「今文」是當時京師的文章；〈裴子野傳〉的「今文」則是蕭綱鼓吹的新體，二者不能混淆。裴子野法古，其〈雕蟲論〉更極力主張詩文應具勸善懲惡的功能，反對吟詠情性的唯美作品：

> 古者四始六藝，總而為詩，既形四方之風，且彰君子之志，勸美懲惡，王化本焉。後之作者，思存枝葉，繁華蘊藻，用以自通。……自是閭閻年少，貴游總角，罔不擯落六藝，吟詠情性。學者以博依為急務，謂章句為專魯。淫文破典，斐爾為功，無被於管絃，非止乎禮義。深心主卉木，遠致極風雲，其興浮，其志弱。巧而不要，隱而不深，討其宗途，亦有宋之風也。……荀卿有言，「亂代之徵，文章匿而采」，斯豈近之乎！[70]

這種力求質樸的主張。自不能為蕭綱所接受，所以批評他是良史才，了無篇什之美，質不宜慕。而試觀〈雕蟲論〉倚老賣老地批評閭閻年少、貴游總角們所學的，乃是劉宋遺風，指的當然是謝靈運派和蕭綱文學集團，今從蕭子顯《南齊書‧文學傳論》正可見三派壁壘分明的特色；此特色也能與蕭綱本文相對照：

今之文章，作者雖眾，總而為論，略有三體。一則啟心閑繹，託
辭華曠，雖存巧綺，終致迂回。宜登公宴，本非准的。而疏慢闡
緩，膏肓之病，典正可採，酷不入情。此體之源，出靈運而成也。
次則緝事比類，非對不發，博物可嘉，職成拘制。或全借古語，
用申今情，崎嶇牽引，直為偶說。唯睹事例，頓失清采。此則傅
咸五經，應璩指事，雖不全似，可以類從。次則發唱驚挺，操調
險急，雕藻淫豔，傾炫心魂。亦猶五色之有紅紫，八音之有鄭衛。
斯鮑照之遺烈也。[71]

如此一對照，便能發現蕭綱評論京師文體競學浮疏，爭為闡緩，其實
已在批判謝靈運派了；至於模擬《禮記‧內則》、《尚書‧酒誥》的，
自然是傅咸、應璩一脈相傳，在當時由裴子野領軍的「古體派」了。
至於蕭綱領導的「趨新派」，依蕭子顯所見，則是劉宋鮑照的嫡親了。
這種說法，似乎和蕭綱主張以謝朓、沈約之詩，任昉、陸倕之筆為典
範有差異，然觀沈約於《宋書‧謝靈運傳論》云：「五色相宣，八音協
暢，由乎玄黃律呂，各適物宜。」[72]不正是《南齊書》「五色之有紅紫，
八音之有鄭衛」所本？但須澄清的是，蕭綱個人自認，他乃「握瑜懷
玉之士」、「章甫翠履之人」，所倡導的，是相當有水準，如玉徽金銑、
陽春白雪般的文學理論，絕非鄭衛淫靡之音可比。清水凱夫論文已詳
加縷析，並駁斥了羅根澤稱蕭綱鼓吹「鄭邦文學」的誤解[73]，故今只引
蕭綱本文如下：

> 玉徽金銑，反為拙目所嗤；巴里下人，更合郢中之聽。陽春高而
> 不和，妙聲絕而不尋。竟不精討錙銖，覼量文質，有異巧心，終
> 愧妍手。是以握瑜懷玉之士，瞻鄭邦而知退；章甫翠履之人，望
> 閭鄉而歎息。

[71] 見《南齊書》，臺北：鼎文書局，1993年5月，卷五二，頁908。
[72] 見《宋書》卷六七，頁1778。
[73] 同注54，頁176～178。

　　而按謝朓卒於齊永元元年（499），恰是蕭綱出生前四年，他的詩寫山水，也寫都邑；寫仕宦，也慕棲遁，常謂：「煙霞泉石，惟隱遯者得之。宦遊而癖此者鮮矣。」[74]可知在二者間，已尋得了妥協。他雖學謝靈運，但他更注重聲律語調的和諧，更接受當時崇尚的形式美[75]，因此所得並非冗長，王瑤就說：「就形式美的運用和內容的擴大說，乾脆可以說是宮體詩的先導。」[76]至於沈約，《梁書》卷十三本傳說他歷仕三代，該悉舊章，博物洽聞，當世取則。謝朓善詩，任昉工文，約兼而有之；卷四九〈何遜傳〉又說梁元帝蕭繹曾著論曰：「詩多而能者沈約；少而能者謝朓、何遜。」謝朓和沈約都是永明體的健將，永明聲律說，就文學史言，是一種創新，沈約在〈謝靈運傳論〉即稱詡：「自騷人以來，多歷年代，雖文體稍精，而此秘未睹。」而這也正是蕭綱所欣賞；在《梁書・裴子野傳》中所謂「今文」的特點，是以《梁書・庾肩吾傳》說：

　　　　齊永明中，文士王融、謝朓、沈約文章，始用四聲，以為新變，至是轉拘聲韻，彌尚麗靡，復踰於往時。

「新變」即是「舊體」之對，王瑤引《漢書・李延年傳》：「延年善歌，為新變聲」，說「新變」是新聲巧變之意，是指詩文中音樂的成分。如把意義推廣，也可指「儼典新聲」的巧變，其意義則包括隸事聲律兩者，這推展的過程，正是由儼典到新聲[77]。故一直隨侍蕭綱左右的徐摛，即是「屬文好為新變，不拘舊體」（《梁書・徐摛傳》）；又蕭子顯雖在《南齊書》為三派溯源，更在三派之外，提出自己的文學觀，但他和蕭綱的差異，在蕭綱看來，並不像另兩派那麼大，之所以差異不大，由《南齊書・文學傳論》所說：「習玩為理，事久則瀆，在乎文章，彌

---

[74]　見《庾子山集注》卷四，倪璠注〈和王少保遙傷周處士〉引《謝宣城別傳》，同注23，頁307。

[75]　沈約〈懷舊詩九首之二・傷謝朓〉賞嘆謝朓即云：「吏部信才傑，文鋒振奇響。調與金石諧，思逐風雲上。」（《先秦漢魏晉南北朝詩・梁詩》，同注48，卷七，頁1653）

[76]　同注11，頁283。

[77]　同注11，頁267。

患凡舊，若無新變，不能代雄。」即足見端倪，所以蕭綱對他也相當敬重[78]。

　　而事實上，「新變」應不止是「由儷典到新聲」，還應包括詩體的創新。簡文集中除有一首題為〈戲作謝惠連體十三韻〉，模仿謝惠連新體式外；又有〈傷離新體〉一首，直書「新體」，乃是五七言錯用的二十韻長詩，全詩如下：

> 傷離復傷離，別後情鬱紆。悽悽隱去棹，惘惘愴還途。燮燮意不申，轉顧獨沾襟。前驅經御宿，後騎歷河湣。胡香翼還憶，清笳送後塵。落日斜飛蓋，餘暉承畫輪。柳影長橫路，槐枝深隱人。桂宮夕掩銅龍扉，甲館宵垂雲母幃。朧朧月色上，的的夜螢飛。草香襲余袂，露灑沾人衣。帶堞凌城雲亂聚，排枝度葉鳥爭歸。盌中綠蟻不能酌，琴間玉徽調別鶴。別鶴千里別離聲，絃調軫急心自驚。試起登南樓，還向華池遊。前時篠生今欲合，近日栽荷尚不抽。猶是銜杯共賞處，今茲對此獨生愁。登樓望曖曖，山川自分態。偃師雖北連，輾轅已南背。遠聽寂無聞，遙瞻目有閡。含毫意不述，長嘆憶無賴。[79]

這種五七言錯用體，是承鮑照〈擬行路難〉而來，當然屬於新體，故可證「新變」在體裁創新上的必要。五七言錯用，在簡文集中尚有〈從軍行〉、〈擬古〉、〈春情〉等詩。另外，如〈夜望單飛鴈〉、〈和蕭侍中子顯春別四首〉，則為七言詩。七言詩自曹丕〈燕歌行〉後，幾成絕響，至鮑照始得發展，而亦賴蕭綱趨新派的承續光揚。〈和〉詩有七言四句三首，七言六句一首，今僅錄一首於下：

> 別觀葡萄帶實重，江南荳蔻生連枝。無情無意猶如此，有心有恨徒別離。

---

[78] 《梁書》卷三五〈蕭子顯傳〉載：「太宗（簡文）素重其為人，在東宮時，每引與促宴。子顯嘗起更衣，太宗謂坐客曰：『嘗聞異人間出，今日始知是蕭尚書。』其見重如此。」（同注2，頁512）

[79] 同注1，頁2705。

又如〈應令〉一首為楚辭體，共十四句，今節錄如下：

> 蠡浦急兮川路長，白雲重兮出帝鄉。平原忽兮遠極目，江甸阻兮
> 羈心傷。……顧龍樓兮不可見，徒送目兮淚沾裳。

〈倡樓怨節〉一首，則為六言八句：

> 朝日斜來照戶，春鳥爭飛出林。片光片影皆麗，一聲一轉煎心。
> 上林紛紛花落，淇水漠漠苔浮。年馳節流易盡，何為忍憶含羞？
> [80]

凡此都可見蕭綱在詩的體裁上，不斷嘗試各種新樣貌，這些新嘗試，對
當時和後代詩壇都大有影響，而影響最大的，自然是被指稱「豔情」，甚
或「色情」的宮體詩了。

（三）〈答新渝侯和詩書〉

新渝侯蕭暎是蕭綱親近的「東宮四友」之一，《南史》卷五二〈蕭
曄傳〉有云：

> （曄）改封上黃侯……名盛海內，為宗室推重，特被簡文友愛，
> 與新渝（侯暎）、建安（侯正立）、南浦（侯推）並預密宴，號
> 「東宮四友」，簡文日有五六使來往。

而其實兩人交好，並非始於蕭綱立為太子，前文已述《廣弘明集》卷二
一有蕭綱為晉安王時，寫給廣信侯的信，廣信侯就是蕭暎；《廣弘明集》
同卷還收蕭暎答王書說：「昔遊梁苑，曲蒙眷顧；今者獨隔清顏，久睽
接仰。」[81]因此，「預密宴」也不是從蕭綱居東宮才開始。至於蕭暎由廣
信縣侯改封新渝縣侯之故，《南史》卷五二有載，暎父憺卒（普通三年），
「詔以憺艱難王業，追增國封。嗣王陳讓，既不獲許，乃乞頒邑諸弟。」
當蕭暎封侯未久，又遭母憂，三年服闋，然後任吳興太守。今試推求，

---

80 以上所引三首，並見《梁簡文帝集》，同注1，頁2704。
81 同注30，p252a。

以蕭綱的立身謹重，必不於蕭暎守喪期間，寫豔詩相贈；又以史書載暎丁憂，哀哭泣血，亦不當於居喪期和以豔詩，故本文自應作於蕭暎為吳興太守之後。蕭綱蕭暎兩人既情趣相投，所以蕭綱寫給他的信，自然毫無保留，稱許他那雕飾華美、寫實逼真，描摩女性的作品了：

> 垂示三首，風雲吐於行間，珠玉生於字裏；跨躡曹左，含超潘陸。雙鬢向光，風流已絕；九梁插花，步搖為古。高樓懷怨，結眉表色；長門下泣，破粉成痕。復有影裏細腰，令與真類；鏡中好面，還將畫等。此皆性情卓絕，新致英奇。

蕭暎的這種作品，就是所謂「宮體詩」。「宮體詩」一詞的出現，現存最早的資料，可追溯到《梁書》及《隋書》的記載：

> （帝）雅好題詩，其序云：「余七歲有詩癖，長而不倦。」然傷於輕豔，當時號曰「宮體」。（《梁書》卷四〈簡文帝紀〉）
> （徐）摛文體既別，春坊盡學之，「宮體」之號，自斯而起。（《梁書》卷三十〈徐摛傳〉）

> 梁簡文之在東宮，亦好篇什。清辭巧製，止乎衽席之間；雕琢蔓藻，思極閨闈之內。後生好事，遞相放習，朝野紛紛，號為「宮體」，流宕不已，訖於喪亡。（《隋書》卷三五〈經籍志·集部·總論〉）

姑不論是否因宮體詩導致梁代滅亡，綜合以上資料，可知宮體詩是蕭綱和圍繞在他身邊的文人，如徐摛之流，在春坊——東宮，發展出來的一種和當時文壇頗不同的詩，其內容除描摩女性容止與情愛，也包含貴族生活、節候感懷、寫景、詠物等，「無論從寫作態度或表達方式看，也都是新鮮而具有柔美細膩的風格和華貴豔麗的宮體式趣味」[82]，這算是對宮體詩下了廣義的定義；若說它的題材，僅出入於「衽席之間」、「閨闈之內」，限制在男女居室燕處的小範圍裡，講究「清辭巧製」與「雕

---

[82] 見林文月〈梁簡文帝與宮體詩〉，《純文學》一卷一期，頁90～100。

琢蔓藻」，則是宮體詩狹義的定義。而蕭綱本文即是為狹義宮體張目，所謂「風雲吐於行間，珠玉生於字裏」，正是說它的清辭巧製、雕琢蔓藻；「雙鬢向光」、「步搖為古」、「影裏細腰」、「鏡中好面」，說的是閨闈之內、衽席之間的女性美貌；「高樓懷怨」、「長門下泣」，寫的也是閨闈內的女性心理。簡文集中這類宮體詩，的確佔相當多數。

　　六朝詩賦由山水詠物以至宮體，其題材由模山範水縮小到身邊景致，乃至眼前之人，寫作對象雖不同，而寫實客觀態度卻一致。「巧構形似之言」，可以說是太康以來詩的傳統，所以儘管如黃子雲《野鴻詩的》不滿蕭綱作品風格，也不得不佩服其「雕繪處亦人所不及」[83]。蕭綱反對的，原是摹擬古人、隸事褻積，板滯疏慢的懦鈍作風，他想創造一種不為古人所囿的新樣貌，以作者言語表現作者的情志；可是蕭綱生於帝王之家，生活悠閒逸樂，從小又膺受重任，公讌游賞的機會極多，聽歌觀舞，品賞美色的時光無限，加以帝子詞客舞文弄墨，目的多在娛情悅性，因此用心巧製雕琢，內容不脫宮廷色彩，自屬理然。而在這裡必須稍作考辨的是，劉肅《大唐新語・公直》卷三，敘唐太宗曾作豔詩，虞世南因諫正之，然後又說及梁簡文帝悔作豔詩的事：

> 先是，梁簡文帝為太子，好做豔詩，境內化之，浸以成俗，謂之「宮體」。晚年改作，追之不及，乃令徐陵撰《玉臺集》，以大其體。[84]

此說一出，幾成定論，似乎蕭綱確實晚年悔作豔詩，遂命徐陵編《玉臺新詠》。其實劉肅這番話是值得商榷的，第一，據《南史》卷六二〈徐陵傳〉謂陵於太清二年已出使北魏，因侯景亂梁，羈旅北地達八載，而何能為蕭綱在晚年編書？第二，查《玉臺新詠》卷七以後所收蕭綱、蕭繹之作，稱二人為「皇太子」、「湘東王」，顯然此書編成於徐陵未出使之前，那麼是否能說蕭綱「晚年」？第三，《玉臺新詠》的編纂，當一如昭明太子編《文選》，目的在宣揚文學理念；而豈有後悔、追之不及，

---

[83] 見《清詩話》下冊，同注7，頁1103。

[84] 見《大唐新語》，臺北：臺灣商務印書館，1965年12月，頁28。

還大張旗鼓編書「以大其體」的道理？第四，根據〈玉臺新詠序〉曰：
「撰錄豔歌，凡為十卷。」可知此書收錄豔歌為主，悔其少作之說，更
是不攻自破了。雖有學者不懷疑《大唐新語》的說法，並代解釋：「所
謂之『晚』，是指在他居春宮時期。」「所謂『以大其體』者，蓋不欲詩
歌局限於婦女豔情之窠臼。」[85]但對上述第四點，其實仍無法圓滿交代。
詹鍈〈《玉臺新詠》三論〉則說：

> 《大唐新語》謂簡文「晚欲改作，追之不及。」劉肅元和中人，
> 何由而知？又宮體之名，自中大通三年簡文立為太子時始，去大
> 同五年不過數載。孝穆供奉東宮之時，簡文未屆晚年，何致悔其
> 少作？劉肅所云，蓋據李康成之言而加以附會，曲為之說，不足
> 信也。[86]

詹鍈認為劉肅是附會天寶間人李康成說法而來。李康成說法，《郡齋讀
書志·樂類·玉臺新詠》有轉載云：「昔陵在梁世，父子俱事東朝，特
見優遇。時承平好文，雅尚宮體，故采西漢以來，詞人所著樂府豔詩，
以備諷覽。」但筆者則是認為劉肅乃誤讀前文所引用《梁書》卷四〈簡
文帝紀〉：「（帝）雅好題詩，其序云：『余七歲有詩癖，長而不倦。』然
傷於輕豔，當時號曰『宮體』。」這段資料，以為蕭綱在〈自序〉中悔
稱宮體傷於輕豔，才導致如此自相矛盾的結果。其實「傷於輕豔，當時
號曰『宮體』。」是史臣下的評語，這和〈簡文帝紀·論曰〉：「文則時
以輕華為累」，是可以相印證的。《梁書》是唐初姚思廉根據其父姚察的
舊稿，加以補充整理而成，《陳書》卷二七〈姚察傳〉有云：

> 察所撰《梁》、《陳》二史本多是察之所撰，其中序論及紀傳有
> 所闕者，臨亡之時，仍以體例，誡約子思廉博訪撰續，思廉泣涕
> 奉行。……（隋）大業初，內史侍郎虞世基奏思廉踵成《梁》、

---

[85] 見洪順隆《由隱逸到宮體》，臺北：文史哲出版社，1984年7月，頁152；葉慶炳《中國
文學史》第十二講〈南朝詩人〉，臺北：學生書局，1992年9月，頁244。

[86] 詹鍈〈《玉臺新詠》三論〉，收於《語言文學與心理學論集》，濟南：齊魯書社，1989年
10月，頁12～26。

《陳》二代史，自爾以來，稍就補續。[87]

又《舊唐書》卷七三〈姚思廉傳〉云：

> （貞觀）三年，又受詔與祕書監魏徵同撰《梁》、《陳》二史。……
> 魏徵雖裁其總論，其編次筆削，皆思廉之功也。[88]

顯然從年代和公信力來比較，誤讀《梁書》的可能性，比附會李康成說法來得高；再說，不僅劉肅一人，吳兆宜箋注《玉臺新詠》時也引錯；又目前史書已有標點符號了，但學者在援用、詮釋《梁書》此段文字時，還不免疏忽[89]，所以也難怪劉肅會誤讀誤說了。至於詹鍈以為《玉臺新詠》是徐陵為梁元帝妃徐氏所編，雖考證相當精密，筆者仍認為《玉臺新詠》是宣揚蕭綱理念，並為宮體追溯源流才編成的書。詹文是先從〈玉臺新詠序〉分析起，謂序中敘一麗人即徐氏，因此我們也重新來檢視序文。

　　一般而言，序跋性的文章，總會說明撰述緣起，但〈玉臺新詠序〉卻相當特殊的從宮廷麗人開始說起。序中說宮廷麗人「傾國傾城，無對無雙」，似乎僅指一人，但從序文開頭的「五陵豪族，充選掖庭；四姓良家，馳名永巷。亦有穎川、新市、河間、觀津，本號嬌娥，曾名巧笑」看來，又像是多數人；況且詹文云：「陵乃選錄豔歌一編以慰之。」今若根據序文來看，「豔歌一編」也不是徐陵所編了，因自「無怡神於暇景，惟屬意於新詩，可得代彼萱蘇，微蠲愁疾；但往世名篇，當今巧製，分諸麟閣，散在鴻都，不藉篇章，無由披覽。於是燃脂暝寫，弄墨晨書。」可知《玉臺新詠》是宮中麗人閒暇所編，序末才又說「猗與彤管，麗矣香奩」。筆者故以為〈玉臺新詠序〉是徐陵發揮高度想像，針對全書不

---

[87] 見《陳書》，臺北：鼎文書局，1993年5月，頁354。

[88] 見《舊唐書》，臺北：鼎文書局，1992年5月，頁2593。

[89] 見《箋注玉臺新詠》（臺北：廣文書局，1979年5月）卷七「皇太子」之下按語。鈴木虎雄《中國詩論史》（臺北：臺灣商務印書館，1979年9月，頁66）；游國恩等著《中國文學史》（臺北：五南圖書出版公司，1990年11月，上冊，頁279）；及林文月〈梁簡文帝與宮體詩〉（同注82）

脫夫婦人倫、兒女悲歡、閨闈豔情的旨趣，杜撰出才貌兼美的宮廷麗人形象。這種憑藉空中設想，傾力刻劃人物心理、形態的技巧，在宮體詩人中比比可見；即使有學者認為「他的序文寫得令人莫名其妙」[90]，但仍無可諱言，本篇實是序跋體的新變與突破。

　　特地在此為《玉臺新詠》作一考辨，目的是要說明簡文帝始終沒有放棄文學趨新巧變的理念，而《玉臺新詠》的編纂，正說明了此一事實。

（四）〈誡當陽公大心書〉

　　本篇恐已非其全文，今照錄如下：

> 汝年時尚幼，所闕者學。可大可久，其唯學歟！所以孔丘言：「吾嘗終日不食，終夜不寢，以思，無益，不如學也。」若使牆面而立，沐猴而冠，吾所不取。立身之道，與文章異；立身先須謹重，文章且須放蕩。

當陽公大心，是簡文帝次子。普通四年（523）生，中大通四年（532）以皇孫封當陽公。《梁書》卷四四〈太宗十一王傳〉載：「大同元年（535），出為使持節，都督郢、南、北司、定、新五州諸軍事、輕車將軍、郢州刺史。時年十三，太宗以其年幼，恐未達民情，戒之曰：『事無大小，悉委行事，纖毫不須措懷。』」至於此信作時，則不能確考；惟蕭大心十三歲即出任外州，信又說：「年時尚幼，所闕者學」，想必是作於大心十餘歲，初習文翰時[91]。這封信主要在訓誡兒子勉學慎行，又附帶將立身和文章作比較，「立身與文章異」一語，語意甚清楚；「立身先須謹重」也無疑義，且據前文的討論，蕭綱也「實有人君之懿」。至於「文章且須放蕩」究竟作何解釋？而其與立身謹重的關連如何？則有多家說法，為省篇幅計，以下只能略作析辨。

---

[90]　見王拓〈梁簡文帝的文學見解及其宮體詩──兼論徐陵編《玉臺新詠》〉，《現代學苑》九卷10期，頁33。

[91]　此引鄧仕樑說，見注12；鈴木虎雄《中國詩論史》則說：「當時十歲乃至十三歲。」（同注89，頁66）

錢鍾書《管錐編》針對蕭綱的立身文章說，提出：「此言端愨人不妨作浪子或豪士語」的總論，然後開始從元好問〈論詩絕句〉評潘岳〈閒居賦〉：「心畫心聲總失真，文章寧復見為人」說起，並列舉中外文人，其文章與為人實不能等量齊觀之例[92]。錢氏所說，固然有所發明，但就蕭綱本人而言，並不相符，否則蕭綱不是有人格分裂的嫌疑，就是如葉慶炳所批評的：

> 蕭綱篤信佛教，其集中詠佛理之篇什不少，而竟與此類宮體詩（案：指〈美女篇〉、〈詠內人畫眠〉、〈孌童〉）並列，寧不罪過！蕭氏父子均信奉佛教，均大作其宮體詩。蓋信佛為來生積德，聲色為今生享受，兩者兼顧，不失為聰明人也。[93]

蕭綱確成徹徹底底的偽君子了。再看周勛初〈梁代文論三派述要〉所說：

> 「放蕩」一詞固然可以連繫到他們所寫的宮體的內容而作很壞的理解，但作為一個專制的帝王，告誡後輩時，恐怕還不至於耳提面命地叫自己的兒子去沉溺於情慾，目的可能還是在於說明文學的特點，即文學應該「吟詠情性」，「操筆寫志」，不必「擬〈內則〉之篇」，「摹〈酒誥〉之作」，如他在〈與湘東王書〉中所言者。《三國志·魏書·王粲傳》裴松之注引《典略》記陳留路粹奏稱孔融「與白衣禰衡言論放蕩。衡與融更相贊揚。衡謂融曰：『仲尼不死也。』融答曰：『顏淵復生。』」又〈王粲傳〉記「（阮）瑀子籍，才藻豔逸，而倜儻放蕩。行己寡欲，以莊周為模則」。《世說新語·文學》劉孝標注引《名士傳》記劉伶「肆意放蕩，以宇宙為狹」。《南齊書·高祖十二王·武陵昭王曄傳》載齊高帝蕭道成批評謝靈運「放蕩」，說是「作體不辨有首尾」。上述諸人的共同特點是毀棄禮法，放任自適。他們的作品都富於新意，但不涉于淫穢。因此，從在魏晉南北朝人對「放蕩」一詞的

習慣用法中，也可以知道蕭綱的原意是在破除陳規舊矩的束縛，追求創新。[94]

周文認定「放蕩」一詞在六朝並不涉淫穢之義。鄧仕樑〈釋「放蕩」——兼論六朝文風〉另還舉到《漢書・東方朔傳》、《三國志・魏書・武帝紀》證實放蕩不同於色情；黃景進〈論儒學對魏晉至齊梁文論之影響——兼論六朝文藝美學之特徵〉又舉了《詩品》評謝靈運、張華之說，而推論：「所謂文章之放蕩，似指文章力求辭藻華美，音韻動人，以至可以感動人之性靈而言。蕭繹所指『至如文者，惟須綺縠紛披，脣吻遒會，情靈搖蕩』，正可為『文章且須放蕩』之註腳。」[95]以上雖對「放蕩」有圓滿的詮釋；不過並未將宮體詩中如周文所謂「作很壞的理解」、「涉于淫穢」的部分涵括於內，那麼問題仍無法得到圓滿解決，因為蕭綱若可以「沉溺情慾」，寫出「作很壞理解」的宮體詩，顯然沒能以身作則，又如何教誡其子「立身謹重」？難道蕭綱真是偽君子或人格分裂了嗎？接著再看王師夢鷗〈從雕飾到放蕩的文章論〉所作的分析：

> 本來放蕩二字，其語意即從遊戲中衍出。……無論是主張文章經世或文章遊戲論者的觀點，他們基本觀念都不離乎文學的功利性；中間倘有差別，那也只是前者偏向於文學之對他的關係，後者則僅注意到文學之對己的關係而已。……從這種對己的關係看文學活動正如「作樂以治心」一樣，只是個人為著攄懷遣悶；至少是養性頤情的玩藝，而且這玩藝既屬於「業餘的」，則不可與正業視為同科，自是理所當然的了。蕭綱說「立身之道與文章異」，這句話已是極明白的交代，可以不看他前文如何對兒子的諄諄教誡，亦可知他是把立身（正業）看作一回事，寫文章又看作一回事。立身既先要謹重，則其文章的放蕩，自限於寫作的活動了。放蕩是無拘無束，讓寫作盡量的自由放逸；亦唯有這樣，

才可與謹重的立身生活互相調劑。[96]

夢鷗師還引《禮記‧雜記》孔子所說:「一張一弛,文武之道也。」加以申論,因引文已太長,不再轉錄。而陳順智於《魏晉玄學與六朝文學》也有類似的看法:「簡文帝立身處世以『謹重』自律,然而性情又不可革除,於是只得轉向文學的『放蕩』。換言之,由於『謹重』自律而不得舒展,被壓抑的性情,最終在『放蕩』的文學中得到滿足和實現。」[97]不過在前述蕭綱〈答張纘書〉,我們已分析過,蕭綱即使不為載道經世而著述,畢竟相當肯定文學不可磨滅的價值,試觀他寫給湘東王的信說:「文章未墜,必有英絕領袖之者」,是多麼意氣風發!這當然和曹丕〈典論論文〉認為文章乃不朽之盛事,可以不假良史之辭,不託飛馳之勢,而聲名自傳於後一致,所以蕭綱也才特別用心於寫作,因此說文學是「業餘的玩藝」,在蕭綱而言,似乎有所未妥;何況這位「有梁正士」是受過菩薩戒的,又豈能隨性撰寫綺語?《廣弘明集》卷二八收沈約〈懺悔文〉,沈約就還懺悔道:

> 性愛墳典,苟得忘廉,取非其有,卷將二百。又綺語者眾,源條繁廣,假妄之愆,雖免大過,微觸細犯,亦難備陳。[98]

那麼「菩薩戒弟子」蕭綱,是以甚麼心態來從事宮體的創作?相信除了接受孔子所說:「一張一弛,文武之道」的儒家思想外,還得從佛教經典去找憑據,其正確性才會更高了。

---

[96] 本文收入《古典文學論探索》,臺北:正中書局,1987年8月,頁143。

[97] 見《魏晉玄學與六朝文學》(武漢:武漢大學出版社,1993年7月)第十一章,〈齊梁詠物詩論〉,頁368。

[98] 同注30,p331b。

五、簡文帝文學觀與《維摩詰經》的關係

（一）簡文帝文學觀深受《維摩詰經》影響

　　事實上，蕭綱的為人和文學理念，與《維摩詰經》有著密不可分的關係，唯有明瞭此經中維摩詰的思想，我們才知道真正大菩薩的功行，也才能理解蕭綱並非偽君子、人格分裂；他寫宮體詩更非荒謬病態；還有，蕭綱創作宮體詩，卻不犯綺語戒的真正緣由何在。

　　維摩詰是毗耶離大城中的長者，是無始劫來，已曾供養無量諸佛，深植善本，辯才無礙，得無生忍的大菩薩。他特由阿閦（無動）佛妙喜國土，來此娑婆世界，助釋迦牟尼佛揚化。由於他深研佛理，能言善辯，智慧超群，而普遍受到大眾的尊崇；甚至許多專精修學的聲聞弟子、神通廣大的十地菩薩，也都受過他的教誨，對他十分敬畏。但另一方面，他又過著非常世俗化的生活，博奕戲樂、出入淫舍酒肆，似乎完全沒有戒律或道德規範的束縛。鳩摩羅什譯本中，〈方便品〉對他就有如此敘述：

> 欲度人故，以善方便，居毗耶離。資財無量，攝諸貧民；奉戒清淨，攝諸毀禁；以忍辱行，攝諸恚怒；以大精進，攝諸懈怠；一心禪寂，攝諸亂意；以決定慧，攝諸無智。雖為白衣，奉持沙門清淨律行；雖處居家，不著三界；示有妻子，常修梵行；現有眷屬，常樂遠離；雖服寶飾，而以相好嚴身；雖復飲食，而以禪悅為味；若至博奕戲處，輒以度人；受諸異道，不毀正信；雖明世典，常樂佛法；一切見敬，為供養中最；執持正法，攝諸長幼；一切治生諧偶，雖獲俗利，不以喜悅；遊諸四衢，饒益眾生；入治正法，救獲一切；入講論處，導以大乘；入諸學堂，誘開童蒙；入諸淫舍，示欲之過；入諸酒肆，能立其志。[99]

似這般不可思議自在無礙境地，是讓人非常欣慕，卻又難以企及的；尤其維摩詰具無量資財，能博施濟眾，相信也只有侯王貴冑，足堪比擬了。

---

[99] 《維摩詰所說經》卷一，T14，p539a。

而觀梁武帝精通佛理，《梁書‧本紀》說他：「製《涅槃》、《大品》、《淨名》、《三慧》諸經義記，復數百卷。」其中《淨名經》正是《維摩詰經》的別稱，故武帝對本經必相當熟稔。而據《南史》卷五三〈昭明太子傳〉稱蕭統小字「維摩」，這當然是武帝中年得子，殷望其能如維摩詰般福慧深厚才取的；再如蕭統、蕭綱生母丁貴嬪，《梁書》卷七本傳云：

> 高祖（武帝）弘佛教，貴嬪奉而行之，屏絕滋腴，長進蔬膳。受戒日，甘露降於殿前，方一丈五尺。高祖所立經義，皆得其指歸。尤精《淨名經》。

所以在如此環境成長的蕭綱，無形中受《維摩詰經》的潛移默化，自不待言。

其次，我們再看《維摩詰經》旨在闡發維摩詰所證不可思議解脫法門，全經藉由維摩詰與佛弟子、眾菩薩暢言「空」；甚至連「空」的概念也沒有，離諸文字言說的無住、無得、無相觀。[100]這樣的理論，貫串著經文首尾，於是最卑微的，變成了最高貴；最邪惡的，無異乎最莊嚴。道德律法在此也成為最荒謬可笑，常遭玩侮的贅疣戲論了。比如〈不思議品〉即說：「十方無量阿僧祇世界中作魔王者，多是住不可思議解脫菩薩，以方便力故，教化眾生，現作魔王。」[101]但可別誤以維摩詰妖言惑眾，混淆視聽，意欲顛覆世間倫常，是不折不扣的大魔頭；一如前引〈方便品〉說維摩詰能以遊戲神通、善巧方便，導人入道，所以像〈菩薩品〉中，維摩詰既拆穿魔王擾亂持世菩薩的詭計，接納他帶來的萬二千天女，隨即為她們說法，令發菩提心，並要她們隨魔王重返魔宮，去影響無數天子天女生發道意，饒益有情[102]；又〈佛道品〉中，文殊師利

---

[100] 《維摩詰經‧入不二法門品》中，含維摩詰，計有三十三大菩薩宣說不二法門。其中文殊菩薩曰：「如我意者，於一切法無言無說，無示無識，離諸問答，是為入不二法門。」並問維摩詰，何等是菩薩入不二法門？「時維摩詰默然無言。文殊師利嘆曰：『善哉！善哉！乃至無有文字語言，是真入不二法門！』」（同前注，p551c）維摩詰的默然，即是「空」的最佳詮釋。

[101] 同前注，p547a。

[102] 同前注，p542c。

問維摩詰：「菩薩如何通達佛道？」維摩詰說：「菩薩行於非道，就是通達佛道。」文殊又問：「那麼菩薩如何行於非道？」維摩詰即大加發揮菩薩輪轉惡趣，行貪瞋癡而實無罪染之不思議境，末後更作偈曰：

> 智度菩薩母，方便以為父，一切眾導師，無不由是生。法喜以為妻，慈悲心為女，善心誠實男，畢竟空寂舍……。[103]

因世間萬事萬物都有助於得道，故修行人所賴以成道的資糧，便以俗世眷屬冤親代稱；而成就的大菩薩又都是解脫自在的，所以能「示受于五欲，亦復現行禪，令魔心憒亂，不能得其便。火中生蓮華，是可謂希有；在欲而行禪，希有亦如是。」[104]

《維摩詰經》旨趣大抵如此。至於翻譯《維摩詰經》的鳩摩羅什，在慧皎《高僧傳》載云：

> 姚主常謂什曰：「大師聰明超悟，天下莫二。若一旦後世，何可使法種無嗣？」遂以妓女十人，逼令受之。自爾以來，不住僧坊，別立廨舍，供給豐盈。每至講說，常先自說：「譬如臭泥中生蓮花，但採蓮花，勿取臭泥也。」[105]

「但採蓮花，勿取臭泥」，當然是希望聽者不以人廢言；但從另一方面來看，不正與《維摩詰經・佛道品》的典故暗合？〈佛道品〉說：

> 高原陸地，不生蓮華，卑濕淤泥，乃生此華；如是，見無為法入正位者，終不復能生於佛法，煩惱泥中，乃有眾生起佛法耳。又如殖種於空，終不得生，糞壤之地，乃能滋茂。如是，入無為正位者，不生佛法；起於我見如須彌山，猶能發於阿耨多羅三藐三菩提心，生佛法矣。[106]

---

[103] 同前注，p549b。
[104] 同前注，p549b。
[105] 見《高僧傳》卷二〈鳩摩羅什傳〉，T50，p330a。
[106] 《維摩詰經・佛道品》，T14，p549a。

鳩摩羅什正是在糞壤之地滋茂的蓮花；那麼後秦姚興是否不諳佛理，才逼使鳩摩羅什破戒？其實姚興也是深解佛法的國主，印順法師對此問題，在《華雨香雲·華雨集·五、道無不在》已有說明：

> 什譯《大品》之初日，興涖逍遙園助譯，作〈因果論〉以示群臣。興固有得於佛法者，奈何強羅什以非法？觀其詔道恆、道標改服，乃知興之信解，在大乘兼濟也。彼以為：「獨善之美，不如兼濟之功；自守之節，未若拯物之大。」……於在家出家，則曰：「苟心存道味，寧係黑白？」「然道無不在，苟廢其尋道之心，亦何必須爾也。」是知詔恆、標之改服，乃「釋羅漢之服，尋菩薩之蹤」，不可以罷道視之。……興獨與羅什書，希什公有以勸恆、標，興與什公間，必有心心相印者。……從救世言，從護法言，姚興實不為無見。[107]

姚興與什公相契之理，完全與《維摩詰經》義不相違；換一種比較弔詭的語言來詮釋它，即所謂「矛盾的統一」。《維摩詰經》「矛盾的統一」，確實幫助南朝人在矛盾中取得諧調平衡。例如仕隱問題，既能使王公重臣擁有權勢名聲利祿，又能不失隱逸的超脫閒適，這在蕭綱〈臨後園〉詩就已經說：「隱淪遊少海，神仙入太華。我有逍遙趣，中園復可嘉。」[108]同樣的，這「矛盾的統一」，也充分反映在他的文論中。所謂「立身與文章異」，正好比佛、魔之異；但魔王本是住不可思議解脫菩薩，因此「謹重」與「放蕩」可以並存於一人之身。「放蕩」的創作，固然可以不同於豔情、色情，但也不妨豔情、色情；豔情、色情畢竟無礙其立身謹重。換言之，立身與文章，並非全無交集的兩回事。那麼，綺語有犯戒嗎？菩薩所行，並不犯戒。因住不思議解脫菩薩神通變現，本性空寂，

---

[107] 見《華雨香雲》，臺北：正聞出版社，1988年3月，頁178。

[108] 同注1，頁2698。這種觀念，在蕭繹〈全德志論〉同樣有發揮：「物我俱忘，無貶廊廟之器；動寂同遣，何累經綸之才？雖坐三槐，不妨家有三徑；但接五侯，不妨門垂五柳。使良園廣宅，面山帶水，饒甘果而足花卉；葆筠篁而玩魚鳥。……若此，眾君子可謂得之矣。」（《梁元帝集》，同注29，頁2743；《全梁文》則作「接五侯，不妨門垂五柳。但使良園廣宅，面山帶水。」）

又豈有能犯、所犯的問題？這種思想正是《維摩詰經・佛道品》所說「示行毀禁，而安住淨戒」；也即是《大般若經》所謂：

> 若菩薩摩訶薩以無所得而為方便，修行淨戒波羅蜜多，了達一切犯無犯相，皆不可得。如是淨戒方便善巧，能滿淨戒、安忍、精進、靜慮、般若、布施波羅蜜多。[109]

又如《佛說菩薩內戒經》也提到：

> 菩薩清淨之行，如蓮華不於高山陸地生也。菩薩愛欲中生，如蓮華雖於泥中生，不為泥塗所污也。菩薩戒內不戒外也。外行如地，內戒如水。水以清淨懦軟為行，地以多容多受為功德也。一切百草樹木，皆從地得生長；一切萬物，皆從水得生活。是故菩薩功德如地如水。菩薩山居獨處亦不恐懼；菩薩雖居家畜養妻子，常如獨處，恬然安定，無復痛癢思想之念。以故菩薩功德尊大，巍巍堂堂。[110]

因此《梁書・徐摛傳》說徐摛引導蕭綱從事宮體創作，武帝得知大怒，遂召摛責罵，〈傳〉云：「及見（徐摛），應對明敏，辭義可觀，高祖意釋。因問《五經》大義，次問歷代史及百家雜說，末論釋教。摛商較縱橫，應答如響。高祖甚加歎異，更被親狎，寵遇日隆。」武帝由盛怒而意釋，而甚加歎異親狎，其中還考驗過徐摛的佛學素養，故可知他們一致同意菩薩創作宮體，並無犯戒之虞。

最後我們再一一徵引蕭綱集中所用《維摩詰經》典故，證明他對此經，的確相當嫻熟：

1、〈重謝上降為開講啟〉：「香城妙說，實仰神文。」

---

[109] 玄奘譯《大般若經》卷三，T05，p14c。

[110] 《佛說菩薩內戒經》卷一，T24，p1031c。按現存敦煌伯2196號，梁武帝敕請僧眾編《出家人受菩薩戒法》曾參考求那跋摩所譯《菩薩善戒經》（T30），本經內容是佛為持戒第一的優波離，宣說如何受持菩薩戒，自是專為出家眾所說。而求那跋摩又譯有《菩薩內戒經》，經文內容是文殊菩薩請問佛陀，初發意道俗菩薩當如何持守禁戒，武帝於敕編《在家人受菩薩戒法》時，應也會參考到，今故引錄之。

按〈香積佛品〉有言:「過四十二恆河沙佛土,有國名眾香,佛號香積,今現在。其國香氣,比於十方諸佛世界人天之香,最為第一。……其界一切,皆以香作樓閣,經行香地,苑園皆香。其食香氣,周流十方無量世界。……爾時維摩詰問眾香菩薩:『香積如來以何說法?』彼菩薩曰:『我土如來,無文字說,但以眾香,令諸天人,得入律行。菩薩各各坐香樹下,聞斯妙香,即獲一切德藏三昧。得是三昧者,菩薩所有功德,皆悉具足。』」

2、〈答湘東王書〉云:「豈望文殊之來,獨思吳客之辯。」

按「吳客之辯」是用枚乘〈七發〉:「楚太子有疾,而吳客往問之」的典故,與《維摩詰經》無關;而「文殊之來」就是指維摩詰示疾,文殊前往探問。於〈弟子品〉有云:「爾時長者維摩詰,自念寢疾於床,世尊大慈,寧不垂愍?」佛知其意,終遣文殊問疾。〈文殊師利問疾品〉云:「文殊師利白佛言:『世尊!彼上人者,難為酬對。……雖然,當承佛旨,詣彼問疾。』」

3、〈與廣信侯書〉云:「淨名法席,親承金口。辭珍鹿苑,理愜鷲山。」

《淨名》是《維摩詰經》別稱,前文已述。在此是指武帝開講《維摩詰經》,與佛陀當初在鹿野苑、靈鷲山說法無二。

4、〈七勵〉云:「今欲說子以默語之術,寧欲聞乎?」

「默語」是真理的代稱,因〈入不二法門品〉云:「時維摩詰默然無言。」於是後人也有「一默如雷」之說。

5、〈大愛敬寺剎下銘〉云:「事等淨名,齊方便於圓極。」

按〈方便品〉謂維摩詰:「入深法門,善於智度,通達方便,大願成就。」

6、〈六根懺文〉云:「淨名方丈之室,多寶踊塔之瑞。」、「提囊拭缽,捧香積之寶飯。」

「多寶踊(涌)塔」另見《法華經·見寶塔品》;「淨名丈室」於〈文殊師利問疾品〉則有云:「爾時長者維摩詰心念:『今文殊師利與大眾俱來。』即以神力,空其室內,除去所有,及諸侍者,唯置一牀,以疾而臥。」再按〈香積佛品〉有維摩詰化一菩薩,往眾香國取一缽飯,悉飽眾會,「其諸菩薩、聲聞、天人食此飯者,身安快樂,譬

如一切樂莊嚴國諸菩薩也。又諸毛孔，皆出妙香，亦如眾香國土諸樹之香。」

7、〈唱導文〉云：「法華會一之文；淨名不二之說。」

「法華會一」別見《法華經》三乘會一佛乘說；「淨名不二」則是指《維摩詰經‧入不二法門品》，諸大菩薩宣說自證入不二法門。

8、〈侍講詩〉云：「英邁八解心，高超七花意。」

「八解七花」，此於〈佛道品〉有偈曰：「八解之浴池，定水湛然滿。布以七淨華，浴此無垢人。」乃是以佛國妙境，形容修道者的功行。

（二）餘　說

《維摩詰經》，智旭《閱藏知津》依判教置之於大乘方等部[111]；印順法師《初期大乘佛教之起源與開展》則隸之為「文殊師利法門」[112]；法國學者拉蒙特（ Étienne Lamotte）說本經「是一部純屬中觀之經典」[113]；《佛光大辭典》中又說：「本經係基於般若空之思想，以闡揚大乘菩薩之實踐道。」[114]諸般說法，似乎莫衷一是，但以折中的說法來看，本經思想與前文所引《大般若經》卷三經文相較，可見二者並不相違；再如般若十空喻，本經於〈觀眾生品〉、〈菩薩行品〉中，同樣有所闡說，所以雖在方等部，仍符般若部思想；而般若思想當然不悖離三論宗所依循的中觀；且經中還有文殊菩薩與維摩詰酬答不思議境，說是文殊師利法門，亦無不當；甚至於道生還能運用這部空宗經典，詮解眾生同具的

---

[111] 《閱藏知津》方等部卷六，臺北：臺灣商務印書館，1968年3月，頁40。

[112] 見《初期大乘佛教之起源與開展》，臺北：正聞出版社，1989年10月，頁904～906。印順法師提到文殊法門與般若法門的差別，說：「文殊師利菩薩的法門，一向都是以為說『空』的；如古代三論宗的傳承，就是仰推文殊為遠祖的。但在說『空』的《般若經》（前五會）中，文殊師利並沒有參與問答，這是值得注意的事！《中品般若》，及《下品般若》的漢譯本、吳譯本，雖有文殊菩薩在會，但《下品般若》的晉譯本、秦譯本、宋譯本，都沒有提到文殊師利。所以文殊師利的法門即使是說『空』的，但與般若法門，可能只是間接關係，而不是同一系的。」（頁940）

[113] 見郭忠生譯《維摩詰經序論》，南投：諦觀雜誌社，1990年9月，頁100。

[114] 見《佛光大辭典》，高雄：佛光出版社，1989年4月，頁5892。

佛性[115]，這正如智旭於〈閱藏知津序〉所說：「若權若實，不出一心；若
廣若約，咸通一相。」海水一滴，同具鹽味；佛因人事時地的差異，所
說法看似有別，然畢竟會於一乘。

　　或者有人要質疑，既然《維摩詰經》思想和般若經不異；蕭綱〈十
空六首〉也是發揮般若思想，本節何不定名為〈蕭綱文論與般若思想的
關係〉？理由是「般若思想」範圍過大，而蕭綱父母兄長已很明顯都受
《維摩詰經》影響；蕭綱集中用本經故實也不少；尤其維摩詰的精神風
範，深深感召著這位受菩薩戒的皇太子，因而本節特別指出這部《維摩
詰經》與蕭綱的關係。

　　「立身謹重，文章放蕩」的理論，倣效了維摩詰的菩薩境地，蕭綱
個人也躬親實踐，但後世對他倡導的宮體，多抱持負面的印象，原因頗
類似賦體最初有諷喻目的，後來反易誘人走向閎奢侈麗的路途；禪宗崇
高的「世間若修道，一切盡不妨」之說[116]，也竟不免衍生出狂禪者流，
而宮體到頭來，也和輕薄無行畫上等號了。在蕭綱之前，《文心雕龍‧
程器篇》還對文士存有同情的說：

> 近代文人，務華棄實，故魏文以為古今文人，類不護細行；韋誕
> 所評，又歷詆群才，後人雷同，混之一貫，吁可悲矣！[117]

但到了《顏氏家訓‧文章篇》，歷數前代文人輕薄後，就更痛切的說：

> 文章之體，標舉興會，發引性靈，使人矜伐，故忽於持操，果於
> 進取。今世文士，此患彌切，一事愜當，一句清巧，神厲九霄，
> 志凌千載，自吟自賞，不覺更有傍人。[118]

---

[115] 道生注《維摩詰經》文字，今於僧肇《注維摩詰經》中可見；而如〈弟子品〉即言：「理
　　既不從我為空，豈有我能制之哉？則無我矣。無我本無生死中我也，非不有佛性我也。」
　　（T38，p354b）

[116] 《六祖壇經‧般若品》，T48，p341a。

[117] 同注62，頁718。

[118] 見《顏氏家訓集解》，臺北：漢京文化事業公司，1983年9月，卷四，頁222。

這正說中那時代宮體詩風、詩人的特性及要害。菩薩的不可思議境地，畢竟非博地凡夫能望其項背！雖然蕭綱立意良善，可惜陳義太高，反而加速助長士德墮落，文風敗壞，想必此結果是蕭綱所始料未及的。

　　此外，還應特別說明的是，魯迅於《淮風月談‧吃教》裏提到南北朝以來，無論道俗，「大抵以『無特操』為特色。」並說：「晉以來的名流，每一個人總有三種小玩意，一是《論語》和《孝經》，二是《老子》，三是《維摩詰經》。」[119]蔣述卓〈齊梁浮豔藻繪文風與佛經傳譯〉[120]遂據此說法，申論齊梁文風受《維摩詰經》影響。從表面上看來，似乎與本文論點相同，不過蔣文專由「無特操」抒論，考「無特操」一辭，出自《莊子‧齊物論》：

> 罔兩問景曰：「曩子行，今子止；曩子坐，今子起。何其無特操與？」[121]

而成玄英疏之為「都無獨立志操」；相對於本文不厭其詳，先從蕭綱的為人、詩文創作來考探，肯定他博綜儒典，薰習佛法，是立身謹重的正士，然後再分析《維摩詰經》義理，及維摩詰的言行，論證蕭綱確受其影響，才作此斷語，實已有極大差異。何況蔣文又說齊梁藻繪文風，「還與晉宋以來關於佛性的討論有著潛在的溝通」、「佛經翻譯也多少帶進了一些豔情的因素，影響到齊梁的浮豔文風。」這是本文所未提及，也不贊同的意見，下面就來述說不表贊同的理由。

　　先就佛性論而言。蔣文中，在簡介道生涅槃佛性論後，說道：

> 在當時朝野上下都關注佛性問題的情況下，文學思想力主『情性』、『情靈』、『緣情』，應說（該）也是受到了佛教學說的刺激的。

---

119 魯迅《淮風月談》，臺北：風雲時代出版公司，1990年2月，頁173。

120 蔣述卓《佛經傳譯與中古文學思潮》，南昌：江西人民出版社，1993年9月，第五章，頁99。

121 郭慶藩《莊子集釋》，臺北：河洛出版社，1974年3月，頁110。

我們必須了解，文學發展固易受外境，如政治、經濟、人文思潮等影響，但文學本身自有其演進軌跡，我們也不容忽視，而蔣文顯然忽略了！以情性問題來說，林田慎之助已有論文〈漢魏六朝文學理論中的『情』與『志』問題〉，論及情、志兩個概念，在歷代使用頻率上的升降[122]，可見情性問題自漢魏以來，由於文人的自覺，不斷對於文學走向，投予關注，便時有討論，不須等道生佛性說成立，才影響文學風尚。尤其最明顯的證據，是陸機在〈文賦〉已說：「詩緣情而綺靡」[123]，陸機生於吳景帝永安四年（261），卒於晉惠帝太安二年（303），年四十三；《釋氏疑年錄》卷一「京師龍光寺竺道生」條則云：「（道生）宋元嘉十一年卒，年八十（355～434）。」[124]足見道生晚陸機五十年以上，其佛性說的創立，當然比〈文賦〉更晚，而在如此漫長年歲中，文學早有其清晰一貫的發展脈絡，不待新思想予以刺激，是再明白不過的了；但蔣文為證成其佛性說，又談到當時貴族都存在著人生無常的思想，面對無常的人生，或是及時行樂，盡情享受，或篤信因果報應，以超脫生死，然後就後者提出看法：

> 當時崇信因果報應說的貴族都比較注重現世的行善和仁慈，以便死後能進入佛國天堂，得到好報。……（引梁武帝父子言行為例）……在這種風氣中，士大夫們尤其是敏感的文人們，自然渴望溫情，渴望愛，同時感情也變得纖細、文弱，近於女性化。

凡是佛教徒，都相信因果輪迴，梁武帝當然不例外，但武帝重視涅槃之學，作疏並自講說之故，是相信「心為正因，終成佛果」、「成佛之理皎然」[125]；且前文已引述過蕭綱上表，皆頌稱武帝如佛陀一般，佛性說正是武帝成佛的重要依據，也因此才會特別受重視。何況《魏書》卷九八〈蕭衍傳〉云：

[122] 本文收入《古代文學理論研究》，上海：上海古籍出版社，1988年9月，頁16～32。

[123] 見《中國歷代文論選》上冊，同注70，頁138。

[124] 陳垣《釋氏疑年錄》，北京：中華書局，1988年9月，頁9。又劉貴傑《竺道生思想之研究》（臺北：臺灣商務印書館，1990年6月，頁127～130）附錄〈竺道生簡略年表〉則言其生於晉簡文帝咸安二年（372），壽六十三。

[125] 《弘明集》卷九，武帝〈立神明成佛義記〉，T52，p54a。

衍好人佞己，末年尤甚。……是以其朝臣左右，皆承其風旨，莫敢正言。

錢鍾書《管錐編》於辯〈菩提達磨大師碑〉非武帝所作時，即引《梁書》卷十三〈沈約傳〉記帝與約各疏栗事，約故少帝三事，出謂人曰：「此公護前，不讓即差死。」帝以其言不遜，欲抵其罪，徐勉固諫乃止。《南史》卷四九〈劉峻傳〉云：「武帝每集文士策經史事，時范雲、沈約之徒，皆引短推長，帝乃悅，加其賞賚。會策錦被事，咸言已罄，帝試呼問峻，峻……請紙筆疏十餘事，坐客皆驚，帝不覺失色，自是惡之，不復引見。」又卷五十〈劉顯傳〉：「有沙門訟田，帝大署曰『貞』。有司未辯，遍問莫知。顯曰：『貞字文為與上人。』帝因忌其能，出之。」[126]再如范縝為竟陵王西邸賓客時，已盛稱無佛，並寫出〈神滅論〉，武帝即位後，不僅親撰〈敕答臣下神滅論〉，更發動群臣名僧與之辯駁[127]；《北史》卷八三〈荀濟傳〉亦云濟「上書譏佛法，言營費太甚，梁武將誅之，遂奔魏。」《梁書》卷三八〈賀琛傳〉又云：「是時，高祖任職者，皆緣飾姦諂，深害時政，琛遂啟陳事條封，……書奏，高祖大怒，召主書於前，口授敕責琛。」這都明顯可以看出武帝的自命不凡；至於蕭綱受菩薩戒，也已誓願勤修六度，為眾生舟筏，是以武帝父子言行，若說有目的才廣植福田，相信絕不僅止於期待死後生天。再說，渴望溫情與愛，乃是人情之常，尤其身為文人，本應具備靈敏善感的心腸，故文中實不該將人類的通性，視成時代的特例；且如此一來，似乎信仰佛教的文人，都有感情纖弱，近女性化之嫌了，這都是強將齊梁藻繪文風與佛性思想，不當繫連比配所致。

---

[126] 同注69，頁1383。又引文已依原典校補。
[127] 見《弘明集》卷九、十（T52，p55a～p60b）。按《梁書》卷四八、《南史》卷五七〈范縝傳〉皆稱縝為齊竟陵王蕭子良賓客時，已著〈神滅論〉，子良集僧難之不能屈；惟據侯外廬等著《中國思想通史・第三卷魏晉南北朝思想》（北京：北京人民出版社，1992年9月，頁374～377），則謂二史所載多失實，並另製〈范縝生年學行略表〉，將〈神滅論〉作時移至梁武帝天監六年（507）。

再就佛經豔情內容影響齊梁文風的部分來說。蔣文舉出《普曜經》、《佛所行贊》、《大莊嚴論經》中有女子冶容美貌的描寫。的確，佛經為宣說教義、訶斥邪淫，在經文中，特別是律藏，難免涉及歡愛淫逸情事，陳寅恪〈蓮花色尼出家因緣跋〉已注意及此，而云：

> 男女性交諸要義，則此土自來佛教著述，大抵噤默不置一語。如小乘部僧尼戒律中，頗有涉及者，因以「在家人勿看」之語標識之。（《高僧傳》壹〈康僧會傳〉云：「（孫皓）因求看沙門戒，會以戒文禁祕，不可輕宣。」疑與此同。）[128]

今按《續高僧傳‧寶唱傳》曾言及梁武帝敕命寶唱編《經律異相》，在此書中，就有不少導淫入道而涉及淫欲的記載，茲舉一則，以與蕭綱作品相較：卷五〈化婬女令生厭苦〉條，言佛為度波羅捺國一婬女，遂幻化出面貌端正少年，與婬女歡愛：

> 女前親近言：「願遂我意。」化人不違。一日一夜，心不疲厭。至二日時，愛心漸息。至三日時，白言：「丈夫可起飲食。」化人即起，纏綿不已。女生厭悔，白言：「丈夫異人乃爾！」化人告言：「我先世法，凡與女通，經十二日，爾乃休息。」女聞此語，如人食噎，既不得吐，又不得咽，身體苦痛，如被杵擣。至四日時，如被車轢。至五日時，如鐵丸入體。至六日時，肢節悉痛，如箭入心……。[129]

僅從本段文字，我們便可以發現，經文敘述歡愛場面，相當直接；再看蕭綱最受人指摘的豔情詩〈詠內人晝眠〉和〈孌童〉，感覺則有所不同：

> 北窗聊就枕，南簷日未斜。攀鉤落綺帳，插捩舉琵琶。夢笑開嬌靨，眠鬟壓落花。簟紋生玉腕，香汗浸紅紗。夫婿恆相伴，莫誤是倡家。

---

[128] 見《陳寅恪先生文集》，臺北：里仁書局，1981年3月，第1冊，頁155。

[129] 《經律異相》卷五，T53，p23b。本條下注：「出《觀佛三昧經》第三卷。」

孌童嬌麗質，踐董復超瑕。羽帳晨香滿，珠簾夕漏賒。翠被含鴛
色，雕床鏤象牙。妙年同小史，姝貌比朝霞。袖裁連璧錦，褾織
細種（橦）花。攬袴輕紅出，迴頭雙鬢斜。嬾眼時含笑，玉手乍
攀花。懷猜非後釣，密愛似前車。足使燕姬妒，彌令鄭女嗟。[130]

適如前於〈答新渝侯和詩書〉中所分析一般，無論晝眠的少婦或孌童妖
冶多姿的媚態，蕭綱都用寫實刻劃手法，生動的傳達出來；但涉及床第
纏綿，仍以委婉隱約的方式逗露，這與佛藏經文的坦率不諱，是大異其
趣的；況且前文已言，蕭綱命徐陵編《玉臺新詠》，尚有為宮體溯源的目
的，從《玉臺新詠》中，我們即可發現，在蕭綱甚或齊梁以前，就有不
少文人作品，類似宮體豔詩；而一般說來，文學史家也早同意詠物詩及
歌詠男女戀情的吳歌、西曲，對宮體詩有啟導促進的作用，這同樣在文
學發展脈絡，有明顯的承繼關係，因此將佛經肉慾描寫與宮體詩混為一
談，恐不免有刻舟求劍、削足適屨之憾了。

六、結　論

《文心雕龍‧徵聖‧贊曰》:「百齡影徂，千載心在。」本文之所以
不厭其詳，目的正是為了發掘一千五百年前，簡文帝蕭綱的用心。現由
以上繁複考辨，我們已能綜理出四項結論，茲述如下：

（一）蕭綱性情溫和寬厚，既多孝親之思，兼得治事之能，是敏睿
謹重，又勤於著述的「有梁正士」。一方面，由於他博綜儒書，披尋墳典，
對聖人之學下了極深的工夫；另一方面，在清談之風和武帝好佛的影響
下，更潛研佛理，還於中大通三年九月十七，受持菩薩戒法，這都促使
他「立身行道，終始若一」，而絕非如詩話所傳，為一輕浮淫靡的「浪子
皇帝」。

（二）蕭綱文學觀主要體現在〈答張纘謝示集書〉、〈答湘東王和受
戒詩書〉、〈答新渝侯和詩書〉、〈誡當陽公大心書〉四封書信中。〈答張纘
謝示集書〉作於大通元年，蕭綱二十五歲，從這封書信中可以察覺，此

---

[130] 上引二首，同注1，頁2689。

時他的文學見解，已趨成型；〈答湘東王和受戒詩書〉寫於蕭綱入主東宮不久的中大通三、四年間，書中不僅批判盛行於京師，效法謝靈運、裴子野的流派，並為自己的趨新理念，建立有法可循的正統典範；〈答新渝侯和詩書〉應寫在蕭暎任吳興太守之後，是蕭綱為狹義宮體詩張目的代表作，蕭綱主張詩中不妨傳達豔情，而《玉臺新詠》正是為了宣揚此種理念，並為宮體追溯源流才編纂而成。這雖然如劉肅《大唐新語》所稱，蕭綱「令徐陵撰《玉臺集》，以大其體」，但絕不是「晚年改作，追之不及」，始令徐陵編之；〈誡當陽公大心書〉則當成於大同初，書中提到「立身之道，與文章異；立身先須謹重，文章且須放蕩」，這是蕭綱最特出，也最關鍵的理念，由於蕭綱有此理念，所以才創作大量宮體詩，但宮體創作並無礙其立身謹重，這見解固然可與儒家「一張一弛，文武之道」有所交通，不過仍得深受《維摩詰經》義理的啟迪，才能產生如此「新變」的文學觀。

（三）無論是史籍將蕭綱的文章和道德分別觀之，或詩話、文學史，及多數論文，認定蕭綱詩歌集神經衰弱、變態心理、色情、訛濫、頹廢、縱欲、荒謬、墮落於一身，都是未針對蕭綱所倡文學理論內在因素詳作分析，才產生的誤解。由於蕭綱本人和父母兄長，都對《維摩詰經》相當嫻熟；且從蕭綱為人、著述，乃至文學理論的提出，我們都可以看到，維摩詰「示行毀禁，而安住淨戒」的菩薩境地，深深感召著這位受過菩薩戒的皇太子，所以他躬親履踐了這種矛盾而復調和的理念，並以之為文學創作圭臬。當然，《維摩詰經》的影響力，是使他篤行「立身謹重，文章放蕩」的理念，而不是讓他成為「無特操」的文人；他的文論固與佛典攸關，卻不是受涅槃佛性論的啟發；而其創作宮體，更不是受佛典豔情描寫的薰染所致。

（四）由於維摩詰的不可思議境界，畢竟非博地凡夫能望項背，所以蕭綱趨新的文學觀，雖立意良善，卻不免陳義過高，於是更助長了士德墮落，文風敗壞，宮體也因此與輕薄無行畫上等號，而且還招致後世許多文學評論家，對這位「始作俑者」的猛烈撻伐，這結果，相信是蕭綱所始料未及的。

中編
隋唐之部

隋高祖文皇帝勅書第二十二

皇帝敬問光宅寺智顗禪師。朕於佛教敬信
情重。往者周武之時毀壞佛法。發心立願必
許護持。及受命於天。仍即興復仰憑神力法
輪重轉。十方衆生俱獲利益。比以有陳虐亂
殘暴。東南百姓勞役不勝其苦。故命將出師
為民除害。吳越之地今得廓清。道俗❶又安深
稱朕意。朕尊崇正法救濟蒼生。欲令福田永
存。津梁無極。師既已離世網修己化人。必希
獎進僧伍固守禁戒。使見者欽服聞即生善。
方副大道之心。是為出家之業。若身從道服
心染俗塵。非直含生之類無所歸依。仰恐妙
法之門更來謗讟。宜相勸勵以同朕心。春日
漸暄道體如宜也。開皇十年正月十六日。內
史令安平公臣李德林。宣內史侍郎武安子
臣李元操。奉內史舍人裴矩行

《大正藏・國清百錄》卷二〈隋高祖文皇帝勅書〉書影

隋文帝〈敕智顗書〉與智顗晚年出處考

提　　要

開皇十年（590）正月十六日，隋文帝敕書智顗禪師，這是一通相當特殊的詔令，揉合了尊重恭維與威脅恐嚇於字裏行間中，但佛教界編纂的傳記或論著，不是含混的以「文帝敕書」帶過，便是將敕文改頭換面了。本文於是從僧傳史料上仔細爬抉梳理，期使智顗晚年生命的重要轉折，能被清楚的認識；同時也能將存留於《國清百錄》的諸多書札，一一繫連明白，而不再是以籠統的「帝王師範」、「兩朝帝師」這般模糊的概念，去理解創宗天臺的智顗禪師。為此，本文特分：隋文帝的佛教因緣、隋文帝的佛教政策、隋文帝〈敕智顗書〉的背景因素、〈敕智顗書〉對智顗晚年的影響等章節，逐次條分縷析；文中還附帶釐清學者對〈敕智顗書〉錯誤的詮釋。立己之中兼有破他，讓影響智顗晚年出處的歷史關鍵，重新昭顯，即是本文撰述的目的。

關鍵詞

智顗　隋文帝　隋煬帝　續高僧傳　國清百錄

一、前　　言

　　天臺智顗禪師承繼南嶽慧思法業，開創了「以《法華（經）》為宗骨，以《（大）智（度）論》為指南，以《大（般涅槃）經》為扶疏，以《大品（般若經）》為觀法，引諸經以增信，引諸論以助成」[1]的法華宗，由於此宗祖庭國清寺位於天臺山，所以又稱天臺宗。早在唐代，有名的古文家、天臺門弟子梁肅，就不僅於〈（天臺）止觀統例議〉[2]敘說天臺止觀法門的淵奧，以及歷來宗派統緒的正受，在〈智者大師傳論〉還讚嘆智顗禪師：

> 贊龍樹之遺論，從南嶽之妙解，然後用三種止觀，成一事因緣。括萬法於一心，開十乘於八教。戒定慧之說，空假中之觀，坦然明白，可舉而行。於是（《全唐文》作「是故」）教無遺法，法無棄人，人無廢心，心無擇行，行有所證，證有其宗，大師教門，所以為盛。故其在世也，光昭天下，為帝王師範；其去世也，往來上界，為慈氏輔佐。[3]

文中所提到的「為帝王師範」，正是指智顗在陳朝深受宣帝、後主優禮；入隋又為晉王楊廣皈敬。在出世間法，是教門龍象；在世間法，又備極尊榮，人生至此，似當無憾，但奇怪的是，我們從智顗弟子灌頂編纂的《國清百錄》，讀到他臨終〈遺書與晉王〉[4]，文章纔開頭，竟逐一敘說平生六恨，很可惜的是，智顗大師的憾恨，因灌頂身在隋代，所以為智顗寫的《隋天臺智者大師別傳》並沒有提到[5]，而道宣《續高僧傳》[6]或

---

[1]　見日僧凝然《八宗綱要》第六章〈天臺宗〉，臺北：佛光書局，1986年3月，頁223。

[2]　見《欽定全唐文》，臺北：匯文書局，1961年12月，卷五一七，頁6664。

[3]　見《卍續藏》（臺北：新文豐公司，1983年1月）99冊，頁206、134冊，頁654。《欽定全唐文》卷五一七所收則不作〈智者大師傳論〉，而題為〈天臺法門議〉。

[4]　《國清百錄・遺書與晉王》，T46，p809c。

[5]　《隋天臺智者大師別傳》，T50，p191a。另宋代有曇照作《智者大師別傳註》（《卍續藏》134冊，頁613～653）二卷；民初復有興慈法師依曇照注本，重輯《天臺智者大師別傳輯註》（臺北：中華佛教文獻編撰社，1983年11月）四卷，惟注文亦未涉及此事。

志磐《佛祖統紀》[7]的傳記中也未載明；固然像智顗第一恨所說：

> 貧道初遇勝緣，發心之始，上期無生法忍，下求六根清淨，三業殷勤，一生望獲，不謂宿罪殃深，致諸留難，內無實德，外召虛譽，學徒強集，檀越自來，既不能絕域遠避，而復依違順彼，自招惱亂，道退行虧，應得不得，憂悔何補！上負三寶，下愧本心。

這些話語都是謙沖之詞，僧傳未載，並不足奇；但第五恨又說：

> 於荊州法集，聽眾一千餘僧，學禪三百，州司惶慮，謂乖國式。豈可聚眾，用惱官人？故朝同雲合，暮如雨散，設有善萌，不獲增長。此乃世調無堪，不能諧和得所！

智顗在荊州，也就是當陽玉泉山中的禪修、法會居然受到攔阻，這恐怕就非比尋常了，不過傳記依然沒說[8]；另外在《國清百錄》有一則〈隋高祖文皇帝敕書〉（案：下文皆簡稱〈敕智顗書〉）更是特殊，全文如下：

> 皇帝敬問光宅寺智顗禪師：朕於佛教敬信情重，往者周武之時，毀壞佛法，發心立願，必許護持。及受命於天，仍即興復。仰憑神力，法輪重轉，十方眾生，俱獲利益。比以有陳虐亂殘暴，東南百姓勞役，不勝其苦，故命將出師，為民除害。吳越之地，今得廓清，道俗乂安，深稱朕意。朕尊崇正法，救濟蒼生，欲令福田永存，津梁無極；師既已離世網，修己化人，必希獎進僧伍，固守禁戒，使見者欽服，聞即生善。方副大道之心，是為出家之

7　《續高僧傳》卷十七〈習禪〉，T50，p564a。

7　《佛祖統紀》卷六〈東土九祖〉，T49，p180c。

8　《隋天臺智者大師別傳》僅記智顗為晉王授菩薩戒後，「汎舸衡峽」，也就是赴衡嶽酬答師恩（此事《續高僧傳》未提，只說他重回廬山，結徒行道），接著即說他到出生地荊州，答謝地恩，集眾說法：「渚宮（乃春秋之際，楚成王別宮，故址在湖北江陵縣城。因在荊州境內，此處故為荊州代稱）道俗延頸候望，扶老攜幼，相趨戒場，垂黑載白，雲屯講座聽眾五十餘人（「十」當「千」字之誤，疊照註本即作「千」；又《續高僧傳》作：「眾將及萬」），旋鄉答地，荊襄未聞。」（T50，p191a）絲毫未言及政治力量的干預問題。

業。若身從道服，心染俗塵，非直含生之類無所歸依；仰（抑）恐妙法之門，更來謗讟。宜相勸勵，以同朕心。春日漸暄，道體如宜也。開皇十年正月十六日。[9]

這段通牒文字是道地的「棉裏針」，大致可分兩方面來看，一是標榜自己弔民伐罪，救教護法的勳績；一是對智顗的「期許」，表面柔軟恭敬，實際卻酷若嚴冬，尤其「身從道服，心染俗塵」，措辭之明顯深刻，不禁令人悚慄顫掉，智顗倘不遵從，必定性命不保，甚至可能禍延南方僧眾，但《佛祖統紀》雖有記載，卻又在志磐的刻意刪削下，變成了文帝對智顗的獎披慰言[10]；至於慧嶽《天臺教學史》云：

隋文帝統一天下不久，即於開皇十年（590）正月十六日，特以敕詔慰問大師，其詔書的首句便說：『皇帝敬問光宅寺智顗禪師……。』由此可知，當時的大師，在江南佛教界的德望是如何隆重的了！[11]

這也一樣容易引人誤解。其實，此敕頒布於開皇十年時，智顗已五十三歲，到開皇十七年十一月二十四，智顗六十歲，即於新昌石城寺結跏趺坐，寂然入滅[12]，故智顗暮年的出處行止，與此敕關係相當密切，唯能了解這一層，並釐清智顗晚年行止與此敕的關係，才可以將他遺留於《國清百錄》的諸多書札，一一繫連，昭晰無爽。

有關於此問題，大陸學者的研究亦曾涉及，如潘桂明認為智顗心中具有王朝正統觀念，由於他認同梁、陳王朝，因此對挾武力征服南方的隋政權，並不妥協。潘氏在〈智顗的王朝正統觀念〉中說道：

---

9 同注2，卷二，頁802。
10 按志磐刪削成：「皇帝敬問光宅禪師：朕於佛教敬信惟重，往者周武毀棄佛法，朕曾發心立願，必許獲（護）持。及受命於天，遂即興復。師已離世網，修己化人，必希獎進僧倫，用光大道。」（T49，p180c）
11 見《天臺教學史》第二章第二節，臺北：中華佛教文獻編撰社，1974年2月，頁68。
12 智顗生年有六十與六十七歲二種說法，而當以六十歲為是。見陳垣《釋氏疑年錄》卷三，北京：中華書局，1988年9月，頁61；楊曾文〈關於中日天臺宗的幾個問題〉，《東南文化》1994年2期，頁78。

隋滅陳之後，對江南士族採取壓制措施，造成江南士族與隋政權
的尖銳矛盾，陳的殘餘勢力紛紛起而反隋。……無論智顗是否曾
同情或支持這類反隋活動，由於他未能向新王朝表達忠誠和擁
戴，相反「策杖荊湘」，遠上廬山，也就理所當然成為隋的異
己。……智顗雖已脫離世俗生活，但伴隨他身世而來的與舊王朝
的種種聯繫未能完全割斷。他之所以不願為隋朝所用，表明傳統
的儒家「忠孝」、「名節」觀念在他身上繼續產生作用。[13]

故潘氏認為這正是文帝要〈敕書〉智顗，提出嚴重警告的理由。潘氏的
說法，其實在張哲永〈智顗的生平與死因〉中已點到，張文且認為智顗
之死，是因絕食，「巧妙地自戕」：

作為南陳王朝宗教國師的智顗，對他的前朝舊主有著深厚的感
情。他不願以佛法「事二主」，不願「染政界」；同時，他的年
歲漸高，不願以衰頹之年再作違心之事。加上他酷愛天臺的青山
綠水，欲在此間終其殘年。因此，楊廣的三令五申，使智顗陷入
困窘的境地，尤其是他考慮到：如不出山赴命，不僅禍及自身，
而且將連累整個天臺宗和眾門徒；如奉詔應事，又違背心願。因
此在這種情況下，他決意以一死消百慮，從而既可瞞住楊廣、打
消疑忌，又可換取楊廣對天臺宗的「隆恩」。[14]

至於張風雷在《智顗評傳》更進一步指出智顗支持農民起義：

灌頂在《隋天臺智者大師別傳》中記載說：「俄而潯陽反叛，寺
宇焚燒，獨有茲山，全無侵擾。護像之功，其在此矣。」這段記
載是很耐人尋味的。在危難多事之秋，戰火漫捲之下，為什麼「獨
有茲山，全無侵擾」呢？這恐怕不是單單用「護像之功」所能解
釋得了的。遙想東晉末年，盧循率農民起義軍十餘萬眾，聚集江
州，反叛東晉王朝，主張「沙門不敬王者」的慧遠，竟敢不避通

---

[13] 　見《東南文化》，1994年第2期，頁181。

[14] 　見《華東師範大學學報》，哲社版，1985年，第4期，頁92。

敵之嫌，在東林寺熱情接待盧循，「歡然道舊」。儘管我們並不能因此斷定慧遠同情並支持農民義軍，但有一點可以肯定，那就是慧遠並沒有對東晉王朝俯首聽命，亦步亦趨。歷史的發展常常表現出驚人的相似性，……如果說當年的慧遠在接待盧循之前與農民義軍並無歷史瓜葛的話，那麼作為南陳遺民的智顗，則與反隋復陳的鬥爭有著更直接的關聯。[15]

張氏所持的證據，仍是文帝〈敕智顗書〉，他認為〈敕智顗書〉是智顗與朝廷旨意背道而馳，「甚至嚴重到幾乎不能為朝廷所容忍的地步」，所以才發出的詔令。似這般說法，都還有待商榷，下文便分別從文帝的佛教因緣、宗教政策，及〈敕智顗書〉的時空背景逐項說明，並進而分析智顗以一方外緇流，歷經梁、陳、隋三朝；特別是文帝敕書之前與敕書後，其出處行止的差異比較，如此一來，也才能對這位「帝王師範」、「慈氏輔佐」有深入的認識。

二、隋文帝的佛教因緣

文帝在〈敕智顗書〉提到：「朕於佛教敬信情重，往者周武之時，毀壞佛法，發心立願，必許護持。及受命於天，仍即興復。仰憑神力，法輪重轉，十方眾生，俱獲利益。」自負於北周武帝毀佛之後，重又光大佛法，這是文帝目前存留對於佛教人事、法務的詔書中，最喜歡提起的事，如〈詔釋智舜〉云：「朕統在兆民之上，弘護正法，夙夜無怠。」〈詔釋靈裕〉云：「朕遵從三寶，歸向情深，恆願闡揚大乘，護持正法。」〈又詔釋靈裕〉云：「朕遵仰聖教，重興三寶。」〈立舍利塔詔〉云：「朕歸依三寶，重興聖教。」〈再立舍利塔詔〉云：「遵奉聖教，重興像法。」〈遺釋慧則〉云：「朕尊崇聖教，重興法典。」〈懺悔文〉云：「周代亂常，侮慢聖跡，塔寺毀廢，經像淪亡，無隔華夷，掃地悉盡。……弟子往藉三寶因緣，今膺千年昌運，作民父母，思拯黎元，重顯尊容，再崇

---

[15] 見《智顗評傳》，北京：京華出版社，1995年9月，頁72。

神化，積基毀跡，更事莊嚴，廢像遺經，悉令雕撰。」[16]一再的提起，或予人有矜炫之感，然而佛教界也確實相當肯定其復教勳績，如《續高僧傳》卷十五〈論曰〉：

> 隋高荷負在躬，專弘佛教，開皇伊始，廣樹仁祠，有僧行處，皆為立寺，召請學徒，普會京輦，其中高第，自為等級，故二十五眾，峙列帝城，隨慕學方，任其披化。每日登殿，坐列七僧，轉讀眾經及開義理，帝目覽萬機而耳餐正法。于時釋門重稱高敞，雖減梁齊，亦後之寄。[17]

按北周武帝於建德三年（574），「五月十七日，初斷佛道兩教，沙門、道士並令還俗，三寶福財，散給臣下；寺觀塔廟，賜給王公。」[18]後四年（578）滅齊，更把廢佛之舉，推及東土，「爾時魏齊東川，佛法崇盛，見成寺廟，出四十千，並賜王公，充為第宅。五眾釋門，減三百萬，皆復軍民，還歸編戶。融刮佛像，焚燒經教，三寶福財，簿錄入官，登即賞賜，分散蕩盡。」[19]可以說滅得相當徹底，以致「前代關東、西數百年來官私佛法，掃地並盡。」[20]

武帝雖滅二教，不過據《廣弘明集》記載，建德三年滅教後，未逾經月，即下詔立通道觀，「於時員置百二十人，監護吏力各有差」，凡釋老之名於世者，皆著衣冠笏履，為通道觀學士[21]；且《周書‧武帝紀》又載建德五年九月，大醮於正武殿，以祈東伐；六年五月，大醮於正武殿以報功。言行不一，難怪武帝甫崩，宣帝繼位，即數次下詔，稍開佛

16　見嚴可均輯《全隋文》（京都：中文出版社，1981年6月）卷二、三，頁4023～4034。另於《辯正論》卷三亦云：「開皇三年詔曰：『朕欽崇聖教，念存神宇。』……開皇五年……敕云：『佛以正法付囑國王。朕是人尊，受佛付囑。』」（T52，p508b）這都充分顯示了正法君王的抱負。

17　同注6，T50，p548a。

18　見《廣弘明集》卷八〈周滅佛法集道俗議事〉，T52，p135c。

19　同前注，卷十〈周祖平齊召僧敘廢立抗拒事〉，T52，p135a。又同見《集古今佛道論衡》卷乙，T52，p374a。

20　《續高僧傳》卷二三〈靜藹傳〉，T50，p625c。

21　見《廣弘明集》卷十〈周祖廢二教已，更立通道觀詔〉，T52，p153a。

教[22]，又恢復佛像及天尊像，「帝與二像俱南面而坐。大陳雜戲，令京城士民縱觀。」[23]

　　宣帝的稍復佛法，湯用彤以為：

　　　　宣靜二帝之復教，疑實出丞相楊堅之意。故佛法再興，實由隋主也。[24]

而藍吉富則認為：

　　　　宣帝時的復教，以史無明文，無法確知其事是否出諸楊堅之建言。而靜帝時的復行佛法，則確是楊堅所主動提倡。[25]

　　今據《周書・宣帝紀》云：「（帝）唯自尊崇，無所顧憚，國典朝儀，率情變改。……每召侍臣論議，唯欲興造變革，未嘗言及治政。」《隋書・文帝紀》又言宣帝即位，楊堅即以女兒為皇后之故，徵拜上柱國、

----

[22] 道宣《集古今佛道論衡》卷乙載云：「大成元年正月十五日詔曰：『弘建玄風，三寶尊重，特宜脩敬，佛化弘廣，理可歸崇。其舊沙門中，德行清高者七人，在正武殿西安置行道。』二月二十六日改元大象，又敕：『佛法弘大，千古共崇，豈有沉隱，捨而不行？自今已（以）後，王公已（以）下，并及黎庶，並宜修事，知朕意焉。』即於是日，殿嚴尊像，具修虔敬。于時佛道二眾，各詮一大德，令昇法座，敷揚妙典。……至四月二十八日，下詔曰：『佛義幽深，神奇弘大，必廣開化儀，通其修行，崇奉之徒，依經自檢；遵道之人，勿須剪髮毀形，以乖大道，宜可存鬚髮，嚴服以進高趣，今選舊沙門中，懿德貞潔，學業沖博，名實灼然，聲望可嘉者一百二十人，在陟岵寺為國行道……。』其民間禪誦，一無有礙，惟京師及洛陽各立一寺，自餘州郡，猶未通許。」（T52，p376c）由此段文字可見佛法已有流通，然尚多限制，故《續高僧傳》卷十五〈論曰〉亦云：「孝宣即位，政異前朝，經像漸開，齋福稍起，而厥化草創，義學猶微。」又卷十九〈法藏傳〉有宣帝敕云：「朕欲為菩薩治化，此僧既從紫蓋山來，正合朕意。宜令長髮，著菩薩衣冠，為陟岵寺主。」從武帝的釋老二教百二十位學士，至宣帝的百二十位菩薩僧，也可以看到復教跡象。另據卷八〈曇延傳〉云：「逮天元遘疾，追悔昔愆，開立尊像，且度百二十人為菩薩僧。」「天元（皇帝）」為宣帝於大象元年自號，見《周書・宣帝紀》，故文中說宣帝遇疾追悔，始立尊像，度菩薩僧，當稍有疏誤，而同卷〈慧遠傳〉云：「天元微開，佛化東西，兩京各立陟岵大寺，置菩薩僧。」則是正確的。

[23] 見《周書・宣帝紀》，臺北：鼎文書局，1993年6月，卷七，頁121。

[24] 見《漢魏兩晉南北朝佛教史》，臺北：臺灣商務印書館，1991年9月，下冊，頁544。

[25] 見《隋代佛教史述論》，臺北：臺灣商務印書館，1993年10月，頁9。

大司馬；大象初，遷大後丞、右司武，俄轉大前疑，位極人臣，然「高
祖位望益隆，（宣）帝頗以為忌。帝有四幸姬，並為皇后，諸家爭寵，
數相毀譖。帝每忿怒謂后曰：『必族滅爾家。』因召高祖，命左右曰：『若
色動，即殺之。』高祖既至，容色自若，乃止。」且大象二年五月，更
欲出楊堅為揚州總管，楊堅處於形勢如此不利的情況，想諫言弘法，恐
不可能[26]；而巧的是，楊堅「將發（揚州），暴有足疾，不果行」，即逢
帝崩，靜帝幼沖，故由楊堅輔政，佛法才真正復興[27]。《續高僧傳》卷二
三〈智炫傳〉稱：「武帝崩，隋文作相，大弘佛法。」這是較籠統的說
法；卷十九〈法藏傳〉則有較詳細的記載：

> 周德云謝，隋祚將興。大象二年五月二十五日，隋祖作相於虎門
> 學。六月，藏又下山與大丞相對論三寶經宿，即蒙剃落，賜法服
> 一具、雜綵十五段、青州棗一石。……至（七月）十五日，令遣
> 藏共景陵公檢校度僧百二十人，並賜法服，各還所止。藏獨宿相
> 第，夜論教始。大定元年二月十二日，丞相龍飛，即改為開皇之
> 元焉。十五日奉敕追前度者置大興善寺，為國行道。自此漸開，
> 方流海內。[28]

卷八〈曇延傳〉也載：「隋文創業，未展度僧，延初聞改政，即事剃落，
法服執錫，來至王庭，面申弘理。……帝奉聞雅度，欣奉本懷，共論開
法之模，孚化之本。延以寺宇未廣，教法方隆，奏請度僧以應千二百五
十比丘、五百童子之數。敕遂總度一千餘人，以副延請。此皇隋釋化之

---

[26] 按《全隋文》卷十八李德林〈天命論〉亦云當周武帝時，已有相者謂文帝必為王者，而
　　「帝憂懼謙退，深自晦跡。」（同注16，頁4118）及其為相，宣帝既崩，始多興革。按
　　文帝初為左大丞相，後左、右丞相皆廢，乃改授大丞相，〈以隋公為大丞相詔〉亦李德
　　林撰，可見《全隋文》卷十七，頁4115。

[27] 《周書‧靜帝紀》云：「上柱國、揚州總管、隨國公楊堅為假黃鉞、左大丞相……。帝
　　居諒闇，百官總己，以聽於左大丞相……。（大象二年六月）庚申，復行佛道二教，舊
　　沙門、道士精誠自守者，簡令入道。」（同注23，頁132）

[28] 同注6，T50，p580c。

開業也。」[29]自是，至仁壽四年（604），二十餘年間，文帝不斷從事度僧、造塔、營像、譯經傳法等弘護工作。《歷代三寶紀》、《辯正論》、《續高僧傳》、《佛祖統記》等皆有記載；而湯用彤《隋唐及五代佛教史》、藍吉富《隋代佛教史述論》或簡或詳，亦已述及，茲不繁贅。

　　文帝之所以擁護佛法，跟他的出生成長背景，有相當密切關連。由於文帝生長在佛教氣氛濃厚的家庭，其父楊忠曾經營造佛寺[30]，且又捨宅為寺（見下則引文）；而文帝即誕生、長養於佛寺之中，王劭所撰文帝〈起居注〉載云：

> 帝以後魏大統七年六月十三日，生於同州般若尼寺。……有神尼者，名曰智仙，……及帝誕日，無因而至，……遂名帝為那羅延，言如金剛不可壞也。……太祖乃割宅為寺，以兒委尼。……及年七歲，告帝曰：「兒當大貴，從東國來。佛法當滅，由兒興之。」尼沉靜寡言，時道吉凶，莫不符驗。初在寺養，帝年至十三，方始還家。及周滅二教，尼隱皇家。帝後果自山東入為天子，重興佛法，皆如尼言。[31]

這在賀德仁奉教撰〈栖嚴道場舍利塔碑〉也有類似記載，碑文更述及文帝將崩時，召匠人圖像神尼於帝側[32]。文帝與神尼關係如此特殊，印順法師認為主因是：「文帝殆其父與尼有染而生者，為禮教所限，乃詐為夫人兒，而由尼鞠育之。事涉隱微，乃以神目之耳。明眼人讀此，當不以吾言為穿鑿也。」[33]而無論真相如何，文帝畢竟是智仙鞠養長成，由

---

[29] 同前注，T50，p488a。

[30] 見《八瓊室金石補正》卷二六〈大隋河東郡首山栖嚴道場舍利塔之碑〉（簡稱〈栖嚴道場舍利塔碑〉，臺北：新文豐公司，《石刻史料新編叢書》，1986年7月，頁4421）栖嚴道場即楊忠所造。

[31] 據道宣《集古今佛道論衡》卷乙〈隋兩帝重佛宗法，俱受歸戒〉條所引。另道宣於《續高僧傳》卷二六〈道密傳〉中亦詳引此事。

[32] 同注30。文曰：「洎將昇鼎湖，言違震旦，垂拱紫極，遺愛蒼生，乃召匠人鑄等身像，并圖仙尼，置於帝側。是用紹隆三寶，頌諸四方。」（頁4422）

[33] 見《華雨香雲・華雨集・神尼》，臺北：正聞出版社，1988年3月，頁190。

於對她滿懷孺慕之情，也理所當然對佛法有超乎常人的親切之感。下面便將文帝開國，至智顗圓寂前，《續高僧傳》所記文帝對高僧敕詔欽崇，或任信起用者，簡述表列之[34]：

卷次	寺　名	僧名	籍　貫	事　蹟	備　註
卷二	隋西京大興善寺	那連提黎耶舍	北天竺烏場國	開皇之始，爰降璽書，請來弘譯	為外國僧主
	隋西京大興善寺	闍那崛多	北賢豆揵陀囉國	開皇五年，敕延京闕，躬當翻譯	
	隋西京大興善寺	法智	中天國人	隋初敕召使掌翻譯	
	隋東都雒濱上林園翻經館	達摩笈多	南賢豆羅囉國	開皇十年冬延入京城，後移住大興善寺，執本對譯	
	隋東都上林園翻經館	釋彥琮	趙郡柏人	開皇十二年，敕召入京，復掌翻譯，住大興善，每設大齋，帝執香爐，琮為宣導	
卷三	唐京師清禪寺	釋慧贅	荊州江陵人	開皇中，幼譽驚挺，詔令恭送京輦	

[34]本表所列，僅能見其大要，無法絕對精確。這是因為《續高僧傳》所載不盡周詳，如卷二〈闍那崛多傳〉云：「置十大德沙門僧休、法粲、法經、慧藏、洪遵、慧遠、法纂、僧暉、明穆、曇遷等，監掌翻事，銓定宗旨。」卷九〈慧藏傳〉云：「時有沙門智穩、僧朗、法彥等，並京室德望，神慧峰起。」卷十五〈論曰〉又云：「僧粲以論士馳名，慧藏以知微取號，僧休洞精於大論，法經妙體於教源。」又卷十八〈曇遷傳〉云：「時洛陽慧遠、魏郡慧藏、清河僧休、濟陰寶鎮、汲郡洪遵，各奉明詔，同集帝輦。」卷二六〈智光傳〉云：「開皇十年，敕召尼公，（光）相從入京，住大興善寺。」但文中所述高僧並非每位皆有傳記；又如卷二六〈慧重傳〉云慧重清迥不群，住大興善，榮達敘顧；〈僧世傳〉云僧世於開皇入京住大興善。能住此寺，受文帝禮遇的可能性很大，但由於記載不詳，故只能略去。再如卷二五〈法濟傳〉云：「文帝長安為造香臺寺。」然據《辯正論》卷三所載，香臺寺其實為煬帝所造（T52，p509b），今則仍從《續高僧傳》所言表列之。

卷七	隋大興善寺	釋僧琨	成都人	為二十五眾讀經法主	寺名、籍貫據《歷代三寶紀》卷十二
卷八	隋京師延興寺	釋曇延	蒲州桑泉人	延以寺宇未廣，教法方隆，奏請度僧，為隋代釋化之始，名為世重，道為帝師	
	隋京師淨影寺	釋慧遠	敦煌人	敕授洛州沙門都，又下璽書，奉迎講說於淨影寺	
卷九	隋相州演空寺	釋靈裕	定州鉅鹿人	三敕令住興善，仍表辭請還，御賜寺額「靈泉」	
	隋西京空觀道場	釋慧藏	趙國平棘人	開皇七年，承敬德音，遠遣徵請	
	隋東都內慧日道場	釋法論	南郡人	文帝幸仁壽，論往謁見，特蒙接對，為設淨饌於大寶殿	
	隋京師大興善道場	釋僧粲	汴州陳留人	開皇十年，迎入帝里，十七年，下敕補為二十五眾第一摩訶衍匠	
卷十	隋彭城崇聖道場	釋靖嵩	涿郡固安人	敕給寺額為「崇聖寺」	自北入南，又自南返北
	隋吳郡虎丘山	釋智聚	不詳	開皇十一年，降敕勞問	南人[35]
	隋丹陽攝山	釋慧曠	譙國人	奉敕移居興國，寺任攸委	
	隋西京真寂道場	釋法彥	不詳	開皇十六年為大論眾主	
	隋西京海覺道場	釋法總	并州太原人	開皇中，召為涅槃眾主	

---

[35] 所謂「南人」或「北人」是以陳朝領土為界定，例如荊州江陵原屬梁境，梁朝既滅，歸於後梁，而非陳朝所有，故隸籍於此者為「北人」；又若智聚，傳中並未載明籍貫，然其一生活動皆在江南，故視為「南人」。

	隋西京大興道場	釋僧曇	幼住洺州	開皇十年敕召翻譯，住大興善	
	隋西京大禪定道場	釋靈燦	懷州人	慧遠門人，及遠去世，開皇十七年，敕補為眾主	
	隋西京勝光道場	釋法瓚	齊州人	開皇十四年，文帝省方，下敕延之，與帝同歸，達于京邑	
卷十一	隋西京禪定道場	釋智梵	渤海條人	開皇十六年，天水、扶風二方聞梵道務，競申奏請，有敕許焉	
卷十二	隋丹陽彭城寺	釋慧隆	丹陽句容人	隋氏馭宇，九有同朝，上德高人，咸紆延請，隆志存栖晦，以老疾致辭	南人
	隋江都慧日道場	釋慧覺	丹陽秣陵人	隋定江表，令一州止置佛寺二所，覺乃上聞天聽，敕從所請	南人
	隋終南山龍池道場	釋道判	曹州承氏人	開皇七年，敕就終南山造院舍，常擬供奉，給額「龍池寺」	
	隋西京大禪定道場	釋童真	河東蒲阪人	開皇十二年，敕於大興善對翻梵本；十六年詔為涅槃眾主	
	隋西京大禪定道場	釋靈幹	金城狄道人（遷於上黨）	開皇七年，敕住興善，為譯經證義沙門	
	隋京師淨影道場	釋善冑	瀛州人	慧遠亡後，敕令於寺為涅槃眾主	
	隋京師大總持寺	釋寶襲	貝州人	開皇七年，敕住興善；十六年，敕補為大論眾主	
	唐京師大總持寺	釋慧遷	瀛州人	開皇十七年，敕立五眾，請遷為十地眾主	
	唐并州武德寺	釋慧覺	齊人	開皇元年，高祖於幽憂之所置武德寺，召覺處之	
卷十四	唐蘇州武丘山	釋智琰	吳郡吳人	陳氏喪鼎，削跡武丘。隋文遠欽，爰降書問	南人
	唐同州大	釋道宗	馮翊人	隋朝開教，便預剃落，住同州大興國	

	興國寺			寺，寺即文祖之生地	
	唐終南山至相寺	釋智正	定州安喜人	開皇十年，與曇遷受詔入京，奉敕慰問，令住勝光	
卷十六	隋懷州柏尖山寺	釋曇詢	弘農華陰人（後遷河東郡）	隋文重其德音，致誠虔敬，敕盧元壽親送璽書，兼以香供	
	隋京師真寂寺	釋信行	魏郡人	開皇之初，被召入京，住真寂寺	
卷十七	隋京師清禪寺	釋曇崇	咸陽人	大象之初，皇隋肇命，即預百二十僧敕住興善，復令宰寺任；帝更為立九寺，皆國家供給	
	隋趙郡障洪山	釋智舜	趙州大陸人	開皇十年詔下獎勸，敕盧元壽親送璽書及香物	
卷十八	隋西京禪定道場	釋曇遷	博陵饒陽人	開皇七年，詔迎京邑，又從其意，諸有僧尼私度者，並聽出家	
	隋西京淨住道場	釋法純	扶風始平人	為初度百二十僧之一，帝聞其懷素，請為戒師	
	隋西京大禪定道場	釋靜端	武威人（後住雍州）	文帝獻后延進入宮，從受正法。敕以牙像檀龕及諸金貨奉賜	
卷十九	唐經師清禪寺	釋法應	東越會稽人	開皇十二年，敕令搜簡三學業長者海內通化，應膺選	弱冠在長安出家，師事曇崇，故亦屬北人
	唐終南紫蓋山	釋法藏	潁川潁陰人	為初度百二十僧之一，開皇之元，奉敕住大興寺，為國行道	
	唐終南山豐德寺	釋智藏	華州鄭縣人	初住大興善，後移居終南，帝詔所住為豐德寺	
卷廿一	隋大興國寺	釋法願	西河人	皇隋受命，敕任并州大興國寺主	

	隋京師大興善寺	釋靈藏	雍州新豐人	為高祖布衣知友,情款綢狎,及龍飛之始,彌結深衷	
	隋西京大興善寺	釋洪遵	相州人	開皇七年,敕詣京闕;十一年敕與竺僧共譯;十六年,敕為講律眾主	
	唐益州龍居寺	釋智詵	徐州人	有隋革命,招碩德率先僧首,即於長安弘律	
卷廿三	隋京師雲花寺	釋僧猛	京兆涇陽人	隋初,為大統三藏法師	
	隋益州孝愛寺	釋智炫	益州成都人	帝讚之為一國名僧	
卷廿四	唐終南山智炬寺	釋明瞻	恆州石邑人	隋初追住相州法藏寺,三年,敕詔翻譯,住大興善	
	唐京師勝光寺	釋慧乘	徐州彭城人	高祖東巡岱宗,鑾駕伊洛,敕遣江南吳僧與關東大德豎義,乘縱橫絡繹,帝目屬稱揚	南下揚都,師事智熠,且為陳主所欽,故屬南人
卷廿五	隋京師香臺寺	釋法濟	不詳	帝為造香臺寺	
卷廿六	隋京師大興善寺	釋道密	相州人	隋初敕住大興善翻經	
	隋京師經藏寺	釋智隱	貝州人	開皇七年,敕召大德興藏入京住大興善,十六年,補充講論眾主	
	隋京師大興善寺	釋明璨	莒州沂水人	精慮勃興,敕召入京住大興善	
	隋京師勝光寺	釋寶積	冀州條人	開皇十四年,隋高東巡,一見便悅,下敕入京住勝光寺	
	隋京師大興善寺	釋明芬	相州人	開皇之譯,下敕追延,令與梵僧對傳法本	
	隋京師大	釋曇觀	莒州人	開皇之始,下敕徵召延入大興善	

	興善寺				
	隋京師勝光寺	釋法性	兗州人	開皇十四年東巡，因召入京	
卷廿七	隋京師郊南逸僧	釋普安	京兆涇陽人	開皇八年，頻敕入京，為皇儲門師	
卷廿九	唐綿州振響寺	釋僧晃	綿州涪城南昌人	大隋啟祚，面委僧正，匡御本邑	
卷三十	隋杭州靈隱山天竺寺	釋真觀	吳郡錢唐人	隋祖尚法惟深，三敕勞問	南人

三、隋文帝的佛教政策

隋代繼承的大統，源之於北魏。當北方歷經五胡十六國爭戰，直到北魏統一，在佛教與政治發展關係上，也形成了所謂「皇帝即如來觀」[36]的理念，《魏書‧釋老志》記載：「皇始中，趙郡有沙門法果，誡行精至，開演法籍。太祖聞其名，詔以禮徵赴京師。後以為道人統，緫攝僧徒。……法果每言太祖明叡好道，即是當今如來，沙門宜應盡禮，遂常致拜。謂人曰：『能鴻道者，人主也。我非拜天子，乃是禮佛耳。』」[37]這是世局動亂中，佛教亟待強有力的君主保護所形成的思想。洎經太武帝滅佛，教界遭嚴重摧殘後，又得文成帝下詔復佛，〈釋老志〉云：

> （復佛）是年（興安元年，452），詔有司為石像，令如帝身。
> 既成，顏上足下各有黑石，冥同帝體上下黑子。……興光元年

---

[36] 參見顏尚文〈梁武帝「皇帝菩薩」理念形成的時代背景〉，收於《佛教的思想與文化——印順導師八秩晉六壽慶論文集》，臺北：法光出版社，1991年4月。文云：「『皇帝即如來觀』象徵著政治主體的『皇帝』與宗教神聖的『如來佛』融合為一體。『皇帝及如來觀』有助於佛教與政治、佛法與王法、皇帝與沙門的結合，俾一致於政教事務的推行。」（頁137）

[37] 見《魏書‧釋老志》卷一一四，臺北：鼎文書局，1993年10月，頁3030。

（454）秋，敕有司於五級大寺內，為太祖以下五帝，鑄釋迦立像五，各長一丈六尺，都用赤金二十五萬斤。[38]

石佛像上的黑石與皇帝黑痣冥同；又為五帝鑄五尊釋迦像，都是「皇帝即如來觀」的具體顯像，甚至後來曇曜在雲崗開鑿五窟石佛，分別代表始祖神元皇帝、太祖道武帝、世祖太武帝、高宗文成帝、高祖孝文帝[39]，也都是這種精神的體現，而其潛在的目的當然還是為了避免後世毀佛。

歷史的盛衰興替，確實讓人有似曾相識的感覺。我們看到隋文帝下詔復佛，還有舍利塔中置帝等身像（見注32）；《辯正論》卷三也載煬帝「奉為文皇帝敬造金銅釋迦坐像一軀，通光趺七尺二寸。……敕諸州郡各圖寫焉。」《廣弘明集》卷十七安德王雄等撰〈慶舍利感應表〉云：「皇帝積因曠劫，宿證菩提。降跡人王，護持世界。」卷二八李德林撰〈為太祖武元皇帝行幸四處立寺建碑詔〉云：「追仰神猷，事冥真寂。降生下土，權變不常，用輪王之兵，伸至人之意。」[40]這與北魏文成帝復教的作為全無二致。所以我們可以說文帝的宗教政策確有不少地方因襲前朝，而另外再由前節圖表所列，還可以發現一些特殊之處，今歸納言之，約有如下三點。

第一，是將佛教納於皇權可以掌控的局面。按北朝以沙門統（或稱道人統、昭玄統）為全國最高僧官；南朝則以僧正（或稱僧主）為國家任命之行政領袖。隋代中央僧官仍承襲北朝，設昭玄統，總管僧尼之事，而以昭玄都為副。《大宋僧史略》即云：「及隋一統，還準北朝，用統為正，以都為副。」[41]南北朝僧風是大不相同的，北朝的「皇帝即如來觀」較易促成政教結合；而南朝自慧遠撰〈沙門不敬王者論〉以來，君權即無法統馭教界；甚至《續高僧傳》卷五〈智藏傳〉還記載智藏踞侵御座之事：

---

[38] 同前注，頁3036。

[39] 詳見趙一德〈雲崗曇曜五窟的帝王象徵〉（收於《魏晉南北朝史論文集》，濟南：齊魯書社，1991年5月，頁275～288）

[40] 見《辯正論》卷三，T52，p509b、《廣弘明集》卷十七、二八，p216c，p328a。

[41] 見《大宋僧史略》卷中〈僧主副員〉條，T54，p244a。

時梁武崇信釋門，宮闕恣其遊踐。主者以負扆南面，域中一人，議以御坐之法，唯天子所升，沙門一不霑預。藏聞之，勃然屬色，即入金門，上正殿、踞法座，抗聲曰：「貧道昔為吳中顧郎，尚不慚御榻，況復迺祖定光，金輪釋子也。檀越若殺貧道即殺，不慮無受生之處；若付在尚方獄中，不妨行道。」即拂衣而起。帝遂罷敕，任從前法。[42]

智藏以未出家前，為吳中顧氏大姓；出家後，是定光佛、金輪聖王釋迦佛法嗣，來折服世俗一位「蕭姓檀越」，目中完全無視於王權的尊貴，結果梁武帝也奈何不了他。接著〈智藏傳〉還說，大同年間，武帝欲自任白衣僧正，智藏仍堅持「佛法大海，非俗人所知。」敕詔雖行，後亦因之追停前敕。智藏甚至以為僧正一職可去：「如來戒律布在世間，若能遵用，足相綱理；僧正非但無益，為損弘多。」正因僧正由帝王任命，須對帝王負責之故。因此武帝「皇帝菩薩」理念，即為了同時掌控王法與佛法權柄，一方面順應「沙門不敬王者」的傳統，實際上又具備「皇帝即如來」的內涵所形成的一種構想；而同樣身為政治人物的隋文帝，當然不循南朝君主如此迂曲的路，這是文帝宗教政策承襲北朝的好處所在。

為了便於皇權掌控，文帝將義學中心設在長安。文帝即位後，便四處訪求大德高僧，來赴京城，住於大興善寺[43]《歷代三寶紀》卷十二云：

（隋文）定鼎之基永固，無窮之業在茲。因即城曰大興城；殿曰大興殿；門曰大興門；縣曰大興縣；園曰大興園；寺曰大興善寺。三寶慈化，自是大興。[44]

---

[42] 《續高僧傳》卷五，T50，p465c。

[43] 如《續高僧傳》卷九〈靈裕傳〉，文帝敕靈裕詔即云：「京師天下具瞻，四方輻湊，故遠召法師，共營功業。」（T50，p495b）卷十八〈曇遷傳〉，敕曇遷詔亦云：「京邑之間，遠近所湊，宣揚法事，為惠殊廣，想振錫拂衣，勿辭勞也。」（T50，p571b）都是搜訪高僧的例證。

[44] 《歷代三寶紀》卷十二，T49，p101c。

根據《酉陽雜俎》說大興善寺命名，是由「大興城靖善坊」而來[45]，《長安志》卷七〈靖善坊〉條即言：「大興善寺盡一坊之地，寺殿崇廣，為京城之最。」且加注云：「初曰遵善寺，隋文承周武之後，大崇釋氏，以收人望，移都先置此寺，以其本封名焉。」[46]今由前節附表，即可見駐錫大興善寺高僧特多，所以長安不僅為政治權力核心，也是經藏翻譯、弘化，乃至於佛學闢邪正謬的重鎮[47]，而佛教也就在皇權易於控制之下，成為服務統治者的最佳利器。

　　第二，即是利用宗教符讖，以利皇權提升。根據《續高僧傳》卷二〈彥琮傳〉言，開皇三年，文帝幸道壇，見畫老子化胡像，大生怪異，敕集諸沙門道士共論其本，彥琮因作〈辯教論〉明道教妖妄二十五條；卷九〈僧粲傳〉又言文帝下敕令道士褚揉講老子，僧粲乃率門人直入講會，抗言激刺，帝聞之曰：「斯朕之福也」；又卷十一〈普曠傳〉云，文帝以通道觀鐘賜玄都觀，普曠率法屬往爭，遂懸於大興善寺。這都可見文帝較偏佛教，佛教聲勢要凌駕道教之上[48]。然文帝崇重佛教之餘，對道教其實並不貶抑，所以除前云文帝作相，有恢復二教舉措外，《隋書·高祖紀下》也說：

　　　（開皇二十年）十二月詔曰：佛法深妙，道教虛融，咸降大慈，

[45] 見《酉陽雜俎·續集》卷五〈寺塔記〉，臺北：源流出版社，1983年9月，頁245。

[46] 宋敏求《長安志》收於《宋元地方志叢書》第1冊，臺北：大化書局，1980年4月，頁38。

[47] 《續高僧傳》卷二〈闍那崛多傳〉有文帝開皇二年建都大興城詔，其中亦言及：「寺曰大興善也，於此寺中傳度法本。」（T50，p433b）故其時譯經名僧，皆奉敕駐錫此寺。關於弘化義學，文帝曾敕命組織「二十五眾」與「五眾」，大抵前者在宣揚佛法，後者在培育僧眾。由於資料不足，難以詳知細節，藍吉富《隋代佛教史述論》第三章第二節可見梗概。至於京師義學中心有正謬功能，如《續高僧傳》卷二〈達摩笈多傳〉曾敘及：「開皇十三年，廣州有僧行塔懺法，以皮作帖子二枚，書為善、惡兩字，令人擲之，得善者吉。又行自撲法以為滅罪，而男女合雜，妄承密行。青州居士接響同行，官司檢察謂是妖異，其云：『此塔懺法依《占察經》；自撲懺法依諸經中五體投地如太山崩。』時以奏聞，乃敕內史侍郎李元操就大興善問諸大德。……敕因斷之。」（T50，p434c）即為明證。

[48] 按《隋書》卷三五〈經籍志〉即云：「高祖雅信佛法，於道士蔑如也。」（臺北：鼎文書局，1993年10月，頁1094）

> 濟度群品。凡在含識，皆蒙覆護……，故建廟立祀，以時恭敬。
> 敢有毀壞偷盜佛及天尊像、嶽鎮海瀆神形者，以不道論；沙門壞
> 佛像、道士壞天尊者，以惡逆論。

尤其最明顯的，是以「開皇」為號，「開皇」為道教術語。《隋書》卷六
九〈王劭傳〉載劭上表，徵引讖緯之文，陳說符命時，解釋云：「協靈
皇者，協，合也。言大隋德合上靈天皇大帝也。又年號開皇，與《靈寶
經》之開皇年相合，故（《河圖帝通紀》）曰協靈皇。」[49]這不僅是文帝
取周而代之，唯恐天下不服，故多方製造輿論的結果，也是文帝對符籙
圖讖、鬼神感應的好奇心理，要超越宗教情操的緣故。在佛教來說，佛
陀本懷是不允許弟子顯異惑眾的；甚至當佛陀臨涅槃時，還諄諄告誡合
和湯藥、占相吉凶、仰觀星宿、推步盈虛等等術數皆不應行[50]，但文帝
則是藉由神跡以鞏固權位，《隋書・禮儀志一》即說文帝「既受周禪，
恐黎元未愜，多說符瑞以耀之。」一直到仁壽元年冬至祠南郊板文，文
帝依然臚列種種祥瑞，難怪《隋書・高祖紀下》史臣論曰：「（帝）雅好
符瑞，暗於大道。」前節述及文帝佛教因緣時，也曾引過神尼的預言，
所以「造作而進者，不可勝計」，正是上有所好，下必有甚焉的寫照；
而這就是在佛教界，也無可或免，如天竺沙門那連提黎耶舍翻譯《德護
長者經》時，即有佛陀預言月光童子當在大隋國作國王，令國內一切眾
生信向佛法之說[51]，其後《歷代三寶紀》便以文帝為月光童子化身[52]；又

---

[49]　按周一良《魏晉南北朝史札記・隋書札記・開皇年號》（北京：中華書局，1985年3月，
　　頁426）對「開皇」之名曾多方舉證，足以參看。

[50]　見《佛垂般涅槃略說教誡經》（T12，p1111a），又《長阿含》卷十六〈堅固經〉，佛陀亦
　　云：「我終不教諸比丘為婆羅門、長者、居士而現神足上人法也，我但教弟子於空閑處
　　靜默思道，若有功德，當自覆藏；若有過失，當自發露。」（T01，p101b）

[51]　《德護長者經》卷下有云月光童子「於當來世佛法末時，於閻浮提大隋（亦有版本作「脂
　　那」）國內作大國王，名曰大行。能令大隋國內一切眾生，信於佛法，種諸善根。」（T14，
　　p849b）《歷代三寶紀》卷十二「德護長者經二卷」條注云：「開皇三年正月出。沙門僧
　　琨筆受。一名《尸利崛多長者經》，與《申日兜（兒）本經》、《月光童子經》並同譯異
　　名。」（T49，p102c）今查《申日兒本經》、《月光童子經》皆不載此語；《大正藏》十四
　　卷另有題為竺法護譯，而當屬支謙所翻《佛說申日經》則說：「佛告阿難：我般涅槃千
　　歲已後，經法且欲斷絕，月光童子當出於秦國作聖君，受我經法，興隆道化。」（T14，

《續高僧傳》卷二六〈闍提斯那傳〉更云：

> 闍提斯那，住中天竺摩竭提國……。以本國忽然大地震裂，所開之處極深無底，於其坼側獲一石碑，文云：「東方震旦，國名大隋，城名大興，王名堅，意建立三寶，起舍利塔。」彼國君臣欣感嘉瑞，相慶稀有，乃募道俗五十餘人尋斯靈相……。（闍提斯那）行途九載，方達東夏，正逢天子感得舍利，諸州起塔，天祥下降，地瑞上騰，前後靈感，將有數百……。有司以事奏聞，帝以事符大夏，陳跡東華，美其遠度，疑是登聖。

闍提斯那也同樣以神跡引起文帝對他所傳佛法的敬重，至於文中提到舍利建塔，祥瑞駢集的情況，《續高僧傳・感通篇》記載尤其詳細；王邵〈舍利感應記〉也云：「皇帝曰：『今佛法重興，必有感應。』其後處處表奏，皆如所言。」王邵於是將諸州感應事跡，條列出之，而其文末更記一神跡，那顯然是文帝自己在故弄玄虛了：

> 皇帝當此十月之內，每因食，于齒下得舍利；皇后亦然，以銀盌水浮其一，出示百官，須臾忽見有兩，右旋相著。二貴人及晉王昭、豫章王暕蒙賜蜆，敕令審視之。各于蜆內得舍利一。未過二旬，宮內凡得十九，多放光明。自是所有遠近道俗，所有舍利，

---

p819a）

52　見《歷代三寶紀》卷十二「眾經法式十卷」條。費長房遂頌稱：「其非大士應生，金輪託降，祐合識於死傷之際，安庶類於擾攘之間，孰能若是？」按大士即菩薩別名，這似與「皇帝即如來觀」稍有差異，但在費長房的觀念中，實無嚴格區分，因《德護長者經》中，如來已授記月光童子當來成佛，號「離垢月不動無障礙大莊嚴如來」，故費長房於文末復云：「《涅槃經》云，時有獵師，追逐一鴿，是鴿惶怖，至舍利弗影，猶故顫慄，至如來影，身心安隱，恐怖即除。此則仁壽宮門（群鹿來遊），譬同佛影；《大品經》云，佛說般若，盲者得視，聾者能聽，啞者能言，此則巡歷泰山，譬同般若；《勝天王經》云，轉輪聖王出世，則七寶常見。藍田之山，舊稱產玉，近代曠絕，書史弗聞，開皇以來，出玉非一，又太府寺是國寶淵，碇二十餘自變為玉，仁壽山所，國之神宮，其山潤石復變為玉。地不愛寶，此則同於輪王相也……。」（T49，p107a）

率奉獻焉。[53]

另外《續高僧傳》卷二十〈習禪篇〉論曰：「隋祖創業，偏宗定門，下詔述之，具廣如傳。京邑西南置禪定寺，四海徵引，百司供給，來儀名德，咸悉暮年，有終世者，無非坐化。具以聞奏，帝倍歸依。」文帝的偏重禪定，固然是承襲北方一貫傳統[54]，但由於定境深即能變現神通，所以從道宣的「具廣如傳」，也可見文帝對宗教神跡尚奇好異的心理。政治符讖一方面滿足了帝王的虛榮，一方面又有助於百姓對政權的肯定認同，正是文帝樂此不疲的緣故。

第三，是對南方佛教採取管制措施，有重北輕南的傾向。從前節圖表，我們可以看到文帝禮遇北僧，並賦予重要僧職的人數，遠比南僧為多，固然文帝在北周作相時，已開始優延名僧，所以北僧要占多數，但就是平陳之後，南僧人數仍少於北僧，這絕不是陳朝疆域較小的關係，而是一方面與文帝偏崇定門，忽略慧學的宗教政策攸關；再其次，則是隋政權仍對陳朝遺民有所設防之故。黃懺華於〈隋代佛教〉也注意到隋代對佛教有限制：

> 文帝在開皇九年滅陳時，曾令陳都建康的城邑宮室蕩平耕墾，於石頭城置蔣州，使南北朝時代盛極一時的建康佛教頓告衰微。其時諸寺多毀於戰火，「鐘梵輟響，雞犬不聞」。因此蔣州奉誠寺慧文等致書智顗，請轉達坐鎮揚州的晉王楊廣予以護持……。可

---

[53] 見《全隋文》卷二一，頁4143。又蜫內出舍利的說法，在《酉陽雜俎‧續集》卷五〈寺塔記〉則是言及大興善寺供有蛤像，段成式記其傳說云：「隋帝嗜蛤，所食必兼蛤味，數逾數千萬矣。忽一蛤，椎擊如舊，帝異之，置諸几上，一夜有光。及明，肉自脫，中有一佛、二菩薩像。帝悲悔，誓不食蛤。」（同注45，頁246）

[54] 按釋道安〈比丘大戒序〉有云：「世尊立教，法有三焉，一者戒律也，二所（者）禪定也，三者智慧也。斯三者至道之由戶，泥洹之關要也。」（見《出三藏記集》卷十一，T55，p80a）但是南北二地佛法，仍有偏重，故《洛陽伽藍記》卷二「崇真寺」條，記比丘惠凝死而復生，轉述閻羅王的話：「講經者心懷彼我，以驕凌物，比丘中第一粗行，今惟試坐禪誦經，不問講經。」而凡是講經僧都要被送往「黑屋」（地獄）。胡太后聞此說後，即下令比丘應禪坐誦經，於是「至此以後，京師比丘悉皆禪誦，不復以講經為意。」（臺北：世界書局，1974年5月，頁47～49）

見隋代對於佛教的政策也有限制的一面。[55]

　但黃氏如此說，可能會讓人疑惑：既然文帝興復佛教，不僅長安有國家級大興善寺，而且「其龍潛所經四十五州，皆悉同時為大興國寺」[56]，卻為何義學興盛的建康教團遭到戰火摧毀，就不再大力振興？

　　原來對文帝而言，建康本是敵國都城，因此平陳時，並未刻意保護寺院免遭戰禍，如《續高僧傳》卷十二〈道慶傳〉即云：「陳祚云亡，法朋凋散。」卷十四〈慧頵傳〉亦云：「天厭陳德，隋運克昌，金陵講席，掃土俱盡。」而就是平陳之後，文帝依舊採取嚴管措施。《續高僧傳》卷二一〈智文傳〉便說：「大隋革運，別降綸言，既屏僧司，憲章律府。」卷十二〈慧覺傳〉更云：「隋朝克定江表，憲令惟新，一州之內，止置佛寺二所，數外伽藍皆從屏廢。」雖然〈慧覺傳〉稱「覺懼金剛之地淪毀者多，乃百舍兼行，上聞天聽」，於是文帝「需然從其所請」，但我們從《國清百錄》卷二〈蔣州僧論毀寺書〉，還是見到黃懺華文中所提，奉誠寺慧文等僧眾聯名請求智顗向晉王說項，勿使毀壞寺宇的陳情書。文云：

> 伏見使人齎符，壞諸空寺。若如即目所睹，全之與破，及有僧無僧，毀除不少。伏惟大王菩薩，植信蒿明，興建三尊，慈仁化物，豈不弘護佛法，留心塔寺？但此處僧徒忽見毀廢，咸懷憂恐。……伏惟智者禪師道俗歸止，有所言勸，悉善為先。文等不揆庸微，馳來奉告，必願運大慈悲，垂為申達。[57]

《國清百錄》卷二另有智顗勸請晉王護持佛法，及晉王答覆智顗的書信。晉王雖解釋說，義師所至，叛民頑抗，「橫使寺塔焚燒，如比屋流散；鐘梵輟響，雞犬不聞。廢寺同於火宅；持缽略成空返。」而當戰禍之後，或恐其傾側倒塌而拆除，另有些則是暫借府衙辦公，待一二年後，自當以新酬故。言詞相當婉轉，但從字裏行間，仍可見主政者懷有疑慮，

怕寺院成為亡陳遺民、叛軍黨羽集結的淵藪,於是對南方寺院採取壓迫控制的方式[58]。所以智顗〈遺書晉王〉,在第五、六兩恨提到聚眾有乖國式,令州司惶慮,原因便在於此。

四、隋文帝〈敕智顗書〉的背景因素

文帝既然與佛教因緣深厚,又延攬大德高僧不遺餘力,卻對智顗頒敕如此恐嚇性的詔書,所幸《國清百錄》將它完整保存下來,否則恐怕誰都很難置信。在此前後,文帝也曾對江南名僧敕下詔書,如《續高僧傳》卷十〈智聚傳〉云:

> 開皇十一年,爰降敕書,殷勤勞問:「法師栖身淨土,爰志法門,普為眾生宣揚正教,勤修功德,率勵法徒,專心講誦,曠濟群品,欽承德業,甚以嘉之。」

但這段話經過了道宣節摘,真相如何,我們已無法得知,也無法與〈敕智顗書〉相互佐證,不過從有關資料仍可以推敲出來,文帝所以對南方佛教管制嚴格,怕寺院淪為遺民、叛軍的集結地,而〈敕智顗書〉又像是通牒文字一般,關鍵原因即在江南為敵境;尤其平陳不久即爆發了大規模的軍事叛變。《資治通鑑》卷一七七於文帝開皇十年,有一段綜合概括性的記錄:

> 江表自東晉已來,刑法疏緩,世族陵駕寒門;平陳之後,牧民者盡更變之。蘇威復作〈五教〉,使民無長幼悉誦之,士民嗟怨。民間復訛言隋欲徙之入關,遠近驚駭。於是婺州汪文進、越州高智慧、蘇州沈玄憺皆舉兵反,自稱天子,署置百官。樂安蔡道人、蔣山李稜、饒州吳世華、溫州沈孝徹、泉州王國慶、杭州楊寶英、交州李春等皆自稱大都督,攻陷州縣。陳之故境,大抵皆反,大

---

[58] 對南方寺院採取壓迫控制,直至煬帝即位,仍持續此一政策。《國清百錄》卷三即有〈僧使對問答〉,帝敕云:「師等既是行道之眾,勿容受北僧及外州客僧,乃至私度出家,冒死相替,頻多假偽,並不得容受。」又敕曰:「師等僧悉在寺不?勿使名係在寺,身住於外。」(T46,p815b)

者有眾數萬，小者數千，共相影響，執縣令，或抽其腸，或臠其
肉食之，曰：「更能使儂誦五教邪！」詔以楊素為行軍總管以討
之。[59]

　　由於文帝深諳宗教在民間深具影響力，文帝既能利用宗教符讖鞏固
政權，當然更要防範他人也趁機利用，就如同他對靈跡神異充滿好奇，
但也製詔禁厭巫蠱一般[60]；何況在此之前，中國史上假借宗教謀亂的，
已非少數[61]，因此面對江南動盪擾攘的情勢，文帝特別在〈敕智顗書〉
一開頭便申明命將出師，皆是為民除害，並且警告智顗當「固守禁戒」，
不得「心染俗塵」，如果智顗被察覺有絲毫響應叛軍跡象的話，別說是
文帝，就是行軍總管楊素也不會放過智顗的。《續高僧傳》卷三十〈真
觀傳〉便記載了和智顗友好的江南名僧真觀，受誣幾乎喪命的經過：

　　天臺智者名行絕倫，先世因緣，敦猷莫逆。年臘既齊，為法兄弟，
　　共遊秦嶺陵雲舊房，朝陽澄景，則高談慧照；夕陰匿彩，則深安
　　禪寂。……開皇十一年，江南叛反，王師臨弔，乃拒官軍，羽檄
　　競馳，兵聲逾盛。時元帥楊素整陣南驅，尋便瓦散，俘虜誅剪三
　　十餘萬。以觀名聲昌盛，光揚江表，謂其造檄，不問將誅。（觀）
　　既被嚴繫，無由申雪；金陵才士鮑亨、謝璃之徒，並被擁略。將

---

[59]　見《資治通鑑》卷一七七〈隋紀一〉（臺北：啟業書局，1978年1月，頁5529）。有關開
　　皇十年江南叛變，除《隋書》有載外，《北史》亦記載甚詳，見〈楊素傳〉、〈蘇威傳〉、
　　〈杜彥傳〉、〈皇甫績傳〉、〈來護兒傳〉、〈張淵傳〉、〈麥鐵杖傳〉、〈陳稜傳〉。胡如雷〈隋
　　朝統一新探〉根據反隋者的姓氏分析，以為反隋叛亂是由南方大族發起的，因「侯景亂
　　梁之後，南方豪族的勢力勃興，很多著姓中的成員都擔任了陳朝重要的地方官，……隋
　　朝滅陳之役等於是動搖了他們的政治命根，必然要招致他們的拼死反抗。」（《歷史研
　　究》，1996年第2期，頁55）
[60]　《隋書‧經籍志一》記載文帝受禪後，對於圖讖「禁之踰切」（頁941）；又〈文帝紀下〉，
　　開皇十八年五月辛亥詔曰：「畜貓鬼、蠱毒、厭魅野道之家，投於四裔。」（頁43）而〈房
　　陵太子勇傳〉，文帝處治楊勇黨羽，亦有詔曰：「典膳監元淹……進引妖巫，營事厭禱。」
　　（頁1237）〈庶人秀傳〉，文帝下詔數蜀王秀罪復云：「鳩集左道，符書厭鎮……。專事
　　妖邪，頑囂之性也。」（頁1244）
[61]　詳見呂思勉《讀史札記‧丙帙‧僧徒為亂》，臺北：木鐸出版社，1983年9月，頁973。

> 欲斬決,來過素前。(素)責曰:「道人當坐禪讀經,何因妄忤
> 軍甲,乃作檄書,罪當死不?」觀曰:「道人所學,誠如公言;
> 然觀不作檄書,無辜受死。」素大怒,將檄以示:「是爾作不?」
> 觀讀曰:「斯文淺陋,未能動人。觀實不作,若作過此。」乃指
> 摘五三處曰:「如此語言何得上紙?」素既解文,信其言也。觀
> 曰:「吳越草竊,出在庸人,士學儒流,多被擁逼。即數鮑、謝
> 之徒三十餘人,並是處國賓王,當世英彥。願公再慮,不有怨辜。」
> 素曰:「道人不愁自死,乃更愁他?」觀曰:「生死常也。既死,
> 不可不知人,以為深慮耳。」素曰:「多時被繫,頗解愁不?」
> 索紙與之,令作〈愁賦〉。觀攬筆如流,須臾紙盡……。素大嗟
> 賞,即坐釋之,所逮文士免死而為僕隸。[62]

真觀遭誣指替叛軍造檄書,而被拘繫,幸好在處決之前,有機會見到楊
素,楊素責備他不好好禪坐讀經,竟做出違忤大軍的事,真觀則辯稱他
實不曾寫過檄書,楊素便拿檄文給他看,真觀當即指出文字淺陋之處,
楊素雖然相信了,但最後還要考驗他的文學造詣,可見楊素對參與叛亂
者,寧可錯殺,也絕不輕易饒過。

　　至於文帝雖然算是佛教徒,我們看看《歷代三寶紀》卷十二引開皇
三年敕云:「好生惡殺,王政之本,佛道垂教,善業可憑。稟氣含靈,
唯命為重,宜勸令天下,同心救護。其京城及諸州官立寺之所,每年正
月五月九月,恆起八日至十五日,當寺行道,其行道之日,遠近民庶,
凡是有生之類,悉不得殺。」似乎文帝就像慈祐萬民的轉輪王;而且開
皇五年,文帝也請法經法師於大興殿為授菩薩戒,並下詔放獄囚之流罪
以下者,二萬四千九百餘人;死罪蒙降者三千七百餘人[63],這麼說來,
文帝應奉行菩薩六度,不致大行殺戮,但徵諸史書,又非如此,文帝的

62　同注6,T50,p701c。
63　按《辯正論》卷三云:「開皇五年,爰請大德(法)經法師受(授)菩薩戒,因放獄囚,
　　仍下詔曰:『朕夙膺都多祉,嗣恭寶命,方欲歸依種覺,敦崇勝果,以今月二十三日,
　　請經法師於大興殿受菩薩戒,然菩薩之教,以解脫為先;戒行之本,以慈悲為始。今囹
　　圄幽閉,有慟於懷,自流罪以下,悉可原放……。』」(T52,p508b)

嚴刑峻法，已有專文研究[64]，今只引《隋書·文帝紀下》與〈刑法志〉
聊見一斑：

> （帝）天性沉猜，素無學術，好為小數，不達大體。故忠臣義士，
> 莫得盡心竭辭。其草創元勳，及有功諸將，誅夷罪退，罕有存
> 者。……逮於暮年，持法尤峻，喜怒不常，果於殺戮。

> 高祖性猜忌，素不悅學，既任智而獲大位，因以文法自矜，明察
> 臨下。……（開皇）十年，尚書左僕射高熲、治書侍御史柳彧等，
> 諫以為朝堂非殺人之所，殿廷非決罰之地，帝不納。熲等乃盡詣
> 朝堂請罪曰：「陛下子育群生，務在去弊，而百姓無知，犯者不
> 息，致陛下決罰過嚴，皆臣等不能有所裨益，請自退屏，以避賢
> 路。」帝於是顧謂領左右都督田元曰：「吾杖重乎？」元曰：「重。」
> 帝問其狀，元舉手曰：「陛下杖大如指，捶楚人三十者，比常杖
> 數百，故多致死。」帝不懌，乃令殿內去杖，欲有所責罰，各付
> 所由。後楚州行參軍李君才上言，帝寵高熲過甚，帝大怒，命杖
> 之，而殿內無杖，遂以馬鞭笞殺之。自是，殿內復置杖。未幾，
> 怒甚，又於殿內殺人……。帝嘗發怒，六月棒殺人。大理少卿趙
> 綽固爭曰：「季夏之月，天地成長庶類，不可於此時誅殺。」帝
> 報曰：「六月雖曰生長，此時必有雷霆，天道既於炎陽之時震其
> 威怒，我則天而行，有何不可？」遂殺之。[65]

而且文帝對昔日故舊也絕不手下留情，如《隋書·王誼傳》，文帝處決
王誼時詔曰：

> 誼，有周之世，早豫人倫，朕共遊庠序，遂相親好。然性懷險薄，

---

[64] 陳寬強《歷代開國功臣遭遇》（政大政治所碩士論文，嘉新水泥公司文化基金會印行，
1966年）曾對歷代開國功臣遭到殺害做了統計，隋開國功臣四十人，得罪不保者二十五
人，占百分之六十二點五，僅次明代，列名第二；又李則芬《隋唐五代歷史論文集·開
皇、貞觀、開元三治的異同》（臺北：臺灣商務印書館，1989年7月，頁88～97）亦有專
文探討開皇霸道之治，可以並參。

[65] 見《隋書》卷二、卷二五，頁54、713。

> 巫覡盈門，鬼言怪語，稱神道聖。朕受命之初，深存誡約，口云改悔，心實不悛……。此而赦之，將或為亂，禁暴除惡，宜伏國刑。[66]

文帝不僅對外人如此，就是對待諸皇子亦然，《隋書・文四子傳》史臣論曰：「房陵（王勇）資於骨肉之親，篤以君臣之義，經綸締構，契闊夷險，撫軍監國，凡二十年。雖三善未稱，而視膳無闕，恩寵既變，讒言間之，顧復之慈，頓隔於人理；父子之道，遂滅於人性。」這是評斷文帝聽讒廢黜太子楊勇的不是，而傳文更說：

> 時勇自以廢非其罪，頻請見上，面申冤屈，而皇太子（廣）遏之，不得聞奏。勇於是升樹大叫，聲聞於上，冀得引見。素因奏言：「勇情志昏亂，為癲鬼所著，不可復收。」上以為然，卒不得見。[67]

身為君父，竟對骨肉至親冷酷不信任到如此地步，實在令人驚訝！而再看文帝第三子秦孝王俊，史傳也說：

> 上以其奢縱，免官，以王就第。左武衛將軍劉昇諫曰：「秦王非有他過，但費官物營廨舍而已，臣謂可容。」上曰：「法不可違。」……其後楊素復進諫曰：「秦王之過，不應至此，願陛下詳之。」上曰：「我是五兒之父，若如公意，何不別制天子兒律？以周公之為人，尚誅管、蔡，我誠不及周公遠矣，安能虧法乎？」卒不許。俊疾篤，未能起，遣使奉表陳謝。上謂其使曰：「我戮力關塞，創茲大業，作訓垂範，庶臣下守之而不失。汝為吾子，而欲敗之，不知何以責汝！」俊慚怖，疾甚。……二十年六月，薨於秦邸。上哭之數聲而已。俊所為侈麗之物，悉命焚之。敕送終之具，務從儉約，以為後法也。王府僚佐請立碑，上曰：「欲求名，一卷史書足矣，何用碑為？若子孫不能保家，徒與人作鎮

石耳。」[68]

文帝的嚴酷，從上舉數例已可得到證明；王仲犖在《隋唐五代史》也早說過：「隋文帝的一切措施，其目的都是為了鞏固統治權和強化中央政權。因之，如果有人違反了隋統治政權的利益，他是不惜採取任何殘酷手段，來嚴加懲辦的。」[69]而智顗若懷貳心，支持「反隋復陳鬥爭」，「可以想見，智顗在廬山的活動與朝廷的旨意肯定是背道而馳的，甚至嚴重到幾乎不能為朝廷所容忍的地步」[70]，那麼以文帝性格，是絕不可能藉一紙詔書嚇唬嚇唬便作罷甘休的。

張風雷在《智顗評傳》中，還指出灌頂《別傳》所說：「潯陽反叛，寺宇焚燒，獨有茲山，全無侵擾。」原因是智顗夢見一老僧（即慧遠），得到了指示才入住廬山，故能安然無虞，那並非事實真相。張氏別翻新義地繫連東晉慧遠就曾在此山接待過「農民義軍」盧循，所以智顗的道場不受侵擾，實際上是和反隋復陳有直接關係；而且「荊州法集」的朝如雲合，暮如雨散，正是智顗在廬山集眾，與反隋勢力有某種程度的來往，令隋朝統治者放心不下，所以才被地方當局認定他帶頭聚眾，有違國禁[71]。

張氏這般議論，完全是不符史實詳情的。前文已說過「荊州法集」是智顗在荊州玉泉山的集眾，所以根本與廬山無關，又怎能牽扯到智顗與廬山地區的反隋勢力有瓜葛？至於慧遠接待盧循，是因為與盧循父親舊識。盧循娶孫恩之妹，孫恩家族世奉五斗米教，陳寅恪〈天師道與濱海地域之關係〉以為盧循家族有信奉天師道的可能，否則以范陽盧氏之奕世高華，必不連姻於妖寒之孫氏[72]。換言之，孫、盧之亂是以天師道信仰作號召，而慧遠為當代佛教宗師，故根本不可能與之同謀合流，這

[68] 同前注，頁1240。

[69] 見《隋唐五代史》第一章第一節〈隋文帝的評價問題〉（臺北：漢京文化事業公司，1992年9月），頁33。

[70] 同注15，頁73。

[71] 同前注。

[72] 見《陳寅恪先生文集》第1冊《金明館叢稿初編》，臺北：里仁書局，1981年3月，頁11。

一點其實當時的劉裕也很清楚，所以能夠諒解慧遠接待盧循，並不表示
支持他，只因佛門為眾生而開，不當拒人千里之外，出家人的本分就是
要以超然立場，廣開方便之門，接引眾生，不分敵我，一視同仁。在慧
皎《高僧傳》即說：

> 盧循初下據江州城，入山詣遠。遠少與循父瑕同為書生，及見循，
> 歡然道舊，因朝夕音問。僧有諫遠者曰：「循為國寇，與之交厚，
> 得不疑乎？」遠曰：「我佛法中，情無取捨，豈不為識者所察？
> 此不足懼。」及宋武追討盧循，設帳桑尾，左右曰：「遠公素主
> 盧山，與循交厚。」宋武曰：「遠公世表之人，必無彼此。」乃
> 遣使齎書致敬，并遺錢米，於是遠近方服其明見。[73]

這就是在唐代也有類似的案例：《舊唐書》載宗密於甘露之變，藏匿謀
誅閹宦，卻功敗垂成的李訓，故仇士良將殺之，宗密則怡然曰：「貧僧
識訓年深，亦知反叛。然本師教法，遇苦即救，不愛身命，死固甘心。」
[74]後亦幸得脫困。所以不僅不能因慧遠接待盧循，就說慧遠贊同起義；
更何況單憑山無侵擾，再無其它證據，又怎能說智顗參與反隋復陳的行
動？

至於山無侵擾，傳記將之視為神跡，也不是沒有原因的。因為在江
南動亂期間，許多寺院都飽受戰禍摧殘，除了前文提及「鐘梵輟響」的
情況外，如《續高僧傳》卷一〈智敷傳〉云：「開皇十二年，王仲宣起
逆，焚燒州境，及敷寺房，文疏並盡。」又卷九〈羅雲傳〉也載：「朱
粲寇擾荊南，寺多焚毀，惟雲所造龍泉獨存，以賊中總管，雲曾授戒，
所以尊師重法，寺獲存焉。」朱粲的寇亂，荊州玉泉山也遭受波及，卷
二五〈道悅傳〉即云：

> 昔朱粲賊擾，唯悅守山，盜來求減，以惠給餘。更重取，煮而不
> 熟，慚而返之。他日又來，將加害命，悅坐地不動曰：「害吾止

[73]　見《高僧傳》卷六〈慧遠傳〉，T50，p357c。
[74]　見《舊唐書》卷一六九〈李訓傳〉，臺北：鼎文書局，1992年5月，頁4398。

此，吾欲目見寺舍取盡。」遂放令引路，行數步，又坐曰：「吾
沙門也，非引路之人，浮幻形骸，任從白刃。」賊奇其高尚也，
送還本寺。[75]

而相對的，智顗居然在廬山得以安然無虞，這難免讓人聯想智顗感夢神
跡的靈應，我們如果要用較合乎邏輯的理由來解釋，那麼很可能與智顗
道德崇高，受人尊重，故亂民匪酋也不忍心騷擾，妨礙其行道。

五、〈敕智顗書〉對智顗晚年的影響

智顗（538～597）俗姓陳，先世潁川人，晉時遷居江漢，定居荊州
華容縣。其父當梁元帝時，拜使持節散騎常侍益陽縣開國侯。智顗十五
歲便發願出家[76]，但遭雙親制止，至十七歲（554），梁朝滅亡，父母也
在動亂中亡故，智顗服闋，即投湘州果願寺法緒門下，後又從學於慧曠
律師、慧思禪師。慧思禪師許其「於說法人中最為第一」，且知他與陳
國有緣，便囑其南下金陵弘法，智顗果然在金陵受到朝野上下的尊崇。
瓦官寺講經八年，由於聲名太著，俗客太多，而決意另覓道場靜修[77]。
智顗在〈遺書與晉王〉的第二恨，便感嘆說：「欲以先師禪慧授與學人，
故留滯陳都，八年弘法，諸來學者，或易悟而早亡，或隨分而自益，無

---

[75] 以上〈智敫傳〉、〈羅雲傳〉、〈道悅傳〉分見，T50，p431a、p493a、p661c。

[76] 按灌頂《隋天臺智者大師別傳》云：「年十五，值孝元之敗，家國珍喪，親屬流徙，歡
榮之難久，痛潤離之易及，於長沙像前發弘大願，誓作沙門，荷負正法為己重任。……
但二親恩愛，不時聽許；（大師）雖惟將順，而寢哺不安。」（T50，p191a）又《國清百
錄》卷末附南宋淳熙十二年編〈智者大禪師年譜事跡〉亦云：「梁元帝承聖元年，十五
歲，欲出家，二親不聽。」（T46，p823b）其實梁元帝承聖元年才剛平定侯景之亂，在
江陵即位，一直要到承聖三年，魏軍攻陷江陵，元帝被俘，才算「孝元之敗」，因此這
裏的說法有些矛盾。

[77] 呂澂《中國佛學源流略講・附錄・天臺宗》認為智顗覓地靜修，與太建六年北周破佛有
關（臺北：里仁書局，1985年1月，頁351）；張風雷《智顗評傳》也同持此見，認為：「智
顗決心離開金陵，不但有著微妙的個人因素，還存在著深刻的社會原因。」「他要避開
的，恐怕並不是車馬人聲的吵雜，而是政治官場的喧囂。」（頁43）這樣的推論未嘗沒
有道理；不過對一個有堅定信仰的高僧來說，最主要的原因，應該還是要回歸傳記所言
宗教修行的問題之上。

兼他之才，空延教化，略成斷種。」而灌頂在《別傳》中記述智顗的感慨則是：

> 初瓦官，四十人共坐，二十人得法。次年二百人共坐，減十人得法。其後徒眾轉多，得法轉少，妨我自行化道，可知群賢各隨所安。吾欲從吾志。蔣山過近，非避喧之處。聞天臺地記稱有仙宮，白道猷所見者信矣；山賦用比蓬萊，孫興公之言得矣。若息緣茲嶺，啄峰飲澗，展平生之願也。

於是宣帝太建七年（575），智顗入天臺山，宣帝敕留不住；《國清百錄》亦收存當時吏部尚書毛喜勸說智顗的兩封信：

> 又聞欲於天臺營道場……，無因諮訪，為恨轉積。南嶽亦時有信照禪師在嶽嶺，徒眾不異大師在時；善公於山講《釋論》，彼亦悒悒遲望，還綱維大法；不者，歸鍾嶺攝山，亦是棲心之處，何必適遠方，詣道場，希勿忘京師。邊地之人，豈知迴向傾心……。

> 仰承移往佛隴，永恐不復接顏色，悲慨俱深。仰唯本以曠濟為業，獨守空巖，更恐違菩薩普被之旨。近與徐丹陽諸善知識共詳量，等是一山，鍾嶺、天臺亦何分別？必希善加三思，不滯於彼我。[78]

情辭一封比一封還懇切，但智顗仍留駐天臺達十年之久。直到陳後主至德三年，徐陵力諫迎請，「陳主初遣傳宣左右趙君卿，再遣主書朱雷，三遣傳詔，四遣道人法昇，皆帝自手書」[79]，但智顗仍稱疾不赴。陳主杖懲三使迎請不力，更敕州敦請，永陽王因極力勸迎，智顗始於千勸萬請之下，重赴金陵開講傳戒。及陳後主禎明三年，亦即隋文帝開皇九年

---

[78]　參見《國清百錄》卷一〈陳宣帝敕留不許入天臺〉，及卷二〈陳吏部尚書毛喜書〉，T46，p799a、p801b。

[79]　此乃灌頂《別傳》原文；曇照注則云：「南山《傳》前後七使，並帝手親疏；今文四遣，及州敦請。《百錄》具載五敕之文，三敕直達大師，又一敕永陽王敦諭大師，又一敕路次迎候，共五敕也。」

（589），隋軍陷金陵，俘後主，陳亡。智顗再遭國亡之痛，欲率弟子西游荊、湘，後因感夢，遂止盧山，於是就在這裏接獲文帝的首度敕書。今由《國清百錄》另可見文帝於開皇十三年〈敕給荊州玉泉寺額書〉，原文如下：

> 皇帝敬問修禪寺智顗禪師：省書具至，意孟秋餘熱，道體何如？熏修禪悅，有以怡慰。所須寺名額，今依來請，智邃師還，指宣往意。開皇十三年，七月二十三日。[80]

或有人會根據如此客氣的敕書，認為文帝對待智顗一向是推崇尊敬的，開皇十年的敕書不過是勉勵性質，根本不是對智顗的恐嚇。其實我們在前文已經分析了文帝的「霸道之治」，所以即使是「勉勵」，仍有帝王的駕馭力、威嚇性在；何況這二度敕書，比起文帝敕詔曇遷、靈裕等名僧，仍嫌冷淡，「熏修禪悅，有以怡慰」，更是一種高高在上的威權心理。而且灌頂《別傳》說御賜寺額為「一音」，這也大有玄機。按「一音」的典故，出於姚秦鳩摩羅什譯《維摩詰經》，及梁代真諦譯《大乘起信論》[81]，表面似乎對智顗這位創寺者說法講經的褒揚，事實上卻是再次警告智顗要合作，只能有「一種聲音」；此亦即〈敕智顗書〉中所謂的「以同朕心」，絕不允許和官家唱反調。這推論並非天馬行空的夢囈妄言，從《別傳》云：

> 於當陽玉泉山而立精舍，蒙敕寺額，號為「一音」；重改為「玉泉」。

這就很明顯的看出來了，「一音」之所以改名「玉泉」，正是顧慮到它的政治意味太濃，文帝心思一旦昭然若揭，恐怕適得其反，否則是不必再

---

[80] 見《國清百錄》卷二，　T46，p806c。

[81] 按《大乘起信論》有謂：「圓音一演，異類等解。」（T46，p575c）《維摩詰經‧佛國品》亦云：「佛以一音演說法，眾生隨類各得解，皆謂世尊同其語，斯則神力不共法。佛以一音演說法，眾生各各隨所解，普得受行獲其利，斯則神力不共法。佛以一音演說法，或有恐畏或歡喜，或生厭離或斷疑，斯則神力不共法。」（T14，p537b）又玄奘譯《大毘婆沙論》卷七九（T27，p410a）亦可見到，不過已在隋代之後了。

麻煩更改名稱的；而從文帝最初御賜寺額「一音」，便讓我們洞見文帝內心的猜忌，縱使江南亂平，但他對智顗的戒心猶然未減。

　　文帝〈敕智顗書〉無疑是對智顗的政治壓迫，唯就宗教修行而言，又不啻為絕佳的護身符，智顗正可藉此遠離世網，即使後來晉王楊廣對智顗殷勤啟請，智顗仍然撝謙再三，楊廣也無可如何；《續高僧傳》甚至記載了智顗為楊廣授菩薩戒後，即欲重返故林，晉王固請，「顗曰：『先有明約，事無兩違。』即拂衣而起。王不敢重邀，合掌尋送至於城門。」智顗的「拂衣而起」[82]；晉王的「不敢重邀」，其關鍵原因，就在〈敕智顗書〉裏頭早命令智顗當行「出家之業」，不得「心染俗塵」，因此智顗本來就不能，也不願意出山，但是晉王卻於開皇十年江南亂起時，調任揚州總管，鎮守江都，隔年，便一再懇請智顗赴江都弘法，傳文說智顗「初陳寡德，次讓名僧，後舉同學。三辭不免，乃求四願。」換言之，智顗在推辭婉拒不了，才跟晉王事先有所約定，其約定的四願為：

> 一、雖好學禪，行不稱法，年既西夕，遠守繩床，撫膺論心，假名而已。吹噓在彼，惡聞過實，願勿以禪法見欺（「欺」應作「期」）。二、生在邊表，長逢離亂，身闇庠序，口拙喧涼。方外虛玄，久非其分，域間撙節，一無可取。雖欲自慎，終恐樸直忤人，願不責其規矩。三、微欲傳燈，以報法恩，若身當戒範，應重去就，去就若重，傳燈則闕；去就若輕，則來嫌誚，避嫌安身，未若通法，願許為法，勿嫌輕重。四、三十餘年，水石之間，因以成性。今王途既一，佛法再興，謬課庸虛，沐此恩化，內竭朽力，仰酬外護。若丘壑念起，願隨心飲啄，以卒殘年。許此四心，乃赴優旨。[83]

上面四個願望，第一自謙沒有道行，名過其實，請晉王不要對他的禪法

---

[82]　按「拂衣」並非憤怒不悅或含不屑的意思，智顗在當時不可能對晉王如此傲慢，故「拂衣」應類似「振衣」，有整裝，表示心意堅決的一種動作；就是在《續高僧傳》卷十六〈僧稠傳〉也說北齊文宣帝詔迎僧稠，稱「即日拂衣，將出山關。」(T50，p553b)

[83]　「四願」可詳見《隋天臺智者大師別傳》(T50，p191a)與《續高僧傳·智顗傳》(T50，p564a)，惟二者文字略有差異，上文即依此二版本對校。

抱持太高的期望。第二自稱鄙野無學，請晉王不要以規矩禮儀相加。第三是說身為出家人，一切以法為重，請不要對他的出處去就有所譏嫌。第四是說自己長期習於山林水石的生活，如果想要回歸林野，就得任隨其便，晉王要能保證他的來去自由。從這四點，就可以看出智顗的深明世情，他料準楊廣不得不答應，因為不答應，智顗當然有理由不出山；而如果答應了，智顗也隨時能夠離去，這是智顗為自己解開圈套最好的辦法；由此可見，智顗早已為日後設好了退路。

　　但問題似乎也來了，雖然《續高僧傳》說過：「自江東佛法弘重義門，至於禪法，蓋蔑如也。」而且還記慧思曾對大眾說：「此（智顗）吾之義兒，恨其定力少耳。」[84]這頗可與智顗所提第一願，承認禪法實非所長相互印證；但《續高僧傳》所記，不過是佛法「南宗義學，北重禪定」的大致情形，以及慧思對年輕的智顗有更深期許所說的話。如果我們繼續將〈智顗傳〉往下看，就見到智顗南渡金陵，即「與法喜等三十餘人，在瓦官寺創弘禪法，僕射徐陵、尚書毛喜等明時貴望，學統釋儒，並稟禪慧，俱傳香法……。白馬警韶、奉誠智文、禪眾慧令，及梁代宿德大忍法師等一代高流，江表聲望，皆捨其先講，欲啟禪門，率其學徒，問津取濟。」又當時莊嚴寺慧榮法師與智顗設問辯難後，也讚嘆他「非禪不智」、「禪定之力不可難也。」而且據《國清百錄》卷一〈太建十年宣帝敕給寺名〉記載，陳宣帝為智顗的天臺道場敕名「修禪寺」。這都可見智顗不偏義門，禪慧雙開，與南方佛教傳統有別，而他也帶動了江南習禪風尚；尤其當他在天臺華頂峰修頭陀行，魔境現前時，能「依止法忍，不動如山，故使強軟兩緣，所感便滅。」其後永陽王墜馬，智顗更作觀音懺法，使王絕而復甦。這無一不顯見智顗禪定功行深厚，那麼智顗又何必立下四願，不僅謙辭禪定「行不稱法」，而且還事先約定，早謀退路？今推測其理由有三：

　　第一，前文已言文帝弘重禪門，對北方高僧的禪定工夫崇仰不已，而陳朝又被隋所消滅，當陳朝岌岌可危時，「陳主幸寺修行（捨身）大施，又（請智顗）講《仁王（般若波羅蜜經）》，帝於眾中起拜殷勤，儲

---

[84] 見《續高僧傳》卷十七〈慧思傳〉、〈智顗傳〉，T50，p562c、p564a。

后已下，並崇戒範（受菩薩戒）。」[85]根據《仁王般若波羅蜜經》說，當帝王國土遭受侵擾時，禮請高僧大德講說持誦本經，即能消災弭厄[86]；但最後陳朝依然無法改變亡國命運！對於深明佛法的人而言，當然知道「神通不敵業力」；然而在一般只重表相的門外漢看來，南方高僧顯然不及北方；北方僧眾的禪定工夫，自遠非南僧能望項背。針對此情況，所以智顗得特別聲明自己雖好禪定，卻名過其實，請晉王勿以禪法見期。

第二，前文也說禪定三昧力深厚者，能顯神通，所以文帝雖對神跡著迷，卻又時時防範他人假借符讖靈異影響政權；而今智顗早就遭到警告，縱使楊廣一再推崇他的道行，智顗仍然要敬謝不敏，免得落人口實，再受譏嫌；同時智顗在第三、第四願還特別提出「願許為法，勿嫌輕重」、「丘壑念起，願放其飲啄」，這也是針對〈敕智顗書〉警告他當行「出家之業」，不得「心染俗塵」的回應。因為鐘鼎山林，天性迴異，決心終老林泉的方外之人，是不可能對主政者有任何威脅性，而他的出山，也不過是以傳法為務，並不存任何政治目的。

第三，楊廣之所以低聲下氣，一再迎請智顗出山，是有求於智顗。由於楊廣處心積慮想奪得儲君的地位，《隋書‧煬帝紀》史臣即評其「矯情飾貌，肆厥姦回，故得獻后鍾心，文皇革慮。」而本紀中又載：「高祖幸上所居第，見樂器絃多斷絕，又有塵埃，若不用者，以為不好聲妓，善之。上尤自矯飾，當時稱為仁孝。嘗觀獵遇雨，左右進油衣，上曰：『士卒皆霑濕，我獨衣此乎！』乃令持去。」[87]可見楊廣知道要討得文帝歡心，便要投其所好。文帝是崇佛的，也受了菩薩戒，在南北朝時期，從梁武帝、北齊文宣帝開始，受菩薩戒的帝后、儲君、重臣相當普遍[88]；

85　見《隋天臺智者大師別傳》，T50，p191a；《續高僧傳》卷十七〈智顗傳〉，T50，p564a。

86　《仁王般若波羅蜜經》卷下，T08，p829c。

87　見《隋書‧煬帝紀上》，頁59。又據《資治通鑑》卷一七七載：「高潁先入建康，潁子德弘為晉王廣記室，廣使德弘馳詣潁所，令留張麗華。潁曰：『昔太公蒙面以斬妲己，今豈可留麗華！』乃斬之於青溪。德弘還報，廣變色曰：『昔人云：無德不報，我必有以報高公矣！』由是恨潁。」胡三省注云：「使高潁留麗華而廣納之，文帝必怒，安得成他日奪嫡之謀，是誠宜德之也，顧恨之邪！史為廣殺潁張本。」（同注59，頁5510）從此段史事，也可以發覺楊廣為人及其城府之深。

88　按《梵網菩薩戒經》卷下曰：「汝等一切大眾，若國王、王子、百官、比丘、比丘尼、

智顗是陳朝最著名的國師，陳朝君臣上下多由他這裏得戒。從政治方面考量，假使能在如此著名的國師座下受菩薩戒，不僅可以達到羈縻籠絡的功效，而且登上太子、國君的可能性也將大幅提高；甚至楊廣還可能要求智顗以深厚的修行，幫他取得太子的地位。楊廣的企圖，從奉名智顗為「智者」，即可看出，灌頂《別傳》僅記晉王云：「大師傳佛法燈，稱為『智者』。」曇照注解《別傳》時，雖據柳顧言《國清寺碑》云：「師氏禮極，必有嘉名。如伊尹之曰阿衡；呂望之稱尚父；檢《地持經》『智者』師目，謹依金口，虔表玉裕。」遂以「智者」的典故正是引自《地持經·戒品》：「若在家出家發菩提願，恭敬長跪，曲身向於智者作是言：『願大德受我菩薩大律儀戒。』」[89]而其實最初梁武帝請慧約授戒時，便是賜號慧約為「智者」[90]。因此楊廣想登上九五之尊的居心，是再明白不過的了。所以智顗在不能得罪晉王；而佛法也需官方支持的情況下[91]，

信男、信女受持菩薩戒者，應受持讀誦，解說書寫。佛性常住，戒卷流通。」（《卍續藏》59冊，頁433）可見菩薩戒是所有人都可以受持的；不過經文卷上說釋迦牟尼佛誦一切諸佛大乘戒時，有諸菩薩、十八梵天、六欲天子、十六大國王合掌至心聽誦，因此在佛教盛行的南北朝時期，開始有居帝王位者，應受菩薩戒的不成文規矩。除法琳《辯正論》卷三、四有〈十代奉佛篇〉的記載外，志磐《佛祖統紀》卷三七、三八〈法運通塞志〉記錄佛教大事，條理亦頗分明，可分別見到南朝自梁武帝從慧約法師受戒；北朝則是北齊文宣帝請僧稠授戒（《續高僧傳》卷八〈法上傳〉及《廣弘明集》卷四、《集古今佛道論衡》卷甲，是說文宣帝受戒於法上。）之後，菩薩戒遂成為皇戚貴族專利，市井小老百姓反倒是無緣奉受了。

89　曇照《智者大師別傳註》，同注5，頁643；柳顧言〈天臺國清寺智者禪師碑文〉見《國清百錄》卷四，T46，p817a。而按「智者」之名，不僅見於《（菩薩）地持經》（T30，p912c）；《法華經·藥草喻品》亦載云：「我是一切知（智）者、一切見者、知道者、開道者、說道者。」（T09，p19a）

90　《續高僧傳》卷六〈慧約傳〉即云：「以（慧）約德高人世，道被幽冥，允膺闍梨之尊，屬當智者之號。」（T50，p468c）

91　或有以《國清百錄》卷三收有智顗〈遺書與晉王〉云：「命盡之後，若有神力，誓當影護王之土境。使願法流衍，以答王恩，以副本志。」（T46，p809c）又卷四〈遺書與臨海鎮將解拔國述放生池〉云：「晉王殿下，道貫今古。允文允武，二南未足比其功；多材多藝，兩獻無以齊其德。茂績振於山西，英聲馳於江左。」（T46，p822b）便是師徒兩人情誼篤厚的表現，這其實是皮相之見，應該要回歸到智顗的處境不能得罪晉王，而佛法也需要有大能力的人擁護，這樣才是真確無疑的。

唯有藉此四願與楊廣保持距離，以換取思想行動最大的自由了。

　　當隋滅陳朝不久，秦孝王楊俊任揚州總管，也致書請智顗往安州（廣西）方等寺弘法，顯然楊廣所做的，與別人曾經想做的，同出一轍。《別傳》中說道：「秦孝王聞風延屈，先師對使而言：『雖欲相見，終恐緣差。』既而王人催促，迫不得止，將欲解纜，忽值大風，累旬之間，妖賊卒起，水陸壅隔，遂不成行。」[92]智者尚未成行，亂事已起，秦孝王也改調并州總管，所以智顗早就跟使者說：「即使想見面，可惜緣分薄了點。」當時智顗若真有此說，便是智顗神通力的又一展現；不過灌頂《別傳》緊接著說：

> 至尊（煬帝）昔管淮海，萬里廓清，慕義崇賢，歸身如舍，遣使招引，束鉢赴期。師云：「我與大王深有因緣。」順水背風，不日而至，菩薩律儀，即從稟受。

也就是說楊廣接替楊俊之職，敉平亂事，對智顗德行非常嚮往，派遣使者迎請，智顗便說他與晉王因緣深厚，不日即至江都傳授律儀。這必是灌頂身處隋代，不得不作的潤飾之辭[93]，否則既然這麼有緣，智顗也不須一再推讓，並與楊廣「先有明約」了。因此這裏當依《續高僧傳》云：

> 會大業在藩，任總淮海，承風佩德，欽注相仍，欲遵一戒法，奉以為師，乃致書累請。

說明是因楊廣不斷請求，智顗才出山為他授戒，前後史事方能吻合通貫。

　　至於潘桂明〈智顗的王朝正統觀念〉[94]主張智顗自出家、弘法，到

---

[92]　同注5，T50，p191a；又秦孝王致書，今於《國清百錄》卷二（T46，p802c）可見，故此事應當不假。

[93]　灌頂所作傳記，曾經煬帝過目。《國清百錄》卷三〈僧使對問答〉，煬帝敕旨云：「弟子（煬帝自稱）欲為先師造碑，先師有若為行狀？」智璪對云：「先師從生以來，訖至無常，其間靈異非止一條，並是弟子灌頂記錄為行狀一卷。由（猶）在山內未敢啟。」敕云：「大好，大好！弟子正欲為先師造碑，師等可即將隨使人出。」對云：「爾。」（T46，p815b）

[94]　同注13。

陳朝末年出山，想藉宗教力量挽救國運，乃至最後陳朝滅亡，智顗仍未輸誠擁戴新朝，卻「策杖荊襄」，遠上廬山，這都是他對南朝正統觀念的堅持，「也就理所當然成為隋的異己。」所以〈敕智顗書〉正是「對智顗的不合作態度以及留戀舊王朝的感情提出嚴厲的警告」。

我們前文已經檢討過文帝頒布〈敕智顗書〉的背景因素，所以關於這問題，潘文正是顛倒來看了。雖然潘文自有其理路，卻有許多地方曲解了智顗傳記的內容，而且對當時歷史潮流，也未詳加體認，故本節仍有必要在此試予辨明。

自從魏晉以來，動亂頻仍，儒家思想已不再居於主流地位，君臣觀念也日趨淡薄，例如蕭子顯《南齊書》將褚淵、王儉二位高門世族合傳，兩人雖與劉宋皇室有姻親關係，卻佐命新朝，不以死節為尚，蕭子顯故於傳末評論曰：

> 世祿之盛，習為舊準，羽儀所隆，人懷羨慕，君臣之節，徒致虛名。貴仕素資，皆由門慶，平流進取，坐至公卿，則知殉國之感無因，保家之念宜切。市朝亟革，寵貴方來，陵闕雖殊，顧眄如一。[95]

「殉國之感無因，保家之念宜切」，可說是蕭子顯切身之談，因為蕭子顯個人便是以齊國宗室，仕宦蕭梁。周一良《魏晉南北朝史札記·南齊書札記》故云：

> 南朝門閥貴族于皇室王朝之嬗替，自來無動于衷者為多，表現封建忠臣氣節者雖非絕無而極少。……宋齊以後，不唯成為空谷足音，世家大族出身之大臣反多及早投誠新朝。……門閥世族之大臣雖偶有效忠前朝之表現，亦終于不關痛癢而已。[96]

---

[95] 見《南齊書》卷二三，臺北：鼎文書局，1993年5月，頁438。

[96] 同注49，〈南齊書札記·東晉以後政權嬗代之特徵〉，頁254～265。周氏另於〈魏晉南北朝史學與王朝禪代〉（收於《魏晉南北朝史論集續編》，北京：北京大學出版社，1991年11月）一文，亦曾闡論此問題。而此問題幾乎已成為學界共識，如孫楷第《滄州後集·劉裕與士大夫》亦云：「王謝諸族的貴盛所以能維持許久，固然因為當時的實力派拉攏

而就是隋開皇九年滅陳後，許多陳朝舊臣也受命於楊隋，《資治通鑑》有相當集中而完整的記錄，如其云：

> 詔以陳尚書令江總為上開府儀同三司；僕射袁憲、驃騎蕭摩訶、領軍任忠皆為開府儀同三司，吏部尚書吳興姚察為秘書丞。上嘉袁憲雅操，下詔以為江表稱首，授昌州刺史；聞陳散騎常侍袁元友數直言於陳叔寶，擢拜主爵侍郎。[97]

《資治通鑑》甚至還收載了韋鼎的「通敵」行徑：

> 初，陳散騎常侍韋鼎聘于周，遇帝而異之，謂帝曰：「公當大貴，貴則天下一家，歲一周天，老夫當委質於公。」及至德之初，鼎為太府卿，盡賣田宅，大匠卿毛彪問其故，鼎曰：「江東王氣盡於此矣，吾與爾當葬長安。」及陳平，上召鼎為上儀同三司。[98]

以王公大臣在當時大環境中，正統觀念都如此淡薄，何況出家沙門對於世俗規範，別有戒律為準則；而南朝僧眾又一向存有「沙門不敬王者」的思想，因此王權的嬗變，不過如夢幻泡影，都是無常苦空的體現，又何至於視舊王朝為正統，新王朝為非正統？試看智顗於開皇十七年十一月二十一日，也就是臨終前三日的〈發願疏文〉云：

> 某宿世有幸，忝預法門，德行輕微，功業無取，謬為道俗所知，顧影羞躬，無以自處，上慚三寶無興顯之能，下愧群生少提拔之力，刻骨刻肌，將何所補？幸值明時，棟梁佛日，願賴皇風，又承眾力，將勸有緣，修治三處（案：指吳縣維衛迦葉二像、鄮縣阿育王塔寺、剡縣彌勒石像），先為興顯三世佛法，次為擁護大

他們，要他們幫襯，實在也因為他們識機變，隨時與實力派勾結妥協，積極的幫忙，消極的不反對，這樣，纔能軒蓋承家，在悠長的數百年中，造成了不變的特殊地位。其中也有不識機變的，……但這樣的人太少太少了。」（北京：中華書局，1985年8月，頁297）

[97] 見《資治通鑑》卷一七七〈文帝開皇九年〉，同註59，頁5519。

[98] 同註59，頁5520。

　　隋國土，下為法界一切眾生……。[99]

可見智顗在陳隋易代之際，雖遭政治強力干涉，但基本上仍接受事實，並未反對隋政權；何況若真如潘氏所言，智顗「因長期受官僚家庭正統儒學的熏陶，故而對北方異族的南侵表示出極大的反感。」那麼又何至於出家後不久，即隨其師法緒北詣慧曠律師；甚至還冒著生命危險，來到「陳、齊邊境，兵刃所衝」的大蘇山，依止慧思禪師？如果說智顗對舊王朝盡忠，而想藉宗教力量挽救國運，那麼又何須避居天臺；而當避居十年之後，又何須陳後主「前後七使，並帝手疏」[100]的多番遣使迎請，方纔出山？最後再看《續高僧傳》卷十四〈慧頵傳〉有段話說：

　　自有陳淪沒，物我分崩，或漏網以東歸，或入籠而北上。[101]

姑且不論「入籠而北上」的話是否說重了些，我們從傳記中，的確可見因北周滅法而避居南方的僧人，一旦陳亡之後，再度回歸中原；或是像楊廣先於江都建慧日道場，網羅江南名僧，後更延引至京師日嚴寺與東都慧日道場的情形[102]。但像智顗這般避居山林，所謂「漏網以東歸」的名僧，也不在少數[103]，那麼他們都算是「隋的異己」了嗎？以常理來看，

---

[99] 見《國清百錄》卷三，T46，p809b。

[100] 見《續高僧傳》卷十七〈智顗傳〉，T50，p564a。

[101] 見《續高僧傳‧慧頵傳》，T50，p535a。

[102] 如《續高僧傳》卷九〈智脫傳〉云：「煬帝作牧邗江，初建慧日。盛搜異藝，海岳搜揚。脫以慧業超悟，爰始霑預。…後隨帝入京，住日嚴寺。」（T50，p498c）卷十〈靖嵩傳〉云：「周武屏除，釋門離潰，遂與同學法貫、靈侃等三百餘僧，自北徂南，達于江左。……隋高廓清百越，文軌大同，開皇十年，敕僚庶等有樂出家者並聽，時新度之僧，乃有五十餘萬。爰初沐化，未曰知津，嵩與靈侃等二百許僧，聞機乘濟，俱還江北。」（T50，p501b）卷二四〈慧乘傳〉云：「太尉晉王於江都建慧日道場，遍詢碩德。乘奉旨延住，仍號家僧。後從王入朝，頻蒙內見。」（T50，p633b）卷三十〈智果傳〉云：「釋智果，會稽剡人，……（晉王）長囚（之於）江都，令守寶臺經藏。……（後）召入慧日，終于東都。」（T50，p704b）

[103] 如《續高僧傳》卷九〈羅雲傳〉載陳亡，羅雲即居荊州龍泉寺五十餘年，雖有詔敕迎，仍以疾辭（T50，p493a）；〈慧弼傳〉載：「陳運受終，（慧弼）思報地恩，言旋故里。」（T50，p494c）；卷十二〈慧隆傳〉云：「隋氏馭宇，九有同朝，上德高人咸紆延請。隆

就是一般世俗百姓，當國家鼎革之際，也不會立即挺身向新朝輸誠擁戴，何況是要不惹紅塵的僧眾馬上表態，未免太違反人情！所以潘氏種種推論都是不正確的。

　　從這裏也給了我們一點啟示，就是得道高僧的出處行事，一定是與佛法不相違背的，後人絕不能依照世俗倫常道統觀點來分析論斷，而是應該要由佛法當中去加以理解印證。我們從智顗〈遺書晉王〉說：「生來所以周章者，皆為佛法、為國土、為眾生，今得法門仰寄，三為具足，六根釋矣。」又〈遺書與臨海鎮將解拔國述放生池〉云：「貧道少懷靜志，願屏囂塵，微悟苦空，得從閑曠。」[104]都可見智顗出離世網之後，一切皆以佛教觀點為出發，這和他當初在父母亡故服訖，從兄求去時所說：「昔梁荊百萬，一朝僕妾，於時久役江湖之心，不能復處碨磊之內，欲報恩酬德，當謀道為先，唐聚何益？銘肌刻骨，意不可移。」[105]亡國遭遇與雙親死別的慘痛，使他對於佛法的苦空無常有深刻體會，遂決意謀道為先，其中思想脈絡是始終一致的。

　　既然釐清了歧見異說，我們就根據〈智者大禪師年譜事跡〉來看文帝在敕書之後，智顗的事跡：

開皇十一年，五十四歲，晉王請至揚，十一月，為晉王授戒，方號智者。

開皇十二年，五十五歲，得往荊湘，再經匡山（廬山）度夏畢，先至潭。

開皇十三年，五十六歲，至荊答地恩。造玉泉寺，章安（灌頂）奉蒙《（法華）玄義》。

開皇十四年，五十七歲，於玉泉寺講《摩訶止觀》。

開皇十五年，五十八歲，自荊下江都[106]，受晉王請，製《淨名疏》。

志存栖晦，以老疾致辭。」（T50，p515b）；卷十四〈智琰傳〉云：「陳氏喪鼎，便事東歸，削跡武丘將三十載。」（T50，p531c）等等不勝枚舉。

[104] 見《國清百錄》卷三、卷四，T46，p809c、p822c。

[105] 同注5，T50，p191a。本段文字句讀，乃依疊照注，與梅原猛《三國傳來的佛教》第二章〈中國的思辯哲學——天臺智者大師〉（收於《天臺思想》，臺北：華宇出版社，1988年2月，頁295）有所不同。

[106] 〈智者大禪師年譜事跡〉謂智顗南下金陵，當誤。《國清百錄》卷三有〈王遣使入天臺參書〉云：「白露肖團，秋風葉下，必預舟楫，迎觀江陽。」（T46，p809c）可知晉王在藩，一向鎮守江都，疊照注《別傳》即以為迎請至江都，見卷下，頁468。另《隋書‧

開皇十六年，五十九歲，春，再還天臺。

開皇十七年，六十歲，冬，晉王遣書虔召，赴召至新昌石像前，端坐入滅。

　　從上列事跡，可見智顗於開皇十一年到揚州主持授戒法會之外，再無說法講經，或其他佛事活動。往後數年，也都與楊廣保持一定距離，而間續在各地弘法，並完成天臺止觀體系；相對的，《國清百錄》中，則可以見到楊廣呈寄智顗的數十通信函，對智顗極盡恭敬，如〈王謝天冠并請義書〉還說到：「未知底滯可開化不？師嚴道尊可降意不？宿世根淺可發萌不？菩薩應機可逗時不？若未堪敷化，且暫息緣；如可津梁，便開祕藏。」但智顗〈讓請義書〉仍然答稱：「近歲謬承人汎，擬跡師資，顧此疏蔽，似非時許；況聖澤日隆，復垂今命。省諸庸鄙，彌匪克堪。……特願更迴神慮，別俟聖賢。」[107]最後雖經不起多方迎請，再次南赴江都，但為期也不長，其間即依晉王請命撰寫《淨名義疏》，初卷撰成，送與晉王，王「跪承法寶」；復為蕭妃建齋行金光明懺，救其疾患[108]，隔年便重回天臺。智顗〈遺書晉王〉有云：「在山兩夏，專治玄義，進解經文至〈佛道品〉，為三十一卷。將身不慎，遂動熱渴。」[109]所以智顗在他晚年，還是以法為重，甚至完全避免與政治有任何牽纏，真正符合〈敕智顗書〉所要求的「副大道之心」、「為出家之業」。

　　最後關於張哲永〈智顗的生平與死因〉認為智顗巧妙自戕，則仍有必要予以辨明。張文推斷智顗自殺的論點是——「首先，他有條不紊地

煬帝紀》也說：「江南高智慧等相聚作亂，徙上為揚州總管，鎮江都，每歲一朝。」（頁60）亦未提及晉王移鎮金陵，故張永哲〈智顗的生平與死因〉說：「開皇十七年十一月間，楊廣又派他的隨從行參高孝信到天臺山，敦促智顗在三天內出山赴金陵。」此說自不可信。

[107] 見《國清百錄》卷二，T46，p807b。晉王的請義、智顗的婉拒，張風雷《智顗評傳》以為是智顗來到江都後的事（頁91），其實並不確切，應該是智顗未下江都之前才對。《續高僧傳‧智顗傳》亦錄此二作，然後又接晉王重請義書，最後說：「（智顗）乃從之重現。」（T50，p564a）故可知其時尚未到江都。

[108] 見《國清百錄》卷三〈王謝義書疏〉，T46，p808a；《續高僧傳‧智顗傳》，T50，p564a。

[109] 同前注。

安排後事」、「第二，智顗假行出山，半途絕食而亡。」[110]

　　不可否認的，《別傳》及《續高僧傳》都提到智顗行至石城寺，示疾而不服湯藥與進齋飯，且說出兩段頗富禪機的話：「藥能遣病留殘年乎？病不與身合，藥何能遣？年不與心合，藥何所留？」「非但步影為齋，能無緣無觀即真齋也。」這般模稜的話，難免讓聞見者很有想像的空間；然而筆者仍以為智顗死前的種種言行，同樣要從佛法上加以理解。首先須知佛教戒殺生，戒殺在經藏中隨處可見，僅如鳩摩羅什譯《梵網經》卷下即云：

> 佛子！若自殺；教人殺；方便讚歎殺；見作隨喜；乃至咒殺。殺因、殺緣、殺法、殺業，乃至一切有命者不得故殺。是菩薩應起常住慈悲心、孝順心，方便救護一切眾生。[111]

而自己也是眾生中的一員，佛教當然不允許有自殺的行為。試觀佛化盛行的六朝時期，當晉恭帝與宋彭城王義康為宋武帝、宋文帝遣人齎藥賜死時，都異口同聲說：「佛教自殺者不得復人身。」[112]恭帝與義康算是一般在家居士，正史未特別記載他們有虔誠佛教信仰[113]，尚且在耳濡目染下知道不得自殺；而相對於深明佛法的智顗禪師，張氏居然說他是自殺，這未免太不合情理。其次，《別傳》還記載了智顗乃是預知死期將近：

> 後時一夜，皎月映床，獨坐說法，連綿良久，如人問難。侍者智

---

[110] 同注14。

[111] 《梵網經》卷下，T24，p1004b。

[112] 晉恭帝事見《南史》卷二八〈褚裕之傳〉（臺北：鼎文書局，1991年4月，頁764）；彭城王義康事則見卷十三〈宋宗室及諸王傳〉（頁369）；另卷三七〈沈慶之傳〉（頁959），又記宋廢帝命慶之從子攸之齎藥賜死，慶之不肯飲藥，攸之以被掩殺之，情節與恭帝、義康完全雷同。

[113] 正史雖未載恭帝與彭城王奉佛，不過《佛祖統紀》卷三六有云：「元熙元年，（恭）帝深敬佛道，詔瓦官寺鑄釋迦佛丈六金像。畢功之日，放光滿寺，傾都人士，咸致供養。」（T54，p343c）又《辯正論》卷三也說：「宋世諸王，並懷文藻，大齎佛經，每月六齋，自持八戒。」（T52，p504b）其中也提到了彭城王。

晡明旦啟曰：「未審昨夜見何因緣？」答曰：「吾初夢大風忽起，
吹壞寶塔。次，梵僧謂我云：機緣如薪，照用如火，傍助如風，
三種備矣，化道即行。華頂之夜，許相影響；機用將盡，傍助亦
息，故來相告耳。又見南嶽師尊共喜禪師令吾說法，即自念言：
餘法名義皆曉自裁，唯三觀三智最初面受而便說。說竟，謂我云：
他方華整，相望甚久，緣必應往，吾等相送。吾拜稱諾。此死相
現也……。」[114]

如依照僧傳所載，臨命將終，自知時至的高僧，實在多到不勝枚舉，僅
以智顗師尊慧思禪師為例，《續高僧傳》卷十七即說：

臨將終時，從山頂下半山道場，大集門學，連日說法，苦切呵責，
聞者寒心。告眾人曰：「若有十人不惜身命，常修《法華》、《般
舟》、《念佛》三昧、《方等》懺悔，常坐苦行者，隨有所須，
吾自供給，必相利益。如無此人，吾當遠去。」苦行事難，竟無
答者，因屏眾斂念，泯然命終。……取驗十年，宛同符矣。[115]

這種預知死亡的宗教經驗，是唯有從信仰的層面才能深切體會的；而智
顗既預知死期，因此安排後事，也是理所當然了。

　　至於智顗臨終之前不再服藥進食，這也不是特例，譬如在《高僧傳‧
慧遠傳》就記載慧遠大漸時，不復飲水漿，弟子強請飲蜜，慧遠不忍拂
其意，便要他們自律藏中找根據，但尚未找到，慧遠已圓寂[116]。這正和
智顗一樣是自知死相已現，不再勉強貪生的表示，與自殺絕不能等量齊
觀的。

　　上面已將文帝敕書之後，有關智顗的事跡作了釐清。綜合言之，智

---

[114] 同注5，T50，p191a。
[115] 同注6，頁536。
[116] 《高僧傳》卷六〈慧遠傳〉云：「晉義熙十二年八月初動散，至六日困篤。大德耆年皆
稽顙請飲豉酒，不許。又請飲米汁，不許。又請以蜜和水為漿，乃命律師令披卷尋文，
得飲與不。卷未半而終。」（T50，p357c）而慧遠既連水漿都不喝，當然更不可能用齋
了。

顯本來就希望出離世網，謀求佛道，因而〈敕智顗書〉的警告事項對智顗影響並不大；就是智顗臨終時也說過：「吾不領眾，必淨六根；為他損己，只是五品位耳！」[117]即使領眾這樣的瑣務都有礙行道，因此文帝敕書的「逆增上緣」，反而能夠為他排除不必要的干擾，使他的禪修更專注、更易有進境。那麼既然〈敕智顗書〉有助於智顗的修行辦道，智顗遺書晉王，為何又有種種憾恨之言？其主要的原因，就在於弘法結社卻被扣上違法集眾，有乖國式的大帽子，在一個標榜興隆三寶，佛法昌盛的國家，教內高僧居然還是受政治迫害，喪失行動自由，縱然表面得到尊重，實際上倒像次等國民，被剝奪了一般百姓應有的基本權利，這才是智顗臨終寄恨之所在。

六、結　論

　　歷史上發生的大事，都是由許許多多小事串連而成；而往往在一些小事的背後又蘊藏許多關鍵性的思路轉折，本文的目的正是透過一封簡短的敕書，釐析佛學界一貫認定智顗禪師在陳隋二朝，都備受禮遇的籠統說法，並進而將《國清百錄》存留的書函，與史傳合理而妥善的融會貫穿，以澄清學界對智顗禪師思想行事偏頗的理解。今透過上文逐項說明，可歸納數點立論如下：

　　（一）隋文帝從出生到長成，都在佛寺中得到比丘尼智仙良好的照顧；其父楊忠也曾捨宅立寺。楊家信仰佛教的氣氛特別濃厚，所以當文帝作相，輔佐靜帝時，便徹底恢復北周滅佛教敕；而即位之後，更極力延攬名僧大德入住大興善寺，並於開皇五年奉法經為戒師，虔受菩薩戒，顯然已把佛教奉若國教。不過文帝對道教也不排斥，年號「開皇」，即得之於道書，主要原因就在佛道二教皆可幫助文帝踐極帝位，鞏固皇權。

　　（二）從佛教方面來看文帝的宗教政策有三：第一是將佛教納於皇權足以掌控的局面；第二便是利用宗教符讖提升皇權；第三是對南方佛教採取管制措施，有重北輕南的現象。從《續高僧傳》就很明顯可以看

---

[117] 同注5，T50，p191a。

到文帝禮遇北僧，並賦予重要僧職的人數遠比南僧為多，這一方面固因文帝偏崇定門，忽略慧學，另一方面則和滅陳不久即爆發江南大規模叛變攸關，所以文帝必須對陳朝遺民多所設防；而這也正是敕詔智顗，防範他有任何危害政權舉動的主因。

（三）在〈敕智顗書〉，文帝不僅標榜自己弔民伐罪，救教護法的勳績，也警告智顗當行出家之業，獎進僧伍，固守禁戒，不得心染俗塵。表面雖柔軟恭敬，措辭卻嚴肅深刻，文帝既與佛教因緣深厚，延攬高僧又不遺餘力，按理應不致頒敕如此具有恐嚇意味的詔書，顯然文帝的政治慾要高於宗教情操，一切措施，也都為了衛護權位，他深知智顗與陳朝皇室關係，也了解智顗在南朝佛教界的地位，及對社會的影響力，所以在動盪局勢下，特頒這通「棉裏針」般的敕書。

（四）潘桂明主張智顗自出家、弘法，到陳朝末年出山，想藉宗教力量挽救國運，以至最後陳朝滅亡，智顗仍未輸誠擁戴新朝，卻遠上廬山，這都是他對南朝正統觀念的堅持，也理所當然是隋的異己；而張風雷更認為智顗支持反隋起義，所以文帝敕詔，要對智顗提出警告。這是不了解文帝性格，也未詳究歷史大環境，所作出片面的論斷。以文帝尚法霸道之治，甚至不惜犧牲朋友故舊、骨肉至親的性命，如果智顗被發覺有絲毫叛隋意圖，文帝是不可能藉一紙詔書嚇唬嚇唬就作罷的。故我們相信得道高僧的出處行事，必與佛法不相違背，後人絕不能依照世俗倫常道統觀點來分析論斷，而是應該從佛法當中詳細印證、理解，才會更正確。

（五）《國清百錄》除收錄文帝開皇十年〈敕智顗書〉外，開皇十三年尚有一通〈敕給荊州玉泉寺額書〉，由寺額賜名「一音」，可見文帝對智顗戒心猶存，但佛教界的傳記或論著在處理文帝與智顗關係時，常是含混不清，甚至有《佛祖統紀》將〈敕智顗書〉改頭換面的情形，其原義本為維護智顗於陳隋兩朝備受尊崇的完美形象，卻模糊了智顗晚年出處去就的原委，也令讀者產生難以釐清會通的疑惑，這是有必要予以糾正的。

（六）智顗接奉敕書，果然遵從旨意，行出家之業，不與政治有任何糾纏，其實這正是智顗十八歲出家之後，堅持謀道為先，以報恩酬德

的一貫思想。所以當他在陳朝受陳主君臣優禮之際，仍不忘謀道，而捨棄榮華，遠逸天臺，一心禪修；入隋之後，縱使〈敕智顗書〉對他造成迫害，但從修行而言，又不啻為絕佳護身符，不僅不礙其行道，還能摒擋俗事的干擾。後來晉王楊廣就像陳後主一樣，再三迎請智顗出山，最後智顗雖赴江都傳授戒法，卻無任何弘法活動，而且還與晉王明約四事，都是為授戒後拂衣而去預作準備。在佛法需官方保護的情況下，智顗不便得罪晉王；而與晉王保持適當距離，也可免違犯文帝〈敕智顗書〉的威嚇。

（七）張哲永以為智顗對前朝舊主有深厚感情，不願以佛法事二主，又不願染政界，加上年歲漸高，導致最後巧妙自裁，藉以換取楊廣對天臺宗的隆恩，這同樣是沒有從佛法中去詳加印證和理解。佛法戒殺，即已包括自殺在內，何況預知時至、死前不復飲食，僧傳禪史所載多有，故不能將安排後事、不服湯藥及不進齋飯，便視智顗為絕食而亡。

（八）智顗臨終遺書晉王，在第五、第六恨都提及聚眾使州司惶慮，有乖國式，其主要原因就在於隋政權擔心南僧寺院以弘法結社為由，集結叛軍亂黨，故不管智顗是否真為布教弘法，便要扣他違法集眾的大帽子。在一個標榜興隆三寶，佛法昌盛的國家，居然弘法利生還受政治迫害，喪失行動自由，縱然表面對他尊重，實際上倒像是次等國民，被剝奪了一般百姓應有的權利，也難怪智顗要臨終寄恨了。

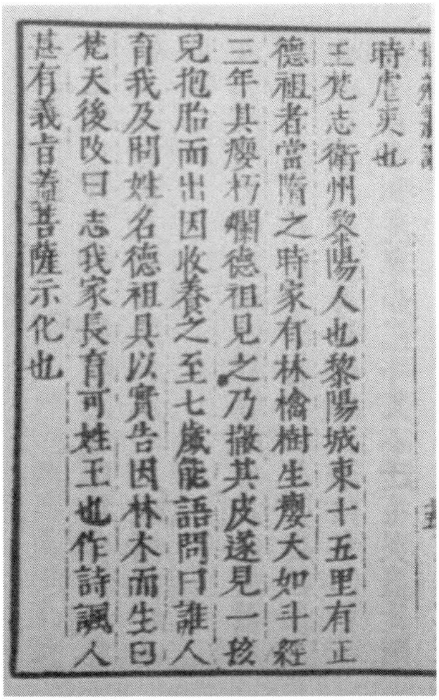

時虎吏也
王梵志衛州黎陽人也黎陽城東十五里有王
德祖者當隋之時家有林檎樹生癭大如斗經
三年其癭朽爛德祖見之乃撤其皮遂見一孩
兒抱胎而出因收養之至七歲能語問曰誰人
育我及問姓名德祖具以實告因林木而生曰
梵天後改曰志我家長育可姓王也作詩諷人
甚有義旨蓋菩薩示化也

明·萬曆繡水堂沈氏尚白齋刻《桂苑叢談》書影

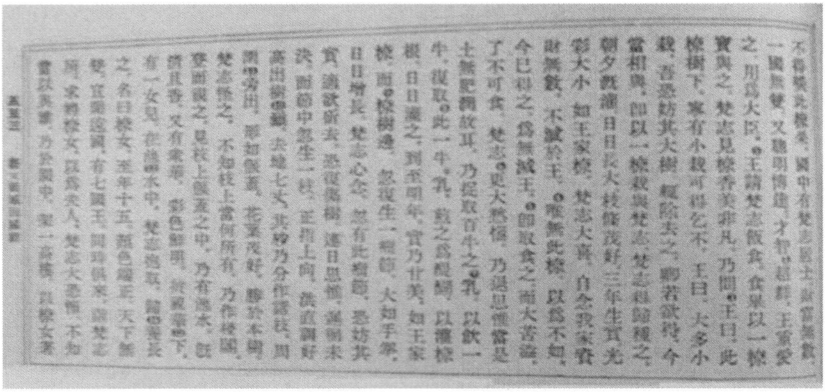

《大正藏·柰女祇域因緣經》書影

王梵志出生傳奇新探

提　　要

　　扃鐍近九百年的敦煌石室，約當清光緒二十六年（1900）重見天日後，長期湮沒無聞的通俗詩人王梵志，也自 1925 年，由劉復輯錄《敦煌掇瑣》，將收藏於法國巴黎的王梵志詩公諸於世，而逐漸引發國內外學術界的矚目。關於王梵志出生傳奇，同樣是學者尋思深究的重點。論及王梵志出生故事淵源於佛經，最早有郭立誠於 1944 年發表的〈小乘經典與中國小說戲曲‧《柰女耆婆經》與王梵志〉，惟至 1991 年，項楚所撰《王梵志詩校注》，仍未採行此說，而僅斷定王梵志出生神話是古老傳說模式的變種。再到 1994 年，陳允吉發表〈關於王梵志傳說的探源與分析〉始又發現與郭立誠同樣的線索，可惜仍未詳加分析它為何不是承襲中國固有的出生神話？為何它會與《柰女祇域因緣經》有絕對關連？又為何王梵志出生故事要取自佛經？佛經卷帙浩繁，為何選用了《柰女祇域因緣經》？而改編《柰女祇域因緣經》的人會是誰？到底王梵志是否真有其人？這些問題都還待進一步釐清。本文故分六節予以疏通，其中多有依據前輩方家的創獲；也有揚棄舊說，自陳己見之處。同之與異，皆以資料為憑，不託空言，期使通俗詩人王梵志假借《柰女祇域因緣經》的真正緣由能得到認同。

關鍵詞

王梵志　桂苑叢談　柰女耆婆經　柰女祇域因緣經　維摩詰經

一、前　言

　　《新唐書・藝文志》載錄《桂苑叢譚》一卷，下注撰者名為「馮翊
子子休」[1]。這位約值晚唐、五代時期的馮翊子，在他摘抄的《桂苑叢
譚（談）》中轉引了《史遺》「王梵志」野史一則，文中記述王梵志生平
傳奇，算是目前唯一認識王梵志其人的可貴資料：

　　　王梵志，衛州黎陽人也。黎陽城東十五里，有王德祖者，當隋之
　　時，家有林檎樹，生瘤大如斗。經三年，其瘤朽爛，德祖見之，
　　乃撤其皮，遂見一孩兒，抱胎而出，因收養之。至七歲，能語，
　　問曰：「誰人育我？」及問姓名。德祖具以實告：「因林木而生，
　　曰『梵天』；後改曰『志』[3]。我家長育，可姓王也。」作詩諷人，
　　甚有義旨，蓋菩薩示化也。

　　《太平廣記》卷八二異人類「王梵志」也同收此條，但文字有所出入，
於是更增王梵志出生神異色彩：

　　　王梵志，衛州黎陽人也。黎陽城東十五里，有王德祖，當隋文帝

---

[1]　《新唐書》卷五九，臺北：鼎文書局，1992年1月，頁1543。

[2]　潘師石禪〈王梵志出生時代的新觀察——解答《全唐詩》不收王梵志詩之謎〉，與〈敦
　　煌王梵志詩新探〉都以為是唐僖宗、昭宗時人（分見中央日報1985年4月11日文藝評論
　　54期、《漢學研究》四卷二期，1986年12月，頁115）；朱鳳玉《王梵志詩研究》則說是
　　五代人（臺北：學生書局，1986年8月，頁43）。

[3]　潘師石禪〈王梵志出生時代的新觀察——解答《全唐詩》不收王梵志詩之謎〉，及〈敦
　　煌王梵志詩新探〉皆同有案語云：「『『後改曰梵（案：此「梵」字為衍文）志』疑為註文，
　　謂初名『梵天』，後乃改為『梵志』。混入正文，以致隔斷語氣。」今查《說郛》卷七，
　　僅收《桂苑叢談》二則，惜無「王梵志」條（見《筆記小說大觀》二十五編第1冊，頁
　　145～146），另《筆記小說大觀》十九編第1冊收有署名唐・馮翊著《桂苑叢談》，其與
　　《百部叢書集成》據明萬曆繡水沈氏尚白齋刻寶顏堂秘笈本，文字俱同於《四庫全書》
　　內府藏本，作「後改曰『志』」，直書於「因林木而生，曰『梵天』」之下。四本《桂苑
　　叢談》皆未見小字作註體例，故此處當亦不致有之，雖俞樾《古書疑義舉例》卷五有「涉
　　注文而衍例」，恐不適用於此；況不必以「後改曰『志』」為註文，語仍可通，亦即王德
　　祖告其初名「梵天」，後又改名「梵志」，正所謂「具以實告」，似也不致隔斷語氣。

時，家有林檎樹，生癭大如斗。經三年朽爛，德祖見之，乃剖其皮，遂見一孩兒抱胎，而德祖收養之。至七歲，能語，曰：「誰人育我？復何姓名？」德祖俱以實語之。因名曰：「林木梵天。」（明抄本「因名曰：『林木梵天。』」句作「因曰：『雙木曰梵，名曰梵天。』」）後改曰「梵志」。曰：「王家育我，可姓王也。」梵志乃作詩示人，甚有義旨。[4]

如果依據潘師石禪〈王梵志出生時代的新觀察〉一文，潘師解釋是說：「《叢談》只是如實敘述：王德祖家有一棵林檎樹，生了斗大的癭，經過三年，樹癭腐爛了，德祖剝開樹皮一看，發現了一個嬰兒，就抱胎兒出來，把他收養成長。到了七歲能說話的時候，就詢問他出生的經過和姓名。王德祖據實告訴他，是從林檎樹朽癭中抱來的，不知他出生的來歷；是他王家撫養的，所以就叫王梵天。記載並沒有絲毫神異的色彩。據我的了解，王德祖只是發現了一個遺棄在樹癭掩蔽中的嬰兒，抱來撫養成人。」[5]潘師還舉出茶神陸羽即為智積禪師得於水濱，這種情形跟王梵志是從樹穴中抱養而來非常類似，都明顯意味著他們是棄嬰。潘師的證據雖不直接，但推論仍然相當合乎情理，而這樣的推論也與郭立誠所見不謀而合[6]；惟誠如潘師同篇論文所言：

> 關於王梵志的事蹟，遺留下來的記錄，非常簡略；且有語涉荒誕，許多研究者把他看做神話中的人物，以致損害事實真象，造成種種的錯覺誤會。

---

[4] 《太平廣記》卷八二，下注：「出《史遺》」；而明版作：「出《逸史》。」（上海：上海古籍出版社，1993年11月，頁422）

[5] 同注3。

[6] 見郭立誠《中國藝文與民俗》所收〈小乘經典與中國小說戲曲〉第十三則「《奈女耆婆經》與王梵志」，臺北：漢光文化公司，1984年3月，頁49。本文亦收錄於現代佛教學術叢刊《佛教與中國文學》，臺北：大乘佛教出版社，1978年1月，頁168。本篇論文最早刊載於1944年7月，《文學雜誌》第3期。

其實我們即使確定王梵志是棄嬰，回頭再重看《桂苑叢談》的記述，依然還是抹不去傳奇色彩，而這也難怪研究者的「錯覺誤會」了。

原來王梵志出生神話，是淵源於佛經故事，這除了郭立誠〈《奈女耆婆經》與王梵志〉曾論及外，在陳允吉〈關於王梵志傳說的探源與分析〉也提到[7]，可惜陳文仍未將兩者詳加比勘，而且也未詳細分析它與中國棄嬰傳說有無差異，為何非取諸印度佛經不可？而對於王梵志故事取材，是否真如項楚《王梵志詩校注‧前言》所說，是古老傳說模式的變種？再者，王梵志出生神話又為何選用《奈女祇域因緣經》（《奈女耆婆經》）？最後，王梵志是否有此一人物？凡此都還值得進一步探究，以下便分節逐一說明。

二、王梵志傳奇與中國出生神話原型不同

王梵志自樹瘤出生的神話，依傅師錫壬〈果生神話探源〉所論，它與「英雄感生」神話是大相逕庭的[8]。因此除了《史記‧高祖本紀》云：「劉媼嘗息大澤之陂，夢與神通，是時雷電晦冥，太公往視，則見蛟龍於其上。已而有身，遂產高祖。」這種先祖、帝王、英傑的感生神話不論外，在王梵志出生傳說之後，繼有孟姜女從瓜裏出生的故事，孟姜女故事除可能繼承先民「人從瓜出」的神話[9]，更有可能是受到印度佛經影響，因孟姜女「不願受胎產的血污狼籍」，故遁入瓜中[10]。題為後漢安世

[7] 郭立誠〈《奈女耆婆經》與王梵志〉，同前注；陳允吉論文發表於1994年第三屆國際學術研討會，承蒙王師國良提供影印稿，謹此致謝。陳文後亦將本文稍作增修，登於《復旦學報》社會科學版，1994年第6期，頁97～103。

[8] 傅師錫壬〈果生神話探源〉（《淡江學報》24期，1986年4月，頁131～145），於第二節述及我國上古盛行的「感生神話」事例頗詳，今故不贅論。

[9] 普珍《中華創世葫蘆》引用《詩經‧大雅‧綿》，而說：「中華民族先民最初是出自共同母體──瓜瓞，它世代綿延，子孫繁衍。」（雲南：雲南人民出版社，1993年8月，頁22）

[10] 或言生自冬瓜，或言南瓜，或言葫蘆，詳見顧頡剛《孟姜女故事研究集》，頁94、102。是書收於婁子匡編校《中山大學民俗叢書》第30冊（臺北：東方文化供應社，1970年夏季），文中所引述《孟姜女寶卷》，較鄭振鐸〈佛曲敘錄〉（收於《中國文學研究》，臺北：民主〔明倫〕出版社，不著年月，頁1075）為詳。

高譯《佛說柰女祇域因緣經》[11]，即有柰女生自柰樹；須漫女生於須漫華；波曇女生於青蓮華。三女昔皆誓言，願後世逢佛，自然化生，不由胞胎，遠離穢垢，故如所願。這正是孟姜女不受血污之所本。再像小說《西遊記》五十三回「禪主吞餐懷鬼孕」[12]，唐三藏與八戒誤飲西梁女國子母河水，遂懷身孕。八戒道：「我們卻是男身，那裏開得產門？如何脫得出來？」孫行者笑道：「古人云：瓜熟自落。若到那個時節，一定從脅下裂個窟窿，鑽出來也。」這也是從佛陀右脅而降，未受產污得來的靈感[13]。而這兩個故事的流傳，皆晚於王梵志，自不可能對王梵志出生傳奇有所影響。至於在王梵志故事之前，試看梁元帝《金樓子》卷五〈志怪篇〉有言：

> 有莘氏女採兒於空桑之中；水濱浣嫗得子於流竹之裏。[14]

這兩句話中各有典故，典故之一見《呂氏春秋‧本味篇》：

> 有侁氏女子采桑，得嬰兒于空桑之中，獻之其君，其君令烰人養之。察其所以然，曰：「其母居伊水之上，孕，夢有神告之曰：『臼出水而東走毋顧。』明日，視臼出水，告其鄰，東走十里而顧其邑盡為水，身因化為空桑。」故命之曰伊尹。此伊尹生空桑之故也。[15]

另一見《後漢書》卷八六〈西南夷傳〉：

> 初，有女子浣於遯水，有三節大竹流入足間，聞其中有號聲，剖竹視之，得一男兒，歸而養之。及長，有才武，自立為夜郎侯，

---

[11] 見《大正藏》第十四卷。另有略本《柰女耆婆經》，同題為安世高譯，並見十四卷。
[12] 《西遊記》，臺北：桂冠公司，1992年2月，頁666。
[13] 《佛本行集經》云：「是時彼樹（波羅叉樹）以於菩薩威德力故，枝自然曲，柔軟低垂。摩耶夫人即舉右手，猶如空中出妙色虹，安庠（詳）頻申，執波羅叉垂曲樹枝，仰觀虛空……，熙怡坦然，安靜歡喜，身受大樂……，即生菩薩。」（T03，p686b）
[14] 見《百子全書》第23冊，臺北：黎明文化公司，1996年12月，頁6965。
[15] 《呂氏春秋校釋》卷十四〈孝行覽〉，臺北：華正書局，1985年8月，頁739。

> 以竹為姓。[16]

兩處所謂的「採兒」、「剖竹」，與王德祖「乃撤其皮」確頗相似，很有可能同是棄嬰，一置於空桑；一裹於大竹，隨波而流[17]。但王梵志傳說卻不因襲於彼，理由是：第一，嬰兒安放處所不同，尤其竹節中的嬰兒有哭聲，而伊尹之所以生於空桑，是母親化為桑樹之故，與王梵志出生截然不同；第二，王梵志神話傳說還有佛教色彩，如「梵天」、「梵志」、「菩薩示化」之類，因此王梵志傳說如有源頭，必來自佛經無疑。

惟如依據項楚《王梵志詩校注‧前言》的主張，則認定「這是少數民族古老的史詩性傳說。」[18]項文另外舉出兩則與王梵志傳奇非常近似的故事，一是元代虞集《道園學古錄》卷二四〈高昌王世勳之碑〉云：

> 考諸高昌王世家，蓋畏吾而之地有和林山，二水出焉，曰禿忽剌，曰薛靈哥。一夕，有天光降于樹，在兩河之間，國人即而候之，樹生瘿若人妊身然。自是，光恆見者，越九月又十日而瘿裂，得嬰兒五，收養之。其最稚者曰卜古可罕，既壯，遂能有其民人土田，而為之君長。[19]

另一是馬純《陶朱新錄》的記載，項文僅節摘小段，今依原文抄錄，使文意愈明：

> 先祖元豐間仕廣西漕計，時經交寇，熙寧八年入省地作亂，過屠

---

[16] 《後漢書集解》，臺北：藝文印書館，1968年12月，頁1016。

[17] 按項楚於《王梵志詩校注‧前言》，除援引《呂氏春秋》伊尹生於空桑故事外，還舉出《藝文類聚》卷八八引《春秋孔演圖》曰：「孔子母徵在遊大冢之陂，睡夢黑帝使請與己交，語曰：『女乳必於空桑之中。』覺則若感，生丘於空桑之中。」及《華陽國志》卷四〈南中志〉云：「有竹王者，興於遯水。有一女子浣於水濱，有三節大竹流入女子足間，推之不肯去。聞有兒聲，取持歸，破之，得一男兒。長育，有才武，遂雄夷狄。氏以竹為姓，捐所破竹於野，成竹林，今竹王祠竹林是也。」（上海：上海古籍出版社，1991年10月，頁3）這兩個神話，第一個神話其實是說顏徵在生孔子於空桑，而並非孔子化生於空桑，所以仍略有不同；第二個神話亦即為夜郎侯的傳說。

[18] 同前注，頁2。

[19] 《道園學古錄》卷二四，臺北：臺灣中華書局《四部備要》本，1965年11月，頁5。

邕州等，諸郡無遺類，凶焰甚酷，廣人畏之。相去未久，又傳交人起兵，郡遣人覘之，云是交州界峒中檳榔木忽生癭，漸大，俄聞其中有啼聲。峒丁因剖視之，得一兒，遂養於家。及長，乃一美婦人，婉若神仙，即獻之峒主。交人求之不與，於是舉兵伐峒滅之，掠其女而去，號曰「檳榔女」。[20]

姑且不談這兩個故事傳述、寫錄時間的早晚，以及佛經中的故事能否被歸類為少數民族的史詩傳說；陳允吉〈關於王梵志傳說的探源與分析〉在論及此事時說道：「真令人感到驚訝，……兩個傳說，從故事發生的地域上看，與王梵志傳說本來風馬牛不相及，但它們的故事情節竟會顯得如此異乎尋常的一致。」陳文的結論是：

《道園學古錄》所記的上述故事，當是唐以後回紇之僕固民眾為傳誦、美化他們祖先而撰造的神話，並非遠從古先民那裏世代相承流傳下來的史詩式作品。項楚提供的另一個交州美婦人物語，最早為宋人所著錄，其書面記載甚為簡單，看來也不大可能有淵源流長的傳播歷史。這兩個傳於塞北、日南，與王梵志傳說殊少發生接觸染化的機會，倘探涉這三個故事的相互關係，就很難說究竟是誰影響了誰。極有可能，它們以如此雷同的故事形態生成於不同地域範圍內，是由於其各自俱曾接受過某一傳說藍本所施與的影響。該傳說藍本疑在中國及其鄰近地區早有傳播，並且從情理上去推測，故事裏演繹的一宗重要情節，也應該與樹癭之中生出一個孩子密切相關。[21]

筆者則以為，從故事發生的地域來看，由於高昌與交州是中外交通陸路與水路的要道，因此從故事建構而言，本來就極易受佛經流布的影響，實不宜視為存在於當地少數民族古老的史詩傳說。

---

[20] 見《四庫筆記小說叢書》，上海：上海古籍出版社，1991年12月，頁209。
[21] 同注7，頁99。

　　「畏吾而」即是「維吾爾」，也就是「回紇」（又作「迴紇」「回鶻」），《舊唐書》卷一九五說回紇是匈奴後裔，無君長，居無恆所，隨水草流移，初始有僕骨、同羅、迴紇、拔野古、覆羅五部[22]，這也就是〈高昌王世勳之碑〉樹瘻生嬰兒五的傳說由來；但如依據《新唐書》卷二一七說回紇部落「凡十有五種，皆散處磧北」[23]，那麼瘻生嬰兒五的傳說，也不見得可靠契合史事了[24]。其次，據《宋史》卷四九〇說：

> （唐武宗）會昌中，其國衰亂，其相馺職者擁外甥將龐勒西奔安西。既而回鶻為幽州張仲武所破，龐勒乃自稱可汗，居甘、沙、西州，無復昔時之盛矣。[25]

史書所述「西州」即是高昌，顯然高昌回紇約在晚唐移徙來此，而〈高昌王世勳之碑〉記述回紇先民神話，自然是由高昌回紇所傳布。隨著絲路新道的開通，高昌與伊吾、鄯善並稱為「西域門戶」，自三國以來，日益成為東西方使者、商賈、僧侶往來必經之地，東西方文化也在此匯聚交融[26]，此地信仰，受佛教影響匪淺，《魏書》卷一〇一〈高昌傳〉云：「地勢高敞，人庶昌盛，因云『高昌』。亦云其地有漢時高昌壘，故以為國號……。晉以其地為高昌郡，張軌、呂光、沮渠蒙遜據河西，皆置太守以統之……。俗事天神，兼信佛法。」[27]按呂光原是苻堅部將，奉苻堅之令西伐龜茲、烏耆諸國，並且負有使命，要迎請鳩摩羅什返國，後因苻堅敗亡，於是竊號關外，但並未大力弘揚佛法；而北涼沮渠氏王族，則是虔誠的佛教徒和熱情的宗教傳布者，佛教便在此時迅速奠基植

---

[22]　《舊唐書》，臺北：鼎文書局，1992年5月，頁5195。

[23]　同注1，頁6111。

[24]　陳允吉刊於《復旦學報》論文，也已引王國維《觀堂集林》卷二十〈書虞道園高昌王世勳碑後〉曰：「回鶻西徙以後，已不能紀遠，其所記多荒忽不足信，不如兩《唐書》之得事實矣。」（見《王觀堂先生全集》，第3冊，臺北：文華出版公司，1968年3月，頁980）

[25]　《宋史》，臺北：鼎文書局，1991年2月，頁14114。

[26]　見余太山主編《西域文化史》，北京：中國友誼出版公司，1996年6月，頁110。

[27]　《魏書》，臺北：鼎文書局，1993年10月，頁2243。

根[28]，寶唱《名僧傳抄》、慧皎《高僧傳》、道宣《續高僧傳》中皆可見高昌名僧傳記[29]；再如法顯《佛國記》敘說西行途中，就曾到過高昌，可惜並未詳加記錄當地風物土俗[30]；又《高僧傳》卷三記曇無竭誓效法顯之志，「初至河南國，仍出海西郡，進入流沙，到高昌郡，經歷龜茲、沙勒諸國……。」[31]而《大慈恩寺三藏法師傳》卷一則敘及高昌王麴文泰極信仰佛法，不願玄奘繼續西遊，再三懇請他永久駐錫，俾盡心供養，玄奘誓死不允，絕食明志，三日後，高昌王深生愧懼，稽首禮謝，遂「仍屈停一月，講《仁王經》，中間為師營造法服。」[32]

　　高昌既然位居中外陸路必經要道，而王族又深奉佛法，那麼高昌回紇傳述先民出生神話，何故雜有佛經色彩，就不難以想像了。

　　再看水路。《新唐書‧地理志》云：「唐置羈縻諸州，皆傍塞外，或寓名於夷落。而四夷之與中國通者甚眾……，其入四夷之路與關戍走集最要者七：一曰營州入安東道，二曰登州海行入高麗渤海道，三曰夏州塞外通大同雲中道，四曰中受降城入回鶻道，五曰安西入西域道，六曰安南通天竺道，七曰廣州通海夷道。」[33]其中第六、第七要道即是通往印度和南洋。南海交通，自三國孫吳時期，已相當頻繁[34]，而就是出家眾往返其地也頗常見，如《高僧傳》卷一即載康僧會其先康居人，世居

---

[28]　見《高僧傳》卷二鳩摩羅什、曇無讖、卷十二法進傳記（T50，p330a、p335c、p404a）；並參見《西域文化史》，同注26，頁118。

[29]　如《名僧傳抄》（《卍續藏》134冊）第二十五則〈法惠傳〉、《高僧傳》卷二道普、法盛（頁337）、卷八智林（頁376）、卷十法朗（頁392）、卷十一法緒（頁396）、卷十二法進、僧遵（頁404）、《續高僧傳》卷七慧嵩傳（T50，p482c）。

[30]　《佛國記》，《大正藏》題為《高僧法顯傳》，文云：「烏夷國人不修禮義，遇客甚薄，智嚴、慧簡、慧嵬返向高昌，欲求行資；法顯等蒙符公孫供給，遂得直進西南。」（T51，p857a）

[31]　《高僧傳》卷三，T50，p338b。

[32]　《大慈恩寺三藏法師傳》卷一，T50，p225a。

[33]　《新唐書》卷四三下，頁1146。

[34]　劉淑芬〈六朝南海貿易的開展〉敘述孫吳以來，致力南海貿易活動頗詳，文中云：「從《高僧傳》、《續高僧傳》、《宋高僧傳》所記西域天竺僧人來華，以及中國僧人西行求法，搭乘商賈船舶的記載，可知中國由南海經扶南海岸，至獅子國（錫蘭）、天竺（印度）這條航線上，有相當頻繁的貿易。」（《食貨》十五卷第九、十期合刊，頁16）

天竺，其父因商賈移於交阯。康僧會出家後，於赤烏十年抵達建業弘化；又卷二記佛馱跋陀羅裹糧東遊，至交阯乃附舶循海而行；卷三則說法顯在獅子國見商人以晉地白團扇供養，不覺悽然下淚，後即附商人大舶循海而還；而求那跋摩則是宋文帝於元嘉元年，敕令交州刺史汎舶延致；另在〈僧伽跋摩傳〉也提到獅子國比丘尼鐵薩羅等眾，於宋元嘉年間至京師，僧伽跋摩則於元嘉十九年，隨西域賈人舶還外國；又如卷九記耆域本天竺人，自發天竺，至於扶南，經諸海濱，爰及交廣，後達襄陽，並於晉惠帝末年至洛陽[35]。再如《續高僧傳》卷二五記載道仙原為康居國人，常於江海上下積集珠寶，遊賈往來於吳蜀；《宋高僧傳》卷一敘說義淨前往西域，也是循海路奮勵孤行[36]。

　　既有了出家眾的往來，佛教自然容易傳布，因此交州民間轉相承襲佛教故事是很可能的；尤其馬純敘述交州峒民為了出生在檳榔樹的美婦人而興起爭戰，這與《柰女祇域因緣經》也有異曲同工之處[37]，所以檳榔女的故事沿用佛經樹瘿生人的特異傳奇，並非荒唐無稽；而這兩個在高昌與交州流傳的神話，自然也不屬於中國本土出生神話的類型。

三、王梵志傳奇與《柰女祇域因緣經》的關係

　　《柰女祇域因緣經》及異譯本《柰女耆婆經》，今見《大正藏》十四卷，兩部經皆僅一卷，文字差異不大，不過仍以《柰女祇域因緣經》較詳，譯者俱署名後漢安世高。在慧皎《高僧傳》卷一〈安世高傳〉不僅說：「其先後所出經論凡三十九部。」慧皎並再次根據道安《經錄》，

---

[35]　康僧會、佛馱跋陀羅、法顯、求那跋摩、僧伽跋摩、耆域傳記，分見T50，p325a、p334b、p337b、p340a、p342b、p388a。又此「耆域」實非柰女之子「祇域」，陳寅恪之說有誤，詳見筆者所撰〈陳寅恪先生〈三國志曹沖華佗傳與佛教故事〉質疑〉，《中華文化復興月刊》二十卷六期，頁67。

[36]　《續高僧傳·道仙傳》、《宋高僧傳·義淨傳》，分見T50，p651a、p710b。

[37]　《柰女祇域因緣經》敘說柰女「至年十五，顏色端正，天下無雙，宜聞遠國。有七國王，同時俱來，詣梵志所，求聘柰女，以為夫人。」（T14，p902b）最後由瓶沙王捷足先登，與柰女同宿，始產下醫王祇域。

說他「二十餘年譯出三十餘部經」[38]；然今查僧祐《出三藏記集》卷二所錄安世高譯出三十四部經，卻不見《柰女祇域因緣經》或《柰女耆婆經》，《出三藏記集》倒是在同卷記錄晉代竺法護所譯經中，有部一卷本《柰女耆域經》，下注：「或云《柰女經》。」[39]此經與《柰女祇域因緣經》、《柰女耆婆經》之間關係，可由梁代寶唱等集《經律異相》窺知。《經律異相》卷三一載錄〈祇域為柰女所生捨國為醫〉，末注即為：「出《柰女經》。」[40]經詳細比對，可以發現此經與《柰女祇域因緣經》或《柰女耆婆經》極近似，只不過經文刪改得更精鍊而已，因此《柰女祇域因緣經》及《柰女耆婆經》兩部經文的真正譯者，應是竺法護無疑。

　　《柰女祇域因緣經》是敘說維耶梨國王賞賜國中梵志居士一株柰苗，梵志悉心照護，不料柰樹長成，竟生一瘤節，而柰女即自瘤瘻中自然化生。柰女後與羅閱祇國瓶沙王生下祇域（一名耆婆），祇域出生即手持針藥囊，長大後，果然成為國中醫王，經文故亦多敘祇域行醫的情節。在《四分律》卷三九、四十；《善見律毘婆沙》卷十七也可見類似情節[41]，只不過柰女在兩部律藏皆譯為「婆羅跋提」，且二者也未敘述柰女自柰樹出生的傳奇。至於西晉法立、法炬共譯《佛說諸德福田經》[42]，則僅只載記柰女出生因緣，也遠不及《柰女祇域因緣經》完備。

　　《柰女祇域因緣經》與王梵志出生神話，兩者關係密切非常，倘試以《柰女祇域因緣經》和《桂苑叢談》相互比對，即見脈絡若合符契，不僅可以解釋傳說中的淵源，也能使王梵志以一棄嬰附會佛典的事實，益形明朗。今說明如下：

　　（一）《桂苑叢談》記王德祖家林檎樹，生瘤如斗，三年朽爛，德祖撤其皮，遂見一孩兒。潘師云：「棄嬰的生身父母，顯然有意選擇一

---

[38]　《高僧傳》卷一，T50，p322c、p323a。湯用彤《漢魏兩晉南北朝佛教史》更認為安世高譯經：「不但《長房錄》著錄一百七十六部，《開元錄》載九十五部，實係臆造，即《高僧傳》謂其譯三十九部亦不可信。」（臺北：臺灣商務印書館，1991年9月，頁62）

[39]　《出三藏記集》卷上，T55，p7b。

[40]　《經律異相》卷三一，T53，p166c。

[41]　《四分律》，T22，p703b～p703c、《善見律毘婆沙》，T24，p790b。

[42]　《佛說諸德福田經》，T16，p778a。

個樂善素封之家，使他的棄嬰獲得安身的處所，纔會特意放置在王德祖家的林檎樹中。」[43]但原先其父母既有辦法將嬰兒置入朽瓥之中，又何勞王德祖「撤皮」才抱他出來？何況文中也未記王德祖聽見嬰兒哭聲，赫然發現嬰兒，全屬巧合，這種不符常情的現象，也難怪會讓人疑為神話；反觀《柰女祇域因緣經》云：

> 柰樹邊忽復生一瘤節，大如手拳，日日增長。梵志心念忽有此瘤節，恐妨其實，適欲斫去，恐復傷樹，連日思惟，遲迴未決，而節中忽生一枝，正指上向……。乃作棧閣，登而視之，見枝上偃蓋之中，乃有池水，既清且香，又有眾華，彩色鮮明。披視華下，有一女兒，在池水中，梵志抱取，歸養長之。

《桂苑叢談》所述雖不及《柰女祇域因緣經》精彩，然「斗瘦」豈不與「瘤節」相同；「柰」不也與「林檎」相類[44]，何況經中更有一「梵志」居士名號，兩者間的關連性豈不甚為明顯？

---

43 同注2。

44 此可參見李時珍《本草綱目》卷三十菴羅果（菴摩羅迦果）、柰（頻婆）、林檎三條集解（山西：山西科學技術出版社，2002年10月，頁1382～1383）。在佛經或經注中，柰又作菴羅（蘿）、菴婆、菴羅婆、菴婆羅、阿摩勒、菴摩羅、菴沒羅等等名稱；而像《增壹阿含》卷三九則將「柰園」譯作「梨園」（T02，p762a）；《出曜經》卷三作「甘梨園」（T04，p622c）；《善思童子經》又說：「在菴婆羅波梨園」（T14，p605b）。玄應《一切經音義》卷八注釋《維摩經》「菴羅」則云：「此果花多而結子甚少，其葉似柳而長一尺餘，廣三指許。果形似梨而底鉤曲。彼國名為王樹，謂在王城種之也。」（臺北：臺灣商務印書館，1981年10月，頁243）僧肇《注維摩詰經・佛國品》「菴羅樹園」下云：「什曰：『菴羅樹，其果似桃而非桃也。』」（T38，p328b）吳兆宜注徐陵《徐孝穆集》卷五〈東陽雙林寺傅大士碑〉「芥子菴羅，無疑褊陋」下，亦引樹敏曰：「《闡義》云，菴羅是果樹之名，其果似桃。此樹華開生一女，國人歡異，以園封之，園既屬女，故言菴羅樹園。宿善冥熏，見佛歡喜，以園奉佛，佛即受之，而為所住。」（臺北：世界書局，1963年12月，頁5）至於《大唐西域記校注》則言：「菴沒羅果即芒果。」（北京：中華書局，1995年2月，頁212）如據佛本行集經卷二八云：「口脣明曜赤朱色，或如頻婆羅果形，亦似珊瑚及胭脂。」（T03，p782a）《大方廣佛華嚴經》卷六五謂：「脣口丹潔如頻婆果。」（T10，p349b）顯然柰果顏色鮮紅，譯成「梨園」實頗奇特；然而《瑜伽論記》卷二上說頻婆果「其形似枳，囊內如鬱金色。」（T42，p338c），那麼倒又近似橘子

　　（二）《桂苑叢談》言王梵志七歲始能語，問曰：「誰人育我？」及問姓名。雖然潘師也舉出王陽明、戴東原兩位歷史名人說話皆遲於常兒，證明王梵志七歲能言並非神話，但問題還是存在。因王梵志自從出生即為王德祖收養，王德祖如不說，他怎可能剛會說話，就知德祖非其生父，而疑問誰生了他？（案：「育」字雖可解釋為「養育」，但此處不宜作此解，否則就更奇了，相信王梵志七歲前，不是光會吃飯的白癡；而且下文王德祖也告訴他說是生於林木，可見「育」是「生育」之意。）何況他又不是眼瞎耳聾，他只是話說得慢，又怎不知自己的姓名？反觀《㮈女祇域因緣經》就有頗類似的情節，當㮈女初生祇域，嘗命婢女持棄之，這與王梵志是棄嬰的事實是雷同的；經文還說：

> 祇域至年八歲，聰明高才，學問書疏，越殊倫匹，與鄰比小兒遊戲，心常輕諸小兒，以不如己。諸小兒共罵之曰：『無父之子，婬女所生，何敢輕我！』祇域愕然，默而不答，便歸問母……。

王梵志七歲始問「誰人育我？」與祇域八歲時問㮈女，他是誰的孩子，顯然是非常雷同的。

　　（三）王德祖曰：「林木而生曰『梵天』，後改曰『志』。」潘師解釋說：「梵字從林字頭，故叫做梵天。後來長大，深受佛教熏習和社會風尚，所以改名為梵志。」[45]然而從林字頭的國字不少，何以林木而生就該叫「梵天」？這倒也難怪入矢義高〈論王梵志〉一文會認為生於林檎，便叫梵天，「有牽強附會之嫌」[46]了；再說「梵天」、「梵志」原本就

了。

[45] 同注2，〈王梵志出生時代的新觀察——解答《全唐詩》不收王梵志詩之謎〉。

[46] 入矢義高以日文撰寫〈論王梵志〉，刊於《中國文學報》第3、4期，1955、1956年出版。正文所引，為朱鳳玉博士論文《王梵志詩研究》所譯，同注2，頁97。另陳允吉〈關於王梵志傳說的探源與分析〉也認為：「一個男孩從林檎樹樹癭內『抱胎而出』，憑這緣故就給他取個名字叫『梵志』，總讓人感到難以理喻。……傳說中所謂的『因林木而生，曰『梵天』，後改為『志』』，充其量不過是一種拆字遊戲，旨在向人們暗示『梵』字上半部形體就已經寓明了神話人物出生的原委。傳說的編造者想從中灌注一種模糊的啟示，結果反而弄巧成拙了。」（同注7，頁102）

是印度婆羅門教及佛教中專門用語，若「受佛教薰習和社會風尚」影響，那又何必有先後的分別？故仍有重新檢討的必要。

按佛教「梵天」之意，本指三界之中，色界初禪天，遠離欲界淫慾，寂靜清淨，故名之。王梵志初名梵天，正表示生於林檎癭中（已掩蓋事實的神話），不受穢垢，能得清淨，「林木而生曰『梵天』」的真義即在此；王梵志既有此神異，其文末所謂「菩薩示化」，當然也就不是普通讚嘆語了。但又為何改「梵天」成「梵志」？由於印度婆羅門皆以修習梵天淨行為志，故稱「梵志」，《大智度論》卷五六解釋「外道諸梵志」有云：「梵志者，是一切出家外道，若有承用其法者，亦名梵志。梵志愛著其法，聞實相空法不信，故欲壞。」[47]然佛經中稱出家人，亦有謂之「梵志」的情形，這是因為當時不少外道後來皈依佛門之故，如佛陀弟子舍利弗舅氏「長爪梵志」即為一例。而今不受垢穢的嬰兒（王梵天）既已誕生，正應修習淨行為志，因此改名「梵志」，不也非常適宜？且其與《奈女祇域因緣經》也有關連，經云：

> （維耶梨）國中有梵志居士，財富無數，一國無雙，又聰明博達，才智超群。王重愛之，用為大臣。王請梵志飯食，食畢以一奈寶與之……。

姑不論王梵志的姓是原其所有，或假託維耶梨王的「王」字而來，命名「梵志」，與經文中梵志居士意義，都是完全一致的。

四、《奈女祇域因緣經》的選用及其改編者

以上論斷若成立，又有兩個問題應解決。一是為何聯想到以《奈女祇域因緣經》來改編附會？二是改編故事雖不及原經精彩，倒也用心良苦，難道真如胡適等人所說，是民間代王梵志宣傳製造出來的[48]？這兩

---

[47] 《大智度論》卷五六，T25，p461a。

[48] 見《白話文學史》十一章〈唐初的白話詩〉。胡適據《太平廣記》所載王梵志資料云：「此雖是神話，然可以考見三事：一為梵志生於衛州黎陽，即今河南濬縣。一為他生當隋文帝時，約六世紀之末。三可以使我們知道唐初已有關於梵志的神話，因此又可以想見王梵志的詩在唐朝很風行，民間才有這種神話起來。」（香港：啟明書局，1962年8月，頁

問題，除非起古人於九原，始能得其真相；但是「他人有心，予忖度之」，故未嘗不能循蛛絲馬跡，推論索隱一番。

首先談選用本經的問題。改編附會者所以知道選用《奈女祇域因緣經》（《奈女耆婆經》），應與六朝時期有部幾乎人人必讀的佛典——《維摩詰經》有關。當然，像西晉竺法護譯《佛說大方等頂王經》已說到：「一時，佛遊於維耶離奈氏樹園。」[49]後秦佛陀耶舍共竺佛念譯《長阿含》卷二〈遊行經〉也提到：

> （世尊）路由跋祇到毘舍離，坐一樹下，有一婬女名菴婆婆梨，聞佛將諸弟子來至毘舍離，坐一樹下，即嚴駕寶車，欲往詣佛所，禮拜供養。[50]

又卷十七〈沙門果經〉云：「一時，佛在羅閱祇耆舊童子菴婆園中。」〈沙門果經〉異譯本，為東晉瞿曇僧伽提婆所譯《增壹阿含》卷三九〈寂志果經〉，原文則作：「一時，佛在羅閱城耆婆伽梨園中。」[51]又劉宋求那跋陀羅譯《雜阿含》卷二四亦云：

> 一時，佛在跋祇人間遊行，到鞞舍離國菴羅園中住。[52]

這些經典都與奈女或祇域相關；不過影響力最大的，仍非《維摩詰經》莫屬。《維摩詰經》譯本頗多，而以姚秦鳩摩羅什譯本最為後世熟知。它是一部深富文學與哲理性的經典，向為知識份子所喜愛；代為注疏者也特多[53]，像慧皎《高僧傳》就記載多位高僧通達本經。在卷二〈鳩摩

165）鄭振鐸〈《王梵志詩》跋〉亦云：「也許正因為他是個民間的詩人，故民間遂為他造作出這些神話式的『口碑』出來吧。」（收於張錫厚輯《王梵志詩研究彙錄》，上海：上海古籍出版社，1990年8月，頁145）

49 《佛說大方等頂王經》，T14，p588b；與此經同本異譯的《大乘頂王經》、《善思童子經》，同收於《大正藏》十四卷，也有相同記載。

50 《長阿含》卷二，T01，p13b。

51 〈沙門果經〉見T01，p107a；《增壹阿含》見T02，p762a。

52 《雜阿含》卷二四，T02，p174a。

53 《維摩詰經》譯本，據拉蒙特（Étienne Lamotte）《維摩詰經序論》（郭忠生中譯，南投：諦觀雜誌社，1990年9月）詳徵經錄，至唐代計七種漢譯本，分別為後漢嚴佛調《古維

羅什傳〉不僅說到鳩摩羅什新譯《維摩詰經》，並且還為姚興作注，「出言成章，無所刪改；辭喻婉約，莫非玄奧。」[54]其弟子僧肇，《高僧傳》云：「嘗讀老子《道德章》，乃歎曰：『美則美矣，然期棲神冥累之方，猶未盡善也。』後見《舊維摩經》，歡喜頂受，披尋翫味，乃言：『始知所歸矣。』因此出家。」而出家之後，也為本經作注[55]；再如《高僧傳》卷七〈道生傳〉亦云：「初，關中僧肇始注《維摩》，世咸翫味，生乃更發深旨，顯暢新異。」[56]魯迅於《淮風月談・吃教》裏更說道：「晉以來的名流，每一個人總有三種小玩意，一是《論語》和《孝經》，二是《老子》，三是《維摩詰經》。」[57]據《世說新語・文學》篇即有言：

> 殷中軍被廢東陽，始看佛經。初視《維摩詰》，疑《般若波羅蜜》太多，後見《小品》，恨此語少。

〈文學〉篇還說：

> 支道林、許掾諸人在會稽王齋頭，支為法師，許為都講。支通一義，四坐莫不厭心；許送一難，眾人莫不抃舞。但共嗟詠二家之

摩詰經》（佚）、東吳支謙《維摩詰經》（存）、西晉竺叔蘭《異毘摩羅詰經》（佚）、西晉竺法護《維摩詰所說法門經》（佚）、東晉祇多蜜《維摩詰經》（佚）、姚秦鳩摩羅什《維摩詰所說經》（存）、唐玄奘《說無垢稱經》（存），以及西晉聶承遠助竺法護訂譯《刪維摩詰經》（佚）、西晉支敏度編《合維摩詰經》（佚）。唯《法光雜誌》94期（1997年7月），高明道〈談《維摩詰經》的譯本〉，綜結本經在歷史上，漢譯本計有：支謙《維摩詰經》（闕。今《大正藏》題支謙譯本，其實是聶承遠代竺法護訂譯的《刪維摩詰經》）、竺叔蘭《異毗摩羅詰經》（闕）、竺法護《維摩詰所說法門經》（闕）、鳩摩羅什《維摩詰所說經》（存）、玄奘《說無垢稱經》（存），至於嚴佛調譯本是到了隋費長房《歷代三寶紀》才冒出來的，並不可靠；祇多蜜譯本也未見於《出三藏記集》，拉蒙特已有質疑。另外，清代《乾隆藏（龍藏）》訂譯的《維摩詰所說經》，則又是參考藏譯本，對鳩摩羅什《維摩詰所說經》所進行的改訂。再關於《維摩詰經》注疏，會性法師《大藏會閱》，收錄有十五種之多，可以參看（臺北：天華出版公司，1978年11月，第2冊，頁597～605）。

54　《高僧傳》卷二，T50，p330a。
55　同前注，卷六，T50，p365a。
56　同前注，卷七，T50，p366b。
57　《淮風月談》，臺北：風雲時代出版公司，1990年2月，頁173。

美，不辯其理之所在。[58]

而劉孝標注引《高逸沙門傳》也說：「道林時講《維摩詰經》。」劉注與《高僧傳》卷四〈支道林傳〉所載正相符合，此自可以想見本經在當時的盛況[59]，而經文一開頭〈佛國品〉，就記佛陀在毗耶離菴樹園為大眾說法。此園正是柰女奉獻的柰園（一名柰苑），只是譯名稍不同而已。法顯《佛國記》就記載說：

> （毘舍離）其城裏本菴婆羅女家，為佛起塔，今故現在。城南三里道西，菴婆羅女以園施佛，作佛住處……。（萍沙王舊城）城東北角曲中，耆舊[60]於菴婆羅園中起精舍，請佛及千二百五十弟子供養處，今故在。[61]

徐陵於〈東陽雙林寺傅大士碑〉亦翻運典實云：「芥子菴羅，無疑褊陋，乃起九層磚塔。」[62]而就是中國寺院也不免受其影響，多植柰林。如《洛

---

[58] 上引兩則，見《世說新語箋疏》，臺北：華正書局，1989年3月，頁234、227。

[59] 可再參見孫昌武《中國文學中的維摩與觀音》第四章〈六朝名士與維摩詰〉（北京：高等教育出版社，1996年6月，頁94～131）文中對於六朝名士詩文，乃至維摩詰造像、壁畫多有涉及。

[60] 「耆舊」即是印度神醫、柰女之子。此印度神醫在譯文中多譯成「耆婆」，如《撰集百緣經》卷十〈長老比丘在母胎中六十年緣〉、《佛說興起行經》卷上、《佛說觀無量壽佛經》、《大般涅槃經》卷十九、二十、《四分律》卷三九、四十、《善見律毘婆沙》卷十七。同題安世高譯《柰女祇域因緣經》、《柰女耆婆經》則一作祇域、一作耆婆；《賢愚經》卷三亦作「祇域」。另《增壹阿含經》卷三九則作「耆婆伽」；《阿闍世王授決經》作「祇婆」；《出曜經》卷十九、《阿闍世王問五逆經》、《佛說寂志果經》、《雜譬喻論‧草木皆可為藥喻》作「耆域」；《一切有部毘奈耶雜事》卷二一作「侍縛迦」；《大唐西域記》卷九謂之「時縛迦大醫」，自注云：「舊曰耆婆，訛也。」雖改正古來譯文，但從者不多，此由《宋史‧藝文志》有《耆婆脈經》三卷、《耆婆六十四問》一卷、《耆婆五藏論》一卷，皆名為「耆婆」可證。然何以得知法顯作「耆舊」，非指年高德劭之地方父老？因《長阿含經》卷十七〈沙門果經〉即譯為「耆舊童子」。

[61] 《佛國記》，同注30，p858a。又玄奘《大唐西域記》卷七亦載曰：「〔吠舍釐國（自注云：「舊曰毘舍離國，訛也。」）吠舍釐城〕其南不遠有精舍，前建窣堵波，是菴沒羅女園，持以施佛。」（T51，p908c）

[62] 《徐孝穆集》卷五，同注44。

陽伽藍記》卷三曰：「承光寺亦多果木，柰味甚美，冠於京師。」卷四又記白馬寺柰林「子實甚大」「重七斤」[63]；《釋氏要覽》卷上〈柰苑〉條也引道宣《大唐內典錄》說：「罽賓禪師法秀初至敦煌，立禪閣於閑曠地，植柰千株，趨者如雲，徒眾濟濟。」[64]因此像王勃詩〈八仙逕〉起句便云：「柰園欣八正」；《大慈恩寺三藏法師傳》序文也說：「輕萬死以涉蔥河；重一言而之柰苑。」[65]大體而言，宋以前對柰園的源始是有正確認知的[66]，而明代倒有些模糊了，所以楊慎《藝林伐山》才會說：「寺稱柰園者，白馬寺有柰林也。」[67]至於前節提到林檎與柰為同類果樹，此又從《太平廣記》卷四一〇引張鷟《朝野僉載·朱柰》、鄭遂《洽聞記·文林果》可證：

> 唐貞觀年中，頓邱（丘）縣有一賢者，於黃河渚上拾菜，得一樹（又作「樹栽」）子，大如指，持歸蒔之。三年乃結子五顆，味狀如柰，又似林檎，多汁，異常酸美。送縣；縣上州，以其奇味，乃進之，上賜綾一十四。後樹長成，漸至三百顆，每年進之，號曰「朱柰」，至今存。德、貝、博等州取其枝接，所在豐足，人以為從西域浮來，礙渚而住矣。

> 唐永徽中，魏郡臨黃王國村人王方言，嘗於河中灘上拾得一小樹栽，埋之。及長，乃林檎也。實大如小黃瓠，色如白玉，間以朱點，亦不多，三數而已，有如纈，實為奇果，光明瑩目，又非常美。紀王慎為曹州刺史，有得之獻王；王貢於高宗，以為朱柰，

[63] 楊衒之《洛陽伽藍記》，臺北：世界書局，1974年5月，頁86、109。又是書卷一敘司農寺左近有柰林，但隸屬華林園，故不計。

[64] 道誠《釋氏要覽》卷上，T54，p263a。

[65] 王勃《王子安集》卷三，臺北：臺灣商務印書館，1965年8月，頁21。釋彥悰序文附於《大唐大慈恩寺三藏法師傳》前，T50，p220c。

[66] 南宋淳熙年間成書的《錦繡萬花谷》，前集卷二九〈浮圖名義·柰苑〉條，有引《雞蹠集》云：「昔西域國有柰樹生果，果中有一女子，王收為妃，女乃以苑地施佛為伽藍，故曰『柰苑』。」（臺北：新興書局，1974年1月，頁972）與藏經所載相符。

[67] 《藝林伐山》卷五「柰園」條，臺北：臺灣商務印書館《叢書集成簡編》，1965年12月，頁26。

又名五色林檎，或謂之聯珠果，種於苑中。西域老僧見之云：「是奇果，亦名林檎。」上大重之，賜王方言文林郎，亦號此果為文林郎果。俗云頻婆果。河東亦多林檎，秦中亦不少，河西諸郡亦有林檎，皆小於文林果。[68]

　　順此又可以解決一個問題了，因林檎有遠自西域而來，所以范攄《雲谿友議》卷十一道及王梵志，有此一說：「梵志者，生于西域林木之上。」[69]這就不會有甚麼奇特難解之處了。日人入矢義高曾據范氏此語推論「王梵志是西域人，即胡僧。」[70]自是誤解妄斷。而既然從漢末六朝以迄於唐代，有知識者多能熟悉奈果掌故，加上傳奇附會者對佛典不陌生，又若真有心想掩飾王梵志是棄嬰真相，當然就會選中《奈女祇域因緣經》了。

　　其次談改編附會者。想要推論故事改編自何人是較難的，所以胡適《白話文學史》只說：「可以想見王梵志的詩在唐朝很風行，民間才有這種神話起來。」郭立誠〈小乘經典與中國戲曲小說〉第十三則〈《奈女耆婆經》與王梵志〉也說：「奈果林檎都是類似的植物，或是王梵志為不知來歷棄兒，因彼詩似佛偈，又含佛教思想，故有此異特傳說爾。傳者因習聞印度奈女故事，故附會梵志亦生於樹瘦中也。」[71]郭文慧眼，看出奈女與王梵志傳奇的關係，但與其說是略本的《奈女耆婆經》，還不如改說是《奈女祇域因緣經》要來得完滿。

　　再者，郭文認為傳言起於民間，恐怕跟胡適一樣，是不太穩妥的推論，因王梵志被棄於先，詩名於後，民間頂多知道他的詩有宗教意味，能更深入了解他的身世，再幫他編造一個故事的可能性，想來不大，而且也沒必要，因王梵志身世如何，跟編造者無切身關係；又如果說，民間知道他就是棄嬰，流言是最愛揚惡隱善了，還會不指出這件事實嗎？所以應該不是民間代他掩飾真相，廣加宣傳而編設的。況且寫佛理偈詩

[68]　《太平廣記》卷四一○，同注4，頁93、94。
[69]　見《筆記小說大觀》二十七編第6冊，頁3821。
[70]　引自朱鳳玉論文《王梵志詩研究》，同注2，頁98。
[71]　《白話文學史》，同注48；〈小乘經典與中國戲曲小說〉，同注6。

也不僅王梵志一人，「菩薩示化」這般神異傳說，為何就不出於寒山、拾得等人身上？

那麼是《桂苑叢談》作者編出來的？也不可能。《桂苑叢談》原乃引自《史遺》；《四庫提要》也說此書多摘鈔別家記載而來[72]，而在其之前，如无住禪師、釋皎然、華嚴五祖宗密、范攄[73]，多少已引及王梵志

---

72 《四庫提要》卷一四二，子部小說家類三，評《桂苑叢談》云：「……如高湝捕賊；高延宗縱恣；崔宏度酷虐諸事，《齊》《隋》本史皆已載之，又似摘鈔……。」，北京：中華書局，1992年10月，頁1210。

73 无住，見敦煌本《歷代法寶記》（S·516號，《敦煌寶藏》第4冊，臺北：新文豐公司，1985年6月，頁248下）；皎然《詩式·駭俗品》（見《歷代詩話》，臺北：藝文印書館，1983年6月，頁21）；宗密《禪源諸詮集都序》卷下之二（T48，p410d）；范攄，同注69。另外，胡適《白話文學史》引《延沼風穴語錄》所載：「上堂，舉寒山詩曰：『梵志死去來，魂識見閻老。讀盡百王書，未免受捶拷。一稱南無佛，皆以成佛道。』」（案：此處引《延沼風穴語錄》，可見《古尊宿語錄》卷七，北京：中華書局，1994年5月，頁113，及《五燈會元》卷十一，臺北：文津出版社，1991年4月，頁674）便謂詩中「梵志」即是王梵志，這是沒根據的。第一，凡修淨行者，不論出家或居士，皆可稱梵志，而延沼禪師並未明說「梵志」即是王梵志；第二，依詩意，可知「梵志」初未皈依三寶，但飽讀百王書，死故入地獄，這與王梵志詩中常顯露佛教思想，也不符合。第三，所謂「一稱南無佛，皆以成佛道」，乃取仿《法華經·方便品》的「一稱南無佛，皆已成佛道」，「皆」表多數，不是一人，換言之，此詩乃勸說諸多「梵志」們，讀盡世俗百家經典，都不如皈依念佛，得免入地獄，故此「梵志」自非王梵志。又《天聖廣燈錄》卷十五記風穴延沼上堂語：「舉梵志詩云：『梵志死去來，魂魄見閻老。讀盡百王書，不兌（免）被捶拷。一稱南無佛，皆以成佛道。』」當然，像王梵志詩中也有稱呼自己名字的例子，如：「梵志翻著襪，人皆道是錯。乍可刺你眼，不可隱我腳。」（項楚《王梵志詩校注》，同注17，頁760）但這首詩裏的「梵志」，絕不可能是他自己，若是他自己，那麼詛咒自己死後下地獄，豈不甚奇？而查各本寒山詩，亦皆無此詩，所以胡適說法是不成立的，因而正文提到在《桂苑叢談》之前，道及王梵志諸家，不列入寒山；至於《天聖廣燈錄》認定詩是王梵志所作，是否較可信，這也難斷言，雖《五燈會元》是將五部燈錄撮要會為一書，年代晚於《天聖廣燈錄》，但《古尊宿語錄》最初輯錄年代，與《天聖廣燈錄》都同樣在南宋紹興年間，雖無法確指延沼語錄當時已輯成，不過此詩作者的歸屬，顯然已經混淆。項楚〈王梵志詩中的他人作品〉云：「《會元》所記『梵志死去來』詩，本來源出《廣燈錄》，稱作寒山詩者，應是《會元》所改。」（收於《敦煌吐魯番研究》第一卷，北京：北京大學出版社，1996年4月，頁93）倒恐未必是《五燈會元》要擅自亂改；無論如何，延沼禪師終究是五代、北宋間人（896～973），所以此處亦將延沼禪師略去。

事，尤其范攄已說他生於西域林木之上，可證傳奇早已產生，不必等《桂苑叢談》來編造。

於是我們重新回頭檢視《桂苑叢談》資料，文中說王梵志出生經過，是王德祖告訴他，王德祖撤了林檎樹癭的皮，才將他抱出來，那麼故事是王德祖改編了？此事若真出於王德祖之口，則顯然王梵志是成長於宗教氣息濃厚的家庭；但須知，若非王梵志複述；若非王梵志詩在民間流行，王德祖即使將故事編得如何精彩，世人還是不會好奇去探詢王梵志身世，而廣為流傳。因此不管王德祖有沒有告訴王梵志這件事，只說此事出於王梵志編設，再經民眾流布，雖不中亦不遠矣。試想，這對一位宣說正信佛思想的大眾化詩人，不是很有利嗎？一來，他擁有梵天淨行的美名；二來，他也掩飾了棄嬰真相；三來，可使這位「菩薩示化」的詩更具警戒性；四來，可使無知民眾因信任他而加倍奉行，達到宣化目的。有這麼多好處，豈不皆大歡喜？現在我們從《雲谿友議》、《梁谿漫志》同收一首梵志詩云：

> 家有梵志詩，生死免入獄。不論有益事，且得耳根熟。白紙書屏風，客來即與讀。空飯手捻鹽，亦勝設酒肉。

這分明和出生傳奇一樣，是自我宣傳的案例；而敦煌 P. 3418 卷子也有一首詩云：「出家多蒔（種）果，花蕊覓（蕊競）來新。菴羅能逸熟，獲得未來因……。」也可見王梵志對柰果是有了解的，因此推斷故事出於王梵志自述，應是相當合理的。

五、王梵志並非虛構人物

既認定王梵志出生傳奇是自我宣傳而刻意改編的，當然也就肯定傳奇的主人翁王梵志是真有其人；但針對這問題，向來就有正反兩面不同意見。以較近的陳允吉發表〈關於王梵志傳說的探源與分析〉即認為「王梵志詩」是一群具有文化素養，而且不少是抱有虔誠信仰的在家信眾，愛好吟作淺近詩歌，勸誘世俗、表達自己生活和倫理意識，並不計較在詩壇留下真實姓名的人物共同寫出，所以姓張、姓王皆無關緊要；至於名為「梵志」，則因「柰女傳說早有一位配角稱為『梵志』，同時又因『梵

志』這個名詞曾反複出現在故事的漢譯經文裏面，至為招人眼目。故王
梵志傳說在仿照上述藍本結撰自己的情節時，可以毫不費力地將這個詞
兒移栽到新傳說的主人公頭上，並使它由一個原來表示人物身份的普通
名詞，變成了一個特定神話人物所單獨擁有的專有名詞。」[74]

　　這種推論是值得商榷的，若這麼說，難道最初故事隨著詩歌傳布
時，就已經有一群人共用一個化名了嗎？在現代商業掛帥，文學作品注
重產量及包裝行銷之下，確實會有許多人共用一個化名的可能；但漫長
的中國文學發展史，我們只見過有名的詩人在他的文集裏出現偽作，至
於共用化名，則是從來沒有過的情形。而如果說最先不是一群人共用化
名，那麼不也一樣又要回歸到有個編設故事的人？陳慶浩〈法忍抄本殘
卷王梵志詩初校〉即說：「否定王梵志之存在，則和現存資料相矛
盾……。至於編纂，『假託王梵志的名字來出版』云云，純屬現代人的
想像。」[75]朱鳳玉《王梵志詩研究》也提及：

> 其實，在中國文學作品中，我們隨處都可看到類似此種出生方式
> 的記載。如：《詩經》裏的感生詩、歷代帝王、偉人出生的方式，
> 換言之，在記載中，凡是以特異方式出生的人，在當時必是個家
> 喻戶曉的人物，在眾口傳說之下，則愈變愈神奇，然而必定是真
> 有這一位人物的存在，且他的時代也是正確的，只是出生方式附
> 會神奇了，生平經歷亦渲染成異於常人而已。[76]

　　其次，試觀六朝以來，因信仰佛法而採用與佛教相關名號作為姓
名、室名、別名、小名的例子實不勝枚舉。在趙翼《二十二史箚記》卷
十五已見「元魏時人多以神將為名」一則；呂叔湘〈南北朝人名與佛教〉
說得更詳細；張仁青《魏晉南北朝文學思想史》也注意及此，故繪出「南

[74] 同注7，頁102。這般看法，與戴密微認為「王梵志」三個字，並非某人的專名，「梵志」
僅代表他是「一位虔誠熱忱的俗家信徒，對神聖的渴望者。」（詳參朱鳳玉《王梵志詩
研究》上冊，同注2，頁100～101），算是更進一步的斷定了「它」是一群人所共用的化
名。
[75] 見《敦煌學》十二輯，頁97。
[76] 《王梵志詩研究》第一章〈王梵志的時代及生平〉，同注2，頁79。

北朝依附佛教人名略表」[77]，顯然在佛法盛行的時代，以佛教名號命名，並非特異之舉，「梵志」固然可以是作者仿擬《㮈女祇域因緣經》而取的名字，但也未嘗不可能像《桂苑叢談》等書所說，是由養父王德祖命名的。尤其陳文並未檢討、批駁與王梵志生平攸關，相當重要的〈王道祭楊筠文〉。吳其昱於一九五九年發表〈有關王梵志的敦煌卷子〉，提供一條王梵志新資料，即 P.4978 號卷子〈王道祭楊筠文〉，祭文中說：

> 維大唐開元二七年，歲在捄（癸）丑二月，東朔方黎陽故通玄學士王梵志直下孫王道，謹以清酌白醪之奠，敬祭沒逗留風狂子朱沙染癡兒洪（弘）農楊筠之靈。惟靈生愛落荒，不便雅語，雖不相識，籍甚狂名。（下接抄「前度承聞尚書阿孟婆……」云云等雜寫）

周紹良主編《敦煌文學作品選》，在王梵志詩前提要，便據此文云：「可推知王梵志在世年代的下限為開元以前，而其主要活動應在初唐時期。」[78]張錫厚〈敦煌本《王梵志詩集》考略〉則云：「此篇祭文有人認為『這是一篇滑稽模仿的文學作品』，是『十分無稽』的，不可作為考證王梵志在世年代的證據。然而，這篇祭文的重要意義卻在於：第一，重新明確王梵志是『東朔方黎陽人』，這與《桂苑叢談》、《太平廣記》稱其為『衛州黎陽人』，是一致的。第二，王梵志還有通玄學士之稱，說明他是一位頗有地位的人。第三，此祭文寫於開元二十七年癸丑二月。」[79]而在此之前，潘師石禪〈王梵志出生時代的新觀察——解答《全唐詩》不收王梵志詩之謎〉除辨析「二七年」實為「元年」之誤，並且說過：

> 王道稱他的祖父為通玄學士，恐怕也不過如世間稱陶淵明為靖節

---

[77] 《二十二史箚記》，臺北：臺灣商務印書館，1968年12月，頁287；〈南北朝人名與佛教〉刊於《中國語文》第4期，後收於《呂叔湘文集》第4冊，北京：商務印書館，1990年版；《魏晉南北朝文學思想史》，臺北：文史哲出版社，1978年12月，頁354。

[78] 《敦煌文學作品選》，臺北：新文豐公司，1988年10月，頁1。其中王梵志詩部分，是由張錫厚校注。

[79] 見《敦煌本唐集研究》，臺北：新文豐公司，1995年3月，頁125。

> 徵士、宋晁補之為濟北詩人、明王晃為閒散大夫之類的情況，並
> 非一真正的官名。這一篇祭文的發現，有極高的價值，不能輕易
> 將它抹煞。它的重要性，可以證明王梵志出生的時代確實是在隋
> 代。

然而法國學者戴密微是持反對意見相當有代表性的一位，他認為這不過
是滑稽模仿的文學作品，他同時提出個人意見：

> 這段文字最奇怪的一點是說王梵志的籍貫是黎陽，與上文《史遺》
> 中的傳說所言相同，但此地方（黎陽）於這篇文字中卻是在東朔
> 方（東朔方，黎陽），這倒奇怪了。朔方可以表示「北方」，同
> 時也是一郡、一道和一軍的名稱（朔方郡，朔方道，朔方軍），
> 包括現在的綏遠地區，治所在靈州，即今寧夏靈武縣，此地距河
> 南的西北方很遠，而我們前面已說過黎陽是在河南。至於「通玄
> 學士」之名號，應當是「通玄院」官員的名號，通玄院在唐代是
> 隸屬於司天臺。……王梵志是政府天文臺的官員！所有他的作品
> 都推翻這種可能性。[80]

但事實上，戴密微的意見是經不起檢驗的，因為將「通玄學士」隸屬於
司天臺，說是「通玄院」官員的名號，並不正確。《新唐書‧百官志二》
即曰：「司天臺……有通玄院，以藝學召至京師者居之。」[81]並加附注云，
司天臺為肅宗乾元元年更名；通玄院則是藝術人韓穎、劉烜建議設置，
目的是要讓徵召而來的天文學者，到京有居留之所。今更查考司天臺官
員名號，亦無所謂「通玄學士」一職，戴密微之說自不成立；而和「通
玄學士」有些近似的，倒有兩個，《隋書》卷五一〈長孫熾傳〉云：

> （北周）建德初，武帝尚道法，尤好玄言，求學兼經史、善於談
> 論者，為通道館學士。熾應其選，與英俊並遊，通涉彌博。[82]

---

[80] 轉引自朱鳳玉論文《王梵志詩研究》，同注2，頁58。

[81] 同注1，頁1215。

[82] 《隋書》，臺北：鼎文書局，1993年10月，頁1328。

另《新唐書·百官三》「崇玄署」條下有注云：

> 開元二十五年，置崇玄學于玄元皇帝廟。天寶元年，兩京置博士、
> 助教各一員，學生百人，每祠享，以學生代齋郎。二載，改崇玄
> 學曰重玄館，博士曰學士，助教曰直學士。置大學士一人，以宰
> 相為之，領兩京玄元宮及道院，改天下崇玄學為通道學，博士曰
> 道德博士，未幾而罷。[83]

「通道館學士」和「重玄館學士」這兩種官銜職掌與宗教玄理頗有關涉，故官署中人自堪稱「通玄」之流；惟其內涵雖近似，名稱畢竟不同，朱鳳玉《王梵志詩研究》提及：「『通玄』這個詞常為道教所取用，未知此處的通玄學士是否與道教有關？此未解的疑點，則有待來日新資料的再發現。」[84]其實這是可以略之不疑的。今綜言之，「通玄學士」雖未必如張錫厚所說，「他是一位頗有地位的人」，然誠如潘師石禪所論，「通玄學士」並非真正官名，極可能是王道對先祖尊崇而私加的名號，這絕對是可以成立的。由於王梵志是相當通脫真率的人，對啟迪人生智慧的宗教哲理有深刻體驗，能夠超脫世俗塵勞，視死生如一，所以後代子孫高自標置，這麼稱呼他，也是非常合情適理。

　　其次，關於「東朔方黎陽人」的問題。「東朔方黎陽人」，與《桂苑叢談》、《太平廣記》稱其為「衛州黎陽人」，並不像張錫厚所稱全然一致，三者相同的只有「黎陽人」；那麼「東朔方」又當作何解，才真能確定與《桂苑叢談》、《太平廣記》所說的「衛州」一致？其實「東朔方」也就是「東北方」，指的不過是黎陽與弘農相對的方位。許多人可能都和戴密微一樣，只單純想到黎陽不在中國東北方，便覺得「東朔方」難解[85]，於是又轉向更複雜的地理名詞去揣測，但它畢竟跟戴密微提到的朔方郡、朔方道、朔方軍是截然不同，毫無關連的。由於這篇文章專為

---

[83] 同注1，頁1253。
[84] 同注2，頁69。
[85] 如朱鳳玉論文《王梵志詩研究》即稱東朔方「不知何指」，「是否就是衛州，不得而知。」（同注2，頁68）

誄祭弘農楊筠，而黎陽正位處於弘農東北方，只要疏通上下文意便不難理解。所以文章雖有滑稽之處，但時間地點都若合符節，還能不相信它的可靠性嗎？若問，祭文能出以詼諧嘲謔之筆嗎？《文心雕龍‧諧讔》嘗言：

> 諧之言皆也。辭淺會俗，皆悅笑也。昔齊威酣樂，而淳于說甘酒；楚襄宴集，而宋玉賦好色。……子長編史，列傳滑稽，以其辭雖傾回，意歸義正也；但本體不雅，其流易弊。……魏晉滑稽，盛相驅扇，遂乃應場之鼻，方於盜削卵；張華之形，比乎握春杵。曾是莠言，有虧德音，豈非溺者之妄笑，胥靡之狂歌歟！[86]

可見諧謔文字，春秋已有，至魏晉尤盛。至於誄祭文章見得到詼諧筆調的，自以曹操祭橋玄最為人所熟知，曹操在祭文中便引了橋玄生前說過的玩笑話：「徂沒之後，路有經由，不以斗酒隻雞，過相沃酹，車過三步，腹痛勿怨。」[87]而詩文仿擬古昔前賢之作，自古及今，不在少數，所以又怎能因王道祭文滑稽，就說是虛構的遊戲筆墨？

一旦確立了王道祭文是可信的，那麼「王梵志」當然不會像陳允吉所說，如同「張三」、「李四」、「王五」之類，是虛擬出來的人物；而王梵志既實有其人，其生平傳說又源出佛經，就可以想見他對佛經不陌生。雖然他是通俗詩人，卻不能說他的知識水準與一般群眾差不多，因為在教育不夠普及的時代，王梵志竟能「菩薩示化」、「作詩諷人」，程度高於村夫愚婦，自是不言可喻。

六、結　論

目前暫以項楚《王梵志詩校注》來看，王梵志三百九十首詩中[88]，有關佛教義理的作品比例相當高；而歷代詩話筆記及高僧稱引王梵志

86　《文心雕龍》，臺北：明倫出版社，1971年10月，頁271。
87　同注16，卷五一，頁609。
88　按王梵志詩歌還涉及是否有後人偽託王梵志之名，以寓勸化之效，因此三百九十首是否皆王梵志一人所作，頗可懷疑，本文也因此暫不探討其詩與佛教關係。

時，也多從他跟佛教關係說起[89]，即便從現存《王梵志詩集序》開宗明義也同樣提到：

> 但以佛教道法，無我苦空，知先薄之福緣，悉後微之因果，撰修勸善，誡勗非違。目錄雖則數條，制詩三百餘首，具言時事，不浪虛談。[90]

由此自能想見佛教思想是王梵志其人其詩的主要基調，所以推論王梵志出生傳奇淵源於佛經，可信度是非常高的。以下便將本文論證王梵志出生故事襲自《奈女祇域因緣經》的要點歸納如下：

（一）王梵志自林檎樹出生的傳說，與中國本土「果生神話」——生於桑樹或生於竹節型態並不相同。因伊尹是母親化成桑樹，他才生在桑樹；而竹節中的嬰兒有啼聲，也和王梵志的出生有別。另項楚所舉《道園學古錄・高昌王世勳之碑》、《陶朱新錄・檳榔女》的故事，也非「少數民族的古老史詩性傳說」，高昌與交州位居中外交通陸路及水路要道，佛法便從這兩要道傳來中國，兩地受佛教薰化非常容易，所以無論高昌王先祖或檳榔女傳說，都和王梵志故事同樣是從佛藏中得到啟發。

（二）王梵志故事由《奈女祇域因緣經》轉化而來，模擬痕跡清晰可辨。第一，王梵志與奈女都是從樹瘤出生；第二，王梵志七歲會說話，便問父親是誰生他，這與經文中，祇域八歲時問母親奈女，他的父親是誰，相當雷同。第三，王梵志剛出生即名為「梵天」，正表示他生自樹瘤，不受垢穢，而後改名「梵志」也就是要以修習淨行為志，這般命名，與經文「梵志居士」的意義也完全吻合。

（三）王梵志出生傳奇所以選用《奈女祇域因緣經》，跟六朝以來朝野盛傳《維摩詰經》有著密切關連。《維摩詰經》一開頭就記佛陀在毗耶離菴樹園為大眾說法，此園正由奈女所奉獻。故雖《奈女祇域因緣經》其佛教義學不特別突出，卻因這層緣故，而讓對於佛典不陌生，且又想掩飾棄嬰真相的附會者選用了本經。至於故事改編者，則推測應是

---

[89] 參見朱鳳玉《王梵志詩研究》上冊，同注2，頁163。
[90] 見項楚《王梵志詩校注》，同注17，頁1。

王梵志本人。由於王梵志個人深懂得自我宣傳，而且此故事一經流布，他便擁有梵天淨行的美名，並掩蓋了棄嬰真相，又可使「菩薩示化」的詩具警戒性，更可使無知民眾因信任他而加倍奉行，達到宣化目的，一舉數得，比起「起於民間傳說」的說法，實更為可信。

（四）王梵志是否為歷史真實人物，仍可由〈王道祭楊筠文〉得到證明。戴密微從「東朔方」的「朔方」去聯想，並稱「通玄學士」是司天臺官員，藉此否定祭文不過是滑稽遊戲之作。其實「東朔方」是指黎陽位於弘農東北，而司天臺也根本沒有「通玄學士」一職，「通玄學士」不過是子孫對先祖尊崇追加的名號，再說，祭文出以戲笑筆墨，在王道祭文之前早已有例可循，所以王梵志絕非虛構出來的人物；而一旦辨明〈王道祭楊筠文〉有其可靠性，那麼陳允吉所言「王梵志」是由一群人共用一個化名的說法，更是難以成立了。

禪宗付法圖

由韓愈道統論談佛教付法
與中國文化的交互影響

提　　要

　　韓愈〈原道〉溯源儒門傳承，自堯舜以下一脈相承的思想，向來被認定為儒家道統正傳，並且是由韓愈首發其端的「道統論」；但事實上，韓愈道統論終究是有所淵源。其淵源，表面上遠承《孟子》「五百歲聖人一出」，自可無疑；而佛教法脈薪傳世系，則是激發他溯流討源，最深刻啟迪韓愈的深層緣由；特別是韓愈座主梁肅曾撰文提出天臺統緒，因此，待韓愈批判佛老的同時，也要為儒家列明聖人遞傳道統次序。

　　至於佛教付法心傳見於經藏之中，實始於兩晉南北朝時期，徵之古印度本是不重歷史的民族，而佛教也有「依法不依人」的教誡，再加上部派佛教嚴重分裂，若說自佛陀以來，有著代代一脈傳法的祖師大德，而且名號斑斑可考，實不可能，因此筆者以為佛教各宗世系傳授譜錄的風行，與中國政治、社會、學術文化普遍重視「慎終追遠」，時時標榜「一以貫之」有關；尤其自六朝佛道二教競爭激烈以來，佛教更歷經慘酷滅佛之厄，故為使佛教有源有本，有心人遂開始做尋根整理工作，然後才有代代祖師名號的產生。

　　佛教既受中國本土文化的激勵而開展出有源有本的傳承世系，這樣的傳承世系又轉而影響韓愈的道統論，此中錯綜關係，自可見佛教與中國文化交光輝映，相輔相成的微妙。

關鍵詞

韓愈　張籍　李華　道統　付法藏因緣傳

一、前 言

韓愈是中唐時期著名的文學大家，《新唐書·韓愈傳贊》對他的評價，分別就他的古文成就和排拒佛老之功稱揚道：

> 貞元、元和間，愈遂以六經之文為諸儒倡，障隄末流，反刓以樸，剗偽以真。然愈之才，自視司馬遷、楊雄，至班固以下不論也。當其所得，粹然一出於正，刊落陳言，橫騖別驅，汪洋大肆，要之無抵捂聖人者。其道蓋自比孟軻，以荀況、楊雄為未淳，寧不信然？至進諫陳謀，排難卹孤，矯拂媮末，皇皇於仁義，可謂篤道君子矣。自晉汔隋，老佛顯行，聖道不斷如帶。諸儒倚天下正議，助為怪神。愈獨喟然引聖，爭四海之惑，雖蒙訕笑，跲而復奮，始若未之信，卒大顯於時。昔孟軻拒楊、墨，去孔子才二百年；愈排二家，乃去千餘歲，撥衰反正，功與齊而力倍之，所以過況、雄為不少矣。自愈沒，其言大行，學者仰之如泰山、北斗云。[1]

事實上，韓愈創作古文、斥闢佛老的目的，不外為了復古聖道，維繫儒家仁義綱常。顧炎武〈與人書第十八〉以為：「韓文公文起八代之衰，若但作〈原道〉、〈原毀〉、〈爭臣論〉、〈平淮西碑〉、〈張中丞傳後序〉諸篇，而一切銘狀概為謝絕，則誠近代之泰山北斗矣；今猶未敢許也。此非僕之言，當日劉叉已譏之。」[2]這種看法，猶如宋明一千學者深為韓愈未臻聖域可惜[3]；但也幸好韓愈不被道學牢籠，文學成就才能如此卓越，

---

[1] 見宋祁《新唐書》卷一七六，臺北：鼎文書局，1992年1月，頁5269。

[2] 見顧炎武《亭林全集·文集》卷四，臺北：臺灣中華書局《四部備要》本，502冊，1965年11月，頁19。

[3] 如張耒云：「韓退之以為文人則有餘，以為知道則不足。」（《柯山集》卷三八〈韓愈論〉，臺北：臺灣商務印書館景印《四庫全書》1115冊，1985年9月，頁333）陸九淵稱許韓愈為「文章宗伯」，然「欲因學文而學道」，「是倒做。」（《象山先生全集》卷二四、三四，上海：上海商務印書館《四部叢刊》初編本，不著年月，頁193、261。）而按《二程語錄》卷十一則言：「退之晚來為文，所得處甚多。學本是修德，有德然後有言，退之卻

否則只作文數篇，那麼起衰八代也不可能了。

　　綜合後世論唐代古文運動，無不交口推尊韓愈的緣由，殆有五點：第一、韓愈高樹道統，作為復古中心思想，使道統觀與文學理念相輔相成，而既彰明淵源所自，則更能鎮伏異道流說，卓然名家。第二、文學述作是為了明道，文與道合一，故形於文字，自言之有物。守乎其內即是道，發之於外則為文，根茂膏沃自然言順文成，於是道統理念也真正得到落實。第三、韓愈以承繼道統為己任，凡所述作，在「師古聖賢人」，「約六經之旨而成文」，此雖名為復古，而實能去陳言，自樹立，化俗為雅，以古為新，既保存聖人之道，又迥非剽襲填塞。這種貴獨創，不隨世浮沉的特質，便促成他的文學事業萬古常新。第四、韓愈復古，為常人難望項背的，除了張籍寫信稱揚他：「執事聰明，文章與孟子、揚雄相若」[4]外，也因為他能盡其一生提攜後進，牖導來學，為他人所不為，或偶為之卻不甚專意積極之故。韓愈早年備嘗艱困，深諳相須相資之理，一旦力學有成，便勇為人師，成就後輩，往往知名，「韓門」之稱，不脛而傳，道統理念也隨之流傳廣布。第五、在韓愈之前，或與韓愈同時的文章家，雖標榜復古，卻多尊信佛教[5]，終不及韓愈高舉道統大纛，以超絕氣魄與佛老抗衡，讓文體改革更具有社會現實意義，古文運動的聲勢自然大為提昇。

　　關於韓愈倡言道統，著書排佛，是在德宗貞元年間結識張籍，得到張籍勸說之後才大肆宣揚，在此之前，佛道二教也早有了付法傳承統緒。就道教來看，如陳國符《道藏源流考·三洞四輔經之淵源及傳授》

　　倒學了。」（收於《叢書集成新編》，臺北：新文豐公司，1986年1月，頁760）；方孝孺則「頗恨其未純於聖人之道，雖排斥佛老過於時人，而措心立行或多戾乎矩度，不能造顏、孟氏之域，為賢者指笑，目為文人，心竊少之。」（《遜志齋集》卷十〈與鄭叔度八首之二〉，臺北：臺灣中華書局《四部備要》本，519冊，頁8）

4　張籍〈上韓昌黎書〉，見《欽定全唐文》卷六八四，臺北：匯文出版社，1960年12月，頁8882。

5　關於此，可參見羅聯添《唐代文學論集·論唐代古文運動》，臺北：學生書局，1989年5月，頁20、孫昌武《唐代文學與佛教·唐代古文運動與佛教》臺北：谷風出版社，1987年5月，頁5～9、何寄澎《唐宋古文新探·唐代古文家與佛教之關係》，臺北：大安出版社，1990年5月，頁1～32。或詳或略，皆有所論述。

已據《道藏》、《南史》、《隋書》、《舊唐書》、《新唐書》、《十國春秋》、《嘉定赤城志》，詳列道經傳授表[6]；而《雲笈七籤》卷五〈經教相承部〉也收錄德宗貞元年間，李渤撰述上清經系（洞真部）的傳授[7]。李渤隱居少室山，憲宗元和三年（808），詔河南令敦諭冠帶就車，韓愈於是有〈與少室李拾遺書〉之作[8]；再考《三國志·張魯傳》云：「祖父陵，客蜀，學道鵠鳴山中，造作道書，以惑百姓，從受道者，出五斗米，故世號米賊。陵死，子衡行其道；衡死，魯復行之……。以鬼道教民，自號師君。」如此家傳世襲，在盧弼集解便記載宋濂有〈天師世家敘〉之作[9]。又《魏書·釋老志》則有太上老君授北魏寇謙之天師位的說法：

> 謙之守志嵩岳，精專不懈，以神瑞二年（415）十月乙卯，忽遇大神，乘雲駕龍，導從百靈，仙人玉女，左右侍衛，集止山頂，稱太上老君。謂謙之曰：「往辛亥年，嵩岳鎮靈集仙宮主，表天曹，稱自天師張陵去世已（以）來，地上曠誠，修善之人，無所師授。嵩岳道士上谷寇謙之，立身直理，行合自然，才任軌範，首處師位，吾故來觀汝，授汝天師之位……。」[10]

寇謙之是整頓天師道的改革者，由〈釋老志〉正可見他更革了父死子繼的傳統，而改由有道者居天師之位。其次就佛教傳宗定祖的記載來看，隋唐之前已有西晉安法欽譯《阿育王傳》、東晉佛馱跋陀羅譯《達摩多羅禪經》、北魏曇曜與吉迦夜譯出《付法藏因緣傳》；又僧祐《出三藏記集》所錄慧遠〈廬山出修行方便禪經統序〉、慧觀〈修行地不淨觀經序〉，

6　陳國符《道藏源流考》，臺北：古亭書屋，1975年3月，頁29。

7　張君房《雲笈七籤》，上海：上海商務印書館《四部叢刊》初編本，不著年月，頁25。

8　見馬其昶《韓昌黎文集校注·文外集》卷上，臺北：華正書局，1982年2月，頁386。

9　見陳壽撰、盧弼集解《三國志集解·魏書》卷八〈張魯傳〉，臺北：藝文印書館，不著年月，頁287。又胡應麟《少室山房筆叢·玉壺遐覽》卷四二（臺北：世界書局，1963年4月，頁580）、趙翼《陔餘叢考》卷三四「張真人」條，也都述及天師道傳承，趙翼曰：「《通鑑》亦云，張魯子（張盛）自漢川徙居信州龍虎山也，然魏晉以來，但私相傳授，而未尊于朝廷。」（臺北：世界書局，1960年12月，頁27）

10　見魏收《魏書》卷一一四〈釋老志〉，臺北：鼎文書局，1993年10月，頁3051。

及僧祐〈薩婆多部記目錄序〉[11]，這些經藏和經錄都或詳或略可見心法傳授次第，但也誠如僧祐所說：「蔭樹者護其本，飲泉者敬其源，寧可服膺玄訓而不記列其人哉？」[12]因此傳述付法多基於不忘本的初衷，並非為了爭正統，而到了隋唐宗派大興，不僅教理闡明，門戶之見日深，是否真正承繼衣缽，也更受到矚目[13]，於是法脈世系授受源流便愈盛愈明。

　　依據這樣的歷史大環境看來，很顯然韓愈弘道復古，必欲尋求堯舜文武作為一脈承繼的道統正授，以與佛老抗衡，相信和佛道二教皆已具有代代付法的傳統攸關，然而本論文所以偏重韓愈受佛教影響，乃是指除去整個外在大時代環境的薰沐，還可發現促使韓愈創立道統論以排拒二教，佛教的影響確實更甚於道教，下文將循此線索詳加論說。另外，試觀陳寅恪〈論韓愈〉一文提出六點理由證明韓愈在唐代文化史的特殊地位，其第一點「建立道統證明傳授之淵源」即說：

　　　　《昌黎集》壹壹〈原道〉略云：「曰：斯道也，何道也？曰：斯
　　　　吾所謂道也，非向所謂老與佛之道也。堯以是傳之舜，舜以是傳
　　　　之禹，禹以是傳之湯，湯以是傳之文武周公，文武周公傳之孔子，
　　　　孔子傳之孟軻，軻之死，不得其傳焉。」退之自述其道統傳授淵
　　　　源固由《孟子》卒章所啟發，亦從新禪宗所自稱者摹襲得來
　　　　也。……退之從其兄會謫居韶州，雖年頗幼小，又歷時不甚久，

---

[11]　《阿育王傳》、《達摩多羅禪經》、《付法藏因緣傳》、《出三藏記集》，分見於《大正藏》
　　　第五十卷、十五卷、五十卷、五五卷。《阿育王傳》另有梁代僧伽婆羅異譯本，名為《阿
　　　育王經》，同見《大正藏》第五十卷。《出三藏記集》所收慧遠、慧觀、僧祐序文，則分
　　　見卷九及卷十二，T55，p65b、p66b、p89a。

[12]　同前注，僧祐〈薩婆多部記目錄序〉，T55，p89a。

[13]　湯用彤《隋唐及五代佛教史》第四章〈隋唐之宗派〉有云：「所謂宗派者，其質有三：
　　　一、教理闡明，獨闢蹊徑；二、門戶見深，入主出奴；三、時昧說教，自誇承繼道統，
　　　用是相衡。」（臺北：慧炬出版社，1986年12月，頁128）因此像《六祖壇經·行由品》
　　　惠能敘說得五祖傳法一事，五祖云：「昔達磨大師初來此土，人未之信，故傳此衣以為
　　　信體，代代相承。法則以心傳心，皆令自悟自解。自古佛佛惟傳本體，師師密付本心，
　　　衣為爭端，止汝勿傳，若傳此衣，命如懸絲。汝須速去，恐人害汝。」（T48，p349a）
　　　教內爭奪衣缽的激烈，實在令人驚心。

> 然其所居之處為新禪宗之發祥地，復值此新學說宣傳極盛之時，
> 以退之之幼年穎悟，斷不能於此新禪宗學說濃厚之環境氣氛中無
> 所接受感發，然則退之道統之說表面上雖由《孟子》卒章之言所
> 啟發，實際上乃因禪宗教外別傳之說所造成，禪學於退之之影響
> 亦大矣哉！[14]

這種看法固然已受到不少學者指正，但特別值得一提的是，陳氏在這一
點剛開始便道及：

> 華夏學術最重傳授淵源，蓋非此不足以徵信於人，觀兩漢經學傳
> 授之記載，即可知也。南北朝之舊禪學已採用《阿育王經》、《傳》
> 等書，偽作《付法藏因緣傳》，以證明其學說之傳授。

《付法藏因緣傳》乃是北魏滅佛時期，曇曜刻意將佛藏中有關教法付囑
的事蹟，整理結集成為有系統世緒的書，說它「偽作」並不十分恰當，
這在下文也將論及。換言之，佛教東傳之後的重視法脈傳承，也同樣是
受到中國文化的陶染。現在若將前後因果關係聯繫起來，我們便可整理
出一條長期以來罕為人知，極其隱微不彰的脈絡，那便是排佛的韓愈，
骨子裏卻是受到佛教傳承的激發，才創立道統之說；而佛教注重付法授
受，也與中國學術講究傳授淵源密不可分。這是佛教與中國文化交互影
響的有趣現象，也是本文要特別研究的論題。下面便分別從韓愈道統論
的成形、韓愈道統論的淵源、佛教法脈承傳與中國文化的關係，深入分
析。

二、韓愈道統論的成形

誠如上文所言，韓愈〈原道〉[15]是闡述堯、舜、禹、湯、文、武、
周公、孔子、孟子聖聖相傳的道統論最主要篇章。明代徐師曾《文體明
辨序說》有言：「按字書云：『原者，本也，謂推論其本原也。』」自唐韓

---

[14] 見《陳寅恪先生文集》第1冊，臺北：里仁書局，1982年9月，頁285。
[15] 同注8，卷一，頁7～11。

愈作五『原』，而後人因之，雖非古體，然其溯原於本始，致用於當今，則誠有不可少者。至其曲折抑揚，亦與論說相為表裏，無甚異也。」[16]徐氏認為「原」這類文體肇始於韓愈，其實不然，因劉安《淮南子》即以〈原道訓〉首篇，劉勰《文心雕龍》第一篇也叫〈原道〉；不過說「原」體在於溯原本始，致用當今則是正確的。韓愈之所以「原道」，正為了探尋儒家仁義之本，因此文章中用了好幾個「古」字、「今」字，一正一反，先立後破，弘闡儒教而拒斥佛老。其論聖教、論釋老，皆能溯求其發端以垂諷後世，這便是所謂的「原」。今自〈原道〉全篇觀之，在綜錯辨覈之中，實可釐析為三大段落，從「博愛之謂仁，行而宜之之謂義，由是而之焉之謂道，足乎己，無待於外之謂德」至「甚矣，人之好怪也！不求其端，不訊其末，惟怪之欲聞」為第一段；「古之為民者四，今之為民者六」至「今也舉夷狄之法，而加之先王之教之上，幾何其不胥而為夷也」為第二段；「夫所謂先王之教者何也」至「不塞不流，不止不行，人其人，火其書，廬其居，明先王之道以道之，鰥寡孤獨廢疾者有養也，其亦庶乎其可也」為第三段。

　　首段標明仁義道德之意涵，以為儒家所謂道德者，實合仁與義而言之，非如老氏之去仁與義。這其中筆法雙行，既以闡釋名義，又兼以排他，然後由老氏遞轉至於佛，謂釋老怪說惑溺人心，使聖教隱微無聞，亟宜正本清源，於是以人之好怪，不求其端，不訊其末，綰結異端害道之甚，而為下文求端訊末總綱。次段文分五層，第一層揭露佛老與儒者爭主教化，僧徒道眾倍增百姓負擔，竟導致「民窮且盜」，以下四層則分為駁斥老氏、駁斥釋氏、再駁老氏、再駁釋氏，而皆先詳敘先王之道，以與釋老互證並舉，反覆申明，必大暢其所蓄然後止。末段則更承接首段儒家仁義道德之意蘊，及次段所分論先王之道，以總結概括，然後如老吏斷案，裁決處置釋老之方，全段文字一氣回旋，暢快淋漓，而其中「軻之死，不得其傳焉，荀與揚也，擇焉而不精，語焉而不詳」，又如江流之遇洲渚，陡起波瀾，篇末更輔以數短句，語氣極剛勁，態度極嚴厲，顯見其必欲永絕釋老本根之志，再無一絲轉圜餘地。全篇氣勢磅礡，

16　徐師曾《文體明辨序說》，臺北：長安出版社，1978年12月，頁132。

看似曲折綜錯，轉換無跡，而實龍衮九章，挈於一領，故茅坤評云：

> 闢佛老是退之一生命脈，故此文是退之集中命根。其文源遠流
> 洪，最難鑒定；兼之其筆下變化詭譎，足以眩人，若一下打破，
> 分明如時論中一冒一承，六腹一尾。[17]

但茅坤接著又在〈原道〉文後說：「退之一生闢佛老在此篇，然到底是
說得老子而已，一字不入佛氏域。蓋退之元不知佛氏之學，故〈佛骨表〉
亦只以福田上立說。」茅氏從篇章結構發論，所以會有這樣的疑點；林
雲銘則言：「前人謂此篇止闢得老子，其闢佛略帶『寂滅』兩字。若『孔
子作春秋』一段，以佛非出中土，尤無關於佛之痛癢，然所云『棄君臣，
去父子，禁相生養之道』，在佛為甚，未始非闢佛也。」[18]其實從歷史發
展脈絡而言，老倡於先，佛乘於後，一如〈原道〉所謂「黃老於漢；佛
於晉魏梁隋之間」，因此闢論有先有後，並無不妥。尤其文中擅用飛絲
牽線，由「老者曰：『孔子吾師之弟子也』」又接到「佛者曰：『孔子吾
師之弟子也』」，乃至於像林雲銘所說「棄而君臣，去而父子，禁而相生
養之道，以求其所謂清淨寂滅」，皆是就佛立論，並非「一字不入佛氏
域」。至於「孔子作春秋」一段，雖無關佛之痛癢，但就韓愈思想觀之，
那也是他要闢佛的主因之一，因韓愈亟欲嚴辨夷夏大防，以存聖人之
道，先王之法，當然不允許眼中所視為夷狄之法，加諸「其為道易明，
而其為教易行」，以之為己，則有誠正修齊治平的次第；以之為人，則
有相生相養之方，這麼有體有用，彝倫攸敘的先聖先王之教之上了。

　　從韓愈儒家道統思想的正式確立，以至憲宗元和十四年（819）韓
愈上疏極陳迎佛骨之弊，我們可以看到韓愈憑藉滿腔熱忱，一路走來，
始終如一，為了維護道統，闢除異端，下筆排佛，勁悍磅礴，絲毫不留
情面。而韓愈的時代，正與《宋高僧傳》記載百丈懷海創意不循律制，
別立禪居，行普請法，示上下均力，一日不作，一日不食，天下禪宗如

---

[17] 見茅坤編《唐宋八大家文鈔》卷九〈原道〉評語，臺北：臺灣商務印書館景印《四庫全
　　書》1383冊，1986年3月，頁107。
[18] 見林雲銘《古文析義》初編卷四，臺北：廣文書局，1965年10月，頁25。

風偃草的時間相近。陳垣《釋氏疑年錄》卷四「洪州百丈山懷海」條，即言百丈「唐憲宗元和九年卒，年九十五（720〜814）。《佛祖通載》作元和七年卒，《全唐文》載陳詡撰〈塔銘〉，作年六十六，今據《宋僧傳》十，《景德錄》六。」[19]所以雖然在韓愈之前已有不少人闢佛，不過農禪制度能正式成為中國各宗寺院一致遵行的規約，而完全改變天竺三衣一缽，乞食自活的舊制，這跟韓愈著書立說，猛烈撻伐「農之家一，而食粟之家六；工之家一，而用器之家六；賈之家一，而資焉之家六，奈之何民不窮且盜」，自有極大關連。

〈原道〉與另外四篇「原」體文章，〈原性〉、〈原毀〉、〈原人〉、〈原鬼〉，寫作時間不容易考訂，陳克明《韓愈年譜及詩文繫年》謹慎的將「五原」獨立出來，另置於較難繫年部分，但仍贊同朱熹、錢基博的看法：

> 朱熹在《韓文考異》中指出：「〈原性〉，方崧卿作〈性原〉，今按〈原道〉、〈原人〉、〈原鬼〉之例，作〈原性〉為是。又此『五原』篇目既同，當是一時之作。〈與兵部李侍郎書〉所謂『舊文一卷，扶樹道教，有所明白』者，疑即此諸篇也。然皆江陵以前所作。程子獨以〈原性〉為少作，恐其考之或未詳也。」錢基博在《韓愈文讀》下編〈原道〉注中指出：「自此以下諸篇何年作？皆不可考，然觀其雄肆出之，沛然若有餘，疑愈年壯氣盛之作。」[20]

這樣的見解，大致是目前學界的共識。張清華《韓學研究》也說「五原」篇目、體例既同，當是貞元二十年江陵前困厄之境中作[21]；而羅聯添則早在一九八七年發表〈韓愈原道篇寫作的年代與地點〉，考定：「韓愈〈原道〉篇（及其他以「原」為題各篇）寫作的年代是：貞元二十年冬或稍前，至二十一年夏秋未赴郴州前。地點應在陽山。韓愈時年三十七、八

---

[19]　陳垣《釋氏疑年錄》，北京：中華書局，1988年9月，頁131。

[20]　陳克明《韓愈年譜及詩文繫年》，成都：巴蜀書社，1999年8月，頁680。

[21]　張清華《韓學研究》下冊《韓愈年譜匯證》，南京：江蘇教育出版社，1998年8月，頁185。

歲。」[22]

〈原道〉固然確立了韓愈道統思想，不過檢閱韓愈文章，可以發覺他的思想有一條逐步明顯成形的軌跡，試看〈送浮屠文暢師序〉云：「堯以是傳之舜，舜以傳之禹，禹以是傳之湯，湯以是傳之文武，文武以是傳之周公、孔子，書之於冊，中國之人世守之。」[23]這不正與〈原道〉中的說法雷同？〈送浮屠文暢師序〉是貞元十九年（803）春，浮屠文暢將有東南之行，柳宗元為他請託，韓愈才寫了這篇贈序。在此之前，柳宗元已寫過〈送文暢上人登五臺遂遊河朔序〉[24]，而韓愈在元和元年（806）還寫〈送文暢師北游〉詩一首，開頭便說到：「昔在四門館，晨有僧來謁。……從求送行詩，屢造忍顛躓。……謂僧當少安，草序頗排訐。」[25]意指當初贈序多有毀佛攻訐之詞。

韓愈平生毀佛，因此為浮屠作詩序文，最是難以措筆。這篇〈送浮屠文暢師序〉礙於柳宗元請託，不好過於貶斥，於是起筆即分「儒名墨行」與「墨名儒行」兩類人，前者雖在門牆，亦必揮之，後者雖在夷狄，亦當進之，然後假藉文暢「喜文辭」，而惜世人多舉浮屠之說相贈，無人以聖人之道告之，認為文暢「如欲聞浮屠之說，當自就其師而問之，何故謁吾徒而來請也」，所以話鋒便轉入「聖人之道」暢所欲言，大闢佛教。「聖人之道」四字，正是全篇關鍵，韓愈將聖人與浮屠對舉，聖人之道有本有源；浮屠之教孰為孰傳？言下之意，有所傳者即是人，無所傳者，即為夷狄禽獸，但韓愈卻偏說：「今吾與文暢，安居而暇食，優游以生死，與禽獸異」，顯見禽獸二字，與「墨名儒行」者無關。最後再明示正告，所謂「知而不以告人者，不仁也；告而不以實者，不信也。」一派正大堂皇，完全不失儒者身分與排佛立場，而仍然以聖人之教為依歸。因此林琴南評論本篇說：「直是當面指斥佛教為夷狄禽獸；

<hr>

[22] 同注5，羅聯添《唐代文學論集》，頁449。

[23] 同注8，卷四，頁148。

[24] 《柳宗元集》卷二五，臺北：漢京文化事業公司，1985年5月，頁667。本文作時，頗多異說，筆者較贊同陳景雲《柳河東集點勘》卷二（中研院藏蟫隱廬印行本）所言，寫於貞元十四年以前。

[25] 見錢仲聯《韓昌黎詩繫年集釋》卷五，臺北：學海出版社，1985年1月，頁584。

而文暢通文字，卻不以為忤者，此昌黎文字遏抑蔽掩之妙也。」[26]

至於文中從「民之初生」至「中國之人世守之」，則皆後來〈原道〉篇所本；又弱肉強食等語，也是〈原道〉篇中所謂古無聖人，人類滅久之意。〈送浮屠文暢師序〉與〈原道〉寫作時間僅隔一二年，在這篇贈序，韓愈道統論也只差孟子沒提出來，但贈序的許多話卻又都從《孟子》好辯章「無父無君」、「率獸食人」等語脫化而來，難怪清代蔡世遠《古文雅正》認為〈送浮屠文暢師序〉即是「小原道」；而高宗乾隆《唐宋文醇》也引康熙御評曰：

> 昌黎力排釋氏，而為浮屠贈言如此，正〈原道〉中所謂「明先王之道以道之」者也。[27]

然而〈送浮屠文暢師序〉還不是韓愈道統思想的最初雛形，韓愈具體而微的道統論，我們可以在〈重答張籍書〉中見到。韓愈答覆張籍的信，前後有兩封，由於張籍在第一封信中勸請韓愈，裏頭即有著書排拒佛老一事：

> 今天下資於生者，咸備聖人之器用，至於人情，則溺忽異學，而不由乎聖人之道，使君臣父子夫婦朋友之義沉於世，而邦家繼亂，固仁人之所痛也。自揚子雲作《法言》，至今近千載，莫有言聖人之道者，言之者惟執事焉耳！習俗者聞之，多怪而不信，徒相為訾，終無裨於教也。執事聰明，文章與孟軻、揚雄相若，盍為一書以興存聖人之道，使時之人、後之人知其去絕異學之所為乎？曷可俯仰於俗，囂囂為多言之徒哉！[28]

結果韓愈以遁辭推託，說《孟子》一書原是萬章、公孫丑相與記錄孟軻所言，並非孟軻自著；就是自己也要等到五六十歲才著書。但張籍仍不

---

[26] 林琴南《韓柳文研究法》，臺北：廣文書局，1980年7月，頁29。
[27] 蔡世遠《古文雅正》卷八、乾隆《唐宋文醇》卷五，引見《韓愈資料彙編》，臺北：學海出版社，1984年4月，頁1143、1243。
[28] 同注4。

放鬆，再度進言：「夫老釋惑乎生人久矣，誠以世相沿化，而莫之知，所以久惑乎爾。執事材識明曠，可以任著書之事，故有告焉。今以為言論之不入，則觀書亦無所得，為此而止，未為至也。……君子汲汲於所欲為，恐終無所顯於後，若皆待五六十而後有所為，則或有遺恨矣。……今師友道喪，浸不及揚雄之世，不自論著以興聖人之道，欲待孟軻之門人，必不可冀矣。」於是韓愈便又回信說出這段與〈原道〉近似的話：

> 自文王沒，武王、周公、成、康相與守之，禮樂皆在。及乎夫子，未久也，自夫子而及夫孟子，未久也。自孟子而及乎揚雄，亦未久也，然猶其勤若此，其困若此，而後能有所立，吾其可易而為之哉……。前書謂吾與人商論，不能下氣，若好勝者然；雖誠有之，抑非好己勝也，好己之道勝也；非好己之道勝也，己之道乃夫子、孟軻、揚雄所傳之道也。若不勝，則無以為道，吾豈敢避是名哉？[29]

從這裏不僅可見道統論的雛形[30]，也證明後來韓愈著書排佛是受張籍的勸勵；但是關於兩封信的作時，歷來卻眾說紛紜，由於作時問題牽涉韓愈道統論是否受佛教付法的影響，因此有必要重予綜理考訂。依據錢穆〈雜論唐代古文運動〉提到韓愈這兩封答書，「是蓋公未滿三十時作品，其識力亦未有能自副其所抱負也。」[31]陳克明《韓愈年譜及詩文繫年》則繫於貞元十二年（796），韓愈二十九歲之時[32]；但錢仲聯則同意〈答張籍書〉、〈重答張籍書〉作於貞元十三年[33]；而張清華《韓愈年譜匯證》

---

[29] 同注8，卷二，頁78。

[30] 韓愈道統觀逐漸成熟，林雲銘《韓文起》卷三評〈重答張籍書〉即曰：「他日〈原道〉一篇，即是所以為書闢二氏者。此篇猶以揚雄與孔、孟並稱，至〈原道〉則單稱孔、孟，謂荀、揚『擇不精』而『語不詳』，即其斟酌至當處。豈公之學亦有與年俱進者乎？」（見高海夫主編《唐宋八大家文鈔校注集評》卷五，西安：三秦出版社，1998年9月，頁201）

[31] 錢穆〈雜論唐代古文運動〉，收於羅聯添編《中國文學史論文選集》第3冊，臺北：學生書局，1979年3月，頁1005。

[32] 同注20，頁65～68。

[33] 錢仲聯《韓昌黎詩繫年集釋》卷一〈遠遊聯句〉有云：「此詩作于初春，東野〈汴州別

卻以為作於貞元十四年[34]。至於古人的說法，屈守元等編《韓愈全集校注》在〈答張籍書〉一文有注釋引及：

> 韓醇云：「公佐戎汴州，籍來謁，公善之。籍責公排佛老，不著書。公答書二首。」方崧卿云：「二書並貞元十二年汴州作。」樊汝霖云：「籍書謂『參戎府』，公書謂『到公府』，皆指汴也。按公以貞元十二年佐汴，時年二十九，故云。」方成珪云：「韓（醇）謂此書十二年佐汴時作。原書中有『三十而立，四十而不惑。吾於聖人既過之，猶懼不及，矧今未至』云云也，不知『未至』云者，特未至四十耳！此書當作於十三年秋，後書同。公時年三十。」王元啟云：「考公贈籍詩，籍於貞元十三年十月至汴，十四年冬舉汴府鄉貢，十五年登進士第，此書十四年作。公答書云『薄晚須到公府』，時公年三十一，故引『三十而立，四十而不惑』二語，自云『年未至』，而籍再與公書又云『年已逾之』。」

《校注》也加上按語云：「王說較諸家為詳，今從之。」[35]同意王元啟的說法，亦即認定韓愈作於貞元十四年。此外，羅聯添所撰〈張籍上韓昌黎書的幾個問題〉則云：「張籍上書應定於貞元十四年秋冬。」[36]今以筆者所見，韓愈答書應在貞元十三、四年間，理由是：諸家認為韓愈〈答張籍書〉作於貞元十二年，是因〈答張籍書〉有云：

> 化當世莫若口，傳來世莫若書，又懼吾力之未至也。「三十而立，四十而不惑」，吾於聖人，既過之猶懼不及，矧今未至，固有所未至耳。請待五六十然後為之，冀其少過也。

一句「矧今未至」，似乎韓愈當時還未三十歲；但問題是，張籍結識韓

韓愈詩〉有『春英婆娑』之句，〈夷門雪詩〉有『春風動江柳』之句，可知與〈遠游〉皆同時作。據公〈重答張籍書〉言『孟君將有所適』。答張書，方成珪《箋正》考定為貞元十三年秋作，則〈遠游〉諸篇，作於十四年春初無疑矣。」（同注25，頁46）
34 同注21，頁106～107。
35 屈守元、常思春主編《韓愈全集校注》，成都：四川大學出版社，1996年7月，頁1328。
36 同注5，羅聯添《唐代文學論集》，頁459。

- 310 - 中國佛教文史探微

愈已於十三年孟冬之後[37]，又據韓愈〈與馮宿論文書〉云：「近李翱從僕
學文，頗有所得；然其人家貧多事，未能卒其業。有張籍者，年長於翱，
而亦學於僕，其文與翱相上下，一二年業之，庶幾乎至也。」[38]韓愈文
中說李翱與張籍是新近才跟他學文，他並預測張籍「一二年業之，庶幾
乎至也。」果然貞元十四年，韓愈主汴州貢士舉考，首薦張籍，張籍遂
於是年底啟程赴長安應翌年春試，而得進士登科。所以兩人結識於十三
年是可靠的；況且貞元十二年，張籍尚在和州，此年孟郊中第，於秋季
來晤張籍，旋又賦別，張籍〈贈別孟郊〉即言：

> 歷歷天上星，沉沉水中萍。幸當清秋夜，流影及微形。君生衰俗
> 間，立身如禮經。純誠發新文，獨有金石聲。才名振京國，歸省
> 東南行。停車楚城下，顧我不念程。寶鏡會墜水，不磨豈自明。
> 苦節居貧賤，所知賴友生。歡會方別離，戚戚憂慮并。安得在一
> 方，終老無送迎。[39]

因此韓愈答書不應寫於貞元十二年。反觀王元啟說貞元十四年，韓愈其
實已三十一歲，卻偏言年歲未到三十，於是惹來張籍回信告訴他「年已
逾之」。此說不妥，韓愈豈有不知自己年紀，還要張籍告訴他的道理！
張籍原信為：「執事目不睹聖人，而究聖人之道，材不讓於顏子矣。今

---

[37] 羅聯添〈張籍年譜〉云：「貞元十三年，孟郊至汴州晤韓愈，推薦張籍。籍北遊，十月
一日至汴，從愈學文，館於城西。」（見《大陸雜誌》二五卷四期，頁17）此當據韓愈
〈此日足可惜一首贈張籍〉所云：「念昔未知子，孟君自南方。自矜有所得，言子有文
章。我名屬相府，欲往不得行。思之不可見，百端在中腸。維時月魄死，冬日朝在房。
驅馳公事退，聞子適及城。命車載之至，引坐於中堂……留之不遣去，館置城西旁。」
故有此說；而先於王元啟論此詩亦言：「是詩貞元十五年作，前此十三年，籍至汴，公
年三十。」（見錢仲聯《韓昌黎詩繫年集釋》，頁87）；然而華忱之、喻學才《孟郊詩集
校注·附錄·孟郊年譜》甚至說：「本（貞元十四）年，東野方計畫南歸，邀張籍來汴
州話別。」（見北京：人民文學出版社，1995年12月，頁560），即於鄭珍〈跋韓詩〉亦
曰：「是（十四）年十月初，籍至汴，始見公，公館之城西。」（見錢仲聯《韓昌黎詩繫
年集釋》，頁64）
[38] 同注8，卷三，頁115。
[39] 見《全唐詩》卷三八三，北京：中華書局，1996年1月，頁4295。

年已逾之，曷懼於年未至哉？」按《史記‧仲尼弟子列傳》云：「回年二十九，髮盡白，蚤死。」顯然張籍解讀為顏淵二十九歲即死去，所以才說韓愈窮究聖人之道，材質不下顏淵，年紀又已超過他，實不須擔心年歲問題。又張清華以為張籍書信皆稱韓愈「執事」，但韓愈正授汴州觀察推官，為十四年春之後，皇甫湜〈韓文公墓銘〉即言：「始先生以進士三十有一仕。」所以信應作於十四年。然而我們都知道，貞元十二年七月，韓愈已佐董晉來平汴州之亂，其時雖尚未正式辟命，畢竟有實職在身，因此張籍稱他「執事」，又有何不可？至於羅聯添據孟郊〈與韓愈李翱張籍話別〉詩有「歲華忽然微」句，故云：「知孟郊與韓張李三人在汴州話別，時在（十四年）歲暮。」但又說：「貞元十四年秋，張籍在汴州舉進士獲選後，即啟程赴京會集。」[40]既然張籍在秋天已啟程赴京，又如何能在歲暮與孟郊道別？這顯然是矛盾的。而羅氏還針對〈答張籍書〉云：

> 「三十而立，四十而不惑。吾於聖人既過之，猶懼不及。」意思是說韓愈已過聖人所謂三十而立之年，而尚懼未到四十不惑的修養。「矧今未至」是承接上文「又懼吾力之未至」而言，意思是說未至著書的能力，非謂未至「三十而立」之年。[41]

如此詮解亦待商榷，「矧今未至」並非承接上文「又懼吾力之未至」；承接上文「又懼吾力之未至」的是「固有所未至耳」。所以正確解釋應為：韓愈覺得縱使超過聖人「三十而立，四十而不惑」的年歲，恐怕都還無法著書，何況現在年歲未到，本來就無法勝任著書傳世之責。現在試看韓愈〈答張籍書〉一開頭便說：

> 愈始者望見吾子於人人之中，固有異焉。及聆其音聲，接其辭氣，則有願交之志。因緣幸會，遂得所圖，豈惟吾子之不遺，抑僕之所遇有時焉耳。近者嘗有意吾子之闕焉無言，意僕所以交之之道

40　同注5，羅聯添《唐代文學論集‧張籍上韓昌黎書的幾個問題》，頁458～459。

41　同注5，頁457。

> 不至也，今乃大得所圖，脫然若沉痾去體，灑然若執熱者之濯清
> 風也。

由此我們可以得知韓愈寫這封信時，結識張籍應不致太久。是以筆者認為韓愈第一封答書，當作於貞元十三四年冬春之際，其時兩人交游初始，有一些觀念都還待溝通。十三年，韓愈雖已屆三十，但終究未到四十不惑之年，「矧今未至」正如方成珪所說「未至四十」。至於第二封回信，應該已是十四年春所作，因韓愈〈重答張籍書〉有云：「孟君將有所適，思與吾子別，庶幾一來。」孟郊離汴正在貞元十四年；不過據華忱之《孟郊年譜》考定，貞元十三、十四年，孟郊寄寓汴州，依陸長源，十四年冬末思歸甚切，而作〈夷門雪贈主人〉詩[42]，那麼韓愈兩封書信，自然又應繫於十四年秋冬了。幸好華氏之說，與錢仲聯將〈夷門雪贈主人〉、〈汴州別韓愈〉、〈遠游聯句〉皆繫於十四年春初不同。到底孟郊是春初或冬末離汴，仍須仔細斟酌[43]，但這都不妨害〈重答張籍書〉作於十四年春初的結論，因為孟郊〈汴州留別韓愈〉已言：「遠客獨憔悴，春英落—作各婆娑。」韓愈〈答孟郊〉也說他「纔春思已亂」；而就是韓愈、孟郊、李翱三人的〈遠游聯句〉也說：「別腸車輪轉，一日一萬周。離思春冰泮，瀾漫不可收。」[44]因此〈重答張籍書〉繫於十四年春初，並無任何不當。

韓愈高揭道統，力排釋老，多賴張籍勉勸之功，雖然韓愈〈答張籍書〉已說：「僕自得聖人之道而誦之，排前二家有年矣」，但試觀其〈與衛中行書〉仍言：

---

[42] 見華忱之、喻學才《孟郊詩集校注・附錄・孟郊年譜》，北京：人民文學出版社，1995年12月，頁559。

[43] 如依筆者意見，孟郊雖在春季已有去意，但仍應延至貞元十四年秋後始離汴。如此，韓愈〈答孟郊〉云：「纔春思已亂，始秋悲又攪。」（錢仲聯《韓昌黎詩繫年集釋》，頁56），或者孟郊〈與韓愈李翱張籍話別〉曰：「客程殊未已，歲華忽然微。秋桐故葉下，寒露新雁飛。遠遊起重恨，送人念先歸。」（《全唐詩》卷三七九，頁4256）才說得通。

[44] 孟郊〈汴州留別韓愈〉，見《全唐詩》卷三七九，頁4256；韓愈〈遠游聯句〉、〈答孟郊〉見錢仲聯《韓昌黎詩繫年集釋》，頁44、56。

> 賢不肖存乎己；貴與賤、禍與福存乎天；名聲之善惡存乎人。存
> 乎己者，吾將勉之；存乎天、存乎人者，吾將任彼而不用吾力焉。
> 其所守者豈不約而易行哉？足下曰：「命之窮通，自我為之」，
> 吾恐未合於道；足下徵前世而言之，則知矣。[45]

這封信作於貞元十六年夏，脫徐州禍亂之後，距籍愈二人書辭往返不過
兩年餘，韓愈於釋氏三世之說，尚未抗鬪激烈，應該還存有〈重答張籍
書〉的忌諱：「今夫二氏之所宗而事之者，下乃公卿輔相，吾豈敢昌言
排之哉？擇其可語者誨之，猶時與吾悖，其聲嘵嘵，若遂成其書，則見
而怒之者必多矣，必且以我為狂為惑，其身之不能恤，書於吾何有？」
但類似這樣的顧忌，在他同年秋天所作〈送僧澄觀〉詩曰：

> 浮屠西來何施為？擾擾四海爭奔馳。構樓架閣切星漢，誇雄鬥麗
> 止者誰？……愈昔從軍大梁下，往來滿屋賢豪者，皆言澄觀雖僧
> 徒，公才吏用當今無。後從徐州辟書至，紛紛過客何由記？又言
> 澄觀乃詩人，一座競吟詩句新。向風長歎不可見，我欲收斂加冠
> 巾…。[46]

這首詩中，已經非常明白表現鬪佛衛道的心意。在這裏我們即可發現韓
愈排佛之初，乃是避開當朝公卿大夫，不輕易批其逆鱗，而改採曲折迂
迴路線，藉著跟周遭游往的釋子詩文酬贈，先行樹立風聲，逐步讓在朝
顯要聞知他鬪佛甚力，這的確是非常高明的手法。從韓愈答覆張籍的勸
勵，到贈詩澄觀，甚至到送浮屠文暢序，真正奠立〈原道〉一文的思想
組織架構，距離張籍上書不過五年，韓愈未待五六十然後著論，得之張
籍劻勉是顯而易見的。

三、韓愈道統論的淵源

　　韓愈著書排佛固然得力於張籍，但是由他所創設的道統論又是因襲

了誰呢？很明顯的，他的道統論是從《孟子》而來。在〈盡心下〉最後一章，趙歧注所謂的「五百歲聖人一出」，孟子言及自堯舜以來，或親睹聖教施展，或紹承聖教緒業，世代薪傳，到了自己，雖能克紹聖業，卻又踵繼乏人，於是不免慨嘆後世將失其傳：

> 由堯舜至於湯，五百有餘歲，若禹、皋陶則見而知之，若湯則聞而知之。由湯至於文王，五百有餘歲，若伊尹、萊朱則見而知之，若文王則聞而知之。由文王至於孔子，五百有餘歲，若太公望、散宜生則見而知之，若孔子則聞而知之。由孔子而來至於今，百有餘歲，去聖人之世，若此其未遠也，近聖人之居，若此其甚也。然而無有乎爾，則亦無有乎爾！

此處堯、舜、禹、湯、文王、孔、孟，都進入韓愈道統傳承榜上，至於武王、周公二人，我們另外在〈滕文公下〉、〈離婁下〉也見到如此敘述：

> 當堯之時，水逆行，氾濫於中國，……禹掘地而注之海。……及紂之身，天下又大亂，周公相武王誅紂、伐奄……。世衰道微，邪說暴行有作，臣弒其君者有之，子弒父君者有之，孔子懼，作《春秋》。……楊墨之道不息，孔子之道不著，是邪說誣民、充塞仁義也。仁義充塞則率獸食人，人將相食。吾為此懼，閑先聖之道，距楊墨、放淫辭，邪說者不得作。……昔者禹抑洪水而天下平；周公兼夷狄、驅猛獸，而百姓寧；孔子成春秋，而亂臣賊子懼……。我亦欲正人心，息邪說，距詖行，放淫辭，以承三聖者……。

> 禹惡旨酒而好善言；湯執中，立賢無方；文王視民如傷，望道而未之見；武王不泄邇，不忘遠；周公思兼三王，以施四事，其有不合者，仰而思之，夜以繼日，幸而得之，坐以待旦。[47]

---

47 凡上所引〈盡心下〉、〈滕文下〉、〈離婁下〉之語，見《十三經注疏‧孟子注疏》，臺北：新文豐公司，1978年1月，頁264、117、145。

當然，儒家的言必稱堯舜，是最讓人印象深刻了，試看《論語·堯曰》首章，也同樣記載「二帝三王及孔子之語，明天命政化之美，皆是聖人之道，可以垂訓將來。」[48]只不過孟子敘說聖賢事跡行誼更為詳盡，而韓愈自述作為文章，上規姚姒、〈盤〉、〈誥〉、《易》、《詩》、《春秋》、《左傳》，下及《莊》、〈騷〉、太史、子雲、相如[49]，雖沒提到學習孟子「善養浩然之氣，兼以知言」，但後人如呂祖謙、曾國藩、劉熙載、齋藤謙、錢基博、傅庚生等，評析韓文，都知道他能走電掣雷，生氣勃發，都歸功於《孟子》七篇[50]；況且韓愈集中，屢屢可見他對孟子的尊崇景仰，如〈讀荀〉云：「始吾讀孟軻書，然後知孔子之道尊，聖人之道易行，王易王，霸易霸也。以為孔子之徒沒，尊聖人者，孟氏而已。晚得揚雄書，益尊信孟氏。」〈送王秀才序〉又說：「自孔子沒，群弟子莫不有書，獨孟軻氏之傳得其宗，故吾少而樂觀焉。」〈與孟尚書書〉甚至推稱孟子功不在禹下，自己的力排佛老，正一如孟子之拒楊墨[51]，因此我們可以確信韓愈道統聖緒，是取自《孟子》一書，而這也難怪〈原道〉篇聖聖授受無法密邇相銜，竟有相距五百多年的情形。

　　但有關儒家一貫道統是否由韓愈首創，這也有些爭議。筆者是主張韓愈所以特別援引《孟子》創出道統論，乃是受佛道二教；尤其是受佛教刺激之故，這與認定道統遞傳並非韓愈首創的說法，有嚴重牴觸，因此下面得先予以辨析明白。

（一）韋政通之說的檢討

　　韋政通於《傳統與現代化·泛道德主義影響下的傳統文化》有云，韓愈以前已有多人提倡文以載道，其中尤以柳冕論文最能卓然成家，柳冕對文學的主要見解是：

　　　a、文章本於教化。b、斥責「文多用（教化之用）寡」之非。c、

48　見《十三經注疏·論語注疏》，臺北：新文豐公司，1978年1月，頁178。
49　同注8，《韓昌黎文集校注》卷二〈進學解〉，頁26。
50　詳見筆者所撰〈讀韓昌黎上張僕射書與上鄭相公啟〉，《孔孟月刊》第二四卷6期，頁34。
51　同注8，《韓昌黎文集校注》卷一、卷四、卷三，頁21、153、126。

視堯舜周孔為文學的正統，建立以道統為主的文學觀。d、君子
之文必有其道——文道合一論。這四點合起來，正是唐代文以載
道的一個綱領。這些觀念，全部為韓愈所承受。韓氏文以載道說
的內容，再也不能超出這個範圍。[52]

韋氏甚至還說古文運動先驅者柳冕已經「視堯舜周孔為文學的正統，建
立以道統為主的文學觀。」按柳冕固有功於古文運動，但他論文是專以
教化為主，並不是為了標榜道統傳承，〈謝杜相公論房杜二相書〉即云：
「文章之道不根教化，則是一技耳！」〈與徐給事論文書〉亦云：「文章
本於教化，形於治亂，繫於國風。故在君子之心為志，形君子之言為文，
論君子之道為教。」這些在郭紹虞《中國文學批評史》已有詳細論說[53]，
自不待辨明。至於韋氏所舉出的〈答徐州張尚書論文武書〉：

> 至成康歿，頌聲寢，騷人作，淫麗興，文與教分為二。不足者彊
> 而為文，則不知道；知君子之道者，則恥為文。文而知道，二者
> 兼難。兼之者，大君子之事。上之，堯舜周孔也；次之，游夏荀
> 孟也；下之，賈生董仲舒也。[54]

這段話也只是見到柳冕主張文、道（教化）合一，和他那崇古思想，堯
舜又寫過什麼文章讓柳冕看到了呢？說堯舜「文而知道」，只不過是貴
古崇古的明證，卻不是蓄意要建樹一貫統緒，故不宜擴大引申解釋。

（二）何寄澎之說的檢討

　　何寄澎《唐宋古文新探·唐宋古文運動中的文統觀》認為「文統」
即是「道統」，何氏並且說：

---

[52] 韋政通《傳統與現代化》，臺北：水牛出版社，1968年5月，頁92。

[53] 見郭紹虞《中國文學批評史》第二章〈復古運動的高潮時期〉，臺北：盤庚出版社，1978
年9月，頁235～242。

[54] 同注4，《全唐文》卷五二七，頁6792。

韓愈以前，李華、柳冕、權德輿等人，已隱然有文統的觀念。[55]

這麼一來，也就是說韓愈以前，已隱然有道統的觀念了。但事實上，所謂「隱然」，與韓愈「確然」有著堯舜以下相傳世守的道統理念，還是有差異的；且果如何氏言「隱然」有文統觀念的文學家，在韓愈之前，也不僅三人而已，如王勃〈上吏部裴侍郎啟〉、楊炯〈王勃集序〉、盧藏用〈右拾遺陳子昂文集序〉、王昌齡〈論文意〉、賈至〈議楊綰條奏貢舉疏〉及〈工部侍郎李公集序〉、許孟容〈穆公集序〉、梁肅〈常州刺史獨孤及集後序〉、崔元翰〈與常州獨孤使君書〉、顧況〈文論〉、裴度〈寄李翱書〉[56]，莫不「隱然」可見文統觀，理由無他，因古文家徵聖宗經，貴古崇道的心情並無二致，所以不當以「隱然」文統觀，便輕易忽略了韓愈執意創立道統的苦心及地位。

（三）葉國良之說的檢討

葉國良〈唐代墓誌考釋八則〉一文，根據武周神功二年（案：即聖曆元年，698）不知名撰者〈曲阜縣令蓋暢墓誌銘并序〉，言及蓋暢「乾封二年，授雍州富平丞。丁憂，解。咸亨四年，授兗州曲阜令。化隆三異，跡標三善，而天性澹泊，稟操清貞，雖在公衙，不異林藪。久居吏職，非其所好，秩滿，歸家不仕，以文史自娛，著《道統》十卷，誠千古之名作，一代之良才。」由於文中說蓋暢撰有《道統》一書，葉氏故駁錢大昕《十駕齋養心錄》卷十八所言：「『道統』二字，始見於李元綱《聖門事業圖》……。『道統』之名，雖前古所無，至其聖人所遞傳斯

55　同注5，何寄澎《唐宋古文新探》，頁254。

56　凡上除王昌齡〈論文意〉見空海撰、王利器校注《文鏡秘府論校注》南卷（北京：中華書局，1983年7月，頁278）外，餘皆見《全唐文》，王勃〈上吏部裴侍郎啟〉，卷一八〇，頁2308、楊炯〈王勃集序〉，卷一九一，頁2439、盧藏用〈右拾遺陳子昂文集序〉，卷二三八，頁3042、賈至〈議楊綰條奏貢舉疏〉及〈工部侍郎李公集序〉，卷三六八，頁4725、4726、許孟容〈穆公集序〉，卷四七九，頁6196、梁肅〈常州刺史獨孤及集後序〉，卷五一八，頁6670、崔元翰〈與常州獨孤使君書〉，卷五二三，頁6744、顧況〈文論〉，卷五二九，頁6814、裴度〈寄李翱書〉，卷五三八，頁6925。

道次序，韓退之既開其端，是宋儒所本也。」而云：

> 今據蓋暢誌，則早在初唐，「道統」一詞已為儒者所使用矣，不
> 待宋人也。韓退之聖聖相傳有統之觀念，或以為受新禪宗傳授說
> 之影響，蓋不盡然歟？[57]

按此墓誌，還提到蓋暢秩滿歸家，「以神功元年十月十五日，卒於神都
道政里私第，春秋七十六。」此處「神都」即指長安，而道政里即為長
安朱雀門街東第五街，徐松《唐兩京城坊考》亦記載如楊炯〈李嘉墓誌〉
云：「終于京師道政里之私第。」戴少平〈王榮碑〉曰：「薨于道政里之
私第。」[58]而韓愈年輕時的確來到過長安，他自從貞元二年十九歲離鄉
赴長安應進士第，至貞元十一年二十八歲，仕舉仍不順遂，在他第一封
〈上宰相書〉即言：「四舉於禮部乃一得，三選於吏部卒無成。」因此
羈留長安確實有相當長一段時間，其中僅短期離京，〈祭十二郎文〉故
云：「吾年十九，始來京城。其後四年，而歸視汝。又四年，吾往河陽
省墳墓，遇汝從嫂喪來葬。」[59]但他在京城只是專注於科考，我們從韓
愈集中，並無法找到他與蓋氏家族有任何往來相得資料，而且古代著作
流通並不如現代的迅速普及，由張籍〈上韓昌黎書〉中說：「頃承論於
執事，嘗以為世俗陵靡，不及古昔，蓋聖人之道廢弛之所為也……。自
揚子雲作《法言》，至今近千載，莫有言聖人之道者，言之者惟執事焉
耳。」張籍和韓愈應該都沒見過《道統》這部書，從張籍這番話當可推
知。再說蓋暢《道統》十卷已亡佚，從書名並無法得知其內容，若說早
在初唐，「道統」一詞已為儒者所使用，並且推測這位儒學世家的著作
有弘揚儒家思想，應是可以確定；若僅由書名便推論這部與文史相關的
著作，一定是在確立或考據儒家世代相傳統緒，恐怕仍須斟酌。何況我
們看到韓愈所創道統傳承，由〈重答張籍書〉以至〈原道〉，有經過歲

---

[57] 見《臺大中文學報》第7期，1995年4月，頁57。又〈曲阜縣令蓋暢墓誌銘并序〉亦可見
吳鋼主編《全唐文補遺》，西安：三秦出版社，1995年5月，頁351。

[58] 見徐松撰、李健超增訂《增訂唐兩京城坊考》卷三，西安：三秦出版社，1996年2月，
頁143。

[59] 〈上宰相書〉、〈祭十二郎文〉，分見《韓昌黎文集校注》卷三、卷五，頁90、196。

月歷練而做了些許變化修正，如果韓愈真要沿襲蓋暢《道統》一書，那麼似也無須經年閱歲而有所轉變了。

（四）羅聯添之說的檢討

再看羅聯添〈論唐代古文運動〉一文。羅氏對於本文前言引過的陳寅恪〈論韓愈〉說法，有迥然不同的意見，以為：「韓愈道統觀的形成與大曆時代韶州禪宗的興盛無關。」羅氏不僅援引黃雲眉據韓愈〈讀荀〉所謂：「晚得揚雄書，益尊信孟氏，因雄書而孟氏益尊。」及〈重答張籍書〉云：「己之道，乃夫子、孟軻、揚雄所傳之道。」肯定韓愈道統思想是受《孟子》卒章啟發，而幫助這種思想滋長，則是揚雄的著作之外，又另舉出四點，斷定陳寅恪說法不能成立：

> 第一，從韓愈年齡看，代宗大曆十四年乙未（779），韓愈隨長兄韓會到韶州，年方十二歲[60]；德宗建中元年庚申（780），韓會卒於韶州，韓愈即隨嫂護喪歸河陽。韓愈年小，時間不到一年，似乎不大可能接觸到禪學，接受禪宗教外別傳——心傳的啟發。
> 第二，韓愈二十八歲〈上宰相書〉自稱：「所讀皆聖人之書，楊墨釋老之學，無所入於其心。」明白宣告十二歲在韶州不曾接受釋老之學。第三，韓愈〈上邢君牙書〉說自己：「生七歲讀書，十三而能文。」從七歲到十三歲韓會卒之年為止，韓愈讀書大約有六七年時間接受長兄韓會的教導。韓會是一純儒，似無可能以禪家學說來教導幼弟。第四，韓愈在〈送浮屠文暢師序〉中說：

---

[60] 大曆十四年為「己未」，而非「乙未」。此言大曆十四年，韓愈隨兄貶韶州，當根據樊汝霖《韓文公年譜》，惟案《舊唐書·代宗本紀》有云：大曆十二年四月，「起居舍人韓會等十餘人，皆坐元載貶官。」（臺北：鼎文書局，1992年5月，頁311）因此韓愈隨兄赴韶州，應在十歲稚齡，並非十二歲。韓愈〈祭鄭夫人文〉云：「年方及紀，荐及凶屯。兄罹讒口，承命遠遷。」（卷五，頁194）又〈復志賦〉說：「當歲行之未復兮，從伯氏以南遷。」（卷一，頁3）這雖是用概約的方式來說，但也表示還未到十二歲。韓氏一家在韶州未及兩年，韓會即病死，得年四十二，而韓愈亦隨嫂扶柩返葬故鄉河陽，〈復志賦〉故云：「嗟日月其幾何兮，攜孤嫠而北旋。」

> 「道莫大於仁義……堯以是傳之舜，舜以是傳之禹，禹以是傳之湯，湯以是傳之文武，文武以是傳之周公孔子，書之於冊，中國之人世守之，今浮屠者孰為而孰傳之邪！」明白肯定佛教沒有世代相傳相守的道，韓愈道統觀自然不是受禪宗學說的啟發而來。[61]

文人寫出來的詩文未必能夠盡信，例如韓愈〈答劉秀才論史書〉說：「為史者，不有人禍，則有天刑，豈可不畏懼而輕為之哉？」〈和席八（夔）十二韻〉也說：「多情懷酒伴，餘事作詩人。」甚至〈答張籍書〉有謂：「化當世莫若口，傳來世莫若書，又懼吾力之未至也。」或抒寫牢騷，或聊曩舊典，或是遁辭推拒，這些當然都不能相信；不過羅氏前三點引證韓文，尚有其他理由作依據，因此是可以成立的。至於第四點，筆者則有不同意見。韓愈這篇〈送浮屠文暢師序〉目的正為了抑佛揚儒，其遣詞發論專以勝人，不能下氣，一如前文引過〈重答張籍書〉所說：「前書謂吾與人商論不能下氣，若好勝者然，雖誠有之，抑非好己勝也，好己之道勝也；非好己之道勝也，己之道乃夫子、孟軻、揚雄所傳之道也，若不勝，則無以為道，吾豈敢避是名哉？」既然嚴重到「若不勝，則無以為道」，所以又怎會同意佛教有著相傳世守之道？雖然林紓《韓柳文研究法》從修辭角度說道：

> 文中著眼在一傳字。傳者，傳道也，聖人之道有傳，而佛教亦未嘗無傳，然昌黎偏不以傳字許他。[62]

林氏的妙評，顯然情感重過了理智，佛教傳法印心幾乎人所周知，如果韓愈說：「今浮屠者，孰為而孰傳之邪？」是「偏不以傳字許他」，那麼這般論辯未免太主觀輕率，缺乏說服力；再退一步說，縱使韓愈果真「偏不以傳字許他」，畢竟還是知道佛教有法脈相承，所以他「偏不以傳字許他」，還是得歸根於他的好勝人，不能下氣所致。

---

[61] 同注5，羅聯添《唐代文學論集‧論唐代古文運動》，頁23。
[62] 同注26，頁29。

　　韓愈道統論固然可以不受禪宗影響，但很清楚的，他怎能不受當時佛道二教傳法風尚的啟發？再說韓愈〈原道〉尚且知道佛徒訛傳：「孔子，吾師之弟子」[63]，又怎可能對於開宗作祖的正授，一點都不清楚？顯然從這裏正可看出韓愈掩耳盜鈴，欲蓋彌彰，而由〈送浮屠文暢師序〉這段話，也幾乎可以推斷佛教世系傳承影響韓愈道統思想，更甚於道教。

　　為免有人反唇相稽，嘲諷筆者剛說過「文人寫出來的詩文未必能夠盡信」，現在卻又那麼篤定佛教傳承激發了韓愈，下面便再舉證詳予說明。

　　在唐德宗建中年間，古文大師、天臺宗門人梁肅[64]撰〈天臺止觀統

---

[63]　〈原道〉原文云：「佛者曰：『孔子，吾師之弟子也。』為孔子者，習聞其說，樂其誕而自小也，亦曰：『吾師亦嘗師之云爾。』不惟舉之於其口，而又筆之於其書。」關於傳說孔子是佛陀弟子，早在傳奕上疏請廢佛法時，有綿州振響寺沙門明概表奏〈決對傳奕廢佛法僧事〉，計決破傳奕謗佛毀僧事八條，其中第七條已引用《清淨法行經》云，摩訶迦葉化為老子；儒童菩薩化作孔丘。又第八條引《須彌圖經》云，寶應聲菩薩化為伏羲；吉祥菩薩化作女媧；儒童應作孔丘；迦葉化為李老（見《廣弘明集》卷十二，T52，p173c～p174c）；再看釋道安撰〈二教論〉，於「服法非老」第九，也引《清淨法行經》曰：「佛遣三弟子震旦教化：儒童菩薩彼稱孔丘；光淨菩薩彼稱顏淵；摩訶迦葉彼稱老子。」（見《廣弘明集》卷八，T52，p140a）可知佛法東來之後，三教競長，偽經於闢佛壓力之下，遂流衍不絕。而今韓愈「非三代兩漢之書不敢觀」，對佛經並未接觸，卻能說出這番話，由此顯然可見他是有所聽聞。

[64]　據《宋高僧傳》卷六〈元浩傳〉云，浩為天臺九祖荊溪湛然囑累弟子，而元浩弟子有梁肅、田公敦等人：「其儒流受業，翰林學士梁公肅、蘇州刺史田公敦」（T50，p740a）；又崔恭撰〈唐右補闕梁肅文集序〉、陳諫撰〈心印銘序〉也說梁肅乃「天臺大師元浩之門弟子」、「學止觀法門於沙門元浩」（《全唐文》卷四八〇、六八四，頁6205、8874）；但何寄澎《唐宋古文新探‧唐代古文家與佛教之關係》，則說梁肅為湛然弟子，也舉證了《宋高僧傳》卷六〈湛然傳〉所謂：「其朝達得其道者，唯梁肅學士」、《全唐文》卷五一八，梁肅為湛然《維摩經略疏》作序云：「肅嘗受經於公門，遊道於義學。」以及〈常州建安寺止觀院記〉云：「小子忝遊師門，故不敢志。」這其中究竟是怎麼回事？按梁肅本人承傳荊溪法脈，宗湛然為正統，固然可謂為「受經於公門」、「忝遊師門」，不過梁肅也有一些高自標置之意。由於僧傳雖云元浩為荊溪囑累弟子，但試觀卷二九〈道遵傳〉云：「大曆中，湛然師委付《止觀輔行記》，得以敷揚，若神驥之可以致遠也。于時同門元浩，迴知畏服，不能爭長矣。」（T50，p891a）因此天臺宗人志磐所撰《佛祖統紀》卷八即據以道遵為天臺十祖（T49，p190a），而元浩既未得付法，一般人便以梁肅自己所言，認定他是荊溪湛然門人，而《佛祖統紀》卷十「荊溪旁出世家」也不僅以

例議〉一文，文中有云：

> 隋開皇十七年，智者大師去世。至皇朝建中，垂二百載，以斯文
> 相傳，凡五家師。其始曰灌頂，其次曰縉雲威，又其次曰東陽小
> 威，又其次曰左溪朗公，其五曰荊溪然公。[65]

這是奠立天臺法脈的宣告。梁肅所說，由智者大師智顗以至章安灌頂、
法華智威、天臺慧威、左溪玄朗、荊溪湛然，一脈承傳的統緒，不僅於
後世得到一致認同[66]，就是在當時也多為人信服。崔元翰〈右補闕翰林
學士梁君墓誌〉推崇他：「嘗著釋氏〈止觀統例〉，幾乎《易》之〈繫辭〉
矣。」崔恭〈唐右補闕梁肅文集序〉也頌揚他「釋氏制作，無以抗敵。」
[67]《宋高僧傳》卷六〈唐臺州國清寺・釋湛然〉，也對梁肅弘揚天臺法脈

梁肅「嘗學天臺之道於荊溪，深得心要，執弟子禮甚恭」，甚且還說他與元皓（浩）是
同學了（T49，p203c）。

[65] 同注4，《全唐文》卷五一七，頁6664。

[66] 湯用彤《隋唐及五代佛教史》有言：「當荊溪之世，禪宗正宗之爭，彌滿天下。約在其
時，天臺亦有定祖之說。唐李華，荊溪之友也，荊溪曾為之撰《止觀大意》。李華〈故
左溪大師碑〉曰：『至梁陳間，有慧文禪師學龍樹法，授慧文大師，南嶽祖師是也。思
傳智者大師，天臺法門是也。智者傳灌頂大師，灌頂傳縉雲威大師，縉雲傳東陽威大師，
左溪是也。(下文有「左溪奉東陽得最上乘」之語，此處疑有奪字)。又宏景禪師得天臺
法，居荊州當陽，傳真禪師，俗謂蘭若和尚是也。』(慧真傳法事見李華〈蘭若和尚碑〉)
後釋皎然〈蘇州支硎山報恩寺大和尚碑〉文曰：『慧文傳南嶽，南嶽傳天臺，……天臺……
傳章安，章安傳縉雲，縉雲傳東陽，東陽傳左溪。左溪傳自龍樹以還，至天臺四祖，事
具諫議大夫杜正倫教記。今大師(道遵)則親承左溪。』而荊溪大師門人梁肅，作〈天
臺禪林寺碑〉，於言文、思、顗、頂四世之後，續曰：『頂傳縉雲威，威傳東陽。東陽、
縉雲同號，時謂小威。威傳左溪禪師。自縉雲至左溪，以玄珠相付，向晦宴息而已。
左溪門人之上首，今湛然禪師，行高識遠，超悟辯達。凡祖師之教在章句者，必引而信
之。』李華碑文並歷數左溪弟子十餘人，言及道遵、湛然，然未言其獨得正統。皎然之
碑顯謂道遵得左溪之法眼，而梁肅則謂左溪付法荊溪，後天臺宗人，以龍樹至湛然為天
臺九祖，蓋在梁肅而其說始確定也。」(同注13，頁171)

[67] 崔元翰〈右補闕翰林學士梁君墓誌〉、崔恭〈唐右補闕梁肅文集序〉，分見《全唐文》卷
五二三、四八○，頁6745、6205。湯用彤在《隋唐及五代佛教史》也曾提及：「李唐奠
定宇內，帝王名臣以治世為務，輕出世之法。而其取士，五經禮法為必修，文詞詩章為
要事。科舉之制，遂養成天下重孔教文學，輕釋氏名理之風，學者遂至不讀非聖之文。

極力贊賞道：

> 其朝達得其（湛然）道者，唯梁肅學士，故擒鴻筆，成絕妙之辭，彼題目云：「嘗試論之：聖人不興，其間必有命世者出焉。自智者以法傳灌頂，頂再世至于左溪，明道若昧，待公而發。乘此寶乘，煥然中興。蓋受業身通者，三十有九僧；搢紳先生高位崇名，屈體承教者，又數十人。師嚴道尊，遐邇歸仁。向非命世而生，則何以臻此？」觀夫梁學士之論，儗議偕齊。非此人，何以動鴻儒？非此筆，何以銘哲匠？蓋洞入門室，見宗廟之富，故以是研論矣。吁！吾徒往往有不知然之道；詩云：「維鵲有巢，維鳩居之。」梁公深入佛之理窟之謂歟！[68]

梁肅不僅於佛學造詣得到教內教外交口推稱，就是在當代文壇，也執牛耳地位，不愧為古文運動承前啟後關鍵，雖然後世對他可能有些陌生，五代孫光憲即悼惜他聲名寂寞，還特地在《北夢瑣言》提起：

> 唐代韓愈、柳宗元泊李翱、李觀、皇甫湜數君子之文，陵轢荀孟，糠粃顏謝，其所宗仰者，惟梁浩（案：《唐書》無「梁浩」此人，「浩」字宜改作「肅」）補闕而已；乃諸人之龜鑑，而梁之聲采

故士大夫大變六朝習尚，其與僧人遊者，蓋多交在詩文之相投，非在玄理之契合。文人學士如王維、白居易、梁肅等真正奉佛且深切體佛者，為數蓋少。」（同注13，頁44）足見梁肅的信仰及佛學深受肯定。而崔恭的文章稱揚梁肅佛學造詣精深即說：「（公）早從釋氏，義理生知，結意為文，志在於此，言語談笑，常所切劘，心在一乘，故敘釋氏最為精博……（公）歸根復命，一以貫之，作〈心印銘〉。住一乘，明法體，作〈三如來畫讚〉。知法要，識權實，作〈天臺山禪林寺碑〉。達教源，周境智，作〈荊溪大師碑〉。大教之所由，佛日之未忘，蓋盡於此矣。若以神道設教，化源旁濟，作〈泗州開元寺僧和尚塔銘〉。言僧事，齊律儀，作〈過海和尚碑銘〉、〈幽公碑銘〉。釋氏制作，無以抗敵，大法將滅，人鮮知之，唱和之者或寡矣，故公之文章……，蓋釋氏之鼓吹歟！諸佛之影響歟！」（同注64）志磐《佛祖統紀》，列天臺諸祖為本紀，至於梁肅不僅位居諸祖旁出世家第十卷，甚至在卷四九〈名文光教志〉中，也收錄他的〈天臺禪林寺碑〉、〈天臺止觀統例〉、〈智者大師傳論〉三篇文章（T49，p438a～p440a），受到的尊重禮遇，由此可見。

68　贊寧《宋高僧傳》卷六，T50，p739b。

　　　　寂寂，豈陽春白雪之流乎？是知俗譽喧喧，宜鑒其濫吹也。[69]

然而據唐史所載，梁肅文名顯耀，時宰李泌與他交好，還命其子李繁師事之；陸贄知貢舉，尤其倚任於他[70]。李翱〈感知己賦〉也曾描述他說：「梁君之譽塞天下，屬詞求進之士，奉文章造梁君門下者，蓋無虛日。」[71]《舊唐書‧韓愈傳》也記載韓愈與其徒交遊：

　　　　大曆、貞元之間，文字多尚古學，效楊雄、董仲舒之述作，而獨
　　　　孤及、梁肅最稱淵奧，儒林推重。愈從其徒遊，銳意鑽仰，欲自
　　　　振於一代。[72]

在王定保《唐摭言》卷七則云：「貞元中，李元賓、韓愈、李絳、崔群同年進士。先是，四君子定交久矣，共遊梁肅之門；居三歲，肅未之面，而四賢造肅多矣，靡不偕行。肅異之，一日延接，觀等俱以文學為肅所稱，復獎以交遊之道。然肅素有人倫之鑒，觀、愈等既去，復止絳、群曰：『公等文行相契，他日皆振大名；然二君子位極人臣，勉旃！勉旃！』後二賢果如所卜。」[73]所謂四人同年進士，即貞元八年兵部侍郎陸贄知貢舉，梁肅、王礎佐之，而四人皆由梁肅拔擢錄取，韓愈〈與祠部陸員

[69]　見《北夢瑣言》卷六，上海：上海古籍出版社，1991年12月，頁45。

[70]　劉昫《舊唐書》卷一三〇〈李泌傳〉云：「泌與右補闕、翰林學士梁肅友善，嘗命（子）繁持所著文請肅潤色。繁亦自有學術，肅待之甚厚，因許師事。」（同注60，頁3623）又卷一三九〈陸贄傳〉云：「（貞元八年）知貢舉。時崔元翰、梁肅文藝冠時，贄輸心於肅，肅與元翰推薦藝實之士，升第之日，雖眾望不愜，然一歲選士，纔十四五，數年之內，居臺省清近者十餘人。」（頁3800）

[71]　《全唐文》卷六三四，頁8125。

[72]　同注60，《舊唐書》卷一六〇，頁4195。

[73]　王定保《唐摭言》，臺北：世界書局，1975年4月，頁80。《唐摭言》稱四人定交已久，有待商榷，錢穆〈雜論唐代古文運動〉已辨正云：「韓集〈贈李觀詩〉云：『我年二十五，求友昧其人。哀歌西京市，乃與夫子親。』則韓李締交，即在登第之年，《摭言》之說，明不可信。」（同注31，頁1002）不過《舊唐書》卷一五九〈崔群傳〉曰：「群有沖識精裁，為時賢相，清議以儉素之節，其終不及厥初。群年未冠舉進士，陸贄知舉，訪於梁肅，議其登第有才行者，肅曰：『崔群雖少年，他日必至公輔。』果如其言。」（頁4190）可見《唐摭言》所說，究非皆空穴來風。

外書〉有云：

> 往者陸相公（贄）司貢士，考文章甚詳，愈時亦幸在得中，而未
> 知陸之得人也。其後一二年，所與及第者，皆赫然有聲，原其所
> 以，亦由梁補闕肅、王郎中礎佐之。梁舉八人無有失者，其餘則
> 王皆與謀焉。[74]

因此虔誠的佛教天臺宗門徒梁肅，也正是韓愈座主；而如果又據王銍〈韓
會傳〉，王銍撰寫韓愈兄長韓會的傳記，當其表彰韓會學養時，還提到
梁肅與韓會的一段以文會友之誼：

> （韓）會，仲卿長子也。當是時，李華、蕭穎士有文章重名，會
> 與其叔雲卿，俱為蕭、李愛獎。其黨李紓、柳識、崔祐甫、皇甫
> 冉、謝良弼、朱巨川並遊，會慨然獨鄙其文格綺艷，無道德之實，
> 首與梁肅變體為古文章。[75]

足見韓愈既是梁肅門生，又與梁肅有世交情誼，那麼梁肅的著作與信
仰，縱使韓愈未曾目睹，也當有所耳聞。梁肅卒於貞元九年（793）十
一月十六[76]，距離張籍致書請排釋老，不過四年，所以也難怪韓愈答書
閃爍其詞，似有難言之隱，讓人一看便覺得遁辭推託，然而當張籍再次
勸言，他也不好明說和梁肅的這層關係，只有多存顧忌的指出：「今夫
二氏之所宗而事之者，下乃公卿輔相，吾豈敢昌言排之哉？」所謂：「他
人有心，予忖度之。」何況我們從這諸多蛛絲馬跡看來，韓愈又怎可能
不知佛教有傳法世系？韓愈不是不知道，只不過強為狡獪語罷了！歐陽
脩於《六一詩話》言及與梅聖俞論韓愈詩歌用韻，歐陽脩推崇韓愈「譬
如善馭良馬者，通衢廣陌，縱橫馳逐，惟意所之；至於水曲蟻封，疾徐

---

[74] 同注8，卷三，頁117。韓愈所以特別舉出梁肅擢錄八人，據《新唐書》卷二〇三〈歐陽
　　詹傳〉即言：「（詹）舉進士，與韓愈、李觀、李絳、崔群、王涯、馮宿、庾承宣聯第，
　　皆天下選，時稱『龍虎榜』。」（同注1，頁5786）

[75] 王銍〈韓會傳〉，見《全唐文紀事》卷三九，臺北：世界書局，1967年12月，頁504。

[76] 見崔元翰〈右補闕翰林學士梁君墓誌〉（同注67），而李翱〈感知己賦〉（同注71）也有
　　記載；《新唐書》卷二〇二則僅記其卒年四十一（同注1，頁5774）。

中節而不少蹉跌，乃天下之至工也。」但是梅聖俞則說：

> 前史言退之為人木強，若寬韻可自足，而輒傍出；窄韻難獨用，
> 而反不出。豈非其拗強而然與！[77]

韓愈的性情拗強不能下氣；表現在作品中，又常出之以姦黠狡獪，曾國藩論韓愈〈毛穎傳〉即說：「凡韓文無不狡獪變化，具大神通。」[78]林紓評〈送廖道士序〉也說：「韓愈一生忠鯁，而為文乃狡獪如是，令人莫測。」[79]就是韓愈〈醉留東野〉也自嘲：「韓子稍姦黠」[80]，只是通天神狐也有醉態露尾之時，韓愈道統論表面是從《孟子》而來，但激勵他搬出儒家聖聖相授理念的，卻正是他亟欲去之而後快的佛教！

四、佛教法脈承傳與中國文化的關係

佛教到了唐代，各宗門派競開牖戶，對於歷史源流的追溯也都不遺餘力，例如前文提到梁肅為天臺宗奠立法脈宣言，天臺宗實因智顗住天臺山而得名，智顗師事慧思，慧思系出慧文。先於隋開皇十四年（594），智顗開講《摩訶止觀》，開宗明義即先引據《付法藏因緣傳》的付法說，而又因慧文多取龍樹諸論，於是便以慧文上接龍樹，稱龍樹為第一祖[81]；又如華嚴宗乃是以《華嚴經》為旨歸，日本鎌倉時代僧人凝然撰《八宗綱要》，對各宗歷史傳承皆有敘說，當談到華嚴諸祖時，也有如下對話：

> 問：「此宗以誰為祖師手？」答：「香象大師（案：指賢首法藏）
> 以為高祖，然具言之，立於七祖。第一馬鳴菩薩，第二龍樹菩薩，
> 第三震旦元祖杜順禪師……。第四智儼禪師……。第五香象大
> 師……。第六清涼大師……。第七宗密禪師……。」[82]

---

[77] 見何文煥編《歷代詩話》，臺北：藝文印書館，1983年6月，頁162。

[78] 同注8，卷八，頁325。

[79] 同注26，頁31。

[80] 同注25，卷一，頁59。

[81] 見《摩訶止觀》卷一，T46，p1a。

[82] 凝然《八宗綱要》第七章「華嚴宗」，高雄：佛光出版社，1986年3月，頁265。

但綜觀之，各宗對於西國祖師，也都只遙相踵繼，並沒有像我們現在所見到的禪宗，有那樣清楚明白的代代傳承；然而初期禪宗的法脈說，比起他宗，卻是更複雜分歧的。試看神會的《菩提達摩南宗定是非論》便誤從《達摩多羅禪經》，說西國自如來以下，僅有八代付法：

> 遠法師問：「唐國菩提達摩既稱其始，菩提達摩西國復承誰後？又經幾代？」答：「菩提達摩西國承僧伽羅叉，僧伽羅叉承婆須蜜，婆須蜜承優婆崛，優婆崛承舍那婆斯，舍那婆斯承末田地，末田地承阿難，阿難承迦葉，迦葉承如來付。唐國以菩提達摩而為首，西國以菩提達摩為第八代。西國有般若蜜多羅承菩提達摩後，唐國有惠可禪師承菩提達摩後。自如來付，西國與唐國，總有十三代。」遠法師問：「據何知菩提達摩在西國為第八代？」答：「據〈禪經序〉中具明西國代數。又可禪師親於嵩山少林寺問菩提達摩西國相承者，菩提達摩答：『一如〈禪經序〉所說。』」83

《禪經》是指東晉佛陀（馱）跋陀羅在廬山譯出達摩多羅與佛大先二人共著的《修行方便禪經》，此經又有《達摩多羅禪經》、《修行地不淨觀經》、《修行道地經》等異名；〈禪經序〉則是東晉慧遠所作（見 T15，p301a、T55，p65c），然此序對八代付法人實敘述不明，倒是本經卷上開頭便記載佛滅後的傳燈系統云：

> 佛滅度後，尊者大迦葉、尊者阿難、尊者末田地、尊者舍那婆斯、尊者優波崛、尊者婆須蜜、尊者僧伽羅叉、尊者達摩多羅，乃至尊者不若蜜多羅，諸持法者，以此慧燈，次第傳授。84

神會相當重視付法，而且更堅信一代僅傳一人，認為傳承關係教門存亡，《菩提達摩南宗定是非論》還特別強調：「言《菩提達摩南宗定是非

83　見鄧文寬、榮新江《敦博本禪籍錄校》所收《菩提達摩南宗定是非論》，南京：江蘇古籍出版社，1998年12月，頁59～63。

84　《達摩多羅禪經》卷上，T15，p301b。

論》者，敘六代大德（案：指達摩以至惠能），師師相授，法印相傳，代代相承，本宗無替。自達摩大師之後，一代只許一人，中間儻有二三，即是謬行佛法。況今天下教禪者無數，學禪者全稀，並無稟承，憑何立教！」[85]但他卻這般粗心，把達摩多羅誤認作菩提達摩[86]，又誤以為千餘年中，付法僅此八代，這當然是站不住腳的，因此在敦煌本《六祖壇經》（《南宗頓教最上大乘壇經》），已可見到較為後世接受的付法傳承：

> 法海問：「此頓教法傳授，從上已來，至今幾代？」六祖言：「初傳授七佛，釋迦牟尼佛第七，大迦葉第八，阿難第九，末田地第十，商那和修第十一，優婆鞠多第十二，提多迦第十三，佛陀難提第十四，佛陀蜜多第十五，脅比丘第十六，富那奢第十七，馬鳴地十八，毘羅長老第十九，龍樹第二十，迦那提婆第二十一，羅睺羅第二十二，僧迦那提第廿三，僧迦耶舍第廿四，鳩摩羅馱第廿五，闍耶多第廿六，婆修盤多第廿七，摩拏羅第廿八，鶴勒那第二十九，師子比丘第卅，舍那婆斯第卅一，優婆堀第卅二，僧迦羅叉第卅三，婆須蜜第卅四，南天竺國國王第三子菩提達摩第卅五，唐國僧惠可第卅六，僧璨第卅七，道信第卅八，弘忍第卅九，惠能自身當今受法第四十。」[87]

《菩提達摩南宗定是非論》是神會於玄宗開元二十二年（734）正月十五[88]，在滑臺大雲寺設無遮大會，一方面攻擊神秀弟子普寂禪師，一方面為建立南宗宗旨而說；敦煌本《壇經》產生的時代，則約當唐德宗建

---

[85] 同注83，頁98。
[86] 胡適已據《出三藏記集》卷十，焦鏡法師撰〈後出雜阿毗曇心序〉，考定達摩多羅生在「晉中興之世」，遠在菩提達摩之先。見潘平、明立志編《胡適說禪‧荷澤大師神會傳》（北京：東方出版社，1993年5月，頁118）只是由佛陀到達摩多羅，歷時也一樣達千年之久，如果僅此八代傳燈，未免太令人不可置信。
[87] 見鄧文寬、榮新江《敦博本禪籍錄校》所收《南宗頓教最上大乘壇經》，同注83，頁410～412。
[88] 同注83，頁7。

中元年（780）[89]，所以在傳法世系也已明顯作了更正。其中釋迦牟尼佛
至師子比丘的法系，是根據《付法藏因緣傳》而來，師子比丘以下四人
則沿用神會取自《禪經》的系統。但禪宗世系若是從西國八代轉成西國
二十八代[90]，那倒也不算複雜，所以我們姑且掠美引用胡適的研究，將
這麼複雜的問題，稍稍簡單作了了解。胡適〈荷澤大師神會傳・菩提達
摩以前的傳法世系〉說：

> 自如來到達摩，一千餘年之中，豈止八代？故神會的八代說不久
> 便有修正的必要了。北宗不承認此說，於是有東都淨覺的七代
> 說，只認譯出《楞伽經》的求那跋陀羅為第一祖，菩提達摩為第
> 二祖。（見敦煌寫本《楞伽師資記》，倫敦與巴黎各有一本。）多數北宗和尚
> 似固守六代說，不問達摩以上的世系，如杜朏之《傳法寶記》（敦
> 煌寫本，巴黎有殘卷）雖引〈禪經序〉，而仍以達摩為初祖。南宗則
> 紛紛造達摩以上的世系，以為本宗光寵，大率多引據《付法藏
> 傳》，有二十三世說，有二十四世說，有二十五世說，又有二十
> 八九世說。唐人所作碑傳中，各說皆有，不可勝舉。又有依據僧
> 祐《出三藏記》中之薩婆多部世系而立五十一世說的，如馬祖門
> 下的惟寬即以達摩為五十一世，慧能為五十六世。（見白居易〈傳
> 法堂碑〉）但八代太少，五十一世又太多，故後來漸漸歸到二十八
> 代說。[91]

其實在唐代眾說紛紜的禪法傳承中，能夠理智看待、冷靜釐清它的，那
便是《宋高僧傳》卷六所載，卒於元和年間的梓州慧義寺義學沙門神清

---

[89] 此據柳田聖山《六祖壇經諸本集成》解題所言，引見任繼愈《漢唐佛教思想論集・敦煌
壇經寫本跋》，北京：人民出版社，1994年3月，頁267。

[90] 依敦煌本《壇經》計算，釋迦牟尼佛以至菩提達摩，應有二十九代，而後世所說二十八
代，是指除去了旁出的末田地。據《付法藏因緣傳》所說，阿難臨終付法於商那和修，
是遵從迦葉垂涅槃時的囑託；但傳中又載阿難將欲滅度，「念曰：佛記罽賓當有比丘名
摩田提，於彼國土流布法眼，即便以法付摩田提。」（同注11，頁303）所以便將摩田提
（末田地）視為旁系。

[91] 同注86，《胡適說禪》，頁118。

[92]。神清《北山錄》卷六〈譏異說第十〉即一針見血地道：

> 《付法傳》止有二十四人，其師子後，舍那婆斯等四人，並餘家
> 之曲說也。又第二十九，名達摩多羅，非菩提達摩也。其傳法賢
> 聖，間以聲聞，如迦葉等，雖則迴心，尚為小智，豈能傳佛心印
> 乎！昔商那和修告優波毱多曰：「佛之三昧，辟支不知；辟支三
> 昧，聲聞不知；諸大聲聞三昧，餘聲聞眾不知；阿難三昧，我今
> 不知；我今三昧，汝亦不知。如是三昧，皆隨吾滅。又有七萬七
> 千本生經、一萬阿毗曇、八萬清淨毗尼，亦隨我滅。」故傳法者，
> 但傳其言；承法者，體言見心，即是得法。其猶斲輪之藝，傳藝
> 而不傳其妙；師襄之琴，得琴而不得其數。故有久習無成，又有
> 發心便證；或有微流獨得，英才不悟。所貴在乎冥會，不必在於
> 相授；然今諸門皆禪，而惡乎知佛禪獨乃一家耶！[93]

而這樣的見解，當然不被禪者所樂於接納，契嵩《傳法正宗記》卷二即
大斥神清說：

> 唐高僧神清不喜禪者，自尊其宗，乃著書而抑之，……固哉清也，
> 徒肆己所愛惡，而不知大屈先聖。……傳法者數十賢聖，雖示同
> 聲聞，而豈宜以聲聞盡之哉！……《楞伽》所謂三種阿羅漢者，
> 一曰得決定寂滅聲聞羅漢；一曰曾修行菩薩行羅漢；一曰應化佛
> 所化羅漢。此羅漢者，以本願善根方便力故，現諸佛土，生大眾
> 中，莊嚴諸佛大會眾故。若大迦葉傳法數十賢聖者，豈非應化佛
> 所化之羅漢耶！……若商那曰：「阿難三昧，而我不知；我今三
> 昧，而汝不知。」云此恐其有所抑揚耳，未可謂其必然。……其
> 所謂七萬七千本生經、一萬阿毗曇、八萬清淨毗尼，亦隨我滅者，
> 此余未始見於他書，獨《付法藏傳》云爾；尚或疑之，假令其書
> 不謬，恐非為傳法賢聖不能任持而然也，是必以後世群生機緣福

---

[92] 贊寧《宋高僧傳》卷六，T50，p740c。
[93] 神清《北山錄》，T52，p610a。

力益弱，不勝其教，以故滅之。[94]

很明顯可以看到契嵩憑恃虔誠宗教情感來駁斥神清。契嵩不僅斥責了神清，就是在他所撰《傳法正宗定祖圖》卷一，也全然無視禪宗傳法世系襲自《付法藏因緣傳》，而痛批此書之妄：

> 其始亂吾宗祖，熒惑天下學者，莫若乎《付法藏傳》。正其宗祖，斷萬世之諍者，莫若乎《禪經》。……《付法（藏）傳》乃真君廢教之後，缺然但謂二十四世，方見乎魏之時耳！適以《禪經》驗，而《付法藏傳》果其謬也。[95]

由於《付法藏因緣傳》說罽賓國王毀塔壞寺，殺害眾僧，師子比丘也死於劍下，「相付法人，於是便絕。」[96]也就是說，從師子比丘之後，法脈便斷絕，而無相付法之人。這便引致契嵩的不滿與抨擊；但禪宗付法的問題，並未因契嵩的「定祖」、「正宗」而得到解決，試觀近代有巴宙撰〈禪宗與菩提達摩〉，仍根據《付法藏因緣傳》云：

> 《付法藏因緣傳》中所載，從摩訶迦葉至師子比丘祖師共有二十三位祖師。……師子比丘在罽賓國時為該國國王彌羅掘所殺，彌王邪見熾盛，毀壞佛寺，屠殺僧眾。當師子比丘在生之日，並未發現到一個適當承受他的衣缽者。他被殺死後，結果，印度禪宗法統即無人承繼下去！根據這一文獻的證明，我們很難相信菩提

---

[94] 《傳法正宗記》卷二，T51，p725a。

[95] 見契嵩《傳法正宗定祖圖》卷一，T51，p768c。又契嵩於《傳法正宗論》卷上引用《景德傳燈錄》記唐河南尹李常飯諸沙門，道及天竺禪門世代，有智本禪師曰：「此因後魏毀教，其時有僧曇曜於倉黃中，單錄乎諸祖名目，持之亡於山野，會文成帝復教，前後更三十年。當孝文帝之世，曇曜遂進為僧統，乃出其所錄，諸沙門因之為書，命曰《付法藏傳》，其所差逸不備，蓋自曇曜逃難已來而致然也。」（T51，p773c）契嵩對此說，深引為知音；殊不知錯謬百出，僅依《魏書‧釋老志》曰：「佛淪廢，終（太武）帝世，積七八年。」（臺北：鼎文書局，1993年10月，頁3035）燈錄此段資料竟說達三十年，則其謬誤可知。

[96] 《付法藏因緣傳》卷六，T50，p320b。

達摩為印度之二十八祖。[97]

而甚至如胡適明知「印度是沒有歷史觀念的民族，佛教是一個『無方分
（空間）無時分（時間）的宗教』」，卻還要寫出〈禪學古史考〉[98]，將
古代禪學傳授譜系條列分明，試看他所列出的人物幾乎都相差一世紀，
若不是禪行者住世久、壽命長，則是此篇論文終究交待不清了。

　　筆者於本書〈《付法藏因緣傳》之譯者及其真偽辨〉第四節「《付法
藏因緣傳》虛託付法的證據」，已經列表將《付法藏因緣傳》與齊梁時
代僧祐《出三藏記集》卷十二所錄〈薩婆多部記目錄序〉、〈長安城內齊
公寺薩婆多部佛大跋陀羅師宗相承略傳〉[99]詳加對照比較，結論是：「〈薩
婆多部目錄序〉中所列法脈，據僧祐所說，是由他搜訪而來，這與〈長
安城內齊公寺薩婆多部佛大跋陀羅師宗相承略傳〉所載，不僅已有許多
差異，特別是愈往後，差別就愈大；若又與《付法藏因緣傳》相比對，
那就更加紛亂了，試看馬鳴與龍樹在《因緣傳》只差兩代，結果〈目錄
序〉竟差了二十三代，而〈師宗相承略傳〉則當鑒於龍樹是人人盡知的
空宗巨擘，故將他剔除了。所以筆者以為，從佛陀入滅千年來，是不可
能有一條清晰單純，為人人所認同的血脈付法……。佛法若是代代相
授，有如神會所說『一代只許一人』，那麼便會造成表面重法，實際上
卻把「人」看得比「法」還重的後果，大大違反佛教真精神……。」倘
思及此，便能感受神清在他那時代能說出：「所貴在乎冥會，不必在於
相授。」是多麼不同凡俗！

　　故綜言之，經藏有所謂「付法」，原先是基於三藏結集而「付囑教
法」，到了曇曜與吉迦夜共同傳譯《付法藏因緣傳》時，則作了不同的
詮釋，曇曜為使佛法更貼近中國文化，於是煞費苦心，將諸多高僧大德
串接成為具有薪傳世系的一貫法脈，好讓崇重傳授淵源的國人不致輕蔑
小覷，他的護教用心是值得肯定的。至於《付法藏因緣傳》並非如前言

---

[97] 見張曼濤主編《現代佛教學術叢刊》第4冊《禪宗史實考辨》，臺北：大乘文化出版社，
　　1977年3月，頁118。
[98] 同注86，《胡適說禪》，頁94～108。
[99] 《付法藏因緣傳》六卷，T50，p318c；《出三藏記集》卷十二，T55，p89a～p90a。

引述陳寅恪所說是一部偽書，原因在於《付法藏因緣傳》是抄集諸經而成，頗類似佛藏中許多譬喻經典，屬於經抄性質，並非全然憑空捏造，我們稍加對照，即可見其卷四以前，多自西晉安法欽譯《阿育王傳》而來[100]，又其所述馬鳴、龍樹、提婆事跡，與姚秦鳩摩羅什所譯出的，也多有相類之處[101]，所以不應說是偽造；只是在人物承傳上，我們可以發現曇曜為使付法血脈連貫一氣，不免有文飾加工痕跡。今且以鳩摩羅什所譯《龍樹菩薩傳》來和《付法藏因緣傳》比較：

> 龍樹菩薩者，出南天竺梵志種也。天聰奇悟，事不再告。在乳餔之中，聞諸梵志誦四圍陀典，各四萬偈，偈有三十二字，皆諷其文而領其義。弱冠馳名，獨步諸國。天文地理，圖緯秘讖，及諸道術，無不悉綜。契友三人，亦是一時之傑，相與議曰：「天下理義，可以開神明悟幽旨者，吾等盡之矣，復欲何以自娛？騁情極欲，最是一生之樂；然諸梵志道士，勢非王公，何由得之？唯有隱身之術，斯樂可辦。」四人相視，莫逆於心，俱至術家，求隱身法……。[102]

這是《龍樹菩薩傳》剛開頭一小段；而《付法藏因緣傳》謂代代付法以至龍樹時，即明顯見其抄摹，而又極修飾辭采之能，《付法藏因緣傳》抄集舊譯經藏，由此可見一斑：

> （比羅）臨當滅時，便以法藏，付一大士，名曰龍樹，然後捨命。龍樹於後廣為眾生流布勝眼，以妙功德，用自莊嚴。<u>天聰奇悟，事不再問</u>。建立法幢，降伏異道，如是功德，不可稱說。今當隨

---

[100] 《阿育王傳》有異譯本，為梁天監時期僧伽婆羅所譯《阿育王傳》，見隋代法經《眾經目錄》卷六（T55，p146a）；今《大正藏》則題作《阿育王經》，與安法欽譯本同收於第五十卷；又梁天監年間比起曇曜所處時代晚，故《付法藏因緣傳》自不可能抄襲僧伽婆羅譯本。

[101] 鳩摩羅什譯《馬鳴菩薩傳》、《龍樹菩薩傳》、《提婆菩薩傳》，T50，p183a～p186c。據陳垣《釋氏疑年錄》記鳩摩羅什「姚秦弘始十五年、東晉義熙九年癸丑卒，年七十（344～413）。」（同注19，頁7）那麼曇曜是可以參考到鳩摩羅什譯本的。

[102] 同前注，《龍樹菩薩傳》，T50，p184a。

順，顯其因緣。託生初在南天竺國，出梵志種，大豪貴家。始生
之時，在於樹下，由龍成道，因號龍樹。少小聰哲，才學超世。
本童子時，處在襁抱，聞諸梵志，誦四韋陀。其典淵博，有四萬
偈，偈各滿足三十二字，皆即照了，達其句味。弱冠馳名，擅步
諸國。天文地理，星緯圖讖，及餘道術，無不綜練。有友三人，
天姿奇秀，相與議曰：「天下理義，開悟神明，開發幽旨，增長
智慧，若斯之事，吾等悉達，更以何方，而自娛樂？」復作是言：
「世間唯有追求好色，縱情極欲，最是一生上妙快樂；然梵志道，
勢非自在，不為奇策，斯樂難辦。宜可共求隱身之藥，事若得果，
此願必就。」咸曰：「善哉！斯言為快。」即至術家，求隱身法……。
[103]

　　而關於中國文化看重傳承的心理，韋政通〈論中國文化的十大特
徵〉，在「悠久性」其中一項「重統緒」，說得非常精簡扼要：

　　學術文化的分類，西方有宗教、語言、哲學、文學、藝術、經濟、
　　政治等類；中國的分類，則不重學問的性質，而重學問的統緒，
　　與歷史的傳承，如經、史、子、集的分法。孔子推尊先王，孟子
　　言「創業垂統」，此為中國人在觀念上重統緒的開始。由統緒的
　　觀念，衍生出道統的觀念，再由道統的觀念來統馭一切，這確是
　　中國文化中獨有的現象。以古史為例，所有古代的帝王，莫不傳
　　此道統；所有古代的禮制，莫非古帝王的道的表現；五經更是這
　　個道統的記載。重統緒對中國文化自然有其不良影響，如妨礙了
　　中國文化的分殊發展；但其中也涵有一智慧，即中國古人意圖透
　　過統緒的觀念，來彌補時間的疏遠，使中國文化歷久而常新。[104]

中國文化重統緒、承源流的風尚，我們還可以再多加引申。例如古代政

---

[103] 《付法藏因緣傳》卷五，T50，p315b。

[104] 〈論中國文化的十大特徵〉，見《中國文化概論》第二章，臺北：水牛出版社，1972年7
月，頁28。又唐君毅《中國文化之精神價值》第一章第四節亦言中國學術文化「重統緒
而略類分。」（臺北：正中書局，1979年9月，頁17）

治與社會重視血緣宗法，故有所謂「傳子以嫡不以長，傳嫡以長不以賢」，或是「克紹箕裘」、「繩其祖武」、「三年無改父之道」、「慎終追遠，民德歸厚」的成規和銘言。在劉知幾《史通‧序傳》即由史家遠追祖德，有自敘之篇，深一層論及文士與常人亦好縷述先世，而失之彌遠：

> 蓋作者自敘，其流出於中古乎！案屈原〈離騷經〉，其首章上陳氏族，下列祖考，先述厥生，次顯名字，自敘發跡，實基於此。降及司馬相如，始以自敘為傳，然其所敘者，但記其自少及長立身行事而已，逮於祖先所出，則蔑爾無聞。……歷觀揚雄已降，其自敘也，始以誇尚為宗。至魏文帝、傅玄、陶梅、葛洪之徒，則又踰於此者矣。何則？身兼片善，行有微能，皆剖析具言，一二必載，豈所謂憲章前聖，謙以自牧者歟？又近古人倫，喜稱閥閱，其華門寒族，百代無聞，而騂角挺生，一朝暴貴，無不追述本系，妄承先哲……。則知揚姓之寓西蜀，班門之雄朔野，或胄纂伯僑，或家傳熊繹，恐自我作故，失之彌遠者矣。[105]

同樣的，在中國歷史也強調正統，於是史書記載每位開國之君，也都會為他「追遠」一番；若是處於動亂分裂的時局，便要懂得奉先朝正朔，或是標榜繼絕聖業，名號才打得響亮。這種文化氛圍影響所及，使得中國學術長期以來即講究師承與家法，我們且看《史記‧儒林傳》論及漢初之際有本有源的經說學派，云：

> 言詩，於魯則申培公；於齊則轅固生；於燕則韓太傅。言尚書，自濟南伏生。言禮，自魯高堂生。言易，自菑川田生。言春秋，於齊魯，自胡毋生；於趙自董仲舒。[106]

若再看到《漢書‧儒林傳》，我們更可發現諸經流別已蔚盛壯觀，而學者也都謹遵師承，中規中矩，不相僞亂；又即便是後人從事古代文化研

---

[105] 見《史通通釋》卷九，臺北：世界書局，1973年5月，頁122。

[106] 見瀧川龜太郎《史記會注考證》卷一二一，臺北：宏業書局，1980年8月，頁1254。

究，也都要懂得「辨章學術，考鏡源流」[107]。下面就專以古典文學理論
的建構為例，文學理論建構，在魏晉六朝首度與佛經漢譯事業，同時達
到高峰，無論《宋書‧謝靈運傳論》談起：「異軌同奔，遞相師祖」的
兩漢名流，或《南齊書‧文學傳論》道及：「朱藍共妍，不相祖述」的
南朝新秀[108]，其中莫不顯見史學家也因緣際會，緊緊掌握時代脈動，用
心思為文學探本索源。試觀早先在漢代，由於賦體日益盛行，賦又本為
《詩經》六義之一，所以不僅漢宣帝說過：「辭賦大者與古詩同義，小
者辯麗可喜。」班固〈兩都賦序〉也說：「賦者，古詩之流。」直至左
思〈三都賦序〉亦云：「蓋詩有六義焉，其二曰賦。」這都把賦篇源頭
推向了《詩經》[109]，宗經思想瀰漫在文學界，文評家自班固、桓範、摯
虞、任昉、劉勰，無不靡然向風。除賦篇之外，桓範〈世要論〉雖偏重
論述治國之道，但〈贊像〉、〈銘誄〉、〈序作〉則更涉及其他文體的淵源
流變；摯虞〈文章流別論〉、任昉〈文章緣起〉論說各體文類之餘，也
同樣有探求文體的演變；而當然最具代表性的，則非體大慮周的劉勰《文
心雕龍》莫屬。《文心雕龍‧序志》談到他對歷來諸多文學理論著作的
不滿，然後綜說所著此書整體架構，關於「論文敘筆，則囿別區分」的
二十篇文體論，劉勰皆相當有系統的以「原始以表末，釋名以彰義，選
文以定篇，敷理以舉統」來研究。所謂「原始以表末」，正是完完整整
考察了文體的演進，為文體做了振葉尋根，觀瀾索源的歷史追蹤之旅。
此外在「文之樞紐」的〈宗經〉篇，劉勰更說了這番話：

---

[107] 此處乃套用目錄學語彙。章學誠《校讎通義》敘曰：「校讎之義，蓋自劉向父子，部次
　　條別，將以辨章學術，考鏡源流，非深明於道術精微，群言得失之故者，不足與此。」
　　（見昌師彼得《中國目錄學資料選輯》，臺北：文史哲出版社，1981年11月，頁553）

[108] 見沈約《宋書》卷六七，臺北：鼎文書局，1993年10月，頁1778；蕭子顯《南齊書》卷
　　五二，臺北：鼎文書局，1993年5月，頁908。

[109] 漢宣帝之言，見《漢書》卷六四下〈王褎傳〉，臺北：洪氏出版社，1975年9月，頁2829；
　　〈兩都賦序〉、〈三都賦序〉，見《增補六臣註文選》，臺北：華正書局，1979年5月，頁
　　21、88。現代文學史家當然都知道賦篇源頭實出自荀賦與楚騷，距離《詩經》較遠，惟
　　以鋪陳手法及諷喻而言，自亦無妨以《詩經》為遠祖，《文心雕龍‧詮賦》故曰：「賦也
　　者，受命於詩人，拓宇於楚辭。」（臺北：明倫出版社，1971年10月，頁134）

故論說辭序，則易統其首；詔策章奏，則書發其源；賦頌歌贊，則詩立其本；銘誄箴祝，則禮總其端；記傳盟檄，則春秋為根。並窮高以樹表，極遠以啟疆，所以百家騰躍，終入環內者也。[110]

在此，劉勰不僅論及文學根本於經典，我們更可以看到他對文體淵源的重視。《文心雕龍》寫成於齊末；其後續者，思深意遠的鍾嶸《詩品》則完成於天監十七、八年間[111]，此書更是從文體溯源演進至作家風格的探本討源。鍾嶸品第五言詩人，除揭示作家風格特色，還根據詩歌體製風貌的類似處，判斷歷代詩人的承繼關係，為他們追溯源流，這在後人看來，是相當新穎獨特的品評法，《四庫提要》即嘲諷他：「論某人源出某人，若一一親見其師承者則不免附會耳！」[112]但這一方面固然是鍾嶸個人審美取向，另一方面也是時代風潮推波助瀾所導致，因為誰都避免不了，得接受歷史長流與時代波濤的洗禮。呂德申《鍾嶸詩品校釋·前言》即說：

鍾嶸很重視前後時代詩人文學風格上的繼承關係，這是因為：一方面，晉、宋以來，文學上擬古的風氣很盛，如陸機就以〈擬古詩〉十四首著名；另一方面文學發展中的繼承，包括文學風格上的繼承關係，本來是文學史上客觀存在的事實。因此，《詩品》裏有關這方面的一些具體意見，雖然遭到後人不少非議，某些意見本身也確乎存在一些缺點，但這並不能否定此種探索和研究的意義。[113]

自從東漢清談玄言盛行，人倫識鑒，月旦品題，已逐漸影響到文學評論，

[110] 劉勰《文心雕龍》五十篇，〈序志〉為第五十，〈宗經〉則居第三，同前注，分見頁727、22。
[111] 由《文心雕龍·時序》篇「皇齊馭寶」以下一段話可知（同前注，頁675）；《詩品》完成之時，見王叔岷《鍾嶸詩品箋證稿》考證（臺北：中研院文哲所，1992年3月，頁13）。
[112] 見永瑢等撰《四庫全書總目》卷一九五，北京：中華書局，1992年10月，頁1780。
[113] 呂德申《鍾嶸詩品校釋》，北京：北京大學出版社，1986年4月，頁21。

《隋書・經籍志・簿錄篇》[114]記載不少兩晉南北朝時期類似《文章志》
或《文章家集敘》的著作，以目前我們所見到未亡佚的內容，其中大多
摘舉作家風範懿行，並簡評其著作優劣，這已成為當時文學批評的重要
方式之一；浸潤至於齊梁，探討文學家承繼關係，更成為文學批評者的
責任。稍早於《詩品》的沈約《宋書・謝靈運傳論》，及大約與《詩品》
同時的蕭子顯《南齊書・文學傳論》，不是探求墨客詞家所創文體隨著
時代推移的演化經歷，便是為當時新變代雄的三派文體探求淵源：

> 自漢至魏，四百餘年，辭人才子，文體三變。相如巧為形似之言，
> 班固長於情理之說，子建、仲宣以氣質為體，並標能擅美，獨映
> 當時。是以一世之士，各相慕習，原其飆流所始，莫不同祖風、
> 騷。徒以賞好異情，故意製相詭。降及元康，潘、陸特秀，律異
> 班、賈，體變曹、王，縟旨星稠，繁文綺合。綴平臺之逸響，採
> 南皮之高韻，遺風餘烈，事極江右。有晉中興，玄風獨振，為學
> 窮於柱下，博物止乎七篇，馳騁文辭，義單乎此。自建武暨乎義
> 熙，歷載將百，雖綴響聯辭，波屬雲委，莫不寄言上德，託意玄
> 珠，道麗之辭，無聞焉爾。仲文始革孫、許之風，叔源大變太元
> 之氣。爰逮宋氏，顏、謝騰聲。靈運之興會標舉，延年之體裁明
> 密，並方軌前秀，垂範後昆。
>
> 今之文章，作者雖眾，總而為論，略有三體。一則啟心閑繹，託
> 辭華曠，雖存巧綺，終致迂回。宜登公宴，本非准的。而疏慢闡
> 緩，膏肓之病，典正可採，酷不入情。此體之源，出靈運而成也。
> 次則緝事比類，非對不發，博物可嘉，職成拘制。或全借古語，
> 用申今情，崎嶇牽引，直為偶說。唯睹事例，頓失清采。此則傅
> 咸五經，應璩指事，雖不全似，可以類從。次則發唱驚挺，操調
> 險急，雕藻淫豔，傾炫心魂。亦猶五色之有紅紫，八音之有鄭衛。
> 斯鮑照之遺烈也。[115]

[114] 見《隋書》卷三三，臺北：鼎文書局，1993年10月，頁991。
[115] 《宋書》、《南齊書》，同註108。

　　鍾嶸品評作者，當然也就在這種時尚中踵事增華，變本加厲，非得為作家溯源流一番不可，於是別裁翻新，在五言一百二十多位作者中，明白指出三十餘家承紹步武之來由，而終遠溯到了〈國風〉、〈小雅〉、〈楚辭〉，並將此三系作為詩家風格的總源頭。

　　既然中國傳統文化於政治、社會、學術等層面，是這般崇重繼承與淵源，身任北魏沙門統，又歷經佛法滅絕，身命岌岌不保的曇曜，痛定思痛之餘，自不得不從多方著手，以鞏固教基[116]。關於促使文成帝復佛的曇曜生平，慧皎《高僧傳·玄高傳》僅短短幾句云：「涼沮渠牧犍時，有沙門曇曜亦以禪業見稱，偽太傅張潭伏膺師禮。」而道宣《續高僧傳·曇曜傳》則推崇曇曜：「攝行堅貞，風鑒閑約。……（太武）毀法七載，三寶還興。曜慨前陵廢，欣今重復，故於北臺石窟，集諸德僧，對天竺沙門，譯《付法藏傳》并《淨土經》。」至於《魏書·釋老志》則云：「沙門曇曜有操尚，又為恭宗（案：指北魏太武帝之子拓跋晃）所知禮。佛法之滅，……曜誓欲守死，……密持法服器物，不暫離身。聞者嘆重之。」[117]在傳記中所提到的太武帝滅佛，乃是導因於太武帝崇信天師道，又對尊奉寇謙之為師的崔浩言聽計從所致。《魏書·崔浩傳》記載寇謙之對崔浩說過：

　　「吾行道隱居，不營世務，忽受神中之訣，當兼修儒教，輔助泰

---

[116] 曇曜除與吉迦夜抄集諸經，完成《付法藏因緣傳》，類似這方面的經藏傳譯工作外，並且還建造石窟，力圖謀求政治與宗教合一，趙一德〈雲崗曇曜五窟的帝王象徵〉談起雲崗石窟群，第十六、十七、十八、十九、二十窟，是北魏時期由擔任沙門統的曇曜主持開鑿，有云：「五窟開鑿的宗旨，首要在於弘揚佛法，宣示因果，把佛陀的尊嚴、佛門的廣大和極樂世界顯現出來。同時，針對太武帝滅佛的歷史教訓，為使復興的佛法有永久而不易毀滅的基業，曇曜利用皇帝有祈冥福、求往生的心理，借鑒興安元年（452年）師賢和尚為文成帝造石像的啟示，五窟所雕佛像實即北魏帝王的形象。」（見中國魏晉南北朝史學會編《魏晉南北朝史論文集》，濟南：齊魯書社，1991年5月，頁277）又除了這兩方面之外，在湯用彤《漢魏兩晉南北朝佛教史》第十四章「曇曜復興佛法」亦有專節論述，就中湯氏以為：「曇曜於復興佛法要以在經濟上最著功績。」（臺北：臺灣商務印書館，1991年9月，頁499）對於曇曜如何籌擘稅賦，使僧伽修行無虞，多有著墨。

[117] 慧皎《高僧傳》卷十一〈玄高傳〉、道宣《續高僧傳》卷一〈曇曜傳〉，T50，p397a、p427c。《魏書·釋老志》，同注10，頁3035。

平真君，繼千載之絕統。而學不稽古，臨事闇昧。卿為吾撰列王者治典，并論其大要。」浩乃著書二十餘篇，上推太初，下盡秦漢變弊之跡。[118]

湯用彤解釋這段話便說：「按謙之之意，竊三統五德說之餘緒，上承漢代之經學，故謂之兼修儒教。夫既以長生仙化之術眩人主，又用繼古聖王道統之說，上干拓跋氏之君，其為英武有大志之太武所嘉納，固不足怪。」[119]而太武帝既久聽崔浩毀佛，於是就在太平真君五年（444）頒布詔令，準備排佛。《魏書·世祖本紀》云，太平真君五年正月戊申，詔曰：

> 愚民無識，信惑妖邪，私養師巫，挾藏讖記、陰陽、圖緯、方伎之書；又沙門之徒，假西戎虛誕，生致妖孽，非所以壹齊政化，布淳德於天下也。自王公以下至於庶人，有私養沙門、師巫及金銀工巧之人在其家者，皆遣詣官曹，不得容匿。限今年二月十五日，過期不出，師巫、沙門身死，主人門誅。明相宣告，咸使聞知。[120]

再隔兩日，太武又下詔曰：「自頃以來，未宣文教，非所以整齊風俗，示軌則於天下也。今制自王公以下至於卿士，其子息皆詣太學。其百工伎巧、騶卒子息，當習其父兄所業，不聽私立學校。違者師身死，主人門誅。」[121]這是太武毀滅佛法的前兆，從中已可見其輕蔑佛教，亟欲去之的心態，還有他對於儒家強調子承父業的重視。是年九月，佛門龍象玄高、慧崇即相繼殉教蒙難，佛法此時幸有太子拓跋晃的護持，使真

---

[118] 同注10，《魏書》卷三五，頁814。

[119] 見湯用彤《漢魏兩晉南北朝佛教史》第十四章〈佛教之北統〉，臺北：臺灣商務印書館，1991年9月，頁493。這裏應稍作說明的是，湯氏此處所言「古聖王道統」，是中國崇重傳授淵源的一種思維模式，還是個抽象概念，並不像韓愈所標榜的那麼清楚明白寫成了文字。

[120] 同注10，卷四，頁97。

[121] 同前注。

正毀佛行動延緩了兩年。至真君七年（446）三月，《魏書‧釋老志》即載太武帝下詔曰：

> 昔後漢荒君，信惑邪偽，妄假睡夢，事胡妖鬼，以亂天常，自古九州之中無此也。夸誕大言，不本人情。叔季之世，闇君亂主，莫不眩焉。由是政教不行，禮義大壞，鬼道熾盛，視王者之法，蔑如也。自此以來，代經亂禍，天罰亟行，生民死盡，五服之內，鞠為丘墟，千里蕭條，不見人跡，皆由於此。朕承天緒，屬當窮運之弊，欲除偽定真，復羲農之治。其一切蕩除胡神，滅其蹤跡，庶無謝於風氏矣。自今以後，敢有事胡神及造形像泥人、銅人者，門誅！雖言胡神，問今胡人，共云無有。皆是前世漢人無賴子弟劉元真、呂伯強之徒，接乞胡之誕言，用老莊之虛假，附而益之，皆非真實。[122]

湯用彤於《漢魏兩晉南北朝佛教史》，對此也有說明：

> 是年三月下詔，其文自謂「承天之緒，欲除偽定真，復羲農之治。」此蓋自以為繼王者之統，用寇、崔之說也。……浩既修服食養性之術，又精漢代以來經術歷數之學，深欲帝「除偽從真」以應新運。毀佛乃與其勸帝改歷以從天道，用意相同。據此毀謗胡神，具有張中華王道正統之義。其事又非一簡單之佛道鬥爭也。[123]

我們如從佛法的信仰者曇曜這邊來看，太武一方面自認是繼古聖王道統，一方面又斥責佛教無稽虛妄，這當然是激勵曇曜發憤完成佛教系統傳承的最主要動機，因此《付法藏因緣傳》正是為此抄集而成。《付法藏因緣傳》顧名思義，知其內容包含「付法」與「因緣」兩大重心。當中更述及多位惡王造罪之餘，最後皆仍皈依向佛，如阿恕伽（阿育）王歸伏優波毱多、大國國王禮敬佛陀蜜多、罽昵吒王頂禮達摩蜜多、南天

---

[122] 同注10，頁3034。
[123] 同注116，頁495～496。

竺王低首龍樹菩薩[124]。最後，在經文末尾，更有殷勤勸說流通，曇曜為
法護教的用心，於此也流露無遺。可以想見，當他說起外道邪說，必定
還驚憂不已吧！今僅節錄小段，以覘一斑：

> 如此之法，為大明燈，能照世間，愚癡黑暗。是故如上諸賢聖人，
> 皆共頂戴，受持守護，更相付囑，常轉法輪。為諸眾生，起大饒
> 益，斷塞惡道，開人天路。逮至最後，斯法衰殄，聖賢隱沒，無
> 能建立，世間闇冥，永失大明，造作惡業，行十不善，命終多墮
> 三惡八難。是故智者，宜當觀察，無上勝法，有大功德，微妙淵
> 遠，不可思議。譬如賈人，欲過大海，必乘船舫，然後得度；一
> 切眾生，亦復如是，欲出三界生死大海，必假法船，方得度脫。
> 法為清涼，除煩惱熱；法是妙藥，能愈結病，即是眾生，真善知
> 識，為大利益，濟諸苦惱。何以故？一切眾生，性無定相，隨所
> 染習，起善惡業。若有習近外道邪見，受其教誡，永即流轉，無
> 有邊際，是則不名善知識也。若有人能起信敬心，親近賢聖，聽
> 受妙法，由聽斯法功德因緣，出欲淤泥，受最勝樂，是故此人，
> 名善知識。宜應勤心習近供養，必能令人，離三惡苦……。[125]

積累功德，護持教法的帝王，終可獲得福果善報；而昏瞀無明，毀佛有
過的國君，仍可以懺罪歸佛，滅障銷愆。受到大規模殘狠殺戮之後才完
成的《付法藏因緣傳》，仍充分顯見佛法慈悲普度，澤濟群生的光輝。
　　一場宣稱「除偽定真」的空前浩劫，造成佛教幾乎斷滅的法難，卻
轉而促進佛教宗派法脈的開展；當佛教宗派法脈開展成熟之餘，竟又轉
而激發影響韓愈為華夏中國，一個根深柢固重視傳授淵源的民族，高舉
出堯、舜、禹、湯、文、武、周公、孔、孟相承一貫的的道統大纛，從
中亦可見文化表層矛盾衝突中，所牽引內在互補融合的不思議性。

---

[124] 見《付法藏因緣傳》卷三、卷五、卷六，T50，p307a、p313b、p315b、p318c。
[125] 見《付法藏因緣傳》卷六，T50，p320b。

五、結　論

　　自佛法東傳中土，姑不論教理漸漬人心、化移民情的淺深多寡，僅就中國文化之中，舉凡文學、音樂、建築、繪畫、雕刻、曆數、醫方等等層面，都看得見佛教強力滲透的影子。佛法流布，使得中國文化充實光大，內涵益顯豐美；不過中國文化在融攝佛教的同時，也相對使佛教重新做了調整，例如佛教為了植根本土，最初即採行若干妥協權變：依傍方術，持精靈報應之說，行齋戒祠祀之實；又或者為了宣揚佛理，於是擬配外書，取用「格義」；再不就是為了排解中國敵視外來文化，而多行調合三教之論；甚至如本文稍有談及的，中國佛教為因應闢佛而改變了印度三衣一缽，頭陀乞食的律儀，重新建樹起農禪普請叢林之制，這些都可見中國文化對於佛教這種外來文化的影響。而當然，本文所述韓愈道統問題，也與二者的交融互補攸關，因牽涉過於廣泛，在此便將論點綜理概述之：

　　（一）韓愈在貞元二十、二十一年間，撰寫維護道統，斥闢佛老的〈原道〉之前，於十九年春、十四年春，分別寫下〈送浮屠文暢師序〉、〈重答張籍書〉，其文中已具備道統雛形，故可知韓愈道統觀乃是逐漸明顯成形。

　　（二）雖然在韓愈以前扶樹聖教的道統理念，已經「隱然」存在於許多古文家崇古貴古的文章中，但畢竟沒有任何人像韓愈那樣，把文體改革與反抗佛老相結合，且為闢除佛老而明揭道統理論依據的；而這些文學成就，也都該歸功於張籍兩度上書請託韓愈。

　　（三）韓愈接獲張籍上書勸請排佛老，於是想到從《孟子》卒章「五百歲必有王者興」，提出堯舜一脈相續的道統論，這既不是幼年隨兄貶居韶州，受南禪影響，而因襲其教外別傳，以心傳心；也並非讀過武周時期，蓋暢所撰《道統》一書，受到濡染所致。韓愈道統理念的建立，乃是鑑於當時佛道二教皆已具備騰傳眾口的法脈傳承；特別是名盛當代，和他有世交情誼，卻為天臺宗人的座主梁肅，早已在建中年間，為天臺宗奠立承傳世系，因此韓愈力排佛老，當然也要替儒家尋出一條有本有源的統緒，以鎮伏異道邪說。

　　（四）佛教最初記載於經藏，所謂「教法付囑」，指的是要對結集三藏盡力護持，使其傳繼無絕；但經典在中國譯出，卻受到中國傳統文化重視淵源傳承的影響，使得文意有些混淆。其實古印度本是不重歷史的民族，而佛教也有「依法不依人」的教誡，況且佛陀滅後，部派佛教嚴重分裂，若說自佛陀以來，代代一脈傳法的祖師名號斑斑可考，實不可能。

　　（五）北魏太武帝滅佛，佛教陷入空前浩劫，幸喜法難之後，文成帝即位未久，即下詔復佛，沙門統曇曜鑒於滅法之慘，佛教竟被視為妄誕不實，虛假附益，只會使政教不行，禮義大壞的邪說，為避免酷毒重罹，便從多方著手，鞏固教基。抄集諸經而成，仿同中國固有傳授淵源的《付法藏因緣傳》，不僅彰顯了佛門代代付法的莊嚴性，也足以破除附益非真的濫說，此即曇曜護教衛法途徑之一。曇曜此一貢獻甚為重大，後來唐代諸宗門派法脈承傳，遂多依據《付法藏因緣傳》而來。

　　韓愈排佛，卻反受佛教刺激，為儒家覓得一線聖聖相授的道統；佛陀說法，如人食蜜，中邊皆甜；應病與藥，眾生自然皆得成就，故代代得法者不必僅只一人，但卻也受中國文化崇重設教垂統的影響，「師唱誰家曲，宗風嗣阿誰」的付法印心，遂更蔚成風尚，其間相反相成的因緣，是多麼隱微而奇妙！

《歷代古人像讚》韓愈繪像

韓愈文學理論與佛法行持之研究

提　　要

　　韓愈文學理論，要可區分為創作目的論與創作方法論兩大類。自創作目的而言，可見「文以明道」、「不平則鳴」之說；自創作方法而言，則於為文的涵養與態度，皆有所闡明。本文即以此為基礎，將之與佛法行持加以比較，得到的結論是兩者有共通點，但也有相異處。韓愈累積二十餘年創作經驗，故有〈答李翊書〉如此鞭辟入裏之見，誠如張廉卿評云：「退之自道所得，字字從精心撰出，故自絕倫。」其理論與佛法修持雖有不謀而合的地方，但絕非如戴君仁所言，韓愈是受禪學啟發，並且在晚年結交大顛和尚，才得到如此契合佛法行持的領悟。

關鍵詞

韓愈　答李翊書　文以明道　不平則鳴　修行

一、前　　言

《舊唐書》卷一六〇〈韓愈傳〉有云：

> （愈）常以為自魏、晉以還，為文者多拘偶對，而經誥之指歸，
> 遷、雄之氣格，不復振起矣。故愈所為文，務反近體，抒意立言，
> 自成一家新語。後學之士，取為師法。當時作者甚眾，無以過之，
> 故世稱韓文焉。[1]

所謂「自成一家新語」，也就是在古人和時人的語言基礎上，不蹈襲陳
言，而創造富於形象性或哲理性新詞彙。這從何法周〈韓愈語言創造的
一項豐碩成果──韓愈詩文成語集錦〉一文所收近一百六十條成語，確
實可見韓愈在語言創造上的成就。[2] 至於「後學之士，取為師法」，《新
唐書》卷一七六本傳則說是韓愈能主動熱心指導：

> （愈）成就進士，往往知名。經愈指授，皆稱「韓門弟子」。[3]

這段話是根據李肇《國史補》而來[4]。事實上，後學的師法與韓愈能熱
心勸勵是相關的，因此趙璘《因話錄》、王讜《唐語林》才有韓愈「引
接後學為務」、「後進師匠韓公」之說[5]。韓愈的勇於自信，抗顏為師，
不僅在〈與于襄陽書〉說：「莫為之前，雖美而不彰；莫為之後，雖盛
而不傳。」[6]及〈師說〉云：「士大夫之族，曰師曰弟子云者，則群聚而
笑之。問之，則曰：『彼與彼年相若，道相似也。』位卑則足羞，官盛
則近諛，嗚呼！師道之不復可知矣。」[7]而〈與馮宿論文書〉則說：「近

---

[1] 　《舊唐書》，臺北：鼎文書局，1992年5月，頁4203。

[2] 　此文收於《韓愈新論》，鄭州：河南大學出版社，1988年8月，頁167～182。

[3] 　《新唐書》，臺北：鼎文書局，1992年1月，頁5265。

[4] 　《國史補》卷下云：「韓愈引致後進，為求科第，多有投書請益者，時人謂之『韓門弟
子』。」（《筆記小說大觀》二一編第2冊，臺北：新興書局，1978年8月，頁694）

[5] 　見《因話錄》卷三，《筆記小說大觀》十三編第4冊，頁2420。

[6] 　見馬通伯《韓昌黎文集校注》，臺北：華正書局，1982年2月，卷三，頁108。

[7] 　同前注，卷一，頁24。

李翱從僕學文，頗有所得⋯⋯；有張籍者，年長於翱，而亦學於僕。」
[8] 足以見其思想理念；在多篇贈序與書牘中，更可見其提攜後進不遺餘
力。這些關懷勉慰的篇章，也正是研究韓愈文學理論的第一手資料。

　　而如眾所周知，韓愈是位反佛健將，在韓愈之前，或與他同時的文
章家，即使有文體改革的理念，仍多尊信佛教 [9]，不像韓愈興儒闢佛，
一方面高樹道統，為復古依據；另方面又以絕大氣魄與佛老抗衡，結果
正同孫昌武所稱，韓愈不可磨滅的貢獻，「正是在他的手下，把文體改
革與反佛鬥爭結合起來了。」[10] 但韓愈的反佛歷程，也引發後人若干爭
議的論題，如：韓愈是否起初排佛，而終皈依佛教？韓愈道統觀，是否
隨兄遷韶州，受南禪影響感發而建立？韓愈是否因排佛而對佛經頗有理
解，所以常引佛經典故入詩文中？韓愈詩文是否有受佛教影響之處？韓
愈排佛，所以集中可見為時人撰墓誌銘不少，卻無一篇釋教碑銘，這當
然是可以理解的；但集中為何又可見到他與僧徒往來，且有詩文唱酬？
還有，韓愈的文學見解，是否與佛法行持有所關連？這種種問題看似糾
纏複雜，確有其一貫脈絡可尋；只是在一篇論文中，實無法涵括上述所
有論題，作一全面性的綜合分析，故以下僅就韓愈文學理論與佛法行持
之間的關係，加以申論。

　　關於韓愈文學見解，除一般文學史、批評史、理論史，及文論選著
皆有敘述選介外，也早有多位學者發表專文和專書 [11]，大致已得到共通

---

[8]　同前注，卷三，頁115。

[9]　此羅聯添〈論唐代古文運動〉（收於《唐代文學論集》，臺北：學生書局，1989年5月，
頁19～22）、孫昌武〈唐代「古文運動」與佛教〉（收於《唐代文學與佛教》，臺北：谷
風出版社，1987年5月，頁1～23）、何寄澎〈唐代古文家與佛教之關係〉（收於《唐代古
文新探》，臺北：大安出版社，1990年5月，頁1～32）都有詳述。

[10]　見《唐代文學與佛教‧唐代「古文運動」與佛教》，頁12。

[11]　以筆者所見，如簡添興《韓愈之思想及其文論》（臺北：師範大學國文研究所碩士論文，
1978年）；李慕如《韓歐古文之比較研究》（高雄：復文出版社，1989年）；劉三富〈韓
愈之文學創作觀〉，《華學月刊》第44期；李金城〈韓愈古文論〉，《高雄師院學報》第1
期；林惠勝〈韓、柳文論比較研究〉，《臺南師專學報》第20期。高海夫〈略說韓愈的散
文美學觀〉（收於《唐代文學研究》，廣西：廣西師範大學出版社，1990年10月）；曾子
魯《韓歐文探勝》（北京：中國文學出版社，1993年12月）皆有敘述。

的結論：其見解可自創作目的與創作方法兩方面觀之。本文故分「韓愈創作目的與佛法行持的關係」、「韓愈創作方法與佛法行持的關係」、「韓愈文論非受禪學啟發」等節詳予論說。

二、韓愈創作目的與佛法行持的關係

朱子於〈滄洲精舍諭學者〉有云：

> 老蘇自言其初學為文時，取《論語》、《孟子》、韓子及其他聖賢之文，而兀然端坐終日以讀之者七八年。方其始也，入其中而惶然以博；觀於其外，而駭然以驚。及其久也，讀之益精，而其胸中豁然以明，若人之言固當然者，然猶未敢自出其言也。歷時既久，胸中之言日益多，不能自制，試出而書之，已而再三讀之，渾渾乎覺其來之易矣。[12]予謂老蘇但為欲學古人說話聲響，極為細事，乃肯用功如此，故其所就，亦非常人所及。如韓退之、柳子厚輩，亦是如此。其答李翊、韋中立之書可見其用力處矣。然皆只是作好文章，令人稱賞而已，究竟何預己事？卻用了許多歲月，費了許多精神，甚可惜也！[13]

朱熹感嘆韓愈平生用力處，只是為作好文章；換言之，對「道」的履踐並不篤實[14]。然試觀李漢為韓集撰序，開端便倡言：「文者，貫道之器也。」

---

[12]　按此見《嘉祐集》卷十一〈上歐陽內翰第一書〉，臺北：臺灣中華書局《四部備要》本，1965年11月，頁42。

[13]　《朱文公文集》，臺北：臺灣商務印書館《四部叢刊》初縮本，不著年月，卷七四，頁1375。

[14]　朱子認為韓愈體道不深，在《韓文考異》中批評尤尖銳：「韓公之學，見於〈原道〉者，雖有以識夫大用之流行，而於本然之全體，則疑其有所未睹；且於日用之間，亦未見其有以存養省察而體之於身也。是以雖其所以自任者，不為不重，而其平生用力深處，終不離乎文字言語之工；至其好樂之私，則又未能卓然自拔於流俗，所與遊者，不過一時之文士，其於僧道，則亦僅得毛干、暢、觀、靈、惠之流耳。是其身心內外所立所資，不越乎此，亦何所據以為息邪距詖之本，而充其所以自任之心乎？」（見《韓昌黎文集校注》卷三〈與孟尚書書〉，同注6，頁124）

[15]就是韓愈本人在〈爭臣論〉也宣稱：

> 君子居其位，則思死其官；未得位，則思修其辭以明其道。我將以明道也。[16]

很顯然，韓愈是要藉文章闡揚堯舜以來一貫道統。作好文章，即能維繫儒道於不墜；且文章既為道而作，當然要言之有物，故〈題歐陽生哀辭後〉說：「愈之為古文，豈獨取其句讀不類於今者邪？思古人而不得見，學古道則欲兼通其辭，通其辭者，本志乎古道者也。……吾之所為文，皆有實也。」[17]又〈答尉遲生書〉也說：「夫所謂文者，必有諸其中，是故君子慎其實，實之美惡，其發也不掩。」[18]可見守乎內即謂道，發於外則為文，道與文是一體兩面，不可分離的，所以作好文章，絕非「可憐無補費精神」之事。由於韓愈立意修辭明道，因此集中「文以明道」之說相當多，除前引數則外，如〈上兵部李侍郎書〉云：

> 謹獻舊文一卷，扶樹教道，有所明白。[19]

〈答尉遲生書〉又云：

> 所能言者，皆古之道。[20]

又〈答李翊書〉云：

> （君子）處心有道，行己有方，用則施諸人，舍則傳諸其徒，垂諸文而為後世法。[21]

〈答李秀才書〉云：

---

[15] 同注6，頁3。
[16] 同注6，卷二，頁65。
[17] 同注6，卷五，頁178。
[18] 同注6，卷二，頁84。
[19] 同前注。
[20] 同前注。
[21] 同注6，卷三，頁99。以下引及〈答李翊書〉皆同此。

愈之所志於古者，不惟其辭之好，好其道焉爾。[22]

〈答陳生書〉云：

愈之志在古道，又甚好其言辭。[23]

〈送陳秀才彤書〉云：

讀書以為學，纘言以為文，非以誇多而鬥靡也。蓋學所以為道，文所以為理耳！[24]

而韓愈既以紹承聖道為己任，我們再看韓愈的躬行貫道。韓愈有〈上張僕射書〉論晨入夜歸事，作於三十二歲[25]；〈上鄭相公啟〉自訴捕繫杖罰神策軍之由，則成於四十三歲[26]。二文相距十一載，仍守道無渝，一云「直己行道」；一云「事大君子當以道」，此「道」正是孔曰成仁，孟曰取義的儒道，因此不僅在〈送浮屠文暢師序〉云：「惜其無以聖人之道告之者」；〈送廖道士序〉亦斥其「溺沒於老佛之學而不出」；〈送張道士序〉則嘆其不為世用，長揖以去；而〈送董邵南序〉言外之意，實不願董生投赴河北藩鎮，才說：「為我謝曰：『明天子在上，可以出而仕矣。』」[27]這都是儒者兼善天下的用心。何文煥《歷代詩話考索》也曾讚嘆韓愈：

數語解危，蹈不測之地，曾無懼色，氣節不亞於真卿；淮西之役，幾先李愬成功，書生事業，至此止矣！[28]

因此，韓愈的貫徹儒道，與他所主張「文以明道」，是不相違背的。文

22　同前注，頁102。

23　同前注，頁103。

24　同注6，卷四，頁152。

25　同注6，卷三，頁105。《校注》云：「公以（貞元）十五年二月，脫汴州之亂，依建封于徐。秋，建封辟為節度推官，至是供職。」

26　同注6，卷二，頁87。《校注》：「元和五年冬，改河南令，以軍人事辨於留守鄭公。」

27　同注6，卷四。頁147、150、157、145。

28　見何文煥編訂《歷代詩話》（臺北：藝文印書館，1983年6月），頁523。

章著作，在於明道；而佛法行持，遍載於三藏，所謂「勤修戒定慧，息滅貪瞋癡」[29]，正為開悟解脫，證成佛道。「解脫」意指擺脫束縛煩惱，斷絕生死輪迴，與「涅槃」、「圓寂」義同。在禪宗則將之稱作「見自本性」，如《壇經・行由品》，五祖謂惠能曰：「不識本心，學法無益；若自識本心，見自本心，即名丈夫、天人師、佛。」[30]又〈般若品〉，惠能頌曰：「說通及心通，如日處虛空。唯傳見性法，出世破邪宗。法即無頓漸，迷悟有遲疾。只此見性門，愚人不可悉。」[31]見性則解脫，兩者本無二致，乃是修行的目的，因此《法華經》卷三〈藥草喻品〉有曰：

> 為大眾說，甘露淨法。其法一味，解脫涅槃。以一妙音，演暢斯義。[32]

又《大智度論》卷一〈釋初品中如是我聞一時〉云：

> 佛意如是：我弟子無愛法，無染法，無朋黨，但求離苦解脫，不戲論諸法相。[33]

當然，依修行者根性，會有大小乘的分野，如《大智度論》卷一百〈釋囑累品〉所說：

> 佛法皆是一種一味，所謂苦盡解脫味。此解脫味有二種：一者，但為自身；二者，兼為一切眾生。雖俱求一解脫門，而有自利利人之異，是故有大小乘差別。[34]

但二乘都畢竟成佛，故《法華經》卷一〈方便品〉云：

---

[29] 此是虛雲和尚臨終開示，見《虛雲和尚年譜》，一九五九年九月十二日，時壽一百二十。臺北：佛教出版社，1974年9月，頁425。

[30] 《壇經・行由品》，T48，p349a。

[31] 《壇經・般若品》，T48，p350a。

[32] 《法華經》卷三，T09，p19a。

[33] 《大智度論》卷一，T25，p63c。

[34] 同前注，T25，p754a。

一切諸如來，以無量方便，度脫諸眾生，入佛無漏智。若有聞法
者，無一不成佛。諸佛本誓願，我所行佛道，普欲令眾生，亦同
得此道。[35]

至於明道之作，則須變化靈活，不落窠臼，一如《孟子‧離婁下》
所說：「君子深造之以道，欲其自得之也；自得之則居之安；居之安則
資之深；資之深則取之左右逢其源。」[36] 韓文走電掣雷，生氣勃發，頗
得力於孟子[37]，其集中崇孟的篇章，如〈讀荀〉即云：「始吾讀孟軻書，
然後之孔子之道尊，聖人之道易行，王易王，霸易霸也。以為孔子之徒
沒，尊聖人者，孟氏而已，晚得揚雄書益尊信孟氏。」又〈送王秀才序〉
云：「學者必慎其所道，道於楊墨莊老佛之學，而欲之聖人之道，猶航
斷港絕潢以望至於海也。故求觀聖人之道，必自孟子始。」[38] 因此發為

---

[35] 《法華經》卷一，T09，p7a。

[36] 見《十三經注疏‧孟子》，臺北：新文豐公司，1978年1月，頁144。

[37] 韓愈〈進學解〉自述作為文章，上規姚姒、〈盤〉、〈誥〉、《易》、《詩》、《春秋》、《左氏》，
下逮《莊》、《騷》、太史、子雲、相如，卻未言及孟子的「善養浩氣，兼以之言」，但後
人評析韓文，都知道有取法孟子，如呂祖謙《古文關鍵‧總論看文字法》說韓文簡古，
「一本於經，亦學《孟子》」（臺北：臺灣商務印書館《叢書集成簡編》，1965年12月，
頁2）；曾國藩《曾文正公全集‧庚申十月日記》說：「閱韓文送高閑上人所謂『機應於
心，不挫於物』，姚氏以為韓公自道作文之旨，余謂機應於心，熟及之候也；《莊子‧養
生主》之說也。不挫於物，自慊之候也；《孟子‧養氣章》之說也……。」（臺北：世界
書局，1952年7月，第7冊，頁55）；劉熙載《藝概‧文概》說：「韓文出於《孟子》。」
（臺北：廣文書局，1980年7月，頁14）；日人齋藤謙《拙堂文話》卷五云：「韓柳諸公
之文，皆原本經術，又各取其性之所近者專治之，韓之《孟子》；柳之《國語》……是
也。」卷六又言：「孟子之文疏而暢，……昌黎、老泉得之，雄視百代。」（臺北：文津
出版社，1978年7月）；錢基博《韓愈志‧韓集籀讀錄第六》云：「韓愈書體，博辨明快，
蓋得孟子之筆。」（臺北：華正書局，1975年5月，頁127）傅庚生《中國文學批評通論》
第八章謂昌黎「氣盛」，「亦藉《孟子》至大至剛而塞於天地之間者，移以為短長高下而
注於文章之內，化『集義所生』之氣為『能文為本』之氣。」（臺北：華正書局，1981
年10月，頁160）羅聯添《韓愈研究》第七章第二節，論韓愈辭句來源與改創，舉二十
二篇以資評量，由表列亦可見引孟子詞義獨多。（臺北：學生書局，1977年，11月，頁
235）

[38] 同注6，卷一、四，頁21、153。

文章，所謂「取於心而注於手也，汨汨然來矣……浩乎其沛然矣。」[39]
不正是資之深而取之左右逢其源，無入不自得？以〈圬者王承福傳〉為
例[40]，王承福的言行，無非源自儒家，這是韓愈故意將儒家學說附會在
一位寓言式人物上，寫成的紀傳體；韓愈又為避免一位泥水匠太像聖
人，於是故弄狡獪[41]，說他不娶妻生子，獨善其身，是楊朱之道的奉行
者，先褒後貶，不僅顯揚了聖道，更結合當時社會脈動，達到排拒異端、
痛陳時弊的效果，一舉數得，實靈活變化之至。

　　佛法八萬四千法門，說者恆言：「歸元無二路，方便有多門。」[42]
方便多門，都是開悟解脫之鑰，是以《法華經·藥草喻品》云：

> 如來於時，觀是眾生，諸根利鈍，精進懈怠，隨其所堪，而為說
> 法，種種無量，皆令歡喜，快得善利。是諸眾生，聞是法已，現
> 世安隱，後生善處，以道受樂，亦得聞法，既聞法已，離諸障礙，
> 於諸法中，任力所能，漸得入道。如彼大雲，雨於一切，卉木叢
> 林，及諸藥草，如其種性，具足蒙潤，各得生長。[43]

如《維摩詰經·入不二法門品》有三十三大菩薩宣說入不二法門；《楞
嚴經》卷五、卷六，有二十五無學菩薩及阿羅漢，各說最初成道方便，
真實圓通，即是顯例。但須知諸法如幻，應眾生病而與藥，實無一法可
得，《圓覺經·清淨慧菩薩章》故云：「修多羅教，如標月指，若復見月，
了知所標，畢竟非月。一切如來，種種言說，開示菩薩，亦復如是。」
[44]《金剛經》亦云：「汝等比丘，知我說法，如筏喻者，法尚應捨」、「無

---

[39] 同注21。

[40] 同注6，卷一，頁30～31。

[41] 曾國藩《求闕齋讀書錄》（臺北：廣文書局，1969年1月）卷八評〈太原王公墓誌銘〉即
云：「狡獪變化，無所不可」（頁31）；而評〈毛穎傳〉又云：「凡韓文無不狡獪變化，具
大神通。」（頁34）又吳曾祺《涵芬樓文談》設喻第十九云：「韓公自喜才力，往往好以
狡獪示人。」（臺北：臺灣商務印書館，1980年9月，頁37）

[42] 按《楞嚴經》卷六，文殊師利法王子所說偈曰：「歸元性無二，方便有多門。」（T19，
p129c）

[43] 同注32。

[44] 《圓覺經·清淨慧菩薩章》，T17，p917a。

有定法，名阿耨多羅三藐三菩提；亦無有定法，如來可說。……一切賢聖，皆以無為法而有差別。」[45] 而當六祖開示志誠時，也說：「吾若言有法與人，即為誑汝，但且隨方解縛，假名三昧。」[46] 由於迷悟有遲疾、方便有多門，因此開悟解脫，得大自在者，皆能隨方解縛，擊大迷鼓，猶如文章聖手的從心所欲，無入而不自得。

　　韓愈除主張修辭明道外，因少小困窮；至長，又多懷不遇，因而有「不平則鳴」之論[47]。在〈送孟東野序〉即說：

> 大凡物不得其平則鳴：草木之無聲，風撓之鳴；水之無聲，風蕩之鳴。其躍也，或激之；其趨也，或梗之；其沸也，或炙之。金石之無聲，或擊之鳴；人之於言也亦然，有不得已者而後言，其歌也有思，其哭也有懷，凡出乎口而為聲者，其皆有弗平者乎！

---

[45]　《金剛經》，T08，p749a。

[46]　見《六祖壇經・頓漸品》，T48，p358b。

[47]　韓愈〈答崔立之書〉有言：「年二十時，苦家貧，衣食不足。……見有舉進士者，人多貴之……因詣州縣求舉。有司者好惡出於其心，四舉而後有成，亦未即得仕，聞吏部有以博學宏辭選者，人尤謂之才，且得美仕……因又詣州府求舉，凡二仕於吏部，一既得之，而又黜於中書……。」（同注6，卷三，頁97）唯高海夫〈略說韓愈的散文美學觀〉云：「文學藝術的審美教育作用，原即有美、有刺，有歌頌、有暴露，有贊美、有鞭撻，即所謂順美匡惡，韓愈的『不平則鳴』說，正是這種思想的承續，我們自不必囿於『詩必窮而後工』的成說，把『不平則鳴』拘限於『窮苦之言』。」（同注11，頁25）這說法固然可與〈送孟東野序〉所言「鳴國家之盛」，也能「自鳴其不幸」相印證；但須知序文作於貞元十八年（校注卷五〈祭十二郎文〉成於十九年，曰：「去年孟東野往，吾書與汝。」）是悲傷孟東野「役於江南也，有若不自得者」而作；韓愈此時與孟郊正有同病相憐之慨，〈與崔群書〉因此大發牢騷說：「自古賢者少，不肖者多。自省事以來，又見賢者恆不遇，不賢者比肩青紫；賢者恆無以自存，不賢者志滿氣得；賢者雖得卑位，則旋而死，不賢者或至眉壽。不知造物者意竟如何？無乃所好惡與人異心哉！」（校注卷三，頁110）又早在十六年，作〈與孟東野書〉已言默默留在張建封幕下近一年，甚不自得（同注6，卷二，頁80）；十七年有〈將歸贈孟東野、房蜀客〉更嘆：「君門不可入，勢利互相推。借問讀書客，胡為在京師？舉頭未能對，閉眼聊自思。倏忽十六年，終朝苦寒飢。宦途竟寥落，鬢髮坐差池。」（錢仲聯《韓昌黎詩繫年集釋》，臺北：學海出版社，1985年1月，卷二，頁139）而這也難怪〈荊潭唱和詩序〉說：「和平之音淡薄，而愁思之聲要妙；謹愉之辭難工，而窮苦之言易好。」（同注6，卷四，頁154）因此從韓愈際遇來考察「不平則鳴」說法的產生，失意苦悶實為主因。

> 樂也者，鬱於中而洩於外者也，擇其善鳴者而假之鳴，金石絲竹
> 匏土革木八者，物之善鳴者也。維天之於時也亦然，擇其善鳴者
> 而假之鳴，是故以鳥鳴春，以雷鳴夏，以蟲鳴秋，以風鳴冬，四
> 時之相推敚，其必有不得其平者乎！其於人也亦然，人聲之精者
> 為言，文辭之於言，又其精也，尤擇其善鳴者而假之鳴。[48]

由於心含鬱陶而發憤著述，鳴其不平，故覺氣勢沉雄，沸湧噴薄，足以
蕩魄奪魂。劉中龢〈論韓愈的作品〉在上篇總論中，曾比較韓愈、蘇東
坡文章筆力說：「韓蘇二人，都以行氣為擅勝，但又互不相同：韓愈文
章有『氣勢』，蘇東坡文章有『氣流』；後者似一口氣浩蕩奔流，直瀉而
下，前者則往往拗曲迴環而成姿態形勢。……句子造得愈有力，每句的
啣接又極順暢，文氣就如一股氣流，滾滾滔滔而來，一瀉千里。韓愈造
作『氣勢』，偏不讓他一瀉千里，在氣流奔放正迅疾之時，突然設立一
道屹然垂直的山壁，迎頭攔住。氣流撞到山壁，登時飛起百丈浪花，搏
躍天空，似發出雷霆澎湃的聲音，這就成姿態形勢了。」[49]筆者於〈讀
韓昌黎上張僕射書與上鄭相公啟〉[50]也曾舉出〈上張僕射書〉文中末段，
爾我對比，反順相形：若使天下盡知韓有德識，擇主事之；建封優容好
士，成人之名，則必風行草偃，故舊不遺，民心不偷，政教亦將丕變。
或者天下皆知韓愈好利，建封哀故收之；建封令韓道屈，不過如今之大
人王公，一介匹夫，無所可為。如此一來，愈與建封實合之雙美，離則
兩傷！其中以虛筆三引「天下之人」如何如何，因夸成狀，沿飾得奇，
又累疊「如此」「如此」貫珠迸下，風神健邁，似傾千層濤波，迴拍萬
仞絕巘，噌吰澎湃，訇震不已，而其迴映駢馳，彌縫無痕，又似常山蛇
陣，龍袞九章，勁矯靈動，意脈一如；惟以磅礴千鈞之力，挾風走雨之
餘，結言自不得不多設形容字如「哀」「矜」「錄」「察」「垂」，以漸次
煞止，真是曲折萬變，波瀾迭興，而又渾然天成。由於韓愈有「不平則
鳴」的理念，因此〈送高閑上人序〉便特別提及張旭，以與高閑上人對

比：

> 往時張旭善草書，不治他伎，喜怒窘窮，憂悲愉佚，怨恨思慕，
> 酣醉無聊不平，有動於心，必於草書焉發之。……以此終其身，
> 而名後世。今閑之於草書，有旭之心哉？不得其心而逐其跡，未
> 見其能旭也。為旭有道，利害必明，無遺錙銖，情炎於中，利欲
> 鬥進，有得有喪，勃然不釋，然後一決於書，而後旭可幾也。今
> 閑師浮屠氏，一死生，解外膠，是其為心，必泊然無所起；其於
> 世，必淡然無所嗜。泊與淡相遭，頹墮委靡，潰敗不可收拾，則
> 其於書，得無象之然手？[51]

韓愈認為各行業都應專意致志，心無二用，始能有成；其次張旭喜怒愉
恨，無聊不平，有動於心，必發於書，正是〈送孟東野序〉「物不得其
平則鳴」之意；然高閑既學浮屠法，書藝豈能「用志不分」？尤其浮屠
視死生如一，不受外在事相的羈絆，喜怒愉恨既無動於衷，就更不可能
有成就了。這篇文章不僅有關佛的用意，也有一貫道藝主張蘊蓄其間，
但高步瀛卻說：「韓公闢佛之旨，〈送浮屠文暢師序〉既以莊論出之，然
不能每送釋子即發此論也。故此文別出手眼，以為習釋氏者，其心泊然
澹然，無勇決之氣，即學書亦不能精，仍以旁見側出，寓其闢釋氏之旨
耳。文心何等靈妙！若認為學書人說法，則幾於痴人說夢矣。」[52] 高氏
以為此作是韓愈為闢佛而說，並不為學書人說，應當也為蘇東坡而發，
然不免忽略此文事實與〈送孟東野序〉正有雷同之處。蘇東坡在〈送參
寥師〉一詩，曾反駁韓愈〈送高閑上人序〉的立論說：

> 退之論草書，萬事未嘗屏。憂愁不平氣，一寓筆所騁。頗怪浮屠
> 人，視身如丘井。頹然寄淡泊，誰與發豪猛？細思乃不然，真巧
> 非幻影，欲令詩語妙，無厭空且靜。靜故了群動，空故納萬境。
> 閱世走人間，觀身臥雲嶺。鹹酸雜眾好，中有至味永。詩法不相

51　同注6，卷四，頁158。
52　《唐宋文舉要》臺北：漢京文化公司，1984年5月，甲編卷二，頁225。

妨，此語當更請。[53]

這也如同《莊子・應帝王》所謂「至人之用心若鏡，不將不迎，應而不藏，故能勝物而不傷。」證道者心不攀緣，和光接物，人法俱空，處世淡然，心境泊然，如風來疏竹，風過而竹不留聲；雁度寒潭，雁去而潭不留影般，無礙其照物惺惺，所以才說「靜故了群動，空故納萬境」，或「不將不迎，應而不藏」。凡是藝術，即應旁推交通，彼此會悟，始出新意。如王維工詩善畫，畫意詩情，互補交融，自然意超塵外；杜甫深諳畫理，所以題畫詩無不意象鮮明，神采躍於紙上；李白善舞能歌，詩思亦灑脫不群；白居易識琵琶，能鳴琴，其筆下音樂技藝，輕攏慢撚，嘈嘈切切，生動而傳神；李肇《國史補》記草聖張旭自述：「始吾見公主擔夫爭路，而得筆法之意；後見公孫氏舞劍器而得其神。」[54] 正是此意，因此高閑雖方外之人，並不礙其善書；何況從佛法修持來看，凡是得道者，必如生龍活虎，絕不枯守死寂，百丈懷海臨老仍隨眾出坡[55]，即為顯例；又如《密庵和尚語錄》，師上堂拈舉一公案云：

> 昔日有婆子，供養一庵主，經二十年，常令一女子送飯給侍，一日，令女子抱定云：「正與麼時，如何？」主云：「枯木倚寒巖，三冬無暖氣。」女子歸舉似婆，婆云：「我二十年只供養得個俗漢！」遂發起燒卻庵。[56]

這位庵主的行持，正是禪家所不屑的枯禪，因悟道者心境明鑒，廓然無礙，清淨無染，雖應世而仍不迷，《永嘉證道歌》故言：「宗亦通，說亦通，定慧圓明不滯空。」「行亦禪，坐亦禪，語默動靜體安然。」[57] 不滯、能安，自然觸處生春，生機盈盎。這在《六祖壇經》中，六祖常有開示，

[53]　《蘇軾詩集》，北京：中華書局，1992年4月，卷十七，頁906。
[54]　同注4，卷上，頁651。
[55]　《宋新吳百丈山釋懷海》言禪師「行普請法，示上下均力。」(T50，p770c)
[56]　《密庵和尚語錄》，T47，p959a。
[57]　《永嘉證道歌》，T48，p396a。

今姑引兩則如下：

> 若見一切法，心不染著，是為無念。用即遍一切處，亦不著一切
> 處，但淨本心，使六識出六門，於六塵中無染無雜，來去自由，
> 通用無滯，即是般若三昧，自在解脫，名無念行；若百物不思，
> 當令念絕，即是法縛，即名邊見。
> 迷人著法相，執一行三昧，直言常坐不動，妄不起心，即是一行
> 三昧。作此解者，即同無情，卻是障道因緣。善知識，道須通流，
> 何以卻滯？心不住法，道即通流；心若住法，名為自縛。若言常
> 坐不動，是只如舍利弗宴坐林中，卻被維摩詰訶。[58]

由於臨機縱奪，殺活自由，攪長河為酥酪，變大地作黃金，遊戲神通，
種種變現，都是經典中諸大菩薩的功行，是通用無滯的體現。鬱積不平，
然後發為道藝，固然有其超絕高明之處，卻不及解脫自在，智慧融通而
無施不可的圓滿周至，韓愈並非深究佛理，對高閑的善草書，結尾徒以
「吾聞浮屠人善幻多技能，閑如通其術，則吾不能知矣。」一筆兜轉，
是不夠精確的。

三、韓愈創作方法與佛法行持的關係

《文心雕龍・神思篇》提及「陶鈞文思，貴在虛靜。疏瀹五藏，澡
雪精神，積學以儲寶，酌理以富才，研閱以窮照，馴致以繹辭。然後使
玄解之宰，尋聲律而定墨；獨照之匠，闚意象而運斤。此蓋馭文之首術，
謀篇之大端。」[59] 對於創作者的身心狀態，舉凡行文之前、行文之際的
種種準備工夫，都已涵蓋，而言簡意賅。又如柳子厚〈答韋中立論師道
書〉[60]、歐陽永叔〈答吳充秀才書〉[61]、蘇東坡〈稼說〉〈日喻〉[62]等篇，
也都各有所見；韓愈勇為人師，對於創作經驗與甘苦，當然不吝金針度

---

[58] 《六祖壇經》，〈般若品〉、〈定慧品〉，T48，p350a、p352c。

[59] 《文心雕龍》，臺北：明倫出版社，1971年10月，卷六，頁493。

[60] 《柳宗元集》，臺北：漢京文化事業公司，1982年5月，卷三四，頁871。

[61] 《歐陽脩全集・居士集》，臺北：世界書局，1988年6月，卷四七，頁321。

[62] 《蘇軾文集》，北京：中華書局，1990年4月，卷十、六四，頁339、1981。

人，故以下先從韓愈的創作涵養論，來和佛教行持作一比較。

　　韓愈既力主文以明道，因此特重道德，認為道德正是創作的基石，這不僅在前引〈答尉遲生書〉說過「實之美惡，其發也不掩」；〈答李翊書〉也說：

> 道德之歸也有日矣，況其外之文乎？……養其根而俟其實，加其膏而希其光。根之茂者其實遂；膏之沃者其光曄；仁義之人其言藹如也。[63]

其實就是《論語‧憲問》，子曰：「有德者必有言」的發揮；學佛人為期開悟解脫，也要有項重要條件作基礎，那即是「信」。三十七道品的「五根」「五力」即分別以信根、信力為最初；菩薩五十二階位，也以十信為首。在新譯《華嚴》卷十四，賢首菩薩有偈言：「信為道元功德母，長養一切諸善法。斷除疑網出愛流，開示涅槃無上道。心無垢濁心清淨，滅除憍慢恭敬本。亦為法藏第一財，為清淨手受眾行。……是故依行說次第，信樂最勝甚難得。」[64]《大智度論》卷一〈釋初品中如是我聞一時〉也明白宣說：「佛法大海，信為能入，智為能度。」[65]且引喻說，信就像已柔軟的牛皮，可以有任何的用途；也像人有雙手，入寶山中，馬上可取寶物。然而信又分「自信力」與「他信力」，「自信力」是自信好樂佛法，堅固不疑；「他信力」是信諸佛菩薩所言不虛，如《大悲心陀羅尼經》云：「今誦大悲陀羅尼時，十方師即來為作證明，一切罪障，悉皆消滅……，惟除一事：於咒生疑者，迺至小罪輕業，亦不得滅，何況重罪？」[66]而《楞嚴經》卷五〈大勢至菩薩念佛圓通章〉宣說淨土法門，所謂：

> 十方如來，憐念眾生，如母憶子，若子逃逝，雖憶何為？子若憶母，如母憶時，母子歷生，不相違遠；若眾生心，憶佛念佛，現

[63] 同注21。
[64] 《大方廣佛華嚴經》卷十四，T10，p72a。
[65] 《大智度論》卷一，T25，p62c。
[66] 《大悲心陀羅尼經》，T20，p107a。

> 前當來，必定見佛，去佛不遠，不假方便，自得心開，如染香人，身有香氣。[67]

子憶母即自信；母憶子即信他。信心堅固，然後才能如大勢至菩薩般，「都攝六根，淨念相繼，得三摩地。」

立言須以道德為基，道德則不可不養，所以韓愈〈答李翊書〉又說：「行之乎仁義之途，游之乎詩書之源，無迷其途，無絕其源，終吾身而已矣。」道德涵養是一輩子的事，所謂「任重道遠，死而後已」，創作者須有此大氣魄，才可能有不朽的篇章；而學佛者常說「精進」「保任（保持任運自在的狀態）」「悟後起修」，正同學文須涵養道德，是終其一生的大事，因此，「佛七」「禪七」「夏月安居」的剋其取證，皆為了精進修持；廓庵則禪師〈十牛圖頌・牧牛第五〉云：「鞭索時時不離身，恐伊縱入埃塵。相將牧得純和也，羈鎖無拘自逐人。」[68]隨時準備鞭索，防範牛隻再犯苗稼，即比喻規矩戒律不離，可免重受污染，也就是保任的意思；至於《溈山禪師語錄》云：「如今初心，雖從緣得一念頓悟，自理猶有無始曠劫習氣，未能頓淨，須教渠淨除現業流識，即是修也；不可別有法教渠修行趣向。」[69]頓悟後，習氣還在，顯然悟後並非「絕學無為閒道人」了。

再者，凡存養仁義，涵詠詩書之人，其生色也，必睟然見於面，盎於背，因其中有浩然之氣，如《孟子・公孫丑上》云：

> 其為氣也，至大至剛，以直養而無害，則塞于天地之間。其為氣也，配義與道；無是餒也。是集義所生者，非義襲而取之也，行有不慊於心則餒矣。

韓愈行文尚氣，根柢於孟子善養浩然正氣，故說「行乎仁義，游乎詩書」，而在文章的收縱轉折，便產生鏗鏘異響，韓愈〈答李翊書〉特別揭示此秘云：「氣、水也；言，浮物也。水大而物之浮者，大小必浮。氣之與

---

[67] 《楞嚴經》卷五，T19，p128a。

[68] 《禪詩牧牛圖頌彙編》，臺北：黎明文化公司，1983年5月，頁147。

[69] 《溈山禪師語錄》，T47，p577b。

言猶是也，氣盛則言之短長與聲之高下者皆宜。」又〈進學解〉也說：「口不絕吟於六藝之文。」[70] 按散文主氣，變化無端；儷辭尚諧，音聲有制，是以浮聲切響，宮羽相變，多設於駢章麗句，散體雖經韓愈和盤道出「氣盛言宜」之秘，暢開「因聲求氣」之門，後來像老蘇欲學古人說話聲響，在上書歐陽脩時，自陳取古聖賢之文，熟讀再三，但論及音節抑揚變化的，仍是少數，因此劉大櫆《論文偶記》說：「近人論文，不知有所謂音節者，至語以字句，則必笑以為末事。」[71] 而其實文有陽剛與陰柔，如《曾文正公庚申三月日記》所謂：「陽剛者氣勢浩瀚，陰柔者韻味深美。浩瀚者噴薄而出之，深美者吞吐而出之。」噴薄故一往無傷，氣貫而壯；吞吐故曲折宛轉，氣縮而澀，誦讀時，自有馳驟跌宕與千迴百折之別，文章聲調抑揚頓挫的原理就在這裡，因此《論文偶記》說：

> 神氣者，文之最精處也；音節者，文之稍粗處也；字句者，文之最粗處也……。蓋音節者，神氣之跡也；字句者，音節之規也。神氣不可見，於音節見之；音節無可準，於字句準之。音節高則神氣必高；音節下則神氣必下，故音節為神氣之跡。一句之中，或多一字，或少一字；一字之中，或用平聲，或用仄聲，同一平字仄字，或用陰平、陽平、上聲、去聲、入聲，則音節迥異，故字句為音節之矩。積字成句，積句成章，積章成篇，合而讀之，音節見矣，歌而詠之，神氣出矣。[72]

自劉氏論文，欲由音節上通神氣，其後桐城派學者才開始重視文章聲氣的問題[73]；而觀婆娑世界眾生，入菩薩乘，求無上道，也以耳根圓通易

---

[70] 同注6，卷一，頁26。

[71] 轉引自《中國歷代文學論著精選》，臺北：華正書局，1984年8月，下冊，頁138。

[72] 同前注。

[73] 朱任生《姚曾論文精要類徵》於〈例略〉云：「姚氏謂詩古文，各要從聲音證入。不知聲音，總為門外漢，曾氏續其說，亦謂古人文章，所以與天地不弊者，實賴氣以昌之，聲以永之。故讀書不能求之於聲氣二者之間，皆糟粕耳。其後張廉卿、吳摯甫並互述其所得，以相質證，深足啟發後人。是以學者不可視聲音為文章之末事，而忽於朗誦恬吟

得成就。《楞嚴經》中，二十五無學菩薩及大阿羅漢，各說最初成道方便，時觀世音菩薩言：「憶念我昔無數恒河沙劫，於時有佛，出現於世，名觀世音。我於彼佛，發菩提心，彼佛教我從聞思修，入三摩地。初於聞中，入流亡所，所入既寂，動靜二相，了然不生，如是漸增，聞所聞盡，盡聞不住，覺所覺空，空覺極圓，空所空滅，生滅既滅，寂滅現前，忽然超越，世出世間，十方圓明，獲二殊勝：一者，上合十方諸佛本妙覺心，與佛如來，同一慈力。二者，下合十方一切六道眾生，與諸眾生，同一悲仰……。」[74] 末後文殊菩薩即總評妙法的優劣，而認為耳根圓通最便於此界眾生修持，以偈頌曰：

> 此方真教體，清淨在音聞。欲取三摩提，實以聞中入。離苦得解脫，良哉觀世音！於恆沙劫中，入微塵佛國，得大自在力，無畏施眾生。妙音觀世音，梵音海潮音，救世悉安寧，出世獲常住。我今啟如來，如觀音所說，譬如人靜居，十方俱擊鼓，十處一時聞，此則圓真實。目非觀障外，口鼻亦復然；身以合方知，心念紛無緒。隔垣聽聲響，遐邇俱可聞，五根所不齊，是則通真實。音聲性動靜，聞中為有無，無聲號無聞，非實聞無性。聲無既無滅，聲有亦非生，生滅二圓離，是則常真實。縱令在夢想，不為不思無，覺觀出思惟，身心不能及。……大眾及阿難，旋汝倒聞機，反聞聞自性，性成無上道。圓通實如是，此是微塵佛，一路涅槃門，過去諸如來，斯門已成就；現在諸菩薩，今各入圓明；未來修學人，當依如是法。我亦從中證，非唯觀世音……。[75]

而觀《憨山大師年譜疏註》言師三十歲，卜居北臺龍門，也以耳根圓通，得開悟境。文中說：「初以大風時作，萬竅怒號。冰消，澗水衝激，奔騰若雷，靜中聞有聲如千軍萬馬出兵之狀，甚以為喧擾，因問妙（峰）師，師曰：『境自心生，非從外來。聞古人云，三十年聞水聲，不轉意

之功。」（臺北：臺灣商務印書館，1988年7月，頁4）
[74]　《楞嚴經》卷六，T19，p128b。
[75]　同前註，p129c。

根，當證觀音圓通。』予因溪上一獨木橋，日日坐立其上，初則水聲宛然，久之動念即聞，不動即不聞。一日坐橋上，忽然忘身，則音聲寂然，自此眾響皆寂，不為擾矣。予日食，惟以麩和野菜，以合米為湯送之。初，人送米三斗，半載尚有餘。一日粥罷經行，忽立定，不見身心，唯一大光明藏，圓滿湛寂，如大圓鏡，山河大地，影現其中。及覺，則朗然，自覓身心，了不可得。即說偈曰：『瞥然一念狂心歇，內外根塵俱洞徹。翻身觸破太虛空，萬象森羅從起滅。』自此內外湛然，無復音聲色相為障礙，從前疑念，當下頓消。及視釜，已生塵矣。」[76] 凡此皆可見，無論創作或學道，透過音聲證入，是最便捷快速的途徑。

　　其次，再看創作態度與佛法修持之間的關係。

　　從韓愈〈答李翊書〉，我們可以了解學為文者，必須不躁、不懈（「無望其速成，無誘於勢利」、「學之二十餘年」、「終吾身而已矣」）、不畏、不疑（「當其取於心而注於手也，惟陳言之務去，戛戛乎其難哉！其觀於人，不知其非笑之為非笑也，如是者亦有年。……其觀於人也，笑之則以為喜，譽之則以為憂，以其猶有人之說者存也，如是者亦有年，然後浩乎其沛然矣。」）而這四要件，也是修道者所必備，以《四十二章經》為例[77]，第三十四章，佛以調絃作喻曰：

> 心若調適，道可得矣；於道若暴，暴即身疲；其身若疲，意即生惱；意若生惱，行即退矣；其行既退，罪必加矣。但清淨安樂，道不失矣。

這正是不躁急之見。第四十一章，佛言：

> 夫為道者，如牛負重，行深泥中，疲極不敢左右顧視，出離淤泥，乃可蘇息。

這是不懈怠之說。第三十三章，佛言：

---

[76]　《憨山大師年譜疏註》，臺北：老古文化公司，1986年3月，頁33～34。

[77]　按以下引文，據臺北法爾文教基金會1988年6月刊印本，此中文字，較《大正藏》十七卷所收端整。

> 夫為道者，譬如一人與萬人戰。挂鎧出門，意或怯弱，或半路而退，或格鬥而死，或得勝而還。沙門學道，應當堅持其心，精進勇銳，不畏前境，破滅眾魔，而得道果。

這是不畏怯的宣言。又第三十九章，佛言：

> 學佛道者，佛所言說，皆應信順。

這就是不起疑的開示了。而在〈答李翊書〉更細述學文二十餘年，箇中甘苦：

> 始者，非三代兩漢之書不敢觀，非聖人之志不敢存，處若忘，行若遺，儼乎其若思，茫乎其若迷。當其取於心而注於手也，惟陳言之務去，戞戞乎其難哉！

以上是第一階段，集中心思，研讀經典，存養聖志，下筆為文，以去陳言為務，而猶覺其艱難。

> 如是者亦有年，猶不改，然後識古書之正偽，與雖正而不至焉者，昭昭然白黑分矣，而務去之，乃徐有得也。當其取於心而注於手也，汩汩然來矣。

到了第二階段，已能裁斷古籍優劣，而超其藩籬，不受限圍，並自出己意，若有源頭活水，汩汩然來。

> 如是者亦有年，然後浩乎其沛然矣。吾又懼其雜也，迎而距之，平心而察之，其皆醇也，然後肆焉。

第三和第四階段，已然匯眾流而成江河，浩浩蕩蕩，橫無際涯；但猶恐其挾泥沙俱下，仍應慎擇明察，確定文義真醇，然後縱筆放言，始稱思想純粹，辭意翻新，而氣勢磅礴，淋漓酣暢。

佛法行持，一般略識概要的人，都知道信、解、行、證，須漸次起修，如淨土法門，倡生極樂，則有信、願、行或業力、念力、願力之說；法相宗的名相精密嚴謹，其修道階位分資糧位、加行位、通達位、修習

位、究竟位，行者絕不能躐等而修；至於天臺、華嚴判教，依根器淺深，也各判修學次第為五時八教與三時五教。而經論中，更隨處可見修習次第，如《圓覺經》普眼菩薩懇請佛陀：「願為此會菩薩眾，及為末世一切眾生，演說菩薩修行漸次：云何思惟？云何住持？眾生未悟，作何方便，普令開悟？」[78]《楞嚴經》中，阿難恨無始來，一向多聞，未全道力，殷勤啟請十方如來得成菩提妙奢摩他三摩禪那最初方便，佛告阿難：「隨汝心中選擇六根（案：指眼、耳、鼻、舌、身、意），根結若除，塵相自滅。諸妄銷亡，不真何待？阿難，吾今問汝，此劫波羅（天）巾，六結現前，同時解縈，得同除不？」「不也，世尊。是結本以次第綰生，今日當須次第而解。六結同體，結不同時，則結解時，云何同除？」佛言：「六根解除，亦復如是。此根初解，先得人空，空性圓明，成法解脫。解脫法已，俱空不生，是名菩薩從三摩地，得無生忍。」[79]再如宗喀巴《菩提道次第廣論》則是依據《菩提道炬論》所說三士道：下士道、中士道、上士道次第，組織而成。下士道是脫離三途（地獄、餓鬼、畜生），生人天善趣的法門；中士道是出離三界（欲界、色界、無色界），斷煩惱、證涅槃的法門；上士道是證大菩提果的法門。在三士道之前，為三士道基礎的是，親近善知識，並思維人身難得；而上士道之後，發大菩提心者，愛樂信仰密咒，則可以進修密乘。因本論層次嚴謹，太虛法師還特別為序讚揚[80]。至於禪宗雖云教外別傳，斥棄經律論義，勇於直下承擔，特別是南禪擷取《金剛經》無相法門，離諸法相，以見自本性，但在進道之路，也有透三關（初關、重關、牢關）或四關（光音無限、澄澄湛湛、一片悟境、虛空粉碎）的說法[81]。顯然修學途徑，關卡

---

[78]　《圓覺經·普眼菩薩章》，T17，p914b。

[79]　《楞嚴經》卷五，T19，p125a。

[80]　太虛法師序，稱此論著「不沒自宗（指密教），不離餘法，而巧能安利一切言教，皆趣修證。故從天竺相性各判三時（指有、空、中道），以致華、日諸宗之判攝時教，皆遜此論獨具之優點。」（臺北：文殊出版社，1987年7月，頁2）

[81]　見周中一《禪話》，臺北：東大圖書公司，1985年5月，頁165～167；釋聖嚴《佛心眾生心》，臺北：東初出版社，1985年3月，頁25～29；張玄祥《禪宗參證篇》，臺北：湧泉寺倡印，1992年2月，頁247～253。

重重，非盡通衢達道能便於疾馳長驅。《五燈會元》卷九有鄧州香嚴智閑擊竹公案說：

> （智閑）在百丈時，性識聰敏，參禪不得，洎丈遷化，遂參溈山。
> 山問：「我聞汝在百丈先師處，問一答十，問十答百，此是汝聰
> 明靈利，意解識想；生死根本，父母未生時，試道一句看。」師
> 被一問，直得茫然歸寮，將平日看過底文字，從頭要尋一句酬對，
> 竟不能得，乃自嘆曰：「畫餅不可充飢！」屢啟溈山說破，山曰：
> 「我若說似汝，汝已後罵我去；我說底是我底，終不干汝事。」
> 師遂將平昔所看文字燒卻，曰：「此生不學佛法也，且作箇長行
> 粥飯僧，免役心神！」乃泣辭溈山，直過南陽。……一日芟除草
> 木，偶拋瓦礫，擊竹作聲，忽然省悟。遽歸，沐浴焚香，遙禮溈
> 山。……乃有頌曰：「一擊忘所知，更不假修持。動容揚古路，
> 不墮悄然機。處處無蹤跡，聲色外威儀。諸方達道者，咸言上上
> 機。」溈山聞得，謂仰山曰：「此子徹也。」仰曰：「此是心機
> 意識，著述得成，待某甲親自勘過。」仰後見師曰：「和尚讚嘆
> 師弟發明大事，你試說看。」師舉前頌。仰曰：「此是夙習記持
> 而成，若有正悟，別更說看。」師又成頌曰：「去年貧，未是貧；
> 今年貧，始是貧。去年貧，猶有卓錐之地；今年貧，錐也無。」
> 仰曰：「如來禪許師弟會，祖師禪未夢見在？」師復有頌曰：「我
> 有一機，瞬目視伊。若人不會，別喚沙彌。」仰山乃報溈山曰：
> 「喜且閑師弟會祖師禪也。」[82]

---

[82] 《五燈會元》卷九（臺北：臺灣商務印書館景印《四庫全書》1053冊，1985年6月，頁
361）。按學道苦參，勘破疑情，朗然大悟的例子實在不少，如《高峰原妙禪師語錄》自
述參斷橋和尚所舉「萬法歸一，一歸何處」，也說：「自此疑情頓發，廢寢忘餐，東西不
辨，晝夜不分，開單展缽，屙屎放尿，至於一動一靜，一語一默，總只是箇『一歸何處』，
更無絲毫異念。……雖在稠人廣眾中，如無一人相似（識），從朝至暮，從暮至朝，澄
澄湛湛，卓卓巍巍，純清絕點，一念萬年，境寂人忘，如癡如兀。不覺至第六日，隨眾
在三塔諷經次，抬頭忽睹五祖演和尚真讚，驀然觸發日前仰山老和尚拖死屍句子，直
得虛空粉碎，大地平沈，物我俱忘，如鏡照鏡。」（《卍續藏》，臺北：新文豐公司，1983

智閑禪師屢啟潙山說破，潙山云：「我說底是我底。」這正如人飲水，須親嚐試始辨冷暖，否則說破唇舌，終與他人無關。韓愈在〈答劉正夫書〉中也說過，為文宜師古聖賢人，且應師其意不師其辭，以自樹立，不苟因循[83]；〈南陽樊紹述墓誌銘〉也推崇樊子詩文「必出於己，不蹈襲前人一言一句，又何其難也。」[84] 所謂難，即難在思想不悖於古，又能倍出精彩，以古為新，不隨世浮沈；而觀韓愈在答覆李翊，自剖創作甘苦，適可見其堅守此志，身體力行，惟陳言之務去，無論是艱難或得力處，都心知肚明，絕非畫餅充飢，數他人寶者所能比擬。至於韓愈的用志不分，凝神專一，「處若忘，行若遺，儼乎其若思，茫乎其若迷」，與學道者「十二時中，要惺惺如貓捕鼠，如雞抱卵，無令間斷；未透徹時，如鼠咬棺材，不可移異」、「確其正念，慎無二心，至於行不知行，坐不知坐，寒熱饑渴，悉皆不知」[85]，亦無二致；《佛遺教經》中，佛語弟子「制之（心）一處，無事不辦」[86]正是這道理。

四、韓愈文論非受禪學啟發

以上將韓愈文學理論與佛法行持做了比較分析，可以發現兩者有不少共通點，但也有相異之處，戴君仁《梅園雜著》則說：

> 韓氏固然是反佛的健將，而他生平頗有佛門朋友，相贈詩文，對於禪學，當然是可常聽到的。他晚年貶到潮州，結交了一個和尚，名叫大顛，認為大顛「實能外形骸，以理自勝，不為事物侵亂。與之語，雖不盡解，要且胸中無滯礙，以為難得。」（見〈與孟簡尚書書〉）想他平素對於禪學，必定也相當了解。（大顛是禪宗的和尚，見《傳燈錄》）這篇〈答李翊書〉，說他由「戛戛乎其難」，而到「汩汩然來」，而到「浩乎其沛然」一層層的上去；

　年1月，122冊，頁656）
[83] 同注6，卷三，頁121。
[84] 同注6，卷七，頁311。
[85] 《禪關策進》錄蒙山異禪師、天目高峰妙禪師示眾法語。（T48，p1099b、p1100c）
[86] 《佛遺教經》，T12，p1111a。

而這種進步，是由「處若忘，行若遺，儼乎其若思，茫乎其若迷」
「如是者有年」的專心致志得到的，這和禪家積久得悟正相同（禪
家雖是頓悟，然非時機成熟不能。）固然，我們研究一種學問，
專心久了，也會自有悟境，甚至習字學棋，都是如此，不必與禪
有關。但韓氏在他這段文章後面說：「雖然，不可以不養也。行
之乎仁義之途，游之乎詩書之源，無迷其途，無絕其源，終吾身
而已矣。」分明與禪家悟後還要涵養相合。因此我們可以說，他
是受了禪學的啟發，才說出這樣的話來。[87]

戴氏認為韓愈文論受禪宗啟發，這種說法是有待商榷的，茲澄清如下：

（一）戴氏未言明〈答李翊書〉成於何時，但卻引述韓愈晚年貶潮
州，結識大顛，又與書孟簡云云，如此看來，〈答李翊書〉作時必相當
晚，惟據馬通伯校注本文云：「貞元十八年，陸參佐主司權德輿於禮部，
公以李翊薦於參，用是其年登第，此書其十七年所作歟！」貞元十七年，
韓愈三十四歲，證以答書自言「學之二十餘年」，而〈與鳳翔邢尚書書〉
又說：「生七歲而讀書，十三歲而能文」[88] 顯然書答李翊在此年，是可以
確信的。韓愈盛年「非古訓為無所用其心」[89]；前此，與僧徒交往，見
於詩文的，也只有貞元十六年〈送僧澄觀〉詩一首，和戴氏所謂「對於
禪學，當然是可以常聽到」，並不相符。

（二）韓愈所結識的僧徒，不只是禪宗一派，如誠盈上人為衡山中
院大律師希操弟子，自屬律宗[90]，因此，韓愈若是真能聞受禪宗之學，
就不能聞受他宗的法門嗎？何況進學之階，不可躐等，這本非「禪家積
久得悟」才如此，在前文，我們對各宗修學等第已有概述。韓愈致力詞
章，「終吾身而已矣」，固然與禪者悟後保任相合，但試觀僧傳，又有那

---

[87] 見〈韓愈答李翊書〉，臺北：學海出版社，1975年6月，頁93。

[88] 同注6，卷三，頁118。

[89] 同注6，卷一，頁3。

[90] 韓愈有贈詩誠盈，見《韓昌黎詩繫年集釋》卷三〈別盈上人〉，頁287；柳宗元亦曾因誠
盈之請而作〈衡山中院大律師塔銘〉（見《柳宗元集》卷七，頁173）兩相參較，自知誠
盈為律宗。

位大修行人不是鞠躬盡瘁，精進勇猛？再看《莊子‧養生主》也說庖丁解牛，善刀藏之，那麼「寶劍用後直須磨」，更理應是各學門或各行各業普遍的共識了。

（三）在韓愈詩文中，可以見到與他交往的僧人有十四位之多[91]，方世舉曾分析他與緇黃往來，所作詩文內容說：「其所為詩文，皆不舉浮屠老子之說，而惟以人事言之。如澄觀之有公才吏用也，張道士之有膽氣也，固國家可用之才，而惜其棄於無用矣。至如文暢喜文章，惠師愛山水，大顛頗聰明，識道理，則樂其近於人情。穎師善琴，高閑善書，廖師善知人，則舉其閑於技藝。靈師為人縱逸，全非彼教所宜，然學於佛而不從其教，其心正有可轉者，故往往欲收斂加冠巾。而無本遂棄浮屠，終為名士，則不峻絕之，乃所以開其自新之路也。若盈上人愛山無出期，則不可化矣。僧約、廣宣出家而猶擾擾，蓋不足與言，而方且厭之矣。」[92]顯見其詩文與佛理一點關涉也沒有；況且韓愈是個倔強不能下氣的人[93]，不僅在《與孟簡書》中說大顛「與之語，不盡解」，就是〈送浮屠文暢師序〉也說：「夫文暢浮屠也，如欲聞浮屠之說，當自就其師而問之，何故謁吾徒而來請也？」一個執意堅持儒家本位者，即使與僧徒交往，也是無法常聽到佛理禪學的。

（四）大顛和尚是石頭希遷法嗣，《景德傳燈錄》卷十四有石頭和尚開示曰：「吾之法門，先佛傳授，不論禪定精進，唯達佛之知見，即心即佛。心佛眾生，菩提煩惱，名異體一。汝等當知，自己心靈，體離斷常，性非垢淨，湛然圓滿，凡聖齊同，應用無方，離心意識，三界六

道，唯自心現，水月鏡像，豈有生滅？汝能知之，無所不備。」[94]而根據宗密《禪源諸詮集都序》卷上之二，統攝諸家禪法為三：一息妄修心宗；二泯絕無寄宗；三直顯心性宗。石頭所傳，被歸為第二類，宗密解說其要義是：「凡聖等法，皆如夢幻，都無所有，本來空寂，非今始無；即此達無之智亦不可得。平等法界，無佛無眾生；法界亦是假名。心既不有，誰言法界無修不修，無佛不佛，設有一法勝過涅槃，我說亦如夢幻，無法可拘，無佛可作，凡有所作，皆是迷妄，如此了達本來無事，心無所寄，方免顛倒，始名解脫。」[95]可知石頭宗接引學人是直指心性，無他言說，非常簡要，這與息妄修心宗認為「眾生雖本有佛性，而無始無明覆之不見，故輪迴生死；諸佛已斷妄想，故見性了了，出離生死，神通自在。當知凡聖功用不同，外境內心，各有分限，故須依師言教，背境觀心，息滅妄念，念盡即覺，無所不知，如鏡昏塵，須勤勤拂拭……。」[96]是大不相同的。所以《燈錄》又記僧問如何是解脫？師曰：「誰縛汝？」問如何是淨土？曰：「誰垢汝？」問如何是涅槃？曰：「誰將生死與汝？」這種禪風也為大顛所繼承，《燈錄》記師徒二人對話，石頭曰：「何者是禪？」大顛即曰：「揚眉動目。」曰：「除卻揚眉動目外，將爾本來面目呈看。」曰：「請和尚除揚眉動目外鑒某甲。」曰：「我除竟。」曰：「將呈和尚了也。」[97]片語隻言所呈現的精義，正同大顛後來開示學人：「但除卻一切妄運想念見量，即汝真心。此心與塵境及守認靜默時，全無交涉，即心是佛，不待修治。」[98]因此，即使韓愈學文層層遞進，與禪家積久得悟雷同，也應該是息妄修心宗的禪法；而今戴氏居然繫連到韓愈的貶謫潮州，結識大顛，顯然是捕風捉影，嚮壁虛設了。

五、結　論

最後，謹就本文所述諸問題，簡略綜說於下：

---

[94] 《景德傳燈錄》卷十四，T51，p309b。

[95] 《禪源諸詮集都序》卷上之二，T48，p402b。

[96] 同前注。

[97] 同注94，p312c。

[98] 同前注。

　　（一）從創作目的看韓愈文學理論與佛家行持的關係，可以發現兩者皆有遠大的履踐目標，文以明道的主張，和佛家修持務期解脫，乃是其終極一生的志業；至於發憤著述，鳴其不平之說，則無法與佛理等同相應。佛法的止觀雙運，寂而常照，照而常寂，絕非如韓愈所指專守枯寂之境，固然「不平則鳴」可以顯現獨特藝術風貌，而得道人能任運自然，觸處生春，如移之為藝術創作，也定能別開生面，得會悟旁通之妙。

　　（二）從創作方法來看，韓愈道出了創作必須經歷的各種考驗，和他如何按部就班，歷經艱辛，以突破重重關卡，達到醇而不雜，浩乎沛然的境地。其中有關作者本身的涵養與創作應有的態度，韓愈全不吝惜，和盤托出，這一番涵詠詩書，存養道德，無望速成，無誘勢利，終至氣盛言宜的過程，與佛法修持，自信仰奠基，再藉觀音法門，音聲證入，如是不畏前境，精進勇猛，而得道果，實有異曲同工之處。

　　（三）韓愈謹守儒家分際，「非古訓為無所用其心」，故其自陳文學理論，是親自累積二十餘年的創作經驗所致。其中固然與佛法行持有不謀而合者，但也有大相逕庭之處，從相異處來看，還可見到韓愈的反佛用心；至於不謀而合的地方，則絕非受禪學啟發所產生的靈感，更不是到了晚年，結交大顛和尚才得到的領悟，因此，戴君仁的論說，是無法成立的。

《歷代古人像讚》柳宗元繪像

柳子厚〈尊勝幢贊并序〉真偽考

提　要

　　一篇作品的真偽，可以從作者整體的寫作特質來判斷。柳宗元佚文不少，集中也多有他人偽冒者。〈尊勝幢贊并序〉，章士釗即以為非柳作。本文提出五點反駁意見：1. 章氏說法反覆不足取，若說涉及玄怪即非柳作，則柳集語涉神怪者，實不僅此篇而已。2. 柳氏思想本存有矛盾，理性上他堅定力主神鬼不可信，但內心又期待明神不欺。3. 透過理解柳氏的創作立場、心態，即知此篇有弔死慰生的功效。4. 柳氏家族及其個人，皆明顯有佛教信仰傾向。5. 章氏神佛莫辨，又未詳考典故出處。此外，文中又補充三點確定為柳作的論證：1. 柳氏對《佛頂尊勝陀羅尼經》久已知悉，此經雖屬密教部，卻與淨土宗關係密切，而馬淑的奉佛，正是發願往生西方。2. 柳氏對佛理教史有所疏誤，此亦反映於本文中。3. 韓柳文章常蓄意爭能，韓愈〈弔武侍御所畫佛文〉即是暗與本篇較量之作。綜合以上所述，可證〈尊勝幢贊并序〉確為柳宗元親撰。

關鍵詞

柳宗元　韓愈　尊勝幢贊并序　柳文指要　佛頂尊勝陀羅尼經

一、前　言

　　唐憲宗元和二年，李睦州[1]因李錡之叛，罪貶循州，三年正月，以赦量移永州，而與柳子厚結識。睦州有外婦馬淑，元和五年五月十九日卒，即葬於此地，年僅二十四，子厚為撰〈太府李卿外婦馬淑誌〉，見《柳宗元集・外集》卷上。馬氏奉佛虔謹，因此睦州特別為她在墓上立了尊勝石幢，盼她往生佛國。睦州性喜方術，曾於子厚內弟盧遵之處得到氣書，又得到李計的氣訣，便參取施行而不疑，友人吳武陵與子厚都勸阻過他，可見柳集卷三二〈與李睦州論服氣書〉。睦州既易於信受幽奧玄微之術，而唐人樹立經幢的風氣又非常普遍[2]，難怪睦州要為亡婦作

1　《柳宗元集・外集》（臺北：漢京文化事業公司，1985年5月）卷上，韓醇注〈太府李卿外婦馬淑誌〉云：「公集有〈與李睦州書〉，名字皆不得而詳。」（頁1349）章士釗《柳文指要》（北京：中華書局，1972年1月）於體要之部卷十九〈尊勝幢贊〉則說：「睦州者，故睦州刺史李永清」（頁599）；但卷三二〈與李睦州論服氣書〉又引舊注稱：「蔣之翹本題下注云：『愚溪作為元和之五年，吳武陵謫來永州，在三年。今書云愚溪之遊，間一日，武陵先作書，則此書當在五年後作。李睦州名幼清，事詳二三卷〈同武陵送李睦州序〉。』按別本云：睦州名清臣，貞元末，潤州置鎮海軍，清臣刺睦州，在部中。睦州名微異。」（頁1028）顯然睦州或名「幼清」，或名「清臣」，而非「永清」，章氏前後顛倒至此！今據陳景雲《柳河東集點勘》（臺北：中研院藏蟬隱廬印行，不著年月）卷二〈同吳武陵贈李睦州詩序〉云：「外集有〈太府李卿外婦誌文〉，李卿即睦州，蓋從太府出守，故稱其前官。本集更有〈贈李卿元侍御書〉，……又〈鈷鉧潭西小丘記〉云：『李深源、元克己時同遊。』深源即李卿字也。在永有〈謝李夷簡撫問啟〉，首言：『當州員外司馬李幼清傳示委曲。』疑幼清即李卿名，司馬則從循州量移所授官也。幼清為李公抱玉幼子，見穆員〈李公碑〉。」陳氏解說明晰，則李睦州當名幼清，字深源。

2　白居易〈蘇州重玄寺法華院石壁經碑文〉詳載盛行於唐代的八部佛經，說：「是八種經，具十二部，合一十一萬六千八百五十七言，三乘之要旨，萬佛之秘藏盡矣。」（《白居易集箋校》卷六九，上海：上海古籍出版社，1988年12月，頁3703）而《佛頂尊勝陀羅尼經》即其中一部，白氏頌揚此經云：「壞罪集福，淨一切惡道，莫急於《佛頂尊勝陀羅尼經》，凡三千二十言。」今考唐人集中，正多見此經石幢銘贊，如李白有〈崇明寺佛頂尊勝陀羅尼幢頌序〉（《李太白全集》卷二八，北京：中華書局，1999年7月）、獨孤及有〈佛頂尊勝陀羅尼幢讚并序〉（《毘陵集》卷十三，臺北：臺灣商務印書館《四部叢刊》初編本，不著年月，361冊）、左光允、尹匡祚各有〈吏部尚書南曹石幢頌序〉、〈吏部南曹石幢頌〉（《欽定全唐文》卷四〇三，臺北：匯文出版社，1960年12月，下同）司馬霖

此功德。尊勝石幢的〈序贊〉是由子厚撰寫，今收於柳集卷十九，全文不長，茲引如下：

> 以佛之為尊而尊是法，嚴之於頂，其為最勝宜也。既尊而勝矣，其為拔濟尤大。塵飛而災去，影及而福至，睦州於是誠焉不疑。礱石六觚，其長半尋，乃篆乃刻，立之馬孺人之墓。孺人之生，奉佛道未嘗敢怠。今既沒，睦州又成其志，擇最勝且尊之道，立之於石，以延其休。則其生佛所、得佛道，宜無疑也。贊曰：世所尊兮又尊道，勝無上兮以為寶。拔大苦兮升至真，靈合贊兮神而神。駕元氣兮濟玄津，誰為友兮上品人。德無已兮石無磷，延永世兮奠坤垠，靈受福兮公之勤。

有〈經幢銘〉（卷四〇六）、張鍊有〈尊勝陀羅尼寶幢銘〉（卷四〇八）、呂受有〈佛頂尊勝陀羅尼經幢銘〉（卷七六〇）、穆員有〈尊勝幢記〉〈卷七八三〉、昔真有〈佛頂尊勝陀羅尼幢銘〉（卷九一六）、叡川有〈佛頂尊勝陀羅尼經幢銘〉（卷九一九）、詞浩有〈牛頭寺經幢贊〉（卷九二〇）、彙征有〈上天竺寺經幢記〉（卷九二一）。至於石刻史料，宋代歐陽脩〈集古錄跋尾〉（《歐陽脩全集》，臺北：世界書局，1988年6月）卷九收有〈唐于僧翰尊勝經〉、〈唐潤州陀羅尼經幢〉；趙明誠《金石錄》（臺北：臺灣商務印書館景印《四庫全書》681冊，1984年10月）卷七、卷十亦各錄有經幢銘贊，乃至明清金石家所藏，也都隨處可得，清代王昶《金石萃編》（臺北：新文豐公司《石刻史料新編叢書》，1986年7月，第2冊，下同）卷六六、六七所載陀羅尼經幢，起武后，至唐末，計六十六種，搜羅不為不力，但陸耀遹《金石續編》（臺北：新文豐公司《石刻史料新編叢書》，第4冊）卷十一、十二；王言《金石萃編補略》（臺北：新文豐公司《石刻史料新編叢書》，第5冊）卷二，又各有補錄。誠如明代趙崡《石墨鐫華》云：「凡石幢多書《尊勝陀羅尼經》。」（卷四，唐《尊勝陀羅尼經》石幢十一，臺北：新文豐公司《石刻史料新編叢書》，第25冊，頁18629）王昶《金石萃編》也說：「唐時尊勝經幢徧滿諸道。」（卷六七，頁1154）這全是唐人樹立經幢風氣普遍的明證。而據《佛教史略與宗派》收呂澂〈唐代佛教〉一文云：「經幢的製作極多。由於新譯《尊勝陀羅尼》的信仰普遍，刻陀羅尼的尤到處可見。其形式常為八面，後更發展有數層，還雕刻了佛像等。」（臺北：木鐸出版社，1988年9月，頁75）徵之《金石萃編》，如卷六六〈系陽村經幢〉云：「幢高九尺六寸，八面，面廣八寸五分，或至一尺，七行八行不等，每行七十八字，正書，在山東靈巖山。」（頁1116）又〈開元寺經幢〉云：「幢高七尺五寸，八面，每面廣八寸，各七行，行六十七字，正書，在隴州。」（頁1116）皆信然不誣；至於子厚本文云：「礱石六觚，其長半尋。」即幢高四尺，六面，形制顯然稍小。

歷來柳集諸本注者[3]，對於〈尊勝幢贊并序〉出自子厚手筆，皆無異辭；但章士釗《柳文指要》（以下簡稱《指要》）卻注意到其中的問題，首先說：

> 此贊於子厚實為大謬，而子厚愛友，以愛友轉而佞佛，冀在貶所解除沈鬱，其道越苦，而其事殆亦可諒，吾姑泚筆聊為記之。[4]

繼而論點又逆轉，說：

> 嘗論子厚是一無神論者，凡文字中之所表見，合於無神精神，侃侃道出，為讀者信服無訛者，不可勝數，如〈龍興寺息壤記〉，其尤彰明較著者也。如神能致夷地者以死，子厚不難寫出如「塵飛而災來，影及而禍至」等句，以為點綴，而實乃無有。故其言曰：「南方多疫，勞者先死，彼持鍤者，其死於勞且疫也，土烏能神？」夫災祥相因，禍福相倚，凡無神為災，即知無神為祥，凡無神為禍，亦即無神為福。今〈龍興〉之與〈尊勝〉，為時不相上下，為地相去咫尺，同一塵飛，而災祥不常，同一影及，而禍福頓異。將有神而專司祥福，不管災禍耶？抑神之蒞臨，全無準則耶？凡此皆於理不可通，子厚為文，不能同時同地而是非顛倒爾爾。以是吾疑〈尊勝幢贊〉為非親子厚作，或者李永清為外婦草是贊，不便自具名，而倩子厚代尸之，子厚礙友誼無能辭，抑或文全與子厚無涉，而由編者東拿西扯混入，俱未可知。（p599～600）

3　如韓醇詁訓《柳河東集》（臺北：臺灣商務印書館景印《四庫全書》1076冊，1985年9月，下同）、童宗說注釋《柳河東集注》（《四庫全書》1076冊）、魏仲舉編《五百家註柳先生集》（《四庫全書》本1077冊）、廖瑩中輯注《河東先生集》（臺北：廣文書局，1968年10月）、蔣之翹集注《柳河東集》（臺北：臺灣中華書局《四部備要》本，1965年11月，578、579冊），及吳文治點校《柳宗元集》（臺北：漢京文化事業公司，1985年5月）。

4　章士釗《柳文指要》，同注1，頁599。以下引及《指要》之文字，頁碼均置引文後方，以供參考。

　　子厚遺文散帙不少；集中且復有他人之文冒其名者[5]，因此章氏質疑，似言之成理，而事實上，〈尊勝幢贊并序〉由子厚所撰，是無庸置疑的，以下故先就章氏之說，提出駁辯，然後再舉幾項論證，說明〈尊勝幢贊并序〉並非偽託之作。

二、對《指要》的駁辯

　　對《指要》的駁辯，擬分五點論說。首先來看章氏說法顛倒反覆之處。章氏好柳，所以《指要》一書，隨處可見其對子厚的推崇與迴護，本文也不例外，既然說子厚愛友轉而佞佛，遂寫出「塵飛而災去，影及而福至」這樣的話，其事可諒，下文竟又說〈尊勝幢贊并序〉不是子厚所作，是子厚為睦州具名，甚至是編者誤收。這不僅全憑臆度，毫無佐證，說法也反覆搖擺，難怪張之淦早在〈柳文探微（指要）小識〉「明指要」就提到：

> 綜觀其書，實包括校勘、箋釋、考證、評論、文學史等等，比類制論，深欲廣通今古之郵，遠摭泰西，近取並時諸人之說，蒐羅誠為繁富，亦頗傷於傅會龐雜。又成書綿歷多年，前後為說，多有乖互牴牾。[6]

而如果說，涉及玄怪，則非子厚作品，那麼柳集卷五有〈終南山祠堂碑〉、〈太白山祠堂碑〉；卷七〈衡山中院大律師塔銘〉也說：「建功之始，則震雷大風示其兆；滅跡之際，則隕星黑祲告其期。斯為神怪，不可度已。」又卷十八〈逐畢方文并序〉，言有怪鳥「畢方」，永州多火災，即此物所

5　《柳宗元集》附錄多篇柳集序文，皆曾提及。如穆修〈唐柳先生集後序〉云：「予少嗜觀二家（指韓愈、柳宗元）之文，常病柳不全見於世，出人間者，殘落纔百餘篇。」（頁1444）沈晦〈四明新本河東先生集後序〉云：「學古文必自韓、柳始。兩家文字剗落，柳為尤甚。」（頁1445）陸游（跋柳柳州集）記宋祁手書：「此一卷集外文，其中多後人妄取他人之文，冒柳州之名者」，而說：「所謂集外文者，今往往分入卷中矣。」（頁1456）另如王應麟、沈作喆、何焯等，也都各有所見。（詳《柳宗元詩文彙評》，臺北：明倫出版社，1971年10月）

6　見《大陸雜誌》六五卷，第3期，頁105。

為；〈愬螭文并序〉則謂「凡山川必有神司之」；卷十九〈霹靂琴贊引〉謂「枯桐生石上，說者言有蛟龍伏其竅，一夕暴震，為火之焚。」〈龍馬圖贊并序〉更說玄宗時，有龍化為馬，服役近二十年，至安史之亂，始入渭水，現龍形泳去。凡此多篇，難道也不是子厚所作了？雖然《指要》一貫主張「子厚不推天不引神」(p1256)、「柳子厚全集，無一字涉及讖緯」(p2063)；也曾代子厚辯稱：

> 子厚惡引神，而集中不少神怪之作，殊不可解。或曰：唯騷體文為然耳，騷體主發抒情感，與樸實說理異致，文人顛沛流離，志不得通，則往往任意所之，怪力亂神，一無限格，大出文章軌範以外。是說也，亦近是。(p577)
> 子厚明言不信蒼蒼之天，漠漠之神，而疾痛慘怛，仍不得不呼天以寄其怨毒，此由人類傳統之習慣性驅之使然。(p124)

但章氏畢竟有辭窮之時，柳集卷十一〈故襄陽丞趙君墓誌〉言及貞元十八年，趙矜客死柳州，至元和十三年，與孤子來章自襄州徒行求其葬，在毫無所獲之餘，訪於卜者，而得一叟，告以葬埋之地，子厚故言：「誠來章之孝，神付是叟，以與龜偶，不然，其協焉如此哉？」於是《指要》也只好說：

> 子厚於三《傳》獨不信《左氏》，蓋以其推天引神而惡之，質之子厚為學本質，理固然也。顧子厚為〈故襄陽丞趙君誌〉，非微文仿《左氏》，而其神卜者秦詛之說，來範者曹信之助，命意幾與《左氏》全無差異，吾幾不信子厚能有此一作法。(p1302)

如要為章氏釋疑，接著就應探討子厚的思想。事實上，子厚的思想，原本就存在著矛盾。一如《指要》所言：「騷體主發抒情感，與樸實說理異致」；柳集卷二一〈楊評事文集後序〉也說：「文有二道：辭令褒貶，本乎著述者也；導揚諷諭，本乎比興者也。」換言之，著述之作，強調詞正理備，而比興之體，必須搖蕩性靈，因此子厚集中有胸懷嗟怨，求呼天道，或銘贊表奏之揄揚頌禱，或碑祭體之祠祀神祇、享於親舊、宣剖心曲等，今且不論，試觀卷十六〈禢說〉，既以神的形貌不可得見，

祭饗亦不可得知，直是誕漫惝怳，渺茫冥漠不可執取，卻又說：「旱乎、
水乎、蟲蝗乎、癘疫乎，豈人之為耶？故其黜在神。暴乎、眊乎、沓貪
乎、罷弱乎，非神之為也，故其罰在人。」那麼是有神無神？卷二九〈柳
州山水近治可游者記〉云：「雷塘能出雲氣，作雷雨，變見有光。禱用
俎魚、豆羞、脩形、精粢、陰酒，虔則應。」豈非以祭禱能有感應？雖
然卷十三〈先太夫人歸祔誌〉說：「禱祠無所實」，顯然也行禱祠了。而
且談及卜筮的神驗，也不僅〈故襄陽丞趙君墓誌〉一文，在卷二三〈送
蔡秀才下第歸覲序〉，自言初貢京師，求之著者，而終如所言，四進始
登第，於是說：「彼莫莫者，其有宰於人乎？不然，何其應前定若是之
章明也？」因此我們就知道子厚於〈小石城山記〉說：「吾疑造物者之
有無久矣」（卷二九）；又〈賀進士王參元失火書〉說：「斯道遼闊誕漫」
（卷三三），都不是毫無緣由的。

　　當然，子厚對於天與人的關係，在他有名的〈天對〉、〈天說〉中都
有發揮[7]，子厚以為天地萬物皆由「元氣」成形，天地正像瓜果、草木等
自然物質一般，既非主宰，不能賞善罰惡，因此治亂禍福完全取決於人
事。他還作〈非國語〉六十七篇[8]，主要也是厭惡《國語》「推天引神，
以為靈奇」「益之以誣怪，張之以闊誕」[9]。如〈周語上〉記幽王二年，
西周三川皆震，伯陽父言：「三川實震，是陽失其所而鎮陰也。陽失而
在陰，川源必塞；源塞，國必亡。……若國亡，不過十年，數之紀也。
夫天之所棄，不過其紀。」[10]子厚即非曰：

　　　　山川者，特天地之物也。陰與陽者，氣而遊乎其間者也。自動自
　　　　休，自峙自流，是惡乎與我謀？自鬥自竭，自崩自缺，是惡乎為

7　柳集卷十四〈天對〉云：「本始之茫，誕者傳焉。鴻靈幽紛，曷可言焉？冥黑晰眇，往
　　來屯屯，厖昧革化，惟元氣存。」（頁365）又卷十六〈天說〉云：「彼上而玄者，世謂
　　之天，下而黃者，世謂之地；渾然而中處者，世謂之元氣；寒而暑者，世謂之陰陽。是
　　雖大，無異果蓏、癰痔、草木也。……其烏能賞功而罰禍乎？功者自功，禍者自禍，欲
　　望其賞罰者大謬；呼而怨，欲望其哀且仁者，愈大謬矣。」（頁442～443）
8　見《柳宗元集》卷四四、四五。
9　見《柳宗元集》卷三一〈答吳武陵論非國語書〉、〈與呂道州溫論非國語書〉，頁822～825。
10　《國語》卷一，臺北：漢京文化事業公司，1983年12月，頁26～27。

> 我設？彼固有所逼引，而認之者不塞則惑。夫釜鬲而爨者，必涌
> 溢蒸鬱以糜百物；畦汲而灌者，必衝盪潰激以敗土石。是特老婦
> 老圃之為也，猶足動手物，又況天地之無倪，陰陽之無窮，以澒
> 洞轇轕乎其中，或會或離，或吸或吹，如輪如機，其孰能知之？
> （「三川震」條）

這段話正足以顯示，子厚不相信天地間有主宰能左右人事；天地萬物原
各依其軌則運作，其對人事榮枯，是不做任何裁示或預警的。而伯陽父
還說：「夫水土演而民用也。水土無所演，民乏財用，不亡何待？」這
又牽涉到國家興亡是天意或人為問題，子厚因此又駁斥說：

> 且曰：「源塞國必亡。」「人乏財用，不亡何待？」則又吾所不
> 識也。且所謂者天事乎，抑人事乎？若曰天者，則吾既陳於前矣；
> 人也，則乏財用而取亡者，不有他術乎？而曰是川之為尤！（同
> 前「三川震」）

至此，我們便能發現子厚對「遼闊誕漫」之道，確有矛盾複雜，信疑參
半的心態，大抵說來，凡出於理智，則無不斬截鏗鏘，力斥天命神鬼不
可信，但往往內心深處，又充滿期待「明神之不欺余」[11]，今章氏所見，
失之片面，自然無法自圓其說，而致疑惑不解。

　　第三，且不談子厚對佛法的理解；也縱如孫月峰評本篇云：「未見
佳思。」[12]本篇仍達到了弔死慰生的功效，因為據〈太府李卿外婦馬淑
誌〉云：

> （睦州）及移永州，州之騷人多李之舊，日載酒往焉。聞其（案：
> 指馬淑）操鳴絃，為新聲，撫節而歌，莫不感動其音，美其容，
> 以忘其居之遠而名之辱。

可見子厚與睦州夫婦相當熟，現在睦州既為亡婦立石幢，作功德，而子

11　《柳宗元集》卷二〈閔生賦〉，頁59。
12　《唐柳柳州全集》卷十九，臺北：新文豐公司，1979年10月，頁7。

厚又是眾所周知文采斐然之士，睦州已請子厚一提筆為馬淑撰墓誌，再偏勞他為尊勝石幢立贊，本屬易事，而何致礙難，需親草此〈贊〉，然後由子厚具名？果真如此，是否反會讓人覺得生疏不快？

　　若說子厚為一純粹儒者，不語怪力亂神，自然不寫本文，猶如柳集卷七〈南嶽大明寺律和尚碑陰〉記尼無染涕淚來請子厚為撰其師惠開法師碑，無染稱：「師始為童時，夢大人縞冠素烏來告曰：『居南嶽大吾道者，必爾也。』已而信然。將終，夜有光明笙磬之音，眾咸見聞。」子厚固然順從無染之意記下神蹟，不也特別添上一句「以儒者所不道，而無染勤以為請，故末傳焉」？但這畢竟不是沒有例外，前述〈衡山中院大律師塔銘〉稱述希操律師種種異兆，即是子厚感於希操弟子誠盈等的戒行[13]；另如卷十六〈觀八駿圖說〉，談到古書記載周穆王馳八駿升崑崙之墟，後人繪其圖，便刻意將八駿畫奇形怪狀，子厚批評說：「世之慕駿者，不求之馬，而必是圖之似，故終不能有得於駿也。」但對內弟盧遵持龍馬圖來，「龍馬」指龍化為馬，「其狀龍鱗、虺尾、拳毛、環目、肉鬣」，子厚也捐除己見，寫下〈龍馬圖贊〉，云：「其來也宜于時，其去也存其神，是全德也。」這就像卷二三〈送韋七秀才下第求益友序〉及〈送辛生下第序略〉中，韋七和辛生下第皆同，而所以下第則異，辛生遇到痛抑浮華，矯枉嫌過的考官，韋七遇到的卻是無意矯枉興革者，子厚特別酌量失意人的心境，予以寬慰，遂致兩〈序〉相違。因此，當閱讀子厚作品，除應顧及子厚思想外，也要考慮子厚彼時的立場、心態，才不致混淆不明。

　　第四，章氏最初提到子厚佞佛，皆因愛友所致，這種說法，也是沒根據的。柳氏奕葉簪纓，即使不算奉佛世家，也不厭棄佛道，試觀子厚集中為伯祖柳渾撰行狀云：

---

[13] 按《韓昌黎詩繫年集釋》卷三〈別盈上人〉，盈上人即誠盈。此詩作於永貞元年，昌黎自陽山迴至衡、湘，與誠盈別去，而有此贈。所謂：「山僧愛山出無期，俗士牽俗來何時？祝融峰下一迴首，即是此生長別離。」（臺北：學海出版社，1985年1月，頁287）即因誠盈謹守律儀，不為名利誘言所動；昌黎對此律宗大德又無法出語嘲諷，也就僅能禮貌性酬贈小詩一首了。

> 　　（渾）年十餘歲，有稱神巫來告曰：「若相法當夭且賤，幸而為
> 釋，可以緩而死耳，位祿非若事也。」公諸父素加撫愛，尤所信
> 異，遽命奪去其業，從巫言也。[14]

可見柳氏族人或由迷信，將佛教視同祈求富貴長生的低級神教，但畢竟
不排佛。子厚又有〈送巽上人赴中丞叔父召序〉、〈送文郁師序〉[15]，一
為族叔御史中丞柳公綽具舟來迎重巽和尚作；一因族人出家為僧者作。
尤其從兄元方特好佛道[16]，這都是柳氏宗族不排拒佛教，且信仰佛法的
明證。子厚本人，則據〈永州龍興寺西軒記〉說：「余知釋氏之道且久。」
[17]又〈送巽上人赴中丞叔父召序〉說：「吾自幼好佛，求其道積三十年。」
柳公綽於元和六年為潭州刺史兼御史中丞、湖南觀察使，見《舊唐書》
卷一六五本傳。時子厚三十九歲，逆推三十年，即當九歲前後已好求佛
道，故子厚顯然幼年就對佛教產生濃厚的探索興趣了[18]。
　　其後歷經永貞事變，子厚被貶永州，即居於龍興寺西序[19]，龍興寺
僧重巽為天臺九祖荊溪湛然世系弟子[20]，子厚與他談禪論道，詩文唱和，

14　《柳宗元集》卷八〈故銀青光祿大夫右散騎常侍輕車都尉宜城縣開國伯柳公行狀〉，頁
　　181。
15　兩篇同見《柳宗元集》卷二五。
16　《柳宗元集·外集補遺》〈萬年縣丞柳君墓誌〉，頁1389～1390。
17　《柳宗元集》卷二八，頁751。
18　子厚幼年如何接觸佛法，因牽涉繁複，本文不再敘說，可詳拙撰《韓柳文學與佛教關係
　　之研究》第四章第二節第一目〈幼好佛道，早播嘉名〉，東吳大學1993年5月博士論文。
19　《柳宗元集》卷二八〈永州龍興寺西軒記〉云：「永貞年，余名在黨人，不容於尚書省，
　　出為邵州，道貶永州司馬。至則無以為居，居龍興寺西序之下。」（同注7）
20　重巽為法證弟子，見《柳宗元集》卷七〈南嶽雲峰和尚塔銘〉（頁165）。而據劉禹錫〈唐
　　故衡嶽大師湘潭唐興寺儼公碑〉云：「南嶽律門以津公為上首，津之後雲峰證公承之，
　　證之後湘潭儼公承之。星月麗天，珠璣同貫。」（《劉禹錫集箋證》卷四，上海：上海古
　　籍出版社，1989年12月，頁111）參之柳集卷七〈南嶽雲峰寺和尚碑〉及〈塔銘〉云：「有
　　來受律者，吾師示之以尊嚴整齊，明列義類，而人知其所不為。」（頁163）「由其內者，
　　聞大師之言律義，莫不震動悼懼，如聽誓命。」（頁166）似乎僅見法證系承律門，而事
　　實上，法證又傳臺教，所以〈碑〉與〈塔銘〉還說：「有來求道者，吾師示之以高廣通
　　達，一其空有，而人知其所必至。」「由其外者，聞大師之稱道要，莫不悽歔欣踴，如
　　獲肆宥。」天臺教法之「一其空有」，即不落空假二邊，行於中道第一義觀；即智者《修

今見於柳集的，除前述〈西軒記〉、〈送巽上人序〉外，還有〈永州龍興寺修淨土院記〉、〈晨詣超師院讀禪經〉、〈酬巽上人以竹間自採新茶見贈〉、〈巽公院五詠〉等多篇詩文[21]。又從集中贈僧詩序來看，此地頗多遊方僧來往，子厚目睹恆是佛徒，耳聞無非鐘偈，長日多暇，佛理愈精，佛教創作，自較昔日為尤多[22]，東坡〈書柳子厚大鑒禪師碑後〉說：「柳子厚南遷，始究佛法。」[23]此固與子厚自述不合；惟南遷後，心得體驗確更深於曩昔，所以〈送巽人赴中丞叔父召序〉說：「世之言者罕能通其說，於零陵，吾獨有得焉。」這種對佛法的理解，自非章氏所說「以愛友轉而佞佛」，便能一筆勾銷。

第五，章氏又提到〈龍興寺息壤記〉，以為「如神能致夷地者以死，子厚不難寫出如『塵飛而災來，影及而禍至』等句」，但子厚既能以科學的態度解釋南方多癘疫，過勞者抵抗力差則先死；偏偏〈尊勝幢序〉會說「塵飛而災去，影及而福至」，於理是不可通的。事實上，這兩者並無矛盾，〈尊勝幢序〉所謂「塵飛而災去，影及而福至」，根據的正是

習止觀坐禪法要》〈證果第十〉所云：「雙照二諦，心心寂滅，自然流入薩婆若海。若菩薩欲於一念中具足一切佛法，應修息二邊分別止，行於中道正觀。」（T46，p472b）智者於此之後，更引龍樹《中論》「因緣所生法，我說即是空，亦名為假名，亦名中道義」說：「深尋此偈意，非惟具足分別中觀之相，亦是兼明前二種（案：指空、假）方便觀門旨趣。」（T46，p472c）《中論》為三論宗所依論典，三論師才是龍樹中觀學說正統宏揚者，但天臺宗也據緣起即空、即假、即中要義，宣闡其獨到圓宗；而《中論》卷一〈觀因緣品〉標宗即說：「不生亦不滅，不常亦不斷，不一亦不異，不來亦不出。能說是因緣，善滅諸戲論，我稽首禮佛，諸說中第一。」（T30，p1b）今法證弟子三千，度眾五萬，披山伐木，崇構法宇；捐衣去食，廣閱群經，將歿，卻告門人：「吾自始學至去世，未嘗有作。」動無不虛，靜無不為，生而未始來，歿而未嘗往，一貫以中道，難怪屬於天臺宗的志磐，編《佛祖統紀》時，將他歸入〈荊溪旁出世家〉（卷十，T49，p201a；又見卷二四，p251b）。

21　見《柳宗元集》卷二八、四二、四三。

22　柳集卷六、七有八僧碑銘十一篇；卷十九、二十各有〈尊勝幢贊并序〉、〈東海若〉一篇；卷二五有贈序九篇；卷二八寺記六篇；卷四二、四三古近體詩十七首，都與佛教相關。其中作時或有難以詳考的，但謫永所作最多，是可以確定的。詳見拙撰《韓柳文學與佛教關係之研究》第八章〈柳宗元之著作與佛教（上）〉。

23　《蘇軾文集》卷六六，北京：中華書局，1990年4月，頁2084。

《佛頂尊勝陀羅尼經》,《經》云：

> 佛告天帝,若人能書寫此陀羅尼,安高幢上,或安高山,或安樓
> 上,乃至安置窣堵波中,天帝,若有苾芻、苾芻尼、優婆塞、優
> 婆夷、族姓男、族姓女,於幢等上,或見或與相近,其影映身；
> 或風吹陀羅尼山幢等上,塵落在身上。天帝,彼諸眾生所有罪業,
> 應墮惡道：地獄、畜生、閻羅王界、餓鬼、阿修羅身惡道之苦,
> 皆悉消滅,不為罪垢染污。天帝,此等眾生,為一切諸佛之所授
> 記,皆得不退轉於阿耨多羅三藐三菩提。[24]

佛教密咒所以廣傳中土,如印順法師與聖嚴法師的著作[25],都有闡明。
西元八世紀以降,密教因身、語、意三密相應行,能得世出世之成就而
日漸風行；密咒則是遠源於《吠陀經》的咒術,藉表徵物與咒力,足以
驅遣神精鬼魅。佛陀在世時,對一切咒語術數之學,原非所重,故如《長
阿含經》云：

> 如餘沙門、婆羅門,食他信施,行遮道法,邪命自活,召喚鬼神,
> 或復驅遣,種種厭禱,無數方道,恐熱於人,能聚能散,能苦能
> 樂,……或為人咒病,或誦惡咒,或誦善咒,……或咒水火,或
> 為鬼咒,或誦剎利咒,或誦象咒,或支節咒,或安宅符咒,或火
> 燒、鼠囓能為解咒,或誦知死生書,或誦夢書,或相手面,或誦
> 天文書,或誦一切音書,沙門瞿曇無如此事。[26]

《中阿含經》卷四七〈多界經〉也說：「或有沙門、梵志,或持一句咒、
二句、三句、四句、多句、百千句咒,令脫我苦；是求苦、習苦、趣苦；
苦盡者,終無是處。」[27]強調持咒無裨於了脫生死輪迴；惟《長阿含經》

---

[24] 佛陀波利譯《佛頂尊勝陀羅尼經》,T19,p351b。

[25] 見《印度之佛教》第十七章《密教之興與佛教之滅》,臺北：正聞出版社,1988年10月,
頁305～326；《世界佛教通史》上冊,第十二章〈從密教盛行到近代佛教〉,臺北：東初
出版社,1985年2月,頁213～242。

[26] 《長阿含經》卷十四〈梵動經〉,T01,p89b。

[27] 《中阿含經》卷四七〈多界經〉,T01,p724a。

卷十二〈大會經〉又載佛為降伏諸天，而結多咒[28]；《雜阿含經》卷九又見佛為舍利弗宣說毒蛇護身咒[29]，乃至部派佛教《四分律》卷二七、《十誦律》卷四六等[30]，皆可見佛陀聽許持善咒，治療宿食不消、毒蛇、齒痛、腹痛等記載。以佛陀本懷而言，密咒當較晚出，或由後人增訂，為解脫道助緣，其有相當效驗，如尊勝陀羅尼能「塵飛而災去，影及而福至」，是不容置疑的，此於《法苑珠林》也說：

> 夫神咒之為用也，拔曚昧之信心，啟正則之明慧，裂重空之巨障，滅積劫之深痾。業既謝遣，黑法潛形，所以累聖式陳，眾靈攸仰。……陀羅尼者，西天梵音，東華人譯，則云持也。持善不失，持惡不生，據斯以言，彌綸一化，依法施行，功用立驗。[31]

且佛陀制戒，尚不允斫伐林木，蹂踐生草[32]，而豈忍心聽由興福執役的夷地工人為土神加害，致「塵飛而災來，影及而禍至」？今以佛法來解釋，因病而亡，是當生業緣已盡，而興造佛像塔寺等，自有其後世福德果報，《法苑珠林》卷三三〈興福部〉引《佛說福田經》即云：

> 佛告天帝，復有七法廣施，名曰福田。行者得福，即生梵天。何謂為七？一者，興立佛圖僧房堂閣。二者，園果浴池樹木清涼。三者，常施醫藥療救眾病。四者，作牢堅船濟度人民。五者，安設橋梁過度羸弱。六者，近道作井渴乏得飲。七者，造作圊廁施便利處。是為七事，得梵天福。[33]

就是子厚自己，在卷二八〈永州龍興寺修淨土院記〉也提到隨喜布施云：「有信士圖為佛像，法相甚具焉。今刺史馮公作大門以表其位，余遂周延四阿，環以廊廡，續二大士之像，繪蓋幢幡，以成就之。」因此子厚

28　《長阿含經》卷十二〈大會經〉，T01，p80a～p81b。

29　《雜阿含經》卷九，T02，p60c。

30　《四分律》卷二七、《十誦律》卷四六，T22，p754a；T23，p337b。

31　《法苑珠林》卷六十〈咒術篇‧述意部〉，T53，p734c。

32　見《彌沙塞部和醯五分律》卷六，T22，p41c；《四分律》卷十二，T22，p641c。

33　《法苑珠林》卷三三〈興福部〉，T53，p537c。

當然不會在〈永州龍興寺息壤記〉寫出「塵飛而災來，影及而禍至」，這樣既不符科學也不符佛理的話，倒是章氏神佛莫辨[34]，又不察「塵飛而災去，影及而福至」的典故，才會產生如此困擾。

三、〈尊勝幢贊并序〉實子厚之作

有關〈尊勝幢贊并序〉是子厚作品的論證，以下歸納為三點，分別說明。

第一，子厚早在未貶永州，對於《佛頂尊勝陀羅尼經》，便已知悉，如今睦州又請他撰文，他自然會說：「既尊而勝矣，其為拔濟尤大。塵飛而災去，影及而福至，睦州於是誠焉不疑。」子厚對此部經的認識，由現存資料檢得，至少貞元十八年，蓮宗三祖南嶽彌陀和尚[35]圓寂，子厚為撰〈南嶽彌陀和尚碑〉[36]，刻石於寺大門之右；摯友呂溫也撰〈南

34　張之淦〈柳文探微（指要）小識〉「佛道不分」條，引《指要》云：「唐家釋道不分，而退之信道，換言之，即不啻信佛也；俗人神佛不辨，而退之信神，換言之，亦即不啻信佛也。」（同注1，頁1869）而批評說：「姑置信之一字不論，推孤桐之意，佛即道也，佛即神也，神亦即道也。孤桐究精邏輯，是言也，得謂之當於理乎？」（同注6，頁114）今觀章氏於〈尊勝幢贊〉又說：「凡無神為災，即知無神為祥，凡無神為禍，亦即無神為福。」豈不正是神佛不辨？

35　《佛祖統紀》卷二六〈淨土立教志〉，記蓮宗七祖為廬山圓悟法師（慧遠）、長安光明法師（善導）、南嶽般舟法師（承遠）、長安五會法師（法照）、新定臺岩法師（少康）、永明智覺法師（延壽）、昭慶圓淨法師（省常），並按云：「四明石芝曉法師，取異代同修淨業功德高盛者，立為七祖，今故遵之，以為淨土教門之師法焉。」（T49，p260c）而三祖南嶽般舟法師即彌陀和尚。

36　見《柳宗元集》卷六（頁153～154）。陳景雲《柳河東集點勘》卷一〈南嶽彌陀和尚碑〉云：「呂溫有〈南嶽彌陀寺承遠和尚碑〉，貞元十八年代湖南廉使楊憑作，此文乃第二碑也；猶元和十一年，柳子作〈大鑒碑〉後三年，劉夢得應僧道琳請，更為撰碑耳。」陳氏文意似指柳碑不撰於貞元十八年，而應如劉夢得撰〈大鑒禪師碑〉之後於子厚。實則呂、柳二作皆同期完成。由於楊憑為子厚丈人，貞元十八年九月，憑以太常少卿為潭州刺史、湖南觀察使，癸亥，德宗宴群臣於麟膦山池，並賦〈九日賜宴詩〉六韻賜之（《舊唐書》卷十三〈德宗本紀〉，臺北：鼎文書局，1992年5月，頁397），子厚且代撰〈為楊湖南謝設表〉（卷三八），因此〈彌陀和尚碑〉不由子厚代筆，而改由子厚摯友捉刀，當因寺僧已請子厚撰碑；且試觀二碑俱言及承遠師承、行持、神蹟，而呂製尤詳，果以子厚才藻，又晚作於呂溫，必別裁翻新，不應如此雷同，尤其子厚既於碑曰：「葬于寺之

嶽彌陀寺承遠和尚碑〉，樹於南岡墓所，呂碑已提及和尚乃漢州縣竹縣謝氏之子，因聞尊勝真言，而決心出家訪道[37]，故子厚諒亦知之；且《佛頂尊勝陀羅尼經》與淨土宗關聯尚不止此，《宋高僧傳》卷二一〈法照傳〉謂法照往禮五臺山文殊道場，即由翻譯此經的佛陀波利引入般若院，這在〈佛陀波利傳〉敘述尤詳：

> 大曆中，南嶽雲峰寺沙門法照，入五臺山，禮金剛窟，夜之未央，剋責撲地，忽見一僧，長七尺許，梵音朗暢，稱是佛陀波利，問曰：「阿師如此自苦，得無勞手？有何願樂？」照對曰：「願見文殊。」曰：「若志力堅強，真實無妄，汝可脫履於板上，咫尺聖顏，令子得見。」照遂瞑目，俄已入窟，見一院，題額云「金剛般若寺」，字體遒（道）健，光色閃爍。其院皆是異寶莊嚴，名目不暇，樓觀複沓，殿宇連延，罘罳密緻，鈴鐸交鳴，可二百所。間有祕藏，中縅《金剛》、《般若》，并一切經法。人物魁偉，殆非常所覩也。[38]

法照即彌陀和尚弟子。彌陀和尚幽居衡嶽，不求名聞，因有弟子法照承詔入觀，領袖京邑，代宗始名其居為「般舟道場」；楊憑始表求褒立彌陀寺額，這在子厚與呂溫所撰碑中，皆有敘及。至於佛陀波利何以在文殊道場，《大正藏》於其所譯《佛頂尊勝陀羅尼經》前，有定覺寺沙門

南岡，刻石於寺大門之右。」又銘曰：「奉公寅形於南岡 ……立之茲石書玄蹤。」足見本文成於承遠圓寂未久；況且子厚曾撰〈南嶽般舟和尚第二碑〉（卷七），如〈彌陀和尚碑〉也是第二碑，標題必同於〈般舟碑〉，今既不題「第二碑」，則與呂溫同期完成，更無可疑。施子愉、羅聯添所撰〈年譜〉（《武漢大學人文科學學報》第1期、《學術季刊》第六卷4期）皆繫本文於貞元十八年；歐陽脩〈集古錄跋尾〉卷八、趙明誠《金石錄》卷九則言碑成於元和五年，不知何據？日人塚本善隆撰〈南嶽承遠和尚の淨土教〉、河內昭圓撰〈柳宗元の釋教碑についへ〉（收於《柳宗元傳記資料》第6冊，臺北：天一出版社，1985年）遂從此說，惜未詳加考證，今故不取。

[37] 〈南嶽彌陀寺承遠和尚碑〉云：「師諱承遠，漢州縣竹縣謝氏之子，……驚禮樂之陷阱，覺詩書之桎梏，忽忽不樂，未知所逃。俄有信士，以尊勝真言質疑於學，怡然聳聽，宛若前聞，識契心冥，神動意往，遂涕訣慈顧，行徇幽緣。」（《全唐文》卷六三〇，頁8074）
[38] 《宋高僧傳》卷二，T50，p717c。

志靜撰序，記載一段傳說，謂佛陀波利聞文殊師利在清涼山，因遠涉流沙，躬來禮謁，高宗儀鳳元年（676）杖錫五臺，虔誠禮拜，倏見一翁從山而出云：「師何所求耶？」波利答曰：「聞文殊大士隱跡此山，從印度來，欲求瞻禮。」老翁即告之取得《佛頂尊勝陀羅尼經》，使傳佈中土[39]，當告以文殊居處，波利遂返本國，取得經迴，譯經之後，即向五臺，入山不出。此事，《宋高僧傳・佛陀波利傳》亦引錄之。而原本《佛頂尊勝陀羅尼經》說：

> 若人能須臾讀誦此陀羅尼者，此人所有一切地獄、畜生、閻羅王界、餓鬼之苦，破壞消滅，無有遺餘，諸佛剎土，及諸天宮，一切菩薩所住之門，無有障礙，隨意遊入。（T19，p350b）

但子厚當應了解馬淑「奉佛道未嘗敢忘」，是稱名念佛，發願往生西方彌陀佛國，而淨土宗又與《佛頂尊勝陀羅尼經》有上述淵源，子厚才會說：「誰為友兮上品人。」[40]「生佛所、得佛道，宜無疑也。」

第二，唐人之所以廣立尊勝經幢，是因經中有言：

> 以多諸供具，華鬘、塗香、末香、寶幢幡蓋等，衣服瓔珞，作諸莊嚴，於四衢道造窣堵波，安置陀羅尼；合掌恭敬，旋繞行道，歸依禮拜。天帝，彼人能如是供養者，名摩訶薩埵，真是佛子持

---

[39] 慧琳《一切經音義》卷三五〈記佛頂尊勝陀羅尼經翻譯年代先後〉一文云：「最初，後周宇文氏武帝保定四年甲中歲，三藏闍那耶舍於長安歸城四天王寺，譯出《尊勝佛頂陀羅尼并念誦功能法》一卷五紙，學士鮑永筆授（受），見《開皇三寶錄》說，第一譯也。」（T50，p544a），如此一來，佛陀波利即非最早攜帶《佛頂尊勝陀羅尼經》來中國的；但慧琳並未親睹闍那耶舍所譯經，才轉引《開皇三寶錄》之說。《開皇三寶錄》其實是《歷代三寶紀》的別稱，書中卷十一（T49，p100b）確言闍那耶舍於四天王寺譯經，不過鮑永筆受的，名為《佛頂咒經並功能》。此經與《佛頂尊勝陀羅尼經》是同本別譯，在明佺《大周刊定眾經目錄》卷四（T55，p396c），亦已載明，只是《目錄》卷十二也說《佛頂咒經》亡失（T55，p443a），因此老翁要佛陀波利取來此經，而佛陀波利所攜梵本，由杜行顗奉詔譯出的，《開元釋教錄》及《貞元新定釋教目錄》仍視之為第一譯本。（卷十二，T55，p600a；卷二二，T55，p930c）

[40] 《佛說觀無量壽佛經》云：「佛告阿難及韋提希，凡生西方，有九品人。」（T12，p344c）即上、中、下三品中，又各分上生、中生、下生。

法棟梁，又是如來全身舍利窣堵波塔。（T19，p351b）

而睦州所以為亡婦設經幢於墓，則因經文又說：

> 若人先造一切極重惡業，遂即命終，乘斯惡業，應墮地獄，或墮
> 畜生、閻羅王界，或墮餓鬼，乃至墮大阿鼻地獄，或生水中，或
> 生禽獸異類之身，取其亡者隨身分骨，以土一把，誦此陀羅尼二
> 十一遍，散亡者骨上，即得生天。（T19，p351c）

但據李白〈崇明寺佛頂尊勝陀羅尼幢頌序〉云：「聖君垂拱南面，穆清
而居，大明廣運，無幽不燭。以天下所立茲幢，多臨諸旗亭，喧囂湫隘，
本非經行網繞之所，乃頒下明詔，令移於寶坊。」[41] 市樓旗亭尚且不宜
蠢設經幢，何況是在墓地；然而風氣相沿，當時應不僅睦州一人如此。
同樣，子厚本篇也犯了習焉不察的疏失，那就是文章開頭說：「以佛之
為尊而尊是法，嚴之於頂，其為最勝宜也。」以為此經最為尊殊勝，即
佛陀亦因崇敬而嚴飾頂戴之。這是子厚誤解了「佛頂」、「尊勝」之意。
考《大智度論》卷二一〈釋初品中八念〉，言佛身三十二相，中有「肉
骨髻相，如青珠山頂，青色光明從四邊出，頭中頂相無能見上，若天、
若人，無有勝者」[42]；慧琳《一切經音義》卷四、卷十三「烏瑟膩沙」
條亦云：

> 梵語也。如來頂相之號也。《觀佛三昧海經》云：「如來頂上肉
> 髻團圓，當中涌起，高顯端嚴，猶如天蓋。」又一譯云「無見頂
> 相」，各有深義也。
> 梵語。如來頂髻也。古譯或云「嗢瑟尼沙」，或云「鬱瑟尼沙」，
> 此譯云「髻」。案《無上依經》云：「頂骨涌起，自然成髻也。」

---

[41] 《李太白全集》卷二八，同注2，頁1309。安旗〈李白有關佛教詩文繫年選箋〉（收於《中
國李白研究・1991年集》，南京：江蘇古籍出版社，1993年4月，頁368）謂本篇作於天
寶九載冬或十載春，李白由江淮返東魯時。

[42] 《大智度論》卷二一〈釋初品中八念〉，T25，p219a。

43

因佛頂殊勝，故多部佛經皆以「佛頂」為喻，如與《佛頂尊勝陀羅尼經》同收於《大正藏》十九冊的《大佛頂如來放光悉怛多鉢怛囉陀羅尼》、《大佛頂如來密因修證了義諸菩薩萬行首楞嚴經》、《佛頂放無垢光明入普門觀察一切如來心陀羅尼經》等皆是。而「佛頂尊勝陀羅尼」的真正涵義，則當如昔真〈佛頂尊勝陀羅尼幢銘〉所云：

> 粵惟尊勝者，佛也；陀羅尼者，法也。敬知佛法高妙，最勝最尊，四生不測其源，三天罔觀其相，勝妙無極，將喻佛頂也。[44]

習焉不察，本是人類通病，即使子厚也不例外，除本文解說「佛頂尊勝」有誤外，卷六〈曹溪第六祖賜諡大鑒禪師碑〉、卷七〈南嶽大明寺律和尚碑陰〉、卷二五〈送元暠師序〉，也各有疏失[45]。

---

[43] 《一切經音義》卷四、卷十三，T54，p329c、p386a。

[44] 《全唐文》卷九一六，頁12046。又法崇《佛頂尊勝陀羅尼經教跡義記》卷上，則是逐字分解「佛頂尊勝」，云：「初稱佛號，先標兩足之雄名。次說頂言，方敘一身之貴相。尊以彌高立稱，彰教體之彌高。勝以至妙受名，表佛心之至妙。」（T39，p1012c）亦迥異於子厚之詮解。

[45] 〈大鑒禪師碑〉云：「大鑒去世百有六年，凡治廣部而以名聞者以十數，莫能揭其號，乃今始告天子，得大諡……。」孫汝聽注曰：「（六祖）先天二年卒，是歲癸丑，至元和十三年戊戌，為一百六年。」（頁150）由於六祖慧能於睿宗先天二年（713）八月三日滅度，春秋七十六，為唐代以來一致說法，所以孫注只得將得諡之年延至元和十三年（818），始足「百有六年」之數；殊不知子厚碑文開頭已說「元和十年十月十三日」，詔諡大鑒禪師，所以年歲延後，文章首尾仍有矛盾，那麼子厚為何有「去世百有六年」之說？這問題，印順法師《中國禪宗史》（臺北：正聞出版社，1989年10月）第五章第一節〈慧能年代考〉已有分析，原來子厚受了《曹溪大師別傳》的誤導（頁175～187）。《別傳》是流行於唐代的六祖傳記，其所述年代多淆混不實，如言：「大師在日，受戒、開法度人三十六年。先天二年壬子歲滅度，至唐建中二年，計當七十一年。」（《卍續藏》146冊，臺北：新文豐公司，1983年1月，頁973）先天二年是癸丑歲，《別傳》竟誤作壬子，於是自先天二年至建中二年（781），僅六十九年，《別傳》竟誤為七十一年。子厚不察，又計算建中二年至元和十年（815），首尾共三十五年，故說「去世百有六年」。〈南嶽大明寺律和尚碑陰〉云：「凡葬大浮圖，其徒廣則能為碑。晉宋尚法，故為碑者多法。梁尚禪，故碑多禪。法不周施，禪不大行，而律存焉，故近世碑多律。」（頁172）

　　固然《尊勝幢贊并序》與這三篇文章的疏失，無直接而密切的關連，但卻可以證明子厚對佛教義學，往往擷其英華而忽其枝葉，這愈是才華橫溢的知識分子，愈易有此傾向；只不過佛法淵深，正如義楚所云：「佛出西天，教流東土。歲月綿邈，時代推移。部帙實繁，翻述尤廣。滔滔法海，巍巍義山。是知十地猶迷，二乘豈測？緇侶罕窮根蒂，鴻儒鮮究波瀾。」[46]因此子厚對佛理教史容有疏忽，也不意味他對佛學相當陌生，這是要特別澄清的。

按子厚另有〈送濬上人歸淮南觀省序〉（卷二五，頁683），以為佛教傳入中國，「離為異門，曰禪、曰法、曰律」，以禪、法、律三門與戒、定、慧三學相應，分析相當簡單明確；然斷代論其發展盛衰，已不免如湯用彤所云：「斷代為史，記明代之興廢，固可明政治史之段落，而於宗教時期之分劃，不必即能契合。」（《隋唐及五代佛教史・緒言》，臺北：慧炬出版社，1986年12月，頁1）何況還要以如此單純的歸納，去涵括各朝複雜的宗派流變，自是枘鑿難契。如子厚云「梁尚禪，故碑多禪」，就達摩禪初傳而言，其影響仍不大，道宣《續高僧傳》卷十六〈僧可傳〉，還記載達摩弟子僧可（一名慧可）飽受迫害（T50，p551c），而事實上，依印順法師《中國禪宗史》所言，道宣對達摩門下的事，仍知道不多（頁26），這即可證明禪法並非一枝獨秀。子厚又說：「近世碑多律」，則當因其僻處南荒，以子厚銘幽八僧，即有法證、日悟、惠開、希操與律門有關（見柳集卷七〈南嶽雲峰寺和尚碑〉、〈南嶽般舟和尚第二碑〉、〈南嶽大明寺律和尚碑〉、〈衡山中院大律師塔銘〉），且「言律藏者宗衡山」（劉禹錫〈衡嶽大師儼公碑〉），故有此說；但據湯用彤《隋唐及五代佛教史》的說法，中國佛教宗派對廣大民眾有影響的，還是禪宗和天臺宗。禪宗是因不立文字，摒棄煩瑣教義及規儀，而易於流行；天臺宗的集會結社、念佛拜觀音，則與民間神靈崇拜相結合（頁264）。這是從隋唐整體佛教發展來看，自比子厚精準可信。
〈送元暠師序〉云：「釋之書有《大報恩》七篇，咸言由孝而極其業。世之蕩誕慢詭者，雖為其道而好違其書；於元暠師，吾見其不違且與儒合也。」所謂《大報恩》即《大方便佛報恩經》。武后時，曾救佛授記寺沙門明佺等，撰《大周刊定眾經目錄》，《目錄》卷三收列此經七卷本二部，謂為「同本別譯」（T50，p387b），但據林顯庭所撰〈大方便佛報恩經纂者考及其唐代變文〉（《中國文化月刊》91期，1987年5月，頁88）考證結果，此經自始即非譯作，而屬纂作，其內容多談善惡果報、捨身利他、前世因緣種種譬喻故事，是以唐代已編為變文，廣加流布。今列寧格勒所藏《雙恩記》殘卷，即敷演《報恩經》中事。由於此經於唐代已廣為人知，子厚故信手拈來，痛責奉其道者違其書，卻也沒發現《報恩經》本是纂作。

[46] 義楚《釋氏六帖・序》，收入於《大藏經補編》第13冊，臺北：華宇出版社，1985年12月，頁1。

第三，唐代古文，韓柳並稱，而韓柳撰製，也常有蓄意爭能的事實，錢基博《韓愈志》即云：

> 宗元集中，有有意與韓愈爭能者：韓愈有〈元和聖德詩〉、〈平淮西碑〉，而宗元則為〈平淮西雅表〉、〈平淮西雅〉及〈貞符〉，皆仿《詩》《書》。韓愈有〈感二鳥賦〉〈復志賦〉〈閔己賦〉〈別知賦〉，而宗元則為〈佩韋〉〈解祟〉〈懲咎〉〈閔生〉諸賦，皆仿〈離騷〉。韓愈〈進學解〉〈送窮文〉，而宗元則為〈瓶賦〉〈牛賦〉〈乞巧文〉〈罵尸蟲文〉，皆學揚雄。韓愈有〈爭臣論〉〈鄆州谿堂詩序〉，而宗元則為〈館驛使壁記〉〈嶺南節度使饗軍堂記〉〈邠寧進奏院記〉〈興州江運記〉〈賀進士王參元失火書〉，皆脫胎《左傳》《國語》。韓愈有〈答崔立之書〉〈與崔群書〉，而宗元則為〈許京兆孟容書〉〈與楊京兆憑書〉〈與蕭翰林俛書〉皆脫胎太史公〈報任少卿書〉。韓愈有〈伯夷頌〉，而宗元則為〈伊尹五就桀贊〉，皆以自喻。韓愈有〈五箴〉，而宗元別為〈戒懼箴〉〈憂箴〉，皆以自箴。韓愈有〈雜說〉〈獲麟解〉，而宗元則為〈羆說〉〈蝜蝂傳〉〈臨江之麋〉〈黔之驢〉〈永某氏之鼠〉〈鞭賈〉……。韓愈有〈圬者王承福傳〉，而宗元則為〈捕蛇者說〉〈種樹郭橐駝傳〉〈梓人傳〉……。韓愈有〈師說〉，宗元則有〈答韋中立論師道書〉；韓愈有〈張中丞傳後序〉，宗元則有〈段太尉逸事狀〉；韓愈有〈驅鱷魚文〉，宗元則有〈宥蝮蛇文〉；韓愈有〈後十九日復上宰相書〉〈應科目時與人書〉，宗元則有〈上門下李夷簡相公書〉；辭意即異，蹊徑儻似，若有意，若無意。[47]

今觀韓集有〈弔武侍御所畫佛文〉[48]，即頗可能感於子厚作〈尊勝幢贊

---

[47] 錢基博《韓愈志·韓友四子傳第四》，臺北：華正書局，1975年5月，頁72。又韓柳爭能，在錢基博之前，如羅大經《鶴林玉露》卷十五（臺北：正中書局，1969年12月）；范晞文《對床夜語》卷四（臺北：臺灣商務印書館景印《四庫全書》1481冊，1986年3月）；孫鑛〈讀柳集敘說〉（蔣之翹輯注《唐柳河東集》卷首）等，皆已提及。

[48] 《韓昌黎文集校注》卷五，臺北：華正書局，1982年2月，頁193。

并序〉，故藉武侍御圖畫西方佛一事，撰成此文，暗與子厚較量。退之雖未詳記武侍御之名，但據篇題注云：

> 武侍御，一以為武少儀。謂公嘗為〈太學彈琴詩序〉，少儀時為司業。後以太常少卿兼御史中丞使南詔，在元和五年。一以為武儒衡。據李翱集墓誌[49]云：故相鄭餘慶尹河南，奏授伊闕尉……。及鄭公留守東都，（又請自佐，得監察御史，轉殿中御史，臺奏其材，詔即以為真。）在元和五六年間。然姓氏及官御史皆同，未知孰是；然題曰「侍御」，其文亦曰「侍御」，後說若近之云。

考《韓昌黎文集校注》卷四〈上巳日燕太學聽琴詩序〉，作於貞元十八或十九年，退之時為四門博士，而稱武少儀「司業武公」，但這篇弔文卻稱「御史武君」；據《舊唐書》卷一五八〈武儒衡傳〉云，儒衡長慶四年卒，年五十六，正比退之小一歲，因此「武侍御」自以武儒衡為是。〈弔武侍御所畫佛文〉既寫於元和五六年間；〈尊勝幢贊并序〉也是元和五年，馬淑死後寫成，兩篇文章的寫作時間，確頗接近，而〈弔武侍御所畫佛文〉又是為與子厚相角的理由是：

（一）退之集中為時貴碑誄不少，卻無一篇釋教墓銘，這是因為碑誌文往往要對墓主頌德揚芬，釋子固不放心由排佛者代勞；退之也不願以一排佛者而為「諛墓」之辭；如今退之居然會為武儒衡寫出此篇畫佛文，動機不能不令人懷疑。

（二）本文體製頗特殊，一般將之列於哀祭類；但哀祭專為死者而發，本文卻是儒衡妻死有年，因儒衡聽從出家人的勸說，出亡妻遺物，請圖畫西佛，退之聞之，即主動弔以此文，自全篇文句觀之，實未達到弔唁之效；唯持此文與〈尊勝幢贊并序〉作一比較，可以發現子厚說馬淑將因立石幢功德，生佛所、得佛道，與蓮池海會諸上品人為友；退之則假借儒衡云：「吾不能了釋氏之信不；又安知其不果然乎？」點出人性寧信其有的心理弱點，而更在弔文之末說：「圖西佛兮道予懃，以妄

---

[49] 即《李文公集》卷十五，〈兵部侍郎贈工部尚書武公墓誌銘〉，臺北：臺灣商務印書館《四部叢刊》初編本，不著年月，159冊，頁66。

塞悲兮慰新魂。嗚呼奈何兮！弔以茲文。」如此，即誠如曾國藩所云：

> 置身千仞之上，下視昧昧者，但覺可憐憫也。公詩如〈謝自然〉、
> 〈誰氏子〉，文如〈孟尚書書〉及此等，當觀其卓然不惑處。[50]

因為「以妄塞悲」一辭，不僅指斥了佛法妄誕不實，達到排佛目的，也
意味自己思想境界的高超，對許多需仰賴佛法取得慰藉的人充滿同情與
無奈；子厚既相信為亡者作功德，則退之悲憫的對象，不用說，自然也
含括子厚了。

　　（三）柳開《河東先生集》卷二〈東郊野夫傳〉云：「（韓柳）文近
而道不同。」王應麟《困學紀聞》卷十七亦云：「韓柳並稱而道不同。」
[51]道之不同，正包括兩人對佛教的態度；而〈弔武侍御所畫佛文〉之與
〈尊勝幢贊并序〉，即是兩人在元和五年激烈論爭中，潛伏著的另一波
瀾。由於子厚曾撰〈送元十八山人南遊序〉云：

> 太史公嘗言：世之學孔氏者，則黜老子；學老子者，則黜孔氏，
> 道不同不相為謀。……太史公沒，其後有釋氏，固學者之所怪駭
> 舛逆其尤者也。[52]

此序作於元和五年之前[53]，退之見後，便託李礎帶信給子厚，責備他不

---

[50]　《求闕齋讀書錄》卷八，臺北：廣文書局，1969年1月。
[51]　見《韓愈資料彙編》，臺北：學海出版社，1984年4月，頁72、571。
[52]　《柳宗元集》卷二五，頁662。
[53]　柳集卷二五〈送僧浩初序〉云：「退之又寓書罪余，且曰：『見〈送元生序〉，不斥浮圖。』」
（頁673）〈送元生序〉舊說都以為就是〈送元十八山人南遊序〉；孫昌武《柳宗元傳論》
卻以為〈送元十八山人南遊序〉作於柳州，所以絕非〈送元生序〉，並引韓愈、白居易
送元十八詩文為證（北京：人民文學出版社，1982年8月，頁335），惜孫氏未言〈送元
生序〉的元生又是誰？且韓、白送元十八詩文雖同成於元和十年以後，也不代表元、柳
非結識於永州，子厚不能贈之以序。試觀柳集再無〈送元生序〉，而〈送元十八山人南
遊序〉與〈送僧浩初序〉所說，並不相悖，皆以浮圖不與孔子異道，故孫氏既未詳考元
生行蹤，即不宜斷言〈送元生序〉非〈送元十八山人南遊序〉。又岑仲勉《唐人行第錄》
固以〈送元十八山人南遊序〉作於永州，卻說成於元和九年（臺北：九思出版社，1978
年2月，頁5），如此一來，實難與元和五年所作〈送僧浩初序〉裡提到「〈送元生序〉，

排佛，子厚便又在〈送僧浩初序〉反駁退之，以為：1.浮圖之言，與《易》《論語》合，有不可斥者。2.浮圖性情奭然，不與孔子異道。3.退之好儒不及揚雄，揚雄且有取於莊、墨、申、韓；浮圖則更勝於莊、墨、申、韓。4.如不信道而斥之為夷狄，豈非與惡來、盜跖為友，而賊季札、由余？5.退之忿其外、遺其中，是知石而不知韞玉。6.浮圖不愛官、不爭能，樂山水而嗜閑安，遠勝世人競逐名利。以上六點，既陳述己見，且批評退之所排僅是教跡，更說退之不及揚雄之好儒，言辭相當犀利，一點也不退讓。

　　〈送僧浩初序〉作時與〈尊勝幢贊并序〉相當接近[54]，序文本為送浩初而作，因浩初與李礎友好，將赴彼處，所以子厚特別寫下這篇一反贈序體例的文章，希望李礎和退之都看到，序文之末即云：「李生礎與浩初又善，今之往也，以吾言示之；因北人寓退之，視何如也。」言下大有不惜再作筆戰之勢，然而今於韓集，並不見任何正面回應的篇章，倒是〈弔武侍御所畫佛文〉，在激辯聲中，又暗與〈尊勝幢贊并序〉針鋒相向，透露出「道其所道，非吾所謂道」[55]的堅定排佛意念，不稍動搖。

　　由於〈弔武侍御所畫佛文〉是與〈尊勝幢贊并序〉相角之作，〈尊勝幢贊并序〉自然更可以證明是子厚所為。

　　不斥浮圖」相契合，故仍應如陳景雲《柳河東集點勘》卷二〈送元十八山人南遊序〉云：「此文乃五年以前作也」為是。

[54]　〈送僧浩初序〉一開頭就說：「儒者韓退之與余善，嘗病余嗜浮圖言，訾余與浮圖遊。近隴西李生礎自東都來……」顯然此序作於李礎自洛陽南來不久。孫汝聽有注云：「礎為湖南從事，元和六年請告省其父。」（頁673）似乎序即作於元和六年，而事實上「元和六年」應改為「元和五年」。李礎至東都省親，尋歸使幕，退之有〈送湖南李正字序〉（《韓昌黎文集校注》卷四，同注48，頁161～162）及〈送湖南李正字歸〉（《韓昌黎詩繫年集釋》卷七，同注13，頁323～324），錢仲聯即據興祖《韓子年譜》，繫詩作於元和五年，再據韓詩云：「長沙入楚深，洞庭值秋晚。」點明於秋節送別，而退之元和六年秋，已自河南令入為職方員外郎，故李生南歸，必在元和五年秋；〈送僧浩初序〉自亦作於此際。

[55]　《韓昌黎文集校注》卷一〈原道〉，同注48，頁8。

四、結 論

　　以上分別從反駁章氏說法，並提出論證兩方面，來肯定〈尊勝幢贊并序〉是子厚所作，其中關於子厚思想、處事態度、對佛法的理解、作品和作品的牽連，及與韓愈之間的互動，都費了不少篇幅予以說明。王國維《古史新證・總論》有謂：

> 吾輩生於今日，幸於紙上之材料外，更得地下之新材料，由此種材料，我輩因得據以補正紙上之材料，亦得證明古書之某部分全為實錄，即百家不雅馴之言，亦不無表示一面之事實，此二重證據法，惟在今日始得為之，雖古書之未得證明者，不能加以否定，而其已得證明者，不能不加以肯定，可斷言也。[56]

也的確，藉由貞石的重現，可以省略許多迂迴且瑣碎的考證工夫；但在地下史料欠缺之餘，透過全面而縝密的比較分析，以考辨作品真偽，比起先入為主的主觀臆測，其可信度自可大為提昇；何況在論證過程中，對於作者及其作品，將有更深入的了解，故即使耗費不少篇幅，從求真的立場來說，仍是必要的。

---

[56]　《王觀堂先生全集》，臺北：文華出版公司，1968年3月，第6冊，頁2078。

下編
宋元明之部

《晚笑堂畫傳》歐陽脩繪像

歐陽永叔晚年佛教觀考釋

提　　要

　　身為北宋中葉排佛健將的歐陽脩，是否臨老奉佛？歷來眾說紛紜。歐公大半生主張排佛，主要是受韓愈及宋代道學風潮的影響，他尊儒術，重理智，不盲信，但對於夫子罕言的天命問題，卻讓他束手無策！面臨世事的變化、人生的窮通，他不得不說出：「命也難知理莫求。」他的晚年逐漸感到對信仰的需要和苦悶，檢視《集古錄》可知他在臨終前一年，已表現出對佛教的寬容。本文依序從他排佛淵源談起，再論及佛教界對他的評論，並分析他有無向佛傾向，排佛立場有無動搖，結論認為歐公一生確實在世出世間擺盪。文中尚特別對於葉夢得《避暑錄話》論及歐公的一段話，有詳細考辨，認為歐公臨終之前，稍從問於顒華嚴，並閱讀《華嚴經》是可能的。

關鍵詞

歐陽脩　本論　集古錄　避暑錄話　排佛

一、前　言

　　歐陽脩承繼韓愈詩文革新理念，開創出宋代文學新氣象。歐陽脩不僅有個人的文學眼光，也有躬親實踐的精湛造詣，他秉持儒家思想，一方面說：「道勝者，文不難而自至。」[1]強調道是文的核心；一方面也不忽視辭章應有的文采，故云：「『言之無文，行而不遠』，君子之所學也，言以載事，而文以飾言，事信言文，乃能表見於後世。」[2]他的散文在宋代六大家中，居於首位，其餘五人不是出自其門，便是得到他的提攜；他的詩歌平易疏暢，與散文風格相近，宋詩議論化、散文化的基本特點，已在其作品奠立；他的詞傷春怨別，深婉清麗，也自成一家。而《六一詩話》獨樹一幟，是第一部以「詩話」命名的著作，為詩文評先驅；另外在史學、經學、目錄學、金石學各方面，也都具有貢獻，在中國學術史上堪稱成就不凡，影響遠大。

　　但是歐陽脩大半生主張排佛，他的排佛主要受韓愈及宋代道學風潮影響所致[3]。以下且先看宋初興起的道學風。黃震《黃氏日抄》曾云：

> 師道之廢，正學之不明久矣。宋興八十年，安定胡先生、泰山孫先生、徂徠石先生，始以其學教授；而安定之徒最盛，繼而伊洛之學興矣。故本朝理學雖至伊洛而精，實自三先生而始，故晦庵有「伊川不敢忘三先生」之語。[4]

胡瑗、孫復、石介號稱「宋初三先生」，他們開啟了宋代學術崇尚道德

---

[1] 歐陽脩《歐陽脩全集·居士集》卷四七〈答吳充秀才書〉，臺北：世界書局，1988年6月，頁222。又歐陽脩的「脩」，於專書或期刊論文亦常作「修」，今皆統一作「脩」。

[2] 《歐陽脩全集·居士外集》卷十七〈代人上王樞密求先集序書〉，同注1，頁486。

[3] 劉子健《歐陽脩之治學與從政》（臺北：新文豐公司，1984年10月，頁110、112），言及歐陽脩叔父歐陽載、歐陽曄對於佛教「動搖興作」、「蠱食蟲蠹」誘害百姓，有妥善處置，歐陽脩於二人墓誌銘皆有表彰。則歐公排佛，與其叔父之舉措當亦有關。

[4] 黃震《黃氏日抄》卷四五，臺北：臺灣商務印書館景印《四庫全書》708冊，1985年2月，頁253。此亦載見黃宗羲《宋元學案》卷二〈泰山學案〉，臺北：世界書局，1983年5月，頁43。

實踐的學風，而歐陽脩與三人皆有交誼，其於〈胡先生墓表〉有云：「自景祐、明道以來，學者有師，惟先生暨泰山孫明復、石守道三人。」[5]當胡瑗升遷為天章閣侍講，歐陽脩也曾向朝廷上〈舉留胡瑗管勾太學狀〉，盛讚胡瑗在太學的功績，懇請朝廷延留胡瑗主持太學：「自瑗管勾太學以來，諸生服其德行，遵守規矩，日聞講誦，進德修業。……然則學業有成，非止生徒之幸，庠序之盛，亦自是朝廷美事。今瑗既升講筵，遂去太學。竊恐生徒無依，漸以分散……。」[6]

歐陽脩亦在孫復身後撰〈孫明復先生墓誌銘并序〉[7]，對其治學、為人大加讚譽。韓琦撰〈歐陽公墓誌銘〉則說：「（公）平生篤於朋友，如尹師魯、梅聖俞、孫明復既卒，其家貧甚，公力經營之，使皆得以自給；又表其孤於朝，悉錄以官。」[8]可見歐陽脩對竭志於儒學者的情義。

三先生之中，歐陽脩與石介的交往較多，葉夢得《避暑錄話》卷上有云：「石介守道與歐文忠同年進士，名相連，皆第一甲。」[9]早在景祐二年（1035），歐陽脩已撰〈與石推官書〉兩封，稱曰：「近於京師，頻得足下所為文，讀之甚善，其好古閔世之意，皆公操（即石介）自得于古人」；又指出他為文「有自許太高，詆時太過，其論若未深究其源者」[10]，希望他聞過即改，可知二人有一定交情。歐陽脩又撰〈徂徠石先生墓誌銘并序〉，為石介性情鯁直，疾惡如仇，在生前死後頻遭謗議，深抱不平；慶曆六、七年（1046～1047），歐陽脩還先後作〈讀徂徠集〉、〈重讀徂徠集〉深切悼念石介。歐陽脩於〈讀徂徠集〉云：「尤勇攻佛老，奮筆如揮戈。」〈徂徠石先生墓誌銘并序〉又說：「其斥佛老時文，則有〈怪說〉、〈中國論〉，曰：『去此三者，然後可以有為。』」[11]

5　《歐陽脩全集・居士集》卷二五，同注1，頁178。
6　《歐陽脩全集・奏議集》卷十四，同注1，頁869。
7　《歐陽脩全集・居士集》卷二七，同注1，頁193～194。
8　《歐陽脩全集・附錄》卷二，同注1，頁1346。又同卷蘇轍撰〈歐陽文忠公神道碑〉、卷一吳充撰〈歐陽公行狀〉皆言及此，見頁1352、1337。
9　葉夢得《避暑錄話》卷上，《叢書集成新編》第84冊，臺北：新文豐公司，1986年1月，頁629。
10　《歐陽脩全集・居士外集》卷十六，同注1，頁482。
11　〈讀徂徠集〉、〈重讀徂徠集〉、〈徂徠石先生墓誌銘并序〉分見《歐陽脩全集・居士

　　歐陽脩既與三先生均有往來，對三先生的道德學問與好惡主張必知
之甚詳。今觀胡瑗篤實經術，為一純粹儒者，著作《易書》、《中庸義》、
《洪範義》，不雜染諸子百家之學；孫復則作〈儒辱〉，痛斥曰：「佛老
之徒，橫乎中國，彼以死生禍福，虛無報應為事，千萬其端，紿我生民，
絕滅仁義，以塞天下之耳；屏棄禮樂，以塗天下之目。」[12]而與孫復亦
師亦友的石介又作〈怪說〉，上篇稱：「釋、老之為怪也，千有餘年矣」；
〈中國論〉也道：「噫！今不離此而去彼，背中國而趨佛老者幾人？」[13]
因此歐陽脩著作〈本論〉，慨言：「佛法為中國患千餘歲」，與這股「以
經行為先，道德為本」的風潮自極有關連。其次，歐陽脩歷仕三朝、備
位二府，曾經主導一時風會，矯正宋初以來西崑體流弊，蘇軾於〈謝歐
陽內翰書〉說：

> 軾竊以天下之事，難於改為。自昔五代之餘，文教衰落，風俗靡
> 靡，日以塗地。聖上慨然太息，思有以澄其源，疏其流，明詔天
> 下，曉諭厥旨。於是招來雄俊魁偉敦厚朴直之士，罷去浮巧輕媚
> 叢錯采繡之文，將以追兩漢之餘，而漸復三代之故。[14]

「追兩漢之餘，而漸復三代之故」，正同於韓愈〈答李翊書〉「非三代兩
漢之書不敢觀，非聖人之志不敢存」的理想；而歐陽脩宣揚韓愈志業，
從他的〈記舊本韓文後〉也能明了，文中說兒時在同學家的破書筐中發
現《昌黎先生文集》，便乞歸以讀，後來為取科第，仍以詩賦為事，「年
十有七，試于州，為有司所黜，因取所藏韓氏之文復閱之，則喟然嘆曰：
『學者當至於是而止爾！』因怪時人之不道，而顧己亦未暇學，徒時時
獨念于予心……。後七年，舉進士及第，官于洛陽，而尹師魯之徒皆在，
遂相與作為古文，因出所藏《昌黎集》而補綴之，求人家所有舊本而校

　　集》卷三、卷三四，同注1，頁18、19、240。

[12]　見《孫明復小集》卷一，臺北：臺灣商務印書館景印《四庫全書》1090冊，1985年9月，
　　　頁176。

[13]　見《徂徠集》卷五、卷十，臺北：臺灣商務印書館景印《四庫全書》1090冊，1985年9
　　　月，頁216、250。

[14]　蘇軾《蘇軾文集》卷四九，北京：中華書局，1990年4月，頁1423。

定之。其後天下學者亦漸趨於古，而韓文遂行於世，至於今蓋三十餘年矣，學者非韓不學也，可謂盛矣！」[15]歷來論者多認為歐陽脩詩文多仿韓愈而自成特色，[16]一生尊儒排佛的韓愈，力持「文以明道」、「觝排異端」，〈原道〉堅決主張「人其人，火其書，廬其居」；歐陽脩亦宣稱：「佛說吾不學，勞師忽款關。吾方仁義急，君且水雲閑。意淡宜松鶴，詩清叩珮環。林泉苟有趣，何必市廛間。」「浮屠老子詭妄之說，常見貶絕於吾儒者。」[17]他還撰寫〈御書閣記〉云：

> 夫老與佛之學，皆行於世久矣，……二家之說，皆見斥於吾儒。……然而佛能箝人情而鼓以禍福，人之趣（趨）者常眾而熾。老氏獨好言清淨遠去、靈仙飛化之術，其事冥深，不可質究，則其常以淡泊無為為務。故凡佛氏之動搖興作，為力甚易；而道家非遭人主之好尚，不能獨興。[18]

這段分析當是依據民間鄙俚之說藻飾而成，在歐陽脩《集古錄·唐萬回神迹記碑》即曰：「世傳道士罵老子云：『佛以神怪禍福恐動世人，俾皆信向，故僧尼得享豐饒；而吾老子高談清淨，遂使我曹寂寞！』此雖鄙語，有足采也。」[19]雖頗有詆毀佛教之意，倒也觀察出佛道二教在中國民間流傳的部分現象，而宋儒何以極力排佛，卻僅附帶廢老之由，亦在此中逗露消息。至於歐陽脩最具代表性的〈本論〉，則是抨擊佛教破壞人倫，妨礙社會經濟，造就大批「蠶食蟲蠹」之徒。他指出佛教大盛的

---

[15]　《歐陽脩全集·居士外集》卷二三，同注1，頁536。

[16]　此如陳善《捫蝨新話》上集卷一〈歐公作文擬韓文〉、下集卷二〈歐陽公詩倣韓退之赤籐杖歌〉；洪邁《容齋三筆》卷一〈韓歐文語〉；孫奕《履齋示兒編》卷七〈祖述文意〉；林紓《畏廬論文·論文十六忌·忌剽襲》皆有述及。因篇幅過長，僅錄林紓所言與佛教較相關者：「歐之學韓，神骨皆類而風貌不類，但觀惟儼、祕演詩文集二〈序〉，推遠浮屠之意，與韓同能，不為險語，而風神自遠，則學韓真不類韓矣。」（臺北：文津出版社，1978年7月，頁33）

[17]　《居士外集》卷七〈酬淨照大師說〉、卷十九〈與蔡君謨求書集古錄序書〉，同注1，頁397、506。

[18]　《歐陽脩全集·居士集》卷三九，同注1，頁271。

[19]　《歐陽脩全集·集古錄》卷六，同注1，頁1167。

原因，一是因為中國「王政闕，禮義廢」，一是佛教有精緻的「為善之說」，亦即心性理論。因此，要想戰勝佛教就必須「修本」，這「本」就是儒家的「禮義」，「禮義者，勝佛之本也。」因此開宗明義說：

> 佛法為中國患千餘歲，世之卓然不惑而有力者，莫不欲去之；已嘗去矣，而復大集，攻之暫破而愈堅，撲之未滅而愈熾，遂至於無可奈何，是果不可去邪？蓋亦未知其方也。……堯舜三代之際，王政修明，禮義之教充於天下，於此之時，雖有佛，無由而入。及三代衰，王政闕，禮義廢，後二百餘年而佛至乎中國。由是言之，佛所以為吾患者，乘其闕廢之時而來，此其受患之本也。補其闕，修其廢，使王政明而禮義充，則雖有佛，無所施於吾民矣。[20]

這幾乎有著韓愈的影子，與韓愈排佛聲息相通[21]，難怪蘇軾稱他為「宋之韓愈」，〈六一居士集敘〉有云：

> 自漢以來，道術不出於孔氏，而亂天下者多矣。晉以老莊亡，梁以佛亡，莫或正之。五百餘年而後得韓愈，學者以愈配孟子，蓋

---

[20] 《居士集》卷十七，同注1，頁122～124。〈本論〉有三篇，上篇著眼於政治、經濟、軍事、教育種種積弊分析，及如何補偏救弊；中下篇則著重於反佛、提倡禮義，發揚儒學。三篇原作於慶曆二年（1042），然上篇至晚年又作刪定，故另置於《居士外集》卷九，頁411～413。

[21] 有學者往往舉陳善《捫蝨新話》下集卷四中提到：「退之〈原道〉闢佛老，欲『人其人，火其書，廬其居』，於是儒者咸宗其語；及歐陽公作〈本論〉，謂『莫若修其本以勝之』，此論一出，而〈原道〉之語幾廢。」（見徐洪興〈略論唐宋間的排佛道思潮〉，《復旦學報》社會科學版1994年4期，頁44；嚴杰〈歐陽脩與佛老〉，《學術月刊》，1997年2期，頁86）其認為歐公思想是新的、正確的，在當時產生了很大影響，也啟迪了後來理學家重建儒家心性論。但事實上，《捫蝨新話》是認為韓歐都不讀佛書，因此他們的理論軟弱不堪，陳善不僅於此條持續說：「今之與佛老辨者，皆未嘗涉其流者也。而欲以一己之見，破二氏之宗，譬如與人訟，初不知置詞曲直所在，而曰吾理勝，其誰肯信之？是不亦可笑乎！」（《叢書集成新編》第12冊，臺北：新文豐公司，1986年1月，頁268）又在同卷〈蘇黃看佛書〉中說：「予嘗恨歐陽公文章議論高出千古，而猶未能免俗，惜乎其不看佛書也。」（頁268）明顯對韓歐俱無力破除彼宗，寄予遺憾。

庶幾焉。愈之後二百有餘年，而後得歐陽子，……自歐陽子之存，世之不說（悅）者，譁而攻之，能折困其身，而不能屈其言。士無賢不肖，不謀而同曰：「歐陽子，今之韓愈也。」[22]

姑且不談歐陽脩〈本論〉史觀和補闕修廢的見解是否猶待商榷，僅以其言論觀之，歐公蓄意闢佛自無疑議；惟由野史說部載籍，仍可見歐公晚年奉佛之說甚囂塵上，所以有必要再作一番考釋，方能得其情實。

二、佛教界對歐陽脩的論述

韓愈竭力排佛，「欲爲聖明除弊事，肯將衰朽惜殘年？」但是他的文集，仍有不少和僧徒往還之作，因此引起許多人的猜疑，李冶《敬齋古今黈》卷七就批評：「（退之）奈何惡其為人而日與之親，又作為歌詩語言，以光大其徒，且示己所以相愛慕之深？有是心則有是言，言既如是，則與平生所素蓄者，豈不大相反耶？」[23]歐陽脩也與韓愈同出一轍，一方面堅決排佛；另一方面也和佛徒交游，對於有學問，能詩文的方外相當佩服，這般心態，劉子健《歐陽脩的治學與從政》已有論述，認為：

> 種種言行可說是歐陽企圖實踐他的〈本論〉。但他沒成功，沒有能影響任何僧人放棄佛教而歸儒宗。可能這些高僧對歐陽的潛在影響反倒較大。[24]

本節對於崇奉三寶的教界人士評論歐陽脩觀點做出分析，認為大致有三種情況。一是挺身與之爭衡抗言，較一短長者，這是以張商英、劉謐等人為代表。二是認為歐公起初排佛，後因結識敬信高僧，而有浸染佛禪

---

[22]　《蘇軾文集》卷十，同注14，頁316。又魏泰《東軒筆錄》云：「歐陽文忠素與晏公無它，但自即席賦雪詩後，稍稍相失。晏一日指韓愈畫像語坐客曰：『此貌大類歐陽脩，安知脩非愈之後也。吾重脩文章，不重它為人。』」（《永樂大典》卷一八二二二所收《東軒筆錄》佚文，見洪本健編《歐陽脩資料彙編》，北京：中華書局，1995年5月，頁244）

[23]　李冶《敬齋古今黈》，臺北：臺灣商務印書館景印《四庫全書》866冊，1985年2月，頁399。

[24]　劉子健《歐陽脩的治學與從政》，頁115。

的舉動，這類人數眾多，如謝絳、普濟、念常、覺岸、心泰、朱時恩等人皆屬之。三是有攻有守，既對之批判抗爭，又謂其後來皈依佛法者，以祖秀、志磐等為代表。

　　對於排佛者未深究佛理而公然闢佛，早在柳宗元於〈送僧浩初序〉已云：「退之忿其外而遺其中，是知石而不知韞玉也。」[25]柳宗元思想比韓愈更深刻，所以對韓愈藉夷夏之防、政經之弊拒佛於門外的心態無法苟同；而張商英撰寫《護法論》直斥韓歐排佛不當，張商英也說：「欲排其教，則當盡讀其書，深求其理，撿其不合吾儒者，與學佛之見，折（析）疑辨惑，而後排之可也。今不通其理而妄排之，則是斥鷃笑鯤鵬，朝菌輕松柏耳。」[26]有關張商英的護法，黃啟江〈張商英護法的歷史意義〉、蔣義斌〈張商英《護法論》中的歷史思維〉皆有詳論。[27]黃文引安藤智信所考，認為《護法論》作於徽宗宣和元年（1119）朝廷廢釋之後，距其政和元年（1111）罷相，已有八年，故以為「張商英著《護法論》為佛教辯護，就其所處的時代來看，應是對徽宗時迫害佛教的一種反應。」[28]黃文亦條理出《護法論》指斥歐公所言七端最可議：

> 　　（一）「佛者善施無驗不實之事」，（二）「佛為中國大患」，
> （三）「無佛之世詩書雅頌之聲，其民蒙福如此」，（四）〈跋
> 萬回神跡記碑〉道士罵老子之說以譏佛，（五）修《唐書》「以
> 私意臆說妄行褒貶，比太宗為中才庸主」；又削唐之公卿好佛「與

25　《柳宗元集》卷二五，臺北：漢京文化事業公司，1982年5月，頁674。
26　張商英《護法論》，T52，p638b。
27　黃啟江〈張商英護法的歷史意義〉，收於《北宋佛教史論稿》，臺北：臺灣商務印書館，1997年4月，頁359～415。蔣義斌〈張商英《護法論》中的歷史思維〉，見《佛學研究中心學報》第三期(1998年)，頁129～150。
28　黃啟江〈張商英護法的歷史意義〉，頁378。關於張商英《護法論》作時，確有考證必要，因《護法論》中有云：「道宣律師持律精嚴，感毘沙門天王之子為護戒神，借得天上佛牙，今在人間。徽宗皇帝初登極時，因取觀之，舍利隔水晶匣，落如雨點……。皇帝知余好佛，而嘗為余親言其事。」(T52，p645a)然張商英卒於宣和三年（1121），見《宋史》卷三五一本傳；「徽宗」廟號則是高宗紹興七年（1137），凶問至江南所上尊謚，見《宋史》卷二二〈徽宗本紀〉，因此張商英不可能寫出「徽宗皇帝」如此詞彙，當有後人追改。

禪衲遊，有機緣事跡者」，（六）致仕後以「六一居士」之號自
稱，（七）其書尺「諜諜以憂煎老病自悲」。[29]

以上諸端，《護法論》皆予以批評，其中（六）、（七）兩項，並不是指
歐公轉而回心向佛，如論「六一居士」之號，仍責曰：「以居士自稱，
則知有佛矣；知有而排之，則是好名而欺心耳！豈為端人正士乎？」[30]因
此筆者將之歸為第一類。張商英採取攻擊策略，對歐公所提批判，並不
限於〈本論〉，顯然對他的著作很熟悉，張商英甚至說他當面責備過歐
陽脩：「余嘗謂歐陽脩曰：『道先王之言，而作囂訟匹夫之見！』今匿人
之善，偏求其短，以攻刺之者，囂訟匹夫也。公論天下後世之事者，可
如是乎？甚哉歐陽脩之自蔽也，而欲蔽於人，又欲蔽天下後世。」[31]此
似亦表明不是在歐公身故後才詆毀他。與張商英類似者，為元代劉謐，
其《三教平心論》曾參考《護法論》，說法多同張商英，其云：「自（歐）
公師愈，而諸儒競師愈。」認為歐公影響後來排佛理學家，說亦有見。
劉謐也進一步拿蘇軾〈六一居士集敘〉說：「歐陽子，今之韓愈也。」
而將兩人比較嘲諷一番，今錄於下：

> 大概公之詆佛，乃師於愈，而公踐履，亦師於愈。大庭唱第，抗
> 聲祈恩，即愈之上三書也。首唱濮議，頗喧物論，即愈之請禪也。
> 老而悲傷，睠焉憂顧，張無盡謂：「觀修之書尺，諜諜以老病自
> 悲，雖居富貴之地，戚戚無所容。」視愈之不達天命，求仙禱神，
> 同一見趣也。所修《唐書》瑜不掩瑕，張無盡謂其「臆說襃貶」，
> 而為吳縝糾其繆者二百餘條，視愈之肆筆成文，頗多繆論，同一
> 意識也。慷慨激烈排斥佛教，至於晚年乃以居士自號，其後睹《韓
> 愈別傳》乃跋之曰：「余官瑯琊，有以退之別傳相示者。反覆論
> 誦，乃知大顛蓋非常人。余嘗患浮圖氏之盛，而嘉退之之說，及
> 觀大顛之言，乃知子厚不為過也。」夫既排釋氏，而又取釋氏，

---

[29] 黃啟江〈張商英護法的歷史意義〉，頁383。

[30] 張商英《護法論》，T52，p642b。

[31] 張商英《護法論》T52，p642c。

> 視愈之交大顛、送高閒、稱馬彙，回（同）一趨向也。道同志合
> 有如此者，謂之「今之韓愈」，信矣！[32]

劉謐的嘲諷有趣，然非全部精確，例如《新唐書》不是歐公一人完成，
吳縝《新唐書糾謬》二十卷，分二十門，有四百餘條，既非僅對歐陽脩
而發；且所論未必盡是，《四庫總目》已有論及。至於歐陽脩跋《韓愈
別傳》，亦未載於歐集之中，由其跋語云：「余官瑯琊」，則理當謫知滁
州時作，又豈有晚年以居士自號，後睹《韓愈別傳》，乃作如此跋語之
理？故讀者閱讀時，宜冷靜辨明是非。

其次是打算彰顯歐公反佛卻又敬佛者。由於傳言不少，謂歐公因禮
敬高僧而接納佛法的時間也有差異，以下故將諸書提及歐公結識的高
僧，依時間先後錄出。

（一）曇穎

歐公青年時代即受韓愈與新儒學思潮影響；惟念常《佛祖歷代通載》
則言達觀曇穎禪師「十八九遊京師，時歐陽文忠公在場屋，穎識之，遊
相樂也。」[33]《宋詩紀事》卷九一〈曇穎〉條亦云：「錢塘丘氏子，出家
龍興寺，與歐陽永叔、刁景純游……。」[34]今歐集有〈送曇穎歸廬山〉，
寫於慶曆元年（1041），歐公謂與曇穎已有十年交誼：「曇穎十年舊，風
塵客京都。一旦不辭訣，飄然卷衣裾。」由此上推十年，確如念常所言，
歐公在京應試時，兩人已結識；然而多年之後，曇穎仍無法動搖他的宗
教觀念，所以歐公詩中才又說道：「山林往不返，古亦有吾儒。」[35]

（二）法華僧

謝絳〈遊嵩山寄梅殿丞書〉寫於明道元年（1032）九月，書云：「與
諸君議，欲見誦《法華經》汪僧。永叔進以為不可，且言聖俞往時嘗云
斯人之鄙，恐不足損大雅一顧。僕強諸君往焉……。法華者，栖石室中，

---

[32]　劉謐《三教平心論》卷下，T52，p791a。
[33]　念常《佛祖歷代通載》卷十八，T49，p666c。
[34]　厲鶚《宋詩紀事》卷九一，臺北：臺灣商務印書館景印《四庫全書》1485冊，1986年3月，頁720。
[35]　《歐陽脩全集‧居士集》卷一，頁8。

形貌，土木也；飲食，猿鳥也。叩厥真旨，則軟語善答，神色睟正，法道諦實，至論多矣，不可具道，所切當云：『古之人念念在定，慧何由雜？今之人念念在散，亂何由定？』師魯、永叔扶道貶異，最為辯士，不覺心醉色怍，欽歎忘返。」[36]這一段記錄，如念常《佛祖歷代通載》、心泰《佛法金湯編》[37]都未將之正確繫年，以致多被誤認是在結識居訥、契嵩等高僧之後。

（三）居訥

　　志磐《佛祖統紀》、覺岸《釋氏稽古略》皆引蜀僧祖秀《歐陽外傳》云：「諫議歐陽脩為言事者所中，下詔獄窮治，左遷滁州。明年將歸廬陵，舟次九江，因託意遊廬山。入東林圓通謁祖印禪師居訥，與之論道。師出入百家而折衷於佛法，脩肅然心服，聳聽忘倦，至夜分不能已，默默首肯，平時排佛為之內銷，遲回踰旬不忍去。或謂此與退之見大顛正相類。」[38]

（四）法遠

　　普濟《五燈會元》、念常《佛祖歷代通載》俱言歐陽脩聞浮山法遠奇逸，造其室，未有以異之，與客棋，遠坐其旁，歐收局，請因棋說法。遠乃鳴鼓升座云云，於是「文忠加歎久之」，「從容謂同僚曰：『脩初疑禪語為虛誕，今日見此老機緣，所得所造，非悟明於心地，安能有此妙旨哉！』」[39]《佛祖歷代通載》記法遠於皇祐元年（1049）遷化，因此上述之事如屬實，則此年之前，兩人已有遊從，歐陽脩也傾心於佛禪了。

---

[36] 謝絳〈遊嵩山記梅殿丞書〉，見《歐陽脩全集·附錄》卷五，頁1382。

[37] 《佛祖歷代通載》卷十八，T49，p667c、《佛法金湯編》卷十二，臺北：佛教書局，1979年4月，頁220。

[38] 《佛祖統紀》卷四五，T49，p410c、《釋氏稽古略》卷四，T49，p867a，《釋氏稽古略》並引曉瑩《感山紀談》曰：「蜀僧祖秀，字紫芝，蚤以文鳴士大夫間。慕嵩明教之風，著《歐陽文忠公外傳》。」（p895a）惟據嚴杰〈歐陽脩與佛老〉所考，認為說不足信，因歐陽脩貶滁州在慶曆五年（1045），其歸廬陵則在皇祐五年（1053），而〈贈廬山僧居訥〉乃是作於皇祐、至和年間，詩曰：「方瞳如水衲披肩，邂逅相逢為洒然。五百僧中得一士，始知林下有遺賢。」顯與居訥於此時始有往來。（同注21，頁88）

[39] 《五燈會元》卷十二，臺北：文津出版社，1991年4月，頁716；《佛祖歷代通載》卷十八，T49，p665b。

（五）契嵩

契嵩《鐔津文集》卷首有宋代陳舜俞撰〈鐔津明教大師行業記〉謂：「天下之士學為古文，慕韓退之排佛而尊孔子。東南有章表民、黃聱隅、李泰伯尤為雄傑，學者宗之。仲靈（契嵩之字）獨居，作〈原教〉、〈孝論〉十餘篇，明儒釋之道一貫，以抗其說。諸君讀之，既愛其文，又畏其理之勝，而莫之能奪也，因與之游。遇士大夫之惡佛者，仲靈無不懇懇為言之，由是排者浸止，而後有好之甚者，仲靈唱之也。……復著《禪宗定祖圖》、《傳法正宗記》……。乃抱其書以游京師，府尹龍圖王仲義果奏上之。仁宗覽之，詔付傳法院編次，以示褒寵，仍賜明教之號。仲靈再表辭，不許。朝中自韓丞相而下，莫不延見而尊重之。」[40]這段文字都未道及歐公，倒是《鐔津文集》卷九有〈上歐陽侍郎書〉，敘及嘉祐六年（1061）來京上書天子，並得歐公接見，故願獻上《輔教編》等書以供觀覽，遣詞用語極客氣：

> 月日沙門某，謹伏揖獻書于參政侍郎閣下……。某者山林幽鄙之人，無狀，今以其書奏之天子，因而得幸下風。閣下不即斥去，引之與語溫然，乃以其讀書為文而見問，此特大君子與人為善，誘之欲其至之耳。其放浪世外，務以愚自全，所謂文章經術，辨治亂，評人物，固非其所能也。適乃得踐閣下之門，辱閣下雅問，顧平生慚愧，何以副閣下之見待耶？然其自山林來，輒欲以山林之說投下執事者，願資閣下大政之餘，遊思於清閒之域；又其山林無事，得治夫性命之說，復並以其性命之書進。其山林之說，有曰《新撰武林山志》一卷。其性命之書，有曰《輔教編》，印者一部三冊。謹隨贄獻，塵黷高明，罪無所逃，皇懼之至，不宣。[41]

從書中內容可知歐公接見契嵩，仍思效法韓愈「我欲收斂加冠巾」的招數，讓契嵩歸我儒門，卻被契嵩以喜好「放浪世外」輕鬆帶過，轉而盼

望歐公能多理解山林之樂與性命之說，於是有此獻書之舉。這次的攻防應該使得彼此惺惺相惜，卻未必便讓歐公轉入佛門；然而靈源〈題明教禪師手帖後〉已云：「名卿鉅儒至如歐陽文忠公諸豪，覽其書莫不歡服敬而禮之。」原旭〈鐔津集重刊疏〉亦曰：「歐陽子云：『不意僧中有此郎耶！當時排佛之心，已廓然熄滅而無餘矣。』」[42]又如覺岸《釋氏稽古略》卷四、玄極《續傳燈錄》卷五，乃至劉貴傑〈契嵩思想研究——佛教思想與儒家學說之交涉〉，皆言歐公觀嘆其書、延見而尊禮之、留心於佛學。[43]

（六）蜀地異僧

宗曉《樂邦遺稿》卷二引《遯齋閑覽》云：「歐陽文忠公知潁州日，有官奴盧媚兒，姿貌端秀善談笑，口中常作蓮華香，散越滿座，人皆奇之，而莫測其由。俄有一僧。自蜀地來。頗知人前生事。公因語之。僧曰。此女前身嘗為尼。誦蓮經三十年。一念之誤，流墮至此。公未之信，因問之曰：『汝曾讀《法華經》否？』奴曰：『失身於此，所不暇也。』公命取是經示之，一覽輒誦，如素熟者，易以他經則不能也。僧言真可信矣！」[44]

（七）顒華嚴

顒華嚴即證悟脩顒禪師。覺岸《釋氏稽古略》、朱時恩《居士分燈錄》皆有述及其與歐公關係，下節將有詳考，此處姑略。

至於第三類為採行兩面策略的論述，祖秀《歐陽外傳》、志磐《佛祖統紀》皆屬之。祖秀和志磐皆提及歐公由反佛而傾心於佛，此於第二類已有列舉；但兩人仍與張商英同樣指斥歐公種種言行之失。據《佛祖統紀》引述《歐陽外傳》云：「歐子撰《新唐書》如高僧玄奘、神秀諸傳，及正（貞）觀為戰士建寺之文，並與（予）削去。司馬君實云：『永

42　靈源〈題明教禪師手帖後〉、原旭〈鐔津集重刊疏〉，同見《鐔津文集》卷十九，T52，p750a。

43　覺岸《釋氏稽古略》卷四，T49，p869c、玄極《續傳燈錄》卷五，T51，p494b、劉貴傑〈契嵩思想研究——佛教思想與儒家學說之交涉〉，《中華佛學學報》1988年10月第2期。

44　宗曉《樂邦遺稿》卷二，T47，p244a。

叔不喜佛，《舊唐史》有涉其事者必去之。』因曰：『駕性命道德之空言者，韓文也；泯治亂成敗之實效者，《新書》也。』」[45]至於《佛祖統紀》中，有多處述及歐公與佛門的關係，而最為詳盡的則是卷四五，志磐除了敘說神宗熙寧五年（1072）七月，歐陽脩病故之事，還增加「述曰」，兼引僧人良渚的觀點批判歐公，其攻歐要點有：議追尊濮王為皇考，誤英宗承大統，無人子禮；謂見在佛不拜過去佛，誣太祖真宗不為佛敬；削唐太宗戰士建剎之詔，失史官記事之實；謂《河圖》、《洛書》為怪妄不足信，與《易·繫辭》、《論語》相反。這些乖戾言論，與其以居士自號而老於五物之間；晚年敬明教、服圓通、稱居士、讀《華嚴》，自畔前說，皆是好名而不樂其實的表現。志磐對排佛者不滿，於《佛祖統紀》卷四二有段歷史經驗的總結，其中也包括歐陽脩在內，應當算是志磐對歐公貶中略帶褒獎的整體評價，現迻錄於下：

> 周世宗天性毀佛，而不得其佐；韓愈、歐陽脩天性排佛，而不逢其君。使世宗得崔浩，則案誅沙門當有甚於太武之虐；使韓歐逢三武，則毀像滅僧，當不減於崔李之酷。崔浩腰斬、德裕竄死，不令之終，亦足為報。魯直謂：「退之見大顛，排佛為沮。」祖秀謂：「永叔見圓通，排斥內銷。」維韓與歐獲善於後，亦由知識道力有以回之耳！[46]

　　經由以上分析，可知奉佛者多數對歐陽脩如此大儒又惱又喜，惱的是他不該排佛；喜的是他排佛之志有所衰減，但對於歐公何時傾心佛說，何時對佛教變得寬容，則仍莫衷一是，下節當更引據學界研究，進一步評量。

三、歐陽脩晚年奉佛的檢視

　　在《佛祖統紀》卷四五與《詩話總龜·後集》卷四五注引《丹陽集》

---

[45] 祖秀《歐陽文忠公外傳》全文已佚，此見《佛祖統紀》卷五四，T49，p474b。

[46] 志磐《佛祖統紀》卷四二，T49，p386c。

[47]，皆稱歐公病中夢至冥府，問世人飯僧造經有益否？既寤，益知敬佛；葉夢得《避暑錄話》卷上則記歐公晚年從問頤華嚴，「頤使觀《華嚴（經）》，讀未終而薨。」文中還說：

> 歐陽氏子孫奉釋氏，尤嚴於它士大夫家。余在汝陰，嘗訪公之子棐於其家。入門，聞歌唄鐘磬聲自堂而發。棐移時出，手猶持數珠、諷佛名，具謝今日適齋日，與家人共為佛事方畢。問之，云公無恙時，薛夫人已自爾，公不禁也。及公薨，遂率其家，無良賤悉行之。[48]

劉子健所撰《歐陽脩的治學與從政》，便是根據《避暑錄話》，論斷歐公晚年傾心佛說。至如明代心泰《佛法金湯編》，除引用祖秀《歐陽外傳》，謂歐公受教祖印禪師之外，還述及夢至冥府與讀經之說云：「既寤，病已，自是深信佛法，丹陽葛勝仲得此說於簡齋與義，與義得於公之孫恕，昭然也。公居潁（穎）州，捐酒肉，徹（撤）聲色，灰心默坐，令老兵往近寺借華嚴經，誦至八卷乃薨（下自注云：出王性之言，性之名銍，汝陰人，其父從學於公，故得其實）。」[49]

---

[47] 阮閱《詩話總龜》，臺北：臺灣商務印書館景印《四庫全書》1478冊，1986年3月，頁881。案：葛勝仲字魯卿，丹陽人，卒諡文康，有《丹陽集》二十四卷，歐陽脩夢至冥府事，未見載於其中；倒是其子葛立方，撰寫《韻語陽秋》二十卷，於卷十二有云：「歐陽永叔素不信釋氏之說，如〈酬淨照師〉云：『佛說吾不學，勞師忽款關。吾方仁義急，君且水雲閒。』〈酬惟悟師〉云：『子何獨吾慕，自忘夷其身。韓子亦嘗謂，收斂加冠巾』是也。既登二府，一日被病亟，夢至一所，見十人冠冕環坐。一人云：『參政安得至此？宜速反舍。』公出門數步，復往問之曰：『公等豈非釋氏所謂十王者乎？』曰：『然。』因問世人飯僧造經，為亡人追福，果有益乎？答云：『安得無益？』既寤，病良已，自是遂信佛法。文康公得之於陳去非；去非得之於公之孫恕，當不妄。葉少蘊守汝陰，謁見永叔之子棐，久之不出。已而棐以數珠出，謝曰：『今日適與家人共為佛事。』葉問其所以，棐曰：『先公無恙時，薛夫人已如此，公弗之禁也。』」（何文煥編《歷代詩話》，臺北：藝文印書館，1983年6月，頁364。）文中所言葉少蘊事，可參見正文所引《避暑錄話》。另《佛祖統紀》、《釋氏稽古略》皆謂歐公病夢冥府，出自吳充〈歐陽公行狀〉：「樞密副使吳充撰〈行狀〉，云此事得於公之孫曰恕」，實則〈歐陽公行狀〉不見此說。

[48] 葉夢得《避暑錄話》卷上，同注9，頁619。

[49] 心泰《佛法金湯編》卷十二〈歐陽脩〉，臺北：佛教出版社，1979年4月，頁221。

　　心泰的說法，可算是教界對歐陽脩最終的一貫論述，其餘有關歐公與佛教的大部分資料，在張伯偉《禪與詩學·歐陽脩及其《詩話》與佛教》[50]多有徵引。張氏認為歐公晚年對佛教態度已有轉變，除了根據佛教傳記，還提到歐公致仕潁上，自號「六一居士」，而且《歸田錄》、《六一詩話》同樣作於潁上，對僧人亦多讚美。但張氏這三點看法是禁不起檢驗的，須知佛教傳記難免有護教色彩，並非絕對可靠，比如張氏依教內傳記，稱歐公與緇門因緣始於仁宗慶曆五年（1045）謁祖印禪師居訥，「平時排佛為之內銷」，但若據前引謝絳的話，謂歐公與誦《法華經》僧一番問答，竟「心醉色作，欽歎忘返」（惠洪《林間錄》卷上轉述此語，則作「不自知膝之屈」），那麼奉佛時間豈不推得更早至明道元年？可是我們在歐公中晚年，還是見得到他排佛的論調。其次，「居士」一辭，最早見於《韓非子》，並非佛教新創語彙，所以不該喧賓奪主，指稱有「居士」名號的就是佛教徒。再說《歸田錄》雖無斥佛之語，開卷第一條即記載僧贊寧「見在佛不拜過去佛」的應對機敏，殊不知此話一出，已碰觸自東晉以來沙門應不應禮敬天子的論戰，歐公也因此遭致教界「上誣君主，下誣寧師」的痛斥，並未因他稱賞贊寧機敏，便被認為對佛教有好感。至於《六一詩話》是歐公退隱之後，整理舊稿而成，郭紹虞《宋詩話考》早有論述[51]；我們看歐公《試筆》，其中也有數條與《六一詩話》類似，文末蘇軾跋語還說：

　　　　此數十紙皆文忠公衝口而得，信手而成，初不加意者也……。[52]

尤其《六一詩話》固然有稱許僧人，如贊寧「辭辯縱橫，人莫能屈」；九僧「以詩名於世」，但又何嘗沒有貶語？其談九僧詩，不也旁及許洞與詩僧約：「不得犯山、水、風、雲、竹、石、花、草、雪、霜、星、

---

[50] 張伯偉《禪與詩學·歐陽脩及其《詩話》與佛教》，臺北：揚智文化公司，1995年1月，頁52～57。

[51] 郭紹虞《宋詩話考·六一詩話》云：「詩話之作，蓋（歐公）退居以後整理舊稿之所為也。」又云：「是書以《雜書》為其前身，故撰述宗旨初非嚴正。」（北京：中華書局，1985年4月，頁2～3）

[52] 見《歐陽脩全集》，同注1，頁1052。

月、禽、鳥一字。」於是諸僧皆擱筆；又說賈島哭僧云：「寫留行道影，焚卻坐禪身。」時謂之「燒殺活和尚」，「此尤可笑也」。顯見《六一詩話》所評，乃就事論事，並不為奉佛或排佛而作，因此，舉《六一詩話》證明歐公信仰有所轉向，亦非妥當。

　　除了有贊同歐公晚年向佛的意見，當然也有反對的聲音。蘇文擢《邃加室講論集・歐陽脩排佛之面面觀》[53]堪為代表之作。蘇氏文中力斥張商英、祖秀、志磐、劉謐、耶律楚材等人宣稱歐公晚號「六一居士」就是信佛，這是確切無訛的，然而在辨析《避暑錄話》時卻說差了，葉夢得原文如下：

> 汝陰有老書生，猶及從（歐）公遊，為予言公晚聞富韓公得道於淨慈本老，執禮甚恭，以為富公非苟下人者，因心動。時與法師住薦福寺，所謂顯華嚴者，本之高弟，公稍從問其說。顯使觀《華嚴》，讀未終而薨。[54]

蘇氏則是說：「顯華嚴所居等（按「等」字應改作「薦」）福寺在洛陽，而歐致仕居潁，加上和富弼禮絕慶弔，又如何會因富弼而往寺從師聞說？」其實要瞭解葉夢得這段話，可再參看《避暑錄話》卷上另一段文字：

> 熙寧以前，洛中士大夫未有談禪者，偶富韓公問法於顯華嚴，知其得於圓照大本，時本方住蘇州瑞光寺，聲振東南，公乃遣使作頌寄之，執禮甚恭如弟子，於是翻然慕之者，人人皆喜言名理。[55]

原來「淨慈本老」即是「圓照大本」，也就是《五燈會元》卷十六所載的慧林宗本圓照禪師；「顯華嚴」則是其弟子投子脩顯證悟禪師。那麼

---

[53]　蘇文擢《邃加室講論集・歐陽脩排佛之面面觀》，臺北：文史哲出版社，1985年10月，頁73～96。

[54]　葉夢得《避暑錄話》卷上，同注9，頁619。

[55]　同前注，葉夢得《避暑錄話》卷上，頁629。

又何以稱為「顯華嚴」？明代玄極輯《續傳燈錄》卷十四僅記：「（脩顯禪師）幼不拜神祠，不受書訓，常曰：『當為人天師，安慕此耶？』遂遊諸方，造蘇州瑞光圓照禪師法席，參扣宗旨……。於是名聲藹然，遂出世說法。初住壽州資壽，歷遷數大剎，住西京少林，遷招提，又遷舒州投子，道譽愈播，叢林同號曰：『顯華嚴』。」[56]乍讀之下，「華嚴」像是對他的尊稱；然據覺岸《釋氏稽古略》卷四則是說：

> 富鄭公弼以使相鎮亳州，迎至穎（「至穎」二字應作「致穎」）州華嚴禪院證悟禪師脩顯，諮決心法。[57]

可知「顯華嚴」的稱號，與脩顯住在華嚴禪院有密切關連。那麼又與薦福寺何干，為何《避暑錄話》提及此寺？薦福寺依蘇文擢的看法是在洛陽，這應是從富弼致仕居洛推想得來，如此推測恐怕是武斷的。薦福寺有好幾處，如錢易《南部新書》卷五說長安有薦福寺；又如「一夕雷轟薦福碑」的薦福寺，是在饒州（江西鄱陽縣），但應該都不是葉氏文中指的薦福寺。今據蘇軾〈贈常州報恩長老二首之二〉有云：

> 薦福老懷真巧便，淨慈兩本更尖新。[58]

葉氏所指的薦福寺，應與此有關。因為「薦福老懷」指的是駐錫杭州薦福寺的天衣義懷，而「兩本」之一的慧林宗本正是義懷得法弟子；換言之，宗本弟子脩顯應曾在杭州修學，後更歷遷於穎州華嚴禪院，而穎州正是歐公退居之所，因此顯華嚴與歐公結識，並非天方夜譚。

然而富歐兩人禮絕慶弔，歐公有可能因富弼而問法脩顯嗎？實則富歐兩人的冷淡是基於政治觀點的歧異，歐公絕不可能認為富弼其人一無可取，故葉氏說歐公瞭解富弼不是隨便向人低頭的，如此說法並不唐突。《四庫總目》曾論葉氏《避暑錄話》云：「其所敘錄，亦多足資考證，

56　玄極《續傳燈錄》卷十四〈舒州投子證悟脩顯禪師〉，T51，p556a。

57　覺岸《釋氏稽古略》卷四，T49，p872a。明代朱時恩輯《居士分燈錄》卷下〈歐陽脩〉亦云：「後以太子少師致仕，居穎州，因穎守極道脩顯禪師德業，乃備饌延顯……。」（《卍續藏》147冊，臺北：新文豐公司，1983年1月，頁896）

58　蘇軾《蘇軾詩集》卷二五，北京：中華書局，1992年4月，頁1351。

而裨見聞」；又對其另一著作《巖下放言》評曰：「夢得老而歸田，躭心二氏，書中所述，多提唱釋老之旨⋯⋯。夢得學問博洽，又多知故事，其所記錄，亦頗有可採。」[59]因此葉氏稱歐陽脩稍從問於顒華嚴一事，經由以上考辨，當可信從。

四、歐陽脩在世出世間擺盪

劉靜貞〈略論宋儒的宗教信仰——以范仲淹的宗教觀為例〉[60]認為宋代知識份子的宗教觀大別為四類：一是闢佛斥老的新儒學者；二是新信仰的追求者；三是奉佛或崇道者；四是無固定信仰者。而歐陽脩即屬於第二類，這類人對於當時的宗教不滿，希圖尋求從儒家思想系統中找到新的信仰以為慰藉，卻始終沒有得到滿意的歸宿，排佛斥道也因此沒有顯著的成績。筆者贊同劉文的看法，歐陽脩其實是在世出世間擺盪的過來人，在他晚年，對佛教態度也確有轉變；但筆者根據的不是歐公《六一詩話》，而是《集古錄》。蘇文擢也曾提及歐公《集古錄》多闢佛語，誠然，歐公只要涉及宗教，似乎皆要對之嘲謔一番，試檢卷八〈唐僧懷素法帖〉云：

> 右懷素，唐僧，字藏真，特以草書擅名當時，而尤見珍於今世。予嘗謂法帖者，乃魏晉時人施於家人朋友，其逸筆餘興，初非用意而自然可喜，後人乃棄百事而以學書為事業，至終老窮年，疲弊精神而不以為苦者，是真可笑也。懷素之徒是已。治平元年（1064）八月八日書。[61]

然觀其《試筆》之〈學書為樂〉〈學書消日〉[62]二則，卻不諱言學書「自是人生一樂」、「昔賢留意於此，不為無意。」再觀《集古錄》卷九跋〈唐會昌投龍文〉云：「佛言無生，老言不死，二者同出於貪！」尤其卷七

---

[59] 永瑢等撰《四庫全書總目》卷一二一，北京：中華書局，1992年10月，頁1041。

[60] 劉靜貞〈略論宋儒的宗教信仰——以范仲淹的宗教觀為例〉，《中國歷史學會史學集刊》第15期，頁153～164。

[61] 《歐陽脩全集‧集古錄跋尾》卷八，同注1，頁1184。

[62] 《歐陽脩全集‧試筆》，同注1，頁1048。

跋〈唐徐浩玄隱塔銘〉云:

> 詩書遭秦,不免煨燼;而浮圖老子以託於字畫之善,遂見珍藏。
> 余於集錄,屢誌此言,蓋慮後世以余為惑於邪說者。比見當世知
> 名士,方少壯時,力排異說,及老病畏死,則歸心釋老,反恨得
> 之晚者,往往如此也,可勝嘆哉![63]

憑這些話,歐公不只保證自己絕不可能「惑於邪說」,也痛批他人一旦
老病,即轉而歸心釋老,都是出於畏死的貪念。歐公既然如此斬釘截鐵,
似乎不可能再與釋老有任何瓜葛,然觀其《集古錄》中,不也有涉及儒
者所不道的怪妄之語?如卷八〈唐石洪鍾山林下集序〉尚補記治平元年
(1064)八月八日,「上以霖雨不止,分命群臣祈禱。余祈于太社,既
歸而雨遂止。」又卷十〈張龍公碑〉所記張龍公事尤屬神怪,歐公並說:

> 余嘗以事至百社村,過其祠下,見其林樹陰蔚,池水窈然,誠異
> 物之所託,歲時禱雨,屢獲其應,汝陰人尤以為神也。[64]

另觀歐公與弟姪家書,歐公亦說:「但存心盡公,神明自祐汝。」[65]似乎
不像是個痛斥邪說者該講的話;而若再參閱《蘇軾文集》卷七十二〈徐
問真從歐陽公遊〉,一定更覺驚異,大意是說道人徐問真治病有神驗,
歐公為青州,問真來從公遊,久之始去。公致仕,問真復來汝南,公常
館之。「公嘗有足病,狀少異,莫能喻。問真教公汲引,氣血自踵至頂。
公用其言,病輒已。忽一日求去甚力,公留之不可,曰:『我有罪,我
與公卿游,我不復留。』公使人送之,果有冠鐵冠丈夫,長八尺許,立
道周俟之……。軾過汝陰,公具言如此。」[66]歐公禮遇方士之殷切,且
眩於幻術神變,實難以與其斥責佛老「同出於貪」串連在一起!此外,

---

[63] 歐陽脩《歐陽脩全集・集古錄跋尾》卷七〈唐徐浩玄隱塔銘〉、卷九〈唐會昌投龍文〉,
頁1172、1201。

[64] 歐陽脩《歐陽脩全集・集古錄跋尾》卷八〈唐石洪鍾山林下集序〉、卷十〈張龍公碑〉,
頁1188、1213。

[65] 《蘇軾文集》卷六九〈跋歐陽家書〉,同注14,頁2185。

[66] 《蘇軾文集》卷七二,同注14,頁2318。

蘇軾〈跋文忠公送惠勤詩後〉還提及：「熙寧辛亥（四年），余出倅錢塘，過汝陰見公，屢屢屬余致謝勤……。其明年閏七月，公薨於汝陰。」[67]這番話在《蘇軾文集》卷十九〈六一泉銘敘〉也提到。換言之，歐公死前一年，對方外緇流頗有超乎尋常的尊重，於是我們拿《集古錄》跋於熙寧四年（1071）以後的文字來對照，卷九〈唐李文饒平泉山居詩跋尾〉云：

> 讀〈山居詩〉，見文饒夢寐不忘於平泉，而終不得少償其志者，人事固多如此也。余聞釋子有云：「出家是大丈夫事。」蓋勇決者，人之所難也；而文饒詩亦云：「自是功高臨盡處，禍來名滅不由人」者，誠哉是言也。熙寧壬子（五年）正月二十九日書。

「出家是大丈夫事」，正是唐代徑山道欽禪師所言。《佛祖統紀》載：「平章崔渙問曰：『弟子可出家否？』師曰：『出家是大丈夫事，豈將相之所能為。』」[68]而此則雖無法證明歐公向佛，但從他正面肯定佛教徒說的話，至少可以理解在他臨終前，已不強烈反對佛教出家制度，甚至還有稱許的味道在，難怪其長子歐陽發縷述先人行誼（見《歐陽脩全集·附錄》卷五），萬言長篇巨細靡遺，卻不涉及排佛一事，因此《避暑錄話》等書所記，未必盡屬無稽。歐陽脩晚年對佛老有所退讓。這除了他本身的原因外，社會思潮的影響也不可低估。儒、釋一致，或三教合流，以儒為主的趨勢，繼隋唐後，更為盛行，此風助長了居士佛教的興起，在歐陽脩生前已漸明顯，前引《避暑錄話》卷上，於「翻然慕之者，人人皆喜言名理」之後，葉夢得還說司馬光與范鎮也相繼入迷於佛理：

> ……惟司馬溫公、范蜀公以為不然。既久，二公亦自偶入其說，而溫公尤多，蜀公遂以為譏。溫公曰：「吾豈為天下無禪乎？但吾儒所聞，有不必舍我而從其書爾。」此亦幾所謂實與而文不與者，觀其與韓持國往來論《中庸》數書可見矣。末因蜀公論空相，

---

[67]　《蘇軾文集》卷六八，同注14，頁2127。

[68]　志磐《佛祖統紀》卷四一，T49，p378b；此亦見覺岸《釋氏稽古略》卷三，T49，p830a。

遂以詩戲之曰：「不須天女散，已解動禪心。」蜀公不納，後復
以詩戲之曰：「賤子悟已久，景仁今日迷。」又云：「到岸何須
筏，揮鋤不用金。浮雲任來往，明月在天心。」此道極致，豈大
聰明而有差別？觀此，謂溫公不知禪可乎？

至於歐公臨終閱讀《華嚴經》，也是順應時勢所趨。《華嚴經》事理圓融
的法界觀，確實在北宋後期普遍受到士大夫的喜愛。如明代朱時恩《居
士分燈錄》論周敦頤與程顥，皆云其受惠於華嚴思想：

> （周敦頤）嘗與（東林）總（禪師）論性及理法界、事法界。至
> 於理事交徹，冷（泠）然獨會，遂著《太極圖說》，語語出自東
> 林口訣。

> （程顥）嘗曰：「佛說光明變現，初莫測其旨。近看《華嚴合論》
> 卻說得分曉。應機破惑，名之為光；心垢解脫，名之為明。只是
> 喻自心光明，便能教化得人。光照無盡世界，只在聖人一心之明。
> 所以諸經之先，皆說放光一事。」[69]

而王安石也曾作《華嚴經解》；蔣之奇亦撰《華嚴經解》三十篇[70]；又如
在朝剛正不阿的陳瓘，號了翁，又號華嚴居士。此皆「優游於華藏法界
之都；從容於帝網明珠之內。」圓融無礙的宇宙體系，乃是構築宋代理
學的重要元素，《華嚴經》於其時士大夫間，無疑為一門顯學。

最後，仍有幾個問題應解決，就是歐公門生蘇軾撰〈六一居士集
敘〉，為何還說歐公繼韓之志？而〈錢塘勤上人詩集敘〉也稱「公不喜
佛老」？又嚴杰〈歐陽脩與佛老〉認為：「歐陽脩臨終前不久，對佛教已
漸轉寬容，但排佛立場並未發生重大的改變。」理由除徵引前述〈唐徐
浩玄隱塔銘〉跋尾堅定的說法，還說：「歐陽脩去世前親定《居士集》，

---

[69] 朱時恩《居士分燈錄》卷下，頁908、909。

[70] 王、蔣二人之作，見《蘇軾文集》卷六六〈跋王氏華嚴經解〉，同注14，頁2060、《釋氏
稽古略》卷四引曉瑩《羅湖野錄》，T49，p875c。

仍編入闢佛之〈本論〉中、下篇，可見仍堅持一貫主張。」[71]此與筆者認為歐公既對佛教寬容，則排佛立場自有動搖的看法不同，以下且先對於〈本論〉收入《居士集》提出說明。《四庫總目·別集類存目·居士集五十卷》謂此本出自脩所手輯，並云：

> 《文獻通考》引葉夢得之言曰：「歐陽文忠公晚年取平生所為文，自為編次。今所謂《居士集》者往往一篇閱至數十過，有累日去取未決者。」則其選擇為最審矣。[72]

而《四庫總目》卷一五三論《文忠集》也說：

> 按《宋史·藝文志》載脩所著《文集》五十卷、《別集》二十卷、《六一集》七卷、《奏議》十八卷、《內外制集》十一卷、《從諫集》八卷。諸集之中，惟《居士集》為脩晚年所自編，其餘皆出後人裒輯，各自流傳。[73]

另外周必大編《歐陽文忠公集》跋語亦云：「《居士集》經公決（抉）擇，篇目素定。」[74]所以說《居士集》是歐公逝世之前選定可以無疑；不過誠如《四庫總目·居士集》尚云：「舊本每卷有『熙寧五年子發等編次』數字。」今本《歐陽脩全集·居士集》各卷之末，確仍注記「熙寧五年秋七月男發等編定」；而吳充撰〈歐陽公行狀〉亦云：「公之薨，上命學士為詔，求書於其家，方繕寫進御。」也就是說，名為歐陽脩去世前選定的篇章，實際上真正負責成其事的，應為其子歐陽發，這是首先要說明的。其次，歐公平生承韓之志，著文明道，排佛闢老，翼護儒統，久為天下共知，這是他大半生奮鬥的理想，縱使臨終改志，不再與佛為敵，其子歐陽發撰寫長篇事蹟更刪削排佛之事不記，仍然不能湮滅其平生曾付出的努力，及護衛儒道所走過的痕跡；而且歐公臨終前雖已兼容佛

---

[71]　嚴杰〈歐陽脩與佛老〉，同注21，頁89。
[72]　永瑢等撰《四庫全書總目》卷一七四，同注56，頁1536。
[73]　同前注，頁1323。
[74]　《歐陽脩全集》，同注1，頁1385。

教，卻未見懺悔歸命於佛，與真正皈依三寶者不同，因此〈本論〉並沒有理由不編入《居士集》。至於蘇軾於歐公死後還特別提起他的排佛，推測緣由，除了站在儒家立場，肯定歐公護衛儒門的貢獻之外，尚有可能：

第一，蘇軾倅杭之後，未再面謁歐公，〈錢塘勤上人詩集敘〉即言：「公薨於汝陰，余哭之於其（惠勤）室。」故不詳悉其臨終前後之事。蘇軾雖是歐公門生，但歐公一言一行，蘇軾未必皆瞭若指掌，正如《集古錄》卷八，歐公認為韓愈寫給大顛師書是可信的，但蘇軾〈記歐陽論退之文〉卻認為那是士人妄題以誣永叔。

第二，正如〈本論〉收入《居士集》一般，即便蘇軾已知悉歐公晚年的轉變，為了迴護歐公，所以熙寧七年（1074）敘勤上人詩集，仍說歐公不喜佛老，也是可以理解的。

五、結　論

自佛法傳入中國，在每個朝代時常因政經問題衍生無謂風波；然而物質層面的豐饒，並無法滿足人類心靈企圖超越解脫的渴盼，所以古代有許多文人，一旦因緣成熟，都選擇宗教為真正依歸。以佛教而言，如詩佛王維的「欲知除老病，唯有學無生。」[75]劉禹錫〈送僧元暠南遊詩序〉也深深慨嘆：「予策名二十年，百慮而無一得，然後知世所謂道，無非畏途，唯出世間法可盡心爾。」[76]又如蘇轍〈逍遙聰禪師塔碑〉也說：「既涉世多難，知佛法之可以為歸也。」[77]諸如此類，不勝枚舉。

歐陽脩是一位向佛與否，在學術界爭議仍大的人物，筆者以為歐陽脩是曾經在世出世間擺盪的過來人，分析他早年的排佛，及晚年排佛立場鬆動，除了他個人的因素，也可以發現北宋學術思潮的演變對他有所影響。本文同時也歸納出佛教界對歐陽脩排佛的三種態度。凡氣惱他

[75] 王維著、趙殿成箋注《王右丞集箋注》卷九〈秋夜獨坐〉，上海：上海古籍出版社，1992年11月，頁116。

[76] 劉禹錫《劉禹錫集》卷二九，北京：中華書局，2000年12月，頁392。

[77] 蘇轍《欒城後集》卷二十四，臺北：臺灣商務印書館景印《四庫全書》1112冊，1985年9月，頁780。

的，便挺身與之周旋爭鋒；看重他的，又是竭力拉他入佛門，而較多數佛教傳記都說他敬服祖印居訥、尊禮明教契嵩，當時他已不排佛。相信居訥、契嵩都讓他對佛教觀感有所修正，不過顯然他還是排佛，是直到臨終之前，漸對佛教寬容，能就近請益高僧，並閱讀經典，排佛立場才算有了鬆動。

　　另有言歐公〈本論〉仍收入《居士集》，所以終究排佛，筆者認為〈本論〉是過往排佛的記錄，是他大半生堅持的主張，編定文集沒有不納入的理由，這與他臨終前排佛立場鬆動，可以分開看待。換言之，葉夢得《避暑錄話》提及熙寧之後士大夫喜談禪；謂歐公夫人奉佛，歐公不禁；又云公晚年從問脩顒，讀《華嚴》未終而薨，說法並不荒謬，應可信從。

《禪學典籍叢刊・註石門文字禪》覺範禪師繪像

惠洪非「浪子和尚」辨

提　　要

　　北宋禪僧釋惠洪,是位博學多才而又極具爭議的人物,由於他的個性活躍,勇於批判議論,思想理念新穎不同流俗,這已讓他在佛教界受到褒貶兩極的懸殊評價,再加上他又不幸捲入了激烈黨爭,遭致數度下獄、脊杖、黥面、流放、褫奪僧籍等等慘酷待遇,更使得他生前身後,無法昂然挺立於世人眼底、光耀於青史之中;特別是處在恐怖政爭陰影下,惠洪所寫的〈上元宿百丈〉詩:「十分春瘦緣何事,一掬歸心未到家。」竟也成為蔡卞夫人,也就是王安石次女,袒護親私,知惠洪為政敵知交,便指斥他是虛掛「和尚」之名的「浪子」。「浪子和尚」便成了惠洪不能忘情絕愛、欲炙女色的口實,幾乎使他人格破產,不僅宗教情操遭質疑、著作可信度及教門功績也被大打折扣。為澄清這種長期以來偏執不公的錯解,本文從根本關鍵的「浪子和尚」一詞著手,提出與以往不同的看法,為這位著述等身,功在教門,雖遭禍害仍衷心向佛的一代禪僧,逐次翻案辨明。全文計分六節,末後再附上結論,以綜結本篇主要論點。

關鍵詞

惠洪　慧洪　覺範　浪子和尚　石門文字禪　禪林僧寶傳

一、前　言

　　宋僧釋惠洪（1071～1128），為南嶽第十三世禪僧[1]，又名德洪，字覺範，號寂音，筠州新昌人。少依三峰靚禪師[2]，後得法於雲庵真淨，真淨嗣祖黃龍慧南，黃龍之師石霜楚圓則為汾陽善昭法嗣，善昭以文字說禪，一向被公認為禪門頌古權輿[3]，因此惠洪不僅是黃龍派下法孫，同時也繼承了善昭說禪不離文字，透過文字以解悟禪理的傳統。惠洪年十四父母俱歿，即投依禪門，博覽群書，日記數千言，未屆而立，已在禪林享有聲名，又因窮通子史，奇才縱橫，在詩壇、政界也結識黃庭堅、韓駒、許顗、張商英、陳瓘、朱彥等名流，深得賞譽。惟因宋代黨爭熾烈，熱心世務的惠洪也不幸捲入，致九死一生，坎坷流離[4]。吳曾於《能改齋漫錄‧洪覺範因張、郭罪配朱崖》，有稍稍介紹他說：

> 洪覺範本名德洪，俗姓彭，筠州人。始在峽州，以醫劉養娘識張天覺。大觀四年八月，覺範入京，而天覺已為右揆，因乞得祠部一道為僧。又因叔彭几在郭天信家作門客，遂識天信，因往來于張、郭二公之門。政和元年，張、郭得罪，而覺範決脊杖二十，刺配朱崖軍牢。後改名惠洪。[5]

1　見普濟《五燈會元》卷十七〈清涼慧洪禪師〉，「慧洪」即「惠洪」，另又有德洪、覺範、寂音、老儼、甘露滅等諸多別號。（臺北：文津出版社，1991年4月，頁1159）

2　《石門文字禪》卷二五〈題香山靚禪師語〉云：「禪師父事雲庵，於予為法兄；然予少實師事之。」（臺北：新文豐公司，1973年12月，頁17）

3　見忽滑谷快天著、朱謙之譯《中國禪學思想史》，上海：上海古籍出版社，1994年5月，頁393。

4　惠洪曾四度下獄，分別是徽宗崇寧四年（1105），為狂僧誣入制獄一年、大觀三年（1109）秋，以弘法嬰難入獄、宣和元年（1119）遭狂道士誣以為張懷素謀反黨人，坐南昌獄百餘日。而最嚴重的，便是因坐交宰相張商英、節使郭天信罪名，於政和元年（1111）自京師竄逐崖州，至政和三年始放還。此外政和四年（1114）五月，又證獄太原，拴縛於旅邸，至十月放免。惠洪被幾次下獄、證獄，皆與好議多言而復捲入政爭有關。

5　見《能改齋漫錄》卷十二，臺北：木鐸出版社，1982年5月，頁371。

這段攸關惠洪的生平，直至清代厲鶚《宋詩紀事》[6]仍沿而未改。其實這位被吳曾在《能改齋漫錄》諷罵為「不讀書」[7]的名僧，一生履歷，於其所著《石門文字禪》卷二四〈寂音自序〉[8]已自我介紹，詳情與「讀書多」的吳曾所言並不完全相同；而目前在南宋祖琇《僧寶正續傳》卷二、正受《嘉泰普燈錄》卷七、曉瑩《雲臥紀談》卷上、普濟《五燈會元》卷十七、志磐《佛祖統紀》卷四六，或元代念常《佛祖歷代通載》卷十九等[9]，都可以訪得惠洪生平相關資料。

當惠洪五十二歲時，曾自題堂壁三首，一方面感慨與世不偶，云：「滅跡尚嫌身是累，此生永與世相違。」另方面又自我寬解道：「得失是非都放卻，死生窮達信緣休。」[10]今從許多資料看來，惠洪生前身後，確實受到不少議論品評，而且好與壞差異極大，例如正受〈大佛頂首楞嚴經合論序〉稱讚他：

> 以智照三昧，區分派別，振發大義，於詆訶之間，無施不可，雖生、遠筆削，復何以加！或謂論非見諦菩薩莫能為之；是安知寂音果非見諦者耶？[11]

但晁公武《郡齋讀書志》卷四下「《洪覺範筠溪集》十卷」卻說：

> （惠洪）著書數萬言，如《林間錄》、《僧寶傳》、《冷齋夜話》之類，皆行於世；然多夸誕，人莫之信。[12]

曾慥編《皇宋百家詩選》也批評惠洪妄誕，陳善對此亦表同感，《捫蝨

6　見《宋詩紀事》卷九二，臺北：臺灣商務印書館景印《四庫全書》1485冊，1986年3月，頁750。
7　同注5，卷三〈冷齋不讀書〉條，頁68。
8　同注2，頁17～18。
9　《僧寶正續傳》、《嘉泰普燈錄》、《雲臥紀談》分見《卍續藏》（臺北：新文豐公司，1983年1月，137冊，頁581、128；148冊，頁25）；《五燈會元》，同注1；志磐《佛祖統紀》、念常《佛祖歷代通載》，T49，p419c、p683a。
10　同注2，卷十二〈自題堂壁〉，頁21。
11　〈大佛頂首楞嚴經合論序〉，見《卍續藏》18冊，頁1。
12　《郡齋讀書志》，臺北：臺灣商務印書館，1968年3月，頁490。

新話》卷三「冷齋夜話誕妄」條即予引用[13]；又孫覿致書曾慥甚至說：「此僧中奴固不以笞罵為辱……公著論斥其妄，良有益於後人耳目。」[14]本文所要探討的，不在評斷這些說法孰是孰非，而是要從根本著眼，針對惠洪操持的問題提出看法。由於《能改齋漫錄》卷十一「浪子和尚詩」云：

> 洪覺範有上元宿嶽麓寺詩。蔡元度夫人王氏，荊公女也。讀至「十分春瘦緣何事，一搦鄉心未到家」，曰：「浪子和尚耳！」[15]

於是《四庫提要》評《石門文字禪》便說他：「身本緇徒，而好為綺語。《能改齋漫錄》記其上元宿嶽麓寺詩，至有『浪子和尚』之目。」「有『浪子和尚』之目，則既役志於繁華，又溺情於綺語，於釋門戒律，實未精嚴，在彼教中，未必據為法器。」[16]吳曾這部書，胡仔《苕溪漁隱叢話》時常稱引，只是書名改成了《遯齋漫錄》，對於胡仔的鑑賞及批評是可以看到影響的。《苕溪漁隱叢話‧前集》卷五六便抨擊惠洪道：

> 《冷齋夜話》云：「予謫海外，上元椰子林中，漁火三四而已。中夜聞猿聲悽動，作詞曰：『凝祥宴罷聞歌吹。畫轂走，香塵起。冠壓花枝馳萬騎。馬行燈鬧，鳳樓簾卷，陸海鰲山對。　當年曾看天顏醉。御杯舉，歡聲沸。時節雖同悲樂異。海風吹夢，嶺猿啼月，一枕思歸淚。』又有懷京師詩云：『十分春瘦緣何事，一搦歸心未到家。』」苕溪漁隱曰：「忘情絕愛，此瞿曇氏之所訓，惠洪身為衲子，詞句有一枕思歸淚，及十分春瘦之語，豈所當然？又自載之詩話，矜衒其言，何無識之甚邪！」[17]

---

[13]　《捫蝨新話》，《筆記小說大觀》四編第3冊，頁1917。據陳善謂《皇宋百家詩選》是「魯公」所編，然「魯公」實為曾慥祖父曾公亮封號，陳善說誤。

[14]　孫覿致書曾慥原文見趙與時《賓退錄》卷六，《筆記小說大觀》六編第4冊，頁2121。

[15]　同注5，頁318。

[16]　見永瑢等撰《四庫全書總目》卷一五四，北京：中華書局，1992年10月，頁1331、1238。

[17]　《苕溪漁隱叢話》，臺北：世界書局，1961年10月，頁383。按胡仔所見《冷齋夜話》，應與今傳版本不同，今本《冷齋夜話》卷五「上元詩」條記述原文為：「予自并州還江

而《苕溪漁隱叢話‧後集》卷三七也斥責他:「才性儓爽見于言語文字間,若于禪門本分事,則無之也。」[18]到了方回《瀛奎律髓》卷四七收錄惠洪〈贈尼昧上人〉:「不著包頭絹,能披壞衲衣。愧無灌溪辨,敢對末山機。未肯題紅葉,終期老翠微。余今倦行役,投杖夢煙霏。」方回評曰:「紅葉之句,又似侮之;末句有欲炙之色,女人出家終何益哉!」紀批《瀛奎律髓》甚至在首句及尾聯皆有塗抹,且曰:「鄙惡之極,不以詩論!」[19]「炙」為親近之意,也就是指惠洪贈詩挑逗昧比丘尼,希得一親芳澤;而紀昀也痛斥其鄙惡到了極點,詩歌原有「思無邪」的優良傳統,但像這般寫法也不配稱之為詩了。

　　由吳曾的記述,以至胡仔、方回、紀昀《瀛奎律髓》、《四庫提要》所評,也難怪坐實了史學家陳垣云:「亦洪有以取之也」[20]的不守清規形象;而就是錢鍾書《管錐編》評《全漢文》卷五六伶玄(字子于)〈飛燕外傳自序〉,引及惠洪〈跋達道所蓄伶子于文〉曰:「(樊)通德所論『惠(慧)男子』,殆天下名言。吾以謂子于之室有此婢,如維摩詰之有天女也。」也同樣語帶嘲謔云:「衲子而賞會在是,『浪子和尚』之號不虛也。」[21]這對於著述等身,功在教門,雖遭禍害仍深心向佛的一代

南,過都下,上元逢符寶郎蔡子因,約相國寺未至。有道人求詩,且曰:『覺範嘗有寒巖寺詩懷京師曰:「上元獨宿寒巖寺,臥看青燈映薄紗。夜久雪猿啼嶽頂,夢回山月上梅花。十分春瘦緣何事,一掬歸心未到家。卻憶少年行樂處,軟風香霧噴東華。」今當為作京師上元懷山中也。』予戲為之曰:『北遊爛熳看并山,重到皇州及上元。燈火樓臺思往事,管絃音律試新翻。期人未至情如海,穿市歸來月滿軒。卻憶寒巖曾獨宿,雪窗殘夜一聲猿。』」(臺北:臺灣商務印書館景印《四庫全書》863冊,1985年2月,頁260)而在《全宋詞》倒是收了《苕溪漁隱叢話》所載的這闋〈青玉案〉,詞末有案云:「此首又見《樂府雅詞拾遺》卷上,無撰人姓名。」(臺北:中央輿地出版社,1970年7月,頁713)今試與惠洪〈京師上元觀駕〉比對,知本闋為惠洪之作無誤。

18　同前注,《苕溪漁隱叢話》,頁707。

19　方回《瀛奎律髓》,臺北:臺灣商務印書館景印《四庫全書》1366冊,1986年3月,頁533;紀批《瀛奎律髓》,臺北:佩文書社,1960年8月,頁1590。此書之前有紀氏弟子所作例言云:「凡出紀師圈(圈)點并塗抹者,悉刻於字旁外一行。」所以「塗抹」就是在字旁畫線。另〈贈尼昧上人〉詩見《石門文字禪》卷九,「壞衲衣」作「壞墨衣」(頁16)

20　見陳垣《中國佛教史籍概論》,臺北:三人行出版社,1974年7月,頁140。

21　錢鍾書《管錐編》第3冊,北京:中華書局,1991年6月,頁966。

禪僧，是尊嚴掃地且極不公允的論斷。相較於這種恥辱，我們又見到近年有大陸學者以王安石之女評惠洪「浪子和尚耳」，竟然說：

> 慧洪詩歌深入閨閣，說明他的詩在當時影響之大；而王氏這句話，就詩作本身來說，卻是對慧洪詩歌成就的很高評價。這兩句頗經錘鍊而又顯得順暢自然的詩，把那種游子思歸的心情表現得哀婉悱惻，讀來十分感人。[22]

這顯然是不了解「浪子和尚」的義涵，沒讀出王氏的輕蔑，同時也漠忽了歷來評者的看法。本論文故依序分：「浪子和尚」名義、〈上元宿百丈〉詩析評、「浪子和尚」污名背後的政治迫害、惠洪的宗教情感、惠洪對於佛教的貢獻五節，逐一為惠洪翻案辨明。

二、「浪子和尚」名義

「和尚」原指德高望重的出家人，漢譯另又有和上、和闍等等名稱，意思即為親教師、大眾之師，是對僧團中得道高僧尊崇的敬稱，但後來民間對於一般出家受戒的男眾，也都相沿如此稱呼，「浪子和尚」的「和尚」並不例外。至於「浪子」則有多層含意，《新唐書》卷一四三〈元結傳〉有一篇自述文章〈自釋〉曰：

> （結）天下兵興，逃亂入猗玕洞，始稱「猗玕子」。後家瀼濱，乃自稱「浪士」。及有官，人以為浪者亦漫為官乎？呼為「漫郎」。[23]

文中的「浪士」或「浪者」，有著六朝名士幽隱林泉，灑脫不羈，逍遙自在的應世態度，終究不能與「浪子」相提並論。「浪子」起初是指「浪蕩子」，《古詩十九首·青青河畔草》有云：「昔為倡家女，今為蕩子婦；

---

[22] 鄭群輝〈北宋詩僧慧洪覺範的文學成就〉，《學術論壇》1997年第3期。

[23] 宋祁《新唐書》，臺北：鼎文書局，1992年1月，頁4685。元結另撰有〈浪翁觀化並序〉，虛擬一位「浪然在山谷」的浪翁和他應答，可見《全唐文》三八三卷，臺北：匯文書局，1961年12月，頁4921。

蕩子行不歸，空床難獨守。」詩中敘說一位拋下妻室，長期浪遊四方，不歸鄉土之人[24]，其後如曹植〈七哀詩〉云：「借問歎者誰，言是蕩子妻，君行踰十年，孤妾常獨棲。」梁元帝〈蕩婦秋思賦〉云：「蕩子之別十年，倡婦之居自憐。」乃至庾信〈蕩子賦〉云：「空床起怨，倡婦生離，紗窗獨掩，羅帳長垂。」[25]不管是字面或詩旨，總可見到古詩演繹而來的痕跡。由於浪子居無定所，難有恆產，所以後人也習慣用來形容遊蕩無業之民，《宋史·連萬夫傳》即記載高宗建炎年間盜寇四起，有一匪酋名為「浪子」[26]；加上浪子又常與倡婦連繫在一起，因此清代賀貽孫便直呼摹寫豔情的梁簡文帝、陳後主、隋煬帝是重情愛色的浪子，《詩筏》云：

> 南朝齊梁以後，帝王務以新詞相競，而梁氏一家，不減曹家父子兄弟，所恨體氣卑弱耳。……簡文豔情麗藻，在明遠、玄暉之間，沈約、任昉皆所不及，武帝以東阿擬之，信不虛也。……宮體一出，從風而靡，蓋秀才天子也，又降為浪子皇帝矣。陳後主、隋煬帝才思豔發，曾何救於敗亡也？傷哉！[27]

當然，專重情色的浪子也是容易玩弄感情，拋家不顧的。再者，浪子不務正業，四處遊蕩，必然習於猥鄙，成為不拘形骸，甚或玩世不恭，無法勝任本職的輕薄無行之徒。《宋史》卷三五二〈李邦彥傳〉即云：

> 邦彥俊爽，美風姿，為文敏而工；然生長閭閻，習猥鄙事，應對便捷，善謳謔，能蹴鞠，每綴街市俚語為詞曲，人爭傳之，自號「李浪子」。……邦彥善事中人，爭薦譽之，累遷中書舍人、翰

---

[24] 見馬茂元《古詩十九首探索》，臺北：河洛出版社，1979年12月，頁137。

[25] 曹植詩見逯欽立輯《先秦漢魏晉南北朝詩·魏詩》卷七，北京：中華書局，1995年1月，頁458；梁元帝賦見嚴可均輯《全上古三代秦漢三國六朝文·全梁文》卷十五，京都：中文出版社，1981年6月，頁3038；庾信賦見倪璠《庾子山集注》卷一，臺北：源流出版社，1983年4月，頁91。

[26] 見脫脫等撰《宋史》卷五四三，臺北：鼎文書局，1991年2月，頁13338。

[27] 賀貽孫《詩筏》，見《清詩話續編》第1冊，臺北：藝文印書館，1985年9月，頁162。

> 林學士承旨。宣和三年,拜尚書右丞;五年,轉左丞。(父)浦
> 死,贈龍圖閣直學士,謚曰宣簡。邦彥起復,與王黼不協,迺陰
> 結蔡攸、梁師成等,讒黼罷之。明年,拜少宰,無所建明,惟阿
> 順趨諂充位而已,都人目為「浪子宰相」。[28]

那麼王夫人稱惠洪「浪子和尚」,又是指哪一種的「浪子」?出家人自
六朝以來,就常被批評為不事生產,專務供養的蠹食蟲蠹之流,如從表
面上看,似與居無定所,遊蕩無業的「浪子」有些相同;但基本上,王
夫人還是敬重僧人,不排佛教的,《清波雜志》便載:

> 七(王)夫人者,一日於看樓見一僧頂笠自樓下過,問左右:「笠
> 甚重,內有何物?」告以行腳僧生生之具皆在焉。因歎曰:「都
> 是北珠、金箔,能有多少!」亟使人追之,意欲厚施。其僧不顧
> 而去,異夫巡門持缽者。[29]

因此王夫人「浪子和尚」的稱呼,不是基於出家人應供乞食、不事生產
的關係,而是特別對惠洪人格操守全盤否定始有此說,此說與當時李邦
彥被視為「浪子宰相」是否相關雖無法確定;但可確信是譏斥惠洪一介
緇流,卻不遵佛戒,身染俗塵,輕薄無行,是虛掛「和尚」之名的「浪
子」。而由於王夫人這麼一說,因此不能忘情絕愛、欲炙女色等等毀辱
接踵而來,果真都成了惠洪「咎由自取」了。

三、〈上元宿百丈〉詩析評

惠洪詩:「十分春瘦緣何事,一搦歸心未到家。」原題:「上元宿百
丈」,見於《石門文字禪》卷十,以下便針對本詩意蘊,詳加析評。

《石門文字禪》除了有許多是為方外道友而寫的詩書序跋、偈贊銘
祭外,也有不少與士大夫次韻唱酬之作,若要一一考訂作時,並不容易;
但〈上元宿百丈〉則可確定作於三十五歲。詩中文字與《冷齋夜話》所

---

[28] 同注26,頁11120。

[29] 見周煇撰、劉永翔校注《清波雜志校注》卷三,北京:中華書局,1994年9月,頁131。

記（見注17）稍異，今重錄如下：

> 上元獨宿寒巖寺，臥看篝燈映薄紗。夜久雪猿啼嶽頂，夢回清月在梅花。十分春瘦緣何事，一掬歸心未到家。卻憶少年行樂處，軟風香霧噴京華。

由於《石門文字禪》卷十八〈百丈大智禪師真贊〉有云：「余崇寧四年春，至山中獲瞻遺像……。」且《冷齋夜話》所記另一首〈上元〉詩，在《石門文字禪》卷十一標題為：「余昔居百丈，元夕有詩。後十年是夕過京師，期子因不至。」詩曰：「北遊爛熳看幷川，重到皇州及上元……。」「後十年」正是徽宗政和五年（1115），惠洪四十五歲，時自太原還南州，過都下。上元夕，宿故人李德茂之館，《石門文字禪》卷二三即有〈李德茂書城四友序〉，故可確證〈上元宿百丈〉撰於徽宗崇寧四年（1105）正月。而同年，運使學士吳栻迎請惠洪住清涼寺，不幸入寺即為狂僧控告偽造度牒，下獄一年。出獄後，著縫掖[30]入京師，賴張商英特奏，始再得度為僧。

　　〈上元宿百丈〉全詩以夜宿洪州百丈山寒巖寺的冷清，與世俗元宵夜的喧闐作了強烈對映，賀裳《載酒園詩話》品評宋詩時云：

> 僧詩之妙，無如洪覺範者，此故一名家，不當以僧論也。五言古詩，不徒清氣逼人，用筆高老處，真是如記如畫。近體詩，如〈石臺夜坐〉：「永與世遺他日志，尚嫌山淺暮年心。凍雲未放僧窗曉，折竹方知夜雪深。」〈上元宿百丈〉：「夜久雪猿啼嶽頂，夢回清月在梅花。」俱秀骨嶷然。[31]

由此可見他對惠洪詩作的推崇；而〈上元宿百丈〉自堪稱近體代表之作，惠洪所以那麼喜愛，一再提起，也是其來有故。詩中回憶起少年所見京

30　「縫掖」即「逢掖」，為儒士之衣，《禮記·儒行》記孔子云：「丘少居魯，衣逢掖之衣；長居宋，冠章甫之冠。」（臺北：新文豐公司，1978年1月，頁974）逢者，大也；掖者，袂也；逢掖者，即大袂襌衣。而出家眾依佛制穿的是「水田衣」，故知惠洪已遭勒令還俗。

31　見《清詩話續編》第1冊，同注27，頁439。

師上元，軟風香霧熱鬧歡騰的風光，趙翼《陔餘叢考‧上元張燈》引用朱弁《曲洧舊聞》，有結論說：「上元張燈實盛於宋。」[32]今據惠洪〈青玉案〉上闋云：「凝祥宴罷聞歌吹。畫轂走，香塵起。冠壓花枝馳萬騎。馬行燈鬧，鳳樓簾卷，陸海鰲山對。」敘說佳節到來，鼓樂車馬燈花繁盛，京師百姓有如海潮，人人頭插玉梅雪柳，爭到鰲山下觀燈，亦可自作一注解；另於《石門文字禪》還可見〈京師上元觀駕〉兩首，也鋪張出一幅帝王與民同樂的太平慶元圖：

> 及時膏雨已闌珊，黃道新泥曉未乾。白面郎敲金鐙過，紅妝人揭繡簾看。管絃叫月宣和氣，燈火燒空奪暮寒。咫尺鳳樓開雉扇，玉皇仙仗紫雲端。
>
> 閣雨輕寒欲夕氛，青牛畫轂已爭奔。皇州浩蕩風光裏，紫陌喧闐笑語溫。冠壓花枝馳萬騎，簾垂繡箔卷千門。特傳詔語君恩重，凝睇天階謝至尊。[33]

市井小民瞻仰至尊的機會很少，藉由元宵觀燈，遙拜天顏，乃是眾多百姓的期待。孟元老《東京夢華錄》序文便道：「瞻天表，則元夕、教池、拜郊、孟享。」而卷六「元宵」條，也極力摹繪京師上元夜，奇術異能、歌舞百戲，群出競勝，翻新耳目的景況。[34]〈上元宿百丈〉這首詩從字面看來，惠洪正是憑其妙筆，鋪陳印象中元宵夜熙來攘往，金翠羅綺處處飄香的繁華盛況，而當逢世人歡度的節慶，寺院雖應景張掛燈籠，但在出家人而言，仍一如往常，伴隨著猿啼清月，安守住滿山寂寞。此時離開家山，來遊百丈，一身瘦骨的惠洪，心中不禁生起思歸之念。

思歸情懷，我們在〈贈尼昧上人〉詩也見到惠洪說：「余今倦行役，投杖夢煙霏。」那是惠洪倦於俗世風塵，而想重歸林泉的心境，本不應有深文周納的聯想，試看《石門文字禪》卷十三也有一首〈正月一日送

---

[32] 趙翼《陔餘叢考》卷三一，臺北：世界書局，1960年12月，頁19。趙翼所引，可見《曲洧舊聞》卷七，臺北：臺灣商務印書館景印《四庫全書》863冊，1985年2月，頁329。

[33] 見《石門文字禪》卷十一，頁1。

[34] 孟元老《東京夢華錄》，臺北：新文豐公司《叢書集成新編》96冊，1986年1月，卷六，頁622。

璿維那之新昌乞〉，其中頸聯云：「念舊十年鄉井夢，試新一首送行篇。」[35]璿維那新年伊始，將到新昌化緣，而由於惠洪是筠州新昌縣人，因此有「念舊」之句；但此句不過表達對家鄉故舊的深切懷念，從尾聯云：「翛然路入江南去，想見歸時及杜鵑。」可知惠洪仍盼著璿維那歸來，而不是自己也心想歸鄉還俗。《石門文字禪》所收錄詩歌頗多思歸之作，如〈中秋對月〉曰：「十分歸思懸江國，一半秋光入鬢鬚。」〈元祐五年嘗宿獨木，為詩以自遣，今復過此，追舊感歎用韻示超然二首〉之一云：「名利到頭成底事，田園歸得是何年？」〈誠上人求詩〉云：「秋月半鉤留客意，凍雲千頃欲歸情。」〈蔡州道中〉云：「投老不堪行役苦，手遮西日想巖扉。」〈次韻思禹兄見懷〉曰：「我託叢林如越鳥，南枝雖穩亦思歸。」[36]而《苕溪漁隱叢話・前集》所引惠洪〈青玉案〉，「一枕思歸淚」，自亦惠洪篆面脊杖，流放海南，歸思情緒的抒寫。這些思歸念舊之作，絕非惠洪眷戀俗家，還想著世俗五欲之樂，甚至希望捨戒返服去也。從《苕溪漁隱叢話・後集》卷三七所引《冷齋夜話》云：

> 予留南昌，久而忘歸，獨行無侶，意緒蕭然。偶登秋屏閣，望西山，于是浩然有歸志，作長短句寄意。其詞曰：「城裏久偷閒。塵浣雲衫。此身已是再眠蠶。隔岸有山歸去好，萬壑千巖。　　霜曉更憑欄。減盡晴嵐。微雲生處是茅庵。試問此生誰作伴，彌勒同龕。」[37]

本闋〈浪淘沙〉同樣有著歸去之想，但所想的，是結庵微雲生處，長伴古佛青燈，這已非常清楚明白的宣說念念不忘的，並非俗家塵緣情愛；更何況，〈上元宿百丈〉詩中的「十分春瘦」、「一搦歸心」兩句，也不妨深入一層，解釋為惠洪自覺修行境界尚未徹悟解脫。以「十分春瘦」形容修行過程的艱辛，即同於《韓非子・喻老》云：

> 子夏見曾子，曾子曰：「何肥也？」對曰：「戰勝故肥也。」曾

---

[35] 見《石門文字禪》卷十三，頁9。
[36] 以上五首，分見卷十，頁5、10、14；卷十一，頁17；卷十二，頁17。
[37] 同注17，頁707。此闋〈浪淘沙〉，不見於今本《冷齋夜話》中。

> 子曰：「何謂也？」子夏曰：「吾入見先王之義則榮之；出見富
> 貴之樂又榮之，兩者戰於胸中，未知勝負，故臞；今先王之義勝，
> 故肥。」[38]

這典故，惠洪是相當熟悉的，惠洪於〈赤眼禪師畫像贊序〉就說過：「從事於功名者，咸以榮樂勞苦為異，而忻惡交戰於胸中。」[39]尤其惠洪是夜宿百丈時，寫下了「一掬歸心未到家」，凡參禪者發明大事、明心見性，一向都是以「到家」為喻，《五燈會元》卷四〈長慶大安禪師〉，正有大安請示百丈懷海的開示語云：

> 師即造百丈，禮而問曰：「學人欲求識佛，何者即是？」丈曰：
> 「大似騎牛覓牛。」師曰：「識得後如何？」曰：「如人騎牛至
> 家。」師曰：「未審始終如何保任？」丈曰：「如牧牛人，執杖
> 視之，不令犯人苗稼。」[40]

至宋代廓庵禪師《十牛圖頌》，其中第六「騎牛歸家」，喻脫離情識妄想羈絆，騎本具之心牛，歸還本來家鄉；第七「忘牛存人」，喻歸返本覺無為家鄉，無事安閒，無須更再修練。兩圖復各有頌曰：「騎牛迤邐欲還家，羌笛聲聲送晚霞。一拍一歌無限意，知音何必鼓唇牙。」「騎牛已得到家山，牛也空兮人也閑。紅日三竿猶作夢，鞭繩空頓草堂間。」[41]再如宋元之交，天目高峰妙禪師法語示眾亦云：「確其正念，慎無二心，至於行不知行，坐不知坐，寒熱饑渴，悉皆不知，此境界現前，即是到家消息。」[42]而就是惠洪於《林間錄》卷上也記一段話說：

---

[38] 見陳奇猷《韓非子集釋》卷七，臺北：華正書局，1987年8月，頁416。又此段文字亦見於《淮南子·精神訓》、《史記·禮書》，《史記》文字差異較大，作：「自子夏門人之高弟也，猶云：『出見紛華盛麗而說；入聞夫子之道而樂，二者心戰，未能自決。』」（《史記會注考證》，臺北：宏業書局，1980年8月，頁411）

[39] 見《石門文字禪》卷十八，頁23。

[40] 同注1，頁191。

[41] 《十牛圖頌》一卷，全稱《住鼎州梁山廓庵和尚十牛圖頌》，見《卍續藏》113冊，頁917。

[42] 見袾宏集《禪關策進》，T48，p1100c。

> 予在湘山雲蓋，夜坐地爐，以被蒙首。夜久，聞僧相語曰：「今
> 四方皆謗臨濟兒孫，說平實禪不可隨例虛空中拋筋斗也，須令求
> 悟，悟箇什麼？古人悟即握土成金，今人說悟，正是見鬼。彼皆
> 狂解未歇，何日到家去？」……。[43]

因此把這首詩當成惠洪在百丈山過上元節，自忖出家多年，修行還未
到「絕學無為閒道人」的本地風光境界，不禁慨然有感而作，想亦不
致枘鑿難契。杜繼文、魏道儒合撰《中國禪宗通史》云：「（此聯）說
它表現探求心源的執著也未嘗不可。」[44]但卻沒再深入分析惠洪還如
何執著於探求心源，今特闡論如上。當然，惠洪作詩，不經意口出豔
語，的確常為自己惹來麻煩，胡仔責備他不能忘情絕愛；方回嘲諷他
有欲炙昧比丘尼之色，而如《石門文字禪》卷十六收有〈讀和靖西湖
詩戲書卷尾〉云：「長愛東坡眼不枯，解將西子比西湖。先生詩妙真
如畫，為作春寒出浴圖。」這也讓惠洪同參法友廓然極不悅，還特地
寫詩規正他，但惠洪則是和韻兩首作答，今錄一首，從中可見惠洪實
非泥於表象，或習慣作勢裝腔之流：

> 居士多情工比類，先生詩妙解傳真。只知信口從頭詠，那料高人
> 作意瞋。雲墮鬢垂初破睡，山低眉促欲嬌春。何須夢境生分別，
> 笑我忘懷歎愛頻。[45]

《石門文字禪》另有〈政和二年，余謫海外，館瓊州開元寺儼師院，遇
其遊行市井、宴坐靜室、作務時，恐緣差失念，作日用偈八首〉，其中第
三首云：

---

[43] 惠洪《林間錄》，高雄：佛光出版社，1994年12月，頁73。

[44] 見杜繼文、魏道儒合撰《中國禪宗通史》，第六章第二節〈兩宋社會與禪宗巨變‧臨濟
宗的振興和禪家新風〉，南京：江蘇古籍出版社，1993年8月，頁400。

[45] 見《石門文字禪》卷十一〈偶讀《和靖集》，戲書小詩卷尾云：「長愛東坡眼不枯，解將
西子比西湖。先生詩妙真如畫，為作春寒出浴圖。」廓然見詩大怒，前詩規我，又和二
首〉，頁6。

道人何故，淫坊酒肆。我自調心，非干汝事。[46]

這首四言偈詩是取用二祖慧可掌故。《五燈會元》卷一〈二祖慧可大祖禪師〉曰：「(慧可)韜光混跡，變易儀相。或入諸酒肆，或過於屠門，或習街談，或隨廝役。人問之曰：『師是道人，何故如是？』祖曰：『我自調心，何關汝事？』」[47]惠洪自政和元年（1111）謫配海外，僧籍再次被註銷，直到五十八歲示寂前一年，始因高宗登極大赦而恢復[48]，所以這首詩便以慧可變易儀相，韜光混跡的作風來形容自己。讀惠洪詩，除能碰觸到他內心最纖細敏銳的精神意識外，還不時能感受他那不受世俗眼光拘限，誓言「當登萬鍛鑪，乃驗真金色」、「大火聚中，青蓮花開」的任運與無礙。因此不用說方回、紀昀等人望文生義，想入非非；胡仔用忘情絕愛來責備惠洪，也實非知音，試看佛陀已出家證果，而父喪仍願抬

---

46 見《石門文字禪》卷十七，頁21。

47 同注1，頁48。

48 祖琇《僧寶正續傳》卷二〈明白洪禪師〉說惠洪晚年重得削髮：「(《僧寶傳》成，)將負之入京，抵襄陽，會難，淵聖（即宋欽宗）登極，大逐宣和用事者，詔贈丞相商英司徒；賜師重削髮，還舊師名。」（同注9，頁582）但是，曉瑩《雲臥紀談》卷上〈寂音獲譴〉載惠洪靖康元年上書刑部，求還僧籍，奈以「是時朝廷事屬多故，未果舉行。」（頁25）今據惠洪陳詞云：「近聞朝廷追贈張商英、陳瓘官爵，旌其忠節，流竄蔡京、梁師成嶺外，正其罪惡。」張商英、陳瓘是靖康元年二月獲得平反；而蔡京流竄儋州已是該年七月，在國勢板蕩之際，朝廷還會顧及一介褫奪僧籍近二十年的陳情者，似不可能；且《雲臥紀談》成書於南宋高宗紹興二十五年（1155），距惠洪亡故時間還不遠，也比祖琇成書早，所言應較正確；然而惠洪雖未於靖康元年恢復僧籍，其圓寂前一年確實重得敘復，《石門文字禪》卷三十〈祭鹿門燈禪師文〉云：「維皇宋建炎元年，歲次丁未，五月庚寅朔；二十日，特敘復僧某，謹以茗果之奠，敢昭告于燈公禪師之靈。」「五月庚寅朔二十日」一句，似乎奇特不可解，實則「五月二十日」為法燈禪師奠祭之日，惠洪另有〈鹿門燈禪師塔銘並序〉，見卷二九，序言禪師靖康二年（1127，即建炎元年）五月十三日寂滅，二十二日全身塔于山口別墅惠定塔之東，足以為證；至於「五月庚寅朔」即陰曆五月一日，高宗趙構是日於南京踐阼，並行大赦，《宋史‧高宗本紀》曰：「五月庚寅朔，帝登壇受命，禮畢慟哭，遙謝二帝，即位于府治。改元建炎。大赦，常赦所不原者，咸赦除之。」（同注26，頁443）這對於惠洪意義重大，何況祭文還提及徽宗崇道對佛教的壓抑，「重和改元，髮僧宮寺。」而今冤枉獲罪者終得改正為僧，堅守戒操者亦成佛門光耀，豈可不特書一筆？而由此也證明其僧籍已復。

棺擎爐，且升忉利天為母說法，甚至琉璃王興兵欲滅釋迦族，佛陀猶再三勸喻其息滅瞋怨，那麼是否也能說佛陀尚未忘情絕愛？何況口出豔語也不僅惠洪一人而已，與惠洪同屬汾陽五世子孫，而為楊岐法脈宗師的五祖法演，《古尊宿語錄》卷二一〈法演和尚語錄〉即記：「院主問（法演）云：『和尚近日尊位如何？』大師云：『日面佛、月面佛。』師云：『會麼？如不會，白雲（案：即法演）與你頌出：丫鬟女子畫娥眉，鸞鏡臺前語似癡。自說玉顏難比並，卻來架上著羅衣。』」又舉示肅宗問慧忠國師：「百年後所須何物？」國師云：「與老僧造個無縫塔。」法演頌偈云：「妊女已歸霄漢去，獃郎猶自守空房。」[49]而法演有弟子克勤，其開悟詩說出冷暖自知的求道歷程，用的卻是一段風流輕狂年少歲月作比喻，那就更豔情之至了，《嘉泰普燈錄》卷十一〈佛果克勤〉載云：

> （法演）即命入侍司，會部使有解印還蜀，詣祖作禮，問佛法大意，祖曰：「不見小豔詩云：頻呼小玉元無事，只要檀郎認得聲？」使者惘然。師（克勤）旁侍竊聆，忽大悟，立告祖曰：「今日去卻膺中物，喪盡目前機。」祖曰：「佛祖大事，非小根劣器所能造詣，吾助汝喜。」師述偈曰：「金鴨香囊錦繡幃，笙歌叢裏醉扶歸。少年一段風流事，只許佳人獨自知。」[50]

禪法極其靈透，講求當下即是，務必單刀直入，一針見血，因此所言所行最是貼近生命核心；而情關乃是人性原始本能，若能超越透脫，也就可望證悟道果，這也難怪妙契活法的汾陽兒孫，喜以綺思豔語作為譬喻、象徵的工具。由是觀之，蔡卞夫人如誤將〈上元宿百丈〉當成惠洪尚存塵染，思念俗家歡愛而望歸心切，並不契合詩旨；若惠洪心繫祖庭家山，或有感於修行進階不易，卻偏偏譏諷他是寡德無行的「浪子」，這也未免誣罔太甚。

[49] 賾藏主《古尊宿語錄》，北京：中華書局，1994年5月，頁392、395。
[50] 正受《嘉泰普燈錄》卷十一，《卍續藏》137冊，頁180。

四、「浪子和尚」污名背後的政治迫害

在惠洪所處的時代，口出豔語的詩僧不少，卻唯獨他被斥為「浪子和尚」，究其實，政爭才是最大肇因，但這一層向來都被忽略了。下面先看葉夢得《避暑錄話》，葉夢得歷數當代詩僧傑出高名者，而對道潛、惠洪多與文士往來，即頗致不滿：

> 錢塘西湖舊多好事僧，往往喜作詩，其最知名者，熙寧間有清順、可久二人。……所居皆湖山勝處，而清約介靜，不妄與人交，無大故不至城市，士大夫多往就見，時有饋之米者，所取不過數斗，以瓶貯置几上，日取其三二合食之；雖蔬茹亦不常有，故人尤重之。其後有道潛，初無能，但從文士往來，竊其緒餘，並緣以見當世名士，遂以口舌論說時事，譏評人物，因見推稱。……近歲江西有祖可、惠洪二人。……惠洪傳黃魯直法，亦有可喜，而不能無道潛之過。……道潛、惠洪皆坐累編置。風俗之變，雖此曹亦然，如順、久未易得也。[51]

首先我們當了解葉夢得是黨附蔡京的，《四庫提要》即謂其「本為蔡京之門客，不免以門戶之故，多陰抑元祐而曲解紹聖。」[52]所以對道潛、惠洪二僧傾交元祐黨人，自然不會有多少好感。其次，葉氏認定出家眾應避世山林，不意二僧卻偏遊名士公卿之門！其實這也無關風俗之變，如排佛的韓愈作詩譏諷僧約已云：「早知皆是自拘囚，不學因循到白頭。汝既出家還擾擾，何人更得死前休。」[53]然而出家眾為無為法，並不以消極避世為已足，《釋氏要覽》卷上「出家人事務」條引《三千威儀經》即云：「出家所作事務有三：一、坐禪；二、誦經；三、勸化。眾事若具足三事，是應出家人法；若不行者，是徒生徒死，惟有受罪之因。」

---

51 葉夢得《避暑錄話》卷下，臺北：臺灣商務印書館景印《四庫全書》863冊，1985年2月，頁703。

52 見永瑢等撰《四庫全書總目》卷一二一《避暑錄話》條，同注16，頁1041。

53 見錢仲聯《韓昌黎詩繫年集釋》卷四〈和歸工部送僧約〉，臺北：學海出版社，1985年1月，頁355。

[54] 《五燈會元》卷四也載黃檗希運遊天臺，偶逢一僧偕行，屬澗水暴漲，僧催希運渡流，旋即褰衣躡波，若履平地，且不斷向希運招手，希運叱曰：「自了漢，吾早知當斫汝脛！」僧遂嘆曰：「真大乘法器，我所不及。」[55]

為了勸化之便，藉詩文玄言與王公俊彥酬唱遊往，其來久矣，如《世說新語‧言語》篇有云：「竺法深在簡文坐，劉尹問：『道人何以游朱門？』答曰：『君自見其朱門，貧道如游蓬戶。』」[56]又如白居易〈題道宗上人十韻〉亦稱賞道宗：「如來說偈讚，菩薩著論議。是故宗律師，以詩為佛事。……欲使第一流，皆知不二義。精潔霑戒體，閑澹藏禪味。從容恣語言，縹緲離文字。旁延邦國彥，上達王公貴。先以詩句牽，後令入佛智……。」詩前並有序謂：

> 普濟寺律大德宗上人法堂中，有故相國鄭司徒、歸尚書、陸刑部、元少尹，及今吏部鄭相、中書韋相、錢左丞詩，覽其題皆與上人唱酬，閱其人皆朝賢，省其文皆義語，予始知上人之文，為義作、為法作、為方便智作、為解脫性作，不為詩而作也。[57]

於出世志中不廢入世情，始堪稱大乘法器。惟明乎此，才不致以惠洪曳裾貴邸，稱說時事，便對他多所詆訶；但惠洪卻因他的交遊而捲入政爭之中。葉夢得所黨附的蔡京，其胞弟也就是娶王安石次女的蔡卞。惠洪《冷齋夜話》有多則語及王安石逸事，卷四〈舒王女能詩〉云：

> 舒王女，吳安持之妻、蓬萊縣君，工詩，多佳句。有詩寄舒王曰：「西風不入小窗紗，秋氣應憐我憶家。極目江山千里恨，依然和淚看黃花。」舒王以《楞嚴經新釋》付之，有和詩曰：「青燈一點映窗紗，好讀楞嚴莫憶家。能了諸緣如幻夢，世間惟有妙蓮花。」

---

[54] 道誠《釋氏要覽》，T54，p265b。

[55] 同注1，頁188。

[56] 見楊勇《世說新語校箋》，臺北：宏業書局，1971年3月，頁85。

[57] 見朱金城《白居易集箋校》卷二一，上海：上海古籍出版社，1988年12月，頁1445。

58

王安石有兩位女兒，俱工翰墨[59]，《冷齋夜話》提到的吳安持妻，是王安石長女；而嫁給蔡卞，封福國夫人的，則是稱惠洪「浪子和尚」的次女。陳師道《後山談叢》卷三曾云：「王荊公嫁女蔡氏，慈壽宮賜珠褥直數十萬。」[60]蔡卞既娶王氏，兩人頗同心，口徑俱一致對外，《宋史》卷四七二〈蔡卞傳〉即云：「卞居心傾邪，一意以婦公王氏所行為至當。」[61]而《清波雜志》卷三也記載一段稗官野史云：

> 蔡卞之妻七（王）夫人頗知書，能詩詞。蔡每有國事，先謀之於床第，然後宣之於廟堂。時執政相語曰：「吾輩每日奉行者，皆其咳唾之餘也。」蔡拜右相，家宴張樂，伶人揚言曰：「右丞今日大拜，都是夫人裙帶。」譏其官職自妻而致，中外傳以為笑。[62]

惠洪作〈上元宿百丈〉於徽宗崇寧四年，王夫人至何時才讀及此詩，由於吳曾敘述不明，無法得知；但無論如何，先於崇寧四年前，激烈黨爭已日趨白熱，《續資治通鑑》於哲宗元符元年（1098）就記載下面一段話：

> 初，章惇、蔡卞恐元祐舊臣一旦復起，日夜與邢恕謀所以排陷之者。既再追貶呂公著、司馬光，又責呂大防、劉摯、梁燾、范祖禹、劉安世等過嶺，意猶未慊；仍用黃履疏高士英狀，追貶王珪，皆誣以圖危上躬。其言浸及宣仁皇后，帝頗惑之。最後起同文獄，將悉誅元祐大臣；內結宦者郝隨為助，專媒糵垂簾時事。建言欲

58　同注17，頁256。

59　按王安石有詩寄二女，見李壁《箋注王荊文公詩》卷一〈寄吳氏女子〉、卷二〈寄蔡氏女子二首〉，臺北：廣文書局，1971年3月，頁180、196。

60　陳師道《後山談叢》，臺北：臺灣商務印書館景印《四庫全書》1037冊，1985年6月，頁84。

61　同注26，頁13730。

62　同注29，頁130。

追廢宣仁。自皇太后、太妃皆力爭之，帝感悟，焚其奏。隨覘知
之，密語惇、卞。明日，惇、卞再有言，帝怒曰：「卿等不欲朕
入英宗廟乎！」惇、卞乃已。[63]

而且元祐黨人碑也已在崇寧元年九月，由徽宗御筆親書，刻石於端禮
門；隔年四月，徽宗又有詔云：「蘇洵、蘇軾、蘇轍、黃庭堅、張耒、
晁補之、秦觀、馬涓文集；范祖禹《唐鑑》、范鎮《東齋記事》、劉攽《詩
話》、僧文瑩《湘山野錄》等印板，悉行焚毀。」[64]同年九月，更有臣僚
上言：

> 近出使府界，陳州士人有以端禮門石刻元祐姦黨姓名問臣者，其
> 姓名雖嘗行下，至於御筆刻石，則未盡知。近在畿甸且如此，況
> 四遠乎！乞特降睿旨，以御書刊石端禮門姓名下外路州軍，於監
> 司長吏廳立石刊記，以示萬姓。[65]

徽宗亦允從之；偏偏惠洪仍與黨人黃庭堅、陳瓘、張商英等名士往來唱
酬，此於其《冷齋夜話》或《石門文字禪》、《林間錄》皆頻頻可見，《直
齋書錄解題》卷十七也注意到這事實，故云：「（惠洪）於士大夫，則與
黨人皆厚善，誦習其文，得罪不悔。」[66]今按黃庭堅於崇寧三年，過洞
庭，經潭、衡、永、桂等州，將至宜州貶所時，曾贈詩惠洪，語多勗勵
獎讚[67]，但《四庫提要》評《冷齋夜話》卻譏諷說：「是書雜記見聞，而
論詩者居十之八。論詩之中稱引元祐諸人者，又十之八；而黃庭堅語尤

63　見畢沅《續資治通鑑》卷八五，臺北：世界書局，1962年10月，頁2172。
64　同前注，卷八八，頁2252。
65　同前注，卷八八，頁2260。
66　陳振孫《直齋書錄解題》，臺北：臺灣商務印書館，1968年3月，頁492。
67　見《黃山谷詩集》卷二十〈贈惠洪〉：「數面欣羊腔，論詩喜雉膏。眼橫湘水暮，雲獻楚
　　天高。墮我玉塵尾，乞君宮錦袍。月清放舟舫，萬里渺雲濤。」（臺北：世界書局，1960
　　年11月，頁205）；而惠洪《石門文字禪》卷三則有〈黃魯直南遷，艤舟碧湘門外半月，
　　未遊湘西，作此招之〉古詩一首（頁3）。

多，蓋惠洪猶及識庭堅，故引以為重。」[68]惠洪崇重義烈，無畏涉入黨爭，陷身險境，不料到頭來，換得了如此評價，實不免令人為之抱屈！

而再看陳瓘與張商英。陳瓘身任諫官，勇於以小搏大，摘發章惇、蔡氏兄弟奸惡，《宋史》卷三四五本傳及卷四七一、四七二〈姦臣傳〉等多處皆有詳明記載；《能改齋漫錄》卷十二「笑面夜叉」條記蔡卞之惡甚於章惇，有云：「建中靖國元年，侍御史陳次升言章，以蔡元度為笑面夜叉。其略云：『卞與章子厚在前朝，更迭唱和，相倚為重。造作事端，結成冤獄。看詳訴理，編類章疏，中傷士人，或輕或重，皆出其意。主行雖在于章，卞實啟之，時人目為「笑面夜叉」，天下之所共知也。』」[69]而何薳《春渚紀聞》卷一記載「了齋排蔡氏」則言及：

> 陳瑩中（瓘）為橫海軍通守，先君與之為代，嘗與之為言蔡元長兄弟。了翁言：「蔡京若秉鈞軸，必亂天下。」後為都司，力排蔡氏之黨。一日朝會，與蔡觀同語云：「公大阮真福人。」觀問：「何以知之？」了翁曰：「適見於殿庭，目視天日，久之而不瞬。」觀以語京，京謂觀曰：「汝為我語瑩中，既能知我，何不容之甚也？」觀致京語於陳，了翁徐應之曰：「射人當射馬，擒賊當擒王。」觀默然，後竟有郴州之命。[70]

---

[68] 同注16，頁1039。

[69] 同注5，頁374。

[70] 《春渚紀聞》，見臺北：臺灣商務印書館景印《四庫全書》863冊，1985年2月，頁457。文中所謂「郴州之命」，已是陳瓘遠竄廉州之後量移之地了。另外王楙《野客叢書》附錄其父所撰《野老紀聞》，亦有相似記載：「蔡京與了翁有筆研之舊，了翁深疾之。嘗入朝，已立班，上御殿差晚，杲日照耀，眾莫敢仰視，京注目久而不瞬。了翁謂同省曰：『此公真大貴人。』或曰：『公明知其貴而議論之，間有不恕，何耶？』了翁誦杜詩曰：『射人先射馬，擒賊先擒王。』」而《永樂大典》卷三一四三「陳瓘」條後附《陳了翁年譜》則記云：「公因朝會，見蔡京視日久而不瞬，嘗以語人曰：『京之精神如此，他日必貴；然矜其稟賦，敢敵太陽，吾恐此人得志，擅私逞欲，無君自肆矣。』」（臺北：世界書局，1962年2月，頁14）

黃庭堅和陳瓘都是崇寧元年被刻石列為元祐黨，張商英則是崇寧二年八月，編入元祐黨籍[71]。洪邁《容齋隨筆》曾嚴厲批評張商英「直姦人之雄」[72]；但在《曲洧舊聞》卷八則有一大段張商英不受舊黨任信，轉而投向章惇，得到章惇提拔，繼又附和蔡京，卻因論政與之不諧，終致決裂積怨，而後再受到徽宗賞識拜相的始末，從中可見張商英政治態度的轉向，今不憚煩，謄錄於下：

> 元祐間，東坡在禁林。無盡以書自言曰：「覺老近來見解與往時不同，若得一把茅蓋頭，必能為公呵佛罵祖。」蓋欲坡薦為臺諫也。溫公頗有意用之，嘗以問坡。坡云：「犢子雖俊可喜，終敗人事。不如求負重有力，而馴良服轅者，使安行于八達之衢，為不誤人也。」溫公遂止。紹聖間，章子厚用為中書舍人，謝啟力詆元祐以來代言者。其略有「二蘇狂率；三孔闊疏」之語。韓儀公入相，無盡自知不相合，因論河患，以持橐出，相度河事。崇寧初附蔡京，召為翰林，旋踵丞轄見物論多不與京，時有異同。臺諫視京風旨，乃交擊之。後因星變大赦牽，復知鄂州，遂於到任謝表，盡敘京所更張政事，以頌聖德。其大略云：「所謂率科嚴重，鉤考碎煩，方田擾安業之民，圜土聚徙鄉之惡。學校驅迫者，違其孝養之心；保伍追呼者，失其耕桑之候。文移急於星火，逮捕遍于里閭，百論紛更，一切蠲罷，可謂崇寧之孝治，真為紹述之聖功。」又言：「有君如此，碎首以之。」表至都下，人爭傳寫，雖為京所切齒，而自此有相望矣。[73]

---

71 《宋史》卷三五一本傳云：「崇寧初，為吏部、刑部侍郎，翰林學士。蔡京拜相，商英雅與之善，適當制，過為褒美。尋拜尚書右丞，轉左丞。復與京議政不合，數詆京『身為輔相，志在逢君』。御史以為非所宜言，且取商英所作〈元祐嘉禾頌〉及〈司馬光祭文〉斥其反覆。罷知亳州，入元祐黨籍。」（同注26，頁11096）；《續資治通鑒》卷八八記此事於崇寧二年八月（同注63，頁2258）。

72 見洪邁《容齋隨筆》卷十五〈張天覺為人〉條，臺北：臺灣商務印書館，1979年6月，頁146。

73 同注32，頁336。

按《宋史》記載惠洪事蹟，附見〈張商英傳〉曰：「商英為政持平，謂（蔡）京雖明紹述，但借以劫制人主，禁錮士大夫爾。於是大革弊事……。有郭天信者，以方技隸太史，徽宗潛邸時，嘗言當履天位，自是稍睠寵之。商英因僧德洪、客彭几與語言往來，事覺，鞫于開封府。」又〈方技・郭天信傳〉曰：「張商英方有時望，天信往往稱於內朝。商英亦欲借左右游談之助，陰與相結，使僧德洪輩道達語言。……（蔡）京黨因是告商英與天信漏泄禁中語言，天信先發端，窺伺上旨，動息必報，乃從外庭決之，無不如志。商英遂罷。」[74]從這裏只感覺惠洪不過是個政客的傳聲筒；惟若根據惠洪靖康元年詣刑部陳詞，其所以決配海南因由，實啟釁於陳瓘所撰《尊堯錄》：

> 先因崇寧初，諫官陳瓘論列蔡京事忤旨，編管連州[75]。慧洪為見陳瓘當官盡節，投竄嶺海，一身萬里，恐致疏虞，調護前去，往來海上，前後四年，因與陳瓘厚善。又緣得度為僧，元係故宰相張商英奏名。政和元年，商英奏取陳瓘所撰《尊堯錄》，是時內官梁師成與蔡交結，見宰相薦引蔡京仇人陳瓘，百計擠陷，旬月之間，果遭斥逐；猜疑是慧洪與陳瓘為地，發怒諷諭開封尹李孝壽勾慧洪下獄，非理考鞫，特配吉陽軍。後來因患，不堪執役，蒙恩放令逐便。[76]

---

[74] 見《宋史》卷三五一〈張商英傳〉、四六二〈郭天信傳〉，同注26，頁11097、13525。

[75] 據《宋史》卷九十〈地理志六〉所載，「連州」屬廣南東路，與惠洪陳詞云「往來海上」不符，故應是廣南西路「廉州」之音誤。崇寧二年元月，因蔡京兄弟怨恨元符末臺諫官奏論不利於己，及入相，遂謫竄諸諫官於遠州，陳瓘遭貶廉州編管，惠洪《石門文字禪》卷三、卷十四、卷十五亦各有詩〈陳瑩中由左司諫謫廉，相見於興化，同渡湘江，宿道林寺，夜論華嚴宗〉、〈陳瑩中居合浦；余在湘山，三首寄之〉、〈了翁謫廉，欲置華嚴，託余將來，以六偈見寄，其略曰：「杖頭多少閒田地，挑取華嚴入嶺來。」次韻寄之〉。後經四載，即崇寧五年正月，彗星出西方，其長竟天，始大赦毀黨碑，陳瓘因星變放還，量移郴州，尋居明州，《四明尊堯集》即作於此。（見《永樂大典》附收《陳了翁年譜》，同注70，頁17）

[76] 以上引文，見《雲臥紀談》卷上「寂音獲譴」條所收，惠洪於靖康元年，詣刑部請復僧籍陳詞（同注9，頁25）。

陳瓘《尊堯錄》在當時政壇引發極大風波，不論正史或筆記小說都有論及。此書是針對蔡卞修《神宗實錄》，獨取岳翁王安石《日錄》，薄神考而厚安石，尊私史以壓宗廟而作。《宋史‧蔡卞傳》有云：「（紹聖元年）以卞兼國史修撰。初，安石且死，悔其所作《日錄》，命從子防焚之，防詭以他書代。至是，卞即防家取以上，因芟落事實，文飾姦偽，盡改所修實錄、正史，於是呂大防、范祖禹、趙彥若、黃庭堅皆獲深譴。」[77]而周煇《清波雜志》對於《日錄》此書也有補充云：

> 王荊公《日錄》八十卷，毗陵張氏有全帙，頃曾借觀。凡舊德大臣不附己者，皆遭詆毀；論法度有不便於民者，皆歸於上；可以垂燿後世者，悉己有之。盡出其婿蔡卞誣罔。其詳具載陳了齋瑩中《四明尊堯集》。……章子厚為息女擇配，久而未諧。蔡因曰：「相公擇婿如此其艱，豈不男女失時乎？」子厚曰：「待尋一箇似蔡郎者。」蔡甚慚。王、蔡造端矯誣，雖歷千百年，眾論籍籍如新，矧同時之人，宜乎議之不置。孰謂蓋棺事始定耶？[78]

張商英於大觀四年（1110）拜相，隔年改元，即為政和（1111），張商英因《尊堯集》深明誣妄，端正君臣之義，故奏請取其書，送編修政典局。惟其中牽涉諸多複雜利害關係，《曲洧舊聞》卷六則是以同情張商英的筆調記錄此事：

> 蔡京所建明事，凡心所欲必為而畏人不從者，多託元豐末命，或言裕陵有意而未行，以此脅持上下，人無敢議者。張天覺為相，欲稍躪罷以便人，乃置政典局，以范鎧等為參詳官，討論其事。聞陳瑩中著《尊堯集》，專為先政也，天覺奏乞取其書，復召惠卿。惠卿既至而卒，鄭居中輩恐天覺得志不為己利也，知劉嗣明與辟雍司業魏憲相友善也，令嗣明與之俱來相見，許以立螭。憲，鎧子婿也。憲歸見鎧，論天覺孤危，丈人盍謀所以自安者。鎧入

其言，憲草箚子，其大略言成湯得伊尹；桓公得管仲，自古未見有君而無臣，獨能成一代勳業者。今瓘作《尊堯集》，皆力詆王安石，果如瓘所論，豈不上累先朝知人之明乎？鏜請對如憲言。有旨令催促瓘疾速繕寫，赴局投納。俟其書至，立焚之，天覺由是求去甚力。天覺既去而蔡京父子皆召矣。[79]

在這場錯綜糾葛的利害恩仇之中，張商英罷了相，陳瓘再徙臺州，惠洪也不免受黥面脊杖之刑，遠配至崖州吉陽軍，從此坎坷一生。

　　《四庫提要》於評論《石門文字禪》時說：「集中有〈寂音自序〉一篇，述其生平出處甚悉，而晁公武所謂張商英聞其名，請住峽州天寧寺者，獨不之及。殆其朱崖竄謫，釁肇於斯，故諱而不書耶！蓋其牽連鈎黨，與道潛之累於蘇軾同；而商英人品非軾比，惠洪人品亦非道潛之比。」[80]《四庫提要》之虛妄不實真是教人驚訝！考張商英請惠洪住持峽州天寧寺，惠洪已予婉辭，可見《石門文字禪》卷十五〈無盡居士以峽州天寧見邀，作此辭免六首〉，僅如其中第四首便說：

五達衢頭梵剎新，著書來喚住山人。折松慣掃和雲石，披衲難隨沒馬塵。[81]

惠洪既未承命前赴駐錫，又何須於自序陳說？如果硬指惠洪寫在自序有忌諱，那麼文集有詩為證就不忌諱了？若是誤信《四庫提要》之說，以為惠洪諱與張商英牽扯任何關係，那便大錯特錯了，前文已提過，惠洪與黨人過從甚密，在他著作中屢屢可見，惠洪一點都不避忌隱瞞，又何

---

[79] 見《曲洧舊聞》卷六，同注32，頁325～326。另《曲洧舊聞》卷九亦語帶矜憫云：「張天覺於政和罷，自西都留守徙南陽，道過汝州香山，謁大悲，留題於寺中。其略云：『大士慈悲度有情，亦要時節因緣。并也應笑我，空經營。雖多手眼難支撐。』讀者莫不憐之。」（頁340）

[80] 見《四庫提要》，北京：中華書局，1992年10月，頁1332。《提要》記晁公武所言，載於《郡齋讀書志》卷四下《洪覺範筠溪集》十卷條，文曰：「張天覺聞其名，請住峽州天寧寺，以為『今世融、肇』也。未幾，坐累，民之。及天覺當國，復度為僧。易名德洪。數延入府中。」（同注12，頁490）

[81] 見《石門文字禪》卷十五，頁4。

至獨對張商英「諱而不書」？再試看《石門文字禪》卷七亦有〈瞻張丞相畫像贈宮使龍圖〉一首，這是兩人闊隔十餘年後，張商英亡歿，惠洪重睹其畫像，故作此詩贈其子。惠洪念舊懷人，不因死生禍福易其志，豈料生前身後卻飽受品評家詆毀猜疑，「君子惡居下流，天下之惡皆歸焉。」諒惠洪應深有感慨！

惠洪與元祐黨人如此近密，而王安石既嫁女蔡卞，蔡卞也多為丈人出力，那麼安石之女，能不與丈夫聲求氣應嗎？這麼想來，便可推知蔡卞夫人讀惠洪〈上元宿百丈〉詩，即逕自賞他一個輕蔑稱號，關鍵跟這位「不謹、不純、不端、不實」的「浪子」，原是她丈夫政敵的知交，必定脫離不了關係；而對這種「浪子和尚」，既都能以拘提、脊杖、黥面、發配海南懲處他了，只是簡簡單單封他個不體面光彩的鄙稱，又何難之有呢？

五、惠洪的宗教情感

惠洪崇重道義，不因友好遭逢患難即棄去不相往來，上節已予以表彰，那麼他是否真如評者所說，是不守教規的出家人？我們可以分別從他將信仰落實於生活中，及對師門的孺慕之情、對教界陵夷的憂心與感嘆，還有他的謹守色戒逐一介紹，證明他從未叛佛改圖。

惠洪「平生心懷濟時術」，一向以荷擔法業為己任，《石門文字禪》卷二十三〈昭默禪師序〉就特別記載了昭默禪師對他的推許云：「余於公為法門昆弟；（公）氣宇英特，慎許可，獨首肯余可以荷擔大法。」[82]惠洪也因陳瓘曾寫信給謝無逸，推許他「真是比丘」，便深深有感，而為詩一首[83]。惠洪的迴心觀照，安禪辦道，冀以上酬佛恩，在《石門文字禪》卷十七〈警策〉一文即說：

> 汝未辦道業，何能超塵累？但觀深精進，則知心猛利。日中乃當食，食不敢盡味。夜分而後寢，寢不敢熟睡。貪入光明想，貪證

---

[82] 見《石門文字禪》，頁12。昭默師尊晦堂祖心禪師，與惠洪之師真淨克文同為黃龍慧南弟子，惠洪故有「法門昆弟」之說。

[83] 見《石門文字禪》卷八〈了翁有書與謝無逸，云覺範真是比丘〉，頁15。

> 法明智，是名心出家，是名身出世。大哉無累神，合此有道器；
> 若具所行心，件件俱不是，而稱釋氏子，動止是羞愧。[84]

而《石門文字禪》卷十五〈示禪者〉則言道：「能回箭鋒射自己，方肯
竿頭進步行。道得未生前一句，始信虛空解講經。」又卷十四〈明白庵
六首〉的第三和第六首也分別剖述云：

> 石火機鋒上，那容著意根？透情名出世，離念是知恩。
> 老去一庵深，聊將自淨心。要當酬佛祖，終不負叢林。[85]

佛法不是光憑言語文字的理解，還要生發無上道心，將全生命投入，在
生活中力行，才能有所證悟；不過在《冷齋夜話》卷九「聞遠方不死之
術」條也說：「《孔叢子》有言：『昔有人聞遠方能不死之術者，裹糧往
從之。及至，而其人已死矣。然猶歡恨不得聞其道。』予愛其事有中禪
者之病。佛法浸遠，真偽相半，唯死生禍福之際不容偽耳；今目識其偽
而惑之，可笑也。」[86]佛法一旦真偽相雜，就唯有在面臨死生禍福之際，
才能考驗自己是否修得正法，潤霑法益。惠洪一生數度遭逢險厄，誠如
所自言：「竄朱崖軍而生還，遭黃茅瘴而復活。陷於采石而不死，囚於
并門而自脫。」[87]僅以他多次下獄，在身繫囹圄還能藉逆緣修行，就令
人格外動容，如〈初入制院〉云：「了知空花間，無地容生死。」[88]又如
〈獄中暴寒凍損呻吟〉、〈八月十六入南昌右獄，作對治偈〉、〈食不繼偈〉
也都可見他深諳達摩四行三昧[89]：

84　見《石門文字禪》卷十七，頁3。

85　《石門文字禪》卷十五〈示禪者〉，頁13；卷十四〈明白庵六首〉，頁2。

86　《冷齋夜話》卷九，同注17，頁276。

87　見《石門文字禪》卷十九〈寂音自贊四首〉，頁18。

88　《石門文字禪》卷十七，頁22。「制院」即「制勘院」，為宋神宗時始設之法院（《宋史·
　　刑法志二》，同注26，頁4997），《石門文字禪》卷十四即有五絕〈余在制勘院晝臥，念
　　故山經行處，用「空山無人，水流花開」為韻，寄山中道友八首〉（頁1）。

89　達摩「四種行」為無求行、隨緣行、報冤行、稱法行。《石門文字禪》卷二四〈寂音自
　　序〉還特別以達摩四行作四偈。（頁18）

由心有癡愛，癡愛乃有業。因業疾病生，痛此百骨節。聲相成呻
吟，齒頰空咬齗。側眠看圜扉，以手枕匣裓。觀此心無形，安得
有業結？業結如空華，病寧有枝葉？方作是念時，顛倒想即滅。
心造古佛樣，路入法界轍。稽首甘露味，銷此煩惱熱。

那落迦中，論劫受苦。焚鐵其地，汁銅其柱。魚鱠而臠，瓜分而
鋸。於一日夕，有萬痛楚。我避世紛，重閉其戶。而此知識，勃
然而怒。吏收付官，於此土住。自尋其罪，焦芽石女。然非天人，
所能見與。自業成熟，現行會遇。受盡還無，無可措慮。我作是
觀，上契佛祖。

觀餓鬼趣，論劫飢渴。針鋒其咽，火聚其髮。晝夜號呼，百千死
活。我常飽暖，今暫缺乏。當生大悲，入此觀法。[90]

尤其當惠洪被竄逐海南，許多人皆刻意和他疏遠，友人胡強仲居然不避
千里之遠，一直護持著他；然而強仲卻不解惠洪何故談笑飲食如常，便
問他是不知羞辱憂患，或真鐵石肝腸，惠洪的答覆真是放光動地，迥絕
知見，輝騰古今，不禁更讓人景仰禪僧無畏橫逆的亮節高風：

余學出世間法者也。辭親出家則知捨愛；遊方學道則能捨法；臨
生死禍福之際，則當捨情。頃因乞食，來遊人間，與王公大人遊，
意適忘返，坐不遵佛語，得罪至此。重賴天子聖慈，不忍置之死，
篆面鞭背，投之海南。平生親舊之在京師者，皆唾聞諱見，雲散
鳥驚，獨吾友強仲，姁嫗守護，如事其親。自出開封獄，冒犯風
雪，繭足相隨三千餘里，而至邵陽，猶不忍去。嗚呼！臂三折而
知醫；閱人多而曉相；事更疑危而識交態。有交如子，何必多為；
然強仲每見余蓬頭垢污，在束縛中，飲食談笑如平日，言涕俱出
曰：「子殆不知世間有恥辱憂患乎？抑真石肝鐵腸也？」余笑曰：
「死可避手？心外無法，以南北論中外，則謂之失宗；以僧俗議
優劣，則謂之迷旨。失宗迷旨，前聖所呵，吾方以法界海慧，照

　　　了諸相，猶如虛空，大千沙界，特空華耳！何暇置朱崖於胸次
　　　哉！」[91]

政和二年（1112），惠洪孑然一身來到海南，還寫下八首日用偈策勵自
勉，詩題為〈政和二年，余謫海外，館瓊州開元寺儼師院，遇其遊行市
井、宴坐靜室、作務時，恐緣差失念，作日用偈八首〉，前文已有引用。
如此隨遇而安，在崖州歷經三年，方蒙恩釋放，但他早已喪失僧籍，《石
門文字禪》卷九〈初過海自號甘露滅〉便嘲笑自己是「有髮僧」[92]，此
後惠洪雖不再有出家人名分，但依然道心不退，到了欽宗靖康元年
（1126），仍上書刑部，求還僧籍，《雲臥紀談》卷上「寂音獲譴」條即
詳錄其狀文，中云：

　　　慧洪切見紹聖間杭州僧道潛，緣與蘇軾內翰相善，仇家呂升卿任
　　　浙西使者，收捉道潛付蘇州獄，枉法編管兗州，後來經朝廷雪理，
　　　改正為僧。近見右街僧永道，宣和初，因改「德士」，上書爭救，
　　　開封尹盛章收捉，決配道州，去年內亦蒙改正訖。切念慧洪別無
　　　犯由，只緣開封官吏觀望內臣權勢，遂將慧洪枉法行譴，與道潛、
　　　永道冤枉情理，前後比類相同。今來具狀告投判部尚書，欲乞依
　　　道潛、永道例，別賜改正為僧，未敢專擅，伏聽臺旨。[93]

惠洪上書提及道潛、永道事，那都是近世發生的案子；《雲臥紀談》卷
下〈永道抗辯〉條也記載了惠洪結識永道，並贈詩推崇他：「宣和元年
正月，詔下，改僧為『德士』，道偕律師悟明、華嚴講師慧日，與道士
林靈素抗辨邪正，訴于朝廷，忤旨流道州。二年六月，依赦量移，經由
長沙，邂逅寂音尊者以詩遺之曰：『道公膽大過身軀，敢逆龍鱗上諫書。
只欲袒肩擔佛法，故甘引頸受誅鋤。三年竄逐心無媿，萬里歸來貌不枯。

---

[91] 見《石門文字禪》卷二三〈邵陽別胡強仲序〉，頁18。
[92] 見《石門文字禪》卷九，頁9；又卷二十〈甘露滅齋銘〉云：「我本超放，憂患纏之。今
　　　知脫矣，鬄髮伽棃。」（頁8）
[93] 《雲臥紀談》卷上，同注9，頁25。

他日教門綱紀者，近聞靰笏趁朝趨。』」[94]顯然惠洪對於為法忘軀的高僧非常心儀，而他的一生，始終以「汾陽五世孫」自期，不因外在環境而絲毫變移，也確實不枉陳瓘說他「真是比丘」了。

其次說到惠洪對師門的孺慕之情。惠洪少依三峰靚禪師，靚禪師原是雲庵真淨克文禪師弟子，因此惠洪視靚禪師為法兄，而以真淨克文為出家父母。《石門文字禪》卷三十〈祭雲庵和尚文〉有云：「我生九歲，則知有師。寤寐悅慕，想見形儀。識師新豐，等父母慈。……師之平生，累德巍巍。必興其後，在我無疑。敢不激勵，上答恩私。」真淨克文圓寂於崇寧元年，壽七十八，在這篇祭文中，可見惠洪自幼受教啟蒙，深受愛憐，直到真淨亡故，惠洪願荷法業，大興宗門。惠洪另有〈雲庵真淨和尚行狀〉詳述恩師生平始末[95]。又《石門文字禪》卷二五〈題準禪師語錄〉寫於政和五年，在稱述師門湛堂準禪師之餘，同樣可見他對先師學養的尊崇，因本篇文字較簡短，故擇錄於下：

> 石門雲庵示眾之語，多脫略窠臼。于時衲子視之，如春在花木，而不知其所從來。予每以謂此老人可以起臨濟之仆；哲人逝矣，切嗟悼之，以為世莫有嗣之者。湛堂於予為弟昆，自其開法，未嘗聞其舉揚，歿後百餘日，得此錄於杲上人處，讀之喟曰：「雲庵之餘波，乃能發生此老種性耶！」[96]

從《石門文字禪》中甚至還可見惠洪不忘先師生日，常在每年作偈，而有〈雲庵生辰〉、〈雲庵和尚生辰燒香偈〉、〈雲庵生日，空印設供作偈，福嚴、南臺、萬壽三老與焉，次韻〉、〈雲庵和尚生日燒香偈〉、〈過張家渡，遇雲庵生辰〉、〈雲庵生辰十一首〉等偈語[97]。至於對師祖黃龍慧南，惠洪竟也不例外，徽宗宣和五年，惠洪已五十三歲，尚撰寫〈老黃龍生辰三首〉，偈後有題云：

---

[94]　同前注，頁40。惠洪贈永道詩，亦可見於《石門文字禪》卷十二〈贈道法師〉，頁19。

[95]　〈祭雲庵和尚文〉及〈雲庵真淨和尚行狀〉，見《石門文字禪》卷三十，頁16、1～6。

[96]　見《石門文字禪》卷二五，頁24。

[97]　見《石門文字禪》卷九，頁15；卷十七，頁5、10、11、16、17。

德洪自住南臺，每歲必作一偈，致不忘法乳之意。今用宣和三年、
四年韻，時五十三矣。重惟法道陵夷，令人寒心；而障緣深重，
氣力綿弱，不能支持！當有法中龍象，乘願力而來，副此志焉，
是所願望。[98]

所謂「大孝終身慕父母」，惠洪對教養、提攜、成就他的師門，也同樣
畢其一生永誌難忘。

再說到惠洪對於法運衰微的感嘆。《石門文字禪》卷十八〈大達國
師無業公畫像贊序〉有云：「恨公不並生於今，以見大法將季之際，其
徒有大可憨笑者。」而《石門文字禪》卷十九〈嵩禪師贊〉，也以契嵩
禪師的圓寂是「宗教之衰，河壞山摧」[99]，這是因為當時有許多一知半
解的禪門敗種，錯解歷代祖師不閱經藏，不立文字的家風，僅僅強調師
徒間口耳授受，以心傳心，就這麼濫竽道場，演暢非法，《石門文字禪》
卷二五〈題華嚴綱要〉故嘆云：「天下禪學之弊極矣！以飽食熟睡，游
談無根為事。」卷二六〈題英大師僧寶傳〉也說：

嗚呼！叢林法道之壞，無如今日之盛。非特學者之罪，實為師者
之罪也。學者方蒙然無知，而反誠之曰：「安用多知，但飽食默
坐。」雖若甚要，然亦去愚俗何遠！[100]

「非特學者之罪，實為師者之罪。」惠洪對於邪師誤導後學極其痛心，
《石門文字禪》卷二六〈題隆道人僧寶傳〉也反復陳說：

禪宗學者，自元豐以來，師法大壞。諸方以撥去文字為禪，以口
耳受授為妙。耆年凋喪，晚輩蝟毛而起。服紈綺，飯精妙，施施
然以處華屋為榮，高尻磬折王公為能。以狙詐羈縻學者之貌，而
腹非之，上下交相欺誑。視其設心，雖僧牛屢豨之徒所恥為，而
其人以為得計。於是佛祖之微言，宗師之規範，掃地而盡也。予

[98] 見《石門文字禪》卷十七，頁15。
[99] 見《石門文字禪》卷十八，頁22、卷十九，頁10。
[100] 見《石門文字禪》卷二五，頁1、卷二六，頁12。

> 未嘗不中夜而起，喟然而流涕，以謂列祖綱宗至於陵夷者，非學
> 者之罪，乃師之罪也。[101]

這些敗壞佛祖微言、宗師規範的邪師，全然不知「無病而飲藥，病從藥
生，故曰：一切文字語言，學者嗜著，是名壅蔽自心光明；然前聖指道
之轍，入法之階，後世不聞而學，則又如無田而望秋有成，無有是處。」
[102]於是束書不觀，以盲引盲，導致禪法掃地陵夷，而欺心衒名之風遂大
起，《石門文字禪》卷二五〈題斷際禪師語錄〉也談及：

> 今之學者，既下視天下之士，又工於怪奇詭異之事，衒名逐世，
> 不顧義理，求人必以其全，而議論多膠於所愛，名為走道，其實
> 走名，紛分冗冗，皆（黃檗斷際）禪師之門罪人也。[103]

惠洪本是兼習禪教，注重文字般若的禪者，當然不忍坐視流弊不顧，三
十卷的《石門文字禪》、《禪林僧寶傳》，十卷的《智證傳》，乃至教門經
論義疏，如《楞嚴尊頂法論》、《法華合論》、《圓覺正義》、《金剛法源論》、
《起信解義》[104]，正是為了振衰起弊而作。此外，我們還看到惠洪或因
護教過切，對一些教內高僧也不假情面予以批評駁斥，如《冷齋夜話》
卷九論慧遠「自以宗教為己任」條曰：

> 高（嵩）仲靈作〈遠公影堂〉，記六件事，且罪學者不能深考遠
> 行事，以張大其德，著明於世。予曰：仲靈寧嘗自考其事乎？謝
> 靈運欲入社，遠拒之曰：是子思亂，將不令終。盧循反，而遠與
> 之執手言笑，謂遠知人，則何暗于循；謂不知人，則何獨明于靈
> 運？遠自以宗教為己任，而授《詩》《禮》于宗、雷輩，與道安
> 諫符堅勿伐洛陽同科。父子于釋氏，其可為純正而知大體者耶？

---

[101] 見《石門文字禪》卷二六，頁10

[102] 見《石門文字禪》卷二六〈題誼叟僧寶傳後〉，頁5。

[103] 見《石門文字禪》卷二五，頁13。

[104] 以上諸書皆著錄於祖琇《僧寶正續傳》（同注9，頁582）及正受《嘉泰普燈錄》（頁129），
只是書名與卷次稍有異同。

又《石門文字禪》卷二五〈題古塔主兩種自己〉，責難薦福承古論自己
有二，一是空劫前自己，一是今時日用自己，惠洪說：

> 古蓋吾法中罪人，而自以為能嗣雲門，其自欺欺人之狀，不窮而
> 自露也。[105]

在《禪林僧寶傳》卷十二〈薦福古禪師贊曰〉，惠洪也對承古開堂演法
作了一番批評；甚至《林間錄》卷上，惠洪還說：

> 古塔主去雲門之世無慮百年，而稱其嗣；青華嚴未識大陽，特以
> 浮山遠公之語故嗣之不疑。二老皆以傳言行之自若，其於己甚
> 重，於法甚輕。[106]

當然《林間錄》一九四則中，對奉詔修《宋高僧傳》的贊寧，批評就更
多了，今僅選錄一則：

> 李肇《國史補》曰：「崔趙公問徑山道人法欽：『弟子出得家否？』
> 欽曰：『出家是大丈夫事，非將相所能為。』趙公嘆賞其言。」
> 贊寧作欽傳無慮千言，雖一報曉難死，且書之；乃不及此，何也？
> [107]

　　以上敘述，可能讓人覺得惠洪僧格之高，陵轢百代，再無絲毫瑕疵，
其實也不然，例如惠洪常不假思索，橫發高論，就容易自傷傷人，《佛
祖統紀》卷四六記靈源惟清聽聞惠洪流放崖州，便嘆云：「蘭植中塗，
必無經時之翠；桂生幽壑，終抱彌年之丹。古人謂聰明深察而近於死者，
好議人者也，在覺範有之矣！」[108]而惠洪自己也說：「我遭俗嗔坐多語」、
「正恐習氣時決隄」；《石門文字禪》卷十二亦有詩，題為〈徐師川罪余

---

[105] 見《石門文字禪》卷二五，頁23。
[106] 見《林間錄》卷上，同注43，頁54。
[107] 同注43，頁8。
[108] 《佛祖統紀》卷四六，T49，p419c。按靈源惟清即昭默禪師，可見《石門文字禪》卷二
　　　三〈昭默禪師序〉，頁11。

作詩多，恐招禍，因焚去筆硯，入居九峰投老庵。讀高僧曇諦傳，忽作數語，是足成之，以寄師川。師川讀之，想亦見赦〉[109]，甚且《冷齋夜話》還提到與叔父淵材在店家食素分茶，齋罷發現沒錢，便從喜言兵法的淵材建議，三十六計溜之大吉[110]，這也可見惠洪畢竟不是完人。

　　惠洪雖非完人，不過仍是謹守色戒的。《大智度論》云：「戒律為今世取涅槃故，淫欲雖不惱眾生，心繫縛故為大罪。以是故，戒律淫欲為初；白衣不殺戒在前。」[111]意思是說，釋子與在家眾不同，在家眾首重殺戒，緇流則以戒淫為先。惠洪既遭褫奪僧籍，已無異於俗眾，若真如方回所說，想親近女色，何嘗不可；但惠洪集中卻提到：「一切女人皆障道，十分厚味最傷身。」「情緣不斷自消滅，浮念欲生無起因。多謝鍊磨金出礦，敢辭枷鎖夢中身？」[112]而且《楞嚴經》於阿難乞食，經歷婬室，遭大幻術攝入婬席一節，惠洪也論曰：

　　親近般若者，於女人特當謹嚴。《寶積》女人三昧偈曰：「四大假為女，其中無所有。凡夫迷惑心，執取以為實。女人如幻化，愚者不能了。妄見女相故，生於染著心。譬如幻化女，而實非女人。無智者迷惑，便生於欲想。如是了知已，一切女無相。此相皆寂然，是名女三昧。」要令此觀，常不失壞。又《法華經‧安樂行品》最初親近則曰：「不應於女人身，取能生欲想相，而為說法；亦不樂見。若入他家，不與小女、處女、寡女等共語。」又曰：「若為女人說法，不露齒笑，不現胸臆，乃至為法，猶不親厚，況復餘事。」蓋障道之法，女人為最。漢李陵與虜戰，陵曰：「吾士氣少衰而鼓不起者何也？軍中豈有女子乎？」搜於匿車下，果得之，即斬焉。明日復戰，斬首三千餘級。嗚呼！彼但畜之，已毀王師必勝之氣，與之從事，則安能登諸佛無上之道乎！

---

[109] 見《石門文字禪》卷四〈大圓庵主以九祖畫像遺，作此謝之〉，頁9，及卷十二，頁3。

[110] 見《冷齋夜話》卷九，同注17，頁277。

[111] 見鳩摩羅什譯《大智度論》卷四六〈釋摩訶衍衍品〉，T25，p394b。

[112] 見《石門文字禪》卷十五〈李光祖自了翁法窟來訪余，於鍾山留十日，方知鼻孔大頭向下。既行，作六首送之〉之五，頁11、〈至邵州示胡強仲三首〉之二，頁21。

113

因此我們試看〈贈尼昧上人〉，詩中其實對昧比丘尼相當尊崇，並無任何不敬之意，這從頷聯所用典故，即可證明；而且首聯、頸聯皆說昧比丘尼勵節砥志，安守戒規，甘於山林靜修，不與俗世女子同流，也是與頷聯典故攸關。《五燈會元》卷十一〈灌溪志閑禪師〉即說禪師上堂曰：「我在臨濟爺爺處得半杓，末山孃孃處得半杓，共成一杓。喫了，直至如今飽不饑。」[114]志閑原是南嶽第四世臨濟義玄弟子，曾參訪高安大愚法嗣末山女尼，與之逞鬥機鋒敗北，而為執役三載，同書卷四〈末山尼了然禪師〉記載甚詳：

> 瑞州末山尼了然禪師因灌溪閑和尚到，曰：「若相當即住，不然即推倒禪床。」便入堂內。師遣侍者問：「上座遊山來，為佛法來？」溪曰：「為佛法來。」師乃陞座。溪上參……。問：「如何是末山？」師曰：「不露頂。」曰：「如何是末山主？」師曰：「非男女相。」溪乃喝曰：「何不變去？」師曰：「不是神，不是鬼，變箇甚麼！」溪於是伏膺，作園頭三載。[115]

由於惠洪本是臨濟兒孫，與灌溪志閑有法緣關係，所以典故取用了這個公案，這想必是紀昀評此詩時，沒有深入考量之處，而「愧無灌溪辨，敢對末山機」，適可見惠洪推伏昧上人已極，有甘拜下風之意；特別是當初機鋒應答時，志閑表露出對女性性別的輕視，最後卻被堵得啞口無言，惠洪此詩遂也著意於世俗女性無不以絹包頭，稗史詩話也見有紅葉題詩之流，終不及昧上人能夠清淨自修。藉出世之超凡表彰其德，揚其高風，這又哪裏是方回所說「有欲炙之色」？甚至還說「女人出家終何益哉」呢！再反觀周密於《癸辛雜識》有長篇大論方回貪淫失德之舉，茲錄一小段尚不甚露骨的文字於下：

---

[113] 見惠洪造論，正受會合《楞嚴經合論》，《卍續藏》18冊，頁9。
[114] 《五燈會元》卷十一，同注1，頁655。
[115] 《五燈會元》卷四，同注1，頁250。

其處鄉專以騙脅為事，鄉曲無不被其害者，怨之切齒。遂一向寓
杭之三橋旅樓，而不敢歸。老而益貪淫，凡遇妓則跪之，略無羞
恥之心。有二婢曰周勝雪、劉玉榴，方酷愛之，而二婢實不樂也。
既而方游金陵，寄二婢於其母周姬之家，恣開杜陵之門，勝雪者
竟為豪客挾去。方歸，惟有悵惋而已。遂作二詩云：「鸚鵡籠開
綵索寬，一宵飛去為誰歡。早知點賊心腸別，肯作佳人面目看。
忍著衣裳辜舊主，便塗脂粉事新官。丈夫能舉登科甲，可得妖雛
膽不寒。」「一牝猶嫌將兩雄，趨新背舊片時中。陡忘前主能為
叛，乍事他人更不忠。玉碗空亡無易馬，絳桃猶在未隨風。何須
苦問沙吒利，自是紅顏薄老翁。」自刻之梓，揭之通衢，無不笑
者。[116]

周密這段文字縱使有厚誣方回之處，但文中說方回因愛婢為豪客挾去，
悵惋作詩，揭之通衢，且引二詩為憑，則畢竟厚誣不得。方回自己是這
般情執難捨，於是讀惠洪贈昧上人詩，在主觀心念作祟下，說惠洪有「欲
炙之色」，那倒也不難理解了。

六、惠洪對於佛門的貢獻

宋代詩評家許顗與惠洪頗有交情，許顗撰有〈寂音尊者智證傳後序〉
談及他對惠洪的了解：

頃辛丑歲，余在長沙，與覺範相從彌年，其人品、問學、道業、
知識皆超妙卓絕，過人遠甚。喜與賢士大夫文人游，橫口所言，
橫心所念，風馳雲騰，泉湧河決，不足喻其快也。以此屢縈禍譴，
略不介意，視一死不足以驚懼之者，守此以歿，不少變節。大抵
高者忌其異己；下者恥其不逮，阽於死亡，不足以償人意，謗讟
（讀）百出，而覺範無纖毫之失。奉戒清淨，世無知者。[117]

---

[116] 見《癸辛雜識‧別集》卷上，臺北：臺灣商務印書館景印《四庫全書》1040冊，1985
年6月，頁128。

[117] 〈寂音尊者智證傳後序〉，見《大藏經補編》第20冊，臺北：華宇出版社，1984～1985

從上文可見許顗在惠洪死後，仍深感懷念，還給予他極高的讚譽，不僅感慨他英才遭妒，縈禍多難，同時也肯定他確是戒行清淨的比丘。許顗另撰有《彥周詩話》，書中記載兩人曾論起李商隱詩，惠洪聞過能改；《詩話》又提到：

> 近時詩僧洪覺範頗能詩，其〈題李愬畫像〉云：「淮陰北面師廣武，其氣豈止吞項羽。公得李祐不肯誅，便知元濟在掌股。」此詩當與黔安並驅也。頃年，僕在長沙，相從彌年，其他詩亦甚佳，如云：「含風廣殿聞棋響，度日長廊轉柳陰。」頗似文章巨公所作，殊不類衲子；又善作小詞，情思婉約，似少游。至如仲殊、參寥雖名世，皆不能及。[118]

惠洪在詩學的成就，真可為佛門吐氣；但這也不是許顗和惠洪交好才如此謬賞，吳之振等編《宋詩鈔》論惠洪詩即云：「詩雄健振踔，為宋僧之冠。」[119]厲鶚《宋詩紀事》卷九二引《雪浪齋日記》也說：「覺範詩云：『已收一霎挂龍雨，忽起千巖擷鷙風。』挂龍雨、擷鷙風皆方言，古今人未嘗道。又云：『麗句妙于天下白，高才俊似海東青。』又云：『文如水行川，氣如春在花。』皆奇句也。」[120]至於陳衍《宋詩精華錄》卷四亦云：「（惠洪）工詩，古體雄健振踔，不肯作猶人語，而字字穩當，不落生澀，佳者不勝錄。《宋詩鈔》以為宋僧之冠，允矣。」[121]而即使是作為家庭教育，讓髫稚童齡誦習的啟蒙書《龍文鞭影》，在卷一也出現「伊川傳易，覺範論詩」的對句[122]，惠洪自堪稱是家喻戶曉的名僧了。

　　除了在詩壇貢獻外，惠洪也注重僧史撰著，特別是禪門祖師嘉言懿行的蒐訪輯佚不遺餘力，所以才有後世予以「佛門史遷」[123]的美名。惠

年，頁829。

[118] 見何文煥編《歷代詩話》，臺北：藝文印書館，1983年6月，頁228、223。

[119] 吳之振等編《宋詩鈔》，臺北：臺灣商務印書館，1968年9月，頁2745。

[120] 《宋詩紀事》，同註6，頁751。

[121] 陳衍《宋詩精華錄》，臺北：廣文書局，1971年4月，頁226。

[122] 見楊立武、羅波《龍文鞭影譯評》，成都：巴蜀書社，1993年11月，頁44。

[123] 這是毛晉撰〈石門題跋〉給予惠洪的美名；而先於《禪林僧寶傳》，由戴良在明洪武六

洪一生著作豐富，至今傳世的仍然不少，這也可以映顯出他極力反對當時叢林「以撥去文字為禪，以口耳受授為妙」，於是就這麼一輩子只當個啞羊僧的弊風陋習，所以才竭慮殫精，振筆疾呼。大體而言，《石門文字禪》正是以詩文作佛事，要使「學禪者不務精義，文字者不務了心」的怪現象得到根本解決；而《冷齋夜話》、《林間錄》更是禪林軼聞掌故先驅，其間不僅有詩論，還有諸多士大夫餘論、方外緇流詩話、逸事得此而傳；再如《禪林僧寶傳》記載八十一位高僧，以北宋禪師為主，保存了禪門耆宿史料；《智證傳》則是老婆心切，為裨益後學，而無畏旁人詬罵，代為佛典經論、古德祖師充滿智證的機鋒語句詳加注疏，名之曰「傳」，言下之意，乃是以祖師珠璣問答為千古永恆的經典。

　　談惠洪的貢獻，本應對他的著作逐部細論，今因考量篇幅緣故而改用另一種方式呈現，也就是對於諸家摘舉，甚或抨擊惠洪的言論，有舉出例證的，皆酌予回應，藉以證明惠洪著作，在光顯佛門的貢獻上，確然不宜抹滅。

　　先談祖琇《僧寶正續傳》。《僧寶正續傳》七卷，是接續《禪林僧寶傳》寫成的僧史，但又加一「正」字，即意味要正惠洪之失。在此書之末，祖琇附加一篇代薦福承古禪師寫的書信，名為〈代古塔主與洪覺範書〉。這是因惠洪《禪林僧寶傳》卷十二〈薦福古禪師〉說承古有三失：「其一，判三玄三要為玄沙所立三句。其二，罪巴陵三語不識活句，其三，分兩種自己，不知聖人立言之難。」[124]祖琇因此代擬此信。書信之初說：

> 足下成書，獲閱之，方一過目，爛然華麗，若雲翔電發，遇之駭然。及再三伸卷，考覈事實，則知足下樹志淺矣。夫文所以紀實也，苟忽事實，而高下其心，唯騁歆豔之文，此楊子所謂從而繡其鞶悅（鞶帨），君子所以不取也。[125]

　　　年所寫的序文已說：「覺範可謂得（史）遷之矩度矣。」（同注9，頁439）
[124] 《禪林僧寶傳》，同注9，頁493。
[125] 《僧寶正續傳》，同注9，頁621。

因此除了針對三失予以駁正之外，甚至還斥責《禪林僧寶傳》記事不實：「足下之書，既謬聖人之道，又乖世典……足下公然鑿空締立而誣罔之，其罪宜何誅焉？大抵事有昧於實，害於教，人雖不我以，其神明何？足下譏揣古人固不少矣。」

　　關於惠洪記事是否嚮壁虛設，下文會再作陳述；今且先舉出方豪〈宋代佛教對史學之貢獻〉一文，其於第四節「釋德洪對史學之貢獻」已經推崇惠洪：「為佛門不可多得之史才，又何疑哉？」[126]黃啟江〈僧史家惠洪與其「禪教合一」觀〉第三節「惠洪之《僧史》」，更列舉出蘇軾〈宸奎閣碑〉、黃庭堅〈黃龍心禪師塔銘〉、〈法安大師塔銘〉、蘇轍〈閑禪師碑〉與《禪林僧寶傳》相關傳記，再詳加比對[127]，這都在在證明惠洪作史有源有本，於博採史料之餘，又兼予以修飾鎔裁，始「爛然華麗」，令人有驚豔之感。

　　至於祖琇代承古的回應，不免有爭意氣之嫌，魏道儒《宋代禪宗文化》於探討「死句」、「活句」時亦有涉及[128]。今推求惠洪最初之所以痛批承古，癥結乃出於兩人理念不同，承古不僅說：「三玄法門是佛知見，諸佛以此法門度脫法界眾生，皆令成佛。今人卻言三玄是臨濟門風，誤矣！」而且還主張要棄學息心休歇：

> 廣求知解，（被知解）風吹入生死海。若是知解諸人過去生中，總曾學來多知多解，說得慧辯過人，機鋒迅疾；只是心不息，與空劫已（以）前事不相應，因茲惡道輪迴，動經塵劫，不復人身。如今生出頭來，得箇人身在袈裟之下，依前廣求知解，不能息心，未免六趣輪迴。何不歇心去？如癡如迷去？不語五七年去？已（以）後佛也不奈汝何。[129]

[126] 張曼濤主編《現代佛教學術叢刊》第50冊《中國佛教史學論集》，臺北：大乘文化出版社，1978年9月，頁225。

[127] 黃啟江《北宋佛教史論稿》，臺北：臺灣商務印書館，1997年4月，頁321～328。

[128] 魏道儒《宋代禪宗文化》，鄭州：中州古籍出版社，1993年9月，頁119～121。

[129] 《禪林僧寶傳》卷十二，同注9，頁490。

《禪林僧寶傳》所記的這段話，與《承古語錄》云：「若要見本分事，便須一切佛法不用學，一切言句不要參，罷卻學心，忘卻知見，如枯木石頭，有少相應之分；若不如是，與道懸殊。」[130]是完全符合的，這也可證惠洪撰史未故意渲染。而由於惠洪平素已竭力揭櫫深入經藏，廣學多聞，籲言禪不能離文字，再加上臨濟義玄是南嶽第四世，他本是臨濟兒孫，久知「一句中具三玄，一玄中具三要，有玄有要者，臨濟所立之宗也。」現在卻經承古說成三玄三要非臨濟門風獨有，當然就覺得承古不學無文，有欺世盜名之嫌了。

接著談者庵惠彬《叢林公論》。《叢林公論》一卷，其中即有六則專事攻擊惠洪《禪林僧寶傳》、《冷齋夜話》、《智證傳》等作，而且對惠洪都無一句讚美之詞。如《叢林公論》說：「《禪林僧寶傳》迺光昭先德之大道，輝曜既沒之盛致，所以繼《傳燈》、《廣燈》、《續燈》之作也。此書流行，猶燧火戶戶有之。然傳多浮誇，贊多臆說，謬浹後學。同時諸大老，道出古今，明揭日月，而無一言可否，何耶？善者不辨，辨者不善乎？是非其書不足可否乎？抑君子亦有黨乎？蓋嘗可否矣，而蒙未之睹乎？」[131]絃外之音也就是斷定《禪林僧寶傳》一無足取；然今試檢尋《叢林公論》所記：

> 大觀元年，上賜芙蓉楷和尚紫伽梨，號定照禪師，楷辭免不受利名。再付開封尹李孝壽躬往諭朝廷旌善之意，楷確然不回。尹具以聞。上怒收付有司，吏曰：「長老枯瘁有疾，即於法免刑配。」楷曰：「昔有疾，今愈矣。」於是著逢掖，編管淄州。[132]

這段話分明是剪裁自惠洪《禪林僧寶傳》卷十七〈天寧楷禪師〉，《叢林公論》這般陰奉陽違，那麼是否還堪稱為「公論」，這恐怕就值得商榷了。在無慍《山庵雜錄》卷下即說到者庵所言，容有過當：

> 余讀者庵所述《叢林公論》，足知者庵識見高明，研究精密，他

---

[130] 文智編《薦福承古禪師語錄》，《卍續藏》126冊，頁442。
[131] 見《叢林公論》，《卍續藏》113冊，頁904。
[132] 同前注，頁903。

　　人未易及也。然其間所論，亦有過當者，或非所當論而論之。[133]

更何況者庵自己也不諱言《禪林僧寶傳》頗為風行，「戶戶有之」，那麼
惠洪作傳功力及其影響之廣大，自也不容小覷。今從者庵洋洋灑灑數千
言大肆痛責惠洪所作《智證傳》，以及不滿舟峰慶老的《補禪林僧寶傳》，
我們即可覺察原因出於者庵厭惡行文虛飾藻繪，而他又堅決認定禪法不
能以言語文字表詮之故。下面便錄出文字較少的者庵批慶老作為說明：

> 死心新禪師之黃龍，謁寶覺禪師，談辯無所抵捂。寶覺曰：「若
> 之技止此耶？」新窘無以進，遂被詆訶趁出，默坐下版。會知事
> 捶打行者，聞杖聲忽大悟。舟峰菴慶老贊曰：「余閱死心悟門，
> 政所謂渴驥奔泉，怒猊抉石者也。」然死心聞杖聲大悟之時，物
> 我兩忘，能所俱泯，縱以虛空而形容之，而莫可得，唯佛與佛乃
> 能究盡，老以渴驥怒猊況之，猶瞽者摸象，不亦遼乎！[134]

按曉瑩《雲臥紀談》卷上「舟峰慶老」有言：「大慧遷徑山，（慶老）遂
與俱行，為掌記室，詞章華贍，殊增叢林光潤。……紹興癸亥孟秋委順，
李參政漢老祭之，其文曰：『我初來泉，塊然寡儔。有謁于門，曰老比
丘。其出詩文，鏘然琳璆。今洪覺範，古湯慧休。徐叩所有，載籍兼收。
公才吏用，孰與子侔？……。』」[135]由文中可知慶老健筆堪與惠洪相頡頏，
二人行文中，凡遇言語道斷，心行處滅，實無法更贊一詞時，或不免塗
澤靚飾；但反觀者庵在《叢林公論》也評論起古人文章。藻飾尚有裨於
學者心嚮神往，而古人辭章又何關乎修行？難怪無慍要說：「先儒文辭
之得失，於吾門固無所涉，而置之《叢林公論》之間殊乖」[136]了。他人
濡筆染翰，浮誇說謬，固然可以「公論」罵之；只是「公論」待己輕以
約，責人重以周，就不太像是「公論」了。

---

[133] 無慍《山庵雜錄》，《卍續藏》148冊，頁362。
[134] 同註131，頁901。
[135] 見《雲臥紀談》，同註9，頁22。
[136] 同註133，頁362。

　　接著看郭紹虞《宋詩話考》評述《冷齋夜話》時云：「此書不僅論事有偽造之病，即論辭亦有剽竊之弊矣。」[137]而陳垣《中國佛教史籍概論》也收了惠洪《禪林僧寶傳》和《林間錄》兩書[138]，陳文論述過程還引用了《石門文字禪》與《冷齋夜話》；只是對惠洪諸作評價，和郭文一樣都不高。歸納陳氏文中批判的，除說到《石門文字禪》、《冷齋夜話》矜炫「十分春瘦緣何事，一搯歸心未到家」而受辱，亦有以取之外，另還有幾項：一、《冷齋夜話》以泗州大士僧伽為何國人，是癡人說夢，殊不知西域確有此國。二、《禪林僧寶傳》云曹山名耽章，前此未聞，後亦無人信用。三、《林間錄》、《石門文字禪》多訂贊寧《宋高僧傳》之說，誤而不實。四、《林間錄》言歐陽脩遊嵩山，聞老僧說定慧力，不自知膝之屈，夸誕不能信。五、《林間錄》稱杜祁公衍、張安道方平皆致仕居睢陽，疏闊可笑。六、《五燈會元》尚譏惠洪失於考證，又何嘗多採其書。另外陳士強《佛典精解》論惠洪《林間錄》，提及卷上記唐宣宗當過僧人一事，「恐是社會上的一則傳說，未必是真的。」[139]由於三人所說，都有一些關連，下面就依個人行文方便，一併回應。

　　先說惠洪因不察而誤記的情形，這在惠洪書中確實是有的，例如《冷齋夜話》卷十、《石門文字禪》卷二七記陳瓘送其姪勝柔詩云：「仁者難逢思有常，平居慎勿恃何妨。爭先世路機關惡，近後語言滋味長。可口物多終作疾，快心事過必為傷。與其疾後求良藥，不若病前能自防。」勝柔過南昌，出示惠洪，且轉述陳瓘語曰：「儻見覺範，使為汝說破。」因此惠洪說：「翁欲汝知口只好吃飯耳！」但是吳子良《荊溪林下偶談》卷二「冷齋誤載邵堯夫詩」便云：

> 此詩邵堯夫作，而冷齋誤以為瑩中；或者瑩中手書此詩，冷齋不知為堯夫作歟！[140]

---

[137] 郭紹虞《宋詩話考》，北京：中華書局，1979年8月，頁15。

[138] 同注20，頁132～142。

[139] 見《佛典精解》，上海：上海古籍出版社，1992年11月，頁1371。

[140] 吳子良《荊溪林下偶談》，《筆記小說大觀》四編第3冊，頁1503。按《石門文字禪》卷二七〈跋了翁詩〉也記了這首詩，只不過「可口」作「爽口」、「疾後」作「病後」。（頁

今按堯夫《擊壤集》確有此詩，題目為〈仁者吟〉，顯然惠洪一時不察，誤會詩是陳瓘所作[141]。至於稱贊寧《宋高僧傳》，分品十科，以義學冠之為可笑。贊寧不過遵循慧皎、道宣舊例，且《梁》、《續》、《宋》三僧傳皆以譯經為首，惠洪怎麼弄錯了？也是怪事。再如誤書石霜楚圓卒年是「康定戊寅之明年」，其實戊寅是寶元元年（1038），隔兩年，年號才改為康定；又誤載杜衍、張方平皆致仕居睢陽，實則二人致政，相去已逾三十年，也不知惠洪誤信傳言，或者自己筆誤了。不過話說回來，像贊寧《宋高僧傳》的問題，在《佛祖統紀》卷四三「端拱元年，翰林通慧大師贊寧上表進《高僧傳》」下，志磐引述惠洪之言，也深有同感，而慨然論曰：

> 洪覺範謂宣律師作僧史，文辭非所長；作禪者傳，如戶昏案檢。寧僧統雖博學，然其識暗，聚眾碼為傳，非一體。覺範之論何其至耶！昔魯直見僧傳文鄙義淺，欲刪修之而不果，惜哉！如有用我者，吾其能成魯直志乎！[142]

可見有志於僧史者，對贊寧僧傳的不滿，並不只惠洪一人而已。其次普濟於《五燈會元》卷十二〈石霜楚圓禪師〉，注意及「《僧寶傳》所載，恐失考證。」[143]於是不予採用；但既知其誤而不採用，這又怎能說沒有參考呢？《五燈會元》原是普濟鑒於道原《景德傳燈錄》、李遵勗《天聖廣燈錄》、惟白《建中靖國續燈錄》、悟明《聯燈會要》、正受《嘉泰普燈錄》，這五部燈錄，學者罕能通究，於是撮要會為一書。按理說，普濟只要將五燈綜合整理就夠了，但普濟的確仍有旁取於惠洪的著作。這除了陳垣提到「僅卷四涅槃和尚一條」外，像《林間錄》卷上有云：「曹山耽章禪師初辭洞山悟本，本曰：『吾在雲巖先師處親印寶鏡三

14）

[141] 見邵雍《擊壤集》卷二〈仁者吟〉，原詩作：「仁者難逢思有常，平居慎勿恃無傷。爭先徑路機關惡，近後語言滋味長。爽口物多須作疾，快心事過必為殃。與其病後能求藥，不若病前能自防。」（臺北：廣文書局，1988年3月，上冊，頁29）

[142] 《佛祖統紀》卷四三，T49，p400a。

[143] 同注1，頁705。

昧……。』」而《禪林僧寶傳》卷一〈撫州曹山本寂禪師〉傳中敘述更明白：

> 禪師諱耽章，泉州莆田黃氏子。幼而奇逸，為書生，不甘處俗。年十九，棄家入福州靈石山，六年，乃剃髮受具。咸通初，至高安，謁悟本禪師价公，依止十餘年。价以為類己，堪任大法，於是名冠叢林……。[144]

在傳中還記述了寶鏡三昧、五位顯訣、三種滲漏，《五燈會元》卷十三〈洞山良价禪師〉也將它補入[145]。至於曹山名耽章，《石門文字禪》卷二六〈題珣上人僧寶傳〉是說他訪軼得來：

> 游曹山，拜澄源塔，得斷碣曰：「耽章號本寂禪師，獲五藏位圖，盡具洞山旨訣。」[146]

南宋紹曇《五家正宗贊》卷三〈曹山元證禪師〉即謂師諱耽章；又金志明撰、元德謙注《禪苑蒙求》卷下也有〈耽章寶鏡〉一則，即是轉引自《禪林僧寶傳》所載寶鏡三昧旨訣[147]，所以也不能說「無人信用」吧。再說到惠洪弄錯杜、張之事，如據陳垣所考，在惠洪之後，晁公武、胡應麟、《四庫提要》也都說錯了。惠洪本不是以學術考據名家，而鼎鼎有名的大學者尚且有誤，所以也不當因此便抹殺惠洪的貢獻；何況惠洪所以記敘杜、張致仕同居睢陽，主要還是鑒於此則逸聞有利佛法的緣故。此逸聞仔細想來，怕也不是由他虛構的，且試看歐陽脩繼韓愈志業排佛幾乎人盡皆知，但《林間錄》記歐陽脩年輕時遊嵩山，見誦《法華經》僧，聞一席語，「不自知膝之屈」，就有載明得之謝希深[148]，這並非

---

[144] 《林間錄》，同注43，頁42；《禪林僧寶傳》，同注9，頁443。

[145] 同注1，頁783～785。

[146] 《石門文字禪》卷二六，頁6。

[147] 《五家正宗贊》，見《佛光大藏經·禪藏》第19冊，佛光出版社，1994年12月，頁290；《禪苑蒙求》，《卍續藏》148冊，頁285。

[148] 見《林間錄》卷上云：「謝希深嘗作文記其事。」（同注43，頁52）

惠洪「夸誕」,「希深」是謝絳的字,考謝絳於明道元年九月,確實撰有
〈遊嵩山寄梅殿丞書〉云:

> 既而與諸君議,欲見誦《法華經》汪僧。永叔進以為不可,且言
> 聖俞往時嘗云斯人之鄙,恐不足損大雅一顧。僕強諸君往焉,自
> 峻極東南,緣險而徑(逕)下三四里。法華者,栖石室中,形貌,
> 土木也;飲食,猿鳥也。叩厥真旨,則軟語善答,神色睟正。法
> 道諦實,至論多矣,不可具道,所切當云:「古之人念念在定,
> 慧何由雜;今之人念念在散,亂何由定?」師魯、永叔扶道貶異,
> 最為辯士,不覺心醉色怍,欽歎忘返,共恨聖俞聞繆(謬)而喪
> 真甚矣。[149]

再如宣宗出家之事,《資治通鑑》卷二四八於「憲宗納李錡妾鄭氏,生
光王怡。怡幼時,宮中皆以為不慧,太和以後,益自韜匿,群居遊處,
未嘗發言……。」之後接著《通鑑考異》即引韋昭度《續皇王寶運錄》、
尉遲偓《中朝故事》、令狐澄《貞陵遺事》三家所記逸史而云:「此三事
皆鄙妄無稽,今不取。」[150]其中《中朝故事》卷上即言:

> 宣宗即憲皇少子也;皇昆即穆宗也。穆宗、敬宗之後,文宗、武
> 宗相次即位,宣皇皆叔父也。武宗初登極,深忌焉。一日會鞠於
> 禁苑間,武宗召上,遙睹瞬目於中官,仇士良躍馬向前曰:「適
> 有旨,王可下馬。」士良命中官輿出軍中,奏云:「落馬已不救
> 矣。」尋請為僧,游行江表間。會昌末,中人請還京,遂即位。
> [151]

---

[149] 見《歐陽脩全集‧附錄》卷五,臺北:世界書局,1988年6月,頁1382。或以為惠洪將
「心醉色怍,欽嘆忘返」改為「不自知膝之屈」,即是「夸誕不能信」。事實上,屈膝固
可解為下跪,但推求惠洪之意,此處應如「噴飯」、「雌伏」,皆當形容詞用,惠洪若果
真要欺騙,那麼他也就不須於文末提及謝絳曾撰文記此事了。

[150] 見《資治通鑑》武宗會昌六年,臺北:啟業書局,1978年1月,頁8022。

[151] 《中朝故事》見臺北:臺灣商務印書館景印《四庫全書》1035冊,1985年6月,頁812。
惟據《林間錄》卷上,「仇士良」作「仇公武」。(同注43,頁9)

對照《林間錄》是這麼記載的：「唐宣宗微時，武宗疾其賢，數欲殺之，宦者仇公武保佑之。事迫，公武為薙髮作比丘……（鹽官禪師）一見異之，待遇特厚。」[152]大宦官仇士良字匡美，與仇公武並不是同一人；《林間錄》又說：「仇公武之德不媿漢郉吉，而《新書》略之，獨班班見於〈安禪師傳〉」，顯然惠洪所錄，乃得之僧史。關於宣宗出家，在佛教界盛傳流行，也不僅僅惠洪一人有此說，例如《五燈會元》卷三〈鹽官齊安國師〉即載：「有異僧謂之曰：『建無勝幢，使佛日回照者，豈非汝乎？』」又卷四〈黃檗希運〉曰：

> 師在鹽官殿上禮佛次，時唐宣宗為沙彌，問曰：「不著佛求，不著法求，不著僧求。長老禮拜，當何所求？」師曰：「不著佛求，不著法求，不著僧求。長禮如是事。」彌曰：「用禮何為？」師便掌。彌曰：「太麤生！」師曰：「這裏是甚麼所在，說麤說細！」隨後又掌。[153]

由上敘兩例，可見惠洪會揀選有利於佛門的事來記述。惠洪不僅揀選有利於佛門的事來記述，當面對事情，也會從禪門「活句」來思考。僧伽為何國人，即屬一例。僧伽大士，人問：「汝何姓？」答曰：「姓何。」又問何國人，答曰：「何國人。」陳垣據《隋書》、《通典》記載西域確有何國，這乃是從史學角度來研究，而相對的，惠洪是以禪門公案來看待，並不是「偶爾觸機，覺『何』為代名耳，羌無故實。」因禪門獨重心地開發，早在五祖弘忍考問六祖惠能：「汝是嶺南人，又是獦獠，若為堪作佛？」惠能即說：「人雖有南北，佛性本無南北；獦獠身與和尚不同，佛性有何差別？」因此何國何姓何名，也全都是皮相，虛如空華，不必特別著意看待它。且試看《五燈會元》卷一〈四祖道信大醫禪師〉即記：

> （三祖）一日往黃梅縣，路逢一小兒，骨相奇秀，異乎常童。祖

---

[152] 見《林間錄》卷上，同注43，頁9。
[153] 同注1，頁142、189。

問曰：「子何姓？」答曰：「姓即有，不是常姓。」祖曰：「是
何姓？」答曰：「是佛性。」祖曰：「汝無姓邪？」答曰：「性
空，故無。」[154]

問何姓，卻回答佛性，這種繞路說禪技巧，在惠洪於崇寧初，顯謨閣待
制朱世英學士請他至臨川北景德禪寺開法，有僧問：「此地南有景德，
北有景德。德即不問，只問如何是景？」慧洪回答說：「頸在項上。」[155]
意思是不要學僧論北道南，妄起分別，於是便取「景」諧音說成了「頸」。
再根據《五燈會元》卷十九〈五祖法演禪師〉法演上堂開示亦說道：

山僧昨日入城，見一棚傀儡，不免近前看。或見端嚴奇特，或見
醜陋不堪。動轉行坐，青黃赤白，一一見了。子（仔）細看時，
元來青布幔裏有人。山僧忍俊不禁，乃問：「長史高姓？」他道：
「老和尚看便了，問甚麼姓！」[156]

修行無關乎名相，這些都有異曲同工的巧妙。至於說惠洪剽竊、偽造，
那也是冤枉他了。古代又不像現在著作權法那麼嚴明，輾轉傳錄也不似
現今學術論文得那麼講究徵引出處，當然，像潘永因《宋稗類鈔》卷八
載：「蘇子容聞人語故事，必令人檢出處；司馬溫公聞新事，即便鈔錄，
且記所言之〔人（此字原缺，今疑為「人」，故補之）〕。當時諺曰：『古
事莫語子容，今事勿告君實。』」[157]子容和君實二君子尚實存真固然有了
口碑；但如果說出處標示不清就是剽竊，那麼古籍中，特別是子部和集
部詩文評類，「剽竊者」就多得不勝枚舉了，我們實在不能用後人的眼
光作如此嚴屬批判。再說到偽造，其實惠洪所見所聞，應該不會師心自
是，全無憑據。如王明清《玉照新志》卷五即持平論云：

雷轟薦福碑事，見楚僧惠洪《冷齋夜話》，去歲婁彥發機自饒州

---

[154] 同註1，頁50。
[155] 同註1。
[156] 同註1，頁1244。
[157] 《宋稗類鈔》，臺北：廣文書局，1967年12月，頁85。

> 通判歸，詢之，云：「薦福寺雖號番（鄱）陽巨剎，元無此碑，乃惠洪偽為是說。」然東坡已有詩曰：「有客打碑來薦福之句。」……考此書距坡下世已逾一紀，洪與坡蓋未嘗先接，恐是已有妄及之者，則非洪之鑿空矣。[158]

惠洪不是專事矜炫誇耀而甘於假造不實的人，他力圖擔負法業，勤於論著，欲藉由文字傳布宗乘教理，雖偶有閃失，然而「將此深心奉塵剎，是則名為報佛恩。」他確實辦到了，這不是件容易的事，更不是一個對自己都無法負責的「浪子」能歡喜甘受，愉快勝任。能夠看到惠洪對佛門所作的貢獻，也就更願相信他不是一名虛而無實的「浪子和尚」了。

七、結　論

《石門文字禪》卷二十〈明白庵銘序〉有云：

> 余世緣深重，凤習羈縻，好論古今治亂，是非成敗，交游多譏訶之，獨陳瑩中曰：「於道初不相妨。譬如山川之有飛雲，草木之有華滋，所謂秀媚精進。」余心知其戲，然為之不已。[159]

而今綜合來看惠洪一生坎坷奇禍，飽受毀辱之故，不外三點原因：一、勇於批判議論，多言招災。二、思想理念與俗世歧異相違。三、捲入政爭，為政治因素所累。特別是政爭引來的「浪子和尚」之名，幾乎使他人格破產，不僅宗教情操遭質疑、著作可信度及教門功績也被大打了折扣。但是和惠洪理念有差距的祖琇，畢竟在《僧寶正續傳》對他下了如此評語：

> 覺範少歸釋氏，長而博極群書。觀其發揮經論，光輔叢林，孜孜焉手不停綴，而言滿天下。及陷于難，著逢掖，出九死而僅生，

---

[158] 王明清《玉照新志》，見《筆記小說大觀》四編第3冊，頁1466。

[159] 見《石門文字禪》卷二十，頁1。

　　　　垂二十年，重削髮，無一辭叛佛而改圖，此其為賢者也。[160]

基本上這段話仍然相當肯定他是真佛子，不是假和尚。本文也因此要從最細微，卻是最根本，而影響也相當大的一句「浪子和尚」，加以辨明惠洪其實是大德不踰閑的奇僧。首先乃正面回應「浪子和尚」說法的不妥，繼而更擴大層面，縷述惠洪宗教情操，和他在佛門的貢獻，證明他不可能也不會是「浪子和尚」。現就將繁瑣的研究結果，濃縮於下：

　　（一）「浪子和尚」的「和尚」是出家受戒者的稱呼，而「浪子」或指長期浪遊四方，不歸鄉土之人；或指遊蕩無業之民；或指重情愛色之徒；或指他玩弄感情，拋家不顧；或指他習於猥鄙，放浪形骸；或指他玩世不恭，輕薄無行，難以勝任本職。蔡卞夫人稱惠洪「浪子和尚」，正是譏斥他一介緇流，卻不遵佛戒，身染俗塵，輕薄無行，是虛掛「和尚」之名的「浪子」。其後不能忘情絕愛、欲炙女色等等毀辱，便隨著「浪子和尚」的聲名接踵到來。

　　（二）〈上元宿百丈〉詩作於徽宗崇寧四年，蔡卞夫人非議的「十分春瘦緣何事，一掬歸心未到家。」既是惠洪表達對祖庭家山的懷想，也可說是修行未到家的自省。歷來以豔語傳達修行境地者實不乏人，因此這一聯，絕不宜看成惠洪未能忘情絕愛，還像「浪子」般想念俗家歡愛，望歸心切。

　　（三）由於惠洪崇重義烈，與元祐黨人黃庭堅、陳瓘、張商英等名士交好，因而造成一生顛沛流離。蔡卞與夫人王氏兩人同心，口徑一致，在激烈政治鬥爭中，蔡卞夫人自然不會給予惠洪公允的評價，而惠洪又在險惡政治的雙重打擊下，入獄、脊杖、黥面、流放，更使得名譽掃地，如此這般惡性循環，遂讓他的人格、信仰與著作嚴重遭到懷疑。

　　（四）然而惠洪宗教情操畢竟是虔誠篤定的。從惠洪可以將信仰落實於行住坐臥，日用如此，橫逆亦如此，且時時表露他對師門孺慕、對叢林衰亂的憂心感喟，在在都可證明他不是蔡卞夫人口中的「浪子和尚」。雖然惠洪不是完人，他也不時橫發議論，但終究戒行嚴謹，縱被

───────────────

[160] 見《僧寶正續傳》卷二，同注9，頁583。

褫奪僧籍,仍是位現在家相的密行比丘;方回自己情執難捨,在主觀意念作祟下讀惠洪詩,做出很壞的理解;紀昀則刻板認定惠洪是「浪子和尚」,「既役志於繁華,又溺情於綺語,於釋門戒律,實未精嚴,在彼教中,未必據為法器。」全不細究典故出處,致多生誤解,這些謗讟,終不能抹滅惠洪歸心佛法,永不叛佛改圖的道範。

　　(五)惠洪有名的著作,如《石門文字禪》以詩文為佛事;《冷齋夜話》、《林間錄》是禪林軼聞掌故先驅;《禪林僧寶傳》保存禪林耆宿史料;《智證傳》解析經論與祖師機鋒語句以接引來學,還有其餘許多發揮、疏證佛藏精義的文字,無論對教內或教外皆有卓越貢獻;祖琇《僧寶正續傳》、者庵《叢林公論》、陳垣《中國佛教史籍概論》、郭紹虞《宋詩話考》諸人對於惠洪的著作,或就整部書,或者摘舉書中某一條記事,乃至義理上的缺失,遂貶抑其價值;而陳士強《佛典經解》也舉例說明惠洪有失真的地方。這些說法未必完全正確,惠洪所聞所見尚不致無的放矢,也不致偽造剽竊,他力圖擔負法業,欲藉文字傳布宗乘教理,縱有疏忽,畢竟大醇小疵,可以相信他不是虛而不實的「浪子和尚」。

　　《詩經・鄭風》曰:「無信人之言,人實迋汝。」而《孟子》也說過:「盡信書,則不如無書。」讀惠洪著作,不免發覺書中偶或有疏誤,我們自應留心謹慎以對;但聽聞惠洪是位不端、不純、不謹、不實的「浪子和尚」,我們又何嘗不該再三甄辨其是非?

雕蟲館本《東坡夢》劇圖

元明釋教劇的佛教思想

提　要

　　明代朱權《太和正音譜》劃分雜劇為十二科：一、神仙道化；二、隱居樂道；三、披袍秉笏；四、忠臣烈士；五、孝義廉節；六、叱奸罵讒；七、逐臣孤子；八、鏺刀趕棒；九、風花雪月；十、悲歡離合；十一、煙花粉黛；十二、神頭鬼面。十二科並未列舉劇目；且各科間的區分也顯得模稜難測。不過朱權在「神頭鬼面」下有注云：「即神佛雜劇。」可知已將「釋教劇」收納其中。事實上，中國戲劇的源起，除接納本土固有文化結晶，還消融部分由印度傳來的樂舞歌詩，本文故先就佛教對戲劇發展的影響提出說明，但最主要還是在探討元明「釋教劇」的佛教思想，因此選擇十二本劇作逐一分析，最後作出結論，認為創作釋教劇，必須精通內典與曲律，但劇作家為投合觀眾興味，往往犧牲較深奧的佛理，儘量求其通俗平易；特別是劇情常採用深入民心，卻又似是而非的變質佛教故實，到頭來反而對佛教產生負面影響，不僅愈混淆了佛教故實，也愈加深佛教出世性格的印象，容易使人曲解佛教精神義涵，所以欣賞釋教劇時，應抱持忽略佛教思想，獨重其曲辭唱腔的態度；當然，如欲藉釋教劇以了解元明宗教文化現象，則又另當別論了。

關鍵詞

釋教劇　曲海總目提要　大正藏　佛法

一、前　言

　　中國戲劇是由多種民俗曲藝所匯合，大體而言，它含括了滑稽戲、說唱與歌舞三股巨流，因其發展歷程甚長，一般撰寫戲劇史者，往往溯至上古蒙昧期的原始歌舞；但應注意的是，戲劇接納本土文化結晶之餘，亦消融部分自印度傳來的樂舞歌詩，其中不少樂舞歌詩，都與宣揚佛法有密切關係。段安節《樂府雜錄・俳優》條有「弄婆羅門」[1]；《通典》卷一四六與《舊唐書》卷二九述散樂，亦談到「婆羅門」，而把它歸入「雜戲」，則似有某些人物在作表演，任二北以為就是佛教戲劇，徵之唐人小說〈南柯太守傳〉正有舞婆羅門的記載[3]，這即使不是成熟的戲劇，也顯然是一種歌舞戲了。

　　再如許地山〈梵劇體例及其在漢劇上底點點滴滴〉[4]還引多項資料，如《冊府元龜》卷五七〇唐德宗貞元十八年正月，「驃國王獻樂，凡一十二曲，以樂工三十五人來朝。其國與天竺相近，故多演釋氏之詞。每為曲，皆齊聲唱各以兩手十指齊開齊斂，為赴節之狀，一低一昂未嘗不相對，有類中國柘枝舞也」；又鄭樵《通志》卷四九「梵竺四曲」有舍利弗、法壽樂、阿郍瓖、摩多樓子；西元 1923 年在新疆吐魯番發現馬鳴所著梵劇三種，其中有「舍利補特羅婆羅加蘭拏」九齣，敘述目犍連與舍利弗皈依佛的事跡，不免讓人猜測梵竺四曲與梵劇對中國早期戲劇

---

[1]　今《樂府雜錄》作「弄婆羅」（臺北：臺灣商務印書館《叢書集成簡編》，1966年3月，頁21），當脫「門」字，《說郛》卷三收《樂府雜錄》有「門」字。（臺北：新興書局，1963年12月，頁48）

[2]　見《唐戲弄》第二章〈辨體・八、弄婆羅門附和尚俳優說〉。（上海古籍出版社，1984年10月，頁309～310）

[3]　李公佐〈南柯太守傳〉，《太平廣記》卷四七五題為〈淳于棼〉，下注：「出異聞錄。」文中有云：「昨上巳日，吾從靈芝夫人過禪智寺，於天竺院觀右（石）延舞婆羅門。」（臺北：新興書局，1958年4月，頁3571）小說雖屬虛構，然其所敘未必非真，如禪智寺為唐代揚州名剎，杜牧即有〈題揚州禪智寺〉（《樊川詩集注》卷三，臺北：新興書局，1960年3月）之詩。

[4]　收錄於《中國文學研究》，京都：中文出版社，1971年6月，頁379～414。

作了貢獻。[5]

　　以上是從歌詩舞戲來看早期戲劇與佛教的關連。其次談到說唱，梁慧皎《高僧傳》卷十三〈唱導〉論曰：

> 唱導者，蓋以宣唱法理，開導眾心也。昔佛法初傳，于時齋集，止宣唱佛名，依文致禮……。其後廬山釋慧遠，……每至齋集，輒自昇高座，躬為導首，先明三世因果，卻辯一齋大意……。唱導所貴，共事四焉，謂聲、辯、才、博。非聲則無以警眾；非辯則無以適時；非才則言無可採；非博則語無依據。

可見唱導雖屬宗教儀軌，卻頗富於表演趣味，所以慧皎接著形容說：「談無常則令心形戰慄；語地獄則使怖淚交零；徵昔因則如見往業；覈當果則已示來報；談怡樂則情抱暢悅；敘哀感則灑泣含酸。於是闔眾傾心，舉堂惻愴，五體輸席，碎首陳哀，各各彈指，人人唱佛……。」[6]而這種宣闡教理的方式，正是後來俗講，乃至諸宮調、戲曲有唱有白的先驅。

　　再說到早先劇場，則多假當地人文經濟重心——寺院，以便招徠廣大群眾，從楊衒之《洛陽伽藍記》，或段成式《酉陽雜俎》、錢易《南部新書》等[7]，莫不有類似記載；即使如孟元老《東京夢華錄》已提到固定

---

[5] 按納蘭性德《淥水亭雜識》卷二云：「獲伶盛於元世。而梁時大雲之樂，作一老翁演述西域神仙變化之事，獲伶實始於此。」（臺北：新興書局《筆記小說大觀》二編第7冊，1962年8月，頁3937）所謂「西域神仙變化」，當亦與梵劇相關。陳宗樞《佛教與戲劇藝術》不同意印度梵劇是中國戲曲唯一的源頭，這固然有理；不過誠如書中云：「中印交通由來已久，中國文化受印度文化的影響，自當難免。戲曲藝術包括多種藝術成分，其中文體、音樂、舞蹈等方面與佛教的關係尤其顯著。」（天津：天津人民出版社，1992年12月，頁15）所以梵劇與中國戲曲關係，也不容完全抹殺。

[6] 《高僧傳》卷十三〈唱導〉，T50，p417c。

[7] 《洛陽伽藍記》卷一「景樂寺」云：「至於大齋，常設女樂，歌聲繞梁，舞袖徐轉，絲管寥亮，諧妙入神。以是尼寺，丈夫不得入……。及（清河）文獻（王）懌，寺禁稍寬，百姓出入，無復限礙。後汝南王悅復修之，悅是文獻之弟，召諸音樂，逞伎寺內，奇禽怪獸，舞抃殿庭。飛空幻惑，世所未睹；異端奇術，總萃其中。剝驢投井，植棗種瓜，須臾之間，皆得賜食。士女觀者，目亂睛迷。」（臺北：世界書局，1974年5月，頁33）《酉陽雜俎‧續集》卷四〈貶誤篇〉云：「予太和末，因弟生日觀雜戲。有市人小說呼扁鵲作『褊鵲』，字上聲，予令座客任道昇字正之。市人言二十年前，嘗於上都齋會設

劇場「京瓦」，但一些衢州撞府的伶工，又怎能捨棄寺院這趕集勝地[8]？而佛教既與中國戲劇有如此淵源，再加上佛教信仰的廣布民間，釋教劇自然成為戲曲演出門類之一。

考之原始佛教，佛陀制戒，不許比丘觀演樂舞歌戲，起因是當時僧團有六比丘，在家已具歌唱舞蹈與樂器演奏本領，一次有劇團演出佛陀事跡，賺進不少錢，又再演六比丘的惡行，六比丘不悅，就去跟戲班打對臺，六比丘技藝超群，戲團收入大受影響，佛陀因其有礙民生和僧譽，故制僧眾不得歌舞倡伎[9]；但供養讚誦佛塔經法，則是可以通融的，《長阿含經》卷十〈釋提桓因問經〉即云：

> 釋提桓因（帝釋）告般遮翼（樂神）曰：「如來至真，甚難得覩……。汝可於前，鼓琉璃琴，娛樂世尊，吾與諸天，尋於後往。」對曰：「唯然。」……持琉璃琴，於先詣佛。去佛不遠，鼓琉璃琴，以偈歌曰……。爾時世尊，從三昧起，告般遮翼言：「善哉！善哉！般遮翼，汝能以清靜音和琉璃琴，稱讚如來！琴聲、汝音，不長不短，悲和哀婉，感動人心。汝琴所奏，眾義備有，亦說欲縛，亦說梵行，亦說沙門，亦說涅槃。」[10]

此，有一秀才甚賞某呼扁字與褊同聲。」（臺北：源流出版社，1983年9月，頁240）《南部新書》卷五云：「長安戲場多集于慈恩，小者在青龍，其次薦福、永壽……。」（臺北：臺灣商務印書館景印《四庫全書》1036冊，1985年6月，頁210）

8　《東京夢華錄》卷五〈京瓦伎藝〉條云：「崇、觀以來，在京瓦肆伎藝：張廷叟，孟子書。主張小唱，李師師、徐婆惜、封宜奴、孫三四等，誠其角者……。其餘不可勝數，不以風雨寒暑，諸棚看人，日日如是。」（臺北：大立出版社，1980年10月，頁29）又郭立誠《中國民俗史話‧廟宇的用途知多少》論及寺廟在我國傳統社會的效用，包括：民間信仰中心、廟會所在地、殯儀館、村塾、旅舍、遊覽名勝、地方自治辦公場所等。（臺北：漢光出版社，1986年5月，頁238～242）

9　見聖嚴《聖者的故事》（臺北：東初出版社，1984年2月，頁225）。按《根本說一切有部毘奈耶雜事》卷四有言：「苾芻不應習學歌舞，作者得越法罪。」（T24，p221a；又參見卷一，T24，p207c）這種教誡在《摩訶僧祇律》卷三三（T22，p494a）；《十誦律》卷十五、三七（T23，p108c、p269b）皆有申說。

10　《長阿含經》卷十〈釋提桓因問經〉，T01，p62c。

又《根本說一切有部毘奈耶雜事》卷四云：

> 是時善和苾芻（比丘）作吟諷聲，讚誦經法，其音清亮，上徹梵
> 天。時有無數眾生，聞其聲者，悉皆種植解脫分善根，乃至傍生
> 稟識之類，聞彼聲者，無不攝耳聽其妙音。爾時世尊，因大眾集，
> 普告之曰：「汝等苾芻，於我法中，所有聲聞弟子，音聲美妙，
> 善和苾芻最為第一。」[11]

到了大乘佛教，對於戒律則採更為融通的態度。相傳造《大乘起信
論》的馬鳴菩薩，本身就是位詩人兼音樂家，前引許地山文中已述其曾
著梵劇，另《付法藏因緣傳》卷五亦云：

> （馬鳴）作妙伎樂，名「賴吒啝羅」（案：此乃佛陀弟子），其
> 音清雅，哀婉調暢，宣說苦空無我之法。所謂有為，如幻如化，
> 三界獄縛，無一可樂。王位高顯，勢力自在；無常既至，誰得存
> 者……令作樂者，演暢斯音。時諸伎人，不能解了，曲調音節，
> 皆悉乖錯。爾時馬鳴，著白艷衣，入眾伎中，自擊鐘鼓，調和琴
> 瑟，音節哀雅，曲調成就……。[12]

又居士維摩詰亦深諳伎樂，「若至博奕、戲處，輒以度人」[13]；密教
之《大日經義釋》卷六亦言：「供養并奏攝意音樂，此曲具在《瑜伽大
本》中。若獻塗香時，即有獻塗香曲，華燈飲食等，皆亦如是。一一歌
詠，皆是真言；一一舞戲，無非密印。乃至無人解者，阿闍黎當自奏之。
若不能爾，不名兼綜眾藝也。言攝意者，如世人見美妙色身，心為之醉，
情有所注，不復異緣。今此金剛伎樂，能感人心，亦復如是。」[14]而這
也是中國佛教允許寺院有舞戲、唱導、俗講的原因了。

由於歌戲舞樂最容易深入群眾，感動人心，所以大乘佛教不僅有梵

---

[11]　《根本說一切有部毘奈耶雜事》卷四，T24，p221b。

[12]　《付法藏因緣傳》卷五，T50，p313b。

[13]　鳩摩羅什譯《維摩詰經・方便品》，T14，p539a。

[14]　《大日經義釋》卷六，《卍續藏》，臺北：新文豐公司，1983年1月，36冊，頁693。

唄諷誦，為了弘宣正法，也有舞樂或戲劇的演出，而且部分劇作還是由法師親自編寫，不過一般所謂「釋教劇」，並不限編劇身分，只要內容涉及佛教故實，或以佛門人物為主，即可稱之；但這些戲劇，對於弘揚佛法，究竟發揮多大的功效？這是頗值得探討的問題，以下便自《元曲選》、《元曲選外編》、《全明雜劇》、《孤本元明雜劇》[15]選取《來生債》、《忍字記》、《冤家債主》、《看錢奴》、《度柳翠》、《東坡夢》、《猿聽經》、《北邙說法》、《一文錢》、《魚兒佛》、《魚籃記》、《雙林坐化》等十二本元明雜劇，加以探討，彰其大較。至於傳奇如《曇花記》、《雙修記》等，因齣數過長，只在相關劇中附說；另為節省篇幅，劇中本事，《曲海總目提要》[16]如已載記，而無補述，則不再詳說。

二、元代釋教劇述評[17]

《來生債》：

本劇演龐蘊居士偶聞驢馬作人語，言前世受居士之恩，故輪迴為驢馬償債，於是感悟，盡棄家產，一心修道。《曲海總目提要》卷四有詳述本事。

龐蘊生平散見禪籍稗史，如五代南唐泉州招慶寺靜、筠二師所編《祖堂集》卷十五；宋道原《景德傳燈錄》卷八；宋志磐《佛組統記》卷四一；元念常《佛祖歷代通載》卷十五，皆未載其沉祖宗家財於東海，像本劇第三折的情節那樣，但到明萬曆年間，瞿汝稷《指月錄》，則有：「居

---

[15] 臧懋循輯《元曲選》，臺北：臺灣中華書局，1966年3月、隋樹森編《元曲選外編》，北京：中華書局，1987年9月、陳萬鼐編《全明雜劇》，臺北：鼎文書局，1979年6月、王季烈校《孤本元明雜劇》，臺北：商務印書館，1971年11月。

[16] 黃文暘撰、董康纂輯《曲海總目提要》，收於《筆記小說大觀》（臺北：新興書局，1979年1月）二十五編第8、9、10冊。

[17] 高大鵬《陶詩新論》（臺北：時報出版公司，1981年）附錄〈論元代的釋教劇〉筆勢矯健，文采高華，唯對「釋教劇」取材稍有疏失，如馬致遠《黃粱夢》敘呂洞賓感黃粱夢境，嘆人世虛幻，而隨鍾離權學道，顯為「道教劇」，不宜闌入「釋教劇」中；且僅舉《黃粱夢》、《東坡夢》、《度柳翠》、《忍字記》四本，難以盡賅「釋教劇」全貌。再則，作者由人性心理析賞元劇，對於內典與元劇的比較論證仍付闕如，本文因此循另一角度，重予述評。

士悟後，以舟盡載珍橐數萬，沉之湘流」的說法[18]，這並非瞿汝稷杜撰，在重梓于頓《龐居士語錄》後附〈歷代讚文并諸方拈古〉已有宋張商英云：「寧可饑寒死路邊，不勞土地強哀憐。滿船家計沉湘水，豈羨芒繩十百錢。」[19]而這種傳言也被戲劇所吸收，但較符常理的「沉之湘流」〔居士乃襄陽（一云衡陽）人〕，居然又改成「東海」了！

龐蘊此舉，固如劇中所云，不願弄巧成拙，將行善布施都作了來生債；但這絕非佛法真義，否則布施便不可能成為菩薩行「六度」（布施、持戒、忍辱、精進、禪定、般若）之首了。而且在佛陀時代，就有不少財主，如《雜阿含》卷四六記波斯匿王告訴佛陀，舍衛國中摩訶男長者多財巨富，卻異常慳吝，佛陀便說：「善男子得勝財利，快樂受用，供養父母，供給妻子，宗親眷屬，給恤僕使，施諸知識，時時供養沙門婆羅門，種勝福田，崇向勝處，未來生天，得勝錢財，能廣受用，倍收大利。」[20]足證佛教不是尚貧之教，佛陀當然樂見世間有情，物質與精神都相當豐足，所以就佛教觀點而言，並沒有反對世人努力工作，賺錢養家，兼作布施。《中阿含‧善生經》有段偈頌云：

> 初當學技術，於後求財物。後求財物已，分別作四分。一分作飲食；一分作田業；一分舉藏置，急時赴所須，耕作商人給；一分出息利。第五為取婦，第六作屋宅。[21]

而在《長阿含‧善生經》則譯為：

> 先當習技藝，然後獲財業。財業既已具，宜當自守護。……一食知止足；二修業勿怠；三當先儲積，以擬於空乏；四耕田商賈，

---

[18]　另《竹窗隨筆‧布施》條也相信這傳說，並闡述龐居士以家財沉海之故曰：「不知居士為布施住相者解縛也，非以布施為不可也。」（臺北：西蓮印經會，1988年6月，頁21）按劇中龐蘊所以不願財施，是不願再結來生債，故蓮池大師此說與劇中龐蘊之言，其實也是有所不同的。

[19]　《龐居士語錄》，《卍續藏》120冊，頁81。本詩是否真為張商英作，仍俟考。

[20]　《雜阿含》卷四六，T02，p337b；又《增壹阿含經》卷十三（T02，p613a）亦見類似說法。

[21]　《中阿含‧善生經》，T01，p641c。

擇地而置牧；五當起塔廟；六立僧房舍。在家勤六業，善修勿失
時。[22]

故綜合而論，居士收入，應分成家計生活（包含孝養父母、周濟親
友、供養三寶）、營業資本、儲蓄生息，和留置身邊，以備急需等要項。
相信這正是促使社會安定繁榮的不二法門，否則就開倒車了。何況受人
之恩，來世必為驢馬償債，也大悖因果律則，報恩方式極多，未必輪迴
傍生才能償還；再說菩薩行者無不以眾生於我有恩，當其行布施時，已
證三輪體空，無物、我及所施物之分，功德之殊勝，又豈區區「來生償」
能相比！水能載舟，亦能覆舟，正信佛教徒對於金錢，亦如是觀。龐蘊
果沉資財入海，充其量只是小乘極果，何足以號稱「維摩再來」？因維
摩詰本是「資財無量，攝諸貧民」的大菩薩啊！另劇中第三折龍神云：
「吾神未得上帝敕令，不敢收留（居士家財），巡海夜叉等，龐居士來
時，將那船隻托住者。」不僅以上帝為宇宙主宰，且更違離現實法則，
鑿船不沉！就佛法言，全是「戲論」。

那麼龐蘊究竟有無舟載珍橐，沉之江海？相信這不過是街談巷議，
小說稗販之言，不足當真。禪門中人固不以治生諧偶為喜，亦不須因資
財無量而憂；況檢之《指月錄》卷九云：「龐婆入鹿門寺作齋，維那請
疏意回向。婆拈梳子插向髻後曰：『回向了也。』便出去。（居）士一日
庵中獨坐，驀地云：『難！難！十石油麻樹上攤。』龐婆接聲云：『易！
易！百草頭上祖師意。』」[23]正可見龐婆自在無礙，跟劇中第二折，卜兒
扮龐婆云：「居士，你且休燒了這文書，聽我說咱！俺兩口兒偌大年紀，
孩兒每（們）都小哩！他久已（以）後長立成人，也要些錢物使用，你
與（予）我，休便燒了也。」性情襟抱迥異其趣，可見戲劇已多塗飾，
不能當真。又如劇中第四折，丹霞禪師調戲居士之女靈兆，《曲海總目
提要》對此已致不滿，而說：「未免涉於輕褻！」故不再贅言；至於劇

---

[22] 《長阿含・善生經》，T01，p72a。

[23] 《指月錄》，《卍續藏》143冊，頁214；《龐居士語錄》卷上則作：「居士一日在茅廬裡坐，
驀忽云：『難！難！難！十碩油麻樹上攤。』龐婆云：『易！易！易！如下眠床腳踏地。』
靈照云：『也不難，也不易，百草頭上祖師意。』」（同注19，頁61）

末增福神云：

> 居士，你非是凡人，乃上界賓陀羅尊者是也；龐婆你是上界執幡
> 羅剎女。鳳毛你是善才童子。你一家兒都不如女孩兒靈兆，乃是
> 南海普陀落伽山七珍八寶寺，號元通，名自在觀音菩薩。（詩云）
> 則為你一念差，受此塵緣，再修行六十餘年。龐居士，你今日功
> 成行滿，合家兒證果朝元。

按心、佛、眾生，三無差別，迷時眾生，悟即是佛，若說：「你非是凡
人」，那麼眾生與佛豈不劃為殊類？凡人終無成佛可能，顯然大乖佛法！
又賓陀羅尊者即佛弟子賓頭盧頗羅墮，「尊者」乃是斷除見、思二惑，
不復受生三界的羅漢，據《請賓頭盧經》載，尊者受佛教敕，長住於世，
為末法四眾作福田[24]，因此「念差受此塵緣，修行六十餘年」之說，實
屬無稽；而云靈兆即觀音菩薩，證諸《法華經‧觀世音菩薩普門品》云：
「若有國土眾生，應以佛身得度者，觀世音菩薩即現佛身而為說法；應
以辟支佛身得度者，即現辟支佛身而為說法⋯⋯。」[25]三十二應身，「千
處祈求千處應，苦海常作渡人舟」，已不受入胎出胎之苦，又豈有「四
聖歸天，出世超凡，同共朝元」（正末唱〈折桂令〉）之理？

《忍字記》：

本劇演彌勒佛度化劉均佐宜忍，《曲海總目提要》卷一有詳述本事。

本齣劇末，布袋和尚云：「劉均佐你聽者，你非凡人，乃是上界第
十三尊羅漢賓頭盧尊者；你渾家也非凡人，他是驪山老母。一化你一雙
男女，一個是金童，一個是玉女。為你一念思凡，墮於人世，見那酒色
財氣，人我是非。今日個功成行滿，返本朝元，歸於佛道，永為羅漢。」

此說略同《來生債》，唯賓頭盧尊者位為第十三尊羅漢，實無所本。
考之經典，有十六羅漢敬奉佛敕，住世守護正法[26]。在《宣和畫譜》卷

---

[24] 一名《請賓頭盧法》，見T32，p784b。

[25] 鳩摩羅什譯《法華經‧觀世音菩薩普門品》，T09，p57a。

[26] 十六大阿羅漢，見《大阿羅漢難提蜜多羅所說法住記》（簡稱《法住記》），T49，p12c。

二、卷三有盧楞伽、李昇畫十六羅漢像[27]；至唐末五代時，貫休即曾畫十八羅漢，《蘇軾文集》卷二二有〈自海南歸過清遠峽寶林寺敬贊禪月所畫十八大阿羅漢〉[28]，其中誤以慶友尊者（即難提蜜多羅，《法住記》作者）、賓頭盧尊者為十七、十八羅漢，實際上賓頭盧即賓頭盧頗羅墮，原已列為十六羅漢之首了。

再看楔子，沖末扮阿難上云：「……我佛在於靈山會上，聚眾羅漢講經說法，有上方貪狼星，乃是第十三尊羅漢，不聽我佛講經說法，起一念思凡之心，本要罰往酆都受罪，我佛發大慈悲，罰往下方汴梁劉氏門中投胎化為人，乃劉均佐是也。恐防此人迷卻正道，今差彌勒尊佛化做布袋和尚，點化此人……。」這裏不知羅漢何故又與貪狼星有所牽扯？想因劉均佐生性慳貪無厭，與術數中所言貪狼星曜賦性雷同，故有此一筆。至於不聽經法，一念思凡，就罰往酆都受罪，因佛慈悲，方改投胎，更是無稽之談。因依照佛法，眾生隨業流轉，皆法爾自然，非由佛所操控，《法華經》卷一〈方便品〉舍利弗請佛說法：

> 爾時世尊告舍利弗，汝已殷勤三請，豈得不說。汝今諦聽，善思念之，吾當為汝分別解說。說此語時，會中有比丘、比丘尼、優婆塞、優婆夷五千人等，即從座起，禮佛而退……。世尊默然而不制止。爾時佛告舍利弗：「我今此眾，無復枝葉，純有真實。舍利弗，如是增上慢人，退亦佳矣。」[29]

經中說五千人不聽佛法，佛陀也任隨他去，一派民主，根本無處罰情事，又那來罰往酆都、罰改投胎等事？再就《四十二章經》第一章「出家證果」有云：「佛言，辭親出家，識心達本，解無為法，名曰沙門。常行二百五十戒，進止清淨，為四真道行，成阿羅漢……。」[30]羅漢四智圓

---

[27] 《宣和畫譜》，臺北：臺灣商務印書館景印《四庫全書》813冊，1985年2月，頁78、84。

[28] 《蘇軾文集》，北京：中華書局，1990年4月，頁626～630。又卷二十〈十八大阿羅漢頌〉（頁586～592）不僅後跋提及家藏十六羅漢像，序文亦言及唐末蜀地張氏畫十八羅漢，惜未詳列其名，料當與貫休所繪者同，足見十八羅漢在唐末已與十六羅漢並行於世。

[29] 《法華經・方便品》，T09，p7a。

[30] 按此引文，據臺北法爾文教基金會1988年6月刊印本，文字較《大正藏》所收端整。可

融無礙，已屬聲聞極果，無法可學，故稱「無學」，而豈有不聽經法，動念思凡之理？再說，恐其投胎迷卻正道，故差彌勒前往點化，的確，佛渡有緣人，但眾生平等，豈能有所偏私，只點化一人？這又是戲劇為凸顯人物的誇飾之言了[31]。

　　《忍字記》第四折，劉均佐自嶽林寺逃返，逢其八十歲孫兒劉榮祖，榮祖云：「公公，你怎生年紀不老也？」均佐云：「你肯依著我念佛便不老。」這是受道家求長生的影響，猶如《搜神後記》卷一言遼東人丁令威化鶴來歸，吟詩曰：「有鳥有鳥丁令威，去家千年今始歸。城郭如故人民非，何不學仙冢纍纍。」[32]但在佛法實無此事，如《八大人覺經》云：「為佛弟子，常於晝夜，至心誦念，八大人覺。第一，覺悟世間無常，國土危脆。四大苦空，五陰無我。生滅變異，虛偽無主。心是惡源，形為罪藪。如是觀察，漸離生死。」《金剛經》云：「一切有為法，如夢幻泡影，如露亦如電，應作如是觀。」《圓覺經‧普眼菩薩章》云：「我今此身，四大和合，所謂髮毛爪齒、皮肉筋骨、髓腦垢色，皆歸於地。唾涕膿血、津液涎沫、痰淚精氣、大小便利，皆歸於水。暖氣歸火。動轉歸風。」《大般涅槃經》卷一云：「自觀己身如四毒蛇，是身常為無量諸蟲之所唼食；是身臭穢，貪欲獄縛；是身可惡，猶如死狗；是身不淨，九孔常流。是身如城，血肉筋骨，皮裹其上；手足以為卻敵樓櫓；目為窺孔，頭為殿堂，心王處中。如是身城，諸佛之所棄捨……。」[33]似此假觀、空觀、不淨觀，皆所以勸喻世人勿著我執，則又何期長生？

《冤家債主》：

　　本劇演張善友因妻兒相繼亡歿，痛悼不已，友人崔子玉導善友魂遊地府，方知一切遭遇，皆由前因。此劇《曲海總目提要》未載。

　　參見T17，p772a。

[31] 葛立方《韻語陽秋》卷十五有書生作文，務強此弱彼之說，並舉白居易、韓愈所作為例，謂亦強此弱彼之過（何文煥編《歷代詩話》，臺北：藝文印書館，1983年6月，頁385）；今觀戲曲尤多此類，非僅詩文而已。

[32] 見王師國良《搜神後記研究》，臺北：文史哲出版社，1978年6月，頁35。

[33] 以上所引《八大人覺經》、《金剛經》、《圓覺經》、《大般涅槃經》，分見T08，p752b、T12，p606b、T17，p715b、p914b。

楔子沖末扮崔子玉上云：「……我有一箇結義兄弟，叫做張善友，平日儘肯看經念佛，修行辦道，我曾勸他早些出家，免墮塵障，爭奈他妻財子祿一時難斷，如何是好？嗨！這也何足怪他，便是我那功名兩字，也還未能忘情，如今待上朝取應去……。」這是荒謬的說辭，居然自己功名不能忘情，卻要勸人早些出家；而既功名繫心，竟又誇言：「不知我秉性忠直，半點無私，以此奉上帝敕旨，屢屢判斷陰府之事……。」

種種矛盾，在本劇無法得到解釋，徵之顧炎武《日知錄》卷三十〈泰山治鬼〉條，知道東漢已傳言人死魂魄歸泰山，其統治者為泰山神，但不見「崔子玉」之名[34]，直到敦煌話本〈唐太宗入冥記〉方有此人[35]，話本大意是：太宗生魂入冥，閻王吩咐左右帶至判官處。判官崔子玉原為陽間輔陽縣尉，是「皇帝所司」，現在反要勘問皇帝，不免憂惶。崔子玉與李淳風本是朋友，太宗故將身懷李淳風信件交付子玉，子玉見信，便云：「豈合將書囑這簡事來？」太宗聞此，無地自容，就向子玉哀告。於是子玉一面維護太宗，使免與建成、元吉對質，一面又因自己在陽間官卑人微，想討好太宗，獲致高爵，乃勾改太宗命錄，先添了五年，再添五年。太宗最初只許予錢物，並未封官，崔判即大加恐嚇，迫遂其願，故授蒲州刺史兼河北廿四州採訪使，官至御史大夫，賜紫金魚袋。

了解崔子玉狡黠貪婪的原始性格，我們對本劇的矛盾，方能釋然[36]；但這種奉上帝敕旨，判斷陰府之說，也是跟佛教相違的，《地藏菩薩本願經·閻羅王眾讚歎品》有云：「爾時鐵圍山（地獄）內有無量鬼王，與閻羅天子俱詣忉利（天），來到佛所。所謂惡毒鬼王、多惡鬼王、大諍鬼王……如是等大鬼王，各各與百千諸小鬼王……與閻羅天子，承佛

---

[34] 見《原抄本日知錄》，臺北：明倫出版社，1970年10月，頁877。又《現存元人雜劇本事考》云：「劇中所云崔子玉為泰山府君，唐宋人雜說中常及之。」（臺北：中國文化事業公司，1960年4月，頁345）實則本劇並未言崔子玉乃泰山府君，崔子玉為冥判，於正文已敘明。再考生人判冥事，張鷟《朝野僉載》卷六謂武后時，地官郎中周子恭忽暴亡，「見大帝於殿上坐，裴子儀侍立」，此裴子儀時乃為并州判官（臺北：臺灣商務印書館，1966年3月，頁81），則顯然已較太宗時之崔判為晚。

[35] 見斯2630號文書，《敦煌寶藏》21冊，臺北：新文豐公司，1986年8月，頁563～566。

[36] 按《三教源流搜神大全·崔府君》已將崔子玉神化，也見不到狡黠詐偽的模樣了。（臺北：聯經出版社，1980年8月，頁95～97）

威神，及地藏菩薩摩訶薩力，俱詣忉利，在一面立。」[37]可見閻羅王與諸鬼王皆受幽冥教主——地藏菩薩教化，管理鐵圍山，不須再有奉上帝敕旨，判斷陰府之人。至於佛教閻王的源起與流變，可見聖嚴法師《正信的佛教》[38]；而「上帝」在佛教的界說，也只是六道眾生之一，佛教實無主宰眾生禍福的威權者，前於《來生債》也已說明。

　　《冤家債主》第四折福僧云：「老的（指張善友）你好不聰明！我前身原是五臺山和尚，你少我的來，你如今也加倍還了我的也。」這是指以前有一五臺山僧抄化十箇銀子，暫寄張善友家，被善友妻吞沒了，因此轉世為善友之子，耗盡張家錢鈔，至債盡而人始亡。今按出家學道，原為上證菩提，下化眾生，而豈有因十箇銀子，寧願輪迴索討，此實不足為訓；況且銀錢化緣而來，本屬十方之物，張妻欠的是十方，並不是和尚一人，又豈能任由山僧耗盡索討？這是很明顯的缺失。當然，本劇宣說善惡果報，如同影響，纖毫不爽，而且內容風趣，還是難得的。

《看錢奴》：

　　本劇演賈仁受命代周家管領錢財二十年，《曲海總目提要》卷一載之。

　　楔子正末扮周榮祖上云：「……小生先世廣有家財。因祖父周奉記敬重釋門，起蓋一所佛院，每日看經念佛，祈保平安。至我父親，一心只做人家，為修理宅舍，這木石磚瓦無處取辦，遂將那所佛院盡毀廢了！比及宅舍工完，我父親得了一病，百般的醫藥無效，人皆以為不信佛教之過。」按信仰佛法本為開悟解脫，證成佛道，但民眾卻往往誤作消災祈福保平安的低級神教，一如本劇所說這般；至於破壞塔寺，是大乘五逆重罪之一[39]，報盡必墮地獄，故其說尚未偏離佛教，惟第一折外扮靈沰侯，自言為東嶽殿神[40]，又有增福神，謂「掌管人間生死、貴賤高下，

---

[37]　《地藏菩薩本願經・閻羅王眾讚歡品》，T13，p784c。

[38]　《正信的佛教》，臺北：東初出版社，1990年12月，頁34～36。

[39]　參見《大薩遮尼乾子所說經》，T09，p336a。

[40]　據《三教源流搜神大全・靈沰侯》云：「李琨本衛州三用人也。周世宗朝為將，善騎射，於國有功。後因病至重，有問疾者甚眾，公無別語，告眾曰：『我授山東漆河將軍也。』」

六科長短之事，十八地獄、七十四司」，因有賈仁上神廟抱怨，故體上帝好生之德，權且借與福力：「今有曹州曹南周家莊上所積陰功三輩，只因一念差池，合受折（責）罰，我如今將那家福力，權且借與你二十年。」這又是雜揉民間信仰，而非純正佛教了。前文已說明，佛教並無一操縱主宰者能賜人禍福，善惡報應，惟人自招，正是「神通不敵業力，富貴難免輪迴」，所以絕無將某家福力權借他人之理；又因各人造業有別，果報自然不同，《佛說業報差別經》對此有詳細說明[41]，但因原文太長，今改引《那先比丘經》，彌蘭王與那先比丘的問答，見其一斑：

> 王復問那先，世間人面目身體四肢皆完具，何故有長命者、有短命者、有多病少病者、有貧者富者、有長者有卑者、有端正者有醜惡者、有為人所信者為人所疑者、有明者有闇者？那先言：「譬若眾樹木生果，有酢者有苦者、有辛者有甜者……。此等樹木何故不同？」王言：「不同者，本栽各異。」那先言：「人所作各各異不同，故有長命有短命、有多病有少病、有富有貧、有貴有賤、有端正有醜惡、有語用者有語不用者、有明者有闇者……。豪貴貧窮好醜，皆自宿命所作，善惡自隨行得之。」[42]

《度柳翠》：

　　本劇演觀音淨瓶楊柳謫降塵寰，為妓女柳翠，月明尊者度之重歸正果，事詳《曲海總目提要》卷一。另汪志勇有《度柳翠》、《翠鄉夢》與《紅蓮債》的比較研究[43]，對於禪師妓女故事的起源衍化，也已作分析。

　　楔子老旦扮觀音云：「……且說我那淨瓶內楊柳枝，葉上偶汙微塵，罰往人世打一遭，在杭州抱鑒營街積妓牆下，化作風塵匪妓，名為柳翠，

　　言訖，公卒焉。後人立祠於此。至唐玄宗開元年，封為靈派將軍。至宋真宗大中祥符八年，封為靈派侯。」（同注36，頁151）如此看來，雖封神於山東，但與東嶽殿神並不相關。

[41]　本經全名為《佛為首迦長者說業報差別經》，見T01，p891a～p895b。

[42]　按《那先比丘經》有二卷本與三卷本，皆失譯者名，同收於《大正藏》三二卷。此引二卷本經文卷上，T32，p698c。

[43]　《度柳翠、翠鄉夢與紅蓮債三劇的比較研究》，臺北：學生書局，1980年11月。

直等三十年之後，填滿宿債，那時著第十六尊羅漢月明尊者，直至人間，點化柳翠返本還元，同登佛會。」如此說法，《曲海總目提要》已有批評：

> 考佛書，觀世音大士，佛法之廣大教化主也，過去已成正法明如來，逆來示菩薩相，立大願，不度盡眾生，誓不成佛。稱觀世音者，謂觀世間眾生稱名，悉蒙救拔離苦，從他機而立名也。又稱觀自在者，謂一身現千手眼，隨類應化，圓融無礙，從自行而立名也。所謂淨瓶楊柳者，乃變現千手眼中，執持法寶之一，浸潤菩提，包涵甘露，方以此遍灑大千世界，普救一切眾生，安得有微塵可汗？宿債可填乎？作者借此撰撰，未免褻瀆！[44]

筆者於〈論古代寺院的牙刷──楊枝〉也曾述及《大正藏》密教部觀音法門諸譯本，有修習楊枝密法，或可得無礙辯才，或可除眾邪魍魎之惑亂，亦可去大小一切眾病[45]；據《千手千眼觀世音菩薩廣大圓滿無礙大悲心陀羅尼經》中神妙章句（即通稱之「大悲咒」）有「薩婆阿他‧豆輸朋」，即是觀音菩薩現甘露王菩薩相，一手持楊枝，一手持寶瓶甘露以度眾生，故謂楊枝謫罰為妓，實違佛義。再據慶友《法住記》，十六位尊者之名為：賓頭盧跋羅墮闍、迦諾迦伐蹉、迦諾迦跋釐墮闍、蘇頻陀、諾矩羅、跋陀羅、迦理迦、伐闍羅弗多羅、戍博迦、半託迦、羅怙羅、那伽犀那、因揭陀、伐那婆斯、阿氏多、注荼半託迦，其中雖有梵語音譯或簡稱的差異，終無「西天第十六尊羅漢月明尊者」，這也是劇作者的杜撰了。

《東坡夢》：

本劇演蘇東坡指使妓女白牡丹誘僧佛印還俗，牡丹反為佛印度脫，金刀削髮。本事詳《曲海總目提要》卷二。

此劇原欲彰顯佛印神通變化，解脫自在，卻不知已違犯教門重戒──

---

[44] 同注17，頁14。

[45] 見《東吳中文學報》第1期，1995年5月，頁95。

一不邪淫。出家戒以淫欲為首，與在家戒不同，《大智度論》卷四六〈釋摩訶衍品〉闡述云：「戒律為今世取涅槃故，淫欲雖不惱眾生，心繫縛故為大罪。以是故，戒律淫欲為初；白衣不殺戒在前。」[46]但劇中第二折，佛印跪求弟子假扮自己，與牡丹同眠，未免師道掃地！或有讚其機鋒捷利，令人頓悟「色即是空」、「一切有為法，如夢幻泡影」；實則其筆墨誣淫，恐將泥犂有分[47]。試觀《四十二章經》第十六章〈捨愛得道〉，佛陀早已明示：

> 人懷愛欲，不見道者，譬如澄水，致手攪之，眾人共臨，無有睹其影者；人以愛欲交錯，心中濁興，故不見道。汝等沙門，當捨愛欲，愛欲垢盡，道可見矣。

而在二十二、二十四、二十五、二十六、二十九、三十、三十一章更是不厭其詳，一再申說：「財色於人，人之不捨。譬如刀刃有蜜，不足一餐之美，小兒舐之，則有割舌之患。」「愛欲莫甚於色，色之為欲，其大無外；賴有一矣，若使二同，普天之人，無能為道者矣。」「愛欲之人，猶如執炬逆風而行，必有燒手之患。」「天神（魔）獻玉女於佛，欲壞佛意。佛言：『革囊眾穢，爾來何為？去！吾不用。』」「慎勿視女色，亦莫共言語。若與語者，正心思念，我為沙門，處於濁世，當如蓮花，不為泥汙。想其老者如母；長者如姊；少者如妹；稚者如子，生度脫心，息滅惡念。」「夫為道者，如被乾草，火來須避。道人見欲，必當遠之。」「有人患淫不止，欲自斷陰。佛謂之曰：『若斷其陰，不如斷心……。』」[48]真是耳提面命，反覆殷勤；尤其佛陀著重戒行，即使示疾前夕，仍語弟子「當尊重珍敬波羅提木叉」：

> 戒是正順解脫之本，故名「波羅提木叉」。因依此戒，得生諸禪定及滅苦智慧。是故比丘當持淨戒，勿令毀缺。若人能持淨戒，

---

[46] 《大智度論》卷四六〈釋摩訶衍品〉，T25，p394b。

[47] 詳見錢鍾書《管錐編》第2冊〈太平廣記四十七則〉所載「文人入地獄」之說。（北京：中華書局，1991年6月，頁687～688）

[48] 同注30。

是則能有善法；若無淨戒，諸善功德皆不得生。是以當知戒為第一安隱功德住處。[49]

因此佛印若真隨東坡共飲舉杯（見本劇第一折），又唆教弟子犯戒行淫，居然還能證成道果，實猶蒸沙成飯，未見其可。[50]

《猿聽經》：

本劇演脩公禪師講經龍濟山中，有白猿精變化人形，聞經悟道，脫卻皮毛，上生西方。《曲海總目提要》不載；《現存元人雜劇本事考》云：「本劇旨在宣揚佛法，意即萬物皆有佛性，若能潛心釋典，自可得度也。至於故事來源，則無可考。」[51]按本劇與李昌祺《剪燈餘話》卷二〈聽經猿記〉[52]相彷，徵諸《太平廣記·孫恪》條，孫恪妻袁氏乃老猿所化，後更回歸峽山寺山林，山寺老僧云：「此猿是貧道為沙彌時所養。開元中，有天使高力士經過此，憐其慧黠，以束帛而易之。聞抵洛京，獻于天子……。及安史之亂，即不知所之。」[53]反觀本劇第三折，猿化秀士上云：「小生姓袁名遜，字舜夫，本貫峽中人也。小生幼遂功名，官居輦下，因唐朝明宗胡人暮年昏惑，小生遠其利害，全其生命，江湖散蕩，山野遊遨……。」可知亦由小說脫化改編。又第四折有禪師拈香云：「爇香爐中，祝皇王之萬歲，願太子之千秋」，或為內廷供奉而作。至於第一折有扮樵夫，飽習儒業，名余舜夫者，宜改「余」為「袁」始能與第四折猿精云：「初則變化儒樵，蒙師教誨，已識禪真半面」，前後一貫。

雖然這是釋教劇，但內容仍有不符佛法之處，如第一折沖末扮禪師

---

[49] 見《佛垂般涅槃略說教誡經》，T12，p1110c。

[50] 《楞嚴經》卷六云：「若不斷婬，修禪定者，如蒸砂石，欲其成飯，經百千劫，祇名熱砂。何以故？此非飯本，砂石成故；汝以婬身，求佛妙果，縱得妙悟，皆是婬根，根本成婬，輪轉三塗，必不能出。如來涅槃，何路修證？必使婬機，身心俱斷；斷性亦無，於佛菩提，斯可希冀。如我此說，名為佛說；不如此說，即（魔）波旬說。」（T19，p131c）

[51] 同注34，頁413。

[52] 李昌祺《剪燈餘話》，見天一出版社《明清善本小說叢刊初編》，1985年5月，卷二，頁9～16。

[53] 《太平廣記》卷四四五，同注3，頁3330。

上云:「春來自種耕耘,秋至親收些穀黍,供給二時齋飯。每與俗輩不通交接,貧僧喜來栽竹棲丹鳳;悶後移松養臥龍。貧僧恰纔參罷禪,至此庵前,且自行遊玩咱。」又說:「俺這山林瀟灑,古寺荒涼,惟仙人可往,豈俗士能通。」這都是誤導民眾錯認佛教為避世、獨善其身,於社會無所裨益的消極宗教。

再如第一折云:「貧僧無甚事,我回後山中吃齋去也。」第四折亦云:「貧僧無甚事,後堂食齋飯去也。」雖可說是彰顯脩公禪師「餓來吃飯睏來眠」的自在,卻恐怕會讓人誤解修行是如此簡單。《佛遺教經》中,佛陀囑咐弟子當勤精進,「晝則勤心修習善法,無令失時;初夜後夜,亦勿有廢;中夜誦經,以自消息。無以睡眠因緣,令一生空過無所得也。」[54]可見修道人要有多大的精進勇猛心!不是打打機鋒,逞快唇舌,便能「長伸兩腳臥」,甚至「山寺日高僧未起」的!

此外,猿精雖聽經,佛教也說一切眾生悉有佛性,皆能成佛,但畢竟仍在惡趣,處於輪迴,是無法立即往生西方極樂世界的,《阿彌陀經》有云:「彼佛國土,無三惡道」、「不可以少善根福德因緣,得生彼國。舍利佛,若有善男子、善女人聞說阿彌陀佛,執持名號,若一日、若二日、若三日、若四日、若五日、若六日、若七日,一心不亂,其人臨命終時,阿彌陀佛與諸聖眾,現在其前,是人終時,心不顛倒,即得往生阿彌陀佛極樂國土。」[55]換言之,往生極樂要信、願、行兼備,所以猿精仍須轉世為人,勤修六度,迴向淨土,始能蒙佛接引;如不然,可徵之百丈野狐公案。《從容錄》第八則云:

> 百丈上堂,常有一老人聽法,隨眾散去。一日不去,丈乃問:「立者何人?」老人云:「某甲於過去迦葉佛時,曾住此山,有學人問:『大修行底人,還落因果也無?』對他道:『不落因果。』墮野狐身五百生。今請和尚代一轉語。」丈云:「不昧因果。」

---

54 同注49。

55 鳩摩羅什譯《阿彌陀經》一卷本,T12,p347b。

老人於言下大悟。[56]

悟後即脫卻毛皮，不復墮野狐身，但也不是往生極樂；再從許多小乘經典中，也可看到不少動物報盡生天，或天人五衰相現，轉生禽畜的記載[57]；包括釋迦佛本生因緣亦然，正是「未超三界（欲界、色界、無色界），輪轉六趣（天、人、阿修羅、地獄、惡鬼、畜生）」的最好說明。這當中，「人」雖苦多樂少，但也最能斷惑證真，超出三界，因此佛以人身證得阿耨多羅三藐三菩提；我們也因親身經驗諸行無常，對輪迴發生悲戚之感，對眾生流露慈愍之心，對我慢、罪障因內省羞慚而改正，所以才能向解脫道邁進[58]。一般不究心佛理的，總以「萬物皆有佛性」混淆修證次第，這是必須糾正的。

　　羅錦堂《現存元人雜劇本事考》有云：「佛教之作，雖以弘法度世及因果輪迴之說為本，實皆寫眾生平等之意……敷演宗門教旨極為精微，非沉潛內典者不能率爾操觚也。」[59]但從上引幾本釋教劇的述證，可見這種說法有重新商榷的必要。接著，再看明代釋教劇。

三、明代釋教劇述評

《北邙說法》：

　　本劇演甄好善、駱為非二人生前，一行善、一為惡，死後或升天界，或墮惡鬼，而重來北邙山，聞土地爺告知枯骨為其前身，即拜屍與鞭屍，

56　《從容錄》，T48，p232b。本則實轉引《五燈會元》卷三「百丈禪師」條，因文字較精簡，故錄之。《五燈會元》於野狐悟後，載云：「『某已脫野狐身，住在山後，敢乞依亡僧津（律）送。』師令維那白椎告眾，食後送亡僧。大眾聚議：一眾皆安，涅槃堂又無病人，何故如是？食後，師領眾至山後巖下，以杖挑出一死野狐，乃依法火葬。」（臺北：臺灣商務印書館景印《四庫全書》1053冊，1985年6月，頁99）

57　如《增壹阿含》卷二四有載天人將捨身投胎豬腹；《撰集百緣經》卷六有佛度水牛生天、五百雁聞佛說法生天等等因緣故事。見T02，p677c、T04，p232a。

58　見張澄基譯岡波巴大師《大乘菩提道次第論》第二章〈明成佛之所依〉，論述人身寶（臺北：法爾出版社，1986年5月，頁134～142）；又見印順法師《成佛之道》。（臺北：正聞出版社，1988年5月，頁90）

59　同注34，頁447。

後得空禪師開示，皈依佛門，稱念彌陀。《曲海總目提要》未載本劇，但卷八載有葉憲祖《雙修記》傳奇，且引序文云其「精究佛理，篤信淨土」，因不滿屠隆《曇花記》仙佛並提，禪淨互舉，故取《劉香女小（寶）卷》被之聲歌，名《雙修記》以矯之，專宏淨土一門。

《北邙說法》顯然也是葉氏為倡淨土法門而作，是僅有一折的短劇，且南北合套，天神、惡鬼唱南曲；空禪師唱北曲。劇中天神膜拜枯骨，餓鬼鞭打死屍，在佛經中是有根據的，《天尊說阿育王譬喻經》、《舊雜譬喻經》、《經律異相》都可見到[60]，而以《天尊說阿育王譬喻經》最完整，今錄如下：

> 昔有人在道上行，見道有一死人，鬼神以杖鞭之。行人問言：「此人已死，何故鞭之？」鬼神言：「是我故身。在生之日，不孝父母，事君不忠，不敬三尊，不隨師父之教，令我墮罪，苦痛難言，悉我故身，故來鞭耳。」稍稍前行，復見一死人，天神來下，散華於死人屍上，以手摩娑之。行人問言：「觀君似是天，何故摩娑是死屍？」答曰：「是我故身。生時之日，孝順父母，忠信事君，奉敬三尊，承受師父之教，令我神得生天，皆是故身之恩，是以來報之耳。」行人一日見此二種，便還家奉持五戒，修行十善，孝順父母，忠信事君，示語後世人：「罪福追人，久而不置，不可不慎。」

其實人、天、餓鬼是互不相通的三種法界，正如不同的頻道，各自接收相異的訊息，除非施運神通變現，否則不能與另外法界交應。而六道眾生也各在其共業圈中承受應得的果報，例如凡人看到一面湖水，天人看來是琉璃，餓鬼卻將之視為火坑，《雜譬喻經》有云：

> 有龍昇天，降于大雨。雨落天宮，即成七寶；雨落人中，皆為潤

---

[60] 見《天尊說阿育王譬喻經》（T50，p171c）、《舊雜譬喻經》卷下（T04，p518c）、《經律異相》卷四四〈神識還摩娑故身之骨〉、卷四六〈鬼還鞭其故屍〉（T44，p229a、p244a），另《賢愚經》卷五〈迦旃延教老母賣貧品〉敘述迦旃延教貧窮老母供養他這位得道羅漢一缽淨水，遂得生天。內容雖不同，但也有諸天散花燒香供養死屍的情節，見T04，p384a。

澤；落餓鬼身上，變成大火，舉身燒然。俱是一雨而所墮變異也。[61]

《撰集百緣經》卷五〈目連入城見五百餓鬼緣〉也說餓鬼「求索飲食，了不能得，設見甘膳，馳赴趣向，變成膿血。」[62]再從「隔陰之迷」來說，沒修行的眾生，對前生之事，必喪失記憶；按理說，天人皆當有神通，但《賢愚經・迦旃延教老母賣貧品》尚且記老母亡故生天，不知生天因緣，舍利佛乃借其道眼，使觀見前緣[63]，所以同見故身，一拜一鞭，並不符佛法。

但葉氏畢竟是依循佛經而來，難道佛經也會錯嗎？我們要知道，佛陀應機說法，廣被三根，故《大智度論》卷一謂佛所說有四悉檀：「一者，世界悉檀；二者，各各為人悉檀；三者，對治悉檀；四者，第一義悉檀。四悉檀中，總攝一切十二部經，八萬四千法藏，皆是實，無相違背。」[64]這也正是印順法師在《說一切有部為主的論書與論師之研究》序文中所說：

> 佛陀的說法立制，並不等於佛的正覺，而有因時、因地、因人的適應性。在適應中，自有向於正覺，隨順正覺，趨入正覺的可能性——這所以名為「方便」。[65]

而且我們回過頭來看《天尊說阿育王譬喻經》，本經專以譬喻令人得解，在每則譬喻之後都有「示語後世人」的警誡話，這正像僧伽斯那於《百喻經》卷末有偈云：「我今以此義，顯發於寂定。如阿伽陀藥，樹葉而裹之。取藥塗毒竟，樹葉還棄之。戲笑如葉裹，實義在其中。智者取正

---

[61]　《雜譬喻經》，T04，p525b。

[62]　《撰集百緣經》卷五〈目連入城見五百餓鬼緣〉，T04，p224a。

[63]　同注60。又天人一般皆有神通，如《天尊說阿育王譬喻經》記一蝦蟆聽經專注，不覺背為放牛老公柱杖所壓，命終生天，即用天眼觀其本緣（T50，p171b）；《撰集百緣經・目連入城見五百餓鬼緣》也記五百餓鬼生忉利天上，「即自觀察，知是餓鬼。」（T04，p224a）

[64]　《大智度論》卷一，T25，p59a。「悉檀」為梵語，乃「成就」之意。

[65]　印順《說一切有部為主的論書與論師之研究》，臺北：正聞出版社，1989年2月，頁2。

義，戲笑便應棄。」[66]所以經文所述，也是權巧方便，不該拘泥；何況據《華嚴經》云：「若人欲了知，三世一切佛，應觀法界性，一切唯心造。」[67]行善為惡，皆由心造，與四大假合之身何干，而須拜之鞭之？因此葉氏雖熟悉經藏，也發心為闡宣聖教，才改編經文，使人人易於領略果報可畏，但對不諳佛法的觀眾來說，反而會造成曲解，這或許是葉氏始料未及的了。

《一文錢》：

本劇演慳貪富人盧至痴迷成性，帝釋承如來敕命，化作盧至相貌，人都不辨，真盧至只得求救如來，終證道果，上生蓮邦。《曲海總目提要》卷十二具載其事。按徐復祚所以編這齣戲，王應奎《柳南隨筆》卷二，以為是要諷刺族人徐啟新，青木正兒《中國近世戲曲史》已敘及，不過王應奎可能沒讀過《一文錢》，所以把「盧至」說成「盧止」[68]；青木正兒又說：

> 《曲海提要》曰：「《一文錢》事出佛經，中有小異處。」其出何典？余雖未詳悉，果佛典有此事，恐亦為作者借此刺彼者。[69]

事實上《一文錢》確是根據佛教《盧至長者因緣經》改編成的[70]，此劇明顯受南戲影響，分成六齣，前五齣南曲眾唱；末齣北曲，生一人獨唱。劇中與經藏差異處有：一、佛經說盧至遇節日，見家家戲舞盡歡，受到了刺激，便開庫藏，取五錢買麨、蔥與酒，跑到深山獨享；《一文錢》則說盧至拾獲一文，卻聽到乞丐笑他富不如貧，就用這一文買了芝麻。二、佛經是說盧至酒後高歌：「縱令帝釋，今日歡樂，尚不及我，況毘

---

[66] 《百喻經》，T04，p557c。

[67] 見實叉難陀譯《大方廣佛華嚴經》卷十九，T04，p102a。

[68] 《柳南隨筆》，臺北：廣文書局，1969年1月。

[69] 王吉盧譯《中國近代戲曲史》第九章〈崑曲極盛時代（前期）之戲曲〉，臺北：臺灣商務印書館，1966年8月，頁261。

[70] 見《盧至長者因緣經》，T14，p821c～p825a。又《舊雜譬喻經》卷上（T04，p513b）有吝嗇鬼伊利沙的故事，情節亦與此經雷同。

沙門（天王）。」而惹惱帝釋，要加以報復，才化成盧至相貌；《一文錢》則是帝釋承佛敕命，為點化盧至，才變成一模一樣的盧至。三、佛經說盧至本不喝酒，不勝酒力，自己醉倒；《一文錢》是帝釋使盧至大醉十日。四、佛經說真盧至被家人誤作慳鬼，走投無路，人告以求王裁決，王也無法辨識，最後再請佛調解；《一文錢》則說衛士不為稟奏，改求救於佛。五、佛經說盧至信佛所說，即證須陀洹初果，也沒有弟子變成盧至的情節；《一文錢》則是盧至聞佛說而亡化，神識到了西方極樂世界。

　　《盧至長者因緣經》敘說盧至吝嗇的情態，確實相當傳神，例如說到他跟人借錢買二氎奉獻國王時：「欲出二氎，用奉於王。以手挽氎，其腋急挾，挽不能得，便自迴轉，盡力痛挽，方乃得出。」也就是東西要送人，又抽不出來，只好向後轉，好像自我暗示東西不送了，終於才抽得動；不過就戲文來看，改編後的盧至，詼諧逗趣又更甚原經一籌，青木正兒即說：「寫守錢奴，曲盡癡態，為滑稽劇中一傑作。」只是從佛學上說，仍有可議之處，茲述如下：

　　第三齣外扮帝釋上云：「盧至元（原）是一位阿羅漢，只因貪心未淨，是以罰降下方，奈何賊賊相乘，心心轉惑……。如來于寂光土中，佛眼所照，恐他輪迴六趣，長劫受苦，發大慈悲，假諸方便，特命貧僧（案：即帝釋所化）到此點化他回頭，使之出離生死苦海，同登彼岸。」其實四果羅漢早已智證解脫，不受後有；而業力流轉，法爾自然，並無主宰者得行賞罰之權；且佛陀慈悲，等視眾生，不會只對一人「點化」，這在前文都已作說明。

　　第六齣末扮世尊云：「萬法千門總是空，莫思計較與牢籠。這番打出番（翻）觔斗，跳入毘盧覺海中。」眾念佛號、生作臥倒科。末復云：「眾徒弟，你看盧至一言得悟，立證菩提！帝釋，可將他色身下火，金童玉女同眾徒弟引其性靈，同其妻子，送入西方。」按證悟解脫者未必要示寂，像佛陀成道菩提樹下，依然說法四十九年，所以盧至的立時往生，恐對佛法有所誤解。又近代印光、弘一兩位大師皆以為往生八小時內，不可移動屍體；就是中國傳統文化也有安殮之禮，而豈會立即火化？《印光法師文鈔・臨終三大要》第三點云：「切戒搬動哭泣，以妨誤事

者。病人將終之時，正是凡聖人鬼分判之際，一髮千鈞，要緊之極，只可以佛號開導彼之神識，斷斷不可洗澡換衣，或移寢處……，以此時身不自主，一動則手足身體，均受拗折扭之痛，痛則瞋心生而佛念息，隨瞋心去，多墮毒類，可怖之至！」[71]所以立即火化，只能說是為配合戲場關目節奏，並非實情。至於金童玉女，乃民間傳說服侍觀音的侍者[72]，並非佛教所固有；又往生西方，自有阿彌陀佛與諸聖眾來迎，不必「引送」。

第六齣世尊又云：「（盧至）你元是那樓盧迦尊者，止因塵緣未盡，謫降下方，竟被銅臭昏迷，幾入盧獦地獄。」樓盧迦尊者不載於佛經，未悉所出；盧獦地獄則尚可見於《悲華經》、《菩薩本行經》、《大樓炭經》等處。至於塵緣未盡，必須了緣，確實在民間很盛行，聖嚴法師特別對此有所說明：「佛教只說結緣和了業，那是指的結善緣、了惡業，沒有『了緣』的說法……。『了緣』這是一個似是而非的名詞，是由於因果觀念受到民間信仰的影響，而產生的誤解。」[73]

末了，盧至到極樂世界，唱云：「俺只見五雲影裏祥光絢，大圓明片時發見。除卻了六道輪迴，懺悔了三生罪讁，好聽雷音大海邊。但世人辦道心堅，這兜率宮何常遠？」按西方極樂是「從是西方，過十萬億佛土，有世界名曰『極樂』」[74]；兜率天乃欲界六天之第四天，分內外二院，內院為即將成佛者的居處，今為彌勒菩薩淨土；外院屬欲界天，為天眾所居，享受欲樂。而盧至既往生極樂，卻說「這兜率宮何常遠」，顯然大違佛理了。

《魚兒佛》：

本劇演金嬰以捕魚為業，死墮地獄。因其生前，妻懸一鈴於門，出入撞之有聲，則隨聲念佛，故於地獄聞鐵叉之聲，能念佛生天。《曲海

---

[71] 見《印光法師文鈔續編》卷下（臺北：中華大典編印會，1968年10月，頁200）。

[72] 按元雜劇有賈仲名撰《金安壽》；明雜劇有劉兌撰《嬌紅記》，內容皆為金童玉女一念思凡，降謫人世，則兩位原是瑤池王母的侍者了。

[73] 見《學佛群疑》，臺北：東初出版社，1990年12月，頁130。

[74] 見《佛說阿彌陀經》，同注55。

總目提要》卷十二載之。

　　此劇由湛然和尚撰，寓山居士潤色。故事實源自《經律異相》卷四五〈婦人化婿，戶上懸鈴，使聞聲稱佛，後免地獄〉條[75]，不過據原經所載，其夫並非漁人，只因無心懶惰，不信佛法，婦人才用懶人的方法，在門上掛鈴鐺。至於在地獄受報，能否憶起念佛而生天，自唯親證能知，據印順法師談到人死將遭何種果報，認為不出三大類：一、「隨重」——業力強大，不是上升便是下墜。二、「隨習」——平時修行，養成善業的習性，臨終自因業力而向上。三、「隨憶念」——平生無大善惡，臨命終時，忽憶善行便感生人天，反之則引發惡業而墮落[76]。則金嬰當是「隨重」而墮地獄，「隨習」又生天界之類。而除了為配合劇情緊湊，以化繁為簡的手法，使金嬰聽妻鍾氏一席話，由殺生害命不信佛的人，馬上變成聞鈴聲念佛的信徒不計外，本劇依然有值得商榷的地方：

　　第一齣外旦扮鍾氏上場，自謂：「一心念佛，免不得是盲修瞎鍊，卻也悟得宿世因由。」盲修瞎鍊能不走火入魔，已屬萬幸，那還悟得宿世因由？而劇評者似乎特別欣賞這「警句」，眉批云：「畢竟是盲修瞎鍊的纔悟得宿世因由。」殊不知這是以盲引盲，自欺欺人的說法，在佛陀時代就有專修苦行的外道，或自餓、投淵、赴火、墜巖、常翹一腳、常臥於灰土棘刺，惡草牛糞之上等等，期望生天，佛陀有感苦行終非聖諦；即使升天，仍將輪迴，不得解脫，而對苦行多予勸阻，並有對盲修瞎鍊者的指正記載[77]，可見學貴有方，粗疏不得。

----

[75]　見《經律異相》卷四五，T53，p236a。

[76]　見《成佛之道》，同注58，頁76。

[77]　按《大莊嚴論經》卷二即有外道盲目修鍊的記載（見T04，p264a）《中阿含》卷四〈尼乾經〉即敘說佛陀指示尼乾外道，以苦行滅前世之業，並非解脫正道；又《中阿含》卷三三、《長阿含》卷十一皆有〈善生經〉，與安世高譯《佛說尸迦羅越六方禮經》、支法度譯《佛說善生子經》內容大體一致，謂善生遵父遺言，禮拜東西南北上下六方，佛陀見之，即予導正（以上同見《大正藏》第1冊）。又《根本說一切有部毘奈耶雜事》卷四十亦云：「時阿難陀與諸苾芻在竹林園，有一苾芻而說頌曰：『若人壽百歲，不見水白鶴，不如一日生，得見水白鶴。』時阿難陀聞已，告彼苾芻曰：『汝所誦者，大師不作是語；然佛世尊作如是說：若人壽百歲，不了於生滅，不如一日生，得了於生滅。汝今應知，世有二人，常謗聖教：不信性多瞋；雖信顛倒解。妄執於經義，如象溺深泥。彼當自損

其次，正末扮地藏菩薩上云：「為因毘沙天王與維陀始王戰鬥，毘沙敗績，發願治於地獄，即今為轉輪殿下。又恐維陀始王復來治兵相爭，在蓮花會上，請得貧僧法力，永鎮酆都。」佛經中常見天與阿修羅戰鬥，在《長阿含》卷二一〈世紀經戰鬥品〉、《中阿含》卷三三〈釋問經〉、《經律異相》卷四六〈阿修羅〉條皆可見；而名為「毘沙」者，有《增壹阿含》卷十四〈高幢品〉的毘沙餓鬼與釋尊鬥法，終被降伏，但其為餓鬼，自非天王。跟毘沙天王近似的是「毘沙門天王」，見《長阿含》卷二十〈世紀經四天王品〉，毘沙門天王一名多聞天王或托塔天王，住須彌山第四層北面，自然不是地獄的轉輪殿下；再考《經律異相》卷四九〈閻羅王等為獄司往緣〉，確有毘沙天王與維陀始王戰鬥的敘述：

> 閻羅王者，昔為毘沙國王，緣與維陀始王共戰，兵力不敵，因立誓願，願為地獄主，臣佐十八人領百萬之眾，頭有角耳，皆悉忿慸，同立誓曰：「後當奉助，治此罪人。」毘沙王者，今閻羅是；十八人者，諸小王是；百萬之眾，諸阿傍是。隸北方毘沙門天王。

至於地藏菩薩本緣，有多種說法，《地藏菩薩本願經》〈忉利天宮神通品〉與〈閻浮眾生業感品〉各舉二說，這是因菩薩累劫修行，所以有多種本緣故事，地藏菩薩多生願力皆是盡未來際不可計劫，度脫六道罪苦眾生，「地獄不空，誓不成佛」、「我不入地獄，誰入地獄」就是慈悲廣大誓願的寫照，因此地藏不為毘沙天王而「永鎮酆都」是非常顯然的事實了。

本劇與前舉《猿聽經》、《一文錢》、《北卍說法》皆極讚頌西方淨土，頗能看出當時民間佛教信仰。有逐漸趨於融合，匯歸彌陀佛國的傾向，徵之佛教史，明末四大師袾宏、真可、德清、智旭，同樣有禪淨一致的主張，此愈足以證明戲劇是最接近群眾，也最能反映社會型態變遷的藝術。

《魚籃記》：

失，由其無智慧⋯⋯。」（T24，p409a～p410a）

　　本劇演佛陀差觀音、彌勒、文殊、普賢點化張無盡歸於佛道之事。《曲海總目提要》卷四十、四五亦有兩劇名《魚籃記》，然劇情與此不同。魚籃觀音度人故事，流傳民間非常久遠，如《豫章黃先生集》卷十四〈觀音贊〉第一首云：「設欲真見觀世音，金沙灘頭馬郎婦。」[78]《宋文憲公全集》卷二六〈魚籃觀音像贊序〉云：

> 予按〈觀音感應傳〉，唐元和十二年，陝右金沙灘上有美豔女子，挈籃粥魚，人競欲室之。女曰：「妾能授經，一夕能誦〈普門品〉者事焉。」黎明能者二十，女辭曰：「一身豈堪配眾夫耶？請易《金剛經》。」如前期，能者復居其半。女又辭，請易《法華經》，期以三日，唯馬氏子能。女令具禮成昏，入門女即死，死即糜爛立盡，遽瘞之。他日有僧同馬氏子啟藏觀之，唯黃金鎖子骨存焉。僧曰：「此觀音示現以化汝耳。」言訖飛空而去，自是陝西多誦經者。[79]

本劇正是從這故事演化而來；又劇中洛陽府尹張無盡，據《宋史》卷三五一〈張商英傳〉，張商英曾以觀文殿大學士知河南府，張氏奉佛虔誠，曾撰《護法論》，《佛法金湯編》卷十三並載其自號「無盡居士」，[80]所以劇中將張商英奉佛歸於菩薩點化。然本劇同樣有值得商榷處：

　　第三折布袋和尚云：「張無盡，你本是那西方羅漢，難比那濁骨凡胎。」按眾生皆有佛性，只是成佛早晚有別，所以在佛教裏沒「濁骨凡胎」這名詞。再者，有佛能成，未必只停滯於羅漢位階；羅漢也未必生於西方，《六祖壇經》說得好：「人有兩種（案：指智、愚），法無兩般。迷悟有殊，見有遲疾。迷人念佛求生於彼，悟人自淨其心，所以佛言隨其心淨即佛土淨。」[81]明乎此，才不致與民間宗教牽扯不清。

　　釋教劇最後多用神通變現折服人。本劇既有觀音、彌勒、文殊、普

---

[78]　《豫章黃先生文集》，臺北：臺灣商務印書館《四部叢刊》初編本，不著年月，頁132。

[79]　《宋文憲公全集》，臺北：臺灣中華書局，1971年1月，卷二六，頁16。

[80]　明・心泰《佛法金湯編》，臺北：佛教出版社，1979年4月，頁247。

[81]　元・宗寶編《六祖壇經・疑問品》，T48，p351c。

賢多位菩薩為張無盡一人而來，張仍「不修善，不敬三寶，不敬僧（案：「三寶」其實已包括「僧寶」），不念阿彌」，於是布袋和尚云：「著他見箇警頭，疾！」韋陀菩薩也示現了，張無盡才拜跪云：「尊神！尊神！兀的不嚇殺我也。」將正信佛教降為神通外道，所以佛教在元明兩朝的衰微，不是沒有原因的。早在佛陀時代，已有多位弟子具足神通，但佛陀卻嚴命教誡，不得顯異惑眾，免得那些不信佛的人誤解為咒術變幻，徒增毀謗，多造口業。佛陀云：「我終不教諸比丘為婆羅門、長者、居士而現神足上人法也，我但教弟子於空閑處靜默思道，若有功德，當自覆藏；若有過失，當自發露。」[82]即使將涅槃時，依然諄諄告誡[83]，這才真是人本的宗教！反觀近世民間拜佛，多僅止於祈福禳災，渾忘卻解脫生死的終極關懷，未嘗不是顯異惑眾的過患了。

《雙林坐化》：

本劇演佛陀於娑羅雙樹入涅槃事。《曲海總目提要》未載；王季烈《孤本元明雜劇提要》則云：「轉展（似疑作「展轉」）度世各節，多內典語，曲文順適，排場熱鬧。元明雜劇中，道家言甚多，釋家言頗少，此本堪云別開生面。第四折用心經作曲，句讀牽強，不能點拍，想是以誦經作收場而已。」[84]

此劇第一折，沖末扮魔王波旬請佛示寂云：「世尊，今有諸四部眾，所度畢已，惟願善逝。請我佛急速當入涅槃，不可遲延。」佛允其三日內涅槃，波旬乃言：「世尊空有長生法，難躲魔王苦勸行。」繼而佛告弟子云：「今有魔王波旬來請我老僧即入涅槃，吾今寂靜也。」又第四折，佛告佛母云：「非吾不辭佛母，皆因魔王波旬請吾入於涅槃，吾既許波旬三日以後，當於雙林下寂靜歸空。吾吟一偈，就辭佛母……。」一副迫不得已的無奈狀，難怪丑淨扮毘（提）婆達多藉機打諢云：「你原來也怕死！」（第一折）按會聚離散，世相本然，《遺教經》早說過：

---

[82] 見《長阿含》卷十六〈堅固經〉，T01，p101b。
[83] 《佛垂般涅槃略說教誡經》，T12，p1110c。
[84] 《孤本元明雜劇提要》，同註15，頁49。

> 汝等比丘，勿懷悲惱，若我住世一劫，會亦當滅；會而不離，終
> 不可得。自利利他，法皆具足，若我久住，更無所益。應可度者，
> 若天上人間，皆悉已度；其未度者，皆已作得度因緣，自今以後，
> 我諸弟子展轉行之，則是如來法身常在而不滅也。[85]

因此佛陀對於示寂絲毫不感畏懼，甚至還安慰傷悲的比丘：「當知世皆
無常，會必有離，勿懷憂惱，世相如是。當勤精進，早求解脫，以智慧
明，滅諸癡暗。世實危脆，無堅牢者，我今得滅，如除惡病。此是應捨
罪惡之物，假名為身，沒在老病生死大海；何有智者得除滅之，如殺怨
賊，而不歡喜？」同時更檢《長阿含》卷二〈遊行經〉，雖有魔勸如來
宜速滅度的記載，佛則告曰：

> 止！止！波旬，佛自知時不久住也。是後三月（案：劇中作五日）
> 於本生處拘尸那竭娑羅園雙樹間，當取滅度。[86]

而果於三月之後，入定意三昧，捨命住壽。同經且有佛告阿難：「諸有
修四神足，多修習行，常念不忘，在意所欲，可得不死一劫有餘。」可
知佛經中的如來是生死解脫自在的，並不像戲劇演出那般無奈；而劇中
又言如來將於三日內涅槃，故召阿難、迦舍（葉）云：「老僧授法於汝。」
按佛入滅後，三藏結集由迦葉、阿難等五百聲聞弟子做第一次口述整
理；但這些法寶實非佛將涅槃時，始作傳授，而是佛說法四十九年的總
彙。

　　第一折還有毘婆達多假扮孕婦，訕謗如來。末後，佛云：「業畜還
不變，等幾時，疾！」淨遂現出本相來。按誣衊佛陀使她懷孕的記載，
可見《佛說興起行經‧婆羅門女旃沙謗佛緣第八》，經云旃沙於眾中指
佛與其有染，「爾時眾會皆低頭默然。時釋提桓因侍後扇佛，以神力化
作一鼠，入其一裏，囓於盂帶，忽然落地……。」[87]因此劇中人物顯然

---

[85] 同注49。

[86] 《長阿含》卷二〈遊行經〉，T01，p15c。

[87] 《佛說興起行經‧婆羅門女旃沙謗佛緣第八》，T01，p170c。《出曜經》卷十〈誹謗品〉
亦同載此事，惟「旃沙」則譯為「栴摩那祇」（T01，p663c）。

與經典不符；再說，佛戒弟子惡口，自己又怎會罵人「業畜」？至於第三折，毘婆達多率十萬魔眾欲往靈山奪如來「法座」，卻為「華光講主」[88]收伏，這也是故意穿插熱鬧而編的，全屬子虛。

第三折與第四折間又有楔子，敘佛弟子優婆夷往忉利天佛母居處報訊，佛母「做氣倒地科」，唱賞花時：「不由我意急心忙出洞天，你道是地慘天昏滄海乾，當年苦修煉數十年，都盼到功成行滿，今日箇雙林下又涅槃！」而於第四折來到雙林樹下痛哭。摩耶夫人早在佛陀出生未久即亡故生天，佛經中有佛升忉利天為母說法的記載，如《地藏菩薩本願經·忉利天宮神通品》、《摩訶摩耶經》卷上皆是。尤其《摩訶摩耶經》卷下是說摩耶夫人於天宮現五衰相、得五大惡夢，料得釋尊將入涅槃，時尊者阿那律（劇本改成了「優婆夷」）亦昇於天上報訊，佛母即趨雙樹所，垂淚悲惱言：「共於過去無量劫來，長為母子，未曾捨離，一旦於今無相見期。嗚呼苦哉！眾生福盡，方當昏迷，誰為開導？」[89]但劇中佛母所唱，很明顯是受道教求長生的觀念影響，以為修道就為了不死，這與佛義是大相逕庭的。

從以上論證，可以發現原來王季烈謂本劇「多內典語」，其實誤說或故意錯用，還是不少。

四、結　論

經由以上研討，可以得到幾項結論：

（一）所謂「釋教劇」，並非狹義的從是否符合佛教思想內涵立論，而僅看它是否專以搬演佛門人物事蹟，或具備輪迴證悟的劇情，來加以定義分類。

---

[88] 按《法華經》卷二〈譬喻品〉所載，佛為舍利弗授記未來作佛，號「華光如來」，此「華光如來」與劇中「講主」僅同名而已。據黃兆漢《道教與文學·粵劇戲神華光考》（臺北：學生書局，1994年2月），小說戲劇的華光故事，在元末明初楊景賢《西游記雜劇》第八齣《華光署保》已出現，其後《南游記》、《北游記》、《西游記》也見到此君，若撇開「華光」之名不顧，黃氏推測華光故事是從《三教源流搜神大全·靈官馬元帥》移植而來；但與本劇情節亦無交涉。

[89] 見《摩訶摩耶經》卷下，T12，p1012c。

　　（二）創作「釋教劇」，非精熟內典與曲律實不足以為，只是戲劇既脫離早期宣佛闡教的範疇，成為獨立的藝術演出，就必須通俗平易，投合觀眾興味[90]。我們看唐代俗講從寺院正式的講經說法，漸至於「悅邀布施」，更至南宋明禁一些不根佛典的講經[91]，這種演變的趨勢，與戲劇擺脫純粹佛教意涵，而走向三教九流的廣大人群，原因其實是一致的。

　　（三）「釋教劇」本事當然以取材三藏經典，最名符其實，不過為了通俗平易，「釋教劇」本事也採用不少久已流傳民間的小說、話本，加以敷演；但話本小說原已增飾再三，俾以聳動觀聽，一旦又經民間口耳相傳，即使真正佛教故實，也難免變質，結果劇作家又取用變質的本事重予編排，可能本身對義學不求甚解，或雖為宣闡佛法，卻因遷就劇

---

[90] 觀眾看戲多為了取樂解悶，並不在獲得佛學知識，故如《朝野新聲太平樂府》（臺北：世界書局，1961年11月）卷九〈般涉調耍孩兒〉收有杜善夫〈莊家不識构闌〉，敘述莊稼漢進城，也湊熱鬧看戲，戲一開演，果然逗趣好笑，直到尿憋得沒奈何，才依依不捨的離開；同卷無名氏〈拘刷行院〉則是說故友知音邀他看戲解悶，這也正說明，戲劇演出成為餬口謀生的行業，非迎合觀眾喜好不可。

[91] 趙璘《因話錄》（見《筆記小說大觀》，臺北：新興書局，1978年9月，二十二編第1冊）卷四述及文淑（漱）僧云：「有文叔僧者，公為聚眾譚說，假託經論，所言無非淫穢鄙褻之事。不逞之徒，轉相鼓扇扶樹，愚夫冶婦，樂聞其說，聽者填咽寺舍，瞻禮崇奉，呼為『和尚教坊』〔案：向達《唐代長安與西域文明‧唐代俗講考》（臺北：明文出版社，1982年10月，頁298）於「和尚」下斷句，實誤，因文漱本和尚，何必多此一說？趙翼《陔餘叢考》（臺北：世界書局，1960年12月）卷四二即有「和尚教坊」條，其文引自曾三異《同話錄》，亦稱「和尚教坊」〕效其聲調以為歌曲。其呢庶易誘；釋徒苟知真理，及文義稍精，亦甚嗤鄙之。」（頁198）《資治通鑑‧唐敬宗紀》云：「寶曆二年六月己卯，上幸興福寺觀沙門文漱俗講。」胡三省注遂言：「釋氏講說，類談空有，而俗講者又不能演空有之義，徒以悅俗邀布施而已。」（臺北：啟業書局，1978年1月，頁7850）以上這種說法，對文漱而言，不是非常公平，筆者於〈漢譯佛典之文學性述論〉（國立編譯館刊二十卷二期）已作說明；當然，一旦聽者填咽寺舍，不逞之徒轉相鼓扇扶樹，以致俗講流於勸百諷一，更漸開悅邀布施之風，自屬難免，因此《佛祖統紀》卷三九載南宋理宗時，有良渚云：「準國朝法令，諸以二宗經（案：指摩尼教經典）及非藏經所載不根經文，傳習惑眾者，以左道論罪……。不根經文者，謂佛佛吐戀師、佛說啼淚、大小明王出世經、開元括地變文、齊天論、五來子曲之類。」（T49，p370a；又見〈唐代俗講考〉，頁315）依志磐之見，這些俗講已不算正信佛教，而是魔道了。

場特性、關目結構的完密，及觀眾的喜好，致使教理取向偏於荒唐謬悠，到頭來反而對佛教產生負面影響，不僅更混淆了佛教故實，也間接促使佛教出世性格的深烙人心[92]。

　　（四）再從時代背景看，佛道之爭，乃至儒釋角競，從六朝以來就沒斷絕過，而「三教調和」的聲浪也持續不歇，然而較之隋唐佛教義學的巔峰期，元明時期的佛教已不處於學術思潮的領導地位，這在戲劇反映出來的，往往是儒者作劇，會故意寫幾句打油詩之類的句子，戲弄出家人；道教徒也會寫些道勝於佛的劇作，抑佛揚道一番；更多的情形則是出現道佛不分，反正就是要戒行清淨、清心寡慾、不染紅塵的「籠統戲」[93]。

---

[92]　混淆佛教故實，前文論述已多，不再說明。而關於間接促使佛教出世性格的深烙人心，前舉《猿聽經》的脩公禪師，即屬其例。再看朱有燉《豹子和尚自還俗》，李逵奉宋江之命，勸魯智深還俗，魯云：「我的快樂處，你這賊每（們）怎生知道？（唱〈醉中天〉）對一帶翠靄靄高屏障，住一所綠蔭蔭小山房，臥一榻清陰九夏涼，聽萬壑松風響。我閑來時汲澗水、煎茶味香，閑遙遙的情況，是非心無半點相妨。」不只是劇中人的心境，更透露明人對僧家觀感如此。楊惠南〈臺灣佛教的出世性格與派系紛爭〉（《當代雜誌》30、31期）筆者對其分析西方淨土思想的「出世」性格一節，並不滿意，因作者忽略了《阿彌陀經》重要的一句話：「不可以少善根福德因緣得生彼國。」惟此非本文論點，故略不談。要說的是，作者推溯佛教出世性格，從明末雲棲袾宏《竹窗三筆》開始舉證起，而其實從元、明戲劇，就已看到這種出世傾向日益濃厚了。雖然在明代仍有僧眾撰劇弘法，但如前舉湛然和尚《魚兒佛》，依然有商榷之處；至於明萬曆間，杭州報國寺僧智達撰《歸元鏡》，採晉時廬山遠公、五代永明延壽禪師、明隆萬時雲棲袾宏三大師，在俗以至出家成道事跡，編成傳奇，皆據本傳塔銘為主，張清徵師就以為這不適於場上演出，顯然對「弘法度世」的釋教劇，產生不了革命性的啟導作用。

[93]　嘲僧的打油詩（偏偏又出於飾演僧人的嘴裏！）如《合汗衫》第三折，外扮長老上云：「近寺人家不重僧，遠來和尚好看經。莫箇出家便受戒，那箇貓兒不偷腥？」筆者在〈元明劇曲呈顯佛教衰落面之考察——從《思凡》風波說起〉（東吳大學文學院第二屆系際學術研討會，1992年6月）已詳作論述。揚道抑佛的戲，如明佚名撰《呂純陽點化度黃龍》，敘呂洞賓和鍾離權奉東華帝君之命，訪度仙侶。洞賓來到黃龍山，覺黃龍禪師可度，遂與黃龍較量，黃龍甘拜下風，便拜洞賓為師，洞賓授以「性命雙修之理，金液大丹之道」，黃龍依言修煉，終於成仙。這是盛傳民間的故事，所以《醒世恆言》卷二二也有〈呂洞賓飛劍斬黃龍〉；但有趣的是，小說跟佛教傳記，如《五燈會元》卷八、《指月錄》卷二二、《佛法金湯編》卷九等，都一致記載呂洞賓歸於黃龍座下，這是很明顯的佛道爭勝例子。再如李好古《張生煮海》，張生煮海的法寶是仙姑授予的，而其實在

　　（五）王國維《宋元戲曲考‧十二、元劇之文章》曾說：「元劇最佳之處，不在其思想結構，而在其文章。」[94]本文考察元明「釋教劇」後，的確有戚戚之感，因此觀眾無論欣賞「釋教劇」，甚或搏刀趕棒、煙粉風月的古典戲曲，如不抱持得魚（曲辭唱腔）忘筌（思想結構）的心態，就不是明智之舉了。

　　《大意經》（T03，p446a～p447c）《賢愚經》卷八〈大施抒海品〉（T04，p404b）都有大意或大施抒竭海水的記載，李好古卻將佛教故實，轉換成道姑寶物之功了。至於佛道不分的例子，如明傳奇《玉簪記》（案：即明雜劇《女貞觀》之擴編）出家女尼居然住道觀。而屠隆《曇花記》一會兒祖師說法，一會兒仙伯降凡，一會兒真君顯聖，甚至宣稱仙佛同途，時人還讚美他「博極內典」，在在可見明人的道佛不分。

[94]　見《觀堂曲學名著八種》，臺北：盤庚出版社，1978年9月，頁106。

附　　　錄

敦煌莫高窟‧第一九六窟西壁勞度叉鬥聖變局部

論古代寺院的牙刷——楊枝

提　　要

　　古人原無刷牙工具，故只有藉漱、酳、揩齒、剔牙清潔口腔而已。至於刷牙的概念，則是在佛教經藏、律藏不斷傳譯，及持守律儀的僧人大加鼓吹下，多歷年所，始為社會認同，而終在宋元之際製作出有柄的排毛牙刷。佛經中稱呼刷牙為「嚼楊枝」；稱牙刷是「憚多家瑟詫」，亦即「齒木」之意。二千五百年前，佛陀在世時，已制定比丘應嚼楊枝，但佛法傳到中國，由於風土民情與印度有別，因此既未能普行於寺院，亦無法迅速擴及於民間；不過隨著經藏故實、神僧誦咒與觀音信仰的傳佈，清潔口腔的楊枝，倒成為祛邪除疾的法器了。本文撰作，特廣徵內典及古代醫書，分別從佛教以楊枝刷牙的緣起、中國佛寺「嚼楊枝」的實際情況、楊枝在中國民間的應用，乃至楊枝對口腔的清潔效能諸項，深入考察佛陀制戒的過程、嚼楊枝的種種利益，及「嚼楊枝」未普行於中國，卻轉成祛邪除疾的法器之故；自另一方面而言，也可藉以澄清國人在中晚唐時期，已開始刷牙的謬說。

關鍵詞

牙刷　楊枝　勞度叉鬥聖變　大唐西域記
南海寄歸內法傳　備急千金藥方

一、前　言

　　文人常以「衰齒」、「暮齒」、「齒危」代稱年老，故如杜甫〈復陰〉詩稱：「君不見夔子之國杜陵翁，牙齒半落左耳聾。」[1]白居易〈齒落辭〉以擬人筆法，寫牙齒告訴他：「昔君之壯也，血剛齒堅；今君之老矣，血衰齒寒，輔車齟齬，日削月朘，上參差而下庬龊，曾何足以稍安？」[2]陸游〈散策門外鄰叟怪其瘦〉也說：「朝晡恃粥何勞嘆？齒脫牙搖已數年。」又〈秋思〉十首之五云：「牙齒漂浮欲半空，此生已付有無中。」[3]尤其韓愈在多篇詩文提到自己的早衰說：「頭童齒豁。」「近者尤衰憊，左車第二牙無故動搖脫去，目視昏花……。」「年未四十而視茫茫，而髮蒼蒼，而齒牙動搖。」「去年落一牙，今年落一齒。俄然落六七，落勢殊未已。餘存皆動搖，盡落應始止……。」「我今呀豁落者多，所存十餘皆兀龊，匙抄爛飯穩送之，合口軟嚼如牛呞。」[4]

　　牙齒脫落固然與衰老有關，但平時疏於口腔衛生，也是主因。古人早先並無刷牙工具，在《禮記·內則》提及事奉父母舅姑，僅說：

　　　　五日則燂湯請浴，三日具沐。其間面垢，燂潘請靧；足垢，燂湯

---

[1]　見楊倫《杜詩鏡銓》，臺北：華正書局，1978年9月，卷十八，頁1243。

[2]　見朱金城《白居易集箋校》，上海：上海古籍出版社，1988年12月，卷七十，頁3781。

[3]　見《陸放翁全集·劍南詩稿》，臺北：世界書局，1961年1月，卷七三、七七，頁1012、1061。

[4]　見馬通伯《韓昌黎文集校注》，臺北：華正書局，1982年2月，卷一〈進學解〉，頁26；卷三〈與崔群書〉，頁110；卷五〈祭十二郎文〉，頁196；錢仲聯《韓昌黎詩繫年集釋》（臺北：學海書局，19845年1月），卷二〈落齒〉，頁171；卷八〈贈劉師服〉，頁843。宜樊汝霖云：「公詩有〈江陵途中〉云：『自從齒牙缺。』〈感春〉云：『語誤悲齒墮。』〈贈崔立之評事〉云：『齒髮早衰嗟可憫。』〈送侯參謀〉云：『我齒豁可鄙。』〈贈劉師服〉云：『我今呀豁落者多，所存十餘皆兀龊。』〈寄崔二十六立之〉云：『所餘十九齒，飄飄盡浮危。』〈江州寄鄂州李大夫〉云：『我齒落且盡。』公文有祭老成云：『齒牙動搖。』上李異書云：『髮禿齒豁。』〈進學解〉云：『頭童齒豁。』〈五箴〉云：『齒之搖者日益脫。』其感於中而見於詩文者多矣。」（引見《韓昌黎詩繫年集釋》，頁172）

請洗。[5]

又如漢代的「休沐日」，則指官員例假，五日一休，以沐浴更衣[6]。至於涉及口腔清潔概念的，則只在《說文》「漱」字下，見到許慎解說為「盪口也」[7]及《禮記・曲禮上》：「主人未辯，客不虛口。」孔穎達疏曰：「虛口謂食竟飲酒盪口，使清潔及安食也。用漿曰『漱』，令口以潔清為義；用酒曰『醻』，醻訓演，言食畢以酒演養其氣」[8]而已，所以《史記》中有張蒼年老，牙齒全掉光，只好以人乳為食的記載[9]；〈扁鵲倉公列傳〉更提到淳于意為齊中大夫治齲齒，並論其齒病來由為「得之風，及臥開口、食而不漱。」[10]「食而不漱」正可與《說文》相印證，顯見古人沒牙刷，又往往缺乏飯後漱口的習慣，這也難怪漢末應劭《風俗通義》記載梁冀大將軍之妻孫壽，善為妖態，既創出齲齒笑，而京師婦女竟能翕然從風了[11]。

然則古人何時開始使用牙刷？顧靜〈我國古代人們的起居習慣和日常清潔衛生情況如何？〉只提到短短幾字：

元代時，今日所用的排毛牙刷也已有了。[12]

而在不知撰者姓名的〈誰是牙刷的發明者？〉則將國人刷牙習慣，又提早三、四百年：

5　見《十三經注疏・禮記》，臺北：新文豐公司，1978年1月，頁520。

6　《漢書補注》(臺北：藝文印書館，不著年月)，卷六八〈霍光傳〉「光時休沐出」下，王先謙引《通鑑》胡注云：「漢制，中朝官五日一下里舍休沐」(頁4468)。

7　見段玉裁《說文解字注》，臺北：黎明文化事業公司，1978年12月，頁568。

8　同注5，頁40。除了漱、醻，陸雲《陸士龍集》卷八〈與兄平原書〉，記其所見曹操遺物，云：「剔齒纖綖皆在。」可知漢魏時期已用細線剔牙；又葛洪《抱朴子・備缺》云：「擿齒則松櫝不及一寸之筵；挑耳則棟梁不如鷦鷯之羽。」筵是小竹枝，所以證明在六朝已有牙籤。此可參見周一良《魏晉南北朝史札記・曹操遺物》(北京：中華書局，1985年3月，頁2～4。)另外還有「揩齒」，即以手指或布片擦抹牙齒，唐代法門寺地宮出土「衣物帳碑」記載供奉佛舍利種種器物，當中就有「揩齒布一百枚」，詳見文末附圖。

9　見瀧川龜太郎《史記會注考證》(臺北：宏業書局，1980年8月)，〈張丞相列傳〉卷九六，頁1067。

10　同注9，卷一〇五，頁1121。

11　見王利器《風俗通義校注・佚文・服妖》，臺北：漢京文化事業公司，1983年9月，頁567。

12　見《中國文化史三百題》，上海：上海古籍出版社，1987年11月，頁289。

根據報導：甘肅省中醫學院趙健雄等人在考察神秘的敦煌莫高
窟六十二個洞窟壁畫時，十分激動地發現了中國醫學史上珍貴
的新內容，在晚唐‧一九六窟西壁，第一次發現了刷牙的畫面，
牙刷是用柳枝做成的。此窟建於唐代景福年間（892～893），這
幅刷牙圖確鑿地說明我國人民當時已開始使用牙刷了。[13]

較晚唐更早的說法，有金性堯《夜闌話韓柳‧落齒的哀樂》，則謂：

當時（案：指中唐）已有用嫩樹枝刷齒的風俗，但像韓愈那樣
的牙齒，未必能用，只好以水漱口，又因搖動得利害，用水漱
也會感到疼痛，使他害怕。[14]

事實上，由於佛教的傳佈，才逐漸引發國人刷牙的概念，但在寺院中，
亦未普遍使用金氏所謂「嫩樹枝」，更遑論這「嫩樹枝」會擴及於民間。
下文故分別由佛教以楊枝[15]刷牙的緣起，及其在中國的使用情形，乃至
對口腔的清潔效能，加以分析說明。

---

[13] 見《千古之謎》，臺北：泉源出版社，1992年3月，頁526。此說當根據趙健雄、王道坤等人所撰〈敦煌石窟醫學史料輯要〉而來，文中說：「晚唐‧第一九六窟西壁勞度叉鬥聖變圖中，畫著勞度叉漱口、刷牙、剃鬍鬚、洗頭的情景。我國是世界上最早發明牙刷和刷牙的國家，遼代應曆九年（公元九五九年）的古墓中，發現兩排八孔的植毛牙刷，比歐洲一六四〇年才出現牙刷要早七百年。……這幅珍貴的刷牙圖，說明當時我國已發明刷牙，並可和遼墓發現的牙刷互相佐證。」王道坤並於1990年敦煌學國際學術討論會發表〈論敦煌石窟中有關醫學壁畫的珍貴價值〉，也同樣提及此圖。但王惠民〈敦煌壁畫刷牙圖考論〉（見《敦煌研究》1990年第4期）頗不滿意「第一次發現」的說法，且指出周宗歧與丸山茂二先生論文〈揩齒考——兼從敦煌壁畫「揩齒圖」談到我國歷代的揩齒、刷牙和潔齒劑〉、〈刷牙歷史溯源〉已談及此圖。但以手指揩齒，畢竟與楊枝刷牙有所不同，這或許是趙健雄等人所稱「第一次發現」的真正意思。

[14] 金性堯《夜闌話韓柳》，香港：中華書局，1991年6月，頁100。

[15] 按〈誰是牙刷的發明者？〉文中所謂柳枝，即楊枝，因此幅刷牙圖與佛教有關，這在第二節（「嚼楊枝」的緣起）有敘述；且李時珍《本草綱目》卷三五「柳」釋名「小楊」、「楊柳」下云：「楊枝硬而揚起，故謂之楊；柳枝弱而垂流，故謂之柳，蓋一類二種也。……按《說文》云：『楊，蒲柳也。……柳，小楊也……。』又《爾雅》云：『楊，蒲柳也；旄，澤柳也；檉，河柳也。』觀此，則楊可稱柳；柳亦可稱楊，故今南人猶併稱楊柳。」（臺北：臺灣商務印書館景印《四庫全書》774冊，1985年2月，頁73）又讀體彙集《毗尼日用切要》「取楊枝」條下云：「楊有四種，皆可梳齒也。一白楊，葉圓；二青楊，葉長；三赤楊，霜降葉赤；四黃楊，本性堅緻難長。今咸以柳條當楊枝，柳條垂下，乃小楊也。」（臺北：新文豐公司《卍續藏》，1983年1月，106冊，頁134）

二、「嚼楊枝」的緣起

關於晚唐·一九六窟西壁的刷牙圖，其實與佛教有密切關聯，因此圖乃是「勞度叉鬥聖變」中局部[16]，「勞度叉鬥聖變」描繪舍利弗與外道六師勞度叉等鬥法，六師徒眾大敗，於是沐浴洗漱，皈依剃度。其本事源出於元魏·慧覺譯《賢愚經》卷十〈須達起精舍品〉第四十一[17]；而敦煌〈降魔變文〉亦廣予鋪敘[18]。只不過對此情節，〈降魔變文〉僅說六師「面帶羞慚，容身無地」；《賢愚經》則說：「六師徒眾，三億弟子，於舍利弗所，出家學道。」至於壁畫，「由於描繪對象不是神聖莊嚴的正面形象，使得作者敢於大膽運用自己拿手的技巧，並選擇一些新奇的角度，因而取得了別種經變難以取得的藝術成就。」[19]那些皈依剃度的外道，便因此畫得比文字敘述更富於誇張性和喜劇性。

同樣的，在漢譯大小乘佛經中，也常見刷牙的記載，只是當時不叫「刷牙」，而叫「嚼楊枝」，如安世高譯《佛說溫室洗浴眾僧經》，說用七物供養僧眾，以便澡浴，可得七種福報，其中供養楊枝，即得「口齒香好，方白齊平」之報[20]；支婁迦讖譯《佛說內藏百寶經》也說：「佛口中本淨潔，譬如鬱金之香；佛反以楊枝漱口，隨世間習俗而入，示現如是。」[21]又《大般涅槃經》卷一言及佛將涅槃，諸阿羅漢弟子已有感應：

> 於其晨朝，日始初出，離常住處嚼楊枝時，遇佛光明，並相謂言：「仁等速疾漱口澡手。」[22]

---

[16] 見《中國石窟·敦煌莫高窟》，北京：文物出版社，1990 年 10 月，第四卷，頁 184～187。又依王惠民〈敦煌壁畫刷牙圖考論〉稱據其所知，敦煌壁畫現存唐宋時期刷牙圖有十四幅，分見於彌勒經變和勞度叉鬥聖變（案：見「附表」），並說：「敦煌壁畫中有兩幅齒木刷牙圖，它們在晚唐九（窟南壁）、一九六（窟西壁）勞度叉鬥聖變中。……由於相當一部分刷牙圖漫漶不清，能肯定用齒木刷牙的，僅見於此。」

[17] 慧覺譯《賢愚經》卷十，T04，p418b。

[18] 項楚《敦煌變文選注》，成都：巴蜀書社，1990 年 2 月，頁 486～579。

[19] 同注 16，頁 231。

[20] 安世高譯《佛說溫室洗浴眾僧經》，T16，p802c。

[21] 支婁迦讖譯《佛說內藏百寶經》，T17，p752a。

[22] 《大般涅槃經》卷一，T12，p336a。

以上這些都是僧團必行刷牙的明證。至於牙刷,則叫「齒木」,義淨《南海寄歸內法傳》卷一「朝嚼齒木」條云:

> 齒木者,梵云「憚哆家瑟詫」,「憚哆」譯之為齒,「家瑟詫」即是其木。長十二指,短不減八指。大如小指,一頭緩須熟嚼良久,淨刷牙關。若也逼近尊人,宜將左手掩口。用罷擘破,屈而刮舌,或可別用銅鐵作刮舌之篦……。[23]

而有關「嚼楊枝」,在各部派所傳律藏中,也多有大同小異的記載[24],以下即引《根本說一切有部毘奈耶雜事》,見其一斑:

> (室羅伐城勝慧河邊)諸苾芻即為長者婆羅門宣說法要,口出臭氣,時彼諸人,左顧右眄,共相謂曰:「此之臭氣,從何而來?」諸苾芻曰:「此之臭氣,從我口出。」白言:「聖者,豈可日日不嚼齒木耶?」答曰:「不嚼。」彼曰:「何故?」諸苾芻曰:「佛未聽許。」答曰:「聖者,若不嚼齒木,得清淨耶?」時諸苾芻,默然無對。以緣白佛。佛言:「彼婆羅門長者所作譏恥,正合其儀。我於餘處,已教苾芻嚼其齒木,而汝不知,是故我今制諸苾芻,應嚼齒木,何以故?嚼齒木者,有五勝利,云何為五?一者,能除黃熱;二者,能去痰癊;三者,口無臭氣;四者,能餐飲食;五者,眼目明淨。」[25]

---

[23] 見義淨《南海寄歸內法傳》卷一,T54,p208c。義淨又同於此條云:「齒木名作楊枝。西國柳樹全稀,譯者輒傳斯號;佛齒木樹實非楊柳。」並稱《涅槃經》梵本說:「嚼齒木時矣。」這與漢譯本作「嚼楊枝」似乎不太一樣;然而有趣的是,玄奘在《大唐西域記》對佛經譯語舊誤處,皆會加以糾正(如卷一於「蘇迷盧山」下小注:「唐言妙高山。舊曰須彌;又曰須彌婁,皆偽略。」)而且玄奘與法顯都瞻仰過佛陀及弟子們「嚼楊枝」的勝蹟(詳見第三節中國佛寺「嚼楊枝」的實際情況),但對「嚼楊枝」一辭並無異議,因此這或許正如義淨自己文中所說:「近山莊者,則柞葛蔓為先;處平疇者,乃楮桃槐柳隨意。預收備擬,無令闕乏。」「其木條以苦澀辛辣者為佳。」所以自漢代翻譯佛經以來,即固定以中國本地易於取用的楊枝作齒木,並一直相沿承襲下來,成為常規;至於佛陀所用齒木,依義淨的苦澀辛辣、隨意預收原則,當然可以是楊枝了。

[24] 見《五分律》卷二六、二七,T22,p176a、p177a;《摩訶僧祇律》卷十六,T22,p351b;《四分律》卷五三,T22,p959b;《十誦律》卷三八,T23,p277c、p289b;《根本說一切有部毘奈耶雜事》卷十三,T24,p263b;《根本薩婆多部律攝》卷十一,T24,p587c。

[25] 同前注。又《大方廣佛華嚴經》卷十一云:「嚼楊枝,具十德者:一銷宿食,二除痰癊,

佛陀制戒，乃是根據實際需要而設，但由於消息傳遞不夠暢通，因此勝慧河邊諸比丘，尚不知應嚼楊枝。試觀《摩訶僧祇律》即有另一段佛在舍衛城制定律儀的記載：

> （佛住舍衛城）爾時世尊，為大眾說法，有比丘自聞口臭，在眾人下風而坐，不欲令口臭氣，熏諸梵行人。佛知而故問：「比丘何故在彼坐，如瞋恨人？」諸比丘白佛言：「世尊制戒，不授不得取。諸比丘水及齒木，皆從人受。有淨人者得，無淨人者苦不能得，口中氣臭，恐熏諸梵行人，故在下風而住。」佛言：「從今日聽除水及齒木。」[26]

而楊枝既為比丘助道資身之物，其長短及畜刮舌篦等，如義淨所說諸情事，又是如何確立？這在《根本說一切有部毘奈耶雜事》有詳細說明，茲錄於下：

> 佛制苾芻每嚼齒木。時一年少苾芻於顯露處，而嚼短條。世尊至彼，苾芻見佛，深生羞恥。云何？不應對世尊前，吐出齒木，即便吞咽，遂鯁喉中。……（佛）告諸苾芻曰：「有一少年，於顯露處嚼短齒木，有是過生，故諸苾芻於顯露處，不嚼齒木，亦非短條。」……時諸六眾，便用長條，以充齒木。……（曰：）長齒木有利益處，一得然釜煮飯；二得鞭打小師。……佛言：「苾芻不應長條將充齒木。」……苾芻不知齒木長短。佛言：「此有三種，謂長中短。長者十二指，短者八指[27]，二內名中。」……佛教嚼齒木時，苾芻不知刮舌，其口仍臭，佛言：「嚼齒木已，

三解眾毒，四去齒垢，五發口香，六能明目，七澤潤咽喉，八唇無皴裂，九增益聲氣，十食不爽味。晨朝食後，皆嚼楊枝；諸苦辛物，以為齒木，細心用之，具如是德。」(T10，p712b)

26　同前注。

27　按《一切有部毘奈耶雜事》與《根本薩婆多部律攝》皆義淨所譯，故「短者八指」，說法同於《南海寄歸內法傳》；然而《五分律》則說極短五指（T22，p177a）；《四分律》卻說四指（T22，p959b）；《十誦律》又說是六指（T23，p277c），說各不同。至於義淨所謂「八指」，當是八段指節的長度，由《根本薩婆多部律攝》卷十三云：「若復苾芻作大小床，足應高佛八指。……佛八指者，謂中人一肘」（T24，p603c）可證。

當須刮舌。」苾芻不知用何刮舌？佛言：「應畜刮舌篦。」佛聽
畜篦，六眾苾芻便以金、銀、瑠璃、玻瓈寶作。……時諸苾芻，
以緣白佛，佛言：「有四種刮舌篦，苾芻應畜。云何為四？謂是
銅、鐵、鍮石、赤銅。」時諸苾芻，便即利作，刮舌傷損。佛言：
「不應利作。」然此四難求，佛言：「應劈齒木，屈以刮舌。」[28]

在《五分律》卷二二，佛陀曾云：「雖是我所制，而於餘方不以為清淨
者，皆不應用；雖非我所制，而於餘方必應行者，皆不得不行。」[29]而
今參以上文，即會發現，僧團戒律不僅足以息世譏嫌，其中更蘊含佛
陀隨緣制戒，活潑與理性的民主風範。

三、中國佛寺「嚼楊枝」的實際情況

《高僧法顯傳》是早在東晉義熙十二年（416），記錄了長安經西
域至印度的陸路行程，及從印度泛海抵中國的海路航線資料，其中有
小段佛陀嚼楊枝的神蹟云：

度恆河水，南行三由延，到一林，名呵梨。……東南行十由延，
到沙祇大國，出沙祇城南門道東，佛本在此嚼楊枝已，刺土中，
即生長七尺，不增不減，諸外道婆羅門嫉妒，或斫或拔，遠棄
之，其處續生如故。[30]

及至唐貞觀二十年（646），由三藏法師玄奘口述，弟子辯機撰錄的《大
唐西域記》，除有類似記載外，還有佛教僧團與印度民俗嚼楊枝的敘述：

（迦畢試國）象堅窣堵波北山巖下，有一龍泉，是如來受神飯
已，及阿羅漢於中漱口，嚼楊枝，因即植根，今為茂林，後人
於此建立伽藍，名鞞鐸佉（唐言嚼楊枝也）。

夫其（案：指印度）潔清自守，非矯其志，凡有饌食，必先盥

---

[28] 同注 24。
[29] 見《五分律》卷二二，T22，p152c。
[30] 《高僧法顯傳》，T51，p858a。

洒，殘宿不再，食器不傳，瓦木之器，經用必棄，金銀銅鐵，每加摩瑩。饌食既訖，嚼楊枝而為淨，澡漱未終，無相執觸……。

（靮索迦國城南道左）如來昔日，六年於此說法導化。說法側，有奇樹高六七尺，春秋遞代，常無增減。是如來昔嘗淨齒，棄其遺枝，因植根柢，繁茂至今。諸邪見人及外道眾，競來殘伐，尋生如故。

（摩揭陀國觀自在菩薩像南窣堵波）東南垣內五十餘步，有奇樹高八九尺，其幹兩披，在昔如來嚼楊枝棄地，因植根柢，歲月雖久，初無增減。[31]

又到了武周天授二年（691），義淨於求法歸國途中，在室利佛逝（今蘇門答臘）停留而撰《南海寄歸內法傳》，自言：

所列四十條，論要略事。凡此所錄，並是西方師資現行，著在聖言，非是私意。[32]

其中第五條「食罷去穢」、第八條「朝嚼齒木」，也說食罷「手必淨洗，口嚼齒木，疏牙刮舌，務令清潔，餘津若在，即不成齋。」「每日旦朝，須嚼齒木，揩齒刮舌，務令如法，盥漱清淨，方行敬禮，若其不然，受禮禮他，悉皆得罪。」[33]而既然印度民俗與經藏、僧團中，皆可見嚼楊枝為日常生活不可或缺的習慣；且梁代慧皎《高僧傳・曇柯迦羅傳》云：「時諸僧共請迦羅譯出戒律，迦羅以律部曲制，文言繁廣，佛教未昌，必不承用，乃譯出《僧祇戒心》，止備朝夕，更請梵僧立羯磨法，中夏戒律，始自乎此。」[34]又卷十一〈明律・論曰〉亦語及律藏諸部，已傳中國：

自大教東傳，五部皆度。始弗若多羅誦出《十誦》梵本，羅什

---

[31] 見《大唐西域記》卷一、二、五、九，T51，p875b、p876c、p898c、p924a。
[32] 《南海寄歸內法傳》卷四，T54，p233c。
[33] 同前注，卷一，T54，p207b、p208c。
[34] 《高僧傳》卷一，T50，p324c。

譯為晉文。未竟，多羅化焉。後曇摩流支又誦出所餘，什譯都竟。曇無德部，佛陀耶舍所翻，即《四分律》也。摩訶僧祇部及彌沙塞部，並法顯得梵本，佛馱跋陀羅譯出《僧祇律》；佛馱什譯出彌沙塞部，即《五分律》也。迦葉毘部或言梵本已度，未被翻譯。其《善見摩得勒伽戒因緣》等，亦律之枝屬也。[35]

但礙於中國固有民情，別說畜刮舌篦以清潔口腔；就僅是嚼楊枝，已很難接受。目前在《梁高僧傳》、《續高僧傳》〈明律〉篇中所載諸律師，只見「漱口」之儀，如〈宋江陵‧釋僧隱傳〉、〈唐洛州天宮寺‧釋明導傳〉云：

（僧隱）後臥疾少時，問侍者：「日中未？」答云：「已中。」乃索水漱口，顏貌怡然，忽爾從化。[36]
（高宗時）因僧大集，簡試度人，天宮餉食，過中乃至。僧有不量時景者，取而進噉。導曰：「諸大德並佛法遺寄，天下楷模，非時之食，對俗而噉，公達法律，現法滅緣，冒罔聖凡，一至於此！」眾並愧之。因索水清漱，月餘不食，悲慨正法，凋淪相及，道俗苦勸，方乃進餅。[37]

僧隱守戒持午，一旦臥疾醒來，已經過午，便不用齋，但仍依律須「食罷去穢」，於是索水漱口；明復則因官府簡試僧眾，然天宮寺午齋過午始至，故一個多月不用午齋，但也「索水清漱」。這一方面固然可見僧隱、明復嚴守律儀，另一方面也能看出與印度「饍食既訖，嚼楊枝而為淨」的差異。這樣的現象，直至晚唐，日本求法僧圓仁，於文宗開成三年（838），歷劫西渡，撰成《入唐求法巡禮行記》，其卷一記掛錫於揚州開元寺，也只提到：

---

[35] 《高僧傳》卷十一，T50，p403a。
[36] 《高僧傳》卷十一，T50，p401b。按此齋後漱口之風，影響所及，連三度捨身同泰寺的皇帝菩薩蕭衍，也奉行不逾，《梁書》卷三、《南史》卷七〈武帝本紀〉都記載蕭衍「日只一食，膳無鮮腴，惟豆羹糲食而已。庶事繁擁（《南史》作「或遇事擁」），日儼移中，便嗽口以過。」（臺北：鼎文書局，1993年1月，頁97、1991年4月，頁223）
[37] 見《續高僧傳》卷二二，T50，p623c。

堂頭設齋……。齋後，同於一處漱口，歸房。[38]

而就是後周顯德元年（945），齊州開元寺沙門義楚集《釋氏六帖》，於第十八卷〈草木果實部〉，雖有「齒木之樹」一條，引《四分律》：「佛十五日降諸外道，以齒木植之為樹」云云[39]，但第二二卷〈助道資身部〉，收錄衣服、袈裟、數珠、剃刀、淨瓶、鉢盂、錫杖、鞋履、巾、幡、拂、扇、帳、床、枕、座、氈褥、席、瓔珞、釵釧、鏡、針、線、綿、絹、布、麻等詞目[40]，居然未將僧人十八物[41]之一的楊枝納於其中，因此我們不能斷定這時僧團必嚼楊枝。固然，由上引資料，尚難確實證明持律高僧，甚至僧團中，必無嚼楊枝的習慣，不過終究可以確定，至少到盛唐，「嚼楊枝」在中國寺院，依然未廣被接受，這從義淨《南海寄歸內法傳》中，可清楚得到證明。義淨不僅於卷一「食罷去穢」、「朝嚼齒木」條含蓄地說：

> 不畜淨瓶，不嚼齒木，終朝含穢，竟夜招愆，以此送終，固成難矣！然五天法，俗嚼齒木，自是恆事，三歲童子，咸即教為。聖教俗流，俱通利益，既申臧否，行捨隨心。[42]

卷一「受齋軌則」條、卷二「衣食所須」、「知時而禮」條，更重申感慨云：

> 既其食了，須嚼齒木，若口有餘膩，即不成齋，雖復餓腹終宵，詎免非時之過？……無上世尊，大慈悲父，愍生淪滯，歷三大而翹勤；冀使依行，現七紀而揚化。以為住持之本，衣食是先，恐長塵勞，嚴施戒撿，制在聖意，理可遵行；反以輕心，道其

---

[38] 顧承甫、何泉達點校《入唐求法巡禮行記》，上海：上海古籍出版社，1986年8月，頁21。
[39] 《釋氏六帖》，臺北：彌勒出版社，1982年7月，頁380。
[40] 同前注，頁455～471。
[41] 《梵網經》卷下云：「常用楊枝、澡豆、三衣、瓶、鉢、坐具、錫杖、香爐、漉水囊、手巾、刀子、火燧、鑷子、繩床、經、律、佛像、菩薩形像。而菩薩行頭陀時，及遊方時，行來百里千里，此十八物常隨其身。」（T24，p1008a）
[42] 見《南海寄歸內法傳》卷一，T54，p207b，p208c。

無罪，食噉不知受觸，但護婬戒一條，即云我是無罪之人，何
勞更煩學律？……夫飲食之類，乃是常須，幸願敬奉之倫，無
輕聖教耳。

衫袴之鄉，咸不洗淨，由是五天之地，自恃清高也。然其風流
儒雅，禮節逢迎，食噉淳濃，仁義豐贍，其唯東夏，餘莫能加。
但以食不護淨、便利不洗、不嚼楊枝，事殊西域。

夫禮敬之法，須合其儀，若不順教，則平地顛蹶。故佛言，有
二種污觸，不應受禮，亦不禮他，若違教者，拜拜皆招惡作之
罪。何謂二污？一是飲食污……。二是不淨污……。斯等諸事，
並有律文，但為日久相承；地居寒國，欲求順教，事亦難為。
莫不引同，多以自慰，詎肯留心於小罪耳！[43]

由義淨所述可以了解，因中國本無刷牙習慣，加上國人常以大乘佛教
自居，對飲食細節，不是非常注重[44]，尤其中國比印度寒冷，若晨起、
飯後、如廁都得用冰涼的水漱刷口齒，確實不好受，這正是造成嚼楊
枝難施行於中土的主因。梁啟超《論中國學術思想變遷之大勢》曾云：

（中國）數千年相傳固有之學，壁壘嚴整，故他界之思想，入
之不易；雖入矣，而閱數十年百年，常不足以動其毫髮。[45]

此說即使移用於嚼楊枝一事，也非常恰當。所以金性堯稱中唐已有嫩
枝刷齒的風俗，並不真確；晚唐·一九六窟西壁的刷牙圖（包括第九
窟南壁），也僅能說明二千五百年前的佛陀時代，印度人已用楊枝刷
牙，因此畫者如實的將它反映在壁畫上，卻不表示晚唐之際，國人已

---

[43] 同前注，卷一、卷二，T54，p211b、p214a、p218a。
[44] 義淨云：「幸願敬奉之倫，無輕聖教」，即意在諷勸國人勿以大乘佛徒自居，而忽略飲食
細節，這與義淨所譯律藏為一切有部律有關；且大乘佛徒不拘細行，也確有其事，如石
頭希遷法嗣藥山惟儼，《景德傳燈錄》卷十四言其於大曆八年，受戒於衡嶽希操律師，而
乃曰：「大丈夫當離法自淨，豈能屑屑事細行於布巾耶？」（T51，p311b）
[45] 《論中國學術思想變遷之大勢》第六章〈佛學時代〉，臺北：華正書局《飲冰室文集類編》
下冊，1974年7月，頁75。

正式用楊枝刷牙；而就是「聞佛所說」的教內行者，相信到殘唐五代，也只有少數能像義淨那樣「依教奉行」——嚼齒木。

　　然而在中國寺院一直沒有產生刷牙的風氣嗎？也不盡然，畢竟「嚼楊枝而為淨」久著經律，又不致與中國方俗產生莫大牴觸，凡為佛弟子，本應奉行，因此我們繼續考察，可以從《釋氏要覽》中，見到北宋寺院似有嚼楊枝的現象。《釋氏要覽》三卷是真宗天禧三年（1019），錢塘月輪山沙門道誠所集。此書原是道誠閱藏筆記，後為出家童蒙整理分類而成，專門介紹佛教名物制度，與修行生活等名詞術語及事項，類似「出家須知」[46]；其中於卷上「食後漱口」、「嚼楊枝」條，即引《根本百一羯磨》、《僧祇律》、《毘奈耶》諸律云：「食後事須漱刷口齒。」「嚼一頭碎，用剔刷牙齒中滯食也。」而道誠於撰書緣起也說：

> 洎天禧三年秋，皇上覃昭曠之恩，普度我天下童行，因是讎文，以類相從，兼益諸家傳記書疏節文，分為二十七篇，析為三卷，題曰《釋氏要覽》焉；且恓創入法門者，皆所未知，苟或玩此典言，藏諸靈府，則終身免竊服之誚矣。[47]

既期望初出家者謹記於心，以免遭「現比丘身，無僧家行」之譏，可知寺院已有嚼楊枝的共識；但是否此後真以楊枝刷牙，則仍有待商榷。因宗賾集《禪苑清規》卷七〈大小便利〉論洗淨之法，於「鹽漱訖」下注云：「准律須嚼楊枝。」[48]顯然當時不用楊枝，故有此說。按《禪苑清規》有宗賾於崇寧二年（1103）所撰自序一篇，而卷二又說：「今皇宋元符二年（1099）」，可知此書編纂於哲宗、徽宗之世，較《釋氏要覽》成書為晚，至於以何物淨齒，在卷二〈小參〉僅說：「（切忌）

---

[46]　《釋氏要覽》卷末有隨姓中散大夫所撰後序云：「錢塘月輪山擇賜紫誠公，峻修潔之行，明內外之學。靡嬰拂於塵務，常宴息於雲寺。以聖朝隆浮屠之教，盛田衣之眾，且謂契經至廣，博習難周。虞來學之童蒙，昧出俗之本末，乃閱寶華之藏，遍窮貝葉之文，採義類以貫穿，撮樞要而精簡。……猶儒官之《學記》，實佛門之會要也。」（T54，p310b）而道誠於卷前自序也說：「或見出家人須知之事，隨便抄錄之。」（T54，p257c）

[47]　同前註。

[48]　宗賾集《禪苑清規》卷七，見《卍續藏》111 冊，頁 912。

洗面桶杓喧轟，涕唾有聲，驚動清眾。」[49]所以無法得知，不過根據宗壽於南宋寧宗嘉定二年（1209）撰《入眾日用》，語及大小便利，仍和《禪苑清規》相同，也加上一句：「律中小遺亦洗淨，仍嚼楊枝。」[50]又論晨起盥漱則說：

> 輕手取桶洗面，水不宜多。使齒藥時，右手點一次，揩左邊；左手點一次，揩右邊，不得兩手再蘸，恐有牙宣口氣過人。漱口吐水時，須低頭以手引下，不得直腰吐水濺鄰桶。[51]

由此段資料可以推論，楊枝至晚在南宋已被齒藥所取代；但寺院即使不用楊枝刷牙，仍稱刷牙（含揩齒）為「嚼楊枝」，因此清代儀潤《百丈清規證義記》卷五〈迎待尊宿·請齋第四〉云：「齋畢，賓主禮次，淨手，嚼楊枝漱口已，送歸客寮。」[52]又卷七〈佛七規約〉、卷八〈坐禪恆規〉亦言及嚼楊枝，特別是〈坐禪恆規〉說：「眾漱口嚼楊枝畢，經行，監值收楊枝杯，用熱水洗。」[53]可見漱口杯也有「楊枝」的名號了；然而當楊枝被齒藥取代後，是否寺院從此不再使用楊枝刷牙？根據讀體彙集《毘尼日用切要》有「取楊枝」一條[54]，我們相信必有律宗大師謹守律儀，依舊使用楊枝淨齒的現象存在[55]。

四、楊枝在中國民間的應用

從唐代寺院「嚼楊枝」的「行捨隨心」，已可以想見，楊枝刷牙在

---

[49] 同前注，頁 887。

[50] 《禪苑清規》，同注 48，頁 946。

[51] 同前注，頁 943。文中所謂「牙宣口氣過人」應指齒藥染上口氣，影響他人使用；不過宗壽另於《入眾須知》說：「少使牙藥，不可再取，恐後人惹牙風。」（頁 949）則更為避免齒疾的傳染了。

[52] 儀潤《百丈清規證義記》卷五，見《卍續藏》111 冊，頁 677。

[53] 同前注，頁 846。

[54] 見注 15。

[55] 讀體為明末清初（1601～1679）重興律宗的法將，平生有關戒律著述多達十四部，故弘一律師《律學要略》（林子青編《弘一大師全集》第 1 冊，福州：福建人民出版社，1991 年 6，頁 197～198）推崇其弘律頗有成績。可參見釋德祖《見月讀體律師之戒律思想初探》（臺北：法光佛教文化研究所碩士論文，1994 年 7 月）

中國難以普及；如再由王維〈胡居士臥病遺米因贈〉云：「齋時不乞食，定應空漱口。」[56]韓愈〈落齒〉云：「又牙妨食物，顛倒怯漱水。」[57]又柳宗元〈晨詣超師院讀禪經〉云：「汲井漱寒齒，清心拂晨服。」[58]乃至古代醫書上的記載，則可以發現，宋代之前，除了漱口、揩齒，民間幾無任何比楊枝更經濟有效的刷牙工具。以孫思邈《備急千金藥方》為例，卷十九〈齒病〉只有說：

> 每旦以一捻鹽內口中，以溫水含，揩齒及扣齒百遍，為之不絕，不過五日，口齒即牢密。[59]

又卷八一〈道林養性第二〉云：

> 勿食生肉，傷胃。一切肉惟須煮爛，停冷食之。食畢當漱口數過，令人牙齒不敗，口香。熱食訖，以冷酢漿漱口者，令人口氣常臭，作蜃齒（案：即蛀牙）病。[60]

再如王燾《外臺秘要方》卷二二引《養生方》亦云：

> 食畢當漱口數過，不使人病齲齒。[61]

孫思邈壽至期頤，據《四庫提要》考證，說他生於隋開皇元年（580），卒於唐永淳元年（682）[62]，則《備急千金要方》自是初唐以前作品；而《外臺秘要方》書前有王燾於天寶十一年自序，可知為盛唐之作，二書都未提及以牙刷清潔牙齒。到了宋代，即使如王進玉〈揩齒刷牙何時興〉一文宣稱一九五三年，考古工作者，在內蒙赤峰縣大營子村遼駙馬衛國王墓的陪葬品裡，發現兩把骨製的牙刷柄，那是遼應曆九

[56] 見《王右丞集》，臺北：臺灣商務印書館《四部叢刊》初編本，不著年月，頁25。
[57] 見注4。
[58] 見《柳宗元集》，臺北：漢京文化事業公司，1982年5月，頁1135。
[59] 《備急千金要方》，臺北：臺灣商務印書館景印《四庫全書》735冊，1985年2月，頁213。
[60] 同前注，頁833。
[61] 《外臺秘要方》，臺北：臺灣商務印書館景印《四庫全書》736冊，1985年2月，頁731。
[62] 見《四庫全書總目》，北京：中華書局，1992年10月，一〇三卷，頁859。

年（959）的墓葬；而且北宋寶元中，溫革《瑣碎錄》言及植馬尾的牙刷、南宋嚴用和《嚴氏濟生方》也說「清晨以牙刷刷牙」云云，我們依然可以確定牙刷刷牙，在宋代並不普及[63]，這不僅因北宋王袞《博濟方》卷三〈齒鬚髮〉項，有多種方藥，皆以揩齒淨漱為之，卻無一語及類似楊枝的刷牙用具，如「黑金散」條只說：

> 旦暮或食後揩齒，表裏精細，耐煩揩之，悉令週迴，即合口須臾。若不倦，久長用之，髭鬢自然黑潤異常，牙齒堅白無脫，口氣香潔。[64]

又如徽宗敕編《聖濟總錄纂要》，卷十九〈口齒門・口齒總論〉[65]，也未脫孫思邈之說；於「齒䘌」條，則論曰：

> 齒䘌如痔蠹蟲之證，齒根先露壞爛，膿血俱出，口內氣息，蓋緣

---

[63] 王書見《漫步敦煌藝術科技畫廊》（北京：科技普及出版社，1989年11月，頁90）。按《瑣碎錄》一書，筆者未見，然據張杲《醫說》（臺北：新文豐公司影印中央圖書館藏明嘉靖本，1981年2月）所載，溫革似非《瑣碎錄》作者；《瑣碎錄》亦不應成於仁宗寶元中。因十卷《醫說》中，多轉載《瑣碎錄》之文，其中在卷七「食鱉不可食莧」（頁575）、卷五「冰煎理中丸」（頁383）兩本，皆注出《瑣碎錄》（《四庫本「冰煎理中丸」條，漏記出處），而前者記溫革郎中字叔皮，因併食鱉莧，遂苦腹痛，後飲馬尿始癒，足見作者非溫革其人；假若此條尚可解釋為張杲將原書第一人稱「余」，改為溫革本人，那麼後者又記徽宗常苦脾疾，國醫楊吉老進冰煎理中丸而癒，顯然此書亦不當成於仁宗世。且《瑣碎錄》既載有植馬尾的牙刷，依《醫說》多收此書之例，卷四〈口齒喉耳〉項，應會收錄，但卻不見轉載，故未免可疑！其次，嚴用和《濟生方》（臺北：臺灣商務印書館景印《四庫全書》743冊，1985年2月）據《四庫提要》引吳澄〈易簡歸一方序〉稱嚴氏剽陳言《三因方》之論，筆者先考《三因極一病證方論》（臺北：臺灣商務印書館景印《四庫全書》743冊）卷十六〈齒病證治〉項，並無牙刷一物，繼尋《濟生方》卷五〈齒〉項，也見不到王氏文中所引「每日清晨以牙刷刷牙」云云，反倒多見諸藥方應「以溫鹽水鹽漱」之說，故王氏之言，未便遽信。今據黃新宇〈牙刷溯源〉則說：「1954年，遼寧省赤峰市大營子村一號遼代駙馬墓中，出土了兩把骨製牙刷……。牙刷發明之後，並沒有在我國儘快普及。」（《文獻》，1999年10月4期，頁257～258）此處所言出土年份與王文稍異，且其同意宋代刷牙未成時尚，但可惜的是，作者仍引《濟生方》，謂「有關論著也論證了刷牙的重要性」，殆亦未詳查之誤。

[64] 《博濟方》（臺北：臺灣商務印書館景印《四庫全書》738冊，1985年2月，頁147），此書晁公武《郡齋讀書志》載袞於仁宗慶曆間，官滑臺時為之，《四庫提要》已據袞書自序辯其訛，然書成於北宋，自無可疑。

[65] 《聖濟總錄纂要》，臺北：臺灣商務印書館景印《四庫全書》739冊，1985年2月，頁405。

臟腑壅滯，熏發上焦，攻衝齒牙。又有嗜肥甘過多，或宿食在
齒根。不能漱去，致腐殘之氣，淹漬而成者。[66]

所謂「宿食在齒根，不能漱去」，也不難令人想見，寺院用以刷牙的楊
枝，並未廣行於民間。而直至南宋，張杲《醫說》卷四〈口齒喉舌耳〉
項，仍未提及牙刷刷牙，其中「齒藥」條，還是轉錄劉孝標《類苑》
所載西嶽蓮花峰碑，治口齒烏髭藥歌，歌曰：

豬牙皂角及生薑，西國升麻蜀地黃。木律旱蓮槐角子，細辛荷
葉要相當。青鹽等分同燒煅，研煞將來使更良。揩齒牢牙髭鬢
黑，誰知世上有仙方？

此歌訣同見於陳言《三因極一病證方論》卷十六〈齒病證治〉項[67]，可
見當時民間仍普遍採行揩齒，難怪寺院也多棄楊枝而從眾隨俗了。而
值得一提的是，元代忽思慧《飲膳正要》，不僅參酌《千金要方》，於
卷一〈養生避忌〉說：「凡食訖，溫水漱口，令人無齒疾口臭。」又在
文末增補兩條：

凡清旦刷牙，不如夜刷牙，齒疾不生。
凡清旦鹽刷牙，平日無齒疾。[68]

此書卷首有忽思慧於文宗天曆三年（1330）三月三日的進呈表，因此
可與前引顧靜說法相印證，元代民間確已使用牙刷，程端禮《讀書分
年日程》故說可以取來當作圈點工具：「取黑角牙刷柄，一頭作點，一
頭作圈，至妙。」[69]然其價值仍頗珍貴，由郭鈺《靜思集》卷三〈郭恆
惠牙刷得雪字〉云：「南州牙刷寄來日，去膩滌煩一金直。短簪削成玳
瑁輕，冰絲綴鎖銀驄密。」[70]牙刷尚被當成禮品餽贈，足證仍未成為日

[66] 同前注，頁 413。
[67] 同見注 63，頁 309、388。
[68] 見《飲膳正要》，臺北：臺灣商務印書館，1968 年 6 月，頁 2、5。
[69] 程端禮《讀書分年日程》卷二，臺北：臺灣商務印書館景印《四庫全書》709 冊，1985
年 2 月，頁 492。
[70] 郭鈺《靜思集》，臺北：臺灣商務印書館景印《四庫全書》1219 冊，1985 年 12 月，頁

常生活必需之物。

　　那麼楊枝既不用來刷牙，在民間是否另有用途？今由資料顯示，楊枝在民間，有項特殊效用，如追溯其源流，可發現和僧團以楊枝為齒木有密切關係，那就是將楊枝作為辟邪去病的法寶。楊枝能辟邪去病，早在北魏賈思勰《齊民要術》卷五〈槐柳楸梓梧柞〉第五十已說：

> 正月旦，取楊柳枝著戶上，百鬼不入家。[71]

不過《高僧傳》卷九〈晉鄴中・竺佛圖澄〉所載事蹟，以年代而言，顯然要早於《齊民要術》[72]，文曰：

> 石虎有子名斌，後為兒（石）勒，勒愛之甚重，忽暴病而亡，已涉二日，勒曰：「朕聞虢太子死，扁鵲能生。大和尚國之神人，可急往告，必能致福。」澄迺取楊枝咒之，須臾能起，有頃平復。[73]

而類似佛圖澄「取楊枝咒之」的，是一般佛門課誦經文常見諸般讚語，其中即有所謂：「楊枝淨水，遍灑三千。」「醍醐灌頂滌塵垢，楊枝灑處潤焦枯。」「瓶中甘露常遍灑，手內楊枝不計秋。」「楊柳甘露灑群迷。」「楊柳枝頭甘露灑」等等[74]。且流傳民間的三十三觀音[75]，第一尊楊枝觀音，正是手執楊枝淨瓶，其所據經典，在《大正藏》密教部中，有《千轉陀羅尼觀世音菩薩咒（經）》、《觀自在菩薩說普賢陀羅尼經》、《阿唎多羅陀羅尼阿嚕力經》、《千眼千臂觀世音菩薩陀羅尼神咒經》、

182。

[71] 見《齊民要術》，臺北：臺灣商務印書館，1968 年 6 月，頁 68。

[72] 據《釋氏疑年錄》卷一云：「（佛圖澄）東晉永和四年戊申卒，年一百十七歲（232～348）。」（北京：中華書局，1988 年 9 月，頁 1）且《梁高僧傳》記此事於石勒僭稱趙天王；即晉成帝咸和五年（330）之後，故可知之。

[73] 《梁高僧傳》卷九，T50，p383b。慧皎說石斌暴病死後兩日得救；《晉書》卷九五〈佛圖澄〉傳則云：「勒愛子斌暴病死，將殯，勒嘆曰：『朕聞虢太子死，扁鵲能生之，今可得效乎？』乃令告澄。澄取楊枝沾水，灑而咒之，就執斌手曰：『可起矣！』因此遂蘇，有頃，平復。」（臺北：鼎文書局，1992 年 11 月，頁 2487）似乎更為神奇！

[74] 見《禪門日誦》，臺北：靈泉山普濟寺倡印江蘇常州府天寧寺版，1988 年 10 月，頁 48～74。

[75] 見白化文著《佛光的折射・觀世音菩薩》，香港：中華書局，1988 年 9 月，頁 113～116。

《千手千眼觀世音菩薩姥陀羅尼身經》、《千手千眼觀世音菩薩廣大圓滿無礙大悲心陀羅尼經》、《千手千眼觀世音菩薩大悲心陀羅尼》、《千光眼觀自在菩薩秘密法經》等譯本[76]。修此楊枝密法者，或可得無礙辯才，或可除惡鬼眾邪魍魎之所惑亂，也可去齒疾等大小一切眾病，一如《千手千眼觀世音菩薩姥陀羅尼身經》云，畫千手千眼觀音，千手皆執種種器仗，而大手十八臂中，即有一手持執楊枝；又如《大悲心陀羅尼經》所云：「若為身上種種病者，當於楊枝手。」[77]觀音手執楊枝，濟度蒼生，更加深了楊枝的神異；另在《宋高僧傳》卷十八〈唐泗州普光王寺僧伽傳〉也說：

> （僧伽）昔在長安，駙馬都尉武攸暨有疾，伽以澡罐水噀之而愈，聲振天邑。後有疾者告之，或以柳枝拂者；或令洗石師（獅）子而瘳；或擲水餅；或令謝過，驗非虛設，功不唐捐。

唐中宗於僧伽亡後，仰慕不忘，因問萬迴師曰：「彼僧伽者，何人也？」對曰：「觀音菩薩化身也。」[78]但又為何取楊枝為除邪去病的法寶呢？這可以拿早在東晉傳譯的《灌頂經》所載故事來說明；《釋氏要覽》卷下「柳枝淨水」條，言及端午節日，人以盆水，內插楊枝辟惡，也已引《灌頂經》明其源由，此源由正可幫助我們了解齒木與除邪祛病的關聯，因《釋氏要覽》所述較簡要，故錄於下：

> 比（北）人風俗，每至重午等壽節日，皆以盆盛水，內插柳枝，置之門前辟惡。按《灌頂經》云：昔維耶黎城民遭疫，有一年少比丘名禪提，奉佛教，持摩訶神咒，往為辟之，疫人皆愈。其禪提住彼國二十九年，民安。至其遷化，民復遭疫，民思禪提，遂往其住處，但見所嚼齒木，擲地成林，林下有泉，民酌其水，折楊枝掃拂洒，病者皆愈，毒氣消亡。辟除眾惡，萬事

---

[76] 詳見 T20，p17b、p19c、p23b、p94a、p97b、p106a、p115c、p120a。
[77] 同前注，T20，p99b、p110a。
[78] 見《宋高僧傳》卷十八，T50，p822a。

吉祥故。[79]

由禪提比丘所嚼楊枝，一變而為維耶黎城民除疫的法寶；更因佛法東
來，經典傳譯與觀音信仰興盛，而造就中國民間以楊枝辟邪除疾的習
俗，反倒是楊枝最初的用途，被擱置一旁了，殊不知嚼楊枝也正為了
除疾啊！對這種崇尚神異，卻忽其本原的現象，想來不禁令人莞爾[80]。

五、結論：兼論楊枝對口腔的清潔效能

由上文所述，可得數點結論，今綜說如下：

（一）楊枝原是印度人清潔口齒的用具，敦煌莫高窟中，無論晚
唐第九窟南壁或一九六窟西壁所繪「勞度叉鬥聖變」，只顯示二千五百
年前，印度人已用楊枝刷牙，並不意味晚唐之際，國人已有楊枝刷牙
的風氣；且當經律傳譯中國，載明須嚼楊枝時，國人也僅以漱口、揩
齒、剔牙清潔口腔而已，並未發明任何比楊枝更便利或更經濟有效的
刷牙工具。

（二）用楊枝刷牙，固然可以清潔牙齒，但還要注意是否有礙觀
瞻？是否有危險性？是否已使口氣清新？佛陀特為此而明訂：嚼楊枝
應在隱處，不當逼近尊人；其長度約在八指至十二指之間，且嚼楊枝
後，尚須刮舌以消除口臭。當時佛與弟子嚼楊枝的勝蹟，至法顯、玄
奘西行求法之際，仍瞻仰得到。

（三）佛教經律中，多載嚼楊枝之事，這些經藏、律藏，漢末以
來，已在中國傳譯；但至義淨撰《南海寄歸內法傳》，仍感慨中土難以
施行，其癥結不僅在於民風無法立即轉變；大乘行者以為飲食小事，
不甚拘忌，而中國又比較冷，都是主因。因此雖在義淨之前，有律師
食後漱口的記載，但「嚼楊枝」仍應至宋代，方得落實，只不過原先

---

[79] 同注 46，T54，p305a。《灌頂經》十二卷，本名為《佛說灌頂七萬二千神王護比丘咒經》，
是早在東晉，即由帛尸梨蜜多羅譯出。禪提比丘事見卷九（T21，p523a）。
[80] 按《遼史》卷四九〈禮志一〉載言遇旱祈雨時，即行「射柳」之儀（臺北：鼎文書局，
1990 年 11 月，頁 835），則未詳與佛教中的楊枝，是否相關。

的楊枝，已經被齒藥所取易，「嚼楊枝」也僅成為寺院「刷牙」（含漱口、揩齒）的一種代稱而已。

　　（四）楊枝起初的用途，主要為清潔牙齒，但在中國寺院尚難施行，自然談不上影響民間，使群起仿隨；反倒是寺院也沿用了民間普遍採行的漱口、揩齒之法。然而頗有趣的是，楊枝除病去邪的風俗，卻迅速隨著經藏故實、神僧誦咒，及觀音信仰，而在民間廣布開來。

　　俗諺說：「牙痛不是病，痛了要人命。」患了齒疾，牙神經淶心徹骨地陣陣抽痛，真會令人寢食難安，了無生趣；而今佛陀說嚼楊枝的益處有：去痰、解熱、明目、除口臭、增進食慾等多種功效，換言之，再也不會有齒疾的困擾，以現代人的眼光看來，或許覺得荒謬無稽，或許覺得想法天真，猶如神話一般；但事實上，徵之古代醫典，的確隨處可見以楊枝保健口腔的藥方，這當然可印證佛陀所言不虛，以下故略舉數例以明。《備急千金要方》卷十九〈治齒蟲方〉云：

　　　白楊葉切一升，水三升，煮取一升含之。[81]

《外臺秘要方》卷二二〈古今錄驗療齒痛方〉云：

　　　取楊柳細白皮，卷如指大，含嚼之，以汁漬痛齒根，數過即差。[82]

又〈升麻揩齒方〉取升麻（半兩）、白芷、藁本、細辛、沉香（各三分）、寒水石（六分研），而云：

　　　右六味擣篩為散，每朝楊柳枝咬頭軟，點取藥揩齒，香而光潔。
　　　一方云用石膏、貝齒各三分、麝香一分，尤妙。[83]

又《聖濟總錄纂要》卷十九〈柳枝湯方〉，取柳枝、槐枝、黑豆（各一合）、蜀椒（炒去目半兩）、青鹽、細辛、羌活（各一分），云：

　　　除椒鹽外剉，先以水六盞，煎取二盞，入椒鹽，再煎一盞，通

[81] 同注 59，頁 214。
[82] 同注 61，頁 728。
[83] 同注 61，頁 736。

　　　　口漱之，不拘時候，以差為度。[84]

此方可以「治齒痛連牙額疼」。再如《本草綱目》卷三五下「柳」，收有多種方劑，其中亦有專治「走馬牙疳」、「齒齦腫痛」、「風蟲牙痛」者[85]。

　　佛教視三界如火宅，有情眾生即處於火宅之中，受煩惱塵勞，眾苦煎迫，因此亟願眾生離苦得樂，解脫生死輪迴，由此看來，佛法是「出世間法」；然誠如六祖所謂：「佛法在世間，不離世間覺。」佛陀教人如何於火宅中，安頓身心，莊嚴自性淨土，原亦不偏廢「世間法」，因此佛法可稱之為「世出世間法」，一如《妙法蓮華經》中所云：

　　　　諸佛兩足尊，知法常無性。佛種從緣起，是故說一乘。是法住
　　　　法位，世間相常住。於道場知已，導師方便說。天人所供養，
　　　　現在十方佛，其數如恆沙，出現於世間。安隱眾生故，亦說如
　　　　是法。知第一寂滅，以方便力故，雖示種種道，其實為佛乘。
　　　　（T09，p7a）

凡偏尚哲學思辨的論師們，往往將種種法門演繹得宏博廣闊，幽玄精微；但是當佛陀宣說其深廣的心靈境界時，畢竟沒忽略身體這「四緣假合，六根妄有」的保健問題，現由嚼楊枝一事，適足以窺其一斑。

附表：王惠民〈敦煌壁畫刷牙圖考論・敦煌壁畫刷牙圖分布表〉

壁畫題材	彌勒經變							勞度叉鬥聖變						
窟號時代	7	12	146	154	159	186	361	9	25	55	98	196	454	榆林窟第16窟
中唐			V	V	V	V								
晚唐		V						V				V		
五代			V								V			V
宋	V							V	V			V		

---

[84] 同注65，頁412。
[85] 同注15，頁74〜75。

敦煌莫高窟・勞度叉鬥聖變揩齒放大圖

唐代法門寺地宮「衣物帳碑」局部放大圖，第五行清晰可見「揩齒布一百枚」

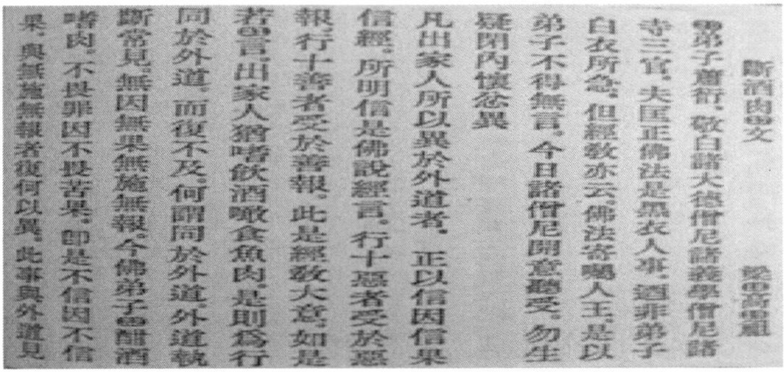

《大正藏·廣弘明集》卷二十六書影

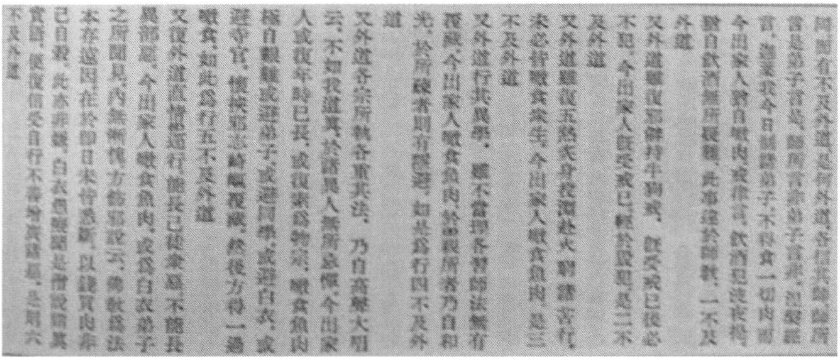

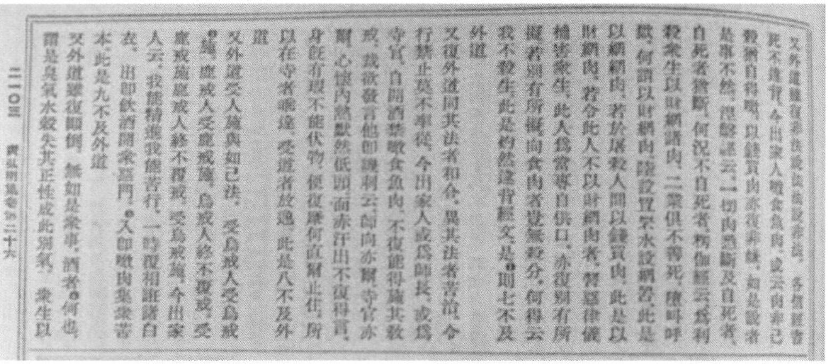

斷酒肉文　梁武帝蕭衍

弟子蕭衍，敬白諸大德僧尼、諸義學僧尼、諸寺三官。夫匡正佛法是黑衣人事，迺非弟子白衣所急。但經教亦云，佛法寄囑人王，是以弟子不得無言。今日諸僧尼開意聽受，勿生疑閉內懷忿異。

凡出家人所以異於外道者，正以信因信果信經。所明信是佛說經言。行十惡者受於惡報，行十善者受於善報。此是經教大意。如是若言，出家人猶嗜飲酒噉食魚肉，是則為行同於外道，而復不及。何謂同於外道。外道執斷常見，無因無果，無施無報。今佛弟子酣酒嗜肉，不畏罪因，不畏苦果，即是不信因不信果，與無施無報者復何以異。此事與外道見

又外道雖復非法說法，各信經書。死不救質。今出家人噉食魚肉，或云肉非己殺猶自得噉，以錢買肉亦復非殺。如是說者是事不然。涅槃經云，一切肉悉斷，及自死者。自死者猶斷，何況不自死者。楞伽經云，為利殺衆生，以財網諸肉，二業俱不善，死墮叫呼獄。何謂以財網肉，陸設罝罘，水設網罟，此是以網網肉。若於屠殺人間，以錢買肉，此是以財網肉。若令此人不以財網肉者，習惡律儀捕害衆生，此人為當專自供口，亦復別有所擬。若別有所擬，向食肉者豈無殺分。何得云我不殺生。此是灼然違背經文，是則七不及外道

又復外道同其法者和合，異其法者苦治，令行禁止莫不率從。今出家人或為師長，或為寺官，自開酒禁，噉食魚肉，不復能得施其教戒。或欲發言，他即譏刺云，師向亦爾，寺官亦爾。心懷內熱，默然低頭，面赤汗出，不復得言。身既有瑕，不能伏物，便復摩何直爾止住。所以在寺者乖違，受道者放逸。此是八不及外道

又外道受人施與，如己法，受烏戒人受烏戒施，鹿戒人受鹿戒施，烏戒人終不覆戒，受鹿戒施鹿戒人終不覆戒。今出家人云，我能精進，我能苦行，一時覆相誑諸白衣。出即飲酒開衆惡門。入即噉肉集衆苦本。此是九不及外道

又外道雖復顛倒，無如是衆事。酒者何也，謂是臭氣水穀失其正性成此別氣。衆生以

二二〇三　廣弘明集卷第二十六

《大正藏・廣弘明集》卷二十六書影

北傳佛教與中國素食文化

提　　要

　　中國是以農立國的民族，幾千年來，百姓多賴耕種維生，因此發展出來的傳統飲食習慣和素食相當近似，但這並不表示先民皆喜好素食，且已形成慈悲止殺的人文風潮。素食文化的推廣，畢竟有待佛教東傳，佛家戒殺思想與中國傳統省欲去奢的理念相融和，使得素食不僅是佛教教餐，同時也成為中國諸多具有特色的菜系之一。中國素食文化與佛教關係密切，本文運用佛典、史傳、筆記小說、文集、詩文評與當代學者研究成果，試圖釐清佛教素食的歷史發展背景，及其對中國社會習尚的影響，全篇分由佛教的飲食要求、帝王的敕斷葷腥、士庶的齋素心態逐項評析論述；至於文學創作與藝文理論，原屬文化中的一環，從中也可以見到佛教素食主義對古代文學家的啟迪與薰陶，故亦併在本文敘說之列。

關鍵詞

原始佛教　北傳佛教　梁武帝　素食　飲食文化

一、前　言

　　華夏民族本是農業古國，一般百姓多賴耕種維生，在飲食方面，長期皆以穀物菜蔬為主，除非是上層階級，才得以享用鮮肥的食物，如《周禮・天官》記載職掌天子膳食的人員即有膳夫、庖人、內饔、外饔、亨（烹）人、甸師、獸人、歔人、鱉人、腊人；而僅以「掌王之食飲膳羞」的膳夫職司中，就記載著：「凡王之饋，食用六穀，膳用六牲，飲用六清，羞用百二十品，珍用八物，醬用百有二十甕。」[1]可以想見這是相當奢華的御膳，難怪古時稱上位者為「肉食者」[2]；而據《禮記・王制》云：

> 諸侯無故不殺牛，大夫無故不殺羊，士無故不殺犬豕，庶人無故
> 不食珍。[3]

鄭玄注：「『故』謂祭饗。」可見一般民眾在飲食階級劃分下，想吃珍饈佳餚是不容易的。這不僅像《戰國策・韓策一》張儀為秦連橫說韓王曰：

> 韓地險惡山居，五穀所生，非麥而豆；民之所食，大抵豆飯藿羹。
> 一歲不收，民不屬糟糠；地方不滿九百里，無二歲之所食。[4]

顯示韓國百姓相當困乏，鬧了饑荒就吃不飽；沒饑荒的年歲，也僅賴豆飯藿羹裹腹；而就是在《孟子・梁惠王上》也說：「雞豚狗彘之畜，無失其時，七十者可以食肉矣。」[5]故大體而言，早先華夏民族的飲食習慣，是與

---

[1]　見《周禮・天官・膳夫》，《十三經注疏》本，臺北：新文豐公司，1978年1月，頁57。

[2]　按《左傳》莊公十年春載云：「齊師伐我，公將戰，曹劌請見，其鄉人曰：『肉食者謀之，又何間焉？』」（《十三經注疏》本，頁147）杜預注云：「肉食，在位者」；孔穎達疏曰：「賤人不得食肉，故云在位者。」竹添光鴻《左傳會箋》亦曰：「哀十三年：『肉食者無墨』；昭四年：『食肉之祿，冰皆與焉。大夫命婦喪浴用冰』，是肉食，大夫以上之稱。」（臺北：鳳凰出版社，1997年9月，頁27）

[3]　見《禮記・王制》，《十三經注疏》本，頁245。

[4]　何建章《戰國策注釋》，北京：中華書局，1990年2月，頁974。

[5]　見《孟子》，《十三經注疏》本，頁24。又《禮記・王制》則云：「凡養老，……五十異糧，六十宿肉，七十貳膳，八十常珍，九十飲食不離寢，膳飲從於遊可也。」（頁264）食肉的年齡雖有降低，依然是辛苦一輩子的老年人，才有資格享用。

素食相當接近的；但這並不表示先民皆喜好素食，且足以發展出一種深具人文關懷的文化風尚，畢竟像「關西孔子」楊震那樣公廉淡泊，「子孫常蔬食步行」[6]的人，實在太罕見了，因此素食風尚的形成，仍有待佛教東來，林乃燊《中國飲食文化》即說：

> 素菜歷史悠久，先秦時期，人們在祭祀或遇到日月蝕，或遭重大天災等，都有「齋戒」的習慣。但作為一個菜系，則是在漢代以後，道教和佛教盛行時逐漸形成。道教的養生之道，主張人們多吃鮮蔬野果，花蕊茶茗，但道教不戒肉食，未能形成自己獨特的教餐。佛教則全吃素食，信佛的有貴族，有平民，寺院菜有粗有細，菜式逐漸繁多，就形成了一個素菜系。[7]

中國素食文化與佛教關係密切，確是不爭的事實，因此本文將分別從佛教的飲食要求、帝王的敕斷葷腥、士庶的齋素心態、持素的藝文效應等方面，逐一申論中國佛教的素食風尚。

二、佛教的飲食要求

出家僧人另有比丘（苾芻）、沙門（桑門）、和尚（和闍）、浮屠（浮圖）等等稱呼。據《大智度論》卷三謂「比丘」一詞，即具備五層涵義，其第一層就是「乞士」，《大智度論》解釋說：「清淨乞食活命，故名乞士。」[8]出家人為了精進辦道，無法謀生置產，乃以托缽乞食維生，一如《金剛般若波羅蜜經》云：

> 爾時世尊食時，著衣持缽，入舍衛大城乞食。於其城中，次第乞已，還至本處。飯食訖，收衣缽，洗足已，敷座而坐。[9]

---

[6]　見《後漢書》卷四四〈楊震傳〉，臺北：藝文印書館，1968年12月，頁628。

[7]　見《中國飲食文化》第四章〈各大菜系的形成及其共性和個性〉，上海：上海人民出版社，1991年2月，頁134。

[8]　《大智度論》卷三，T25，p79b。

[9]　《金剛般若波羅蜜經》，T08，p748c。

而由於飲食攸關乎修行，因此在律藏中，我們可以見到佛陀針對僧眾飲食上的種種疏失，訂立多條律儀。如《十誦律》卷十三曰：

> 佛在舍衛國。爾時長老迦留陀夷，於夜闇時，有小雨墮雷聲電光中，入白衣舍乞食。時是家中，有一洗器女人出於電光中，遙見迦留陀夷身黑，見已驚怖，身毛皆豎，即大喚言：「鬼來！鬼來！」以怖畏故，即便墮胎。迦留陀夷言：「姊妹，我是比丘，非鬼也。乞食故來。」時女人瞋，以惡語、粗語、不淨語、苦語，語比丘言：「使汝父死、母死、種姓皆死，使是沙門腹破，禿沙門斷種人，著黑弊衣，何不以利牛舌刀自破汝腹，乃於是夜闇黑雷電中乞食！汝沙門乃作爾許惡，我兒墮死，令我身壞！」[10]

迦留陀夷在雷雨暗夜乞食，致孕婦驚怖流產。事後佛陀乃結戒比丘日中一食。《十誦律》同卷又云：

> 佛在舍衛國。爾時節日至，諸居士辦種種好飲食，出城入園林中。爾時十七群比丘自相謂言：「可共到彼園中看去。」皆言：「可爾。」即自洗浴，莊嚴面目，香油塗髮，著新淨衣，到園林中一處立看。是十七群比丘端正姝好，多人敬愛，諸居士見，共相謂言：「看是諸出家少年端正姝好！」皆言：「實爾。」諸居士歡喜故，持種種好酒食與言：「汝能噉不？」答言：「汝等尚能，我何以不能？」是十七群比丘多得飲食已，醉亂迷悶，食後搖頭掉臂向祇洹……。[11]

十七群比丘忘失身分，與世俗人飲酒作樂，佛陀遂又制戒不非時食。這是過午不食的兩個緣起[12]。另《十誦律》同卷還有上勝比丘雖受乞食法，卻

---

[10] 見《十誦律》卷十三，T23，p91a；另如《四分律》卷十四（T22，p662b）也有此說。

[11] 同前注，T23，p95a

[12] 如根據《摩訶僧祇律》卷十七記載，佛陀是為避免世人譏嫌出家眾夜食，故制定前半日聽食（T22，p359b）；而《法苑珠林》卷四二引《毘羅三昧經》（本經已佚未入藏）則謂早晨諸天食，日中三世諸佛食，日暮畜生食，夜間鬼神食。如來欲斷六趣因，故制令同三世佛食。（T53，p611c）

每日乞食兩份，一份立即食用，一份曝曬石上，明日再吃。如此實在不衛生，佛陀於是制戒不宿殘食，也就是不吃昨天剩餘的飯菜。[13]

又當比丘沿街托缽，皆須任隨施主發心供養，不能有富貴貧賤的選擇，這就是《維摩經‧弟子品》所說：「住平等法，應次行乞食。」「若能於食等者，諸法亦等。」[14]然而民眾生活條件參差不等，為避免造成民眾困擾，好讓他們都能方便供養，善植福田，食物難免精粗無擇、葷腥不忌。於是僧團中，佛陀堂弟提婆達多久已蓄意謀奪領導地位，遂破僧團和合，倡言比丘應盡形壽著衲衣、行乞食、日一食、露地住、斷肉魚，謂：「是五法隨順，少欲知足，易養易滿，知時知量，精進持戒清淨，一心遠離，向泥洹門，若比丘行是五法，疾得泥洹。」[15]佛陀對於此事也有回應。佛說過去諸佛讚嘆比丘行此五法，佛今亦如是讚嘆，然亦聽著居士衣、聽請食、聽再食、聽露地坐、聽食三淨肉。其中所謂「三淨肉」便是不見、不聞、不疑：

> 不見者，不自眼見為我故殺是畜生；不聞者，不從可信人聞為汝故殺是畜生；不疑者，是中有屠兒，是人慈心，不能奪畜生命。我聽噉如是三種淨肉。[16]

因此之故，在許多信仰佛教地區，並未嚴禁肉食；惟誠如道宣《廣弘明集‧慈濟篇序》所云：「釋氏化本，止殺為先。由斯一道，取濟群有。故慈為佛心，慈為佛室，慈善根力，隨義而現。」[17]北本《涅槃經》卷四且以「淨肉」為臨時所制的方便：「『善男子，從今日始，不聽聲聞弟子食肉；若受檀越信施之時，應觀是食如子肉想。』迦葉菩薩復白佛言：『世尊，云何如來不聽食肉？』『善男子，夫食肉者斷大慈種。』迦葉又言：『如來何故

---

[13] 同注11。

[14] 《維摩經‧弟子品》，T14，p540b。

[15] 《十誦律》卷三七，T23，p264b。

[16] 同前注，T23，p264b。又《五分律》卷二二亦云：「有三種肉不得食，若見、若聞、若疑。見者，自見為已殺；聞者，從可信人聞為已殺；疑者，疑為已殺。若不見、不聞、不疑，是為淨肉。」（T22，p149b）說較淺明易懂。

[17] 道宣《廣弘明集‧慈濟篇序》，T52，p292b。

先聽比丘食三種淨肉？』『迦葉，是三種淨肉，隨事漸制。』迦葉菩薩復白佛言：『世尊，何因緣故，十種不淨乃至九種清淨而復不聽？』佛告迦葉：『亦是因事漸次而制，當知即是現斷肉義。』」[18]印順法師《教制教典與教學‧關於素食問題》也進一步說明：

> 佛教的出家制，本是適應印度當時的乞食生活。在這種生活情況下，對於一般食物，是無法十分揀擇的，只能有什麼喫什麼。這是適應時地的方便，在世尊的悲心中，決不以三淨肉為非喫不可。所以將佛陀精神充分的闡發出來，在《象腋》、《央掘》、《楞伽》、《涅槃》、《楞嚴》等大乘經中，明朗地宣說：佛弟子不應食肉。食三淨肉是方便說，食肉斷大悲種，（故意殺生）食肉是魔眷屬。大乘不食肉的教說，是絕對契合佛陀精神的。[19]

下面便依《大正藏》編排次序，摘引幾部經典，以更彰顯佛陀精神。《法句譬喻經》卷一〈慈仁品〉云：

> 夫人生世，所食無數，何以不作有益之食，而殘害群生，以自濟活？死墮惡道，損而無益。人食五穀，當愍眾生，蠕動之類，莫不貪生，殺彼活己，殃罪不朽。慈仁不殺，世世無患。[20]

六十卷本《大方廣佛華嚴經》卷二四云：

> 菩薩住離垢地，自然遠離一切殺生，捨棄刀杖，無瞋恨心，有慚有愧，於一切眾生起慈悲心，常求樂事，尚不惡心惱於眾生，何

---

18 見《涅槃經》卷四，T12，p386a。又迦葉菩薩所謂「九種清淨」是指三淨肉外，加自死及鳥殘為五淨肉，再加不為己殺、先乾、不期遇，及非今時為我而殺，乃前時已殺之肉，是為九種淨肉；而事實上後六種都已包括在三淨肉中。至於「十種不淨」是指任何時候都不可食用的肉，分別為人、象、馬、龍、狗、烏、鷲、豬、獼猴（猿）、獅子。亦有除龍、烏、鷲而加蛇、驢、狐，或除烏、鷲、獅子而加蛇、鬼、牛者。
19 《教制教典與教學》，臺北：正聞出版社，1988年3月，頁102。
20 《法句譬喻經》卷一〈慈仁品〉，T04，p581b。

況加害？[21]

《大乘入楞伽經》卷六云：

> 凡殺生者多為人食，人若不食，亦無殺事，是故食肉與殺同罪。[22]

《入楞伽經・遮食肉品》云：

> 大慧！我觀眾生從無始來，食肉習故，貪著肉味，更相殺害，遠離賢聖，受生死苦；捨肉味者，聞正法味，於菩薩地如實修行，速得阿耨多羅三藐三菩提。[23]

又《梵網經・菩薩心地戒品》云：

> 一切肉不得食，斷大慈悲佛性種子，一切眾生見而捨去，是故一切菩薩不得食一切眾生肉，食肉得無量罪。[24]

　　凡上所引經文，皆與《涅槃經》相同，以為殺生即斷大悲種，這是佛法最根本的教誡。至於《楞嚴經》卷四云：「貪愛同滋，貪不能止，則諸世間卵、化、濕、胎，隨力強弱，遞相吞食，是等則以殺貪為本，以人食羊，羊死為人，人死為羊。如是乃至十生之類，死死生生，互來相噉，惡業俱生，窮未來際，是等則以盜貪為本。汝負我命，我還汝債，以是因緣，經百千劫，常在生死。」[25]這是指眾生從貪愛衍生殺盜，以致經百千劫，常在生死輪迴，不得解脫，故勸令修行務必止殺；此外卷八云：「是諸眾生，求三摩提，當斷世間五種辛菜[26]。是五種辛，熟食發淫，生噉增恚，

---

[21] 《大方廣佛華嚴經》卷二四，T09，p548c。
[22] 《大乘入楞伽經》卷六，T16，p624a。
[23] 《入楞伽經・遮食肉品》，T16，p561b。
[24] 《梵網經・菩薩心地戒品》，T24，p1005b。
[25] 《楞嚴經》卷四，T19，p120b。
[26] 據《梵網經》四十八輕垢戒，第四條云：「若佛子，不得食五辛：大蒜、革蔥、慈蔥、蘭蔥、興渠。是五種，一切食中不得食，若故食者犯輕垢罪。」（T24，p1005b）一般小

如是世界食辛之人，縱能宣說十二部經，十方天仙，嫌其臭穢，咸皆遠離；諸惡鬼等，因彼食次，舐其唇吻，常與鬼住。福德日銷，長無利益。是食辛人修三摩地，菩薩天仙，十方善神，不來守護，大力魔王，得其方便，現作佛身，來為說法，非毀禁戒，讚婬怒癡，命終自為魔王眷屬，受魔福盡，墮無間獄。」[27] 顯見素食不僅不食眾生肉，由於葷菜同樣有礙修持，也在禁止之列；但若只為了修持解脫才不近葷腥，缺少以慈悲為本的菩提心，就稱不上是「不為自身求快樂，但欲救護諸眾生」[28]的菩薩了。

中國佛教向以大乘自居，故對於素食多能遵行，除了推廣素食農作，並且還大力宣揚戒殺護生。例如宋僧贊寧撰《筍譜》，明僧真一也作《筍梅譜》[29]；明代雲棲袾宏《竹窗隨筆·戒殺》條則說：

> 天地生物以供人食，如種種穀、種種果、種種蔬菜、種種水陸珍味，而人又以智巧餅之、餌之、鹽之、酢之、烹之、庖之，可謂千足萬足，何苦復將同有血氣、同有子母、同有知覺，覺痛覺癢、覺生覺死之物，而殺食之，豈理也哉？尋常說只要心好，不在齋素，嗟乎！戮其身而啖其肉，天下之言凶心、慘心、毒心、惡心孰甚焉，好心當在何處？[30]

乘律只提到蒜不可食（參見《十誦律》卷三八，T23，p275b）大乘經律始五辛並列。又據《南史》卷三四〈周顒傳〉言周顒精信佛法，清貧寡欲，終日長蔬，齊文惠太子問其菜食何味最勝？顒曰：「春初早韭，秋末晚菘。」（臺北：鼎文書局，1991年4月，頁895）顯然佛教徒於此時尚未避忌韭菜。

[27] 《楞嚴經》卷十，T19，p141c。

[28] 菩薩乃以慈悲心為首要，見《華嚴經·十地品》，T10，p126c。

[29] 《筍譜》一卷，分名、出、食、事、雜說五類，《四庫全書總目·譜錄類》除引王得臣《麈史》云：「僧贊寧為筍譜甚詳，掎摭古人詩詠，自梁元帝至唐楊師道，皆詩中言及筍者。」還稱其：「援據奧博，所引古書，多今世所不傳，深有資於考證。」（北京：中華書局，1987年7月，一一五卷，頁993）《筍梅譜》則見於〈譜錄類存目〉，提要云：「真一居杭州法華山龍歸塢，其地多筍，梅花亦極盛，因各為作譜。」（一一六卷，頁1003）

[30] 《竹窗隨筆》，臺北：西蓮印經會，1988年6月，頁22。

而民初印光法師也寫過多篇戒殺文章，其中有篇〈味精能挽劫運說〉提及吳蘊初居士有心世道，欲挽殺劫，專研食味，取麥麩洗出麵筋，醞釀多日，製成醬精、味精，以資飲食之味。文曰：

> 飲食于人關係甚大，得之則生，弗得則死，故曰食為民天。然天地既為人生種種穀、種種菜、種種果，養人之物，亦良多矣。而以口腹之故，取水陸空行諸物，殺而食之，以圖一時之悅口，絕不計及彼等與吾同稟靈明之性，同賦血肉之軀，同知疼痛苦樂，同知貪生怕死，但以力弗能敵，被我殺而食之，能不懷怨結恨，以圖報于未來世乎？試一思之，能不惴惴？忍以一時悅口之故，于未來世受彼殺戮乎哉？願雲禪師云：「千百年來碗裏羹，怨深似海恨難平；欲知世上刀兵劫，但聽屠門夜半聲。」詳味斯言，可以悟矣。[31]

由此可見佛教徒素食，其主要動機是為了慈悲不殺，這可以說是佛教兩千餘年的一貫主張；不過素食的同時，也連帶會對健康有所裨益。像在《四分律》卷十三就說：

> 食粥有五事：善除飢、除渴、消宿食、大小便調適、除風患。食粥者有此五善事。[32]

至今叢林早齋多食粥，且唱誦〈食粥偈〉曰：「粥有十利，饒益行人。果報無邊，究竟常樂。」所謂十利，就是指「資益身軀，顏容豐盛；補益尪羸，增長氣力；補養元氣，壽算增益；清淨柔軟，食則安樂；滋潤喉吻，論議無礙；調和通利，風氣消除；溫暖脾胃，宿食消化；氣無礙滯，辭辯清揚；適充口腹，飢餒頓除；喉吻霑潤，渴想隨消。」[33]《景德傳燈錄》卷九〈溈山靈祐〉有一則與粥有關的公案這麼說：

---

[31] 《印光法師文鈔》卷四〈雜著〉，臺北：臺灣中華大典編印會，1968年10月，頁9。

[32] 《四分律》卷十三，T22，p655b。

[33] 見《二課合解》卷七〈二時臨齋儀〉，臺南：和裕出版社，1993年7月，頁356。「十利」原出《摩訶僧祇律》卷二九，佛說偈曰：「持戒清淨人所奉，恭敬隨時以粥施。十利饒益於行者，色力壽樂辭清辯，宿食風除飢渴消，是名為藥佛所說。欲生天人長壽樂，應

> 師在法堂坐，庫頭擊木魚。火頭擲卻火抄，拊掌大笑。師云：「眾
> 中也有恁麼人，喚來問，作麼生？」火頭云：「某甲不喫粥肚飢，
> 所以喜歡。」師乃點頭。[34]

從上所述，即可體會僧團飲食起居，皆關乎修行，因此能普遍受到士大夫
的推崇，黃庭堅曾撰《士大夫食時五觀》，序言便說：

> 古者君子有飲食之教在〈鄉黨〉、〈曲禮〉，而士大夫臨樽俎則
> 忘之矣。故約釋氏法，作士君子食時五觀云……。[35]

又陳繼儒《讀書鏡》卷三也頗有感慨的說：

> 明道先生嘗至禪寺，僧方飯，見趨進揖遜之盛，嘆曰：「三代威
> 儀，盡在是矣。」尹和靖在平江累年，凡百嚴整有常，遇飲酒聽
> 樂，但拱手安足，處終日未嘗動。平江有僧見之曰：「吾不知儒
> 家所謂周孔為如何，恐亦只如此也。」夫儒者威儀掃地，遂使明
> 道先生亦贊嘆佛氏，賴有簡莊嚴尹和靖先生，始得向波（婆）羅
> 門吐氣，乃知吾曹不必以言勝佛，要以躬行勝之耳。[36]

陳氏雖以儒家本位與佛爭勝，但由其言外之意，可以想見佛教飲食文化對
社會影響之深！至於像《南史》卷三〈宋後廢帝紀〉云：「（帝）晚至新安
寺偷狗，就曇度道人煮之飲酒。」[37]陶穀《清異錄》卷四亦載：「比丘尼梵
正，庖製精巧，用鮓、臛、膾、脯、醢、醬、瓜、蔬，黃赤雜色，鬥成景

當以粥施眾生。」（T22，p462c）

[34] 《景德傳燈錄》卷九，T51，p264b。

[35] 黃庭堅《士大夫食時五觀》，見《叢書集成新編》90冊，臺北：新文豐公司，1986年1
月，頁1。另於《山谷題跋》卷七亦見之（收於《叢書集成新編》50冊，頁470）。《題跋》
卷八復有〈書食時五觀後〉云：「涪翁曰：禮所以教飲食之序，教之末也，所謂《曲禮》
也；今此五觀，教之本也，士大夫能剋心學之，遯世無悶之道也……。」（頁472）

[36] 《讀書鏡》卷三，見《筆記小說大觀》五編第4冊，臺北：新興書局，1974年12月，頁
2460。

[37] 《南史》卷三，臺北：鼎文書局，1991年4月，頁89。

物，若坐及二十人，則人裝一景，合成『輞川圖小樣』。」[38]徐珂《清稗類抄‧方外類》又記江浙尼庵素饌甚精：「其製素燕菜、素魚翅、素海參、素鴿蛋也，輒以嫩雞、火腿熬取清汁，而以形似之物投入其中，浸淫既久，肥膿鮮美，味遠勝於真者。」[39]曇度的煮狗肉飲酒已屬不該；梵正一千人身為比丘尼，竟利用魚肉製作風景冷盤、種種佳餚，縱然將繪畫雕塑藝術與烹飪技藝巧妙結合，也依然是大違佛戒了。

三、帝王的敕斷葷腥

　　自佛法傳布各地，謹遵佛制，慈心不殺的地區，在法顯《佛國記》，或楊衒之《洛陽伽藍記》都可見到[40]；而早在東漢時期，素食止殺觀念也與齋戒融合，逐漸滲入國人思想中，《後漢書‧楚王英傳》即有明帝詔書曰：「楚王誦黃老之微言，尚浮屠之仁祠，潔齋三月，與神為誓。」[41]《梁高僧傳‧曇柯迦羅傳》也說曇柯迦羅於魏齊王芳嘉平中至洛陽，見魏僧「設復齋懺，事法祠祀」[42]；特別是《梁高僧傳》所載高僧，有多人雖不列於〈明律〉篇，慧皎仍記其「專謹戒律」、「執節精峻」，乃至「齋戒無闕」、「蔬食永歲」、「蔬食精苦」、「蔬食布衣」、「蔬食有德行」等等，尤其像卷十二〈亡身〉篇記宋文帝元嘉年間高僧慧紹，自幼不近葷腥的傳奇事蹟云：

　　（慧紹）小兒時，母哺魚肉輒吐，咽菜不疑，於是便蔬食。至八

---

[38] 《清異錄》，臺北：新文豐公司《叢書集成新編》86冊，1986年1月，頁356。

[39] 見《清稗類抄》第10冊〈方外類‧江浙之尼〉，臺北：臺灣商務印書館，1983年10月，頁70。

[40] 《佛國記》中，篤信佛法的地區甚多，而明確記載素食的，首推「中國」（中天竺），文曰：「舉國人民，悉不殺生、不飲酒、不食蔥蒜，唯除旃荼羅。……國中不養豬雞，不賣生口，市無屠行及酤酒者，貨易則用貝齒，唯旃荼羅、獵師賣肉耳。」（郭鵬《佛國記注譯》，臺北：長春出版社，1995年2月，頁40）《洛陽伽藍記》卷五則記宋雲於北魏孝明帝神龜二年（519）十二月入烏場國，見「國王精進，菜食長齋，晨夜禮佛……。」（臺北：世界書局，1974年5月，頁144）

[41] 見《後漢書》卷四二〈光武十王傳〉，同注6，頁1428。

[42] 《梁高僧傳‧曇柯迦羅傳》，T50，p324c。

歲出家，為僧要弟子，精勤懷勵，苦行標節。[43]

另外卷七〈義解〉篇記竺道生深受宋文帝歡重，文帝曾臨道生駐錫的青園寺設筵，時間因拖延太久，「眾咸疑日晚，帝曰：『始可中耳。』生曰：『白日麗天，天始言中，何得非中？』遂取鉢便食，於是一眾從之。」[44]這表示當時僧團也有謹遵佛制，過午不食的情形。所以沈約於〈究竟慈悲論〉便說道：「昔《涅槃》未啟，十數年間，盧阜名僧已有蔬食者矣。豈非乘心闇踐，自與理合者哉！」[45]顯然大本《涅槃經》尚未傳來中國，六朝高僧已多能仰體佛陀悲心，蔬食長齋；不過真正讓素食廣行於每一位出家人，仍要待梁武帝蕭衍藉政治力量的干預。而按《梁高僧傳·求那跋摩傳》另有記宋文帝請問跋摩云：「弟子常欲持齋不殺，迫以身徇物，不獲從志。法師既不遠萬里，來化此國，將何以教之？」跋摩於是說：

> 夫道在心不在事，法由己非由人；且帝王與匹夫所修各異，匹夫身賤名劣，言令不咸，若不剋己苦躬，將何為用？帝王以四海為家，萬民為子，出一嘉言，則士女咸悦；布一善政，則人神以和。刑不夭命，役無勞力，則使風雨適時，寒暖應節，百穀滋繁，桑麻鬱茂，如此持齋，齋亦大矣；如此不殺，德亦眾矣。寧在闕半日之餐，全一禽之命，然後方為弘濟耶？[46]

這是以方便權巧來安慰一國之君；而連國君都考慮到是否該素食，即可想見佛教的興盛普及[47]，這對於後來梁武帝的推行國家佛化運動，自然有正

---

[43] 同前注，卷十二，T50，p404c。

[44] 同前注，卷七，T50，p366b。

[45] 道宣《廣弘明集》卷二六，T52，p292c。

[46] 見《梁高僧傳·求那跋摩傳》，T50，p340a。按跋摩戒行謹嚴，《高僧傳》卷三，記其少年之時，母嗜食肉，跋摩即請曰：「有命之類，莫不貪生，夭彼之命，非仁人矣。」母怒曰：「設令得罪，吾當代汝。」跋摩他日煮油，誤澆其指，因謂母曰：「代兒忍痛。」母曰：「痛在汝身，吾何能代？」跋摩曰：「眼前之苦，尚不能代，況三途耶？」母乃悔悟，終身斷殺。因此跋摩這般勸喻文帝，實屬權巧方便，並非不持戒行的遁辭。

[47] 道宣《廣弘明集》卷一〈宋文帝集朝宰論佛教〉也記文帝跟朝臣何尚之、羊玄保云：「朕少來讀經不多，比日彌復無暇，三世因果，未辨措懷，而復不敢立異者，正以卿輩時秀，

面的影響。梁武帝的力行佛法，是歷來帝王少見的，《梁書・武帝本紀》
即言：

> （帝）篤信正法，尤長釋典，製《涅盤（槃）》、《大品》、《淨
> 名》《三慧》諸經義記，復數百卷。聽覽餘閑，即於重雲殿及同
> 泰寺講說，名僧碩學、四部聽眾，常萬餘人。

並且說他「日止一食，膳無鮮腴，惟豆羹糲食而已。庶事繁擁，日儻移中，
便漱口以過。」[48]《魏書・蕭衍傳》也說：「衍每禮佛，捨其法服，著乾陀
袈裟。令其王侯子弟皆受佛誡，有事佛精苦者，輒加以菩薩之號，其臣下
奏表上書亦稱衍為皇帝菩薩。」[49]既然武帝是皇帝菩薩，已受菩薩戒，不
僅不能食肉飲酒，更見不得他人飲酒食肉，因此在《廣弘明集・慈濟篇》
就見到武帝親頒〈斷殺絕宗廟犧牲詔〉、〈斷酒肉文〉。其中〈斷酒肉文〉
不是為了宣示自己不飲酒食肉，而是以政治力量強制出家眾務斷酒肉。文
章反覆殷勤申說，篇幅甚長，茲摘錄於下：

> 弟子蕭衍，敬白諸大德僧尼、諸義學僧尼、諸寺三官。夫匡正佛
> 法，是黑衣人事，迺非弟子白衣所急；但經教亦云佛法寄囑人王，
> 是以弟子不得無言……。若出家人猶嗜飲酒、噉食魚肉，是則為
> 行同於外道，而復不及。何謂同於外道？外道執斷常見，無因無
> 果、無施無報，今佛弟子酗酒嗜肉，不畏罪因，不畏苦果，即是
> 不信因、不信果，與無施無報者復何以異？此事與外道見同；而
> 有不及外道是何？外道各信其師，師所言是，弟子言是；師所言

率所敬信也。」(T52，p100a)

48 見《梁書》卷三，臺北：鼎文書局，1993年1月，頁96～97。另《梁書》卷三八〈賀琛
傳〉，武帝敕責賀琛，自云：「日常一食，若晝若夜，無有定時。疾苦之日，或亦再食。
昔要（腰）腹過於十圍，今之瘦削，裁二尺餘。舊帶猶存，非為妄說。」武帝雖茹素，
亦善變化式樣，〈責賀琛敕〉即云：「昔之牲牢，久不宰殺，朝中會同，菜蔬而已，意粗
得者約之節。若復減此，必有〈蟋蟀〉之譏。若以為功德事者，皆是園中之所產育；功
德之事，亦無多費，變一瓜為數十種，食一菜為數十味，不變瓜菜，亦無多種，以變故
多，何損於事，亦毫（毫）芥不關國家。」（頁548～549）

49 《魏書》卷九八，臺北：鼎文書局，1993年10月，頁2187。

非，弟子言非。《涅槃經》言：「迦葉，我今制諸弟子不得食一切肉。」而今出家人猶自噉肉；戒律言：「飲酒犯波夜提。」猶自飲酒無所疑難，是不及外道⋯⋯。今日僧眾還寺已後，各各檢勒，使依佛教，若復飲酒噉肉不如法者，弟子當依王法治問！[50]

〈斷酒肉文〉中亦反覆強調食肉者罪報，與諸宿親長為怨懟，及理事二障難等惡果，今不再贅錄。另於敦煌殘卷 p.2189 號，亦可見武帝所撰〈東都發願文〉：「願從今以去，至乎道場，生生世世不復噉食眾生，乃至夢中不飲乳蜜，無論現前，若覆若興，畢竟清淨」云云[51]；而且武帝所作詩歌中，有一首名為〈宴詩〉云：

止殺心自詳，勝殘道未遍。四主漸懷音，九夷稍革面。世治非去兵，國安豈忘戰。釣臺聞史籍，岐陽書記傳。[52]

從筵席上的素饌，也能聯想到天下還不免動用武力，政治尚未臻於四海一家的太平境地，不過他還是有自信使外族接受感召而名垂青史，可以說是極正信的佛教擁護者了。

繼梁武帝之後，同時代的北齊文宣帝也請僧稠授菩薩戒，下令斷酒禁肉，《續高僧傳》卷十六〈僧稠傳〉云：

稠年過七十，神宇清曠，動發人心。敬揖情物，乘機無墜。帝扶接入內，為論正理，因說三界本空，國土亦爾，榮華世相，不可常保；廣說四念處法。帝聞之，毛豎流汗，即受禪道⋯⋯。爾後彌承清誨，篤敬殷重，因從受菩薩戒法，禁酒斷肉，放捨鷹鷂，去官畋魚，鬱成仁國。又斷天下屠殺，月六年三敕民齋戒〔卷十五「論曰」作：「年三月六勸民齋戒」（p549a）〕，官園私菜，葷辛悉除。[53]

---

[50]　《廣弘明集》卷二六，T52，p294b～p297c。

[51]　《敦煌寶藏》，臺北：新文豐公司，1985年6月，116冊，頁417。

[52]　《先秦漢魏晉南北朝詩》，北京：中華書局，1995年1月，頁1528。

[53]　見《續高僧傳》卷十六，T50，p553b。另卷二三〈曇顯傳〉則言及北齊於佛道爭勝後，

又在《全隋文》，尚可見到隋文帝制詔斷屠，由於文帝自幼成長於寺院中，對佛教甚感親切，所以即位後，分別於開皇三年、仁壽三年頒布〈敕佛寺行道日斷殺〉、〈生日海內斷屠〉二詔：

> 好生惡殺，王政之本。佛道垂教，善業可憑。稟氣含靈，唯命為重，宜勸勵天下，同心救護。其京城及諸州官立寺之所，每年正月、五月、九月，恆起八日至十五日，當寺行道，其行道之日，遠近民庶，凡是有生之類，悉不得殺。

> 哀哀父母，生我劬勞，欲報之德，昊天罔極。但風樹不靜，嚴敬莫追，霜露既降，感思空切！六月十三日是朕生日，宜令海內為武元皇帝、元明皇后斷屠。[54]

正月、五月、九月三個月為齋月，原是根據《梵網經》卷下：「於六齋日、年三長齋月，作殺生、劫盜，破齋犯戒者，犯輕垢罪」[55]而來。依照《事物紀原》卷十〈律令刑罰部·斷屠〉云：

> 唐《刑法志》曰：「武德二年，詔斷屠日不行刑。」《會要》曰：「武德二年正月二十四日詔：『自今後每年正月、五月、九月及每月十齋日，並斷屠。』」按此則是斷屠之制起於唐高祖也。杜祐（佑）集歷代沿革事為《通典》，前此無文，而首載武后聖曆二年事，驗此可知也。宋朝因之，臨時限日云。[56]

文宣帝始下詔廢道教，詔文有曰：「祭酒道者，世中假妄，俗人未悟，仍有祇崇。麴糱是味，清虛焉在？胸脯斯甘，慈悲永隔。上異仁祠，下乖祭典，皆宜禁絕，不復遵事。」（T50，p625a）此詔於《廣弘明集》卷四、《集古今佛道論衡》卷甲錄之尤詳，惟詔文言帝乃受戒於法上；即參之《續高僧傳》卷八〈法上傳〉亦云：「既道光遐燭，乃下詔為戒師。文宣常布髮於地，令上踐焉。」（T52，p485a）故《續高僧傳》前後有所矛盾。

54　《全上古三代秦漢三國六朝文》，京都：中文出版社，1981年6月，頁4029、4031。
55　《梵網經》卷下，T24，p1007a。
56　《事物紀原》，上海：上海古籍出版社，1990年7月，頁241。

《事物紀原》所謂「斷屠」，只針對處決人犯而言，可以確信它乃前承北齊文宣帝「斷天下屠殺」、隋文帝詔書中「有生之類，悉不得殺」的精神而來，因此斷屠之制自不始於唐高祖。

在君主專權時代，國君一言一行，動見觀瞻，凡上有所好，下必有甚焉者，而由於帝王敕斷葷腥，自然使得素食風氣更深入民間。有關素食的發展情形，王仁湘《民以食為天・素食清供》已作說明，今特節摘，以為本節之末：

> 素食有久遠的歷史淵源，但作為一個菜系的形成，當是在宋代才開始的。……北魏賈思勰的《齊民要術》以及唐代咎殷的《食醫心鑒》雖也提到過一些蔬食的製作方法，但那些蔬食與後世的素食還不能相提並論。到北宋時，都市中出現了專營素菜素食的店舖，《夢粱錄》所載市肆素食就有上百種之多。這時的素食研究著作也較多，林洪的《山家清供》一書，就是一本以敘述素菜素食為主的食譜。他還著有《茹草紀事》一書，收錄了許多有關素食的典故與傳聞。還有陳達叟的《本心齋蔬食譜》，也是一部極力提倡素食的著作。明清兩代是素菜素食的進一步發展時期，尤其是到清代時，素食已形成寺院素食、宮廷素食和民間素食三個支系，風格各不相同。宮廷素菜質量最高，清宮御膳房專設素局，能製作二百多種美味素菜。寺院素菜或稱佛菜或福菜，製作十分精細，蔬果花葉皆能入饌。民間各地都有一些著名的素菜館，吸引著眾多的食客……。[57]

四、士庶的齋素心態

「齋」與「素」在佛學名相上，本不相同，林清玄於《拈花菩提》曾辨析云：

> 一般所說的「吃齋」，齋字在梵名是布薩，是清淨之意。但佛教說的「持齋」、「齋食」，指的不是吃的食物，而是吃的時間，

---

[57]　《民以食為天》，臺北：臺灣中華書局，1990年4月，頁114。

「過午不食」叫「持齋」，故以「吃齋」來指素食者，是錯誤的
用法。[58]

這是正確的解說，《釋氏要覽》卷上〈齋〉條即云：「佛教以過中不食名『齋』。」
[59]換言之，「素食」跟「持齋」不能混為一談，只不過古時候文人遣詞用字，
總是籠統的將「素食」稱之為「齋」、「齋食」、「齋素」等等，而未嚴格細
分。顏師古《匡謬正俗》便說：「今俗謂桑門齋食為素食，蓋古之遺語。」
[60]又如白居易〈早春持齋答皇甫十見贈〉云：「帝城花笑長齋客，二十年來
負早春」；蘇軾在黃州〈與孟亨之書〉則說：「今日齋素，食麥飯筍脯有餘
味，意謂不減芻豢。」辛棄疾〈添字浣溪沙〉病起，獨坐停雲亦曰：「強欲加
餐竟未佳，只宜長伴病僧齋。」[61]大概他們都認為素食有助於心靈清淨的
緣故。今試推究士庶齋素的心態，大略有四，茲分述之：

（一）基於宗教信仰

由於信仰佛法，明瞭眾生皆有佛性，而人類既同樣在六道中輪迴，將
來也有可能淪為傍生，所以一方面畏懼果報，一方面悲憫生靈，於是奉行
教誡，慈心不殺。如宗炳〈明佛論〉所說：「如來窮神明極，故均重五道
之命，去殺為眾戒之首，萍沙見報於白兔；釋氏受滅於黃魚。以示報應之
勢，皆其窈窕精深，迂而不昧矣。」[62]這便是從業報觀點來考量。

另《廣弘明集》所收沈約〈究竟慈悲論〉云：「釋氏之教，義本慈悲；
慈悲之要，全生為重。欲使抱識懷知之類，愛生忌死之群，各遂厥宜，得
無遺夭。」周顒〈與何胤論止殺書〉亦云：「變之大者，莫過死生；生之
所重，無過性命。性命之於彼極切，滋味之於我可賒，而終身朝晡，資之

[58]　《拈花菩提・吃清淨食》，臺北：九歌出版社，1988年9月，頁47。

[59]　《釋氏要覽》卷上，T54，p274a。

[60]　《匡謬正俗校注》卷三〈素食〉，臺北：臺灣商務印書館，1970年10月，頁20。

[61]　見《白居易集箋校》卷三四，上海：上海古籍出版社，1988年12月，頁2336；《稼軒詞
　　　編年箋注》卷四，臺北：華正書局，1989年3月，頁348；《蘇軾文集》卷五八，北京：
　　　中華書局，1990年4月，頁1750。

[62]　《弘明集》卷一，T52，p13a。

永歲，彼就怨酷，莫能自伸，我業長久，吁哉可畏！」[63]還有顏之推《顏氏家訓・歸心篇》談論到歸心釋教，力主戒殺，而云：「儒家君子，尚離庖廚，見其生不忍其死，聞其聲不食其肉。高柴、折像，未知內教，皆能不殺，此乃仁者自然用心。含生之徒，莫不愛命，去殺之事，必勉行之。」[64]這都是從慈悲不殺的角度所作的反省。

　　有了宗教信仰，自然不會排斥素食，並且能安於素食。前文所述多位高僧及梁武帝事蹟，皆屬顯例；而除了武帝有〈東都發願文〉外，如沈約也因受八關齋戒而撰寫〈捨身願疏〉，又其〈懺悔文〉亦云：

> 爰始成童，有心嗜慾，不識慈悲，莫辨罪報。以為毛群鱗品，事允庖廚，無對之緣，非惻隱所及。晨劁暮爓，互月隨年，嗛腹填虛，非斯莫可；兼曩昔蒙稚，精靈靡達，遨戲之間，恣行天暴。蠢動飛沉，罔非登俎；儻相逢值，橫加勤撲。卻數追念，種彙實蕃；遠憶相間，難或詳盡……當今斷絕，永息來緣。道無不在，有來斯應。庶藉今誠，要之咸達。[65]

再如黃庭堅也曾寫下〈發願文〉曰：

> 我從昔來，因癡有愛，飲酒食肉，增長愛渴，入邪見林，不得解脫。今者對佛，發大誓願，願從今日盡未來世，不復婬欲；願從今日盡未來世，不復飲酒；願從今日盡未來世，不復食肉……。[66]

如果是佛教徒，一旦吃素久了，自不會想再開葷吃腥，至於像《南史・袁粲傳》云：「（粲）早以操行見知，宋孝武即位，稍遷尚書吏部郎，太子右衛率，侍中。孝建元年，文帝諱日，群臣並於中興寺八關齋，中食竟，愍孫（案：即袁粲）別與黃門郎張淹更進魚肉食。尚書令何尚之奉法素謹，

---

[63] 《廣弘明集》卷二六，T52，p292c。

[64] 《顏氏家訓》卷五，臺北：漢京文化事業公司，1983年9月，頁369。

[65] 〈捨身願疏〉及〈懺悔文〉見《廣弘明集》卷二八，T52，p323b、p331b。

[66] 見《豫章黃先生文集》卷二一，臺北：臺灣商務印書館《四部叢刊》初編本，不著年月，頁223。

密以白孝武，孝武使御史中丞糾奏，並免官。」[67]過午不食是佛教八關齋戒的規矩之一，但袁粲等人平常既沒有宗教信仰，也沒有素食習慣，一下子又非得過午不食，如不是無法抗拒魚肉的誘惑，就是太餓忍受不住了，因為不習慣素食，特別容易覺得餓，所以才犯戒違法吧。

（二）基於省欲去奢

　　《論語‧述而》篇有言：「飯疏食，飲水，曲肱而枕之，樂亦在其中；不義而富且貴，於我如浮雲。」《孟子‧盡心下》也說：「養心莫善於寡欲。其為人也寡欲，雖有不存焉者寡矣；其為人也多欲，雖有存焉者寡矣。」聖人的教誨，久已深植民心，因此自古以來，國人都非常重視節儉，認為儉約是一種道德自制工夫，經由儉約克己，則足以固窮養廉，前述楊震一家蔬食終歲即屬一例；蘇軾於黃州〈答畢仲舉〉也說：

> 偶讀《戰國策》，見處士顏蠋之語「晚食以當肉」，欣然而笑。若蠋者，可謂巧於居貧者也。菜羹菽黍，差饑而食，其味與八珍等；而既飽之餘，芻豢滿前，惟恐其不持去也。美惡在我，何與於物。[68]

等餓了再吃，便覺滋味無窮，這是窮人對抗貧苦的妙方，但是一旦時移勢易，身處於富貴境地，不再挨餓了，思想難免發生變化，明代劉基寫的〈羹藿〉，便一針見血地指出貧富異態的人性：「鄭子叔逃寇於野，野人羹藿以食之甘，歸而思焉，采而茹之，弗甘矣。郁離子曰：是豈藿之味異乎？人情而已。故有富而棄其妻，貴而遺其族者，由遇而殊之也。」[69]對於人類這等根性，有識之士知道平時就該從修養工夫著手，而控制口腹之慾，算得上是最簡便易行的不二法門了。羅大經《鶴林玉露》卷二〈論菜〉即說：

> 真西山論菜云：「百姓不可一日有此色；士大夫不可一日不知此

---

[67]　《南史》卷二六，臺北：鼎文書局，1991年4月，頁702。
[68]　《蘇軾文集》卷五六，同注61，頁1671。
[69]　見《誠意伯文集》卷四〈郁離子‧羹藿〉，臺北：臺灣商務印書館，1968年12月，頁95。

味。」余謂百姓之有此色，正緣士大夫不知此味。若自一命以上，
至於公卿，皆是咬得菜根之人，則當必知其職分之所在矣，百姓
何愁無飯吃。[70]

羅氏另於卷十一〈儉約〉亦云：

余嘗謂節儉之益非止一端。大凡貪淫之過，未有不生於奢侈者；
儉則不貪不淫，是以養德也。人之受用自有劑量，省嗇淡泊，有
久長之理，是可以養壽也。醉醲飽鮮，昏人神志；若疏食菜羹，
則腸胃清虛，無滓無穢，是可以養神也。奢則妄取苟求，志氣卑
辱；一從儉約，則於人無求，於己無媿，是可以養氣也。[71]

而洪應明《菜根譚》中，也有多處論及飲食可以看出一個人的品格修養：

藜口莧腸者，多冰清玉潔；袞衣玉食者，甘婢膝奴顏。蓋志以澹
泊明，而節以肥甘喪。
濃處味常短，淡中趣獨真。
神酣，布被窩中，得天地沖和之氣；味足，藜羹飯後，識人生淡
泊之真。[72]

佛教與中國傳統文化本有不謀而合之處，所以古人若從省欲去奢這點來看
佛教的素食主張，便能坦然接受。這不僅像蘇軾因烏臺詩案被貶黃州，撰
書答圓通法秀禪師，文中說：「僕晚聞道，照物不明，陷於吏議，愧我道
友。所幸聖恩寬大，不即誅殛，想亦大善知識法力冥助也。自絕祿廩，因
而布衣蔬食，卻粗有所得，未必不是晚節微福。」[73]字裏行間，可以想見
蘇軾的安於淡泊；陳繼儒於《讀書鏡》轉錄慈覺禪師詩：「飲食於人日月
長，精麤隨分塞肌倉。纔過三寸成何物，不用將心細較量。」他也深有同

[70]　《鶴林玉露》，臺北：正中書局，1969年12月，頁17。
[71]　同前注，頁14。又陳繼儒《讀書鏡》卷七，也轉抄及此。（收入於《叢書集成新編》第
　　88冊，臺北：新文豐公司，1986年1月，頁416）
[72]　《菜根譚》，臺北：漢威出版社，1991年5月，頁8、170、206。
[73]　《蘇軾文集》卷六一，同注61，頁1886。

感說道：「若能如是思省，自可省口腹矣。」[74]至於尤侗《豆腐戒》於序言云：

> 君子有「三戒」，言其大略而已。佛家有沙彌戒、比丘戒、菩薩戒，戒律甚多；而吾黨獨無戒乎？因與會中諸子立大戒三、小戒五，總名為《豆腐戒》，言非喫豆腐人不能持此戒也。[75]

所謂三大戒、五小戒指的是味戒、聲戒、色戒、賭戒、酒戒、足戒、口戒、筆戒，《豆腐戒》雖非提倡素食專書，但也同樣主張飲食「宜歸淡泊」。下面再徵引康駢《劇談錄》卷下〈洛中豪士〉條，敘說聖剛法師對豪門子弟的機會教育，並附上康駢案語，以見省欲去奢觀念的久入人心：

> 乾符中，洛中有豪貴子弟，承藉勳蔭，物用優足，恣陳錦衣玉食，不以充詘為戒，飲饌華鮮，極口腹之欲。有李使君出牧罷歸，居止亦在東洛，深感其家舊恩，欲召諸子從容。有敬愛寺僧聖剛者，常所來往，李因以其宴為說。僧曰：「某與之門徒久矣，每見其飲食，窮極水陸，滋味常饌，必以炭炊；往往不愜其意，此乃驕逸成性，使君召之可乎？」李曰：「若求象白猩唇，恐不可致；止於精潔修辦小筵，未為難事。」於是廣求珍異，俾妻孥親為調鼎，備陳綺席雕盤，選日為請。弟兄列坐矜持，儼若冰玉。肴羞（饈）每至，曾不下箸，主人揖之再三，唯霑果實而已。及至水餐，俱致一匙於口，然相盼良久，咸若餐茶食蘗。李莫究其由，以失飪為謝。明日復睹聖剛，備述諸子情貌。僧曰：「某前所說豈謬哉？」而因造其門以問之曰：「李使君特備一筵，庖膳間可為豐潔，何不略領其意？」諸子曰：「燔炙煎和未得其法。」僧曰：「他物縱不可食，炭炊之飯，又嫌何事？」復曰：「上人未

---

[74] 見《讀書鏡》卷七，同注71，頁2496。案：「慈覺禪師」，《印光法師文鈔·味精能挽劫運說》作「慈受深禪師」；「肌倉」、「纏過」則作「飢瘡」、「下喉」。此處本指飢餓的胃腸，故應以「飢倉」為是。

[75] 收於王晫、張潮編纂《檀几叢書·餘集》卷上，上海：上海古籍出版社，1992年6月，頁422。

知，凡以炭炊飯，先燒令熟謂之煉火，方可入爨，不然猶有煙氣。
李使君宅炭不經煉，是以難於餐啗。」僧撫掌大笑曰：「此非貧
道所知也。」及大寇先陷瀍洛，財產剽掠俱盡，昆仲數人與聖剛
同時竄避，潛伏山草，不食者三日，賊鋒稍遠，徒步將往河橋。
道中小店始開，以脫粟為餐而賣。僧囊中有錢數文，買於土杯同
食，腹枵既甚，梁肉之美不如。僧笑而謂曰：「此非煉炭所炊，
不知可與諸郎君吃否？」但低首慚靦，無復詞對。古人云：「膏
梁之性難正。」其此之謂乎！是以聖人量腹而食，賢者戒於奢逸。
宋武帝幸武帳，嘗將往敕諸子弟勿食，至會所賜饌。日旰而食不
至，咸有飢色。帝謂曰：「爾曹少長驕貴，不見百姓艱難，今使
爾等識有飢苦，知以節儉期物。」前聖用心同旨哉！[76]

（三）基於健康養生

　　現代物質文明發展快速，常導致許多文明病伴隨而來，於是有不少專
家建議病患回歸自然飲食，要吃無農藥殘留的有機蔬果，或是生食，甚或
斷食，達到排毒功效；也有公益團體大聲疾呼觀念革命、身體環保，並為
保護地球生態，而極力倡導素食。在坊間，有關素食養生的書刊與視聽資
訊也相當多[77]。今從個人健康方面來說，早在〈百丈叢林要則〉就曾談到：
「疾病以減食為湯藥。」[78]黃庭堅〈頤軒詩六首〉之五也勸人：「樞機要發
遲，飲食減味厚。漁人溺於波，君子溺於口。」[79]至於陸游晚年也幾與葷
食絕緣，固然因為他相當崇尚節約，但另一方面還是認為肉食不符養生，
故有詩云：「肉食從來意百疑，齋盂況與病相宜。」並且說：「菘芥煮羹甘

[76] 康駢《劇談錄》卷下，收於《叢書集成新編》86冊，臺北：新文豐公司，1986年1月，
　　頁142。

[77] 如《素食・健康・養生》，臺北：天華出版社，1986年9月；《新世紀飲食》，臺北：琉璃
　　光出版公司，1996年3月。據陳清香教授謂目前臺灣素食概分三類：一是允許吃蛋的素
　　食；二是瑜伽素食，不吃惰性（如香菇）或變性（如肉類）食物；三是不吃蛋類及蔥、
　　韭、蒜等五辛的佛教素食。

[78] 《禪門日誦》，臺北：靈泉山普濟寺，1988年10月，頁136。

[79] 《豫章黃先生文集》卷五，同注66，頁45。

勝蜜，稻粱炊飯滑如珠。上方香積寧過此，慚愧天公養病夫。」「世人個個學長年，不悟長年在目前。我得宛丘平易法，只將食粥致神仙。」[80]事實上，古人生病、養病期間，或是為了延年益壽，飲食皆以清淡易消化為尚，而清淡易消化的食物，則多半選擇素食。如唐傳奇〈李娃傳〉，李娃欺棄鄭生，生淪落貧病，李娃不忍，重又收容，「與生沐浴，易其衣服；為湯粥，通其腸；次以酥乳潤其臟。旬餘，方薦水陸之饌。」[81]又蘇軾謫處黃州，〈與蔡景繁〉書云：

> 某臥病半年，終未清快。近復以風毒攻右目，幾至失明，信是罪重責輕，召災未已。杜門僧齋，百想灰滅，登覽游從之適，一切罷矣。[82]

蘇軾〈與米元章〉書還說到：「某昨日飲冷過度，夜暴下，旦復疲甚。食黃蓍粥甚美。」[83]前文已提過粥有十利，僧家早齋皆食粥，而蘇軾、陸游基於調養也吃粥，因此下面再引《梁谿漫志》卷九〈張文潛粥記〉條，我們不僅可以看到粥的益處，也更可以明白古人的素食養生觀：

> 張文潛〈粥記贈潘邠老〉云：「張安道每晨起，食粥一大碗，空腹胃虛，穀氣便作，所補不細；又極柔膩，與腸腑相得，最為飲食之良。妙齊和尚說：『山中僧每將旦一粥，甚繫利害；如或不食，則終日覺臟腑燥渴，蓋能暢胃氣，生津液也。』今勸人每日食粥，以為養生之要，必大笑。大抵養性命，求安樂，亦無深遠難知之事，正在寢食之間耳。」或者讀之果笑文潛之說；然予觀《史記》，陽虛侯相趙章病，太倉公診其脈曰：「法五日死，後十日乃死，所以過期者，其人嗜粥，故中藏實，中藏實故過期。」師言安穀者過期，不安穀者不及期，由是觀之，則文潛之言，又

---

[80] 詳見王明德、王子輝合著《中國古代飲食・陸放翁詩中的素饌》，臺北：博遠出版公司，1989年2月，頁134～138。

[81] 《唐人傳奇小說》，臺北：文史哲出版社，1981年10月，頁104。

[82] 《蘇軾文集》卷五五，同注61，頁1661。

[83] 《蘇軾文集》卷五八，同注61，頁1783。

似有證。後又見東坡一帖云：「夜坐饑甚，吳子野勸食白粥，云
能推陳致新，利膈養胃。僧家五更食粥，良有以也。粥既快美，
粥後一覺，尤不可說，尤不可說！」[84]

（四）基於發願追福

　　人的韌性很強，但有時又顯得脆弱異常。當一個人遇到不可抗拒力而
處於進退無由、煩惱纏身的狀態，覺得自己是那麼渺小，力不從心時，常
會期盼不可思議的大能，或者境界更高的神靈菩薩，給予慈悲救護，而自
己也會虔誠立誓，一旦度過艱難，得遂所願，必定不忘答報，這便是民間
常見到的「發願」。發願的源起很早，《史記・周本紀》說：「武王病，天
下未集，群公懼，穆卜。周公乃祓齋，自為質，欲代武王。武王有瘳。」
[85]這是周公祈願祝禱武王病情康復；又前述漢明帝〈與楚王英詔〉，謂楚王
「潔齋三月，與神為誓」亦屬一例。再如《明史・后妃傳》載胡惟庸謀逆
案發，學士宋濂坐長孫宋慎捲入案中，遭逮捕解送至京，論死。馬皇后諫
曰：「民家為子弟延師，尚以禮全終始，況天子乎？且濂家居，必不知情。」
太祖不聽。會后侍食，不御酒肉，太祖問其故，對曰：「妾為宋先生作福
事也。」於是宋濂終免一死[86]。

　　為生者齋素是「修福」；為死者齋素便是「追福」，這即使在皇家也不
例外，如唐太宗崩殂，武則天跟其他嬪妃都出家為尼，《舊唐書・后妃傳》
云：「武皇后貞觀末隨太宗嬪御居於感業寺。」[87]類似的情形，其實前朝已
有先例，《長安志》卷十〈休祥坊・萬善尼寺〉下注云：

　　　本在故城中，周宣帝大象二年置。開皇三年移於此，盡度周氏皇

---

[84]　見《梁谿漫志》卷九，上海：上海古籍出版社，1992年7月，頁755。文中所說「張安道」
　　　為張方平；然依張耒《柯山集》卷四二〈粥記贈邠老〉原文，則作「張安定」（臺北：
　　　新文豐公司，1984年6月，頁499），張方平諡文定，此當傳寫之誤。

[85]　《史記》卷四，臺北：藝文印書館，不著年月，頁76。

[86]　《明史》卷一一三，臺北：鼎文書局，1991年5月，頁3506。

[87]　《舊唐書》卷五一，臺北：鼎文書局，1992年5月，頁2170。

后嬪御以下千餘人為尼，以處之。[88]

另外，前文敘說梁武帝因奉佛虔誠而齋素，不過從武帝所撰〈淨業賦〉，還可以發現武帝基於未能及時孝養父母，自責甚深而決意素食：

朕布衣之時，唯知禮義，不知信向，烹宰眾生，以接賓客，隨物肉食，不識菜味。及至南面，富有天下，遠方珍羞，貢獻相繼，海內異食，莫不畢至。方丈滿前，百味盈俎，乃方食輟箸，對案流泣，恨不得以及溫清，朝夕供養，何心獨甘此膳，因爾蔬食，不噉魚肉。[89]

基本上發願追福算是宗教信仰的一種習俗，但這裏將它從宗教信仰中抽離出來，理由是發願追福者不一定要對宗教有深入了解，而一般正信佛教徒之所以素食，多半基於救護眾生，慈悲不殺，且有利於修持，並不是為了某人、某種未了心願，或是為了感恩懺謝，帶有一點功利性在。

談到士庶發願追福而齋素，從《晉書·孝友傳》、《魏書·孝感傳》、《南史·孝義傳》、《北史·孝行傳》、《（新、舊）唐書·孝友傳》等，都可見到許多孝子為了替亡父母追福，所以蔬食終身。依照《禮記·問喪》云：「親始死，……水漿不入口，三日不舉火，故鄰里為之糜粥，以飲食之。」[90]又《禮記·間傳》說得更詳細：

父母之喪，既殯食粥，朝一溢米，莫（暮）一溢米，齊衰之喪，疏（蔬）食水飲，不食菜果；大功之喪，不食醯醬；小功、緦麻，不飲醴酒，此哀之發於飲食者也。[91]

由此可知，若按傳統禮俗，喪家只有在服喪期間素食，服闋即可恢復平時的飲食，因此孝子布衣蔬食，以冀幽贊，即使史書未詳記其篤信佛理，也

[88] 宋敏求《長安志》，收於《宋元地方志叢書》第1冊，臺北：大化書局，1980年4月，頁55。
[89] 見《廣弘明集》卷二九，T52，p335c。
[90] 同注3，頁946。
[91] 同注3，頁955。

應與佛教從魏晉以後的逐漸興盛廣布有關。在佛經中，宣揚發願培福的事例相當多，像《地藏菩薩本願經》〈忉利天宮神通品〉與〈閻浮眾生業感品〉就各有一則地藏菩薩於過去阿僧祇劫，為母追福，並立弘誓願，願盡未來劫，為罪苦眾生廣設方便，使令解脫成佛，方成正覺的記載[92]。正因這緣故，直到目前，在我們生活周遭或文學作品中，仍可以見到發願還願、修福追福而吃素奉佛的例證[93]。

五、素食的藝文效應

從單純的素食，也能延伸到文學藝術的創作及理論上，換言之，不管是創作或理論的發展，都與素食有密切相關之處。今限於篇幅，下面僅舉述王維與賈島兩家詩作，然後再進一步探討詩文評中所謂「蔬筍氣」、「翻著襪」的風格及成因。

號稱「詩佛」的王維，字摩詰。這是依據《維摩詰經》中有一主人翁，居住毗耶離大城，無始劫來，供養無量諸佛，宿植善本，辯才無礙，深得無生法忍、遊戲三昧神通的維摩詰居士而取的[94]，所以王維與佛教關係之深，顯而易見；在《舊唐書》本傳也說：

維弟兄俱奉佛，居常蔬食，不茹葷血；晚年長齋，不衣文綵……。
在京師，日飯十數名僧，以玄談為樂，齋中無所有，唯茶鐺藥臼，

---

[92]　《地藏菩薩本願經》，T13，p777c、p780b。
[93]　文學作品足以反映世間百態。蕭麗紅《千江有水千江月》中，女主角貞觀的大嬸，因丈夫被徵往南洋作戰，音訊全無，故日日焚香祈願夫君如能平安歸來，「願上淨地，長齋禮佛，了此一身（生）。」（臺北：聯經出版公司，1986年1月第29版，頁193）
[94]　陳哲三〈陳寅恪先生軼事及其著作〉記精通梵文的史學家陳寅恪云：「王維字摩詰，在梵文中，維是降伏之意，摩詰則為惡魔，那麼王維便是名『王降伏』，字叫『王惡魔』了。」（收錄於《談陳寅恪》，俞大維等著，臺北：傳記文學出版社，1970年9月，頁96）這應該是一則笑話，不能當真，因為史料中並無王維熟諳梵文的記載；且如果王維真知「摩詰」是「惡魔」的意思，絕不可能再以「摩詰」為字，可惜楊文雄《詩佛王維研究》卻說：「王維要降伏心中的惡魔，必須『安禪制毒龍』（過香積寺），難怪薛雪《一瓢詩話》要說：『王摩詰學佛，不得已也』。王維字取名『摩詰』，應有深意。」（臺北：文史哲出版社，1988年2月，頁206）這是把笑話信以為真了。

經案繩床而已。退朝之後，焚香獨坐，以禪誦為事。妻亡不再娶，三十年孤居一室，屏絕塵累。乾元二年七月卒。臨終之際，以縉在鳳翔，忽索筆作別縉書，又與平生親故作別書數幅，多敦厲朋友奉佛脩心之旨，捨筆而絕。[95]

王維弟兄的篤信佛法，與其處身佛教家庭，母親崔氏師事北宗大照普寂禪師，持戒安禪三十餘年有關。在蕭宗乾元元年，王維為報聖恩，並酬慈愛，發心將輞川別墅施為佛寺，〈請施莊為寺表〉即云：

臣亡母故博陵縣君崔氏，師事大照禪師三十餘歲，褐衣蔬食，持戒安禪，樂住山林，志求寂靜。臣遂於藍田縣營山居一所，草堂精舍，竹林果園，並是亡親宴坐之餘，經行之所。臣往丁凶釁，當即發心，願為伽藍，永劫追福。比雖未敢陳情，終日常積懇誠。……伏乞施此莊為一小寺，兼望抽諸寺名行僧七人，精勤禪誦，齋戒住持，上報聖恩，下酬慈愛，無任懇款之至。[96]

崔氏既師事普寂禪師三十餘年，而普寂於開元二十七年（739）入滅[97]，則王維必早在童年便與北宗結緣。王維另於開元二十七年撰〈大薦福寺大德道光禪師塔銘序〉，謂道光禪師受頓教於五臺寶鑑禪師，而他則「十年座下，俯伏受教」[98]，可知約開元十八年，王維已受教於南宗大師，惟先於開元十五年，王維撰〈偶然作六首〉之三有云：

日夕見太行，沉吟未能去。問君何以然，世網嬰我故。小妹日成長，兄弟未有娶。家貧祿既薄，儲蓄非有素。幾迴（回）欲奮飛，踟躕復相顧。孫登長嘯臺，松竹有遺處。相去詎幾許，故人在中

[95] 《舊唐書·文苑下》，同注87，頁5052。
[96] 《王右丞集箋注》卷十七，上海：上海古籍出版社，1992年11月，頁222。又見陳鐵民《王維新論·王維年譜》，北京：北京師範學院出版社，1990年9月，頁23；張清華《王維年譜》，上海：學林出版社，1988年9月，頁132。
[97] 《宋高僧傳》卷九，T50，p760c。
[98] 《王右丞集箋注》卷二五，同注96，頁322。

路。愛染日已薄，禪寂日已固。忽乎吾將行，寧俟歲云暮。[99]

可見王維雖為了家計，無法歸隱，但愛染漸薄，禪定工夫已深，特別是三十二歲喪妻，即未再娶；其弟王縉〈進王右丞集表〉更說他「至于晚年，彌加進道，端坐虛室，念茲無生。」[100]閒淡寡慾正是王維盛年以至中晚年心境的最佳寫照，他喜好清淨，終日以齋戒、靜坐、誦經、禮佛，或與方外禪侶過從，陶養性情。在他〈山中寄諸弟妹〉詩中說：「山中多法侶，禪誦自為群。城郭遙相望，惟應見白雲。」（卷十三）就讓人覺得非常空靈，有出塵之想。另於〈謁璿上人〉云：

少年不足言，識道年已長。事往安可悔，餘生幸能養。誓從斷葷血，不復嬰世網。浮名寄纓珮，空性無羈鞅。夙從大導師，焚香此瞻仰……。[101]

由這首詩也能發現王維有虔誠的佛教信仰及高遠淡泊的襟懷，而且還是不折不扣的素食主義者。在他〈贈李頎〉詩中即說過：「悲哉世上人，甘此羶腥食。」（卷二）；又如〈飯覆釜山僧〉云：「藉草飯松屑，焚香看道書。」（卷三）、〈留別山中溫古上人兄并示舍弟縉〉云：「好依盤石飯，屢對瀑泉歇。」（卷四）、〈遊感化（一作化感）寺〉云：「香飯青菰米，嘉蔬綠芋羹。」（卷十二）；但這不僅與僧人共食才吃素，〈戲贈張五弟諲三首〉之三即云：「吾生好清淨，蔬食去情塵。」（卷二）、〈積雨輞川莊作〉也說：「山中習靜觀朝槿，松下清齋折露葵。」（卷十）；就是平日與友好往來餐敘亦然，如〈晚春嚴少尹與諸公見過〉云：「烹葵邀上客，看竹到貧家。」（卷七）、〈鄭果州相過〉云：「中廚辦麤飯，當恕阮家貧。」（卷七）、〈同比部楊員外十五夜遊有懷靜者季〉云：「倘覺忘懷共往來，幸霑同舍甘藜藿。」（卷六）、〈濟州過趙叟家宴〉云：「上客搖芳翰，中廚饋野蔬。」（卷十一）、〈春過賀遂員外藥園〉云：「蔗漿菰米飯，蒟醬露葵羹。」甚至還有〈慕容承攜素饌見過〉（卷七）等等詩什。

---

[99] 同注96，卷五，頁62。

[100] 同注96，卷五，頁4。

[101] 同注96，卷三，頁39。

　　不論王維詩與畫的創作，都是生活經驗的凝鍊。宗教超曠任運的人生哲學，很自然成為王維的生命基調，與蕭疏淡宕、煙雲舒捲的山光水色交融一體，而日常清齋蔬食，當然更是促成其作品調高韻遠，夐澄有味的重要關鍵之一了。

　　至於賈島，早年曾剃度為僧，法號無本，後來得到韓愈獎勸，還俗舉進士，可惜久不錄取，生活極窮愁潦倒，在他的〈朝飢〉曾說：

> 市中有樵山，此舍朝無煙。井底有甘泉，釜中乃空然。我要見白日，雪來塞青天。坐聞西床琴，凍折兩三弦。飢莫詣他門，古人有拙言。[102]

冰天雪地之中，連琴弦都都凍折了，而他卻一大早就開始得忍受無飯可吃的煎熬。這在另一首〈冬夜〉詩云：「羈旅復經冬，瓢空盎亦空。淚流寒枕上，跡絕舊山中……。」[103]也同樣能體會他寒微無助之苦，所以他寫下的詩歌，如「山燈照愁寂」（卷一〈宿懸泉驛〉）、「索漠對孤燈」（卷三〈即事〉）、「凝愁對孤獨」（卷六〈思遊邊友人〉）都讓人強烈感受到一種心境難以排遣的愁苦，而其思想情態，也因之回歸早年空門中的清貧苦行，這一方面固如〈荒齋〉詩中自剖：「朴愚猶本性，不是學忘機。」[104]所以不時醉心於清寒苦寂，超塵恬淡的況味中；再一方面，他也多與方外逸人遊往，過著山林禪院生活，在《長江集》便可見到不少贈遺之作，《唐才子傳》並說他「貌清意雅，談玄抱佛，所交悉塵外之人。」[105]而其中有關齋素的詩歌，如「林下中餐後，天涯欲去時」（卷三〈送貞空二上人〉）、「寒蔬修淨食，夜浪動禪床」（卷四〈送天臺僧〉）、「不同狂醉客，自伴律僧齋」（卷六〈贈友人〉）等等皆是。所以賈島出家人的氣息，並不因還俗而消除，

---

[102] 見《賈長江集》卷一，臺北：臺灣中華書局《四部備要》本，1965年11月，頁1。按歐陽脩《六一詩話》也評賈島：「以詩窮至死，而平生尤自喜為窮苦之句。」歐公不僅舉出本詩，還舉〈客喜〉詩：「鬢邊雖有絲，不堪織寒衣。」而云：「人謂其不只忍饑而已，其寒亦何可忍也！」（見《歷代詩話》，臺北：藝文印書館，1983年6月，頁158）

[103] 同前注，卷四，頁4。

[104] 同前注，卷四，頁3。

[105] 見《唐才子傳校注》卷五，北京：中國社會科學出版社，1991年6月，頁456。

他的好友姚合即稱他「愁來坐似禪」[106]；陸時雍《詩鏡總論》則評其「衲氣終身不除」[107]；至於歐陽脩《六一詩話》雖讚賞他狀難寫之景如在目前，卻也嘲謔其貪求好句，苦吟太過，使得理有不通：

> 賈島哭僧云：「寫留行道影，焚卻坐禪身。」時謂「燒殺活和尚」，此尤可笑也。[108]

然而賈島苦吟之風，畢竟對晚唐以降的詩壇產生影響，宋初九僧詩即承其緒餘，再如「魏野、寇準、林逋、潘閬、張詠、梅堯臣，宋末的四靈（徐照、徐璣、翁卷、趙師秀）、江湖派中的一幫人，以及明末的鍾惺、譚元春為首的『竟陵派』，都在相當大的程度上接受了賈島的苦吟態度和清寒幽峭的風格。」[109]只不過自晚唐詩人姚合、方干等人效倣賈島，苦吟之風已愈顯得偏僻寒儉，方回《瀛奎律髓》卷十在評許渾詩中說：「晚唐諸人，賈島開一別派，姚合繼之。」接著評姚合詩即說：「（姚合）所用料不過花、竹、鶴、僧、琴、藥、茶、酒，於此幾物，一步不可離，而氣象小矣。」[110]再看宋九僧嘔心瀝血摹繪景物，也同樣有格局褊狹的弱點，歐陽脩《六一詩話》記載九僧的故事，便有此一說：

> 有進士許洞者，善為詞章，俊逸之士也。因會諸詩僧，分題出一紙，約曰：「不得犯此一字。」其字乃山、水、風、雲、竹、石、

[106] 見《全唐詩》卷四九七，姚合〈寄賈島〉，臺北：明倫出版社，1971年5月，頁5634。
[107] 《續歷代詩話》，臺北：藝文印書館，1983年6月，頁1707。
[108] 見《歷代詩話》，同註102，頁160。按此首為《長江集》卷三〈哭柏巖禪師〉詩，李東陽《懷麓堂詩話》既言：「僧最宜詩，然僧詩故鮮佳句……。齊己、湛然輩略有唐調，其真有所得者，惟無本為多。」但也評論說：「『寫留行道影，焚卻坐禪身』，開口便自黏帶（滯），已落第二義矣。」（同前註，頁1676、1642）
[109] 周裕鍇《中國禪宗與詩歌》第三章〈習禪的詩人〉，上海：上海人民出版社，1992年7月，頁78。李嘉言〈賈島詩之淵源及其影響〉與周文所見一致，惟李文更說：「江西派中之陳後山，其五古亦常有出入郊、島之間者。」（見《李嘉言古典文學論文集》，上海：上海古籍出版社，1987年3月，頁374）
[110] 《瀛奎律髓》卷十評許渾〈春日題韋曲野老村舍〉、姚合〈游春〉，臺北：臺灣商務印書館景印《四庫全書》1366冊，1986年3月，頁99、101。

花、草、雪、霜、星、月、禽、鳥之類，於是諸僧皆閣（擱）筆。
[111]

又如胡應麟《詩藪・雜編》卷五也說：

> （九僧）其詩律精工瑩潔，一掃唐末五代鄙倍之態，幾於升賈島
> 之堂，入周賀之室。佳句甚多，溫公蓋未深考；第自五言律外，
> 諸體一無可觀，而五言絕句亦絕不能出草木蟲魚之外，故不免為
> 輕薄所困，而見笑大方。[112]

其實這不僅是九僧的問題，也幾乎可以看成多數詩僧的內在侷限，像范晞
文《對床夜語》卷五就說：「鴿墜霜毛落定僧；寒螿發定衣；坐石鳥疑死，
又螢入定僧衣，非衲子親歷此境，不能道也。」但還是批評詩僧「氣宇不
弘，見聞不廣。」[113]

　　既然說到僧詩細碎枯窘，氣格卑弱，就正與下面要談的「蔬筍氣」，
脫離不了關係。「蔬筍氣」又稱「酸餡氣」、「菜氣」、「缽盂氣」，或是「衲
氣」，因出家人素食布衣，所以藉此名稱概括僧詩藝術本色，同時也含括
在家居士具有僧態的詩風。此名稱最早當起於歐陽脩，惠洪《冷齋夜話》
卷六云：

> 大覺璉禪師學外工詩，舒王少與遊，嘗以其詩示歐公，歐公曰：
> 「此道人作肝臟饅頭也。」舒王不悟其戲，問其意。歐公曰：「是
> 中無一點菜氣。」[114]

---

[111] 見《歷代詩話》，同注102，頁158。

[112] 《詩藪》，臺北：正生書局，1973年5月，頁304。文中提到「溫公蓋未深考」，是指司馬
光《溫公續詩話》曾說九僧詩「其美者，亦止于世人所稱數聯耳。」（見《歷代詩話》，
同注102，頁167）

[113] 見《續歷代詩話》，同注107，頁538。

[114] 見《冷齋夜話》卷六〈大覺禪師乞還山〉條，上海：上海古籍出版社，1992年7月，頁
262。

古代的饅頭，即是今時的肉包，裏面是有餡的，所以王梵志詩云：「城外
土饅頭，餡草在城裏」；又如葉夢得《避暑錄話》卷下記章子厚丞相宴請
吳僧淨端，自己仍然食葷，結果發生這麼一樁趣事：「執事者誤以饅頭為
餕餡，置端前，端得之，食自如。子厚得餕餡，知其誤，斥執事者，而顧
端曰：『公何為食饅頭？』端徐取視曰：『乃饅頭耶？怪餕餡乃許甜！』」[115]
因此歐公的意思是指大覺璉頗有詩才，他的詩風像肉包子那麼有滋味，跟
一般詩僧寒儉有菜氣不同。而繼歐公之後，蘇軾也提起所謂「酸餡氣」、「蔬
筍氣」。葉夢得《石林詩話》卷中云：

> 近世僧學詩者極多，皆無超然自得之氣，往往反拾掇摹倣士大夫
> 所殘棄，又自做一種僧體，格律尤凡俗，世謂之「酸餡氣」。子
> 瞻有贈惠通詩云：「語帶煙霞從古少，氣含蔬筍到公無。」嘗語
> 人曰：「頗解蔬筍語否？為無酸餡氣也。」聞者無不皆笑。[116]

其實蘇軾最賞識的詩僧，當非參寥莫屬，蘇軾稱讚他「筆力愈老健清熟，
過於向之所見。」又說他：

> 身寒而道富、辯於文而訥於口、外尫柔而中健武、與人無競而好
> 刺譏朋友之過、枯形灰心而喜為感時玩物不能忘情之語。[117]

顯然參寥與一般出家人不同，這也難怪詩風與其他詩僧有別了。蘇軾對於
出家人帶有「蔬筍氣」的詩風，是不太欣賞的，因此於〈答蜀僧幾演〉說
道：「僕嘗觀貫休、齊己詩，尤多凡陋，而遇知得名，赫奕如此，蓋詩文
凋弊，故使此二僧為雄強！」[118]蘇軾甚至也不欣賞司空圖詩有僧態，於〈書
司空圖詩〉說：

---

[115] 葉夢得《避暑錄話》卷下，上海：上海古籍出版社，1992年7月，頁680。

[116] 《歷代詩話》，同注102，頁254。

[117] 《蘇軾文集》卷六一〈與參寥子之二〉、卷二二〈參寥子真贊〉，同注61，頁1860、639。
另參《冷齋夜話》卷六〈東坡稱賞道潛詩〉條，同注114，頁263。

[118] 《蘇軾文集》卷六一，同注61，頁1893。蘇軾對幾演詩歌的欣賞，在於幾演「老於吟詠，
精敏豪放」，正與參寥有近似處。另《甌北詩話》卷一也引坡公云：「唐末五代，文章衰
陋，詩有貫休、書有亞棲，村俗之氣大抵相似。」（《清詩話續編》，臺北：藝文印書館，

> 司空圖表聖自論其詩，以為得味於味外。「綠樹連村暗，黃花入
> 麥稀。」此句最善。又云：「棋聲花院靜，幡影石壇高。」吾嘗
> 游五老峰，入白鶴院，松陰滿庭，不見一人，惟聞棋聲，然後知
> 此句之工也；但恨其寒儉有僧態。[119]

當然這不過是蘇軾個人意見如此，像賀貽孫《詩筏》則云：

> 唐釋子以詩傳者數十家，然自皎然外，應推無可、清塞（即周賀）、
> 齊己、貫休數人為最，以此數人詩無缽盂氣也。[120]

今由上文看來，無論「蔬筍氣」、「酸餡氣」、「菜氣」、「缽盂氣」，或「衲
氣」，似乎都含有貶意，在名家眼中算不得高格，周裕鍇《中國禪宗與詩
歌》歸納其弊有五：（一）意境過於清寒，缺乏人世生活的熱情；（二）題
材過於狹窄，缺乏廣泛深刻的社會生活內容；（三）語言拘謹少變化，篇
幅短小少宏放；（四）作詩好苦吟，缺乏自然天成之趣；又好使用禪語，
缺乏空靈蘊藉之韻；（五）與讀書的多寡有關。[121]但周氏也引元好問〈木庵
詩集序〉云：「詩僧之詩所以自別於詩人者，正以蔬筍氣在耳。」以及姚
勉〈題真上人詩稿〉曰：「僧詩味不蔬筍，是非僧詩也。」而總結說：「僧
詩正是以其『蔬筍氣』創造了一種超世俗、超功利的幽深清遠的審美範型。
這種具有『林下風流』的『蔬筍氣』也滲透到士大夫的審美趣味中去了。」
[122]這麼看來，算不得高格的詩風，畢竟在詩壇有其一席之地而且影響深遠，
所以周紫芝《竹坡詩話》云：

　　1985年9月，頁1143）

[119] 《蘇軾文集》卷六七，同注61，頁2119。

[120] 賀氏尤其稱嘆貫休，《詩筏》另有一則即云：「貫休詩氣幽骨勁，所不待言。余更奇其投
　　錢鏐詩云：『滿堂花醉三千客，一劍霜寒十四州。』鏐諭改為四十州乃相見。休云：『州
　　亦難添，詩亦難改。』遂去。貫休於唐亡後，有〈湘江懷古〉詩，極感憤不平之恨。又
　　嘗登鄱陽寺閣，有『故國在何處？多年未得歸。終學於陵子，吳中有綠薇』之句。士大
　　夫平時以無父無君譏釋子，唐亡以後，滿朝皆朱梁佐命，欲再求一凝碧詩，幾不復得，
　　豈知僧中尚有貫休，將無令士大夫入地耶！」（《清詩話續編》，同注118，頁192）

[121] 見《中國禪宗與詩歌》第二章〈習詩的禪僧〉，同注109，頁46～48。

[122] 同前注，頁53。

> 余讀東坡〈和梵天僧守詮〉小詩，所謂：「但聞煙外鐘，不見煙
> 中寺。幽人行未已，草露濕芒屨。唯應山頭月，夜夜照來去。」
> 未嘗不喜其清絕，過人遠甚。晚遊錢塘，始得詮詩云：「落日寒
> 蟬鳴，獨歸林下寺。松扉竟未掩，片月隨行屨。時聞犬吠聲，更
> 入青蘿去。」乃知其幽深清遠，自有林下一種風流，東坡老人雖
> 欲回三峽倒流之瀾，與溪壑爭流，終不近也。[123]

長江大河的波瀾壯闊，與溪壑涓涓幽咽之美，互標妍秀，各擅勝場。如此
品評，確是頗中肯綮，一如《景德傳燈錄》中，有僧問牛頭微禪師：「如
何是和尚家風？」師曰：「山畬粟米飯，野菜淡黃虀。」僧曰：「忽遇上客
來，又作麼生？」師曰：「喫即從君喫，不喫任東西。」另有僧問延慶奉
璘禪師：「如何是和尚家風？」師曰：「長虀冷飯。」僧曰：「又太寂寞生！」
師曰：「僧家合如是。」[124]這兩則公案，正不妨當作是對詩評家爽利的回應。

最後再說到「翻著襪」。「翻著襪」的典故，源自王梵志一首〈梵志翻
著襪〉：

> 梵志翻著襪，人皆道是錯。乍可刺你眼，不可隱我腳。[125]

惠洪《林間錄》卷下曾引此詩，並有感而發的說：「道人自觀行處，又觀
世間，當如是遊戲耳。」[126]所謂「翻著襪」，是指不論修行乃至推擴為藝術
創作，既有其特立獨行，悖離常規舊則的樣貌，卻又妙符契道的一種呈現。
如《宋高僧傳‧感通篇》記載法喜「有於一日赴數家齋食，或時飲酒啖肉，
都無拘忌。」又廣陵大師亦嗜酒啖肉，有耆年僧召大師誡斥之，師對曰：
「我道非爾所知也。」另有難陀、雉鳩和尚、香闍黎、契此、師簡、王羅
漢、點點師等[127]，無一不然。再如唐代草書家懷素，也是大違酒戒，但酒

---

[123] 《歷代詩話》，同注102，頁204。

[124] 《景德傳燈錄》卷十五、二十，T51，p324c、p368a。

[125] 《王梵志詩校注》，上海：上海古籍出版社，1991年10月，頁760。

[126] 《林間錄》卷下，見《卍續藏》148冊，臺北：新文豐公司，1983年1月，頁625。

[127] 見《宋高僧傳》卷十八、十九、二十、二一、二二，T50，p821a、p833c、p837c、p847a、
p847b、p848b、p852a、p852c。

喝得愈多，書法就愈見風神。曾經贈詩懷素的，像李白、戴叔倫、朱遙等
人[128]，或說：「吾師醉後倚繩床，須臾掃盡數千張。」或說：「忽從破體變
風姿，一一花開春景遲。」或說：「轉腕摧峰增崛崎，秋毫繭紙常相隨。」
就一再提到他酒後筆走龍蛇的淋漓酣暢，令人激賞。懷素尚有〈草書食魚
帖〉，顯然他也不忌肉食[129]。此外，蘇軾還記一蘇州僧云：

> 近在蘇州，有一僧曠達好飲以醉死。將暝（瞑），自作祭文云：
> 「唯靈生在閻浮提，不貪不妒，愛吃酒子，倒街臥路。想汝直待
> 生兜率天，爾時方斷得住。何以故？淨土之中，無酒得沽。」[130]

縱使飲酒犯戒，仍有信心往生淨土，可見其修行工夫到家。又《景德傳燈
錄》卷十七〈京兆蜆子和尚〉云：

> 自印心於洞山（良价），混俗於閩川，不畜道具，不循律儀，常
> 日沿江岸採掇蝦蜆以充腹，暮即臥東山白馬廟紙錢中……。華嚴
> 靜師聞之，欲決真假，先潛入紙錢中，深夜師歸，靜把住問曰：
> 「如何是祖師西來意？」師遽答曰：「神前酒臺盤。」靜奇之，

[128] 潘師石禪〈敦煌唐人陷蕃詩集殘卷作者的新探測〉有云：「今檢《全唐詩》所收錄的〈懷素上人草書歌〉，有王顒（當作邕）、朱遙（當作遙）、戴叔倫、竇冀、魯收、蘇渙、李白、任華八篇全詩，有輯自〈自敘帖〉盧象、張謂、許瑤諸人的斷句。還有錢起〈送外甥懷素上人歸鄉侍奉詩〉。另外一篇，就是保存在敦煌石室（案：指p.2555號）中的馬雲奇〈懷素師草書歌〉。」（《漢學研究》第三卷1期，頁43）而筆者再據《全唐詩》卷八二八，有貫休〈觀懷素（上人）草書歌〉，歌中云：「常恨與師不相識，一見此書空歎息，伊昔張渭（謂）、任華、葉季良，數子贈歌豈虛飾。」（頁9335）其中葉季良詩，《全唐詩》卷四六六僅收三首，並無贈歌懷素，足見當時贈歌者之多，而《全唐詩》並未悉數收錄。

[129] 蘇軾〈唐懷素草書食魚帖跋〉有云：「此公能自譽，觀者不以為過，信乎其書之工也。然其為人儻蕩，本不求工，所以能工如此。如沒人操舟，無意於濟否，是以覆卻萬變而舉止自若，近於有道者耶！今觀此帖，有食魚食肉之語，蓋儻蕩者也……。」（此跋《蘇軾文集》未收，引見田光烈《佛法與書法》，石家莊：河北人民出版社，1991年5月，頁255。該原件現藏青島市博物館，北京文物出版社1979年有影印出版）

[130] 見《蘇軾文集．佚文彙編》卷六，同註61，頁2588。《豫章黃先生文集》卷二七〈題畫醉僧圖〉（同註66，頁308）同載此則，只不過說旁人戲與酒，令自作祭文，與東坡稍異。

懺謝而退。[131]

《林間錄》卷下更記載奇僧言法華生平云：

> 言法華梵相奇古，直視不瞬，時獨語笑，多行市里。褰裳而趨，
> 或舉指畫空，佇立良久。從屠沽游，飲啗無所擇，道俗共目為狂
> 僧。懷禪師未出家時，師見之，撫其背曰：「德山、臨濟丞相。」
> 呂許公問佛法大意，對曰：「本來無一物，一味總成真。」僧問
> 世有佛否？對曰：「寺裏文殊。」有問師為凡耶？聖耶？舉手曰：
> 「我不在此住。」將示化，作遺偈，其旨不可曉也。而曰：「我
> 從無量劫來，成就逝多國土，分身揚化，今南歸矣。」語畢，右
> 脅而寂，慶曆戊子十一月二十三日也。[132]

惠洪說到言法華遺偈不可曉，其實言法華的諸多行事，也幾乎都出人意
表，讓人難以索解，但他卻又是分身揚化的菩薩，這般作風，與中晚唐以
降，禪宗訶佛罵祖的機用，頗為近似，例如德山宣鑒禪師即劈頭直罵：

> 這裏無祖無佛。達磨是老臊胡；釋迦老子是乾屎橛；文殊普賢是
> 擔屎漢；等覺妙覺是破執凡夫；菩提涅槃是繫驢橛；十二分教是
> 鬼神簿、拭瘡疣紙；四果三賢、初心十地是守古塚鬼，自救不了！
> [133]

又如臨濟義玄見其師黃檗希運看經，即曰：「我將謂是箇人，元（原）來
是唵黑豆老和尚！」後來到熊耳塔頭，塔主問：「先禮佛？先禮祖？」師
竟言：「祖佛俱不禮。」而夾山善會上堂示眾也說：「有祖以來，時人錯會，
相承至今。以佛祖句為人師範，如此卻成狂人無智人去！」[134]這皆是教外
別傳的宗風，敢於推倒一切，重新高樹法幢，《景德傳燈錄》卷二九有同
安察禪師〈十玄談〉，其中第四首〈塵異〉說道：

---

[131] 《景德傳燈錄》卷十七，T51，p338a。

[132] 同注126，頁603。

[133] 《五燈會元》卷七，臺北：文津出版社，1991年4月，頁374。

[134] 《景德傳燈錄》卷十二、十五，T51，p290a、p323c。

濁者自濁清者清，菩提煩惱等空平。誰言下璧無人鑒，我道驪珠
到處晶。萬法泯時全體現，三乘分別強安名。丈夫皆有衝天志，
莫向如來行處行。[135]

要鍛鍊魚躍鳶飛的本領，自我作祖，不必專循如來老路，此精神實與禪林
老宿默然心會，枹鼓交應。

　　禪家強調自力、自悟，「我說底是我底，終不干汝事」[136]，故不妨擺脫
一切形式的絪綁，另闢蹊徑，別開門戶，這正是「翻著襪」的作風，而一
旦將「翻著襪」移之於文學創作，則「翻著襪」恰如陸機〈文賦〉所謂：
「謝朝華於已披，啟夕秀於未振。……雖杼軸於予懷，怵他人之我先。」
或李德裕〈文章論〉所說：「譬諸日月，雖終古常見而光景常新。」[137]乃至
《冷齋夜話》卷一所稱述黃庭堅的「換骨奪胎法」[138]。陸機以為文章應懂
得推陳出新，不落入窠臼，立意相當高遠，而李黃二人則以為推陳出新的
同時，並不妨吸收前賢精髓，得其神味，然後忘諸蹄筌。不管前者或後者，
都是「翻著襪」精神的體現，也難怪《捫蝨新話》說：「知梵志翻著襪法，
則可以作文」[139]了。

六、結　　論

　　影響中國素食風尚的佛教，本是尊重生命，慈悲不殺的宗教，雖然佛
陀住世時，僧團托缽乞食，為方便民眾供養，而有所謂的「三淨肉」，但
是佛陀的悲心，絕不以為佛弟子非吃「三淨肉」不可，大乘經典適足以將
佛陀不食眾生肉的精神彰顯無遺；而當佛法傳來中國，因為中國早有齋戒
習俗，百姓的飲酒食肉機會也不多，所以素食風尚就自然與淡泊、公廉、

---

[135] 《景德傳燈錄》卷二九，T51，p455b。

[136] 這是《五燈會元》卷九所載，溈山禪師對弟子香嚴智閑說的話，同注133，頁536。

[137] 〈文賦〉、〈文章論〉可見《中國歷代文學論著精選》上冊，臺北：華正書局，1991年3
月，頁137、139、470。

[138] 見《冷齋夜話》卷一〈換骨奪胎法〉，同注114，頁243。

[139] 見《捫蝨新話》下集卷一〈作文觀文之法〉，收於《叢書集成新編》12冊，臺北：新文
豐公司1986年1月，頁259。

儉樸等傳統美德結合。在六朝，許多高僧不等《涅槃經》傳譯，都已能仰
體佛陀悲心，蔬食長齋，後再加上梁武帝、北齊文宣帝及隋文帝相繼因宗
教信仰，敕令僧伽務斷酒肉，以及齋日的禁斷屠戮，素菜終成為中國菜系
之一。尋繹古代士庶階層齋素的理由，除了宗教信仰及省欲去奢的考量，
健康養生與發願追福都是原因之一；此外，素食與文學也有所交集。具備
宗教素養的文人詩僧，當他將人生經歷、生命感懷抒發於作品中，就有自
在閒適、高華清朗，或超然出塵，或苦行禪寂之態，而從素食衍伸到藝術
理論，也能見到奉守律儀的「蔬筍氣」，以及反常合道的「翻著襪」風格。

　　隨著社會進步，人類不斷的省思，目前素食人口已有日漸增多的趨
勢，素菜館中的菜餚，不僅講究味美，並且強調健康，以廣招徠；不過作
為一種菜系，素食向來只是中國飲食文化的支流，早在顏師古《匡謬正俗》
卷四〈肉食〉條，已不滿肉食昏人神志的說法，遂藉曹劌論戰言及「肉食
者鄙」，而有所批評云：

> 今流俗皆謂凡是食肴炙者，即合志識昏蔽，心慮憒濁，不堪謀事，
> 故須蔬食菜羹，襟神明悟為之也。至乃遞相戲弄，以為口實，不
> 亦謬乎！[140]

這正與前節「士庶的齋素心態」所引羅大經、陳繼儒、洪應明等人的說法
針鋒相對；而且前文雖引過白居易持齋之作，但白居易還是有齋戒期滿，
開葷飲酒的詩歌[141]；又如蘇軾也一再提起惜福延壽，絕嗜欲、節飲食[142]，
卻終非安於素食之流，如其〈禪戲頌〉云：

> 已熟之肉，無復活理，投在東坡無礙羹釜中，有何不可？問天下
> 禪和子，且道是肉是素，喫得是喫不得是？大奇大奇，一碗羹勘

---

[140] 同注60，頁21。

[141] 如《白居易集箋校》卷三二〈五月齋戒罷宴徹樂聞韋賓客皇甫郎中飲會亦稀又知欲攜酒
饌出齋先以長句呈謝〉云：「妓房匣鏡滿紅埃，酒庫封餅生綠苔。居士爾時緣護戒，車
公何事亦停盃？散齋香火今朝散，開素盤筵後日開。隨意往還君莫怪，坐禪僧去飲徒來。」
（同注61，頁2218）

[142] 《蘇軾文集》卷五一〈與李公擇〉、卷五三〈與錢濟明〉等書牘，同注61，頁1499、1551。

破天下禪和子。[143]

或者以為這是東坡遊戲之作，不必當真，那麼再看〈薦雞疏〉曰：

> 罪莫大於殺命，福莫過於誦經。某以業緣，未忘肉味，加之老病，
> 困此蒿藜，每翦血毛，以資口腹。懼罪修善，施財解冤。爰念世
> 無不殺之雞，均為一死；法有往生之路，可濟三塗。是用每月之
> 中，齋五戒道者莊悟空兩日，轉經若干卷，救援當月所殺雞若干
> 隻。伏望佛慈，下憫微命。今所殺雞，永離湯火，得生人天。[144]

一邊吃肉，一邊請人誦經，既滿足口腹之欲，又期盼藉佛解冤，其實憑蘇
軾的聰明才智，應該知道這並不符佛教精神，但他卻寫出許多人共通的心
理。蘇軾尚有〈書南史盧度傳〉、〈食雞卵說〉等文[145]，都可以見到他不喜
殺生，但又未能斷味的矛盾，這也正是許多無法素食者的兩難。所以如果
回歸儒家「數罟不入汙池」這種物盡其用的人文觀，那麼愧疚感將不復存
在，也免得吃一頓飯，倍覺壓力沉重，因此在梁紹壬《兩般秋雨盦隨筆‧
戒殺生》說道：

> 戒殺亦善事也；虔奉之固不必，痛闢之亦不可。裴晉公曰：「雞
> 豬魚蒜，逢著便喫；生老病死，時至即行。」此妙法也。又某相
> 國問僧曰：「戒殺如何？」曰：「不殺是慈悲，殺是解脫。」曰：
> 「然則儘食無害乎？」曰：「食是相公的祿，不食是相公的福。」
> [146]此妙解也。經言菩薩元（原）制食三淨肉，謂不見為我殺、不

---

[143] 同注61，卷二十，頁595。

[144] 同注61，卷六二，頁1910。

[145] 同注61，卷六六、七三，頁2048、2373。案：〈薦雞疏〉可見東坡愛吃雞肉；〈書南史盧
度傳〉、〈食雞卵說〉二文則可見東坡嗜食海鮮；另《蘇軾文集》卷二十又有一篇〈豬肉
頌〉述說豬肉的吃法；《竹坡詩話》亦載其喜食燒豬事兩則（見《歷代詩話》，同注102，
頁204）。

[146] 按《古尊宿語錄》卷一〈馬祖道一禪師〉云：「洪州廉使問曰：『喫酒肉即是；不喫即是？』
師曰：『若喫是中丞祿，不喫是中丞福。』」（北京：中華書局，1994年5月，頁6；又見
《景德傳燈錄》卷六、《五燈會元》卷三等書）明代袾宏《菩薩戒問辯》亦有言：「食是
大夫祿；不食是大夫福。」（《卍續藏》59冊，頁847）然卻未見「不殺是慈悲，殺是解

聞為我殺、不疑為我殺,復益之以自死、鳥殘,為五淨肉。是佛
亦未嘗食素也;然必窮極珍異,變法烹炮,則固不可。袁簡齋〈隨
園食單〉云:「鈎刀取生雞之肝,燒地炙熱鵝之掌,至為慘毒,
物為人用,使之死可也,使之求死不得,不可也。」至哉言乎!
147

「不殺是慈悲,殺是解脫。」「食是相公的祿,不食是相公的福。」這雖
是妙解,卻並非贊成(隨喜)殺生,因動物的「解脫」不過脫此毛皮之身,
恐又得輪迴惡趣之中;而相公福報享盡了,還能有祿繼續「解脫」海陸眾
生嗎?佛法機鋒,實不宜妄下解會;況且佛陀未素食,也不表示佛陀主張
肉食,然而這不僅是一般人對佛教常有的誤解,也充分反映出中國人典型
的飲食觀,所以素食無法成為中國飲食的主流,自屬意料中事了。

脫」如此話語。
147 《兩般秋雨盦隨筆》卷八,臺北:正文書局,1947年1月,頁331。

主要參考書目

一劃

《一切有部毘奈耶雜事》　　　　唐‧義淨譯　　　　世樺企業公司《大正藏》第 24 冊

《一切經音義》　　　　　　　　唐‧玄應撰　　　　　　　台灣商務印書館

《一切經音義》　　　　　　　　唐‧慧琳撰　　　　　　《大正藏》第 50 冊

〈一條線索貫穿一個時代，于細微處顯考證功夫——評《北魏平城時代》〉　張志雄撰　《晉陽
學刊》2001 年 4 期

二劃

《二十二史劄記》　　　　　　　清‧趙翼撰、王樹民校證　　　　北京 中華書局

〈二十六史編纂時間緩速比較研究〉黃兆強　東吳大學第四屆「史學與文獻學」學術研討會

《二程語錄》　　　　　　　　　宋‧朱熹輯　　　　新文豐公司《叢書集成新編》

《二課合解》　　　　　　　　　興慈法師述　　　　　　　和裕出版社

《十七史商榷》　　　　　　　　清‧王鳴盛撰　　　　　　　廣文書局

《十誦律》　　　　　　　　　　後秦‧弗若多羅共羅什譯　　《大正藏》第 23 冊

《八大人覺經》　　　　　　　　後漢‧安世高譯　　　　　《大正藏》第 8 冊

《八宗綱要》　　　　　　　　　日‧凝然撰　　　　　　　　佛光書局

《八瓊室金石補正》　　　　　　清‧陸增祥撰　　　新文豐公司《石刻史料新編叢書》

《人間佛陀》　　　　　　　　　演培法師撰　　　　　　　　慧日講堂

《入唐求法巡禮行記》　　　日‧圓仁撰、顧承甫、何泉達點校　　上海　上海古籍出版社

三劃

《士大夫食時五觀》　　　　　　宋‧黃庭堅撰　　　　新文豐公司《叢書集成新編》

《千手千眼觀世音菩薩大悲心陀羅尼》　唐‧伽梵達摩譯　　　《大正藏》第 20 冊

《千手千眼觀世音菩薩姥陀羅尼身經》　唐‧菩提流志譯　　　《大正藏》第 20 冊

《千手千眼觀世音菩薩廣大圓滿無礙大悲心陀羅尼經》　唐‧伽梵達摩譯《大正藏》　第 20 冊

《千古之謎》　　　　　　　　　　　　　　　　　　　　　泉源出版社

《千光眼觀自在菩薩秘密法經》　唐‧蘇嚩羅譯　　　　　《大正藏》第 20 冊

《千江有水千江月》　　　　　　蕭麗紅撰　　　　　　　　聯經出版公司

《千眼千臂觀世音菩薩陀羅尼神咒經》	唐・智通譯	《大正藏》第 20 冊
《千轉陀羅尼觀世音菩薩咒》	唐・智通譯	《大正藏》第 20 冊
《大方等大集經》	北涼・曇無讖等譯	《大正藏》第 13 冊
《大方便佛報恩經》	佚名	《大正藏》第 55 冊
〈大方便佛報恩經纂者考及其唐代變文〉	林顯庭撰	《中國文化月刊》91 期
《大方廣佛華嚴經》	唐・實叉難陀譯	《大正藏》第 10 冊
《大方廣圓覺經大疏》	唐・宗密述	新文豐出版公司《卍續藏》第 14 冊
《大方廣圓覺修多羅了義經》	唐・佛陀多羅譯	《大正藏》第 17 冊
《大日經義釋》	唐・一行記	《卍續藏》第 36 冊
《大佛頂首楞嚴經》	唐・般剌蜜帝譯	《大正藏》第 19 冊
《大法炬陀羅尼經》	隋・闍那崛多等譯	《大正藏》第 21 冊
《大阿羅漢難提蜜多羅所說法住記》	唐・玄奘譯	《大正藏》第 49 冊
《大毘婆沙論》	唐・玄奘譯	《大正藏》第 27 冊
《大唐西域記》	唐・玄奘述、辯機記	《大正藏》第 51 冊
《大唐西域記校注》	季羨林等校注	北京　中華書局
《大唐新語》	唐・劉肅撰	臺灣商務印書館
《大般若波羅蜜多經》	唐・玄奘譯	《大正藏》第 5～7 冊
《大般涅槃經》	北涼・曇無讖譯	《大正藏》第 12 冊
《大乘入楞伽經》	唐・實叉難陀譯	《大正藏》第 16 冊
《大乘起信論》	天竺・馬鳴菩薩造	《大正藏》第 32 冊
《大乘莊嚴經》	唐・波羅頗蜜多羅譯	《大正藏》第 31 冊
《大乘菩提道次第論》	西藏・岡波巴大師撰、張澄基譯	法爾出版社
《大悲心陀羅尼經》	唐・伽梵達摩譯	《大正藏》第 20 冊
《大智度論》	天竺・龍樹菩薩撰	《大正藏》第 25 冊
《大意經》	宋・求那跋陀羅譯	《大正藏》第 3 冊
《大慈恩寺三藏法師傳》	唐・彥悰撰	《大正藏》第 50 冊
《大藏會閱》	會性法師撰	天華出版公司
《大藏經研究彙編（上）》	張曼濤主編	大乘文化出版社《現代佛教學術叢刊》
《大藏經補編》	藍吉富主編	華宇出版社
《大薩遮尼乾子所說經》	北魏・菩提留支譯	《大正藏》第 9 冊

《山水與古典》　　　　　林文月撰　　　　　　　　　　　純文學出版社

《山谷題跋》　　　　　　宋・黃庭堅撰　　　　新文豐公司《叢書集成新編》

《山庵雜錄》　　　　　　宋・無慍撰　　　　　　　　《卍續藏》第 148 冊

《三因極一病證方論》　　宋・陳言撰　臺灣商務印書館景印《四庫全書》第 743 冊

《三國志》　　　　　　　晉・陳壽撰　　　　　　　　　北京　中華書局

《三國志集解》　　　　　晉・陳壽撰、盧弼集解　　　　　　藝文印書館

《三國演義的政治與謀略觀》　清・毛宗崗批、金聖歎鑑定　　　老古文化事業公司

《三教平心論》　　　　　元・劉謐撰　　　　　　　　　《大正藏》第 52 冊

《（繪圖）三教源流搜神大全》　清・葉德輝校　　　　　　　聯經出版公司

四劃

《太乙宮黑幕》　　　　　司馬南、李力研撰　　　　北京　中國社會出版社

《王子安集》　　　　　　唐・王勃撰　　　　　　　　　臺灣商務印書館

《王右丞集箋注》　　　　唐・王維撰、清・趙殿成箋注　　上海　上海古籍出版社

〈王梵志出生時代的新觀察——解答《全唐詩》不收王梵志詩之謎〉　潘師重規撰　《中央日
報》文藝評論 54 期

《王梵志詩研究》　　　　朱鳳玉撰　　　　　　　　　　　學生書局

《王梵志詩校注》　　　　唐・王梵志撰、項楚校注　　　上海　上海古籍出版社

《王梵志詩研究彙錄》　　張錫厚輯　　　　　　　　　上海　上海古籍出版社

《王維新論》　　　　　　陳鐵民撰　　　　　　　北京　北京師範學院出版社

《王維年譜》　　　　　　張清華撰　　　　　　　　　上海　學林出版社

《王觀堂先生全集》　　　清・王國維撰　　　　　　　　　文華出版公司

《仁王般若波羅蜜經》　　後秦・鳩摩羅什譯　　　　　　《大正藏》第 8 冊

《文心雕龍註》　　　　　南朝梁・劉勰撰、范文瀾注　　　　明倫出版社

《文字禪與宋代詩學》　　周裕鍇撰　　　　　　　　北京　高等教育出版社

《文鏡秘府論校注》　　　日・弘法大師撰、王利器校注　　北京　中華書局

《文體明辨序說》　　　　明・徐師曾撰　　　　　　　　　長安出版社

《中古文學史料叢考》　　曹道衡、沈玉成撰　　　　　北京　中華書局

《中古文學史論》　　　　王瑤撰　　　　　　　　　北京　北京大學出版社

《中西文化交流史》　　　沈福偉撰　　　　　　　　　　　東華書局

《中印文學關係源流》　　　　　郁龍余編　　　　　　　　　　　　香港　中華書局

《中阿含經》　　　　　　　　　東晉・瞿曇僧伽提婆譯　　　　　　《大正藏》第1冊

《中國大藏經雕刻史話》　　　　釋道安撰　　　　　　　　　　　中華大典編印會

《中國文化史三百題》　　　　　上海古籍出版社編　　　　　上海　上海古籍出版社

《中國文化概論》　　　　　　　韋政通撰　　　　　　　　　　　　水牛出版社

《中國文學中的維摩與觀音》　　孫昌武撰　　　　　　　　北京　高等教育出版社

《中國文學史》　　　　　　　　錢基博撰　　　　　　　　　　北京　中華書局

《中國文學史》　　　　　　　　游國恩撰　　　　　　　　香港　中國圖書刊行社

《中國文學史》　　　　　　　　葉慶炳撰　　　　　　　　　　　　學生書局

《中國文學史論文選集》　　　　羅聯添編　　　　　　　　　　　　學生書局

《中國文學批評史》　　　　　　劉大杰撰　　　　　　　　　　　　文匯堂

《中國文學批評通論》　　　　　傅庚生撰　　　　　　　　　　　　華正書局

《中國文學研究》　　　　　　　鄭振鐸撰　　　　　　　　　　　明倫出版社

《中國文學發展史》　　　　　　劉大杰撰　　　　　　　　　　　　華正書局

《中國中古文學史等七書》　　　劉師培等撰　　　　　　　　　　　鼎文書局

〈中國中古醫學史〉　　　　　　李濤撰　　　　　牧童出版社《中國科技文明論集》

《中國古代飲食》　　　　　　　王明德、王子輝撰　　　　　　　博遠出版公司

《中國民俗史話》　　　　　　　郭立誠撰　　　　　　　　　　　漢光文化公司

《中國北方諸族的源流》　　　　朱學淵撰　　　　　　　　　　北京　中華書局

《中國石窟・雲岡石窟》　　　　敦煌文物研究所編　　　　　　　北京　文物出版社

《中國石窟・敦煌莫高窟》　　　敦煌文物研究所編　　　　　　　北京　文物出版社

《中國目錄學資料選輯》　　　　昌師彼得輯　　　　　　　　　　文史哲出版社

《中國佛典刊刻源流考》　　　　戴蕃豫撰　　　　　　　　北京　書目文獻出版社

《中國佛教》　　　　　　　　　中國佛教協會編　　　　　　　上海　知識出版社

《中國佛教史》　　　　　　　　任繼愈編　　　　　　　北京　中國社會科學出版社

《中國佛教史學史論集》　　　　張曼濤主編　　　大乘文化出版社《現代佛教學術叢刊》

《中國佛教史籍概論》　　　　　陳垣撰　　　　　　　　　　　　三人行出版社

《中國近世戲曲史》　　　　　　日・青木正兒撰、王吉廬譯　　　　臺灣商務印書館

《中國思想名著》　　　　　　　楊家駱主編　　　　　　　　　　　世界書局

《中國飲食文化》　　　　　　　林乃燊撰　　　　　　　　上海　上海人民出版社

《中國詩論史》　日‧鈴木虎雄撰、洪順隆譯　臺灣商務印書館

《中國歷代文學論著精選》　郭紹虞編　華正書局

《中國歷史論文集》　李則芬撰　黎明文化事業公司

《中國學術思想變遷之大勢》　梁啟超撰　臺灣中華書局

《中國禪宗史》　印順法師撰　正聞出版社

《中國禪宗通史》　杜繼文、魏道儒撰　南京　江蘇古籍出版社

《中國禪宗與詩歌》　周裕鍇撰　上海　上海人民出版社

《中國禪學思想史》　日‧忽滑谷快天撰、朱謙之譯　上海　上海古籍出版社

《中國藝文與民俗》　郭立誠撰　漢光文化公司

《中華佛教百科全書》　藍吉富主編　中華佛教百科文獻基金會

《中華創世葫蘆》　普珍撰　昆明　雲南人民出版社

《中朝故事》　南唐‧尉遲偓撰　《四庫全書》第 1035 冊

《中論》　天竺‧龍樹菩薩造　《大正藏》第 46 冊

《太平廣記》　宋‧李昉等撰　上海　上海古籍出版社

《五百家註柳先生集》　唐‧柳宗元撰、宋‧魏仲舉編　《四庫全書》第 1077 冊

《五家正宗贊》　宋‧紹曇撰　佛光出版社《佛光大藏經》

《元曲選》　明‧臧懋循輯　臺灣中華書局

《元曲選外編》　隋樹森編　北京　中華書局

〈元明劇曲呈顯佛教衰落面之考察——從〈思凡〉風波說起〉　林伯謙撰　東吳大學文學院第 2 屆系際學術研討會

〈牙刷溯源〉　黃新宇撰　《文獻》1999 年第 4 期

《少室山房筆叢》　明‧胡應麟撰　世界書局

《六祖壇經》　元‧宗寶編　《大正藏》第 48 冊

《六祖壇經諸本集成》　日‧柳田聖山主編　京都　中文出版社

《六朝文學論文集》　日‧清水凱夫撰、韓基國譯　重慶　重慶出版社

〈六朝南海貿易的開展〉　劉淑芬撰　《食貨》15 卷第 9、10 期

《天尊說阿育王譬喻經》　失譯　《大正藏》第 50 冊

《天聖廣燈錄》　宋‧李遵勗撰　《卍續藏》第 78 冊

《天臺智者大師別傳輯註》　興慈法師注　中華佛教文獻編撰社

《水經注校釋》　北魏‧酈道元撰、陳橋驛校釋　杭州　杭州大學出版社

《水經注疏》　　　　　　　　北魏・酈道元撰、楊守敬、熊會貞注疏　　臺灣中華書局

《五燈會元》　　　　　　　　宋・普濟撰　　　　　　　　《卍續藏》第 138 冊

五劃

《四十二章經》　　　　　　　（一說）後漢・迦葉摩騰共法蘭譯　　《大正藏》第 17 冊

《四分律》　　　　　　　　　後秦・佛陀耶舍共竺佛念等譯　　　　《大正藏》第 22 冊

《四庫全書總目》　　　　　　清・永瑢、紀昀等撰　　　　　　　北京　中華書局

《古小說鉤沉》　　　　　　　魯迅撰　　　　　　　　北京　人民文學出版社

《古文析義》　　　　　　　　清・林雲銘撰　　　　　　　　　　　廣文書局

《古文關鍵》　　　　　　　　宋・呂祖謙撰　　　　臺灣商務印書館《叢書集成簡編》

《古代中國的科學家》　　　　蔡仁堅撰　　　　　　　　　　　　景象出版社

《古代文學理論研究》　　　　古代文學理論研究編委會 1988 年編　上海　上海古籍出版社

《古典文學文獻學叢稿》　　　劉躍進撰　　　　　　　　　　北京　學苑出版社

《古典文學論探索》　　　　　王師夢鷗撰　　　　　　　　　　　　正中書局

《古書真偽及其年代》　　　　梁啟超撰　　　　　　　　　南京　廣陵古籍刻印社

《古書疑義舉例》　　　　　　清・俞樾撰　　　　　臺灣商務印書館《國學基本叢書》

《古尊宿語錄》　　　　　　　宋・賾藏主編　　　　　　　　北京　中華書局

《出三藏記集》　　　　　　　南朝梁・僧祐撰　　　　　　　《大正藏》第 55 冊

《出曜經》　　　　　　　　　後秦・竺佛念譯　　　　　　　《大正藏》第 1 冊

《北史》　　　　　　　　　　唐・李延壽撰　　　　　　　　　　　鼎文書局

《北山錄》　　　　　　　　　唐・神清撰　　　　　　　　　《大正藏》第 52 冊

〈北宋詩僧慧洪覺範的文學成就〉　鄭群輝撰　　　　　　　《學術論壇》1997 年第 3 期

《北宋佛教史論稿》　　　　　黃啟江撰　　　　　　　　　　　臺灣商務印書館

《北朝佛教史研究》　　　　　日・塚本善隆撰　　　　　　　東京　大東出版社

《北夢瑣言》　　　　　　　　宋・孫光憲撰　　　　　　上海　上海古籍出版社

《北齊書》　　　　　　　　　唐・李百藥撰　　　　　　　　　　　鼎文書局

〈北魏太武朝政治史二題〉　　何德章撰　　http://www.ssdph.com.cn/sailing/thesis/t021.htm

《北魏平城時代》　　　　　　李憑撰　　　　　　　北京　社會科學文獻出版社

《印光法師文鈔》　　　　　　印光法師撰　　　　　　　　　中華大典編印會

《印光法師文鈔續編》　　　　印光法師撰　　　　　　　　　中華大典編印會

《印度之佛教》　　　　　印順法師撰　　　　　　　　　　　　　正聞出版社

《印度佛教的探討》　　　林崇安撰　　　　　　　　　　　　　　慧炬出版社

《印度佛學源流略講》　　呂澂撰　　　　　　　　　　　濟南　齊魯書社

《民以食為天》　　　　　王仁湘撰　　　　　　　　　　　　臺灣中華書局

《白居易集箋校》　　　　唐・白居易撰、朱金城箋校　　　上海　上海古籍出版社

《石門文字禪》　　　　　宋・惠洪撰　　　　　　　　　　　新文豐出版公司

《弘明集》　　　　　　　南朝梁・僧祐撰　　　　　　　　《大正藏》第 52 冊

《付法藏因緣傳》　　　　北魏・吉迦夜共曇曜譯　　　　　《大正藏》第 50 冊

《世界佛教通史》　　　　聖嚴法師撰　　　　　　　　　　　　東初出版社

《世界佛學名著譯叢》　　藍吉富主編　　　　　　　　　　　　華宇出版社

《世說新語校箋》　　　　南朝宋・劉義慶撰、楊勇校箋　　　文光圖書公司

《世說新語箋疏》　　　　南朝宋・劉義慶撰、余嘉錫箋疏　　　　華正書局

《正信的佛教》　　　　　聖嚴法師撰　　　　　　　　　　　　東初出版社

《史記》　　　　　　　　漢・司馬遷撰　　　　　　　　　　　鼎文書局

《史記會注考證》　　　　漢・司馬遷撰、日・瀧川龜太郎會注考證　　宏業書局

《史通通釋》　　　　　　唐・劉知幾撰、清・浦起龍釋　　　　　世界書局

《司馬溫公文集》　　　　宋・司馬光撰　　　　　　　　　臺灣商務印書館

《本草綱目》　　　　　　明・李時珍撰　　　　　　　　《四庫全書》第 772 冊

《左傳》　　　　　　　　周・左丘明撰　　　　　　　　　　　藝文印書館

《左傳會箋》　　　　　　日・竹添光鴻會箋　　　　　　　　　鳳凰出版社

《古詩十九首探索》　　　馬茂元撰　　　　　　　　　　　　　河洛出版社

《白話文學史》　　　　　胡適撰　　　　　　　　　　　香港　啟明書局

《外臺秘要方》　　　　　唐・王燾撰　　　　　　　　　《四庫全書》第 736 冊

《玉照新志》　　　　　　宋・王明清撰　　　新興書局《筆記小說大觀》4 編第 3 冊

《玉潤雜書》　　　　　　宋・葉夢得撰　　　　　新文豐公司《叢書集成續編》

《永嘉證道歌》　　　　　唐・玄覺撰　　　　　　　　　　《大正藏》第 48 冊

《永樂大典》　　　　　　明・解縉、姚廣孝等編　　　　　　　北京　中華書局

《石墨鐫華》　　　　　　明・趙崡撰　　　　　新文豐公司《石刻史料新編叢書》

《札樸》　　　　　　　　清・桂馥撰　　　　　　　　　　　　世界書局

《由隱逸到宮體》　　　　洪順隆撰　　　　　　　　　　　　文史哲出版社

六劃

《列子》　　　　　　周·列禦寇撰　　　　臺灣商務印書館《國學基本叢書》

《全上古三代秦漢三國六朝文》　清·嚴可均編　　　　京都　中文出版社

《全明雜劇》　　　　陳萬鼐編　　　　　　　　　　鼎文書局

《全唐文紀事》　　　清·陳鴻墀撰　　　　　　　　　世界書局

《全唐文補遺》　　　吳鋼主編　　　　　　西安　三秦出版社

《全唐詩》　　　　　清·聖祖敕編　　　　　北京　中華書局

《百子全書》　　　　　　　　　　　　　　　黎明文化公司

《百丈清規證義記》　清·儀潤輯　　　　　《卍續藏》第 111 冊

《百喻經》　　　　　南齊·求那毘地譯　　　《大正藏》第 4 冊

《朱文公文集》　　　宋·朱熹撰　　　　臺灣商務印書館《四部叢刊》

〈地北天南敘古今·崔浩〉　黃仁宇撰　《中國時報》人間副刊 1991 年 2 月 9 日

《地藏菩薩本願經》　唐·實叉難陀譯　　　《大正藏》第 13 冊

《成佛之道》　　　　印順法師撰　　　　　　　正聞出版社

《竹林七賢研究》　　何啟民撰　　　　中國學術著作獎助委員會

〈竹林七賢考〉　　　王曉毅撰　　　　《歷史研究》2001 年第 5 期

〈竹林七賢名義考辨〉　韓格平撰　　　《文學遺產》2003 年 2 期

《竹窗隨筆》　　　　明·袾宏撰　　　　　　　西蓮印經會

《曲洧舊聞》　　　　宋·朱弁撰　　　　　《四庫全書》第 863 冊

《曲海總目提要》　　清·黃文暘撰、董康纂輯　《筆記小說大觀》25 編 8、9、10 冊

《先秦漢魏晉南北朝詩》　逯欽立輯校　　　　　　學海出版社

《西域文化史》　　　余太山主編　　　　北京　中國友誼出版公司

《西遊記》　　　　　明·吳承恩撰　　　　　　桂冠圖書公司

《早期中西交通與交流史稿》　石雲濤撰　　　　北京　學苑出版社

《因話錄》　　　　　唐·趙璘撰　　　　《筆記小說大觀》22 編第 1 冊

《名僧傳（抄）》　　南朝梁·寶唱撰　　　《卍續藏》第 134 冊

《匡謬正俗校注》　　唐·顏師古撰、秦選之校注　　　臺灣商務印書館

七劃

《李文公集》　　　　唐·李翱撰　　　　臺灣中華書局《四部備要》

《李太白全集》　　　　　　唐・李白撰　　　　　　　　　　北京　中華書局

〈李白有關佛教詩文繫年選箋〉　安旗撰　南京　江蘇古籍出版社《中國李白研究・1991 年集》

《李嘉言古典文學論文集》　　李嘉言撰　　　　　　　　　上海　上海古籍出版社

《呂氏春秋校釋》　　　　　秦・呂不韋撰、陳奇猷校釋　　　　　　　華正書局

《呂叔湘文集》　　　　　　呂叔湘撰　　　　　　　　　北京　商務印書館

《呂澂佛學論著選集》　　　呂澂撰　　　　　　　　　　濟南　齊魯書社

《宋文憲公全集》　　　　　明・宋濂撰　　　　　　臺灣中華書局《四部備要》

《宋元學案》　　　　　　　明・黃宗羲撰　　　　　　　　　　世界書局

《宋史》　　　　　　　　　元・脫脫等撰　　　　　　　　　　鼎文書局

《宋代詩文縱談》　　　　　黃師啟方撰　　　　　　　　臺灣商務印書館

《宋代禪宗文化》　　　　　魏道儒撰　　　　　　　鄭州　中州古籍出版社

《宋書》　　　　　　　　　南朝梁・沈約撰　　　　　　　　北京　中華書局

《宋高僧傳》　　　　　　　宋・贊寧撰　　　　　　　《大正藏》第 50 冊

《宋詩紀事》　　　　　　　清・厲鶚撰　　　　　　《四庫全書》第 1485 冊

《宋詩鈔》　　　　　　　　清・吳之振編　　　　臺灣商務印書館《國學基本叢書》

《宋詩話考》　　　　　　　郭紹虞撰　　　　　　　　　　北京　中華書局

《宋詩精華錄》　　　　　　陳衍評選　　　　　　　　　　　廣文書局

《宋稗類鈔》　　　　　　　清・潘永因輯　　　　　　　　　　廣文書局

《見月讀體律師之戒律思想初探》　釋德祖撰　　法光佛教文化研究所 83 年碩士論文

《佛心眾生心》　　　　　　聖嚴法師撰　　　　　　　　　　東初出版社

《佛光的折射》　　　　　　白化文撰　　　　　　　　　香港　中華書局

《佛本行集經》　　　　　　隋・闍那崛多譯　　　　　　《大正藏》第 3 冊

《佛所行讚》　　　　　　　天竺・馬鳴菩薩造　　　　　《大正藏》第 4 冊

《佛法金湯編》　　　　　　明・心泰撰　　　　　　　　　　佛教出版社

《佛法與書法》　　　　　　田光烈撰　　　　　　　石家莊　河北人民出版社

《佛典精解》　　　　　　　陳士強撰　　　　　　　　上海　上海古籍出版社

《佛典漢譯之研究》　　　　王文顏撰　　　　　　　　　　天華出版公司

《佛為首迦長者說業報差別經》　隋・瞿曇法智譯　　　　《大正藏》第 1 冊

《佛垂般涅槃略說教誡經》　後秦・鳩摩羅什譯　　　　《大正藏》第 12 冊

《佛祖統紀》　　　　　　　宋・志磐撰　　　　　　　《大正藏》第 49 冊

《佛祖歷代通載》　　　　　明·念常輯　　　　　　　　　《大正藏》第49冊

《佛教大藏經史（八～十世紀）》　方廣錩撰　　　　　　北京　中國社會科學出版社

《佛教史料學》　　　　　　　藍吉富撰　　　　　　　　　　　東大圖書公司

《佛教的流傳與道教》　　　日·渡邊照宏撰、李君奭譯　　　專心企業有限公司

〈佛教能傳佈中國的原因〉　陳垣撰　　大乘文化出版社《現代佛教學術叢刊》第39冊

《佛教與中印文化交流》　　季羨林撰　　　　　　　　南昌　江西人民出版社

《佛教與中國文化》　　　　趙樸初等撰　　　　　　　　　　國文天地出版社

《佛教與戲劇藝術》　　　　陳宗樞撰　　　　　　　　天津　天津人民出版社

《佛國記注譯》　　　　　　晉·法顯撰、郭鵬譯　　　　長春　長春出版社

《佛頂尊勝陀羅尼經》　　　唐·佛陀波利譯　　　　　　　《大正藏》第19冊

《佛頂尊勝陀羅尼經教跡義記》　唐·法崇撰　　　　　　　《大正藏》第39冊

《佛經傳譯與中古文學思潮》　蔣述卓撰　　　　　　　南昌　江西人民出版社

《佛說大方等頂王經》　　　西晉·竺法護譯　　　　　　　《大正藏》第14冊

《佛說尸迦羅越六方禮經》　後漢·安世高譯　　　　　　　《大正藏》第1冊

《佛說內藏百寶經》　　　　後漢·支婁迦讖譯　　　　　　《大正藏》第17冊

《佛說申日經》　　　　　　西晉·竺法護譯　　　　　　　《大正藏》第14冊

《佛說寂志果經》　　　　　東晉·竺曇無蘭譯　　　　　　《大正藏》第1冊

《佛說善生子經》　　　　　南朝宋·支法度譯　　　　　　《大正藏》第1冊

《佛說維摩詰經》　　　　　吳·支謙譯　　　　　　　　　《大正藏》第14冊

《佛說溫室洗浴眾僧經》　　後漢·安世高譯　　　　　　　《大正藏》第16冊

《佛說諸德福田經》　　　　西晉·法立、法炬譯　　　　　《大正藏》第16冊

《佛說興起行經》　　　　　後漢·康孟詳譯　　　　　　　《大正藏》第4冊

《佛說灌頂七萬二千神王護比丘咒經》　東晉·帛尸梨蜜多羅譯　　《大正藏》第21冊

《佛說觀無量壽佛經》　　　南朝宋·畺良耶舍譯　　　　　《大正藏》第12冊

《佛學研究十八篇》　　　　梁啟超撰　　　　　　　　　　臺灣中華書局

《佛遺教經》　　　　　　　後秦·鳩摩羅什譯　　　　　　《大正藏》第12冊

《那先比丘經》　　　　　　佚名　　　　　　　　　　　　《大正藏》第32冊

《卮林》　　　　　　　　　明·周嬰撰　　　　　　　　《四庫全書》第858冊

《妙法蓮華經》　　　　　　後秦·鳩摩羅什譯　　　　　　《大正藏》第9冊

《戒律學綱要》　　　　　　聖嚴法師撰　　　　　　　　　東初出版社

《初期大乘佛教之起源與開展》　　印順法師撰　　　　　　　　　　　正聞出版社

《酉陽雜俎》　　　　　　　　　唐・段成式撰　　　　　　　　　　　源流出版社

《住鼎州梁山廓庵和尚十牛圖頌》　宋・廓庵撰　　　　　　　《卍續藏》第113冊

《杜詩鏡銓》　　　　　　　　　清・楊倫輯　　　　　　　　　　　　華正書局

《冷齋夜話》　　　　　　　　　宋・惠洪撰　　　　　　　《四庫全書》第863冊

《求闕齋讀書錄》　　　　　　　清・曾國藩撰　　　　　　　　　　　廣文書局

八劃

《孟子》　　　　　　　　　　　漢・趙歧注　　　　　　新文豐公司《十三經注疏》

《孟姜女故事研究集》　　　　　顧頡剛撰　　　　　　　　　　東方文化供應社

《孟郊詩集校注》　　　　　　　唐・孟郊撰、華忱之、喻學才校注　北京 人民文學出版社

《居士分燈錄》　　　　　　　　明・朱時恩輯　　　　　　　《卍續藏》第147冊

《明史》　　　　　　　　　　　清・張廷玉等撰　　　　　　　　　　鼎文書局

《孤本元明雜劇》　　　　　　　王季烈校　　　　　　　　　　臺灣商務印書館

《孤本元明雜劇提要》　　　　　王季烈撰　　　　　　　　　　臺灣商務印書館

《金光明經》　　　　　　　　　北涼・曇無讖譯　　　　　　　《大正藏》第16冊

《金石萃編》　　　　　　　　　清・王昶編　　　　　　新文豐公司《石刻史料新編叢書》

《金石萃編補略》　　　　　　　清・王言撰　　　　　　新文豐公司《石刻史料新編叢書》

《金石錄》　　　　　　　　　　宋・趙明誠撰　　　　　　　《四庫全書》第681冊

《金石續編》　　　　　　　　　清・陸耀遹編　　　　　　新文豐公司《石刻史料新編叢書》

《金剛般若波羅蜜經》　　　　　後秦・鳩摩羅什譯　　　　　　《大正藏》第8冊

《治史答問》　　　　　　　　　嚴耕望撰　　　　　　　　　　臺灣商務印書館

《注史齋叢稿》　　　　　　　　牟潤孫撰　　　　　　　　　　臺灣商務印書館

《法句譬喻經》　　　　　　　　晉・法炬、法立譯　　　　　　《大正藏》第4冊

《法言》　　　　　　　　　　　漢・揚雄撰　　　　臺灣商務印書館《叢書集成簡編》

〈法忍抄本殘卷王梵志詩初校〉　陳慶浩撰　　　　　　　　　《敦煌學》12輯

《法苑珠林》　　　　　　　　　唐・道世撰　　　　　　　　《大正藏》第53冊

《注維摩詰經》　　　　　　　　後秦・僧肇注　　　　　　　《大正藏》第38冊

〈果生神話探源〉　　　　　　　傅師錫壬撰　　　　　　　　《淡江學報》24期

《抱朴子》　　　　　　　　　　晉・葛洪撰　　　　　　　　　　　世界書局

《長安志》	宋・宋敏求撰	大化書局《宋元地方志叢書》
《長阿含經》	後秦・佛陀耶舍共竺佛念譯	《大正藏》第 1 冊
《阿育王傳》	西晉・安法欽譯	《大正藏》第 50 冊
《阿唎多羅陀羅尼阿嚕力經》	唐・不空譯	《大正藏》第 20 冊
《阿闍世王問五逆經》	西晉・法炬譯	《大正藏》第 14 冊
《阿闍世王授決經》	西晉・法炬譯	《大正藏》第 14 冊
《阿彌陀經》	後秦・鳩摩羅什譯	《大正藏》第 12 冊
《武周刊定眾經目錄》	唐・明佺等撰	《大正藏》第 55 冊
《河東先生集》	唐・柳宗元撰、宋・廖瑩中注	廣文書局
《事物紀原》	宋・高承撰	上海　上海古籍出版社
《拈花菩提》	林清玄撰	九歌出版社
《東京夢華錄》	宋・孟元老撰	新文豐公司《叢書集成新編》
《尚書》	漢・孔安國傳	新文豐公司《十三經注疏》
《周書》	唐・令狐德棻撰	鼎文書局
《周禮》	漢・鄭玄注	新文豐公司《十三經注疏》
《兩般秋雨盦隨筆》	清・梁紹壬撰	正文書局
《兩晉南北朝史》	呂思勉撰	開明書店
《拙堂文話》	日・齋藤謙撰	文津出版社
《徂徠集》	宋・石介撰	《四庫全書》第 1090 冊
《林間錄》	宋・惠洪撰	《卍續藏》第 148 冊
《竺道生思想之研究》	劉貴傑撰	臺灣商務印書館
《直齋書錄解題》	宋・陳振孫撰	臺灣商務印書館
《夜闌話韓柳》	金性堯撰	香港　中華書局

九劃

《㮈女祇域因緣經》	後漢・安世高譯（宜作西晉・竺法護譯）	《大正藏》第 14 冊
《㮈女耆婆經》	後漢・安世高譯（宜作西晉・竺法護譯）	《大正藏》第 14 冊
《柯山集》	宋・張耒撰	《四庫全書》第 1115 冊
《後山談叢》	宋・陳師道撰	《四庫全書》第 1037 冊
《後漢書》	南朝末・范曄撰	世界書局

《後漢書集解》　　　　　　　南朝宋‧范曄撰、清‧王先謙集解　　　　藝文印書館

《柳文指要》　　　　　　　　章士釗撰　　　　　　　　　　北京　中華書局

〈柳文探微（指要）小識〉　　張之淦撰　　　　　　　　　　　　《大陸雜誌》

〈柳宗元の釋教碑について〉　日‧河內昭圓撰　　天一出版社《柳宗元傳記資料》第6冊

〈柳宗元年譜〉　　　　　　　施子愉撰　　　　　　《武漢大學人文科學學報》第1期

〈柳宗元年譜〉　　　　　　　羅聯添撰　　　　　　　　　《學術季刊》6卷第4期

《柳宗元集》　　　　　　　　唐‧柳宗元撰、吳文治等點校　　　漢京文化事業限公司

《柳宗元詩文彙評》　　　　　　　　　　　　　　　　　　　　明倫出版社

《柳宗元傳記資料》　　　　　朱傳譽主編　　　　　　　　　　　　天一出版社

《柳宗元傳論》　　　　　　　孫昌武撰　　　　　　　　北京　人民文學出版社

《柳河東集》　　　　　　　　唐‧柳宗元撰、宋‧韓醇詁訓　　《四庫全書》第1076冊

《柳河東集》　　　　　　　　唐‧柳宗元撰、明‧蔣之翹集注　臺灣中華書局《四部備要》

《柳河東集注》　　　　　　　唐‧柳宗元撰、唐‧童宗說注　　《四庫全書》第1076冊

《柳河東集點勘》　　　　　　清‧陳景雲點勘　　　　　　　中研院藏蟬隱廬印行本

《柳南隨筆》　　　　　　　　清‧王應奎撰　　　　　　　　　　　　廣文書局

《貞元新定釋教目錄》　　　　唐‧圓照撰　　　　　　　　　　《大正藏》第55冊

《南史》　　　　　　　　　　唐‧李延壽撰　　　　　　　　　　　　鼎文書局

《南部新書》　　　　　　　　宋‧錢易撰　　　　　　　　　《四庫全書》第1036冊

《南朝寺考》　　　　　　　　清‧劉世珩撰　　　　　　　　　　　　新文豐公司

《南海寄歸內法傳》　　　　　唐‧義淨譯　　　　　　　　　　《大正藏》第54冊

《南齊書》　　　　　　　　　南朝梁‧蕭子顯撰　　　　　　　　　　鼎文書局

〈南嶽承遠和尚の淨土教〉　　日‧塚本善隆撰　　天一出版社《柳宗元傳記資料》第6冊

《指月錄》　　　　　　　　　明‧瞿汝稷編　　　　　　　　　《卍續藏》第143冊

《毘尼日用切要》　　　　　　清‧釋讀體輯　　　　　　　　　《卍續藏》第106冊

《毘陵集》　　　　　　　　　唐‧獨孤及撰　　　　　　臺灣商務印書館《四部叢刊》

《癸辛雜識》　　　　　　　　宋‧周密撰　　　　　　　　　《四庫全書》第1040冊

《紀批瀛奎律髓》　　　　　　元‧方回撰、清‧紀昀批點　　　　　　佩文書社

〈昭明太子和梁武帝的建儲問題〉　曹道衡撰　　　《鄭州大學學報》哲社版1994年第1期

《亭林全集》　　　　　　　　明‧顧炎武撰　　　　　　臺灣中華書局《四部備要》

《宣和畫譜》　　　　　　　　佚名　　　　　　　　　　　《四庫全書》第813冊

《風俗通義校注》　　　　　　　　漢・應劭撰、王利器注　　　　　　　漢京文化事業公司

《度柳翠、翠鄉夢與紅蓮債三劇的比較研究》　汪志勇撰　　　　　　　　　　學生書局

《春渚紀聞》　　　　　　　　　　宋・何薳撰　　　　　　　　《四庫全書》第 863 冊

《洛陽伽藍記》　　　　　　　　　北魏・楊衒之撰　　　　　　　　　　　　世界書局

《姚曾論文精要類徵》　　　　　　朱任生編撰　　　　　　　　　　臺灣商務印書館

《苕溪漁隱叢話》　　　　　　　　宋・胡仔撰　　　　　　　　　　　　　　世界書局

〈契嵩思想研究——佛教思想與儒家學說之交涉〉　劉貴傑撰　　《中華佛學學報》第 2 期

《胡適說禪》　　　　　　　　　　潘平、明立志編　　　　　　　　北京　東方出版社

《陔餘叢考》　　　　　　　　　　清・趙翼撰　　　　　　　　　　　　　　世界書局

《律學要略》　　　　　弘一大師撰、林子青編　　福州　福建人民出版社《弘一大師全集》

十劃

《唐人行第錄》　　　　　　　　　岑仲勉撰　　　　　　　　　　　　　九思出版社

《唐人傳奇小說》　　　　　　　　汪國垣編　　　　　　　　　　　　文史哲出版社

《唐才子傳校箋》　　　　　　　　元・辛文房撰、傅璇琮主編　　　　北京　中華書局

《唐代文學與佛教》　　　　　　　孫昌武撰　　　　　　　　　　　　　谷風出版社

《唐代文學論集》　　　　　　　　羅聯添撰　　　　　　　　　　　　　　學生書局

《唐代古文新探》　　　　　　　　何寄澎撰　　　　　　　　　　　　　大安出版社

〈唐代佛教〉　　　　　　　　　　呂澂撰　　　　　　　　木鐸出版社《佛教史略與宗派》

《唐代的文學與佛教》　　　　　　日・平野顯照撰、張桐生譯　　　　　　業強出版社

《唐代長安與西域文明》　　　　　向達撰　　　　　　　　　　　　　　明文出版社

《唐代詩歌與禪學》　　　　　　　蕭麗華撰　　　　　　　　　　　　東大圖書公司

〈唐代墓誌考釋八則〉　　　　　　葉國良撰　　　　　　　　《臺大中文學報》第 7 期

《唐宋八大家文鈔》　　　　　　　明・茅坤編　　　　　　　《四庫全書》第 1383 冊

《唐宋八大家文鈔校注集評》　　　高海夫主編　　　　　　　　西安　三秦出版社

《唐宋文舉要》　　　　　　　　　高步瀛選注　　　　　　　　　　漢京文化事業公司

《唐宋古文新探》　　　　　　　　何寄澎撰　　　　　　　　　　　　　大安出版社

《唐柳柳州全集》　　　　　　唐・柳宗元撰、明・孫月峰評點　　　　　　新文豐公司

《唐摭言》　　　　　　　　　　　五代・王定保撰　　　　　　　　　　　世界書局

《唐語林》　　　　　　　　　　　宋・王讜撰　　　　　　　　　　臺灣商務印書館

《唐戲弄》	任訥撰	上海　上海古籍出版社
《根本說一切有部毘奈耶雜事》	唐·義淨譯	《大正藏》第 24 冊
《根本薩婆多部律攝》	唐·義淨譯	《大正藏》第 24 冊
《能改齋漫錄》	宋·吳曾撰	《筆記小說大觀》29 編第 4 冊
《原抄本日知錄》	明·顧炎武撰	明倫出版社
《徐孝穆集箋注》	南朝陳·徐陵撰、清·吳兆宜注	世界書局
《孫明復小集》	宋·孫復撰	《四庫全書》第 1090 冊
《素食·健康·養生》	天華出版公司編	天華出版社
《桂苑叢談》	唐、五代·馮翊撰	《筆記小說大觀》25 編第 1 冊
《晉書》	唐·房玄齡等撰	鼎文書局
《晉書斠注》	清·吳士鑑、劉承幹注	藝文印書館
《高峰原妙禪師語錄》	宋·原妙撰	《卍續藏》第 122 冊
《高僧法顯傳》	東晉·法顯撰	《大正藏》第 51 冊
《高僧傳》	南朝梁·慧皎撰	《大正藏》第 50 冊
《祖堂集》	南唐·釋靜、釋筠編	長沙　岳麓書社
《修習止觀坐禪法要》	隋·智顗撰	《大正藏》第 46 冊
《荊雍地帶與南朝詩歌關係之研究》	王文進撰	臺大中研所 76 年博士論文
《荊溪林下偶談》	宋·吳子良撰	《筆記小說大觀》4 編第 3 冊
《馬鳴菩薩傳》	後秦·鳩摩羅什譯	《大正藏》第 50 冊
《秦漢史》	呂思勉撰	開明書店
《容齋隨筆》	宋·洪邁撰	臺灣商務印書館
《郡齋讀書志》	宋·晁公武撰	臺灣商務印書館

十一劃

《庾子山集注》	北周·庾信撰、清·倪璠注	源流出版社
《莊子集釋》	清·郭慶藩集釋	河洛出版社
《淥水亭雜識》	清·納蘭性德撰	《筆記小說大觀》2 編第 7 冊
〈從比較中略論《中華大藏經》的學術價值〉	李富華撰	《人生雜誌》175～178 期
《從平城到洛陽－拓拔魏文化轉變的歷程》	逯耀東撰	聯經出版公司
〈從民族史的角度看太武滅佛〉	劉淑芬撰	《中研院史語所集刊》72 本第 1 分

《國史大綱》　　　　　　　　　錢穆撰　　　　　　　　　　　臺灣商務印書館

《國史補》　　　　　　　　　　唐‧李肇撰　　　　　《筆記小說大觀》21 編第 2 冊

〈「國史獄案」與北魏政局〉　　伍少俠撰 http：//203.71.212.1/resource/tcssh_4/html/wu3.htm

《國清百錄》　　　　　　　　　隋‧灌頂編　　　　　　　　《大正藏》第 46 冊

《國語》　　　　　　　　　　　　　　　　　　　　　　　漢京文化事業公司

《梁武帝皇帝菩薩理念的形成及政策的推展》　顏尚文撰　　師大歷史所 78 年博士論文

《梁書》　　　　　　　　　　　唐‧姚思廉撰　　　　　　　　　　鼎文書局

《梁谿漫志》　　　　　　　　　宋‧費袞撰　　　　　《筆記小說大觀》6 編第 1 冊

〈梁簡文帝的文學見解及其宮體詩──兼論徐陵編《玉臺新詠》〉　王拓撰　《現代學苑》9 卷
　　10 期

〈梁簡文帝與宮體詩〉　　　　　林文月撰　　　　　　　　《純文學》1 卷第 1 期

《現存元人雜劇本事考》　　　　羅錦堂撰　　　　　　　　　中國文化事業公司

《通志》　　　　　　　　　　　宋‧鄭樵撰　　　　　　　《四庫全書》第 373 冊

《陸放翁全集》　　　　　　　　宋‧陸游撰　　　　　　　　　　　世界書局

《清波雜志校注》　　　　　　　宋‧周煇撰、劉永翔校注　　　北京　中華書局

《教制教典與教學》　　　　　　印順法師撰　　　　　　　　　　正聞出版社

《涵芬樓文談》　　　　　　　　吳曾祺撰　　　　　　　　　臺灣商務印書館

《淮南子》　　　　　　　　　　漢‧劉安撰　　　　　　　　臺灣商務印書館

《淮風月談》　　　　　　　　　魯迅撰　　　　　　　　　　風雲時代出版公司

《陳書》　　　　　　　　　　　唐‧姚思廉撰　　　　　　　　　　鼎文書局

《陳寅恪先生文集》　　　　　　陳寅恪撰　　　　　　　　　　　　里仁書局

〈陳寅恪先生的科學史研究──悼念陳寅恪先生逝世三十年〉　劉廣定撰　《自然辯證法通訊》
　　2000 年 6 期

《從容錄》　　　　　　　　　　宋‧正覺頌古、元‧行秀評唱　《大正藏》第 48 冊

〈張商英《護法論》中的歷史思維〉蔣義斌撰　　　　《佛學研究中心學報》第 3 期

〈張籍年譜〉　　　　　　　　　羅聯添撰　　　　　　《大陸雜誌》25 卷第 4 期

《密庵和尚語錄》　　　　　　　宋‧崇岳、了悟等編　　　　《大正藏》第 47 冊

《清異錄》　　　　　　　　　　宋‧陶穀撰　　　　　　新文豐公司《叢書集成新編》

《清詩話》　　　　　　　　　　丁福保編　　　　　　　　　　　藝文印書館

《清詩話續編》　　　　　　　　郭紹虞編　　　　　　　　　　　藝文印書館

《清稗類抄》　　　　　徐珂編　　　　　　　　　臺灣商務印書館

《曹溪大師別傳》　　　佚名　　　　　　　　《卍續藏》第 146 冊

《陶詩新論》　　　　　高大鵬撰　　　　　　　　時報出版公司

《梅園雜著》　　　　　戴君仁撰　　　　　　　　學海出版社

〈略論宋儒的宗教信仰──以范仲淹的宗教觀為例〉　劉靜貞撰　《中國歷史學會史學集刊》
　第 15 期

〈略論唐宋間的排佛道思潮〉　徐洪興撰　　　　　《復旦學報》1994 年 4 期

〈略說韓愈的散文美學觀〉　高海夫撰　桂林　廣西師範大學出版社《唐代文學研究》

《捫蝨新話》　　　　　宋・陳善撰　　　　　　　　新文豐公司

《梵網經》　　　　　　後秦・鳩摩羅什譯　　　　《大正藏》第 24 冊

〈梵劇體例及其在漢劇上底點點滴滴〉　許地山撰　　京都　中文出版社《中國文學研究》

《習學記言》　　　　　宋・葉適撰　　　　　　北京　北京圖書館出版社

《剪燈餘話》　　　　　明・李昌祺撰　　　　天一出版社《明清善本小說叢刊初編》

《婆藪槃豆法師傳》　　南朝陳・真諦譯　　　　　《大正藏》第 50 冊

《御纂朱子全書》　　　宋・朱熹撰　　　　　　　臺灣商務印書館

十二劃

《象山先生全集》　　　宋・陸九淵撰　　　　上海　上海商務印書館《四部叢刊》

《黃氏日抄》　　　　　宋・黃震撰　　　　　　《四庫全書》第 708 冊

《黃山谷詩集》　　　　宋・黃庭堅撰　　　　　　　世界書局

《曾文正公全集》　　　清・曾國藩撰　　　　　　　世界書局

《焦氏筆乘》　　　　　明・焦竑撰　　　濟南　山東友誼書社《孔子文化大全》

《隋天臺智者大師別傳》　隋・灌頂撰　　　　　《大正藏》第 50 冊

《隋代佛教史述論》　　藍吉富撰　　　　　　　　臺灣商務印書館

《隋書》　　　　　　　唐・魏徵等撰　　　　　　　鼎文書局

《隋唐及五代佛教史》　湯用彤撰　　　　　　　　慧炬出版社

《隋唐五代史》　　　　呂思勉撰　　　　　　　漢京文化事業公司

《隋唐五代歷史論文集》　李則芬撰　　　　　　　臺灣商務印書館

〈隋朝統一新探〉　　　胡如雷撰　　　　　　《歷史研究》1996 年 2 期

《開元釋教錄》　　　　唐・智昇撰　　　　　　《大正藏》第 55 冊

《集古今佛道論衡》　　　　唐・道宣撰　　　　　　　　《大正藏》第 52 冊

《善見律毘婆沙》　　　　　南齊・僧伽跋陀羅譯　　　　《大正藏》第 24 冊

《欽定全唐文》　　　　　　清・董誥等輯　　　　　　　　　　　匯文書局

《華雨香雲》　　　　　　　印順法師撰　　　　　　　　　　　正聞出版社

《華陽國志》　　　　　　　晉・常璩撰　　　　　藝文印書館《百部叢書集成》

《雲臥紀談》　　　　　　　宋・曉瑩撰　　　　　　　　《卍續藏》第 148 冊

《雲笈七籤》　　　　　　　宋・張君房撰　　　上海　上海商務印書館《四部叢刊》

《雲谿友議》　　　　　　　唐・范攄撰　　　　　　　　　北京　中華書局

《備急千金要方》　　　　　唐・孫思邈撰　　　　　　　《四庫全書》第 735 冊

《野客叢書》　　　　　　　宋・王楙撰　　　　　　　　　　　　世界書局

《搜神後記研究》　　　　　王師國良撰　　　　　　　　　　文史哲出版社

《菜根譚》　　　　　　　　明・洪應明撰　　　　　　　　　　漢威出版社

《朝野僉載》　　　　　　　唐・張鷟撰　　　　　臺灣商務印書館《叢書集成簡編》

《朝野新聲太平樂府》　　　元・楊朝英輯　　　　　　　　　　　世界書局

《虛雲和尚年譜》　　　　　岑學呂編　　　　　　　　　　　佛教出版社

《菩提道次第廣論》　　　　明・宗喀巴撰、法尊譯　　　　　　文殊出版社

《敦博本禪籍錄校》　　　　鄧文寬、榮新江撰　　　　南京　江蘇古籍出版社

《敦煌文學作品選》　　　　周紹良主編　　　　　　　　　　　新文豐公司

〈敦煌王梵志詩新探〉　　　潘師重規撰　　　　　　　《漢學研究》4 卷第 2 期

《敦煌本唐集研究》　　　　張錫厚撰　　　　　　　　　　　新文豐公司

〈敦煌本搜神記研究〉　　　王師國良撰　　　　　　　　敦煌學國際研討會

《敦煌吐魯番研究》　　　　季羨林、饒宗頤、周一良主編　北京　北京大學出版社

〈敦煌唐人陷蕃詩集殘卷作者的新探測〉　潘師重規撰　　《漢學研究》3 卷第 1 期

〈敦煌壁畫刷牙圖考論〉　　王惠民撰　　　　　　《敦煌研究》1990 年第 4 期

《敦煌變文集新書》　　　　潘師重規編撰　　　　　　　　文化大學中研所

《敦煌變文選注》　　　　　項楚選注　　　　　　　　　成都　巴蜀書社

《敦煌寶藏》　　　　　　　黃永武主編　　　　　　　　　　　新文豐公司

《景德傳燈錄》　　　　　　宋・道原撰　　　　　　　　　《大正藏》51 冊

《飲膳正要》　　　　　　　元・忽思慧撰　　　　　臺灣商務印書館《國學基本叢書》

《博濟方》　　　　　　　　宋・王袞編　　　　　　　　《四庫全書》第 738 冊

《菩薩戒問辯》	明・袾宏撰	《卍續藏》第 59 冊
《智覬評傳》	張風雷撰	北京　京華出版社
《智證傳》	宋・惠洪撰	華宇出版社《大藏經補編》

十三劃

《新世紀飲食》	美・約翰・羅彬斯撰、張國蓉、涂世玲譯	琉璃光出版公司
《新唐書》	宋・歐陽脩、宋祁等撰	鼎文書局
《滄州後集》	孫楷第撰	北京　中華書局
《詩佛王維研究》	楊文雄撰	文史哲出版社
《詩品研究》	曹旭撰	上海　上海古籍出版社
《詩品集注》	南朝梁・鍾嶸撰、曹旭注	上海　上海古籍出版社
《詩藪》	明・胡應麟撰	正生書局
《傳法正宗定祖圖》	宋・契嵩撰	《大正藏》第 51 冊
《傳法正宗記》	宋・契嵩撰	《大正藏》第 51 冊
《傳法正宗論》	宋・契嵩撰	《大正藏》第 51 冊
《傳統與現代化》	韋政通撰	水牛出版社
《賈長江集》	唐・賈島撰	臺灣中華書局《四部備要》
《瑜伽論記》	唐・遁倫撰	《大正藏》第 42 冊
《聖者的故事》	聖嚴法師撰	東初出版社
《聖濟總錄纂要》	清・程林刪撰	《四庫全書》第 739 冊
〈與妹書〉	陳寅恪撰	《學衡》20 期
《資治通鑑》	宋・司馬光撰	啟業書局
《義門讀書記》	清・何焯撰	北京　中華書局
《經律異相》	南朝梁・寶唱等輯	《大正藏》第 53 冊
《道家密宗與東方神秘學》	南懷瑾撰	老古文化事業公司
《道教與文學》	黃兆漢撰	學生書局
《道教與傳統文化》	文史知識編輯部編	北京　中華書局
《道園學古錄》	元・虞集撰	臺灣中華書局《四部備要》
《道藏源流考》	陳國符撰	古亭書屋
《誠意伯文集》	明・劉基撰	臺灣商務印書館《四部叢刊》

《詩話總龜》	宋・阮閱撰	《四庫全書》第 1478 冊
《達摩多羅禪經》	東晉・佛陀跋陀羅譯	《大正藏》第 15 冊
《敬齋古今黈》	元・李冶撰	《四庫全書》第 866 冊

十四劃

《說一切有部為主的論書與論師之研究》	印順法師撰	正聞出版社
《說文解字》	漢・許慎撰	黎明文化事業公司
《說郛》	明・陶宗儀編	《筆記小說大觀》25 編第 1 冊
《裴子語林》	晉・裴啟撰	《筆記小說大觀》19 編第 1 冊
《漢文佛教大藏經研究》	李富華、何梅撰	北京　宗教文化出版社
《漢書》	漢・班固撰	鼎文書局
《漢書補注》	漢・班固撰、清・王先謙補注	藝文印書館
《漢唐史論集》	傅樂成撰	聯經出版公司
《漢魏六朝百三家集》	明・張溥編	新興書局
《漢魏兩晉南北朝佛教史》	湯用彤撰	臺灣商務印書館
〈漢譯佛典之文學性述論〉	林伯謙撰	國立編譯館刊 20 卷第 2 期
《齊民要術》	北魏・賈思勰撰	臺灣商務印書館
《語言文學與心理學論集》	詹鍈撰	濟南　齊魯書社
《對床夜語》	宋・范晞文撰	《四庫全書》第 1481 冊
《漫步敦煌藝術科技畫廊》	王進玉撰	北京　科技普及出版社
《遜志齋集》	明・方孝孺撰	臺灣中華書局《四部備要》
《箋注王荊文公詩》	宋・王安石撰、李壁箋注	廣文書局
《箋注玉臺新詠》	南朝陳・徐陵輯、清・吳兆宜注	廣文書局
〈認知與誤讀──宋代儒士佛教思想論略〉	李承貴撰	《現代哲學》2003 年 3 期
《嘉祐集》	宋・蘇洵撰	臺灣中華書局《四部備要》
《嘉泰普燈錄》	宋・正受編	《卍續藏》第 137 冊
《賓退錄》	宋・趙與時撰	《筆記小說大觀》6 編第 4 冊
《肇論》	後秦・僧肇撰	《大正藏》第 45 冊
《管錐編》	錢鍾書撰	北京　中華書局
《維摩詰所說經》	後秦・鳩摩羅什譯	《大正藏》第 14 冊

《維摩詰經序論》　　　　　法·拉蒙特撰、郭忠生譯　　　　　　諦觀雜誌社

《僧寶正續傳》　　　　　　宋·祖琇撰　　　　　　　　　　　佛光出版社

〈臺灣佛教的出世性格與派系紛爭〉楊惠南撰　　　　　《當代雜誌》30、31 期

十五劃

《樊川詩集注》　　　　　　唐·杜牧撰、清·馮集梧注　　　　　　新興書局

〈論王梵志〉　　　　　　　日·入矢義高撰　　　　《中國文學報》第 3、4 期

《論中國學術思想變遷之大勢》梁啟超撰　　　　　華正書局《飲冰室文集類編》

〈論古代寺院的牙刷──楊枝〉林伯謙撰　　　　　　　《東吳中文學報》第 1 期

〈論崔浩的歷史地位及其死因〉曹道衡撰　　　文津出版社《中古文學史論文集續編》

〈論敦煌石窟中有關醫學壁畫的珍貴價值〉王道坤撰　　1990 年敦煌學國際學術討論會

《論語注疏》　　　　　　　魏·何晏注、宋·邢昺疏　　　新文豐公司《十三經注疏》

〈論韓愈的作品〉　　　　　劉中穌撰　　　　　　　天一出版社《韓愈傳記資料》

《餘冬序錄》　　　　　　　明·何孟春撰　　　莊嚴出版社《四庫全書存目》第 101 冊

《廣弘明集》　　　　　　　唐·道宣撰　　　　　　　　　《大正藏》第 52 冊

《潭州溈山靈祐禪師語錄》　清·郭凝之輯　　　　　　　　《大正藏》第 47 冊

《劉宋文研究》　　　　　　林伯謙撰　　　　　　　　東吳中研所 74 年碩士論文

《劉禹錫集》　　　　　　　唐·劉禹錫撰　　　　　　　　　北京　中華書局

《劉禹錫集箋證》　　　　　唐·劉禹錫撰、瞿蛻園箋證　　上海　上海古籍出版社

《樂邦遺稿》　　　　　　　宋·宗曉撰　　　　　　　　　《大正藏》第 47 冊

《樂府雜錄》　　　　　　　唐·段安節撰　　　臺灣商務印書館《叢書集成簡編》

《稼軒詞編年箋注》　　　　宋·辛棄疾撰、鄧廣銘箋注　　　　　　華正書局

《撰集百緣經》　　　　　　吳·支謙譯　　　　　　　　　《大正藏》第 4 冊

《談陳寅恪》　　　　　　　俞大維等撰　　　　　　　　　傳記文學出版社

〈談《維摩詰經》的譯本〉　高明道撰　　　　　　　　　《法光雜誌》94 期

《增訂唐兩京城坊考》　　　清·徐松撰、李健超增訂　　　　西安　三秦出版社

《增補六臣注文選》　　　　南朝梁·蕭統編、唐·李善等注　　　　　華正書局

《增壹阿含經》　　　　　　東晉·僧伽提婆譯　　　　　　　《大正藏》第 2 冊

《摩訶止觀》　　　　　　　隋·智顗述、灌頂記　　　　　　《大正藏》第 46 冊

《摩訶般若波羅蜜經》　　　後秦·鳩摩羅什譯　　　　　　　《大正藏》第 8 冊

《摩訶僧祇律》	晉・法顯譯	《大正藏》第 22 冊
《摩訶摩耶經》	南齊・曇景譯	《大正藏》第 12 冊
《歐陽脩之治學與從政》	劉子健撰	新文豐公司
《歐陽脩全集》	宋・歐陽脩撰	世界書局
《歐陽脩資料彙編》	洪本健編	北京　中華書局
〈歐陽脩與佛老〉	嚴杰撰	《學術月刊》1997 年 2 期
《賢愚經》	北魏・慧覺等譯	《大正藏》第 4 冊
《請賓頭盧經》	南朝宋・慧簡譯	《大正藏》第 32 冊
《閱藏知津》	明・智旭撰	臺灣商務印書館
《德護長者經》	隋・那連提耶舍譯	《大正藏》第 14 冊

十六劃

《憨山大師年譜疏註》	明・福徵注	老古文化公司
〈蕭氏父子與梁代文學〉	穆克宏撰	《陰山學刊》哲社版 1992 年第 4 期
《龍文鞭影譯評》	楊立武、羅波編	成都　巴蜀書社
《遼史》	元・脫脫撰	鼎文書局
《歷代三寶紀》	隋・費長房撰	《大正藏》第 49 冊
《歷代開國功臣遭遇》	陳寬強撰	嘉新水泥公司文化基金會
《歷代詩話》	清・何文煥編	藝文印書館
《歷史的藥鋤》	羅龍治撰	時報文化出版公司
《盧至長者因緣經》	失譯	《大正藏》第 14 冊
《學佛群疑》	聖嚴法師撰	東初出版社
《靜思集》	元・郭鈺撰	《四庫全書》第 1219 冊
《橫渠易說》	宋・張載撰	廣文書局
《戰國策注釋》	何建章注釋	北京　中華書局
《豫章黃先生文集》	宋・黃庭堅撰	臺灣中華書局《四部備要》
《錦繡萬花谷》	佚名	新興書局

十七劃

《檀几叢書》	清・王晫、張潮編	上海　上海古籍出版社
《濟生方》	宋・嚴用和撰	《四庫全書》第 743 冊

《禪宗參證篇》　　　　　張玄祥撰　　　　　　　　　　　湧泉寺倡印

《禪門日誦》　　　　　　　　　　　　　　　　　　　　靈泉山普濟寺

《禪林僧寶傳》　　　　　宋・惠洪撰　　　　　　　《卍續藏》第 137 冊

《禪苑清規》　　　　　　宋・宗賾輯　　　　　　　《卍續藏》第 111 冊

《禪苑蒙求》　　　　　　金・志明撰　　　　　　　《卍續藏》第 148 冊

《禪話》　　　　　　　　周中一撰　　　　　　　　　　　東大圖書公司

《禪詩牧牛圖頌彙編》　　杜松柏編　　　　　　　　　　黎明文化公司

《禪源諸詮集都序》　　　唐・宗密述　　　　　　　《大正藏》第 48 冊

《禪與詩學》　　　　　　張伯偉撰　　　　　　　　　　　揚智文化公司

《禪關策進》　　　　　　明・袾宏撰　　　　　　　《大正藏》第 48 冊

《韓非子集釋》　　　　　周・韓非撰、陳奇猷集釋　　　　　華正書局

《韓昌黎文集校注》　　　唐・韓愈撰、馬其昶校注　　　　　華正書局

《韓昌黎詩繫年集釋》　　唐・韓愈撰、錢仲聯集釋　　　　學海出版社

《韓柳文研究法》　　　　林紓撰　　　　　　　　　　　　　廣文書局

《韓柳文新探》　　　　　胡楚生撰　　　　　　　　　　　　學生書局

《韓柳文學與佛教關係之研究》　林伯謙撰　　　東吳中研所 82 年博士論文

〈韓柳文論比較研究〉　　林惠勝撰　　　　　　《臺南師專學報》20 期

〈韓愈之文學創作觀〉　　劉三富撰　　　　　　　《華學月刊》44 期

《韓愈之思想及其文論》　簡添興撰　　　　　師大國文所 67 年碩士論文

〈韓愈古文論〉　　　　　李金城撰　　　　　　《高雄師院學報》第 1 期

《韓愈全集校注》　　唐・韓愈撰、屈守元、常思春主編　　成都　四川大學出版社

《韓愈年譜及詩文繫年》　陳克明撰　　　　　　　　　成都　巴蜀書社

《韓愈志》　　　　　　　錢基博撰　　　　　　　　　　　　華正書局

《韓愈研究》　　　　　　羅聯添撰　　　　　　　　　　　　學生書局

《韓愈資料彙編》　　　　　　　　　　　　　　　　　　學海出版社

《韓愈新論》　　　　　　何法周撰　　　　　　　開封　河南大學出版社

《韓歐文探勝》　　　　　曾子魯撰　　　　　　　北京　中國文學出版社

《韓歐古文之比較研究》　李慕如撰　　　　　　　　　　復文出版社

《韓學研究》　　　　　　張清華撰　　　　　　　南京　江蘇教育出版社

《彌沙塞部和醯五分律》　南朝宋・竺道生等譯　　　《大正藏》第 22 冊

《避暑錄話》　　　　　　　宋・葉夢得撰　　　　　　《筆記小說大觀》3編第3冊
《薦福承古禪師語錄》　　　宋・文智編　　　　　　　　　《卍續藏》第126冊
《鍾嶸詩品校釋》　　　　　南朝梁・鍾嶸撰、呂德申校釋　　北京　北京大學出版社
《鍾嶸詩品箋證稿》　　　　南朝梁・鍾嶸撰、王叔岷箋證　　　　中研院文哲所
《擊壤集》　　　　　　　　宋・邵雍撰　　　　　　　　　　　　廣文書局

十八劃

《顏氏家訓集解》　　　　　北齊・顏之推撰、王利器集解　　　漢京文化事業公司
《邃加室講論集》　　　　　蘇文擢撰　　　　　　　　　　　文史哲出版社
《龐居士語錄》　　　　　　唐・于頔撰　　　　　　　　　《卍續藏》第120冊
《雜阿含經》　　　　　　　南朝宋・求那跋陀羅譯　　　　　《大正藏》第2冊
《雜譬喻經》　　　　　　　後漢・支婁迦讖譯　　　　　　　《大正藏》第4冊
《《雜寶藏經》及其故事研究》　梁麗玲撰　　　　　　　　　法鼓文化事業公司
《叢林公論》　　　　　　　宋・惠彬撰　　　　　　　　　《卍續藏》第113冊
《禮記》　　　　　　　　　漢・鄭玄注　　　　　　新文豐公司《十三經注疏》
《魏書》　　　　　　　　　北齊・魏收撰　　　　　　　　　　　鼎文書局
《魏書釋老志》　　　　　　北齊・魏收撰、日・塚本善隆譯注　　東京　平凡社
《魏晉玄學與六朝文學》　　陳順智撰　　　　　　　　　武漢　武漢大學出版社
《魏晉南北朝文學思想史》　張仁青撰　　　　　　　　　　　文史哲出版社
《魏晉南北朝史》　　　　　勞榦撰　　　　　　　　　中華文化出版事業委員會
《魏晉南北朝史札記》　　　周一良撰　　　　　　　　　　北京　中華書局
《魏晉南北朝史論文集》　　中國魏晉南北朝史學會1991年編　　濟南　齊魯書社
《魏晉南北朝史論稿》　　　萬繩楠撰　　　　　　　　　　　　雲龍出版社
《魏晉南北朝史論集續編》　周一良撰　　　　　　　　　北京　北京大學出版社
《舊唐書》　　　　　　　　後晉・劉昫撰　　　　　　　　　　　鼎文書局
《羅湖野錄》　　　　　　　宋・曉瑩撰　　　　　　　　　《大正藏》第49冊
《舊雜譬喻經》　　　　　　吳・康僧會譯　　　　　　　　　《大正藏》第4冊
《醫說》　　　　　　　　　宋・張杲撰　　　　　　新文豐公司影印明嘉靖本

十九劃

《藝文類聚》　　　　　　　唐・歐陽詢等撰　　　　　　　《四庫全書》第888冊

《藝林伐山》	明·楊慎撰	臺灣商務印書館《叢書集成簡編》
《藝概》	清·劉熙載撰	廣文書局
〈關於中日天臺宗的幾個問題〉	楊曾文撰	《東南文化》1994 年 2 期
〈關於王梵志傳說的探源與分析〉	陳允吉撰	《復旦學報》社會科學版 1994 年第 6 期

二十劃

《釋氏六帖》	宋·義楚撰	華宇出版社《大藏經補編》
《釋氏要覽》	宋·道誠輯	《大正藏》第 54 冊
《釋氏疑年錄》	陳垣撰	北京　中華書局
《釋氏稽古略》	元·覺岸撰	《大正藏》第 49 冊
〈釋「放蕩」──兼論六朝文風〉	鄧仕樑撰	日本京都大學《中國文學報》第 35 冊
《寶林傳》	唐·智炬撰	京都　中文出版社
《鐔津文集》	宋·契嵩撰	《大正藏》第 52 冊
《蘇軾文集》	宋·蘇軾撰	北京　中華書局
《蘇軾詩集》	宋·蘇軾撰	北京　中華書局

二十一劃

《辯正論》	唐·法琳撰	《大正藏》第 52 冊
《鶴林玉露》	宋·羅大經撰	正中書局
《護法論》	宋·張商英撰	《大正藏》第 52 冊
《續高僧傳》	唐·道宣撰	《大正藏》第 50 冊
《續傳燈錄》	明·玄極撰	《大正藏》第 51 冊
《續資治通鑑》	清·畢沅撰	世界書局
《續歷代詩話》	丁福保編	藝文印書館

二十二劃

《讀史札記》	呂思勉撰	木鐸出版社
〈讀《北魏書·崔浩傳》書後〉	錢仲聯撰	合肥　安徽教育出版社《當代學者自選文庫》
《讀書分年日程》	元·程端禮撰	《四庫全書》第 709 冊
《讀書鏡》	明·陳繼儒撰	《筆記小說大觀》5 編第 4 冊
〈讀韓昌黎上張僕射書與上鄭相公啟〉	林伯謙撰	《孔孟月刊》24 卷第 6 期

二十三劃

《欒城後集》　　　　　　　　宋・蘇轍撰　　　　　　　　《四庫全書》第1112冊

二十四劃

《靈樞經》　　　　　　　　（一說）唐・王冰撰　　　　　　　臺灣中華書局

二十五劃

《觀自在菩薩說普賢陀羅尼經》　唐・不空譯　　　　　　　　《大正藏》第20冊

《觀堂曲學名著八種》　　　　清・王國維撰　　　　　　　　盤庚出版社

國家圖書館出版品預行編目

中國佛教文史探微 / 林伯謙著. -- 一版. -

臺北市：秀威資訊科技, 2005[民 94]

面； 公分. -- 參考書目：面

ISBN 978-986-7263-00-1 (平裝)

1. 佛教 – 中國 – 歷史
2. 佛教文獻學

228.2　　　　　　　　　　94001770

 哲學宗教類　AA0003

中國佛教文史探微

作　　者 / 林伯謙
發 行 人 / 宋政坤
執行編輯 / 魏良珍
圖文排版 / 張慧雯
封面設計 / 羅季芬
數位轉譯 / 徐真玉　沈裕閔
圖書銷售 / 林怡君
網路服務 / 徐國晉
出版印製 / 秀威資訊科技股份有限公司
　　　　　台北市內湖區瑞光路 583 巷 25 號 1 樓
　　　　　電話：02-2657-9211　　　傳真：02-2657-9106
　　　　　E-mail：service@showwe.com.tw
經 銷 商 / 紅螞蟻圖書有限公司
　　　　　台北市內湖區舊宗路二段 121 巷 28、32 號 4 樓
　　　　　電話：02-2795-3656　　　傳真：02-2795-4100
　　　　　http://www.e-redant.com

2005 年 2 月初版　2006 年 12 月 BOD 二版
定價：740 元

讀　者　回　函　卡

感謝您購買本書，為提升服務品質，煩請填寫以下問卷，收到您的寶貴意見後，我們會仔細收藏記錄並回贈紀念品，謝謝！

1.您購買的書名：＿＿＿＿＿＿＿＿＿＿＿＿＿＿＿＿＿

2.您從何得知本書的消息？

　　□網路書店　□部落格　□資料庫搜尋　□書訊　□電子報　□書店

　　□平面媒體　□ 朋友推薦　□網站推薦 □其他＿＿＿＿＿＿

3.您對本書的評價：(請填代號　1.非常滿意 2.滿意 3.尚可 4.再改進)

　　封面設計＿＿＿　版面編排＿＿＿　內容＿＿＿　文/譯筆＿＿＿　價格＿＿＿

4.讀完書後您覺得：

　　□很有收獲　□有收獲　□收獲不多　□沒收獲

5.您會推薦本書給朋友嗎？

　　□會　□不會，為什麼？＿＿＿＿＿＿＿＿＿＿＿＿＿＿＿＿

6.其他寶貴的意見：＿＿＿＿＿＿＿＿＿＿＿＿＿＿＿＿＿＿

＿＿＿＿＿＿＿＿＿＿＿＿＿＿＿＿＿＿＿＿＿＿＿＿＿＿＿

＿＿＿＿＿＿＿＿＿＿＿＿＿＿＿＿＿＿＿＿＿＿＿＿＿＿＿

＿＿＿＿＿＿＿＿＿＿＿＿＿＿＿＿＿＿＿＿＿＿＿＿＿＿＿

讀者基本資料

姓名：＿＿＿＿＿＿＿＿＿＿　年齡：＿＿＿＿　性別：□女 □男

聯絡電話：＿＿＿＿＿＿＿＿　E-mail：＿＿＿＿＿＿＿＿＿＿

地址：＿＿＿＿＿＿＿＿＿＿＿＿＿＿＿＿＿＿＿＿＿＿＿＿

學歷：□高中(含)以下　　□高中　　□專科學校　　□大學

　　　□研究所(含)以上 □其他＿＿＿＿＿＿＿＿＿

職業：□製造業 □金融業 □資訊業 □軍警 □傳播業 □自由業

　　　□服務業 □公務員 □教職　□學生 □其他＿＿＿＿＿

To：114

台北市內湖區瑞光路 583 巷 25 號 1 樓

秀威資訊科技股份有限公司　　收

寄件人姓名：

寄件人地址：□□□

(請沿線對摺寄回,謝謝!)

秀威與 BOD

BOD（Books On Demand）是數位出版的大趨勢，秀威資訊率先運用 POD 數位印刷設備來生產書籍，並提供作者全程數位出版服務，致使書籍產銷零庫存，知識傳承不絕版，目前已開闢以下書系：

一、BOD 學術著作—專業論述的閱讀延伸
二、BOD 個人著作—分享生命的心路歷程
三、BOD 旅遊著作—個人深度旅遊文學創作
四、BOD 大陸學者—大陸專業學者學術出版
五、POD 獨家經銷—數位產製的代發行書籍

BOD 秀威網路書店：www.showwe.com.tw
政府出版品網路書店：www.govbooks.com.tw

永不絕版的故事・自己寫・永不休止的音符・自己唱